Laos Kambodscha

Roland Dusik

DUMONT
Reise-Handbuch

Inhalt

Wissenswertes über Laos und Kambodscha

Wissenswertes für die Reise

Laos

Inhalt

Kapitel 3 Südlaos

Inhalt

Kambodscha

Inhalt

Themen

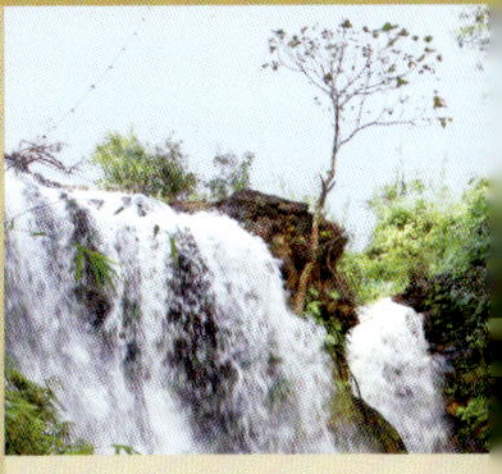

Das Klima im Blick

Reisen bereichert und verbindet Menschen und Kulturen. Wer reist, erzeugt auch CO_2. Der Flugverkehr trägt mit einem Anteil von bis zu 10 % zur globalen Erwärmung bei. Wer das Klima schützen will, sollte sich für eine schonendere Reiseform (z. B. die Bahn) entscheiden – oder die Projekte von *atmosfair* unterstützen. *Atmosfair* ist eine gemeinnützige Klimaschutz-organisation. Die Idee: Flugpassagiere spenden einen kilometer-abhängigen Beitrag für die von ihnen verursachten Emissionen und finanzieren damit Projekte in Entwicklungsländern, die dort den Ausstoß von Klimagasen verringern helfen. Dazu berechnet man mit dem Emissionsrechner auf *www.atmosfair.de*, wie viel CO_2 der Flug produziert und was es kostet, eine vergleichbare Menge Klimagase einzusparen (z. B. Berlin – London – Berlin 13 €). *Atmosfair* garantiert die sorgfältige Verwendung Ihres Beitrags. Klar – auch der DuMont Reiseverlag fliegt mit *atmosfair*!

nachdenken • klimabewusst reisen
atmosfair

Alle Karten auf einen Blick

▶ Dieses Symbol im Buch verweist auf die Extra-Reisekarte Laos und Kambodscha

Nahe Vang Vieng ragen am Nam-Song-Fluss bizarre Karstberge in die Höhe

Der Tonle-Sap-See in Kambodscha, der größte See Südostasiens, wurde von der UNESCO zum Biosphärenreservat erklärt

Wissenswertes über Laos und Kambodscha

Der Bambusvorhang öffnet sich

Zwei Jahrzehnte verharrte Laos, abgeschottet vom Westen, hinter dem Bambusvorhang, während Kambodscha unter der Terrorherrschaft der Roten Khmer blutete. Nach dem Scheitern der sozialistischen Experimente in Laos und nachdem sich mit der Kapitulation der Gefolgsleute Pol Pots in Kambodscha die politischen Verhältnisse stabilisiert haben, sind diese beiden Länder als Reiseziele wieder zu entdecken.

Zwischen Tradition und Moderne

Die Sonne kämpft sich durch den Morgendunst. Nebelschleier liegen über dem Mekong. Auf den Booten der Fischer glühen Holzkohle-Stövchen. In dem lehmbraunen Strom nehmen Kinder ihr Morgenbad. Wasserbüffel kreuzen langsam die Uferstraße, behutsam umkurvt von Autos und Motorrädern. Wie bizarre Scherenschnitte ragen die Pagoden der Tempel auf. Dann und wann ertönt ein Gong, um die Gläubigen daran zu erinnern, die Speisen für den morgendlichen Almosengang der Mönche vorzubereiten.

Die laotischen und kambodschanischen Buddhisten glauben, dass alle guten und schlechten Taten des gegenwärtigen Lebens positiv und negativ in zukünftigen Existenzen zu Buche schlagen. Und keine Tat bringt die Gläubigen der höchsten Stufe des Daseins, dem Nirvana, näher, als die Stellvertreter Buddhas auf Erden zu unterstützen.

Wer gerade Bangkok besucht hat, wird sich in Vientiane und Phnom Penh in der Zeit zurückversetzt fühlen – trotz aller Veränderungen in der jüngeren Vergangenheit. Die Tourismus-Planer in Laos und Kambodscha erkannten, dass der Ruf verschlafener Rückständigkeit Kapital bedeuten kann. Durch die Öffnung neuer Grenzübergänge und die Erleichterung der Einreiseformalitäten sowie durch neue Flugverbindungen gaben sie dem Fremdenverkehr wichtige Impulse. Eine Reise durch Laos und Kambodscha ist heute ein sanftes Abenteuer, das Besucher in ein Asien führt, wie es einmal war, wie es hier noch ist und wie es wahrscheinlich bald nicht mehr sein wird.

Laos und Kambodscha: die Sonnenseiten

Neben den Hauptsehenswürdigkeiten wie den großartigen Tempeln von Angkor, von Kunsthistorikern oft als Achtes Weltwunder bezeichnet, der alten laotischen Königsstadt Luang Prabang, die als Museum ohne Mauern auf der UNESCO-Liste der erhaltenswerten Weltkulturstätten steht, oder der geheimnisumwitterten Ebene der Tonkrüge in der laotischen Nordostprovinz Xieng Khouang haben die beiden Länder auch abseits der Hauptreiserouten viel zu bieten: verträumte Landschaften am Mekong samt seinen Nebenflüssen, die wie Bilder aus den Reisebeschreibungen französischer Forscher des 19. Jh. wirken; wilde Gebirgsmassive mit einem Mantel ursprünglicher Vegetation, in denen seltene, in anderen Teilen der Welt längst ausgestorbene Tiere leben; Dörfer von Bergstämmen, in denen sich das Dasein seit Generationen kaum geändert hat; traumhafte Strände an der Südküste von Kambodscha. Dass abseits der Touristenpfade das Reisen in den Verkehrsmitteln der Einheimischen nicht immer einfach ist und dass man auch auf Unvorhergesehenes gefasst sein muss, macht den zusätzlichen Reiz eines Besuches von Laos und Kambodscha aus.

Erbe der Vergangenheit und Volksbuddhismus

Beide Länder entstanden aus Wellen der Völkerwanderung aus dem südchinesischen und ostindischen Raum, aus Großmachtinteressen und kolonialer Grenzziehung, aus Kriegen und Befreiungskämpfen. Ihre Bevölkerung wurde in der zweiten Hälfte des 20. Jh. in drei Kriegen traumatisiert. Noch sind in Laos die Spuren der Flächenbombardements, mit denen die USA das Land von 1964 bis 1973 überzogen, nicht verschwunden: Ganze Landstriche im Nordosten sind mit Tausenden von Bombenkratern gespickt. In beiden Ländern warnen Plakate vor Landminen und Blindgängern, die als tödliches Kriegserbe immer noch in der Erde liegen.

Wo viele Reisende in Laos und Kambodscha den Charme der Rückständigkeit erleben, gibt es gravierende Probleme wie Armut, medizinische und schulische Unterversorgung sowie wirtschaftliche Abhängigkeit von westlichen Industrieländern und mächtigen Nachbarstaaten wie Thailand und Vietnam.

Doch nichts hat die Fröhlichkeit aus den Gesichtern der Menschen vertreiben können. Die Laoten und Kambodschaner wirken so friedlich, freundlich und entspannt, dass Menschen anderer Mentalität wie die einstigen französischen Kolonialherren behaupteten, man verschwende hierzulande seine Zeit damit, dem Reis beim Wachsen zuzuhören.

Die Wurzeln für die Gelassenheit und die Geduld der Menschen liegen im Volksbuddhismus, einer Symbiose aus buddhistischen, hinduistischen und animistischen Elementen, einer Religion für alle Fälle, die Antworten auf die Sorgen des täglichen Lebens gibt.

Ein Highlight auf der Reise durch Laos und Kambodscha: der Mekong

Natur und Umwelt

Laos und Kambodscha, die unter französischer Kolonialherrschaft gemeinsam mit Vietnam zur Region Indochina zusammengefasst wurden, zählen zu den waldreichsten Ländern Südostasiens. Noch gibt es dort Rückzugsgebiete seltener, in anderen Teilen der Welt längst ausgestorbener Tiere.

Geografie

Das gebirgige Binnenland Laos

Annähernd so groß wie die alte Bundesrepublik Deutschland, erstreckt sich Laos schräg über die Indochinesische Halbinsel, von den Bergen der südchinesischen Provinz Yunnan im Norden zu den Ebenen des südlichen Nachbarlands Kambodscha, zum größten Teil am linken Ufer des mächtigen Mekong-Flusses. Im Osten grenzt das trotz seiner Größe bevölkerungsarme Land an Vietnam, im Westen an Thailand und im Nordwesten an Myanmar (Burma). Als einziges Binnenland Südostasiens besitzt Laos keinen Zugang zu den Weltmeeren.

Laos besteht vorwiegend aus **Gebirge** und **Bergland**, das zwar nicht sehr hoch – höchste Erhebung ist der 2820 m über dem Meeresspiegel aufragende Phou Bia am Südrand des Xieng-Khouang-Plateaus –, aber wild zerklüftet ist, mit nur wenigen ausgebauten Straßen. Bestimmt wird diese Topografie von den Ausläufern des Himalaya-Massivs, die sich fächerförmig gegen Süden öffnen und allmählich abflachend das Land stark gliedern. Die schroffen, noch dicht bewaldeten Gebirgszüge sind nicht überall als Ketten ausgebildet, sondern enthalten weit gespannte, von steilwandigen Tälern durchfurchte Hochflächen mittlerer Höhenlage, so die Ebene der Tonkrüge in der nordöstlichen Provinz Xieng Khouang sowie das von Basalt bedeckte Bolaven-Plateau in Südlaos. Im Osten trennen die bis zu über 3000 m hohen **Annamitischen Kordilleren** Laos von Vietnam. Einerseits erschwert diese gewaltige natürliche Barriere Laos den Zugang zum Meer, andererseits schützt sie das Land vor den über Vietnam hinwegfegenden Taifunen. Unwegsame Gebirge haben auch lange Zeit den Warenaustausch mit China und Myanmar im Norden bzw. Nordwesten behindert.

Wie in Thailand, Vietnam und Südchina gibt es in Laos **Karstlandschaften** aus schroffen Kalkklippen und Felsentürmen, bizarren Kegeln und Kuppeln, die ganz unwirklich und traumhaft anmuten. Diese Naturwunder entstanden während des Jungtertiärs vor 30–50 Mio. Jahren, als infolge tektonischer Bewegungen weite Regionen des heutigen Asiens angehoben und dadurch die mit Muschelkalkablagerungen bedeckten Meeresböden trocken gelegt wurden. Durch Verwitterung bildeten sich trichterförmige Täler, sogenannte Dolinen, und riesige Tropfsteinhöhlen. Mit fortschreitender Erosion weiteten sich die Dolinen in die Tiefe, während die Höhlendecken vielfach einstürzten. So entstanden die Karstmassive um Vang Vieng in Zentrallaos oder in der Provinz Khammouane.

Zu den bevorzugten Siedlungsgebieten des Landes zählten seit jeher die wenigen fruchtbaren **Tiefebenen im Tal des Mekong** mit alluvialen Böden, in denen auch noch heute über zwei Drittel der Bevölkerung leben, etwa die Ebene um die Hauptstadt Vientiane oder das Tiefland der Provinzen Savannakhet und Champasak. Durch den knapp 4200 km langen Mekong, der Laos auf einer

Länge von 1865 km durchfließt, und seine Nebenflüsse gelangen für die Landwirtschaft wichtige Bestandteile in Form von Sedimenten in ausgedehnte Siedlungsräume.

Kambodscha

Jenseits der südlichen Landesgrenze gehen die Gebirgszüge von Laos allmählich in das tief liegende **Kambodschanische Becken** über, aus dem einzelne kleinere Gebirgsstöcke *(phnom)* aufragen. Letzte Ausläufer des Himalaya säumen den während des Monsunregens von Juni bis Oktober weiträumig überfluteten und von einer mehrere Zentimeter starken Schicht aus fruchtbarem Lös und aufgelösten Mineralien überzogenenen Kernraum des Landes.

Im Norden bildet die aus Sandsteinen aufgebaute, lang gestreckte Kette der 600–800 m hohen **Dangrek-Berge** die natürliche Grenze zu Thailand. Im Westen und im Südwesten schließen die bis zu über 1700 m ansteigenden **Kardamom-Berge** und das durchschnittlich 1000 m hohe **Damrei-Gebirge** (auch Elefantengebirge genannt) die kambodschanische Tiefebene vom Meer ab. Im Osten und Nordosten erstreckt sich ein sehr dünn besiedeltes und von trockenen Monsunwäldern bewachsenes Hügelland, das sogenannte Moi-Plateau, das an der Grenze zu Vietnam zu den Annamitischen Kordilleren ansteigt.

Drei Viertel der Bevölkerung von Kambodscha leben im nur 5–20 m über dem Meeresspiegel liegenden Kambodschanischen Becken, das über zwei Drittel der Staatsfläche umfasst und vom Mekong und seinen beiden wichtigsten Nebenflüssen, dem Tonle Sap und dem Bassac, durchzogen wird. Es ist eine Region von außerordentlicher kulturhistorischer Bedeutung, denn auf der Grundlage des Bewässerungsbodenbaus entstanden Zivilisationen, die zu den ältesten und am höchsten entwickelten Südostasiens zählen.

Der flache, weite Kernraum Kambodschas ist in drei Großregionen gegliedert: das Tonle-Sap-Becken mit dem größten und fischreichsten Binnensee Südostasiens und einem breiten Saum periodisch überschwemmter Wälder und Sümpfe, das von Flussarmen und Rückstauseen hinter natürlichen Flussdämmen durchzogene obere Mekong-Delta sowie die Schwemmebenen beiderseits des Mekong bis zur laotischen Grenze.

Während das Großreich der Khmer bis zum 15. Jh. weite Teile des heutigen Vietnam, Laos und Thailand umfasste, schrumpfte Kambodscha zu dem nach dem Stadtstaat Singapur und dem Sultanat Brunei kleinsten Land Südostasiens. Das herzförmige Land grenzt im Westen und Nordwesten an Thailand, im Norden an Laos sowie im Osten und Südosten an Vietnam. Im Südwesten besitzt Kambodscha über 300 km Küste am Golf von Thailand und damit Zugang zu den Weltmeeren.

Klima

Klimatisch werden Laos und Kambodscha zu den Monsunländern mit einer trockenen (November bis Mai) und einer feuchten (Juni bis Oktober) Jahreszeit gerechnet. Grob betrachtet, stimmt diese jahreszeitliche Klimastruktur, denn zwischen Juni und Oktober fallen rund drei Viertel aller Niederschläge. Dennoch ist sie eine Vereinfachung, denn schon die topografische Spannweite beider Länder, die von den alluvialen Schwemmebenen des Kambodschanischen Beckens bis zum nordlaotischen Bergland reicht, führt dazu, dass das Wettergeschehen sehr komplex ist und von Region zu Region variiert.

Die Monsune

Generell wird das in beiden Ländern vorherrschende tropische Klima durch hohe Durchschnittstemperaturen, extreme Luftfeuchtigkeit und reichliche Niederschläge charakterisiert. Geprägt sind die zwei Hauptjahreszeiten und damit das (ländliche) Leben von zyklisch wiederkehrenden Winden – den Monsunen. Unterschiede gibt es dabei im Gegensatz zu mitteleuropäischen Breiten weniger in den Temperaturen als in der Niederschlagsmenge.

Die etwa von Juni bis Oktober dauernde **Regenzeit** wird vom Südwest- oder Sommer-Monsun bestimmt, der auf seinem Weg über den Indischen Ozean reichlich Feuch-

Landminen und Blindgänger – Gefahr auf Schritt und Tritt

Noch immer birgt die Erde in zahlreichen Regionen von Laos und Kambodscha viele hunderttausend Blindgänger und Landminen aus dem Vietnamkrieg und dem kambodschanischen Bürgerkrieg – eine allgegenwärtige Gefahr vor allem für Bauern und deren Kinder.

Das Letzte, was die 14-jährige Thao Mee sah, war das Grün der Reisfelder hinter ihrem Elternhaus auf der Hochebene von Xieng Khouang im Nordosten von Laos. Dann verlor sie das Bewusstsein. Das Mädchen war beim Treiben von Vieh auf eine Landmine getreten. Dutzende spitzer Metallprojektile waren in ihren Unterleib, die Arme und Beine gedrungen. Der rechte Unterschenkel war völlig zerfetzt. Die Ärzte mussten ihn bis zum Knie amputieren.

Thao Mee teilt das Schicksal von vielen tausend überlebenden Minenopfern in Laos und Kambodscha. Der Vietnamkrieg liegt lange zurück, der kambodschanische Bürgerkrieg ist längst zu Ende, doch der Bombenterror hallt bis heute nach. Immer noch sind ganze Landstriche vermint oder von Blindgängern verseucht. Überall liegen die Kriegsrelikte – auf den Äckern und Reisfeldern, in den Flüssen, an den Zugängen zu Wasserstellen, in Wald und Busch. Auch viele Jahre nach Kriegsende bringen sie Tod und Leid. Nirgendwo sonst gibt es, gemessen an der gesamten Bevölkerung, so viele Amputierte wie in Kambodscha – etwa 40 000 Menschen, einer von 250 Einwohnern. Aber nach Schätzungen von Experten lauern allein in kambodschanischer Erde immer noch 5–10 Mio. Bürgerkriegsminen.

Das kleine Laos kann den fragwürdigen Ruhm für sich beanspruchen, das Land zu sein, auf das bislang am meisten Bomben gefallen sind. Über 3 Mio. t Sprengkörper hatten die Amerikaner während des Vietnamkrieges auf Laos herabregnen lassen. Schätzungsweise 30 % der Bomben, die US-Flugzeuge zwischen 1967 und 1973 über Laos abwarfen, sind nicht explodiert. Am gefährlichsten sind die gelblichen, tennisballgroßen *bombies*, die so harmlos aussehen, dass Kinder sie aufheben. Die US-Luftwaffe hatte diese Waffen in Containern, den sogenannten Mutterbomben, abgeworfen, die sich in der Luft öffneten und jeweils etwa 700 der mörderischen Splitterbomben weit verstreuten.

Auch wenn die Zahl der Opfer dank Aufklärungskampagnen zurückgeht, bleibt die Gefahr für die ländliche Bevölkerung groß. Immer noch kommen in Laos und Kambodscha Menschen durch Landminen oder Blindgänger ums Leben oder werden schwer verletzt. Die meisten verlieren Gliedmaßen oder erleiden Gesichtsverletzungen, die fast immer zur Erblindung führen. Viele Minenopfer verbluten auf dem Weg ins Krankenhaus. Die Versorgung der Verletzten überfordert die Leistungsfähigkeit der beiden Staaten.

Für die junge Thao Mee bedeutete die Landmine nicht nur den Verlust ihres Beines, sondern auch eine soziale Katastrophe, denn für Invaliden wird in asiatischen Gesellschaften ein schlechtes Karma zugeschrieben. Nach buddhistischem Glauben tragen Behinderte selbst die Schuld an ihrem Ungemach, möglicherweise wegen schlechter Taten im früheren Leben. Aus Scham über ihre Behinderung versteckte sie sich jahrelang im

Thema

Elternhaus, von Furcht getrieben niemals einen Ehepartner zu finden und später einmal als Bettler auf der Straße zu landen. Doch Thao Mee hatte Glück. Ihr konnte eine Prothese angepasst werden.

Aber Prothesen, Rollstühle und Wiedereingliederungshilfen allein genügen nicht. Solange Millionen von Minen und Blindgängern in laotischen und kambodschanischen Böden stecken, solange wird das Heer der Amputierten Jahr für Jahr anwachsen. Weil sie auf dem Lande keine Überlebensmöglichkeit sehen, strömen zahlreiche Behinderte in die Städte, um ihren Lebensunterhalt zusammenzubetteln – ehemalige Soldaten und Zivilisten, Frauen, Männer und immer mehr Kinder.

Dringend erforderlich wäre die flächendeckende Räumung der Kriegsrelikte. Aber so einfach das Minenlegen ist – man schießt sie mit einem Minenwerfer in die Gegend oder wirft sie von Flugzeugen ab –, so kostspielig, gefährlich und zeitraubend ist die Bergung der Waffen. Noch immer ist Minenräumung in erster Linie Handarbeit. Räummaschinen und Suchhunde werden erst erprobt. So kann es bis zu 1500 US-$ kosten, eine einzige Mine, die für nur ein paar Dollar gefertigt wurde, aufzuspüren und unschädlich zu machen.

Obwohl in Laos und Kambodscha Dutzende von Minenräum-Teams im Einsatz sind, würde es mit den angewandten Methoden und beim jetzigen Tempo mehrere 100 Jahre dauern, bis beide Länder minenfrei sind.

Fatal ist, dass die Roten Khmer zu einem Großteil chinesische Plastikminen verwendeten, die fast keine Metallteile enthalten. Suchgeräte sprechen auf diese Sprengkörper nur schwach an. Auch wurde nie über ihre Lage Buch geführt. Nie hatten die Roten Khmer die Explosivkörper nach genau festgesetztem Plan platziert, etwa um strategische Stellungen zu sichern. Sie hatten ihre Minenfelder durchweg als Menschenfallen angelegt, um die Bevölkerung zu terrorisieren.

Die Völkergemeinschaft ließ Kambodschaner und Laoten jahrelang mit ihren Problemen allein. Ende der 1980er-Jahre nahmen sich kleinere, nichtstaatliche ausländische Organisationen der Minen und Blindgänger an. Aber erst Mitte der 1990er-Jahre vereinbarte man auf Regierungsebene Strategien zur Beseitigung der gefährlichen Kriegsrelikte. Um weitere Opfer unter Zivilisten zu vermeiden, startete man Aufklärungskampagnen in Dörfern und Schulen. Plakate und Broschüren weisen die Landbevölkerung auf die Gefahren hin. So lernen die Bauern, dass man bei der Reisernte die Halme nicht zu dicht am Boden abtrennt, um nicht mit der Sichel ein *bombie* zu treffen, dass man beim Abbrennen des Graslands immer einen Sicherheitsabstand einhalten muss, dass man keine unbekannten Gegenstände berühren darf, dass man die ausgetretenen Wege nicht verlässt und dass man unbedingt den Totenkopf-Schildern, die vor noch nicht geräumten Minenfeldern warnen, Beachtung schenken soll.

Informationskampagnen sind neben der Räumung wichtigster Teil des Kampfes gegen die *unexploded ordnance* (UXO), wie der immer noch explosive Kriegsschrott offiziell heißt. Die USA taten sich lange Zeit schwer, ihren Teil der Verantwortung zu übernehmen. Heute helfen sie, die nicht explodierten Sprengkörper unschädlich zu machen, nicht vor Ort, sondern durch Trainingszentren, in denen sie einheimische Minenräumexperten ausbilden. Dafür hat die amerikanische Regierung 10 Mio. US-$ bereitgestellt. Die Bombardements der nordostlaotischen Provinzen während des Vietnamkrieges verschlangen fast 7 Mrd. Dollar.

Im Nam-Ha-Nationalpark sind noch große Teile von Regenwald bedeckt

tigkeit aufnehmen kann. Kennzeichnend für die Regenmonate ist ein steter Wechsel von täglichen, meist kurzen, aber sintflutartigen Wolkenbrüchen, die häufig mit heftigen Gewittern einhergehen, und strahlendem Sonnenschein unter blauem Himmel.

Vor allem die Gebirgsketten in den kambodschanischen Küstenregionen, an denen sich die Wolken abregnen, werden während der niederschlagreichsten Monate September und Oktober mit Wassermassen von bis zu 5000 mm im Jahr durchweicht. Niederschläge von über 3000 mm sind auch in den Bergen von Nordlaos die Regel. Der durchschnittliche **Jahresniederschlag** in Laos und Kambodscha beträgt zwischen 1500 und 2000 mm (Deutschland etwa 700 mm).

Aufgrund des hohen Luftdrucks, der in den Wintermonaten über Zentralasien vorherrscht, dreht die Windrichtung gegen Jahresende auf Nordost. Von November bis Februar bringt der Nordost-Monsun Laos und Kambodscha die ›kühle‹ **Trockenperiode**. Dann können im nordlaotischen Bergland die Temperaturen in Gefrierpunktnähe abfallen. Selbst in Vientiane werden in diesen Monaten morgens oft Temperaturen von unter 10 °C gemessen. Wegen der für Mitteleuropäer angenehmsten Temperaturen gelten die Monate von November bis Februar als beste Reisezeit.

Die heiße Trockenzeit von März bis Mai ist von sonnigen und windstillen Tagen sowie Temperaturmaxima charakterisiert, die in den Mekong-Ebenen von Laos und im Kambodschanischen Becken bis zu 40 °C erreichen können. In der Hitze verdunstet das Wasser in den Reisfeldern, und die Erde wird von der Sonne zu steinharten Ziegeln gebrannt.

Die Pflanzenwelt

Noch sind infolge des regenreichen Tropenklimas knapp 40 % der Fläche von Laos und rund 50 % der Fläche von Kambodscha von **tropischen Wäldern** bedeckt, die trotz der verstreuten Kahlschläge unendlich wirken. Laos und Kambodscha zählen zu den waldreichsten Ländern Südostasiens.

Mangrovenwälder

Im Gezeitenbereich der kambodschanischen Küstensäume wuchern auf langen Stelz- und Luftwurzeln salzwassertolerante, weit ins Binnenland reichende Mangrovenwälder, die von Flüssen durchzogen werden. Diese Küstenwälder behindern zwar die Schifffahrt und sind auch bei Badeurlaubern wenig beliebt, schützen aber als Pufferzone zwischen Meer und Land die Binnenebenen vor den Gezeiten und der Erosion.

Kulturpflanzen

Wie ein Patchwork aus unterschiedlichen Grüntönen wirken die schachbrettartig angelegten Reisfelder in den Kulturlandschaften des Kambodschanischen Beckens und der Schwemmebenen in den Tälern des Mekong und anderer laotischer Flüsse. Hier haben **Nassreis** und andere Kulturpflanzen auf den fruchtbaren alluvialen Böden die natürliche Vegetation weitgehend verdrängt. Während im Tiefland die Nassreiskulturen dominieren, wird im Nordosten von Kambodscha sowie in Nordlaos in den weniger fruchtbaren Hochlagen rotkörniger **Berg- oder Trockenreis** angebaut, der ohne Bewässerung nur mit den Niederschlägen auskommt.

Zwischen den Reisfeldern wuchern haushohe Bambushaine, werfen Kokos- und Nipahpalmen ihre Schatten auf die Erde. Weit verbreitet in Kambodscha ist die **Zuckerpalme**, die in manchen Regionen das Landschaftsbild prägt und als Symbolpflanze des Königreichs gilt. Für Kambodschaner ist sie das neben Bambus am vielfältigsten genutzte Geschenk der Natur. Stamm und Blätter liefern Materialien für den Hausbau. Der Saft, der aus dem Blütenschaft tropft, wird zu Palmwein vergoren oder zur Herstellung von Palmzucker, Essig und Medikamenten verwendet.

Weitere Kulturpflanzen, die in den Ebenen und Flusstälern gedeihen, sind Zuckerrohr, Hirse, Mais, Süßkartoffeln, Maniok, Baumwolle, Tabak und Gummibäume. In ihren Hausgärten bauen Laoten und Kambodschaner Obst und Gemüse in großer Vielfalt an. So gibt es auf dem Land kaum ein Haus, das nicht von Bananenstauden sowie Mango-, Jackfruit- und Papayabäumen umgeben wäre. Laoten und Kambodschaner kennen allein rund 100 Bananensorten. Wirtschaftlich bedeutsam sind zudem die Kaffeeplantagen auf dem Bolaven-Plateau in Südlaos.

Blüten und Blumen

Für Buddhisten, Hindus und Muslime gleichermaßen sind die meterhohen, buschigen **Frangipani-Bäume**, die weiße oder karmesinrote Blüten tragen, Symbol für Unsterblichkeit – obwohl es sich um ein Gewächs mit starken Giftstoffen handelt. **Bougainvilleen** stehen beladen mit rot bis lila getönten kelchartigen Blüten in vielen Gärten oder zieren Straßenränder. In einem Feuerwerk an Farben konkurrieren **Orchideen** mit anderen tropischen Blumen, etwa Weihnachtssternen. Philodendren, die bei uns als Topfpflanzen gerade Bonsai-Größe erreichen, ragen als grüne Monster auf.

In der Beliebtheitsskala der Laoten und Kambodschaner rangiert der Jasmin gleich hinter der Orchidee, was er wohl auch seiner jungfräulich-weißen Farbe und seinem unvergleichlichen Duft verdankt. Mit Hilfe von Draht oder Fäden stellt man aus den kleinen Jasminblüten Girlanden her, die in laotischen und kambodschanischen Tempeln als Blumenopfer dargebracht werden.

In fast jeder Kloster- oder Tempelanlage steht zumindest ein an seinen charakteristischen Luftwurzeln erkennbarer **Bodhi- oder Banyan-Baum** (Würgefeige – *Ficus bengalensis*). Diese als heilig erachteten Bäume, in deren üppigem Luftwurzelgeflecht häufig Fledermäuse und Flughunde nisten, sind oft uralt und dürfen nicht angetastet werden. Der Überlieferung zufolge erlangte der indische Prinz Siddharta Gautama, der dem weltlichen Leben entsagt hatte, einst nach 49-tägiger Meditation unter einem solchen Feigenbaum die Erkenntnis und wurde zum Buddha.

Auf Seen und Teichen schwimmen neben Seerosen **Lotosblüten**, die im Buddhismus von hoher religiöser Bedeutung sowie wichtiger Bestandteil der Opfergaben an Buddha- und Heiligenstatuen sind. Das Gewächs symbolisiert Gläubigen die Reinheit der Seele inmitten einer unreinen Welt. Die weißen und rosafarbenen Blütenblätter wachsen zwar in schlammigen Gewässern, aber an ihrer mit feinen Noppen bestückten Oberfläche finden Schmutzpartikel keinen Halt – ein perfektes Sinnbild für die buddhistische Lehre.

Der Lotos gilt auch als Symbol für die Kraft der buddhistischen Religion, da er als Wasserpflanze seinen Ursprung im Schlamm hat und es schafft, sich seinen Weg durch oft trübes Wasser ans Licht zu erkämpfen. Laoten und Kambodschaner wissen noch einen anderen Vorteil des Lotos zu schätzen: Der essbare Stengel und die proteinreichen Samen werden zu schmackhaftem Gemüse verarbeitet.

Savannen und Trockenwälder

In Tieflandregionen sowie auf Hochplateaus mit ausgeprägter periodischer Trockenheit und nährstoffarmen Böden dominieren Savannen mit bis zu 1,5 m hohem Elefantengras, in die **Kakteenfelder** und Haine genügsamer **Hartlaubgewächse** eingesprenkelt sind. In den höheren Lagen der wechselfeuchten Klimazonen, etwa im Süden von Laos, gehen die Savannen in Trocken- bzw. Monsunwald über. Dieser auch **Falllaubwald** genannte, regengrüne und trockenkahle Vegetationstyp besteht meist aus Bäumen, die in der Trockenzeit Laub abwerfen, etwa dem Teakbaum, der ein begehrtes Nutzholz liefert. Ein Kennzeichen der Monsunwälder ist eine rapide Abnahme des Artenreichtums.

Tropische Regenwälder

Während der Regenzeit ist für Laien meist optisch kein großer Unterschied zwischen dem monsunalen Falllaubwald und dem tropischen immergrünen Regenwald zu erkennen, der an den niederschlagsreichen Luv-Seiten der Berge im feucht-warmen Klima der Höhenlagen unter 1000 m wächst. Nach dem Laubfall in der Trockenzeit ändert sich das.

In keinem anderen Biotop gibt es so viele Baum- und Pflanzenarten wie im tropischen Regenwald. Ein europäischer Förster muss mit wenigen Dutzend Baumarten vertraut sein. Auf einem Hektar tropischen Regenwalds dagegen wachsen oft bis zu 1000 Pflanzenarten, davon rund 300 Baumarten.

Bis zu 60 m Höhe erreichen die mächtigsten **Urwaldriesen**, gestützt auf sogenannte Brettwurzeln. Ihre Baumkronen bilden das oberste Stockwerk im ausgeprägt vertikal gegliederten tropischen Regenwald. Ihnen folgen zwei weitere Etagen von Kronendächern, die Licht und Regen filtern. In der verschwenderischen Fülle an Farnen und Feigen, Lianen und Rhododendren, Parasiten und Epiphyten, die dazwischen siedeln, tragen manche Bäume junge Blätter und Blüten, während an benachbarten Bäumen braune, welke Blätter hängen. Im konstant feucht-schwülen Klima gibt es keine jahreszeitliche Gleichschaltung des Blühens und Laubfalls. Wegen des geringen Lichteinfalls ist die Bodenflora des Urwalds vergleichsweise arm.

Der tropische Regenwald geht in immergrünen **Gebirgsregenwald** über, der durch Baumfarne gekennzeichnet ist. In Lagen über 2000 m schließt sich der **Nebel- oder Mooswald** an, in dem krüppelwüchsige Bäume sowie Kleinfarne, Flechten und Moose zu einem dichten Geflecht verwachsen. Ergänzt wird die variantenreiche Vegetation durch die Flora von manchen Bergregionen in Nordlaos, die mit immergrünen Eichen, subtropischen Kiefern sowie Magnolien und Lorbeerbäumen eher einem europäischen Mischwald ähnelt als dem sprichwörtlichen Tropendschungel. Lichte Pinienwälder wachsen im Nationalpark Kirirom südwestlich von Phnom Penh.

Die Tierwelt

Bedrohte Tierarten

Besucher von Nationalparks halten mittlerweile vergeblich Ausschau nach Tigern, Panthern und Leoparden, denn diese Großkatzen sind, nachdem ihnen der Mensch viele hundert Jahre lang nachgestellt hat, entweder sehr scheu oder bereits ausgerottet. Nur noch in unzugänglichen Bergregenwäldern im Norden von Laos sowie in den Bergen der Nordostprovinz Rattanakiri und im Kardamom- und Damrei-Gebirge von Kambodscha gibt es einige Hundert dieser Raubtiere. Die wenigen in entlegenen Rückzugsgebieten lebenden **Indochinesischen Tiger** sind jedoch weiterhin von Wilderern bedroht, weil in China, Taiwan, Korea und Japan Tigerpenisse als Potenz steigernde Wundermittel fantastische Profite versprechen.

Die ewige Suche nach wirksamen Potenzmitteln sowie religiös-medizinische Binsenweisheiten haben auch anderen Tierarten zugesetzt. So sind das bis zu 3 m lange und 1 t schwere **Sumatra-Nashorn** mit zwei Hörnern und das etwas größere einhornige javanische **Panzernashorn** eine begehrte Beute von Wilddieben, weil das aus ihrem Horn gefertigte Pulver vor allem bei Chinesen als Aphrodisiakum gilt.

Immer seltener anzutreffen ist auch das erst 1937 entdeckte **Kouprey**, eine Wildrindart, die fast ausschließlich in Laos und Kambodscha vorkommt und zu den am stärksten vom Aussterben bedrohten Tierarten der Erde zählt. Experten schätzen den Bestand des in kleinen Herden lebenden Wildrinds auf höchstens 200 Exemplare. Unklar ist, ob es sich bei dem Kouprey, das Prinz Sihanouk 1963 zum Nationaltier von Kambodscha erklärte, um die Wildform später domestizierter Rinder handelt oder um verwilderte Rinder, die während der Blütezeit von Angkor von den damaligen Bauern gehalten wurden.

In Fachkreisen sorgte in den 1990er-Jahren die Entdeckung dreier bislang unbekannter Huftierarten für Aufsehen. Tierforscher sichteten in der schwer zugänglichen Nakai-Nam Theun National Biodiversity Conservation Area nahe der vietnamesischen Grenze das Truong-Son-Muntjak *(Muntiacus truongsonensis)* und das Riesenmuntjak *(Megamuntiacus vuquangensis)*. Als eine der letzten großen Säugetierarten auf unserem Globus wurde 1993 das Sao La oder Vu-Quang-Rind *(Pseudoryx nghetinhensis)*, ein antilopenähnliches Tier, von einem Team des World Wildlife Fund (WWF) im laotisch-vietnamesischen Grenzgebiet entdeckt.

Stark gefährdet sind aufgrund des Rückgangs ihrer natürlichen Lebensräume und starker Bejagung ebenfalls der bis zu 150 kg schwere **Asiatische Schwarzbär**, der ein charakteristisches weißes V am Hals trägt, der **Malaiische Sonnenbär**, eine der kleinsten Bärenarten der Erde, **Antilopen**, **Gibbons** sowie das **Pangolin**, ein Schuppentier.

In vielen Regionen haben Wilderer den Bestand von **Siamesischen Krokodilen** stark dezimiert. Größere Populationen der Panzerechsen gibt es nur noch am Oberlauf des Tonle Sap sowie in den Flüssen der Provinzen Rattanakiri und Mondulkiri in Kambodscha. In Laos sichtet man Krokodile hin und wieder in Gewässern der Südprovinzen Attapeu und Saravan.

Zwar stehen viele Tierarten unter Naturschutz, doch sind die staatlichen Stellen nicht in der Lage, die Einhaltung von Jagdverboten zu kontrollieren. So scheinen vor allem auf dem Speiseplan der laotischen und kambodschanischen Bergvölker fast alle Tierarten versammelt zu sein.

In großer Zahl durchstreifen dagegen nach wie vor Wildschweinrotten sowie Hirsch- und Rehrudel die Wälder, während sich Affen, etwa verschiedene Makakenarten, durch die Bäume hangeln.

Elefanten

In Laos, das einst den Beinamen Lan Xang, Land der Million Elefanten, trug, ziehen heute noch vor allem in den südlichen Provinzen Champasak und Attapeu sowie in der Westprovinz Xayaboury Herden der Dickhäuter frei durch die Urwälder, allerdings ist ihre Zahl landesweit auf nur noch etwa 1000 Exemplare geschrumpft.

Im Leben der buddhistischen Laoten und Kambodschaner spielt der Elefant als symbolisches Wesen für zumeist positive Vorbilder eine wichtige Rolle. Er imponiert den Menschen durch tatsächliche und ihm zugeschriebene Eigenschaften wie Größe, Stärke, Majestät, Fleiß, Lernfähigkeit und Klugheit. Auch heute noch gibt es vor allem in Südlaos und in der laotischen Westprovinz Xayaboury neben wild lebenden Elefanten eine stattliche Anzahl der verehrten Dickhäuter, die in **Elefantenschulen** für die Arbeit in unwegsamem Gelände trainiert werden. Die Tiere sind im

Riesenwels und Irrawaddy-Delfin – zwei bedrohte Tierarten

Da Feinschmecker für sein Fleisch Unsummen bezahlen, ist der Mekong-Riesenwels, der bis zu 300 kg auf die Waage bringt, ein begehrter Fang der Flussanwohner. Vor allem durch Wasserverschmutzung ist der im Mekong an der laotisch-kambodschanischen Grenze heimische Irrawaddy-Delfin bedroht.

Als letzter großer Fluss der Welt blieb der Mekong bisher durch Krieg und seine Abgeschiedenheit weitgehend vor verhängnisvollen Großprojekten wie Staudämmen, Begradigungen oder großen Binnenhäfen verschont. Für die Anrainerstaaten ist er eine auch in der schlimmsten Dürre nie versiegende Lebensader. Er und seine zahlreichen Nebenflüsse bringen nicht nur das lebensspendende Nass, sondern auch nährstoffreiche Sedimente. So erstrecken sich an den Ufern des Mekong auf fruchtbarem Schwemmland grün wogende Reisfelder bis zum Horizont.

Der Mekong stellt zudem die ständige Versorgung der Region mit Fisch sicher. In seinen Fluten sollen sich über 1000 Fischarten tummeln. Dazu gehört auch der mittlerweile selten gewordene *paa beuk*. Als größter Süßwasserfisch der Welt kann dieser 2–3 m große Riesenwels *(Pangasianodon gigas)* bis zu 300 kg auf die Waage bringen. Im Mai, wenn der Pegel seinen niedrigsten Stand erreicht hat, werden tiefere Pools im Mekong zu Fallen für die mächtigen Fische. Dann wetteifern alljährlich die Fischer aus dem laotischen Houay Xay mit ihren Kollegen aus dem thailändischen Chiang Khong am Oberlauf des Mekong, wer die meisten der riesigen Flussfische fängt.

Fingen die Fischer 1990 noch 62 Riesenwelse, für deren begehrtes Fleisch Gourmet-Restaurants viel Geld bezahlen, waren es 1995 nur noch 18. 1996 beklagte der Wildlife Fund of Thailand, dass diese Fischart nahezu ausgestorben sei, ohne dass sie jemals gründlich wissenschaftlich erforscht worden wäre. Häufiger anzutreffen sind die Riesenwelse noch in kambodschanischen Gewässern, vor allem im großen Binnensee Tonle Sap. Die Khmer-Fischer nennen ihn *trey reach* – Königsfisch.

Ebenfalls vom Aussterben bedroht sind die Irrawaddy- oder Mekong-Delfine *(Orcaella brevirostris)*. Experten schätzen, dass in Laos und Kambodscha nur noch wenige dieser seltenen Säugetiere leben, die meisten von ihnen im Mekong an der Grenze zwischen den beiden Ländern. Während der Trockenzeit sammeln sie sich vor der Südspitze der Mekong-Insel Don Khon in verbleibenden tiefen Flussrinnen.

Außer im Mekong kommen Irrawaddy-Delfine vor allem im Irrawaddy in Myanmar (Burma) und im Mahakam in Kalimantan, dem indonesischen Teil von Borneo, vor. Gesichtet wurden sie außerdem in einigen laotischen Mekong-Nebenflüssen, etwa dem Xe Kong, Xe Khamane und Xe Pian in der Provinz Attapeu. Früher lebten sie auch im thailändischen Mae Nam Chao Phraya, im chinesischen Yangtse und im indischen Ganges. Doch führten dort Wasserverschmutzung und Dammbau zum Ende der sensiblen Tiere. Im Mekong macht ihnen die chemische Belastung durch giftige Abwässer der thailändischen Industrie sowie den überhöhten Einsatz von Kunstdünger und Insektiziden zu schaffen.

Thema

Viele Einheimische sind davon überzeugt, dass die elegant durch das Wasser pflügenden Delfine wiedergeborene Menschen sind, und nennen sie deshalb Menschenfische *(paa kha)*. Vielfach wird berichtet, dass die intelligenten Säuger ertrinkenden Fischern zu Hilfe gekommen seien und sogar schon Menschen vor angreifenden Krokodilen retteten. Aus diesem Grund genießen die blau-grauen, 1,5–2 m großen Süßwasser-Delfine, die sich von ihren im Meer lebenden Artgenossen durch eine stumpfe Schnauze unterscheiden, bei den Laoten eine ganz besondere Verehrung. Als eine von wenigen Tierarten stehen sie nicht auf der Speisekarte der Laoten, die dafür bekannt sind, dass sie alles essen, was läuft, kriecht, krabbelt, fliegt und schwimmt.

Während der französische Forschungsreisende Henri Mouhot, der Entdecker von Angkor, bei seiner Mekong-Expedition im Jahre 1860 noch »Schwärme von Delfinen« sah, ist ihre Zahl in den vergangenen zwei Jahrzehnten dramatisch von einigen tausend auf nur noch 100 bis 150 Exemplare gesunken. Zwar befreien laotische Fischer Delfine, die sich in ihren Netzen verfangen haben und zu ertrinken drohen, jedoch sind die Tiere durch das in Kambodscha weit verbreitete Fischen mit Dynamit und Gift stark gefährdet.

Die meisten laotischen Fischer in der Region der Viertausend Inseln beteiligen sich am Lao Community Fisheries and Dolphin Protection Project, das von einer privaten Tierschutzorganisation ins Leben gerufen wurde. Für sie hat sich der Ökotourismus zu einem zweiten Standbein entwickelt, denn immer mehr ausländische Besucher wollen die Mekong-Delfine beobachten.

Der Mekong-Riesenwels ist der größte Süßwasserfisch der Welt

Dschungel unentbehrlich beim Abtransport oft tonnenschwerer Baumstämme, die sie mit Ketten bis zu einem für Lastwagen erreichbaren Sammelplatz oder an nahe gelegene Flüsse schleppen. In früheren Jahrhunderten spielten die Dickhäuter als Kriegselefanten oft eine entscheidende Rolle in Schlachten. Noch in den Indochinakriegen transportierten sie Kriegsmaterial für Vietnamesen sowie Amerikaner und Franzosen.

In Laos und Kambodscha wie auch im benachbarten Thailand werden weiße Elefanten als heilige Tiere verehrt. Einige hundert wild lebende Elefanten gibt es auch noch in den Kardamom-Bergen, im Damrei- oder Elefantengebirge im Süden von Kambodscha.

Vögel

Eine große Vielfalt zeigt die laotische Vogelwelt mit fast 1000 Arten und Unterarten, etwa mit dem **Kingfisher** (einer Variante des Eisvogels), dem **Pfauenfasan** und bunt gefiederten **Papageienarten**. Außerordentlich vielfältig ist auch die (Wasser-)Vogelwelt von Kambodscha mit Pelikanen, Kormoranen, Sumpfhühnern, Kranichen, Reihern und vielen Entenarten.

Reptilien

Schlangen leben in Laos und Kambodscha in allen Klima- und Vegetationszonen, da sie aber sehr scheue Tiere sind, sieht man sie in freier Wildbahn nur selten. Über die Hälfte der in beiden Ländern vorkommenden Schlangenarten sind giftig, so etwa die Malaiische Viper, die auch als Brillenschlange bezeichnete Kobra und die bis zu über 5 m lange Königskobra, die ihr Gift, das zur Erblindung führen kann, bis zu 2 m weit versprühen kann. Gefürchtet ist auch der Bebänderte Krait, eine Natter mit einem der wirksamsten Gifte aller Landschlangen.

Trotz ihrer Gefährlichkeit gelten Schlangen vielen Laoten und Kambodschanern als heilige, übernatürliche Wesen. Für sie stehen Schlangen nicht für Tod und Gefahr, sondern für Schutz. So zeigen Statuen den meditierenden Buddha im Schatten der Naga, einer Schlange mit sieben oder neun Köpfen.

Weil sie trotz ihrer Trägheit als aufmerksame Kammerjäger lästige Insekten wie Fliegen und Moskitos vertilgen und auch Spinnen in Schach halten, sind der kleine **Jingjok** und der bis zu 30 cm große **Gecko**, zwei Ei-

Elefanten sind im Dschungel als Transportmittel unentbehrlich

dechsenarten, in jedem Haus gern gesehene Gäste. Manche Einheimische zählen die Baritonrufe des Gecko mit, wenn sie wissen wollen, ob sie Glück oder Pech haben werden.

Wasserbewohner

Die verwirrende Artenvielfalt in den von vielen Inseln gesprenkelten kambodschanischen Küstengewässern zieht immer mehr Taucher und Schnorchler aus aller Welt an. Aus dem Spektrum der Tropenfische ragen bunte **Papageienfische**, elegant durch die Wellen pflügende **Delfine** und harmlose **Leopardenhaie** heraus. Die Sandstrände der vorgelagerten Inseln werden von **Meeresschildkröten**, die ebenfalls zu den bedrohten Tierarten zählen, zur Eiablage aufgesucht.

Eine enorme Vielfalt weisen auch die großen Flüsse und Seen von Laos und Kambodscha auf, allen voran der Mekong und der Tonle Sap. Kambodscha rühmt sich des größten Reichtums an Süßwasserfisch in Südostasien. Lebensraum der sehr seltenen **Irrawaddy-Delfine** ist der Mekong an der laotisch-kambodschanischen Grenze.

Haustiere

Wie in fast allen Ländern Südostasiens gilt auch in Laos und Kambodscha der domestizierte **Wasserbüffel** als effektivste Landwirtschafts-›Maschine‹. Kein Bauer kann auf dieses vielseitig einsetzbare Last- und Zugtier verzichten, das man auch vor großrädrige, einachsige Lastkarren spannt, vor allem nicht aus Kostengründen.

Rotrinder und schwarze Hängebauchschweine sind weitere Haustiere, ebenso Enten, die frisch bepflanzte Reisfelder von Schnecken und anderem Ungeziefer freihalten. Hunde undefinierbarer Rassenmischungen sind in laotischen und kambodschanischen Dörfern allgegenwärtig.

Umweltsünden

»Wir beuten den Überfluss unserer Wälder mit großer Sorgfalt und Verantwortung aus«. Das verkündete der damalige laotische Ministerpräsident Sisavat Keobounphan Ende der 1990er-Jahre der Weltöffentlichkeit. Doch die nachhaltige Bewirtschaftung, welche die Zukunft der laotischen Regenwälder sichern könnte, existiert nur in der Theorie. Unaufhaltsam fressen sich die Kettensägen durch unberührte Primärwälder, deren Anteil an der gesamten Waldfläche in Laos wie in Kambodscha bei nur noch etwa 10–15 % liegt. Der Regenwald wächst auch in Laos und Kambodscha langsam, stirbt aber auch hier schnell. Seit Jahren fordern **Umweltinitiativen** in aller Welt einen Boykott von Tropenholz, um das globale Klima und die Artenvielfalt zu schützen. Doch Laos und Kambodscha weisen Eingriffe in die souveräne Nutzung ihrer natürlichen Ressourcen vehement zurück.

Mangelhafte Kontrollen und blühende **Korruption** ermöglichen es Geschäftsleuten, die das dollarträchtige Edelholz nach Japan, Thailand und in westliche Industrieländer verkaufen, Holzeinschlagquoten zu unterlaufen. Viele Umweltschützer halten die Holzpiraten für die Hauptschuldigen. Weitflächig geschädigt werden vor allem die laotischen Regenwälder aber auch von umfangreichen Brandrodungen zur Gewinnung von Ackerland wie sie die Bergvölker seit alters her betreiben (s. S. 119). Nach der Rodung des Primärwaldes bebaut man die Felder bis zur Erschöpfung des Bodens. Dieser extensive Feldbau hat dauerhafte Versteppung und Erosion der Böden zur Folge, bringt jedoch auch ökologische Schäden für das Flachland wie verheerende Überschwemmungen während der Regenzeit mit sich.

Teilweise spart der Raubbau an der Natur nicht einmal Nationalparks und Naturschutzgebiete aus. So ist den 22 in Laos bestehenden National Protected Areas (NPA) in manchen Sektionen eine wirtschaftliche Nutzung der Wälder durch Holzeinschlag möglich. In anderen Nationalparks wiederum überfluten für **Wasserkraftwerke** aufgestaute Flüsse ausgedehnte Urwälder (s. S. 264, Nakai-Nam Theun NPA). Durch die Zerstörung des Ökosystems verlieren zahlreiche im Primärurwald heimische Tier- und Pflanzenarten ihren Lebensraum.

Religion – der Buddhismus

Die Wiege des Buddhismus stand im Ganges-Becken im nordöstlichen Indien. Der Begründer, Siddharta Gautama, wurde im Jahr 623 v. Chr. als Königssohn geboren. Wie eine der zahlreichen Legenden berichtet, soll er gleich nach der Niederkunft seiner Mutter sieben Schritte in jede Himmelsrichtung gegangen sein und dabei gesprochen haben: »Dies ist meine letzte Geburt, es wird keine Wiedergeburt mehr für mich geben«.

Buddha – der Erleuchtete

Am väterlichen Hof wuchs der Prinz, wohlbehütet und gegen alle Formen des menschlichen Leidens abgeschirmt, in Luxus und Reichtum auf. Er übertraf seine Spielgefährten an Klugheit und Gewandtheit. Im Alter von 19 Jahren heiratete er, seine Frau schenkte ihm einen Sohn. Alles deutete darauf hin, dass der begabte Prinz einmal die Nachfolge seines Vaters antreten würde. Doch dann hatte er, wie es in der Legende weiter heißt, bei Ausritten vor die Palastmauern vier Begegnungen, die sein Leben veränderten.

Einmal soll er einem Greis, dann einem Kranken, darauf einem Leichenzug und schließlich einem armen, aber glücklichen Bettelmönch begegnet sein. Die Erkenntnis von Leid und Elend des Lebens sowie von der Vergänglichkeit der Welt, die ihm bislang in der Abgeschiedenheit des Palastes verborgen geblieben war, und die Vision vom Frieden, den man durch ein religiös bestimmtes Dasein erlangen kann, ließen ihn über Grenzen und Sinn der menschlichen Existenz nachdenken.

Die ›Nacht der großen Entsagung‹

Weiter heißt es in der Überlieferung, dass er kurz vor seinem 30. Geburtstag in der ›Nacht der großen Entsagung‹ sein luxuriöses Leben im Palast sowie seine Familie mit Frau und Sohn zurückließ, um sich auf die Suche nach dem Weg zur spirituellen Erlösung zu begeben. Er schor sich Haare und Bart ab und tauschte seine fürstlichen Kleider gegen ein gelbes Bettelgewand.

Als der Schüler eines Brahmanen, welcher die Lehre von der Welt des Nichts predigte, unterwarf der Prinz sich einer strengen Askese, ohne jedoch sein Ziel zu erreichen. Schließlich beschloss Siddharta Gautama, der in seinem Leben nichts als Extreme gekannt hatte – wie die Üppigkeit des Palastlebens und die harten Jahre der Enthaltsamkeit –, dem sogenannten mittleren Pfad zu folgen.

Die Erleuchtung

Nachdem er meditiert hatte, erreichte er nach 49-tägiger konzentrierter Übung in Bodh Gaya unter einem Bodhi-Feigenbaum eines Nachts den Zustand der Erleuchtung. Er erkannte, dass alle Lebewesen im endlosen Kreislauf von Geburt, Tod und Wiedergeburt gefangen sind. Er erinnerte sich seiner früheren Existenzen und ergründete schließlich die Vier Edlen Wahrheiten (s. S. 35). Endlich hatte er den Weg zur Überwindung von Leid und Elend gefunden. So wurde Siddharta Gautama zum Buddha – zum Erleuchteten.

Den Rest seines Lebens widmete er der Verbreitung seiner Lehre. Mit seiner ersten Unterweisung einer kleinen Gruppe in einem Gazellenhain in Sarnath bei Varanasi (Benares) setzte er das Rad der Lehre in Bewegung. Rasch wuchs die Schar von Anhängern, mit denen er durch Indien zog, um möglichst vielen Menschen den Weg zu zeigen, der sie vom menschlichen Leid und vom ewigen Zyklus der Wiedergeburten befreien sollte. Unermüdlich verbreitete er seine Erkenntnisse, bekehrte Könige und Kaufleute, Bauern und Bettler.

Sein Wirken war vom Kampf gegen die hinduistische Kastengesellschaft geprägt. Nachdem er den bis heute existierenden Mönchsorden (Sangha) gegründet hatte, starb er im damals ungewöhnlich hohen Alter von 80 Jahren in Kusinara, dem heutigen Kasia im indischen Bundesstaat Uttar Pradesh, und ging ins Nirvana ein. Sein Leichnam wurde verbrannt, seine Asche z. T. unter seinen Anhängern verteilt, z. T. unter Stupas am Ort beigesetzt.

Theravada- und Mahayana-Buddhismus

Kaum 100 Jahre nach dem Tod des Buddha spaltete sich die buddhistische Lehre in den Theravada-Buddhismus, den Buddhismus der Älteren, der auch Hinayana-Buddhismus (Kleines Fahrzeug, weil nur wenige das Heil erlangen können) genannt wird, und den Mahayana-Buddhismus (Großes Fahrzeug, weil der Weg zum Nirvana einer größeren Zahl von Gläubigen offen steht).

Die Tradition des **Theravada-Buddhismus** verfolgt in erster Linie die persönliche, endgültige Befreiung vom Leiden. Diese ist nur durch die strikte Befolgung der ursprünglichen Lehre des Buddha möglich. Beste Voraussetzung dafür, nach einem langen Weg der Erkenntnis in das Nirvana einzugehen, haben Mönche und Nonnen, die sich im klös-

Buddha wird als Lehrer und erleuchteter Mensch verehrt

Mönche Stellvertreter Buddhas – auf Erden

Als lebende Symbole des Buddha haben nicht nur Mönche in der laotischen und kambodschanischen Gesellschaft eine allgemein anerkannte hervorgehobene Stellung inne, auch jeder, der einmal Mönch war, genießt hohes Ansehen. Und da keine Tat eine höhere karmische Verbesserung verspricht, als den Mönchsorden zu unterstützen, spenden auch sehr arme Familien einen Großteil ihrer Einkünfte.

Jeden Morgen, noch vor Sonnenaufgang, ertönen Gongs, um die Familien daran zu erinnern, den Mönchen Nahrung und Almosen zu spenden. Wenig später verlassen die Mönche in ihren safrangelben Gewändern die Tempel, eine silberne Schale vor sich hertragend. Ob in Vientiane, Phnom Penh oder in entlegenen laotischen und kambodschanischen Dörfern, überall beginnen die Mönche in der Morgendämmerung ihren Rundgang. Und überall, wo sie entlanggehen, haben Frauen bereits Reis gekocht und Speisen zubereitet. Mit vor der Stirn gefalteten Händen und tief gesenktem Kopf legen die Gläubigen ihre Gaben in die Schalen der Mönche.

Deren Almosengang hat mit Betteln nichts zu tun. Die Mönche sollen ihre ganze Kraft für ihre geistige Vervollkommnung einsetzen können. Daher muss ihr Geist frei sein von der Sorge um die tägliche Schale Reis. Zudem gibt die freiwillige Speisung der Mönche den Gläubigen Gelegenheit, religiöse Verdienste anzusammeln und sich somit eine günstigere Ausgangsposition für ihr Leben nach der Wiedergeburt zu verschaffen.

Jeder männliche Laote oder Kambodschaner sollte einmal in seinem Leben, so legt es die buddhistische Tradition nahe, für ein paar Monate das bescheidene Leben eines Mönches geteilt haben, am besten nachdem er die Schule beendet hat und bevor er seine berufliche Karriere beginnt oder heiratet.

Für die Eltern ist es eine große Ehre, wenn ihre Söhne zumindest eine befristete Zeit die gelbe Robe des buddhistischen Mönchsordens anlegen. Vor allem weil der Novize einen Teil der Verdienste, die er sich durch seinen Eintritt ins Kloster erwirbt, auf sie überträgt.

Gerade arme Familien vertrauen ihre Söhne schon in jungen Jahren, zumeist mit Erreichen des 10. Lebensjahrs, einem buddhistischen Kloster an, insbesondere wenn diesem eine Mönchsschule angeschlossen ist, in der Mönche die traditionellen buddhistischen Fächer und weltliche Lehrer Naturwissenschaften, Mathematik oder Englisch unterrichten. Für viele junge Laoten und Kambodschaner stellt dies die einzige Möglichkeit dar, eine solide Schulbildung zu erhalten.

Das Dasein als Mönch kann sich von wenigen Wochen oder Monaten bis zu mehreren Jahren hinziehen. Die meisten jungen Männer lassen sich im Juli, zu Beginn der dreimonatigen buddhistischen Fastenzeit *(khao phansaa)*, in oft aufwendigen Ordinationsfeiern weihen und verlassen den Tempel am Ende der Fastenperiode *(ok phansaa)* im Oktober.

Am Tag der Mönchsweihe tragen Freunde und Verwandte den zukünftigen Mönch auf den Schultern dreimal um den Tempel. Dabei hält der ganz in Weiß gekleidete Mönchsaspirant drei Lotosblüten, drei Räucherstäbchen und drei Kerzen in den gefalteten Händen,

Thema

wobei die Zahl drei für die Grundlagen des Buddhismus steht: den Lehrer Buddha, die Lehre des Buddha (Dharma) und die geistige Gemeinschaft der Ausübenden der Lehre (Sangha).

Nachdem der Abt ihn vor allen versammelten Mönchen in die Regeln des klösterlichen Lebens eingeführt hat, werden dem jungen Mann Haare und Augenbrauen geschoren. Mit diesem symbolischen Akt legt er seine bisherige Gestalt ab, trennt sich von allem Profanen und reiht sich in die Ordnung der klösterlichen Gemeinschaft ein.

Manche Männer verbringen ihr ganzes Leben mit dem Studium der Lehre des Buddha. Jeder kann aber zu jedem beliebigen Zeitpunkt wieder aus dem Orden austreten. Die Rückkehr ins weltliche Leben gilt nicht als Versagen. Vielmehr bieten die im Kloster gewonnenen Einsichten den Menschen eine Grundlage für ihr späteres Leben, denn jeder, der einmal Mönch war, genießt hohes Ansehen.

Als der Barmherzige den Mönchsorden (Sangha) stiftete, erließ er strenge Gebote, die heute noch gelten: Nur einmal am Tag dürfen die Mönche essen, nicht später als 12 Uhr, danach ist nur noch Flüssigkeit gestattet. Sie dürfen weder Mensch noch Tier töten, nicht stehlen und lügen, nicht in weichen Betten schlafen, nicht tanzen und Musik hören. Es ist ihnen nicht gestattet, Schmuck zu tragen, Parfüm oder Öl zu benutzen, Frauen zu berühren und Alkohol zu trinken. Jeder Mönch ist gemäß den Vorschriften des buddhistischen Ordens besitzlos, bis auf das, was er am Leibe trägt sowie einige persönliche oder lebensnotwendige Gegenstände. 227 Gelübde und Gebote regeln das buddhistische Mönchsleben.

Erst lange nach der Gründung des Sangha erlaubte Buddha auch die Bildung von Nonnenorden, obwohl er der Meinung war, dass Frauen die Härte des Klosterlebens nicht ertragen könnten. Heute noch ist für junge Frauen ein Aufenthalt in einem Kloster eher die Ausnahme. Dagegen verbringen häufig alte Frauen als weiß gekleidete buddhistische Nonnen ihren Lebensabend in einem Kloster.

Das Klosterleben ist in der Tat hart. Der Alltag der Novizen und Mönche wird durch eiserne Disziplin bestimmt. Um 4.30 Uhr werden sie in ihren spartanischen Unterkünften *(kuti)* durch Glocken- oder Paukenschläge geweckt. Kurze Toilette. Dann eine Stunde Gebetsversammlung. Im Anschluss geht es zum Almosengang. Danach kehren die Mönche wieder in den Tempel zurück und verbringen den Rest des Vormittags mit Gebeten, bis um 11 Uhr die Glocke zum gemeinschaftlichen Mittagessen ruft. Der Nachmittag gehört dem Studium buddhistischer Texte, der Unterrichtung von Gläubigen oder Arbeiten auf dem Gelände des Klosters. Am späten Nachmittag oder frühen Abend versammeln sich die Mönche noch einmal zum gemeinsamen Gebet oder zur Meditation. Vor dem frühen Schlafgehen meditieren sie noch einmal in ihren Zellen.

Es gibt kaum eine Lebenssituation ohne die Mönche. Sie spielen bei allen familiären Festen und Feierlichkeiten eine bedeutende Rolle, von der Namensgebung für Neugeborene über die Fadenknüpfungszeremonie, die Braut und Bräutigam aneinander bindet, bis hin zur Trauerfeier, bei der die Leiche eines Verstorbenen vor der Kremation eingebunden wird. Mönche sind fast immer auch an Einweihungsfeiern für Hausneubauten und Geschäftseröffnungen beteiligt. Ihre Anzahl muss allerdings immer ungerade sein, um Unheil zu vermeiden. In gerader Zahl erscheinen sie nur zu Totenfeiern.

terlichen Leben ganz der Meditation und dem Studium des Dharma – der Gedanken und Erkenntnisse des Erleuchteten – widmen können. Der Mahayana-Buddhismus hingegen zeigt neue Wege zur Erlösung auf.

Im **Mahayana-Buddhismus** spielen Bodhisattvas, Erleuchtungswesen, eine wichtige Rolle. Sie verzichten auf den Eingang ins Nirvana, um den Menschen zu helfen, den Kreislauf der Wiedergeburten zu durchbrechen.

Buddhistische Mission

Nach dem Tod des Buddha und seinem Eingang in das Nirvana verbreitete sich der Buddhismus überall in Asien, ohne dabei aber eine gewaltsame Missionspraxis zu entwickeln.

Der Theravada-Buddhismus wird heute hauptsächlich in Laos, Kambodscha, Myanmar (Burma) und Thailand sowie auf Sri Lanka praktiziert. Hauptverbreitungsgebiete des Mahayana-Buddhismus sind China, Japan, Korea, Malaysia, die Mongolei, Singapur, Taiwan und Vietnam. Zum Mahayana-Buddhismus zählen der ostasiatische Zen- und der tibetische Buddhismus.

Tolerant gegenüber anderen Religionen und Weltanschauungen vermochten sich beide Schulen des Buddhismus stets an bereits vorhandene Kulturen und verschiedene Gegebenheiten anzupassen. Bisweilen vermengten sich die in der **Schriftensammlung der Drei Körbe**, dem Tripitaka, überlieferten Lehren und Predigten des Buddha so intensiv mit dem vorbuddhistischen Gedankengut von Einheimischen und lokalen Glaubensvorstellungen, dass aus verschiedenen Wurzeln spezifische Volksreligionen entstanden.

Grundlagen der buddhistischen Lehre

Der Weg zur Überwindung des irdischen Leides

Im Buddhismus gibt es keinen Schöpfergott und keine Schöpfungsgeschichte. Der Buddha ist auch kein Heiland, der die Menschen durch seine Gnade ohne ihr eigenes Zutun erlöst. Er wird von Buddhisten als Lehrer und erleuchteter Mensch verehrt, der ohne göttliche Offenbarung seine Einsichten und seine Erleuchtung aus eigener Kraft gewann und anderen Menschen den Pfad zum Heil zeigt. Diesen Pfad zu beschreiten, ist kein Spazier-

Einziger Besitz der Mönche auf Zeit: Essnapf und safrangelbes Gewand

gang, sondern ein langer, mühevoller Weg der Selbsterkenntnis, der die Fähigkeit zur Meditation und zur Versenkung voraussetzt.

Kern der Lehre des Buddha ist die **Vermittlung von Einsichten**, mit deren Hilfe das irdische Leid *(dukha)* überwunden werden kann. Entscheidend dabei ist, dass die Menschen lernen, die Ursachen des Leides und sich selbst zu erkennen, um sich aus eigener Kraft vom Leid befreien zu können. Die Erlösung beruht auf den geistigen und ethischen Bemühungen des Einzelnen. Kein Gnadenakt eines Erlösergottes und keine göttliche Fügung ist im Spiel.

Wie Buddha es selbst vorgelebt hat, ermöglicht die **Meditation** es, zu weiser Einsicht zu gelangen. Mit ihrer Hilfe lernt man, die Gedanken zu beherrschen, damit die positiven Kräfte des Geistes sich entwickeln und nur sie und nicht die negativen das Handeln bestimmen.

Buddha lehrte, dass der Mensch leide, da er Begierden habe, vor allem solche nach allem Materiellem und damit nach Macht und Einfluss. Ohne zu erkennen, dass irdische Güter und Vergnügungen nur Glücksverheißungen vorgaukeln, jagt der Mensch ihnen ständig nach und wird am Ende noch durstiger und leidverstrickter als zuvor. Gedanken und Taten werden von den vier Grundübeln im menschlichen Leben bestimmt: Gier und Hass, Verblendung und Unwissenheit. Die Aufhebung des Leides ist nur durch die Überwindung der Begierden möglich. Die Erkenntnis, dass alles vergänglich und leidvoll ist, stellt das Begehren bloß, sodass es nicht mehr als sinngebend verstanden werden kann. So ist die buddhistische Lehre ganz auf die Erlösung im Nirvana ausgerichtet, der höchsten Form der Glückseligkeit, in der alle Begierden und damit das Leid erloschen sind.

Die Lehre vom Karma

Buddha verkündete weiterhin, dass das gegenwärtige Dasein des Menschen nur eines in einer langen Reihe sei, dass hierbei jede Existenz bedingt sei durch die in der früheren Existenz vollbrachten Taten und dass eine bessere Wiedergeburt oder schließlich das Erreichen des Zuflucht und Schutz gewährenden Nirvana allein durch gute Taten zu erlangen sei. Der Glaube an das **Karma**, die Vergeltungskausalität aller guten und bösen Taten auf Erden, ist daher tief in das Bewusstsein der Gläubigen eingeprägt. Hat man Pech im Leben, ereilen einen Schicksalsschläge wie Unfall oder Krankheit, beruht das auf einem negativen Karma aus einem früheren Leben.

Die Lehre vom Karma verspricht eine bessere, glücklichere Zukunft, sofern man in diesem Leben verdienstvolle Taten vollbringt, während böses Tun in der nächsten Inkarnation entsprechend vergolten wird. Im Karma, in der Bilanz des Lebens, zählt nur das eigene Verhalten – der Mensch ist seines Glückes Schmied. Hadern mit dem eigenen Schicksal ist für Buddhisten kein Thema. Hänge nicht deinem Kummer nach, sondern bemühe dich stattdessen, bessere Ausgangsbedingungen für deine nächste Existenz zu schaffen, lautet die Lebensmaxime.

Das Nirvana

Kaum ein Mensch erreicht das Nirvana, **die Erleuchtung**, in der das Rad der Wiedergeburten und damit das Leiden endet, in seinem gegenwärtigen Leben. Die vollkommene Erlösung wird normalerweise erst nach wiederholter Neugeburt erreicht. Buddha selbst benötigte, wie die »Jataka«-Legenden überliefern, über 500 Lebenszyklen, bis er so rein und vollkommen war, dass er seine historische Existenz als Siddharta Gautama beginnen konnte.

Durch gute Taten oder Verdienste können Buddhisten die Anzahl der folgenden Wiedergeburten verringern. Die **Haupttugend** besteht darin, ein Leben nach den Empfehlungen des Buddhismus zu führen, die im Edlen Achtfachen Pfad (s. S. 35) festgelegten Verhaltensregeln zu befolgen.

Verdienste erwirbt man sich im täglichen Leben beispielsweise durch die morgendliche Speisung der Mönche, die Instandhaltung von Tempeln und die Beteiligung an buddhistischen Kulthandlungen. Spenden an den Mönchsorden werden als verdienstvoll angesehen. Auch wer einer Buddha-Statue dünne Goldplättchen appliziert oder in einem Klostergarten kleine Käfige mit Singvögeln kauft und ihnen anschließend die Freiheit schenkt, erhöht sein Verdienstkonto und darf damit auf eine höhere Einstufung im nächsten Leben rechnen. Eine der verdienstreichsten Taten, die Eltern überhaupt vollbringen können, ist die Hingabe eines Sohnes in den Mönchsstand.

Dharma – die Lehre des Buddha

Thema

Im Zentrum der Lehre des Buddha stehen die Vier Edlen Wahrheiten sowie der Edle Achtfache Pfad. Heute wird das Dharma durch besonders ausgebildete und qualifizierte Geistliche, Mönche und Nonnen vermittelt.

Als Ausgangspunkt seiner Lehre verkündete der Buddha die Vier Edlen Wahrheiten, die in der eher konservativen Richtung des Theravada- oder Hinayana-Buddhismus von größerem Gewicht sind als im weltoffeneren Mahayana-Buddhismus:

1. Alles Dasein ist Leid *(dukha)*.
2. Die Ursache des Leides ist die Begierde nach weltlichen Sinnesgenüssen *(samudaya)*.
3. Leid kann durch Überwindung der Begierden aufgehoben werden *(nirodha)*.
4. Begierden können durch die Befolgung des Edlen Achtfachen Pfades überwunden werden *(magga)*.

Buddha verkündete, dass jeder durch gute Taten eine höhere Stufe des Daseins in der nächsten Wiedergeburt bewirken, also durch eigene Anstrengungen das Nirvana und damit das Ende des immer währenden Zyklus' von Geburt, Tod und Wiedergeburt erreichen könne. Der Edle Achtfache Pfad weist den Weg und schreibt die notwendigen Verhaltensregeln vor:

1. Die rechte Erkenntnis – die Anerkennung der Vier Edlen Wahrheiten als Voraussetzung zur Erlösung
2. Der rechte Entschluss – das Bekenntnis zur Lehre des Buddha
3. Das rechte Reden – keinem anderen Wesen durch Lügen oder üble Nachrede Schaden zufügen
4. Das rechte Handeln – im Sinn der buddhistischen Lehre, also keine Lebewesen töten oder verletzen, Nichtgegebenes nicht nehmen, nicht sexuell ausschweifend leben, nicht durch berauschende Mittel das Bewusstsein trüben, seinen Mitmenschen helfen
5. Der rechte Lebenserwerb – durch eine Tätigkeit, die für kein anderes Lebewesen von Nachteil ist
6. Das rechte Bemühen – auf dem Weg zur Erkenntnis und Erlösung
7. Die rechte Achtsamkeit – gegenüber dem Körper, dem Geist und der Sinne, um Besonnenheit und Belastbarkeit zu erlangen
8. Die rechte Konzentration – um durch meditative Versenkung zu höheren Bewusstseinsebenen zu gelangen

Buddhist wird man nicht durch Taufe, sondern indem man vor einem Mönch oder einer Nonne auf Pali, der heiligen Sprache des Buddhismus, ein sogenanntes Zufluchtsgelübde ablegt, mit dem man sich zu den drei Juwelen des Buddhismus bekennt:

Buddham Sharanam Gacchami
Dhammam Sharanam Gacchami
Sangham Sharanam Gacchami

Ich bekenne mich zum Erleuchteten (Buddha), der den Weg weist.
Ich bekenne mich zur Lehre des Buddha (Dharma).
Ich bekenne mich zur Gemeinschaft der Jünger des Buddha (Sangha).

Brückenbau auf Laotisch: Wagemutig geht es über den Nam Song

Wissenswertes für die Reise

Laos im Internet

www.visit-laos.com
Offizielle Website für Tourismus in Laos mit Basisinformationen, Infos zu Visa- und Einreisebestimmungen, Tipps zu Hotels, Essen und Trinken.

www.tourismlaos.org
Offizielle Website der National Tourism Authority of Lao PDR, touristische Informationen, Hotels, Restaurants, lokale Veranstalter.

www.asiatravel.com/laos/html
Allgemeine touristische Hinweise, Restaurants, Hotels, lokale Veranstalter.

www.passplanet.com/laos/index.htm
Online-Reiseführer mit Tipps für Backpacker

www.laos-community.de
Persönliche Berichte, Hintergrundinformationen, Forum zum Meinungsaustausch.

www.vientianetimes.org.la
Die Website der einzigen englischsprachigen Tageszeitung in Laos bietet regionale Nachrichten, Wechselkurse, Veranstaltungshinweise, Tipps zu Hotels, Essen und Trinken.

www.auswaertigesamt.de
Basisinformationen, Sicherheitshinweise sowie Visa- und Einreisebestimmungen.

www.exotissimo.com, www.greendiscoverylaos.com, www.tigertrail-laos.com
Auskünfte über Sport und Aktivurlaub in Laos erteilen Exotissimo Travel, Green Discovery und Tiger Trail.

www.ecotourismlaos.com
Zu naturverbundenen Aktivitäten in Laos.

www.wetteronline.de
Über das aktuelle Wetter in Laos.

Touristeninformation

... in Deutschland, Österreich und der Schweiz

Laotisches Fremdenverkehrsamt
c/o Indochina Services
Steinerstr. 15, Haus A, 2. OG
81369 München
Tel. 089 219 09 86 60
Fax 089 219 09 86 80
info@is-eu.com
www.indochina-services.com

Indochina Services, einer der renommiertesten Reiseveranstalter für Indochina, zugleich Fremdenverkehrsamt für Laos und Kambodscha, erteilt Auskunft über alle mit einer Laos-Reise zusammenhängenden Fragen und versendet Broschüren mit Basisinformationen. Schriftliche Anfrage erbeten (bitte mit 1,45 € frankierten DIN A 4-Rückumschlag beilegen).

Diplomatische Vertretungen

... in Deutschland

Botschaft der Demokratischen Volksrepublik Laos
Konsularabteilung
Bismarckallee 2 a
14193 Berlin
Tel. 030 89 00 00 47
Fax 030 89 06 06 48
www.laoembassy.com
Website der laotischen Botschaft in den USA, Visabestimmungen, aktuelle Entwicklungen.

... in Österrreich

Botschaft der Demokratischen Volksrepublik Laos
Neulinggasse 29/Top 6
1030 Wien
Tel. 01 890 23 19 11 13
Fax 01 890 23 19 15

... in der Schweiz

Botschaft der Demokratischen Volksrepublik Laos
Route de Colovrex 14
1218 Le Grand-Saconnex
Tel. 022 798 24 41/42
Fax 022 798 24 40
laomission_geneva@bluewinch.ch

... in Laos/Thailand

Deutsche Botschaft
26 Thanon Sokpaluang
Ban Sokpaluang
Vientiane
Tel. 008 56 21 31 21 10-1
Fax 008 56 21 35 11 52
www.vientiane.diplo.de

Österreich und die Schweiz haben keine Botschaft in Laos, zuständig für alle Fragen von Bürgern dieser Länder vor Ort oder auch von zu Hause aus sind die Botschaften in Thailand:

Österreichische Botschaft in Bangkok
14 Soi Nantha
Thanon Sathorn Tai
Sathorn
Bangkok
Tel. 0066 2 303 62 57/58
Fax 0066 2 303 62 60
www.aussenministerium.at/bangkok

Schweizer Botschaft in Bangkok
35 Thanon Witthayu Nua
(North Wireless Rd.) Pathumwan
Bangkok
Tel. 00 66 2 674 69 00
Fax 00 66 2 674 69 01
www.eda.admin.ch/bangkok

Generalkonsulat der Schweiz
Diethelm Travel Laos Bldg.
Thanon Setthathirath, Nam Phou Square
Vientiane
Tel. 008 56 21 26 41 60
Fax 008 56 21 26 41 61
vientane@honorarvertretung.ch

Karten

Übersichtlich, aktuell und preiswert sind die in Vientiane und auch an anderen Orten erhältlichen Laos-Karten der Verlage The Golden Triangle Rider und Periplus, die auf den Rückseiten Pläne von Vientiane, Luang Prabang, Savannakhet und anderen Städten enthalten.

Lesetipps

Berger, Hans Georg: Het bun dai bun, Luang Prabang – Rituale einer glücklichen Stadt, München 2000. Bildband mit Schwarz-Weiß-Fotos zum religiösen Leben in der alten Königsstadt.
Bounyavong, Outhine: Mother's Beloved – Stories from Laos, Bangkok 1999. 14 laotische Kurzgeschichten in englischer Sprache, in denen sich die historische und politische Entwicklung des Landes widerspiegelt.
Cotterill, Colin: Dr. Siri und seine Toten, München 2008; Dr. Siri sieht Gespenster, München 2009; Totentanz für Dr. Siri, München 2010. Drei mit viel Insiderwissen geschriebene Krimis.
Petrich, Martin H.: Vietnam, Kambodscha und Laos, Ostfildern 2008. Tempel, Klöster und Pagoden in den Ländern am Mekong.
Schubert, Olaf: Laos, Dresden 2006. Wundervoller Bildband, der Laos aus ungewöhnlicher Perspektive zeigt.
Siebert, Rüdiger und Kotte, Heinz: Laos – Aufbruch am Mekong, Bad Honnef 2002. Reportagensammlung, in der sich persönliche Erinnerungen mit sachkundigen Informationen über Geografie, Geschichte, Politik und Gesellschaft mischen.

Laos als Reiseland

Die Kombination aus kultureller Vielfalt und einer faszinierenden Natur hat Laos zu einem immer beliebteren Ferienziel in Südostasien werden lassen. Kulturreisende finden in der beschaulichen Hauptstadt **Vientiane** buddhistische Tempel, die zu den schönsten Werken laotischer Baukunst gehören. Ein einzigartiges Stadtensemble aus Tempeln und Klöstern, Pagoden und Schreinen, traditionellen Gebäuden und kolonialen Bauten bietet **Luang Prabang**. Frühaufsteher können jeden Tag im Morgengrauen einem ergreifenden Schauspiel beiwohnen, wenn Hunderte von Mönchen in safranfarbenen Roben bei ihrem Almosengang durch die Straßen der ehemaligen Königsresidenz ziehen. Im Süden des Landes locken die Ruinen des präangkorianischen Heiligtums **Wat Phou**, einer der bedeutendesten Khmer-Tempel außerhalb von Kambodscha.

Bei einem der vielen **religiösen Feste** der Laoten, die meist während des Vollmonds stattfinden und sich durch bunte Prozessionen auszeichnen, werden Besucher Zeugen eines intensiv gelebten Buddhismus. Besonders spektakulär ist das laotische Neujahrsfest Phi May Lao in Luang Prabang. Ethnologisch Interessierte zieht es zu dem Morgenmarkt von Muang Sing in Nordlaos, zu dem Frauen der Akha, Hmong, Yao und anderer Bergvölker in ihren bunten Stammestrachten strömen. Wanderungen zu **Dörfern von Bergstämmen** kann man vor allem in der Umgebung von Luang Nam Tha im Norden machen. Ein Ziel von Kulturreisenden ist schließlich noch die geheimnisumwitterte **Ebene der Tonkrüge** mit Hunderten oft übermannshohen Steinbehältnissen rätselhafter Herkunft.

Neben Treks zu Bergdörfern und Wanderungen durch unberührten Regenwald in Naturschutzgebieten bietet Laos Aktivurlaubern vor allem **Wildwasserfahrten** in Kajaks, Kanus und Gummibooten. Aufgrund der geringen Verkehrsdichte und herrlichen Landschaft kommen auch Radfahrer voll auf ihre Kosten. Lohnende Ziele für abenteuerlustige Hobby-Speläologen sind die spektakulären Tropfsteinhöhlen in den bizarren **Karstmassiven um Vang Vieng** und **Thakhek**. Immer mehr Naturliebhaber besuchen den landumschlossenen **Archipel der Viertausend Inseln** im Süden von Laos, wo sich der Mekong auf einer Breite von 14 km in unzählige Arme verästelt. Highlights der Si Phan Don genannten Region sind die Mekong-Fälle, die mächtigsten Wasserfälle von Südostasien, sowie Bootsausflüge zur Beobachtung der berühmten Irrawaddy-Delfine.

Zwar befindet sich nach der langen Isolation des Landes die Entwicklung des Tourismus noch im Anfangsstadium, doch finden Komfortreisende zumindest in Vientiane und Luang Prabang vom mehrsternigen Hotel bis zum Gourmet-Restaurant alles, was zu einem genussreichen Urlaub gehört.

Vorschläge für Rundreisen

Eine Woche in Laos

1. Ankunft in Vientiane – Besichtigung der laotischen Hauptstadt -Flug nach Luang Prabang – Besichtigung der alten Königsstadt und Ausflüge in die Umgebung – Flug nach Phonsavan – Besuch der Ebene der Tonkrüge – Flug nach Vientiane – Weiterreise ab Vientiane.

2. Einreise nach Laos über Chiang Khong in Nordthailand – Bootsfahrt auf dem Mekong von Houay Xay nach Luang Prabang – Besichtigung der alten Königsstadt und Ausflüge in die Umgebung – Flug nach Vientiane – Besichtigung der laotischen Hauptstadt – Weiterreise ab Vientiane.

Zwei Wochen in Laos

1. Ankunft in Vientiane – Besichtigung der laotischen Hauptstadt – Fahrt nach Vang

Vieng – Ausflüge in die Karstlandschaft um Vang Vieng – Weiterfahrt nach Luang Prabang – Besichtigung der alten Königsstadt und Ausflüge in die Umgebung – Weiterfahrt nach Luang Nam Tha – Wanderung zu einem Bergdorf in der Umgebung von Luang Nam Tha und Besuch des Morgenmarktes von Muang Sing – Flug nach Vientiane – Weiterreise ab Vientiane.

2. Einreise nach Laos über Chiang Khong in Nordthailand – Bootsfahrt auf dem Mekong von Houay Xay nach Luang Prabang – Besichtigung der alten Königsstadt und Ausflüge in die Umgebung – Fahrt nach Vang Vieng – Ausflüge in die Karstlandschaft um Vang Vieng – Weiterfahrt nach Vientiane – Besichtigung der laotischen Hauptstadt – Flug nach Pakxe – Ausflug zum Heiligtum Wat Phou – Weiterfahrt in die Region der Viertausend Inseln – Weiterreise nach Kambodscha oder Thailand.

Drei oder vier Wochen in Laos

1. Ankunft in Vientiane – Besichtigung der laotischen Hauptstadt – Fahrt nach Vang Vieng – Ausflüge in die Karstlandschaft um Vang Vieng – Weiterfahrt nach Luang Prabang – Besichtigung der alten Königsstadt und Ausflüge in die Umgebung – Weiterfahrt nach Luang Nam Tha – Wanderung zu einem Bergdorf in der Umgebung von Luang Nam Tha und Besuch des Morgenmarktes von Muang Sing – Busfahrt von Luang Nam Tha über Oudom Xay nach Phongsaly – Bootsfahrt von Phongsaly über Muang Khua und Muang Ngoi nach Nong Khiao – Weiterfahrt per Bus nach Sam Neua – Busfahrt von Sam Neua nach Phonsavan – Besuch der Ebene der Tonkrüge – Flug nach Vientiane – Weiterreise ab Vientiane.

2. Einreise nach Laos über Chiang Khong in Nordthailand – Bootsfahrt auf dem Nam Tha von Houay Xay nach Luang Nam Tha – Wanderung zu einem Bergdorf in der Umgebung von Luang Nam Tha und Besuch des Morgenmarktes von Muang Sing – Busfahrt von Luang Nam Tha über Oudom Xay nach Phongsaly – Bootsfahrt von Phongsaly über Muang Khua und Muang Ngoi nach Nong Khiao – Weiterfahrt per Bus nach Luang Prabang – Besichtigung der alten Königsstadt und Ausflüge in die Umgebung – Fahrt nach Vang Vieng – Ausflüge in die Karstlandschaft um Vang Vieng – Weiterfahrt nach Vientiane – Besichtigung der laotischen Hauptstadt – Busfahrt von Vientiane über Thakhek und Savannakhet nach Pakxe – Ausflug zum Heiligtum Wat Phou – Weiterfahrt in die Region der Viertausend Inseln – Weiterreise nach Kambodscha oder Thailand.

Natur und Abenteuer

National- und Naturparks

Etwa 18 % (rund 43 500 km^2) der Fläche von Laos stehen als **National Protected Areas** (NPA) unter staatlichem Schutz. Allerdings sind die 22 bestehenden NPAs keine reinen Wild- und Naturschutzgebiete. So ist in bestimmten Abschnitten eine wirtschaftliche Nutzung der Wälder durch Holzeinschlag möglich. In anderen Nationalparks überfluteten für Wasserkraftwerke aufgestaute Flüsse riesige Dschungelflächen. In vielen NPAs leben seit Menschengedenken Bergvölker, die heute noch wie vor Jahrhunderten die für das Ökosystem katastrophale Brandrodung betreiben

Die meisten laotischen Nationalparks sind zum heutigen Zeitpunkt noch nicht für den Tourismus erschlossen. Besuchern teilweise zugänglich ist allerdings die **Phou Khao Khouay NPA,** nordöstlich von Vientiane gelegen. Im Westen dieses Naturschutzgebiets sind Wanderungen auf markierten Wegen möglich, in die Ostregion gelangt man mit einem eigenen Fahrzeug zu den beiden Wasserfällen Tad Leuk und Tad Xay. Geführte Trekking-Touren im Ostteil starten in den Dörfern Ban Na und Ban Hatkhai. Von einem Elephant Tower nahe Ban Na kann man wilde Elefanten beobachten.

Organisierte ein- und mehrtägige Trekking-Touren in der **Nam Ha NPA** in Nordwestlaos werden in Luang Nam Tha angeboten. Von Thakhek und Savannakhet in Südlaos kann man auf ein- und mehrtägigen Wanderungen, die von englischsprachigen *guides* geführt werden, bestimmte Regionen der **Phou Hinboun NPA**, der **Phou Xang He NPA** und der **Dong Phou Viang NPA** erkunden. Ausgangspunkt für geführte Wanderungen und Kanutouren in den Feuchtgebieten der **Xe Pian NPA** im Süden ist Ban Kiat Ngong. In allen laotischen Trekkingregionen ist man bemüht, mit Hilfe ausländischer Experten streng nach den Richtlinien eines sozial und ökologisch verträglichen Tourismus vorzugehen, der einerseits Rücksicht auf Natur und Menschen nimmt und von dem andererseits einheimische *guides*, Veranstalter und Dorfbewohner wirtschaftlich profitieren.

Informationen im Internet:
Überblick über Naturschutzgebiete in Laos und Wandermöglichkeiten unter **www.ecotourismlaos.com**

Tipps für die Reiseorganisation

Die touristische Infrastruktur in Laos befindet sich erst im Aufbau. Fahrten in öffentlichen Verkehrsmitteln zwischen Vientiane und Luang Prabang sowie von Vientiane nach Pakxe im Süden sind auf der durchweg gut ausgebauten National Road 13 relativ bequem und schnell, abseits der Hauptrouten überschreitet man jedoch meist die Grenzen komfortablen Reisens. Wer Wert auf Unabhängigkeit und Bequemlichkeit legt, sollte über einen der lokalen Reiseveranstalter oder über Hotelvermittlung ein Auto mit Fahrer und englisch- oder deutschsprachigem Führer buchen.

Frühzeitige Reservierungen von Zimmern und Flügen sind während der laotischen Feiertage zu empfehlen, vor allem vor und nach dem laotischen Neujahrsfest Pi May Lao. Fahrkarten für Überlandbusse können, außer während des Neujahrsfestes, kurzfristig an den Busbahnhöfen gekauft werden.

Organisierte Touren

Folgende renommierte Reiseveranstalter haben mehrtägige Rundreisen im Norden und Süden des Landes sowie Tagesausflüge ab Vientiane und Luang Prabang im Programm:

Diethelm Travel Laos: Nam Phou Square, P.O. Box 2657, Vientiane, Tel. 008 56 21 21 59 20, Fax 21 71 51, www.diethelmtravel.com.

Exotissimo Travel: 44 Thanon Pang Kham, Vientiane, Tel. 008 56 21 24 18 61, Fax 25 23 82, www.exotissimo.com.

Inter-Lao Tourism: 111 Thanon Setthathirath, Ban Mixay, Tel. 008 56 21 21 46 69 u. 26 29 79, Fax 26 36 42,www.interlao.com.

Lao Youth Travel: 39 Quay Fa Ngum, Vientiane, Tel. 008 56 21 24 09 39, Fax 21 30 37, www.laoyouthtravel.com.

Savanh Banhao Travel: 34 Thanon Souphanouvong, P.O. Box 6878, Vientiane, Tel. 008 56 21 26 28 51, Fax 008 56 21 21 82 91, www.sht.laopdr.com.

Thang Nam Tour: Thanon Tha Deua km 4, Vientiane, Tel. 008 56 21 31 38 63, Fax 35 10 52, www.thangnam.laopdr.com.

Viengchampa Tour: 144 Thanon Souphanouvong, Vientiane, Tel. 008 56 21 26 20 41, Fax 26 20 42, www.viengchampatour.com.

Reisen mit Kindern

Die Laoten sind sehr kinderlieb, viele Hotels, Gästehäuser und Restaurants sind auf die Bedürfnisse von Familien eingestellt. Problematisch ist das Reisen in meist überfüllten Bussen auf oft sehr kurvenreichen Straßen, die sich teilweise immer noch in einem sehr schlechten Zustand befinden. Statt solcher für Kinder wie Erwachsene strapaziösen Fahrten sollte man bei längeren Distanzen dem Flugzeug den Vorzug geben. Auch auf stundenlange Fahrten auf Booten auf dem Mekong, bei denen Kinder in ihrer Bewegungsfreiheit eingeschränkt sind, verzichtet man besser.

Babynahrung, Windeln und Kinderkleidung sind nur in Vientiane in Geschäften, die auf die Bedürfnisse von Ausländern eingestellt sind, erhältlich und sollten am besten von zu Hause mitgebracht werden. Abseits der größeren Städte ist die medizinische Versorgung sehr schlecht.

Für Kinder, die keinen eigenen Sitzplatz benötigen, kleiner als 1 m und jünger als vier Jahre sind, fallen für den Flug 10 % des normalen Tarifs an, bis zum Alter von 12 Jahren bei einer maximalen Größe von 1,50 m 67 % des Flugpreises. Obwohl die Eintragung eines Kindes bis zum Alter von 12 Jahren in den Reisepass eines Elternteils anerkannt wird, sollten Kinder nach Möglichkeit mit einem eigenen Reisepass nach Laos einreisen. Ein Kinderausweis reicht nicht aus!

Attraktionen für Kinder

Außer einem Vergnügungspark in Vientiane, dem Tulakhom Inter Zoo in der Nähe der Hauptstadt und zwei Elefantencamps nahe Luang Prabang gibt es keine kindgerechten Freizeiteinrichtungen.

Vorsichtsmaßnahmen

Oft unterschätzt man die **Kraft der Sonne**. Kinder müssen unbedingt eingecremt werden, am besten mit einer Sonnencreme mit Lichtschutzfaktor 20 aufwärts. Zudem sollten sie eine breitkrempige Kopfbedeckung und ein T-Shirt tragen, das die Schultern bedeckt. Kleinkinder im Kinderwagen sollte man mit einem Sonnenschirm schützen. Gute Dienste leistet hier ein Baumwolltuch, das man über den ganzen Wagen ausbreiten kann. Um gesundheitlichen Problemen vorzubeugen, sollten Kinder viel trinken (niemals Leitungswasser) und abends einen wirksamen Mückenschutz (z. B. Autan family) verwenden. Wegen der überdurchschnittlich großen Hitze sollte man mit Kindern nicht zwischen März und Mai nach Laos reisen.

Unternehmungslustigen Kindern drohen Gefahren vom Straßenverkehr, offenen Brunnenschächten oder nicht abgedeckten Abflussrinnen auf Gehwegen und Straßen. Wegen der weit verbreiteten Tollwut sollten Kinder nicht mit Tieren spielen.

Essen gehen

Westliche **Kindergerichte** wie Spaghetti oder Pommes stehen nur in auf Touristen eingestellten Restaurants auf der Speisekarte. Zu den laotischen Gerichten, die *farang*-Kindern (= ausländischen Kindern) gut schmecken, gehören Frühlingsrollen sowie Fisch- und Fleischbällchen. Sehr beliebt ist bei Kindern auch Klebreis. Prinzipiell sollte man Gerichte für Kinder mit dem Zusatz *boo sai prik* (ohne Chili) bestellen.

Reisen mit Handicap

In Laos gibt es keine behindertengerechte Infrastruktur. Öffentliche Verkehrsmittel sowie Hotels und Restaurants sind meist nicht behindertenfreundlich ausgestattet. Rollstuhlfahrern und Gehbehinderten wird in fast allen Städten das Leben durch fehlende oder schlecht angelegte Fußgängerwege schwer gemacht.

Fehlende Gehwegplatten auf Bürgersteigen werden oft auch für Nichtbehinderte zu Stolperfallen. In den meisten Städten bereitet es Rollstuhlfahrern große Schwierigkeiten, die Straßen ohne fremde Hilfe zu überqueren. Auch die Besichtigung von Tempeln und Pagoden ist problematisch, da häufig Treppen zu bewältigen sind.

Laos
Anreise und Verkehr

Einreise- und Zollbestimmungen

Erforderliche Dokumente

Für die Einreise nach Laos benötigen Deutsche, Österreicher und Schweizer einen **Reisepass** und ein **Visum**. Der Pass muss mindestens noch sechs Monate über die Aufenthaltsdauer hinaus gültig sein und wenigstens eine freie Seite enthalten.

Visa on Arrival (Visum bei Ankunft): Touristen, die über einen der vier internationalen Flughäfen (Vientiane Wattay Airport, Luang Prabang Airport, Pakxe Airport und Savannakhet Airport) oder auf dem Landweg über einen der internationalen Grenzübergänge (s. S. 45) einreisen, erhalten bei der Ankunft ein 30 Tage gültiges **Visa on Arrival** (Visum bei Ankunft), das zu einer einmaligen Einreise berechtigt. Es kostet für Deutsche 30 US-$, für Österreicher und Schweizer 35 US-$. Das Antragsformular ist an den Grenzübergängen erhältlich. Man benötigt zwei Passfotos.

Besuchervisum: Gebührenpflichtige Besuchervisa (z. Zt. 40 €), die zu einer einmaligen Einreise und einem Aufenthalt von 30 Tagen berechtigen, werden auch in Europa von den diplomatischen Vertretungen der Demokratischen Volksrepublik Laos ausgestellt. Antragsformulare können gegen einen frankierten Rückumschlag oder per Fax bei den zuständigen Konsularabteilungen angefordert (s. S. 38) und unter www.visaexpress.de heruntergeladen werden. Die Bearbeitungszeit beträgt etwa eine Woche zzgl. Postweg. Besuchervisa kann man auch bei den laotischen Botschaften in Bangkok, Phnom Penh und Hanoi sowie bei den laotischen Konsulaten in Khon Kaen (Nordostthailand), Ho Chi Minh City und Kunming beantragen.

Das *Visa on Arrival* und das Besuchervisum können in Vientiane mit Hilfe von Agenturen oder persönlich beim Immigration Office (Thanon Hathsadi, Tel. 021 21 36 33, Mo–Fr 9–12, 13–16 Uhr) bis zu 30 Tage verlängert werden (Gebühr pro Tag 2 US-$). Wer seine Aufenthaltsgenehmigung überschreitet, muss mit einer Geldstrafe von 10 US-$ für jeden überzogenen Tag rechnen (Infos: www.laoembassy.com).

Einfuhr von Waren

Die Ein- und Ausfuhr von Devisen ist in unbegrenzter Höhe möglich. Es empfiehlt sich, größere Beträge bei der Einreise zu deklarieren, um Schwierigkeiten beim Verlassen des Landes vorzubeugen. Laotische Kip dürfen weder ein- noch ausgeführt werden.

Zollfrei einführen darf man 500 Zigaretten oder 100 Zigarren oder 500 g Tabak, 1 l alkoholische Getränke, Geschenke im Wert von bis zu 100 US-$. Verboten ist die Einfuhr von Waffen und Munition, Drogen und pornografischem Material. Bei der Einreise ist für die Statistik eine Einreisekarte auszufüllen.

Bei der Einreise nach Deutschland, Österreich oder in die Schweiz ist zu beachten, dass nach dem Washingtoner Artenschutzabkommen die Einfuhr von geschützten Tieren bzw. Produkten daraus verboten ist. Dazu gehören Mitbringsel aus Reptilienleder, Elfenbein und Schildpatt.

Anreise

... mit dem Flugzeug

Es gibt bislang noch keine Direktflüge von Europa nach Laos. Günstigste Drehscheiben sind deswegen Bangkok und Hanoi (Flugzeit Frankfurt–Bangkok bzw. Frankfurt–Hanoi 11–14 Std.) mit täglichen Flügen von Thai Airways International (www.thaiair.de) und Vietnam Airlines (www.vietnamairlines.com.vn) nach Vientiane (Flugzeit Bangkok–Vientiane bzw. Hanoi–Vientiane jeweils 1 Std.).

Weitere internationale **Flugverbindungen** bestehen zwischen der laotischen Hauptstadt und Kuala Lumpur (Malaysia), Ho Chi Minh City, Phnom Penh, Siem Reap (Kambodscha), Chiang Mai (Thailand), sowie Kunming und Nanning (China). Des Weiteren gibt es internationale Flüge von Luang Prabang und Bangkok via Sukhothai (Thailand), von Luang Prabang nach Chiang Mai und Udon Thani (Thailand), sowie nach Hanoi und Siem Reap (Kambodscha), von Pakxe nach Bangkok, Siem Reap (Kambodscha), Ho Chi Minh City sowie Savannakhet und Janghok.

Beim Abflug ist bei allen internationalen Flügen eine **Flughafensteuer** von 10 US-$ zu entrichten. Abhängig von der gewählten Fluglinie sollte man mindestens 72 Stunden vor der Abreise der Rück- oder Weiterflug bestätigen, sonst kann die Flugreservierung im Falle einer Überbuchung erlöschen.

Zahlreiche Reisebüros vermitteln Flüge von Europa nach Bangkok oder Hanoi je nach Reisesaison zwischen 650 und 900 €. Der einfache Flug von Bangkok bzw. Hanoi nach Vientiane kostet etwa 100 €. Mit Thai Airways International oder Vietnam Airlines ist es günstiger, den Flug von Europa über Bangkok oder Hanoi nach Vientiane durchzubuchen. Preiswerter sind Billigairlines (www.airasia.com) oder Nok Air (www.nok air.com) von Bangkok nach Udon Thani (Nordostthailand). Weiter kommt man mit einem Shuttlebus der Thai Airways nach Nong Khai, von wo die Einreise auf dem Landweg erfolgt (s. u.). Eine Alternative ist der Flug von Bangkok nach Chiang Rai (Nordthailand) und von dort die Fahrt per Bus oder Sammeltaxi zum Grenzübergang Chiang Khong-Houay Xay (s. u.).

... auf dem Landweg

Zwischen Bangkok, Udon Thani, Nong Khai, Khon Kaen und der laotischen Hauptstadt Vientiane verkehren täglich zahlreiche bequeme klimatisierte Busse. Zudem gibt es einen komfortablen Nachtzug zwischen Bangkok und Nong Khai (www.railway.co.th/eng lish/index.asp). Per Tuk-Tuk geht es vom Bahnhof zur Busstation für die Shuttlebusse zur Brücke der Freundschaft, wo die Einreise nach Laos erfolgt. An der Grenze wird ein *Visa on Arrival* (s. S. 44) ausgestellt. Zwischen der laotischen Grenzstation Tha Deua und Vientiane pendeln Minibusse und (Sammel-)Taxis. Seit der Eröffnung der Bahnstrecke über die Freundschaftsbrücke von Nong Khai nach Ban Thanaleng 15 km südöstlich von Vientiane im März 2009 können Bahnreisende aus Bangkok auch in Nong Khai in den Zug nach Laos umsteigen.

Möglich ist die Einreise auf dem Landweg weiterhin bei den folgenden internationalen Grenzübergängen, an denen ein **Visa on Arrival** erhältlich ist: Chiang Khong/Houay Xay, Ban Huai Khon/Muang Ngeun, Tha Li/Kenthao, Nakhom Phanom/Thakhek, Mukdahan/Savannakhet (über die zweite thai-laotische Freundschaftsbrücke), Chong Mek/Vang Tao bei Pakxe (für Reisende aus Thailand; bei der Ausreise ist bis zu einem Aufenthalt von 15 Tagen kein Visum für Thailand erforderlich), Dien Bien Phu/Muang Khoua, Nameo/Sam Neua, Ky Son/Nong Het, Cau Treo/Lak Sao, Cha Lo/Na Phao, Lao Bao/Daen Savan, Bo Y/Phou Keua bei Attapeu (für Reisende aus Vietnam; bei der Ausreise ist ein Visum für Vietnam erforderlich), Mohan/Boten (für Reisende aus China; bei der Ausreise ist ein Visum für China erforderlich) sowie Stung Treng/Dong Krolor (für Reisende aus Kambodscha; bei der Ausreise ist das Visum für Kambodscha für 20 US-$ an der Grenze erhältlich).

Unterwegs im Land

... mit dem Flugzeug

Die Staatslinie **Lao Airlines** und die private Gesellschaft **Capricorn Air** fliegen alle Provinzhauptstädte mehrmals täglich oder wöchentlich von Vientiane an. Der Sicherheitsstandard hat sich mit dem Einsatz von modernen französischen Flugzeugen des Typs ATR 72 und chinesischen MA 60, die in gutem

Zustand sind, für die wichtigsten Inlandsstrecken deutlich verbessert. Problematisch bleiben die Verbindungen in die entlegenen Nordprovinzen wegen des häufig schlechten Wetters und der mangelhaften technischen Ausstattung der dortigen Flugplätze. Insbesondere in der Regenzeit sollten diese Strecken gemieden werden. Zu den Hauptreisezeiten zwischen November und Februar sowie während des laotischen Neujahrsfestes im April sind die meisten Flüge schon Wochen im Voraus ausgebucht. Vor allem bei Flügen in entlegene Regionen sollten großzügige Zeitpuffer eingeplant werden, denn oft werden Flüge wegen schlechten Wetters oder technischer Probleme abgesagt. Flüge können auch kurzfristig ausfallen, wenn nicht genügend Passagiere mitfliegen. Bei vielen Binnenflügen besteht freie Sitzwahl; wer einen Fensterplatz haben will, muss rechtzeitig eintreffen.

Inlandsflüge müssen zwar nicht unbedingt rückbestätigt werden, doch kann ein Anruf ein oder zwei Tage vor Abflug nicht schaden, denn häufig werden Abflugzeiten geändert oder Flüge gestrichen.

Zu den Preisen kommt eine geringe **Flughafensteuer** hinzu, die meist beim Ticketkauf berechnet wird. Die Freigepäcksgrenze liegt auf Inlandsflügen bei 20 kg, bei kleinen Maschinen bisweilen nur bei 10 kg.

Lao Airlines: www.laoairlines.com

Lao Capricorn Air: www.laocapricornair.net

... mit dem Bus

Seit dem Ausbau der Nationalstraßen sind **Busse** das meistbenutzte öffentliche Verkehrsmittel in Laos. Ein Großteil des Busverkehrs wird von den blauen Omnibussen der staatlichen Transportgesellschaft aufrecht erhalten. Seit der wirtschaftlichen Liberalisierung gibt es immer mehr private Busgesellschaften (manche Fahrzeuge sind klimatisiert). Obwohl die Preise privater Betreiber im Vergleich zu denen der Staatsfirma etwa 50–100 % höher sind, gehören sie immer noch zu den niedrigsten in Südostasien (z. B. rund 100 000 Kip für Vientiane-Luang Prabang, ca. 400 km, 10 Std.). An den Busbahnhöfen der Provinzhauptstädte kann man Tickets vor der Reise kaufen, bei kürzeren Distanzen im Bus beim Schaffner. Während der Hauptreisezeiten, vor allem kurz vor und nach dem laotischen Neujahrsfest, muss man damit rechnen, dass die Busse überfüllt sind.

Mit dem Bus, wie bei Kasi, geht es quer durch Laos

Für mittlere Distanzen sowie im Kurzstreckenbereich werden **Pickups** – auf Laotisch *song thaeo* (Zweireiher) – eingesetzt. Diese Kleinlastwagen mit überdachter Ladefläche und zwei Sitzbänken in Längsrichtung eignen sich nur für kurze Strecken. Zudem sieht man fast nichts von der Landschaft. Ähnlich unbequem ist das Reisen in zu Bussen umgebauten **Lastwagen**, die auf den staubigen Schotterpisten in entlegenen Landesteilen eingesetzt werden. Die Passagiere kauern auf harten Holzpritschen auf der Ladefläche und sind schnell mit einer Staubschicht bedeckt.

Da das Reisen mit öffentlichen Verkehrsmitteln in Laos oft strapaziös und zeitaufwendig ist, lohnt es sich, in den Touristenzentren das Angebot lokaler Reiseagenturen, die vor allem während der Hauptsaison Sonderbusse einsetzen, zu prüfen.

... mit dem Boot

Zwar hat die Bedeutung der zahlreichen Flüsse als Verkehrsadern seit dem Ausbau der Nationalstraßen nachgelassen, doch spielen sie in entlegenen Landesteilen vor allem während der Regenzeit, wenn viele Straßen in Matsch und Schlamm versinken, immer noch eine wichtige Rolle.

Man unterscheidet zwischen *slowboats* und *speedboats*. Unkomfortabel, aber beschaulich ist das Reisen in ***slowboats*** *(heua sa)*. Dies können Frachtkähne sein, die auch Fahrgäste mitnehmen, oder reine Passagierboote für 15–20 Personen. In Ersteren muss man sich einen Platz zwischen dem Frachtgut suchen, in Letzteren sitzt man auf Holzbänken. Da die Nationalstraße 13 ab Vientiane Richtung Süden und Norden gut ausgebaut ist, verkehren von der Hauptstadt in beiden Richtungen nur noch wenige reguläre *slowboats*.

Im gebirgigen Norden, besteht vor allem auf dem Mekong-Abschnitt zwischen Luang Prabang-Pak Beng-Houay Xay ein regelmäßiger Bootsverkehr. Auf dieser Route werden auch Touristenboote eingesetzt, die etwas mehr Komfort bieten (einfache Fahrt etwa 250 000 Kip). *Slowboats* verkehren auch regelmäßig auf dem Nam Ou, von Luang Prabang über Nong Khiao, Muang Ngoi und Muang Khua nach Hat Sa bei Phongsaly. Unentbehrlich sind *slowboats* in der Region der Viertausend Inseln im Süden. Reguläre *heua sa* verkehren auf dem Mekong von Pakxe über Champasak nach Don Khong.

Unkomfortabel und gefährlich sind ***speedboats*** *(heua wai)* für 6–8 Passagiere. Die schmalen, kiellosen Boote, die von lauten Außenbordmotoren angetrieben werden, können über 50 km/h erreichen. Die Fahrgäste müssen Motorradsturzhelme und Schwimmwesten tragen. Da es schon schwere Unfälle mit Todesopfern gegeben hat, rät die Deutsche Botschaft von Fahrten in *speedboats* dringend ab.

Speedboats verkehren vor allem auf dem Mekong zwischen Luang Prabang und Houay Xay sowie auf dem Nam Ou zwischen Luang Prabang und Hat Sa bei Phongsaly. Wegen der großen Lärmbelästigung liegen die Anlegestellen weit außerhalb der Städte. *Speedboats* können ebenso wie kleinere *slowboats* auf Stunden- oder Tagesbasis gemietet werden. Der Charterpreis eines *speedboat* für die Strecke Luang Prabang-Houay Xay beträgt je nach Verhandlungsgeschick 250–300 US-$, der reguläre Preis für eine Person ca. 40 US-$.

Öffentlicher Nahverkehr

Taxis, Tuk-Tuks und Chum-Boos (Jumbos), die häufig als Sammeltaxis genutzt werden, bedienen den öffentlichen Nahverkehr. Tuk-Tuks gleichen kleinen Pickups und Chum-Boos sind dreirädrige Motorrad-Rikschas mit überdachter Sitzbank. Den Fahrpreis, der sich nach der Zahl der Passagiere und Entfernung richtet, sollte man vorher ausmachen, was auch für Taxis gilt (meist ohne Taxameter).

Das Spektrum reicht von Gästehäusern für weniger als 5 US-$ pro Nacht bis zu Hotels internationalen Standards für 200 US-$ und mehr. In allen Kategorien sind Einzelzimmer nur geringfügig preiswerter als Doppelzimmer. Kinder unter 12 Jahren übernachten in der Regel kostenlos im Zimmer der Eltern. Während in Gästehäusern und kleinen Hotels das Frühstück oft inklusive ist, muss man dafür in besseren Häusern extra bezahlen.

Hotels

In der Regel verfügen **Hotels der oberen Kategorie** über Zimmer, deren Ausstattung durchweg westlichem Standard entspricht. Zu den Spitzenhotels gehören meist ein oder mehrere Restaurants, Bars, kleinere Geschäfte, Wechselstuben sowie Buchungsbüros von Fluglinien und Reiseagenturen. Die Preise liegen im Durchschnitt zwischen 80 und 150 US-$.

In **Hotels der Mittelklasse** muss man hinsichtlich der Ausstattung häufig nur geringfügige Abstriche in Kauf nehmen. Auch hier besitzen die oft landestypisch eingerichteten Zimmer Klimaanlage sowie Bad und WC. Die Übernachtungspreise bewegen sich zwischen 40 und 80 US-$.

Oft haben auch **einfachere Hotels und Gästehäuser** ein akzeptables Niveau. Meist bieten sie saubere, klimatisierte Zimmer mit Dusche/WC und eine angenehme Atmosphäre. In dieser Kategorie muss man mit 15–40 US-$ pro Übernachtung rechnen.

Einfache Quartiere für Anspruchslose gibt es in fast jedem größeren Ort, jedoch sind der gebotene Komfort und die Preise sehr unterschiedlich. In den Touristenzentren bieten die kleineren Gästehäuser saubere Zimmer mit Klimaanlage oder Ventilator sowie Dusche/WC oder gemeinschaftlichen Sanitäreinrichtungen. Die Übernachtungspreise liegen bei 10–15 US-$.

Gästehäuser der untersten Kategorie haben sehr einfach ausgestattete Zimmer, bestenfalls mit Ventilator, aber ohne Klimaanlage sowie ausschließlich mit Gemeinschaftsbad. Statt einer Dusche gibt es dort einen betonierten Bottich, aus dem man Wasser mit einer Kelle schöpft. In den billigen Unterkünften wird meist keine Bettwäsche zur Verfügung gestellt, sodass es sich empfiehlt, einen Leinenschlafsack oder ein Bettlaken mitzunehmen. Die Übernachtungspreise liegen in Vientiane und Luang Prabang um 80 000 Kip, in Provinzorten meist deutlich darunter.

Reservierung

Außerhalb der Hauptreisezeiten ist in der Regel eine spontane Zimmersuche möglich. Wer während der Hochsaison von November bis April anreist, sollte für die ersten Nächte von zu Hause eine Reservierung vornehmen, über Reisebüros oder Internet. Während einer Rundreise auf eigene Faust in der Hochsaison empfiehlt es sich, rechtzeitig Zimmer in einem Hotel am Zielort zu reservieren. Eine frühzeitige Buchung ist generell an laotischen Feiertagen (vor allem während des Neujahrsfestes Pi May Lao) angeraten.

Spartipps

Die Unterkünfte der oberen Kategorien sollte man von Europa vorbuchen, entweder über ein Reisebüro oder per Fax oder Internet – der Preisnachlass ist oft beachtlich. Vor allem in der Nebensaison oder wenn man einen längeren Aufenthalt plant, ist es selbst in Hotels der oberen Kategorien üblich, über den Zimmerpreis zu verhandeln.

Folgende Adressen können hilfreich sein:
www.laos-hotels.com
www.asiahotels.com/hl/laos.asp
www.agoda.com

Klettern und Höhlentouren

Ein Mekka für Kletterer sind die Karstmassive um Vang Vieng. An den schroffen Kalksteinklippen und lotrechten Felswänden kann man vor einer einzigartigen Kulisse steilwandklettern. Fortgeschrittene können sich die Ausrüstung leihen und auf eigene Faust eine der rund 200 Kletterrouten bis zum Schwierigkeitsgrad 8a angehen. Für Anfänger gibt es Schnupperkurse oder eine mehrtägige Kletterausbildung. **Höhlentouren** werden in Vang Vieng, Oudom Xay, Vieng Poukha und Thakhek angeboten, oft in Verbindung mit Trekking- oder Kajaktouren.

Radfahren

Eine herrliche Landschaft und geringe Verkehrsdichte sowie gastfreundliche Menschen machen Laos zu einem Traum für Radfahrer. Einziges Manko sind die bisweilen noch ungeteerten, häufig sehr staubigen Straßen. Fahrräder, auch Mountainbikes, kann man in allen Touristenzentren mieten. Schöne Tagestouren lassen sich im Umland von Vang Vieng, Luang Prabang und Luang Nam Tha unternehmen. Wer längere Touren plant, etwa die bei Bikern beliebte Route von Vientiane nach Luang Prabang, sollte seinen eigenen Drahtesel mitbringen.

Rafting und Kanufahren

Zunehmender Beliebtheit erfreut sich das **White Water Rafting**, bei dem es mit Gummibooten durch die Stromschnellen reißender Flüsse geht. Auch Anfänger und weniger Sportliche meistern unter professioneller Anleitung die Stromschnellen bekannter Rafting-Flüsse wie Nam Lik südlich von Vang Vieng oder Nam Khan und Nam Ou bei Luang Prabang. Wer sich lieber gemächlicher fortbewegt, kann in Touristenorten wie Vang Vieng und Luang Prabang Kanus oder Kajaks mieten und damit beschauliche Exkursionen unternehmen.

Eher gemütlich ist auch das **Tubing,** bei dem man sich im Schlauch eines Lkw-Reifens in den Fluten treiben lässt, etwa auf dem Nam Song bei Vang Vieng.

Wandern

Ein großartiges Naturerlebnis versprechen Bergwanderungen durch die Wälder von Nordlaos. Noch mehr reizt **Trekking-Touristen** die Begegnung mit Stammesvölkern, die in kleinen, abgelegenen Dörfern ihre alten Traditionen pflegen. In allen laotischen Trekking-Regionen bieten verantwortungsvolle Tourunternehmer sozial- und umweltverträgliche Treks an, die Abenteuer mit Naturerkundung und Völkerverständigung verbinden. Am meisten profitieren die Bewohner von Bergdörfern von sogenannten **Community-based Trekking-Touren,** an deren Organisation und Durchführung sie selbst beteiligt sind.

Das Angebot an geführten Tageswanderungen ist in Vang Vieng und Luang Prabang am vielfältigsten. Zentren des Trekking-Tourismus im Norden des Landes sind Oudom Xay, Luang Nam Tha, Vieng Phoukha und Muang Sing. Hervorragend organisiert sind die Treks zu Bergdörfern, die in Luang Nam Tha beginnen (s. S. 221). Echte Abenteuer versprechen Trekking-Touren um Phongsaly im äußersten Norden von Laos. Ausgangspunkte für geführte Wanderungen in der Phou Khao Khouay NPA sind die Dörfer Ban Na und Ban Hatkhai (s. S. 42). Von Thakhek und Savannakhet in Südlaos kann man in Begleitung kundiger Guides auf ein- und mehrtägigen Wanderungen mehrere Nationalparks erkunden.

Souvenirs

Qualitativ hochwertige, meist mit großem Aufwand gefertigte **Handwebarbeiten** werden nach alten Traditionen vorwiegend von Bergvölkern in Nordlaos hergestellt. Die handgewebten Stoffe der Hmong und Akha zeichnen sich durch ansprechende Farbkombinationen und eine kräftige Webart aus. Einen guten Ruf haben ebenfalls die Webwaren aus dem Tai-Lü-Dorf Ban Phanom nahe Luang Prabang. Schöne, laotische Mitbringsel sind fein bestickte Kleider und Kissenbezüge, Umhängetaschen und Wandbehänge.

Die Öffnung für westliche Investoren und Besucher hat der **Seidenspinnerei** und -verarbeitung neue Impulse gegeben. Feinere Textilien werden zu Kleidung verarbeitet, stärkere eignen sich für Dekorationen. Da die Seide von Hand gewoben wird, ist sie nicht vollkommen glatt, sondern mit feinen Knötchen versetzt, die ihr Struktur verleihen. Beim Einkauf von Stoffen und Kleidung sollte man sich vergewissern, dass die Ware nicht mit Kunstfasern gemischt ist. Am besten kauft man Seidenartikel in renommierten Fachgeschäften in Vientiane und Luang Prabang.

Die **Silberschmiedekunst** ist bei den Hmong hochentwickelt. Ursprünglich diente der Schmuck den Frauen auch als mobiler Hausschatz. Heute finden solche Preziosen Abnehmer unter Touristen. Doch ahnen diese nicht, dass es sich oft um alte Erbstücke handelt, die den Minderheiten von Händlern im Tausch gegen Tand abgenommen wurden. Eigens gefertigt werden hingegen die Silberwaren, die auf dem Hmong-Markt in Luang Prabang oder anderen Touristenmärkten angeboten werden.

Beliebte Souvenirs sind auch alte Opiumpfeifen und -gewichte aus Messing, alte Münzen und Briefmarken, Musikinstrumente, Flechtarbeiten sowie Gegenstände aus Bambus und Rattan. Auch handgeschöpftes **Sa-Papier** aus der Rinde des Maulbeerbaums gehört zu den Spezialitäten laotischer Handwerkskunst. Aus dem fasrigen Papier fertigt man Briefumschläge, -papier, Notizbücher, Fotoalben und vieles mehr. **Weitere Mitbringsel** sind einheimische alkoholische Getränke (Beer Lao und der Reisschnaps Lao-lao), laotischer Kaffee sowie Kassetten und CDs mit laotischer Khään-Volksmusik.

Obwohl meist thailändische Händler den laotischen **Antiquitätenmarkt** weitgehend abgeschöpft haben, kann man noch echte Raritäten entdecken. Grundsätzlich ist Vorsicht geboten, da es viele Fälschungen gibt und die Imitationen oft allenfalls von Experten erkennbar sind. Verkauf und Ausfuhr von Antiquitäten unterliegen gesetzlichen Regelungen. Für Gegenstände, die älter als 50 Jahre sind, benötigt man eine Exportgenehmigung. Offiziell ist die Ausfuhr von Buddha-Statuen für Nicht-Buddhisten verboten. Lediglich Amulette, die am Körper getragen werden, unterliegen keiner Beschränkung.

Märkte

Ein Großteil der Waren wird über Märkte *(talat)* umgeschlagen. Auf dem Lande handelt es sich dabei vielfach um Wochenmärkte, in den Städten dagegen um feste, täglich geöffnete Einrichtungen. Die modernen Märkte von Vientiane und Luang Prabang haben mit langen Ladenreihen den Charakter von Einkaufszentren. In der Regel sind größere Märkte unterteilt in einen nassen (Obst, Gemüse, Fisch, Frischfleisch u. a.) sowie einen trockenen Sektor (Textilien und Haushaltswaren). Viel Lokalkolorit erlebt man in Nordlaos auf den Morgenmärkten *(talat sao)*, zu denen Frauen aus Bergdörfern in traditionellen Stammestrachten strömen, um ihre Produkte zu verkaufen und Wolle, Werkzeuge und andere notwendigen Dinge zu erwerben.

Wo einkaufen?

Einkäufe sollte man am besten am **Herstellungsort** tätigen. Meistens ist dort die Auswahl größer und die Preise sind günstiger als in den Souvenirläden der Touristenzentren. Souvenirs von geschützten Tierarten sollte man jedoch stehen lassen. Dazu gehören Mitbringsel aus Schildpatt, Reptilienleder und Elfenbein, deren Einfuhr nach Europa ohnehin verboten ist.

Handeln

Handeln ist in Laos ein Nationalsport. Nach dem Feilschen sollte man sich auf Zweidrittel bis Dreiviertel des erstgenannten Betrags einigen. Festpreise haben ausschließlich gehobene Läden in den Städten, aber selbst dort gewährt man bei Nachfrage häufig Rabatte.

Ein guter Zeitpunkt zum Feilschen ist der frühe Morgen, denn viele Händler betrachten den Abschluss des ersten Geschäfts als ein Omen für den Verlauf des Tages. Man sollte nicht noch um den letzten Kip schachern, denn jemand, der einen Preis noch stärker herunterhandelt, als es seine soziale Position gerechtfertigt erscheinen lässt, verletzt die Pflicht des Höhergestellten, armen Leuten zu helfen.

Öffnungszeiten

Geschäfte haben unterschiedliche Öffnungszeiten, meistens Mo–Sa von 8 oder 9 bis 19 oder 20 Uhr. **Kleinere Läden** und zahlreiche **Märkte** sind vielfach bis weit in die Nacht geöffnet. Manche Geschäfte schließen zwischen 13 und 16 Uhr. Obwohl sonn- und feiertags Geschäftsruhe herrscht, haben einige Läden auch an diesen Tagen geöffnet.

Auf dem Phousi-Markt in Luang Prabang

Drogen

Strenge **Gesetze** verbieten in Laos den Besitz, Verkauf und Konsum von Drogen. Bei Verstößen – auch wenn es sich nur um kleine Mengen handelt – drohen harte Strafen. Die gesetzlichen Bestimmungen unbedingt einhalten, da bei Drogendelikten keine Hilfe von der jeweiligen Botschaft zu erwarten ist.

Elektrizität

In Vientiane und größeren Städten beträgt die Stromspannung meist 220 Volt/50 Hertz, in kleineren Orten durchweg nur 110 Volt Wechselstrom. In Laos gibt es sowohl sogenannte »deutsche Steckdosen«, für die kein Adapter erforderlich ist, als auch »englische Steckdosen«, für die man einen dreipoligen Zwischenstecker benötigt. In den Abendstunden treten oft Stromschwankungen oder -ausfälle auf, deshalb gehört eine Taschenlampe ins Reisegepäck. Vielerorts erfolgt die Stromversorgung mit Generatoren nur in den Abendstunden von 18–22 Uhr. Die Dörfer in entlegenen (Berg-)Regionen sind nicht an das Stromnetz angeschlossen. In einfachen Gästehäusern ist die Verkabelung meist recht abenteuerlich und mit Vorsicht zu begegnen.

Fotografieren

Laos bietet eine Vielzahl schöner Motive. Vielerorts lassen sich die Einheimischen gerne fotografieren. Man sollte stets versuchen, auch als eine Geste der Höflichkeit, die Fotos im Einverständnis mit dem Betreffenden zu machen – oft genügt ein kurzer Blickkontakt oder ein freundliches Lächeln. Respektieren sollte man die Kamerascheu mancher Einheimischer, vor allem von Frauen und älteren Männern. Gerade bei religiösen Festen sind Diskretion und Zurückhaltung oberstes Gebot – das gilt vor allem für das Fotografieren mit Blitzgeräten. Das Alltagsleben hält man fest, indem man einen Menschen oder Gruppen bei einer typischen Beschäftigung oder in einem unverwechselbaren Ambiente aufnimmt. Wichtig ist es, auf die passende Lichtstimmung und die richtige Umgebung zu achten. Seitliches Streiflicht kann ein Gesicht modellieren. Frauen von Bergstämmen in ihren traditionellen Trachten kommen auf dem Markt am besten zur Geltung.

Zur Kontraststeigerung bei Landschaftsaufnahmen und zum Schutz vor mechanischer Beschädigung sollten die Objektive mit Skylight- oder UV-Filter versehen werden. Zu beachten sind die oft großen Beleuchtungskontraste: Gerade bei Porträtaufnahmen im Gegenlicht leistet ein Blitzgerät zur Schattenaufhellung gute Dienste.

Besondere Fotoerlaubnisse benötigt man meist in Museen. Für militärische Anlagen, Flugplätze und manche öffentlichen Gebäude gilt Fotoverbot. Man sollte unbedingt die entsprechenden Hinweisschilder beachten.

Digital fotografieren

Der Inhalt voller Speicherkarten kann in den meisten Internetcafés auf CD bzw. DVD gebrannt oder auf einem eigenen USB-Stick kopiert werden, sodass man mit zwei **Speicherchips** gut auskommt. In die Fototasche gehören auch ein **Ersatzakku** und das **Ladegerät**. Viele Einheimische freuen sich, wenn sie auf dem Display einer Digitalkamera ihre Fotos betrachten können. Eine noch größere Freude bereitet man ihnen, wenn man in einem Digitalstudio in Vientiane oder einer anderen größeren Stadt Kopien anfertigen lässt und diese verschickt.

Filmmaterial

Farbnegativ- und Diapositivfilme internationaler Marken sind nur in Vientiane und Luang Prabang erhältlich, allerdings teurer als zu Hause und vielfach unsachgemäß gelagert. Es empfiehlt sich also, einen ausreichenden Filmvorrat mitzubringen. Mittelempfindliches Material eignet sich am besten, doch sollte man auch »schnelle« Filme für abendliche Veranstaltungen oder Wanderungen im lichtarmen Regenwald einpacken.

Frauen allein unterwegs

Laos zählt zu den sichersten Reisezielen für allein reisende Frauen in Südostasien. Laotische Männer begegnen Touristinnen meist höflich distanziert, bisweilen mit respektvoller Neugierde. Sprechen jüngere Laoten Touristinnen an, so verbergen sich dahinter keine Annäherungsversuche, sondern häufig Wissbegierde und die Absicht, erworbene Englischkenntnisse zu verbessern.

Insbesondere Frauen, die auf **lokale Bekleidungssitten** Rücksicht nehmen, haben in der Regel keine Belästigungen von Laoten zu befürchten. Frauen, die sich abgrenzen wollen, sollten den direkten Blickkontakt mit einheimischen Männern vermeiden. Laotische Frauen zeigen sich, meist aufgrund mangelnder Sprachkenntnisse, gegenüber Touristinnen wie Touristen recht kontaktscheu.

Öffnungszeiten

Auskunftsbüros für Touristen:
regional unterschiedlich
meist Mo–Fr 8–12, 13–16 Uhr

Regierungsbüros:
Mo–Fr 8–12, 13–16 Uhr

Geschäftsbüros:
Mo–Fr 8–12, 13–16 Uhr
manche samstags am Vormittag

Museen und Galerien:
regional unterschiedlich
meist tgl. 8–12, 13–16 Uhr

Postämter:
meist Mo–Fr 8–12, 13–16 und Sa 8–12 Uhr

Richtiges Verhalten

Farangs, den reichen weißhäutigen Ausländern, sieht man vieles nach, was bei Einheimischen unverzeihlich wäre. Doch die Übertretung mancher Gesetze verübelt man selbst Fremden, auch wenn das häufig hinter einem freundlichen Lächeln verborgen wird.

Eine grobe Beleidigung ist die Missachtung des Kopf- und Fußtabus. Der **Kopf** ist ein heiliger Körperteil, gilt er doch als Wohnsitz von Geist und Seele. Er ist (auch bei Kindern) damit nicht nur unantastbar, sondern sollte von einem Jüngeren oder Rangniedrigeren nach Möglichkeit auch nicht überragt werden. Gehen Laoten an sitzenden Menschen vorbei, nehmen sie, vor allem bei älteren oder zu respektierenden Personen, eine gebückte Haltung ein, um ihre Ehrerbietung zu bezeugen. Die **Füße** gelten als niederer Körperteil sowie als Inbegriff des Schmutzigen und Minderwertigen. So empfindet man es als den Gipfel der Geschmacklosigkeit, wenn jemand beim Sitzen die Fußsohlen auf andere Menschen oder gar Buddha-Statuen und andere heilige Symbole richtet. Bei Einladungen zieht man vor dem Betreten des Hauses die Schuhe aus.

Die Grenzen des Anstands schließen in der Öffentlichkeit körperliche Berührungen zwischen den Geschlechtern aus. Vor den Augen fremder Menschen Zuneigung zu zeigen, heißt, ein Tabu zu brechen und bedeutet, das Gesicht zu verlieren.

Bei einem **Gespräch** aufrecht stehend die Hände in die Hüften zu stützen oder die Arme vor der Brust zu verschränken, wird als Beleidigung empfunden, denn Laoten interpretieren diese Haltung als Herausforderung und Arroganz.

Ebenso unhöflich ist es, mit dem Finger auf eine Person zu deuten oder jemanden durch das Krümmen eines Fingers herbeizurufen. Um eine Person oder auch ein Taxi zu rufen, winkt man bei ausgestrecktem Arm mit nach unten gerichteten Fingern und hält dabei den Handrücken nach oben.

Einem Affront käme es gleich, jemandem das Gesicht zu nehmen, also jemanden vor den Augen anderer zu kritisieren oder bloßzustellen. Absolut unangebracht sind lautes Sprechen, aggressives Benehmen oder überschwängliche Emotionsausbrüche.

Laoten beurteilen Menschen in hohem Maße nach ihrer äußeren Erscheinung, nicht zuletzt, weil es die erste Einstufung des sozialen Ranges ermöglicht. Zwar kleidet man sich wegen des schwül-warmen Klimas gerne lässig, niemals aber nachlässig. Sauberkeit und eine **gepflegte Erscheinung** werden allgemein so hoch geschätzt, dass man selbst in den schäbigsten Hinterhöfen kaum jemals verwahrloste und schmutzige Menschen sieht. Reiche Touristen in zerrissenen und schmutzigen Kleidungsstücken stoßen auf völliges Unverständnis.

Auch wer sich abseits vom Swimmingpool allzu freizügig kleidet, stellt die Freundlichkeit der Laoten auf eine harte Probe. Insbesondere beim Besuch buddhistischer Tempel sollte man sich angemessen kleiden. So wird Frauen, welche zu viel Dekolleté und Knie zeigen, sowie Männern in kurzen Hosen, T-Shirts und Sandalen der Zutritt zu manchen bedeutenden Tempeln verweigert. Vor dem Betreten sakraler Bauten muss man die Schuhe ausziehen. Da buddhistische Mönche und Novizen Frauen nicht berühren dürfen, müssen Opfergaben immer einem männlichen Begleiter ausgehändigt werden.

Händeschütteln ist, außer in westlich orientierten Gesellschaftsschichten, nicht üblich. Beim traditionellen und auch am meisten benutzten laotischen Gruß, dem *nop*, legt man beide Hände in einer Gebetshaltung vor dem Oberkörper zusammen.

Jedoch bedeutet der ***nop*** in seiner verfeinerten Form weit mehr als ein Händedruck. Er kann nicht nur Dank oder Entschuldigung ausdrücken, sondern ist auch eine Geste der Respektsbezeugung, in der sich die sozialen Stellungen des Grüßenden und Gegrüßten widerspiegeln. Je höher der soziale Rang der gegrüßten Person ist, desto höher werden die gefalteten Hände vor die Brust oder gar den Kopf geführt. Während man bei hoch gestellten Personen, vor allem Mönchen, die Fingerspitzen bis zur Stirn führt und überdies den Kopf neigt, grüßt man Gleichgestellte oder Personen, deren gesellschaftlichen Status man nicht kennt, mit einem *nop* in Brust- oder Kinnhöhe. Gegenüber Personen mit niedrigerem sozialen Rang, etwa Taxifahrern, Kellnern oder Kindern, ist ein *nop* unangebracht. Hier genügt ein Kopfnicken, verbunden mit einem freundlichen Lächeln. Sabai Dii lautet die den *nop* begleitende Grußformel.

Verständigung

Landes- und Amtssprache ist **Laotisch** *(phaasaa lao)*. **Französisch** ist in der ehemaligen französischen Kolonie noch weit verbreitet, vor allem bei älteren Menschen und Amtspersonen. Junge Leute bevorzugen Englisch, das auch als Sprache der Geschäftswelt dient. Zuweilen kann man sich auch auf Deutsch verständlich machen.

Zeit

Der Zeitunterschied zwischen Laos und Mitteleuropa beträgt plus sechs Stunden. Während der europäischen Sommerzeit verringert sich diese Differenz um eine Stunde.

Geld

Öffnungszeiten der Banken

Die meisten **Banken** sind Mo–Fr 8.30–15.30 oder 16 Uhr. Längere Öffnungszeiten haben für gewöhnlich die Wechselstuben in größeren Hotels und den drei internationalen Flughäfen des Landes.

Währung

Landeswährung ist der **Laotische Kip**. Im Umlauf befinden sich Scheine zu 100, 500, 1000, 2000, 5000, 10 000, 20 000 und 50 000 Kip. Es gibt keine Münzen. Da der Kip eine reine Binnenwährung ist, kann man erst vor Ort wechseln. **Aktuelle Wechselkurse** siehe unter www.umrechnung24.de.

Wechselkurse Januar 2011:

1 US-$	7937 Kip
1 €	10 402 Kip
1 sFr	8212 Kip
1 Thailändischer Baht	262 Kip

Zahlungsmittel im Land

Empfehlenswert ist die Mitnahme von auf US-Dollar ausgestellten **Reiseschecks**, die allerdings meist nur von Banken in größeren Städten eingelöst werden. Am einfachsten wechselt man bei der Banque pour le Commerce Extérieur Lao (BCEL) in Vientiane und deren Filialen in den Provinzhauptstädten. Dort kann man auch gegen eine geringe Gebühr auf US-Dollar ausgestellte Reiseschecks in US-Dollar-Noten tauschen. Da der **US-Dollar** in Laos de facto Zweitwährung ist, empfiehlt es sich, einen gewissen Bargeldbetrag in US-Dollar – keine zu großen Scheine – mitzunehmen. So müssen in der Regel Übernachtungspreise, außer in Unterkünften der untersten Kategorie, in US-Dollar bezahlt werden. Ebenso geben gehobenere Restaurants die Preise in US-Dollar an. Akzeptiert wird fast überall auch der **thailändische Baht**. Darauf achten, dass US-Dollar-Scheine nicht beschädigt oder beschriftet sind!

Mit MasterCard, Visa, American Express und anderen international gebräuchlichen **Kreditkarten** sowie teilweise sogar mit EC/Maestro- bzw. EC/Cirrus-Karte kann man in Vientiane, Luang Prabang und einigen größeren Provinzstädten an Geldautomaten (Automatic Teller Machines = ATM) Bargeld ziehen – PIN-Code nicht vergessen. Man sollte nur Geldautomaten benutzen, welche die Embleme internationaler Institute aufweisen, denn diese verfügen über eine Bedienerführung auf Englisch. Da in der Regel relativ hohe Auslandsgebühren anfallen, sollte man keine Minimalbeträge abheben. Zuverlässig sind die Geldautomaten der Banque pour le Commerce Extérieur Lao (BCEL), der Joint Development Bank (JDB) und der ANZV. Gibt es keine ATM, sind bei den größeren Banken Auszahlungen auf Kreditkarten möglich.

Kreditkarten werden in der Regel, gelegentlich mit Preisaufschlag von 3–5 %, von größeren Hotels und guten Restaurants sowie vielen Geschäften, Reiseagenturen und Autoverleihfirmen akzeptiert. Um Kreditkartenbetrug zu vereiteln, sollte man den Zahlungsvorgang im Auge behalten und darauf achten, dass nur ein Ausdruck erstellt wird. Bei Reisen in entlegenere Landesteile ist es ratsam, ausreichend Landeswährung dabei zu haben, denn außerhalb der Touristenzentren gibt es so gut wie keine Bankautomaten.

Die günstigsten **Wechselkurse** bieten Banken in Vientiane und in den Provinzhauptstädten. Je weiter man sich von touristischen Zentren entfernt, desto mehr nimmt der Wert der Devisen ab, soweit sie von Provinzbanken überhaupt angenommen werden. Das sonst oft lästige Sammeln der Umtauschquittungen entfällt in Laos – der Kip ist ohnehin nicht rücktauschbar. Auch dürfen laotische Kip weder ein- noch ausgeführt werden.

Preisniveau

Im Vergleich zu Mitteleuropa ist Laos sehr preisgünstig. Wer in Straßenlokalen isst, mit öffentlichen Verkehrsmitteln reist und in einfachen Gästehäusern übernachtet, kommt mit 20–25 US-$/Tag aus. Reisende mit höheren Ansprüchen sollten mit einem Tagesbudget von 50–70 US-$ rechnen. Zu beachten ist, dass die Übernachtungspreise in Touristenzentren wie Luang Prabang saisonalen Schwankungen unterliegen. Vor allem zum laotischen Neujahrsfest sind die Zimmerpreise um 50–100 % höher.

Kostenbeispiele

Essen: Eine Schüssel Nudelsuppe kostet in einem einfachen Lokal ab 5000–6000 Kip, eine Portion gebratener Reis ab 7000–8000 Kip. In einem mittleren Restaurant bekommt man ein Gericht ab 25 000–30 000 Kip. Selbst ein mehrgängiges Abendessen in einem gehobenen Restaurant in Vientiane oder Luang Prabang schlägt inklusive Getränke mit kaum mehr als 15–20 US-$ zu Buche.

Trinken: Eine Cola (0,375 l) kostet in einem Restaurant 6000–8000 Kip, eine Tasse Kaffee 5000–7000 Kip. Eine große Flasche Beer Lao kostet in einem der Freiluftlokale am Mekong-Ufer in Vientiane 10 000–12000 Kip und in einem besseren Restaurant 15 000–20 000 Kip .

Übernachten: In einem einfachen Gästehaus in Vientiane oder Luang Prabang bekommt man ein Zimmer ab etwa 80 000–100 000 Kip, auf dem Lande schon ab 40 000–50 000 Kip. Wer mehr Komfort wünscht, muss für eine Übernachtung in einem besseren Gästehaus mit etwa 15–40 US-$, in einem Mittelklasse-Hotel mit 40–80 US-$ rechnen. In Häusern der gehobenen Kategorie beginnen die Übernachtungspreise bei 80–150 US-$, in Luxushotels bei 200–250 US-$.

Transport: Günstig im Vergleich zu Mitteleuropa. So kostet das Busticket für die zehnstündige Fahrt von Vientiane nach Luang Prabang etwa 100 000 Kip. Wer die gleiche Strecke mit Lao Airlines fliegt, bezahlt rund 80 US-$. Ein Auto mit Fahrer im Stadtgebiet von Vientiane und Luang Prabang kostet etwa 40–60 US-$/Tag. Wer Laos auf eigene Faust mit einem Geländewagen erkunden will, muss mit etwa 80–90 US-$ pro Tag rechnen.

Eintrittsgelder: In Museen und Tempeln sowie in manchen Hotels und bei der nationalen Fluggesellschaft Lao Airlines gilt für Einheimische ein niedriger Preis, für Ausländer ein oft deutlich höherer.

Sperrung von EC-und Kreditkarten bei Verlust oder Diebstahl*:

0049 116 116

oder 0049 30 4050 4050
(* Gilt nur, wenn das ausstellende Geldinstitut angeschlossen ist.
Übersicht: www.sperr-notruf.de)
Weitere Sperrnummern:
- MasterCard: 00 49 69 79 33 19 10
- VISA: 00 49 69 79 33 19 10
- American Express: 0049 69 97 97 20 00

Bitte halten Sie für das Telefonat Ihre Kreditkartennummer, Kontonummer und Bankleitzahl bereit!

Trinkgeld

Beim Trinkgeld sollte man nicht knauserig sein, da viele Laoten wegen des geringen Lohns auf den Zusatzverdienst angewiesen sind. Kellnern, Hotelpersonal und Gepäckträgern steckt man 3000–5000 Kip zu; Taxi- und Tuk-Tuk-Fahrern überlässt man das Wechselgeld. Um nicht überheblich zu erscheinen, sollte man den Obulus mit einem Lächeln überreichen. Ein niedriges Trinkgeld wirkt beleidigend, denn es bedeutet, dass man mit dem Service unzufrieden war.

Reisezeit und Klima

Beste Reisezeit ist die ›kühle‹ **Trockenperiode** von November bis Februar, wenn die Reisfelder noch grün und die Temperaturen für Europäer erträglich sind. Dann kann es in den Bergen nachts empfindlich kalt werden, während bis in den frühen Vormittag Nebel in den Flusstälern festhängt.

Zwischen März und Mai wird es im Tiefland oft unerträglich heiß. Weite Regionen im Norden von Laos verschwinden gegen Ende der Trockenzeit unter einem dichten Rauch- und Dunstschleier, wenn die Bergvölker vor Beginn der Regenperiode Wälder und Buschland abbrennen.

Sobald im Juni, teils auch schon im Mai, der Südwest-Monsun einsetzt, beginnt es nahezu überall im Land zu regnen, zumeist nur für einige Stunden am Tag, aber mit zunehmender Intensität. Das bringt die ersehnte Abkühlung mit sich, und die Temperaturen, die vor allem in Zentral- und Südlaos am Ende der Trockenzeit die 40 °C-Marke überschritten haben, sinken.

Dauerregen von mehreren Tagen ist auch in der Monsun-Zeit selten. Meistens gehen nur kurze, aber dafür heftige Wolkenbrüche nieder, begleitet von Gewittern. Allerdings kommt es oft zu erheblichen Behinderungen im Reiseverkehr, wenn sintflutartige Niederschläge Lehmstraßen in Schlammpisten verwandeln oder Erdrutsche wichtige Verkehrswege blockieren.

Was sollte in den Koffer?

Generell empfiehlt es sich, legere, aber ordentliche Freizeit- oder normale Straßenkleidung zu tragen. Obwohl formelle Kleidung nur in Hotels und Restaurants der gehobenen Kategorie sowie bei festlichen Anlässen erwartet wird, ist die äußere Erscheinung in Laos sehr wichtig.

Frauen sollten auf ein Dekolleté ebenso verzichten wie auf knappe Shorts. Zudem sollten sie stets einen BH tragen. Verpönt sind kurze Hosen auch bei Männern. Absolut unakzeptabel für Laoten sind Touristen in zerrissener und schmutziger Kleidung. Besonders auf Ämtern und in Tempeln sollte man auf korrekte Kleidung achten.

Für Wanderungen sind strapazierfähige Jeans, festes Schuhwerk, eine Regenjacke, ein warmer Pullover und ein guter Schlafsack mitzunehmen, außerdem ein Hut als Sonnenschutz. Wer hauptsächlich in einfachen Gästehäusern übernachten will, in denen die Bettwäsche häufig nicht nach jedem Gast gewechselt wird, sollte einen leichten Leinenschlafsack einpacken.

Staub und grelles Licht machen es für Träger von Kontaktlinsen ratsam, eine Brille mitzunehmen. Verschreibungspflichtige Medikamente und Filme sollte man ebenfalls in ausreichender Menge von zu Hause mitbringen. Wer Tiere beobachten möchte, sollte auf jeden Fall ein Fernglas oder einen Feldstecher einpacken.

Klimadaten Vientiane

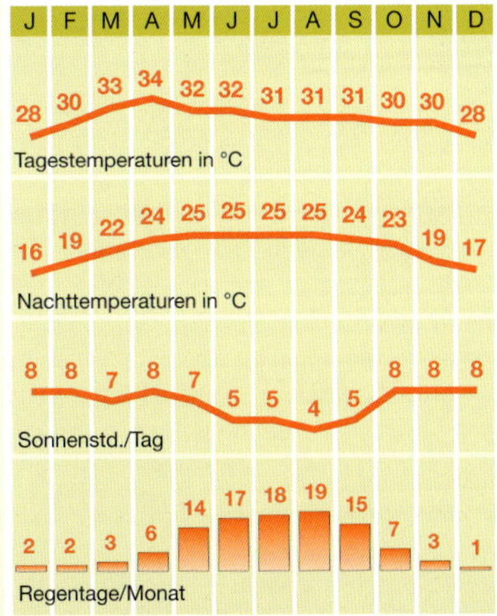

Gesundheit

Folgende Sites informieren über gesundheitliche Aspekte bei Reisen nach Laos: **www.die-reisemedizin.de** und **www.fit-for-travel.de** und **www.impfkontrolle.de.**

Impfungen

Derzeit sind für Reisende aus infektionsfreien Gebieten keine Impfungen vorgeschrieben. Es empfiehlt sich aber die Auffrischung des Impfschutzes gegen Tetanus und Poliomyelitis sowie prophylaktische Maßnahmen gegen Cholera und Diphtherie, Hepatitis A , Typhus.

Ärztliche Versorgung

Die besten Krankenhäuser findet man in Vientiane und den Provinzhauptstädten, allerdings genügen auch diese hinsichtlich Ausstattung und Hygiene nicht europäischen Ansprüchen. Je weiter man sich von den städtischen Zentren entfernt, desto mangelhafter wird die Hilfe. In schweren Krankheitsfällen sollte man nach Thailand reisen. Einen guten Ruf haben folgende Krankenhäuser:

AEK Udon International Hospital: 555/5 Thanon Posri, Makhang Muang, Udon Thani, Tel. 0066 42 34 25 55, Fax 34 10 33, www.aekudon.com.

Wattana General Hospital: Thanon Prachak Nong Khai, Tel. 0066 42 46 52 01 9, www.wattanahospital.net.

Da die meisten europäischen **Krankenversicherungen** keine in Laos anfallenden Behandlungskosten übernehmen, empfiehlt sich der Abschluss einer Reisekrankenversicherung, die die Kosten für eine ambulante und stationäre Behandlung, für Medikamente und einen Krankentransport ins Heimatland decken sollte. Für eine eventuelle Kostenrückerstattung benötigt man detaillierte Rechnungen: Name, Behandlungsort und -datum, Diagnose, Beschreibung der erbrachten Leistungen und Unterschrift des Arztes.

Apotheken

Apotheken gibt es nur in den größeren Städten. Die größte Auswahl an Medikamenten, darunter auch viele in Europa gebräuchliche Präparate, haben die Apotheken in den Krankenhäusern. Auf dem Lande kann man im Notfall Medikamente in dörflichen Krankenstationen erhalten.

Landesweite Notrufnummern

Feuerwehr 190
Polizei 191
Krankenwagen 195

Vorsichtsmaßnahmen

Als malariafrei gilt nur das Stadtgebiet von Vientiane. Ein geringes **Malariarisiko** besteht in Luang Prabang und anderen größeren Städten. Bei Reisen in alle anderen Regionen von Laos sind vor allem während der Regenzeit dringend vorbeugende Maßnahmen gegen Malaria empfohlen. Als besonders hoch wird das Malariarisiko in den Provinzen Attapeu und Sekong eingestuft. Gesundheitsämter oder Institute für Tropenmedizin geben Auskunft über vorbeugende Maßnahmen. Wer ohne Prophylaxe reist, sollte zumindest ein Standby-Medikament dabei haben.

Auf jeden Fall gehört ins Gepäck auch ein wirksames **Mückenschutzmittel**, denn nicht nur Malaria, sondern auch andere Tropenkrankheiten, etwa das vor allem in Südlaos auftretende Dengue-Fieber, werden durch Mückenstiche übertragen. Zur Vorbeugung von Stichen sollte man immer unter einem **Moskitonetz** oder in einem Zimmer mit Fliegengittern an den Fenstern schlafen, in der Morgen- und Abenddämmerung sowie nachts Fluss- und Seeufer sowie Sumpfgebiete meiden und während dieser Tageszeiten auch langärmlige Hemden bzw. Blusen und lange Hosen tragen.

Typische Symptome der **Malaria** sind abendliches, anfallartiges Fieber bis über 40°C, Schweißausbrüche und Schüttelfrost, Gliederschmerzen und Benommenheit. Es ist dringend anzuraten, beim Verdacht auf Malaria laotische oder thailändische Ärzte, die gewöhnlich eine große Erfahrung in der Behandlung dieser Krankheit besitzen, aufzusuchen.

Magenverstimmungen und **Durchfälle** treten bei Laos-Reisenden immer wieder auf. Man beugt vor, indem man durch Eiswürfel gekühlte und nicht in Flaschen abgefüllte Getränke, nicht abgekochtes Leitungswasser sowie unverpacktes, nicht industriell gefertigtes Speiseeis meidet, desgleichen ungeschältes Obst, Salat und rohes Gemüse sowie – weil besonders gefährlich – rohe oder halb gare Fisch- und Fleischgerichte. Es gilt die alte Tropenregel *Peel it, cook it or forget it!* Da es landesweit immer wieder zu Cholera-Ausbrüchen kommt, sollten Reisende ganz besonders auf die Trinkwasserqualität achten.

Leitungswasser sollte man nirgendwo trinken. In Hotels und Pensionen gibt es meist kostenlos **Trinkwasser** in Plastikflaschen. In entlegenen Landesteilen sollte man nur abgekochtes Wasser zum Trinken und Zähneputzen verwenden.

Schutzmaßnahmen erfordern die meistens **große Hitze und intensive** Sonneneinstrahlung. An heißen Tagen sollte man stets einen breitkrempigen Hut tragen und eine Sonnenschutzcreme mit hohem Schutzfaktor verwenden. Letztere ist teuer in Laos und sollte von Europa mitgebracht werden.

Reiseapotheke

In die Reiseapotheke gehören Verbandszeug, Tabletten zur Malariaprophylaxe und -therapie, ein Mittel gegen Durchfallerkrankungen, Wunddesinfektionsmittel und -salbe, Tabletten gegen Fieber und Schmerzen.

Toiletten

Sitztoiletten und Toilettenpapier findet man oft nur in gehobenen Hotels und Restaurants. Laoten bevorzugen das Hock-Klo, ein in den Boden eingelassenes Loch. In entlegenen Gebieten und bei Trekkingtouren wird man bisweilen vergeblich Toiletten suchen. Dort wird die Notdurft direkt in Flüssen und Bächen verrichtet. Sollte kein Papier zur Verfügung stehen, dienen drei Instrumente der Hygiene: ein Wasserbecken, eine Schöpfkelle und die linke Hand.

Sicherheit

Kriminalität

Im Allgemeinen gilt Laos als sicheres Reiseland, in dem Gewaltverbrechen sehr selten sind. In Touristenzentren häufen sich jedoch Einbrüche in Hotelzimmer sowie Taschen- und Trickdiebstähle auf Festen, Märkten und in öffentlichen Verkehrsmitteln. Es wurden auch Fälle der bereits aus Thailand berüchtigten K. O.-Drinks bekannt. Dem Opfer werden Betäubungsmittel in das Getränk gemischt, um es danach ausrauben zu können. Um bei Verlust des Reisepasses rasch Ersatz zu bekommen, ist eine an separater Stelle aufbewahrte Kopie sehr hilfreich oder man scannt den Pass ein und schickt ihn als Datei an die eigene E-Mail-Adresse.

Blindgänger und Minen

Unbdingt auf Erkundungen abseits der Wege verzichten, denn noch immer birgt die laotische Erde Hunderttausende Blindgänger und Landminen. Unbedingt die Totenkopf-Plakate, die vor noch nicht geräumten Minenfeldern warnen, beachten! Besonders betroffen sind die Provinz Xieng Khouang im Nordosten sowie die Umgebung der Stadt Xephon im Südosten des Landes.

Aktuelle Informationen zur Sicherheitslage in Laos unter: **www.auswaertiges-amt.de**.

Laos Kommunikation

E-Mail und Internet

An Internet-Cafés besteht vor allem in Städten wie Vientiane, Vang Vieng und Luang Prabang kein Mangel. Vereinzelt gibt es sie auch in größeren Provinzstädten wie Luang Nam Tha, Thakhek, Savannaketh und Pakxe. Hotels und Gästehäuser bieten gegen eine geringe Gebühr oder bisweilen kostenlos Internetzugang. Wer mit Laptop reist, findet in vielen Internetcafés und Hotels WiFi Hot Spots, die über WLAN drahtlosen Internetzugang ermöglichen.

Post

Luftpostbriefe nach Mitteleuropa benötigen von den Postämtern der größeren Städte etwa fünf bis sieben Tage, von kleinen Postämtern erheblich länger. **Pakete** werden nur bis zu einem Gewicht von 10 kg befördert und müssen neutral in braunes Papier verpackt sowie verschnürt sein.

Radio und Fernsehen

Lao National Radio (LNR) sendet in der Landessprache Lao, in Hmong, Khmu und anderen Sprachen von Bergvölkern sowie in Englisch, Französisch, Khmer und Vietnamesisch das, was das Politbüro in Vientiane für die richtigen Informationen hält.

Vorwahlen

Laos: 008 56
Deutschland: 00 49
Österreich: 00 43
Schweiz: 00 41
danach jeweils die Ortskennzahl ohne die erste Null
Auskunft: 179

Telefonieren

Telefongespräche ins Ausland vermitteln Telefonämter, Hotels und bessere Gästehäuser. Günstiger sind Telefonate über das Internet, die von fast jedem Internetcafés aus möglich sind, entweder direkt vom Rechner aus (Skype) oder von einem separaten Telefonplatz. Am preiswertesten sind Auslandsgespräche mit einem **Mobiltelefon,** wenn man eine Prepaid-SIM-Card eines laotischen Anbieters verwendet. Es gibt Starter-Kits (SIM-Karte plus Aktivierung) von allen lokalen Mobilfunkbetreibern, etwa Lao Telecom (www.laotel.com), Enterprise of Telecommunications Lao (www.etllao.com), Tigo (www.tigolao.com) und Unitel (www.unitel.com). Sie sind in jedem größeren Ort in Telefonläden erhältlich und kosten 50 000–100 000 Kip inkl. kleinem Guthaben.

Voraussetzung ist ein SIM-lock-freies Handy, das also nicht mehr an den einheimischen Vertragsanbieter gebunden ist. Karten zum Aufladen (pop up) gibt es in Telefonläden und kleinen Supermärkten. Nationale Gespräche kosten etwa 800–1000 Kip/Min., internationale Telefonate etwa 2000–3000 Kip/Min. Da man eine eigene Rufnummer erhält, entfallen die teuren heimischen Roaming-Gebühren.

Zeitungen/Zeitschriften

In Laos werden zwei Tageszeitungen und fünf Wochenzeitschriften publiziert. Der Vertrieb beschränkt sich jedoch auf die städtischen Zentren.

Als fremdsprachige Zeitungen erscheinen in Vientiane zweimal wöchentlich die englischsprachige Vientiane Times und in französischer Sprache Le Renovateur. Es dominieren Inlandsnachrichten. Hilfreich für Touristen sind Tipps zu Hotels und Restaurants sowie Veranstaltungshinweise.

Sprachführer Laotisch

Die Nationalsprache von Laos ist das **Lao,** auch Laotisch *(phaasaa lao)* genannt, das etzwei Drittel der Bevölkerung sprechen. Die übrigen kommunizieren in den Sprachen der Bergvölker sowie auf Vietnamesisch und Chinesisch. Das in den einzelnen Landesteilen gesprochene Laotisch weicht voneinander ab. So sind sich das Luang-Prabang-Lao *(siang nüüa)* und das Südlaotische *(siang tai)* nicht ähnlicher als etwa Spanisch und Portugiesisch. Der **Standard-Dialekt** *(siang viengchan),* der auch im Radio und Fernsehen zu hören ist, wird in und um Vientiane gesprochen und hat sich gegenüber den Regionaldialekten als Hochsprache durchgesetzt. Als eine Art Schwestersprache ähnelt das Vientianer Laotisch dem Thai.

Laotisch gehört zur sinotibetischen Sprachgruppe und ist ein überwiegend monosyllabisches Idiom. Jede Silbe, die unveränderlich ist, hat für sich eine Bedeutung. Durch Zusammensetzen von Silben entstehen neue Begriffe, z. B. *hoong* (Gebäude), *hääm* (nächtigen) – *hoong hääm* (Hotel, wörtlich: Gebäude-nächtigen) oder *haan* (Laden), *kin* (essen), *düüm* (trinken) – *haan kin düüm* (Imbissstand, wörtlich: Laden-essen-trinken).

Durch das Anhängen des Fragepartikels *boo* wird ein Aussage- zum Fragesatz. Mit *boo* wird außerdem die Verneinung zum Ausdruck gebracht, z.B. *Mii bia boo?* (Gibt es Bier?), *Bia boo mii* (Es gibt kein Bier).

Das Lao verfügt auch über einen reichen Wortschatz an mehrsilbigen Pali-Begriffen. Das **Pali** stammt vom Sanskrit ab und ist bis heute die heilige Sprache der Buddhisten, die jeder Mönch – zumindest rudimentär – erlernt.

Eigentlich ist Laotisch eine unkomplizierte Sprache, denn die Grammatik ist denkbar einfach. Es gibt weder eine Deklination noch Verbendungen oder Zeiten. Auch Artikel kennt man nicht. Dennoch ist die Landessprache für die meisten Besucher ein Buch mit sieben Siegeln, denn Lao ist eine Tonsprache mit sechs verschiedenen Tonstufen. Je nach der Melodie seiner Aussprache kann ein und dasselbe Wort also bis zu sechs verschiedene Bedeutungen haben.

Gegen Heiterkeitserfolge bei den Angesprochenen oder peinliche Missverständnisse ist also nur gefeit, wer die Töne richtig trifft. Schwierig auszusprechen sind auch die in der Umschrift mit den Umlauten ä, ö und ü bezeichneten Laute. Sie werden nicht wie im Deutschen offen ausgesprochen, sondern im hinteren Mundraum gebildet. Allerdings werden *farangs* Fehler bei der Aussprache meist nicht übel genommen. Im Gegenteil – Besuchern, die sich die Mühe machen, einige Wendungen des Laotischen zu erlernen, öffnen sich die Herzen der Einheimischen.

Eine sehr nützliche Sprachhilfe für unterwegs: Klaus Werner, Laotisch Wort für Wort, Kauderwelsch Band 60, Reise Know-How Verlag, Bielefeld, 2008.

Allgemeines

Guten Tag.	Sabai dii.
Auf Wiedersehen.	Phop kan mai.
Wie geht es Ihnen?	Sabai dii boo?
Danke gut.	Sabai dii juu.
Danke (sehr).	Khoop tjai (laai laai).
(um etwas) bitten	khoo suuai
Gestatten Sie?	Khoo anunjaat?
Viel Glück!	Sook dii!
Ja/nein	tjao/boo
Wer? Was?	Phai? Mii njang?
Warum? Wieviel?	Pen njang? Thao dai?
klein, wenig	noi, njai
groß, viel	laai
gut, genug	phoo lääo
sehr gut	dii laai
Ich weiß nicht.	Khooi boo huu.
Was heißt ... auf Laotisch?	Kham waa ... phaasaa lao pää waa njang?
Können Sie mir das bitte aufschreiben?	Khiian kham nii hai böng duu?
Ich bin Deutscher.	Khooi pen khon njialaman.

Wiederholen Sie bitte!	Wau maa mai dää!
Verzeihung, darf man hier fotografieren?	Khoo thoot thaai huup dai boo?
Das macht nichts.	Boo pen njang.
Bitte helfen Sie mir!	Sooi khooi dää!

Unterwegs

Wo? Wohin?	Juu sai pai sai?
Woher?	Tää sai?
Wann?	Weelaa dai?
Wie lange?	Don weelaa dai?
gehen, fahren/ kommen	pai/maa
rechts/links	pai kwaa/pai sai
geradeaus/ hin und zurück	pai süü süü/ pai kap
hier/dort	thii nii/thii nan
nah/weit	moo/kai
Bringen Sie mich nach ...!	Phaa khooi pai ... dää!
Wann fährt ... ab?	Weelaa dai ... ook pai?
Wo befindet sich das Dorf ...?	Ban ... juu sai?
Fahrzeug, Wagen	lot
Bus	lot mee
Busterminal	sathaanii lot mee
Schiff, Boot	heua
Hafen	tha heua
Slowboat/Speedboat	heua sa/heua wai
Flugzeug	heua bin
Flugplatz	döön bin
Eisenbahn	lot fai
Taxi	taksii
Motorrad	lot tjak
Fahrrad	lot thiip
Fahrkarte	pii
Fahrkartenschalter	boon khaai pii
Reiseagentur	bolisat thoong thiao
Bank	thanakhaan
Polizeistation	sathaanii tamluat
Stadt	muang
Dorf	ban
Straße	thanon
Fluss (Nordlaos)	nam
Fluss (Südlaos)	xe
Insel	don
Berg	phou
Wo ist eine Toilette?	Hoong nam juu sai?

Zeit

Stunde/Tag	soomoong/müü
Woche	aathit
heute/gestern	müü nii/müü waan nii
morgen/ übermorgen	müü üün/müü hüü
morgens	toon sao
vormittags	toon suuai
mittags	toon baai
nachmittags	toon lääng
abends	toon khüün
nachts	toon kham
täglich	thuk müü
jetzt/später	diao nii/too pai nii
bald	iik bee don
Um wieviel Uhr?	Tjak moong?
Wie spät ist es jetzt?	Diao nii tjak moong?

Übernachten

Hotel	hoong hääm
Gästehaus	hoo khääk
Einzelzimmer	hoong noon tiang diao
Doppelzimmer	hoong noon tiang khu
Zimmer mit Bad/WC	hoong noon sai hoong nam
Zimmer mit Ventilator	hoong noon sai phat lom
Zimmer mit Klimaanlage	hoong noon sai ää
Zimmer mit Warmwasser	hoong noon sai nam hoon
Gibt es ein Handtuch?	Mii phaa set naa boo?
Gibt es Toilettenpapier?	Mii tjia anamai boo?

Gibt es eine Decke?	Mii phaa hom boo?
Gibt es ein Moskitonetz?	Mii mung boo?

Einkaufen

Markt	talat
Geschäft	haan khaai khüüang
Gibt es ...?	Mii ... boo?
Wo kann man ... kaufen?	Süü ... dai juu sai?
Ich brauche ...	Khooi toong kaan ...
Ich suche ...	Khooi sook haa ...
Ich möchte das kaufen.	Khooi jaak süü an nii.
zu teuer	phääng phoot
Darf man das mal anprobieren?	Nung loong böng dai boo?

Im Notfall

Krankenhaus	hoong moo
Arzt/Zahnarzt	naai moo/phäät pua khääo
Apotheke/ Medikament	haan khaai jaa/ jaa

Ich bin krank.	Khooi boo sabai.
Ich habe Fieber.	Khooi pen khai.
Ich bin erkältet.	Khooi pen wat.
Ich habe Durchfall.	Khooi long thoong.
Ich bin verletzt.	Khooi mii baat tjep.

Zahlen

1/2	nüng/soong
3/4	saam/sii
5/6	haa/hok
7/8	tjet/päät
9/10	kao/sip
11/12	sip-et/sip-soong
13/14	sip-saam/sip-sii
15/16	sip-haa/sip-hok
17/18	sip-tjet/sip-päät
19/20	sip-kao/sao
30/40	saam-sip/sii-sip
50/60	haa-sip/hok-sip
70/80	tjet-sip/päät-sip
90/100	kao-sip/(nüng) looi
500/1000	haa looi/(nüng) phan
100 000	sään
1 000 000	laan

Die wichtigsten Sätze

Allgemeines

Entschuldigung!	Khoo thoot!
Ich verstehe nicht.	Khooi boo khao tjai.
Ich spreche kein Laotisch.	Khooi boo paak phaasaa lao.
Spricht hier jemand Englisch?	Mii phai paak phaasaa ankit boo?
Wie heißen Sie?	Tjao süü njang?
Ich heiße ...	Khooi süü ...
Sprechen Sie bitte langsamer!	Wau saa saa dää!

Unterwegs

Ich möchte nach ...	Khooi jaak pai ...
Wo ist hier eine Apotheke?	Haan khaai jaa juu sai?
Welcher Bus geht nach …?	Pai ... toong ao lot mee namböö dai?
Wie lange dauert die Fahrt nach …?	Pai ... kin weelaa thao dai?
Wo gibt es …?	... juu sai?
Wie weit ist das?	Pai ... kin weelaa thao dai?

Übernachten

Haben Sie ein freies Zimmer?	Mii hoong waang boo?
Ich habe ein Zimmer reserviert.	Khooi tjoong hoong
Wo kann man hier übernachten?	Yuu nii phak sao dai yuu sai?
Ich brauche ein Zimmer.	Khooi toong kaan hoong noon.

Kambodscha Informationsquellen

Kambodscha im Internet

www.cambodia.org
Engagierte Website des Cambodia Information Center, Basisinfos, Visa- und Einreisebestimmungen, Tipps zu Hotels, Essen und Trinken sowie Veranstaltungen, aktuelle Nachrichten, Fotos von Kambodscha, Berichte von Überlebenden des Holocaust und vieles mehr, auf Englisch.

www.canbypublications.com
Fundierter On-Line-Reiseführer mit aktuellen Tipps zu Übernachten, Essen, Ausgehen und Einkaufen.

www.mot.gov.kh
Offizielle Website des Ministry of Tourism Cambodia, allgemeine touristische Infos, Sehenswürdigkeiten, Feste und Veranstaltungen, Einreisebestimmungen, Fotogalerie.

www.visit-mekong.com
Offizielle Website für Tourismus der Mekong-Anrainerstaaten, allgemeine touristische Infos, Veranstaltungshinweise, Hotels, Restaurants, lokale Veranstalter, auf Englisch.

www.cambodia-travel.com
Umfassende Website einer Reiseagentur, Hinweise zu Hotels, Restaurants, Reiserouten und Visabestimmungen, Hintergrundinformationen zu Land und Leuten, aktuelle Nachrichten, auf Englisch.

www.tourismcambodia.com
Reichhaltige englischsprachige Website

www.auswaertiges-amt.de
Basisinformationen, Sicherheitshinweise

www.cambodiadaily.com,
www.phnompenhpost.com
Die Websites der beiden englischsprachigen Tageszeitungen in Kambodscha bieten neben aktuellen Artikeln und Veranstaltungshinweisen auch aktuelle Wechselkurse sowie diverse Tipps zu Hotels, Essen und Trinken an.

Touristeninformation

… in Deutschland, Österreich und der Schweiz

Kambodschanisches Fremdenverkehrsamt
c/o Indochina Services
Steinerstr. 15, Haus A, 2. OG
81369 München
Tel. 089 219 09 86 60
Fax 089 219 09 86 80
info@is-eu.com
www.indochina-services.com

Diplomatische Vertretungen

… in Deutschland

Botschaft des Königreichs Kambodscha
Benjamin-Vogelsdorff-Straße 2
13187 Berlin
Tel. 030 48 63 79 01
Fax 030 48 63 79 73
www.kambodscha-botschaft.de
(Visabestimmungen, aktuelle Nachrichten und Entwicklungen)
Mo–Do 8.30–12, 13.30–16.30, Fr 8.30–13 Uhr

… in der Schweiz

Botschaft des Königreichs Kambodscha
Chemin Taverney 3
1218 Le Grand-Saconnex
Tel. 022 788 77 73
Fax 022 788 77 74
cambodge@bluewin.ch

In Österreich gibt es keine diplomatische Vertretung von Kambodscha. Für Visaanträge ist die Botschaft in Berlin zuständig.

... in Kambodscha/Thailand

Deutsche Botschaft
No. 76–78 Street 214 (Rue Yougoslavie)
Phnom Penh
Tel. 008 55 23 21 63 81 und 21 61 93
Fax 008 55 23 42 77 46
www.phnom-penh.diplo.de
Mo–Fr 8.30–11.30 Uhr

Österreich und die Schweiz haben keine Botschaft in Kambodscha, zuständig sind die Botschaften in Thailand:

Österreichische Botschaft in Bangkok
14 Soi Nantha, Thanon Sathorn Tai
Sathorn
Bangkok
Tel. 0066 2 303 62 57/58
Fax 0066 2 303 62 60
www.aussenministerium.at/bangkok

Schweizer Botschaft in Bangkok
35 Thanon Witthayu Nua
(North Wireless Rd.), Pathumwan
Bangkok
Tel. 0066 2 674 69 00
Fax 0066 2 674 69 01
www.eda.admin.ch/bangkok

Generalkonsulat der Schweiz
No. 53D Street 242
Phnom Penh
Tel. 008 55 23-21 90 45
Fax 008 55 23-21 33 75
swissconsulate@online.com.kh

Karten

Übersichtlich und aktuell ist die vom Nelles Verlag herausgegebene Nelles Map Cambodia mit Stadtplänen von Phnom Penh und Siem Reap sowie einem Lageplan der Angkor-Tempel und Grundrissen von Angkor Wat und anderen Heiligtümern in der Ebene von Angkor. Zu empfehlen ist auch die Kambodscha-Karte aus dem Verlag Periplus, die in Phnom Penh und Siem Reap erhältlich ist.

Lesetipps

Follath, Erich: Die Kinder der Killing Fields – Kambodschas Weg vom Terrorland zum Touristenparadies, München 2009. Diese Reportagensammlung verbindet persönliche Erfahrungen mit sachkundigen Informationen über Geschichte, Politik und Gesellschaft.
Goeb, Alexander: Kambodscha – Reisen in einem traumatisierten Land, Frankfurt/Main 2007. Der Autor hat mit Opfern und Tätern des Genozids der Roten Khmer gesprochen. Anlässlich des internationalen Tribunals der späten Sühne zieht er Bilanz.
Koch, Christopher J.: Das Verschwinden des Michael Langford, Frankfurt/Main 2003. Das Leben und Verschwinden des Kriegsberichterstatters Michael Langford, seine Liebe zu Kambodscha und den Khmer. Ein Roman von Liebe und Menschlichkeit in den Wirren des kambodschanischen Bürgerkriegs vor der Machtergreifung der Roten Khmer.
Kravanh, Daran u. Lafreniere, Bree: Durch die Stille der Nacht, München 2007. Das erschütternde Schicksal eines jungen Kambodschaners nach der Machtergreifung der Roten Khmer 1975.
Prüfer, Benjamin: Wohin Du auch gehst, Frankfurt/Main 2007. Aids war für den Autor immer die Krankheit der anderen. Doch mit der Liebe zur HIV-infizierten kambodschanischen Ex-Prostituierten Sreykeo zog das Virus in sein Leben ein. Unter dem Titel »Same but different« verfilmt von Detlev Buck.
Siebert, Rüdiger u. Kotte, Heinz: Der Traum von Angkor – Kambodscha – Vietnam – Laos, Bad Honnef 2000. Eine Reise vom Mekong-Delta bis nach Angkor, dargestellt in einer abwechslungs- und kenntnisreichen Reportagensammlung.

Kambodscha Reise- und Routenplanung

Kambodscha als Reiseland

Kambodscha wird wie kaum ein zweites Land der Welt von einem einzigen Bauwerk beherrscht: **Angkor Wat**. Eine Besichtigung des größten Sakralbauwerks der Welt, das als ein unvergleichliches Meisterwerk gilt, ist für jeden Besucher ein unvergessliches Erlebnis.

Kaum weniger faszinierend sind andere **Tempel der Angkor-Könige**, etwa der Bayon, der Baphuon, der Ta Prohm, der Preah Khan oder der Banteay Srei. Doch das kleine Königreich hat mehr zu bieten als die berühmten Tempelstätten von Angkor. Bereits die Anreise von Phnom Penh in einem der auf dem **Tonle Sap**, dem größten Binnensee von Südostasien, pendelnden Schnellbooten ist beeindruckend. Die Reisenden erleben eine amphibische Welt mit schwimmenden Dörfern, in denen sich das Leben der Einheimischen seit Generationen kaum geändert hat.

Ein zwei- oder dreitägiger Aufenthalt lohnt sich auch in der vor wieder gewonnener Lebensfreude pulsierenden Hauptstadt **Phnom Penh**, wo sich der Mekong in zwei Arme teilt. Kulturreisende finden dort buddhistische Tempel, die zu den schönsten Werken kambodschanischer Baukunst des 20. Jh. gehören, allen voran der Wat Preah Keo Morokat mit der berühmten Silberpagode. Zum Verweilen verführt vor allem in der Abendstimmung auch die Uferpromenade Sisowath Quay mit Restaurants und Bars.

Im Süden des Landes bieten die langgestreckten Sandstrände in der Umgebung von **Sihanoukville** am Golf von Thailand unge-

Per Boot ist Kambodscha auf den unzähligen Wasserwegen zu entdecken

trübte Badefreuden. Ethnologisch Interessierte lockt die abgeschiedene **Provinz Rattanakiri** im Nordosten, wo man Wanderungen zu Dörfern von Bergstämmen unternehmen kann. Immer mehr Reisende zieht es auch den Mekong aufwärts nach Kratie, wo man die berühmten Irrawaddy-Delfine beobachten kann, und weiter nach Stung Treng nahe der kambodschanisch-laotischen Grenze. Seit der Grenzöffnung können ausländische Touristen entweder per Boot oder auf dem Landweg von Kambodscha nach Südlaos reisen.

Zwar befindet sich der Tourismus im Anfangsstadium, doch finden Komfortreisende zumindest in Phnom Penh und Siem Reap vom mehrsternigen Hotel bis zum Gourmet-Restaurant alles, was ihr Herz begehrt.

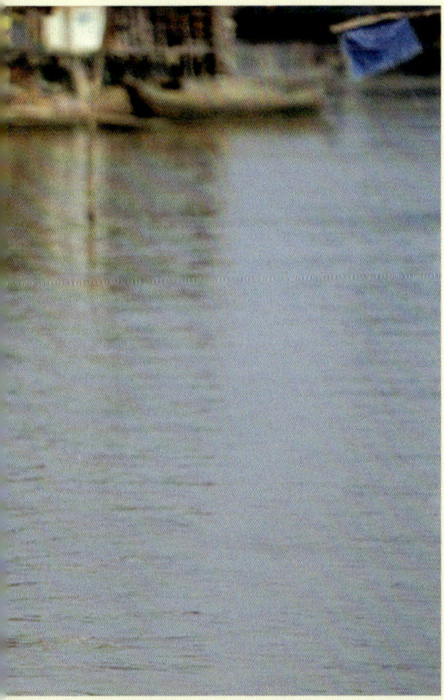

Vorschläge für Rundreisen

Eine Woche in Kambodscha

1. Ankunft in Phnom Penh – Besichtigung der kambodschanischen Hauptstadt – Ausflüge in die Umgebung von Phnom Penh – Bootsfahrt auf dem Tonle Sap oder Flug nach Siem Reap (alternativ Busfahrt über Kompong Cham und Kompong Thom mit Besuch der Tempel von Sambor Prei Kuk) – Besichtigung der Tempelstätten von Angkor – Flug von Siem Reap nach Pakxe (Laos) oder Bangkok (Thailand) bzw. Busfahrt nach Aranyaprathet (Thailand).

2. Einreise nach Kambodscha über Siem Reap von Pakxe, Bangkok oder Aranyaprathet (s. o.) – Besichtigung der Tempelstätten von Angkor – Bootsfahrt auf dem Tonle Sap oder Flug nach Phnom Penh (alternativ Busfahrt über Kompong Thom mit Besuch der Tempel von Sambor Prei Kuk und Kompong Cham) – Besichtigung der kambodschanischen Hauptstadt – Ausflüge in die Umgebung von Phnom Penh – Weiterreise ab Phnom Penh.

Zwei Wochen in Kambodscha

1. Einreise nach Kambodscha über Siem Reap von Pakxe, Bangkok oder Aranyaprathet (s. o.) – Besichtigung der Tempelstätten von Angkor – Bootsfahrt auf dem Tonle Sap oder Flug nach Phnom Penh (alternativ Busfahrt über Kompong Thom mit Besuch der Tempel von Sambor Prei Kuk und Kompong Cham) – Besichtigung der kambodschanischen Hauptstadt – Ausflüge in die Umgebung von Phnom Penh – Busfahrt nach Sihanoukville – Badeurlaub an den Sandstränden in der Umgebung von Sihanoukville – Bootsfahrt über den Golf von Thailand oder Busfahrt durch das Küstengebirge nach Koh Kong – Weiterreise nach Trat (Thailand).

2. Einreise nach Kambodscha über Stung Treng von Pakxe (Laos) – Abstecher nach

Rattanakiri – Busfahrt über Kratie und Kompong Cham nach Phnom Penh – Besichtigung der kambodschanischen Hauptstadt – Ausflüge in die Umgebung von Phnom Penh – Bootsfahrt auf dem Tonle Sap oder Flug nach Siem Reap (alternativ Busfahrt über Kompong Thom mit Besuch der Tempel von Sambor Prei Kuk) – Besichtigung der Tempelstätten von Angkor – Flug von Siem Reap nach Bangkok (Thailand) bzw. Busfahrt nach Aranyaprathet (Thailand).

Zwei oder drei Wochen in Kambodscha

Einreise nach Kambodscha über Koh Kong von Trat (Thailand) – Bootsfahrt über den Golf von Thailand oder Busfahrt durch das Küstengebirge nach Sihanoukville – Busfahrt (eventuell über Kampot) nach Phnom Penh – Besichtigung der kambodschanischen Hauptstadt – Ausflüge in die Umgebung von Phnom Penh – Bootsfahrt auf dem Tonle Sap oder Flug nach Siem Reap – Besichtigung der Tempelstätten von Angkor – Busfahrt über Kompong Thom mit Besuch der Tempel von Sambor Prei Kuk nach Kompong Cham und weiter nach Kratie – Abstecher nach Rattanakiri – Weiterreise von Stung Treng nach Pakxe (Laos).

Strandurlaub

Vom Massentourismus weitgehend unberührte, langgestreckte weiße Sandstrände, einsame Inseln und türkisgrünes Wasser lassen in **Sihanoukville** fast jeden Urlaubstraum wahr werden. An den paradiesischen Stränden kommen sowohl Sonnenhungrige als auch Wassersportler voll auf ihre Kosten. Die meisten Strände sind, da sandig und flach, ideal für einen Urlaub mit Kindern. An fast allen Stränden befinden sich diverse Unterkünfte und Restaurants verschiedener Kategorien.

Natur und Abenteuer

Seit Mitte der 1990er-Jahre stehen annähernd 20 % der Fläche von Kambodscha als National- und Naturparks unter Schutz. Allerdings sind die meisten Wild- und Naturreservate nach wie vor kaum oder überhaupt nicht zugänglich. Da sie einst den Roten Khmer als Rückzugsgebiete dienten, besteht in vielen Nationalparks immer noch eine große Gefahr durch Landminen.

Von den knapp zwei Dutzend Nationalparks sind Besuchern nur der **Ream National Park** bei Sihanoukville, der **Phnom Kulen National Park** bei Siem Reap, der **Lumpat National Park** und der **Virachey National Park** in der Provinz Rattanakiri sowie der **Phnom Prech National Park** in der Provinz Mondulkiri zugänglich. Da jedoch der Ökotourismus in den Planungen des Ministry of Tourism eine bedeutende Rolle spielt, sollen demnächst weitere Nationalparks für den Fremdenverkehr erschlossen werden.

Tipps für die Reiseorganisation

Die touristische Infrastruktur in Kambodscha befindet sich erst im Aufbau. Fahrten in **öffentlichen Verkehrsmitteln** zwischen Phnom Penh, Kompong Thom und Siem Reap (Nationalstraße 6), Phnom Penh und Sihanoukville (Nationalstraße 4) sowie Phnom Penh, Kompong Cham, Kratie und Stung Treng (Nationalstraße 7) sind relativ bequem und schnell, abseits der Hauptrouten jedoch meist unkomfortabel. Wer Wert auf Unabhängigkeit und Bequemlichkeit legt, sollte über einen Reiseveranstalter oder ein Hotel ein Auto mit Fahrer und englisch- oder deutschsprachigem Führer buchen.

Frühzeitige Reservierungen von Zimmern und Flügen sind während der kambodschanischen Feiertage zu empfehlen. Auch

Tickets für Überlandbusse sollte man vor allem an Wochenenden und Feiertagen rechtzeitig an den Busbahnhöfen kaufen oder über ein Reisebüro besorgen lassen.

Organisierte Touren

Folgende renommierte Reiseveranstalter haben mehrtägige Rundreisen in allen Landesteilen sowie Tagesausflüge ab Phnom Penh im Programm:

Angkor Horizons Travel: 190 Monivong Blvd., Phnom Penh, Tel. 023 210 102, www.angkorhorizons.com. Pauschal- und Individualreisen, spezialisiert auf Angkor.

Asian Trails: No. 33 St. 240, Phnom Penh, Tel. 023 21 65 55, www.asiantrails.com. Gruppen- und Individualreisen.

Diethelm Travel: No. 65 St. 240, Phnom Penh, Tel. 023 21 91 51, Fax 023 21 91 50 und No. 4 St. 6, Siem Reap, Tel. 063 96 35 24, Fax 063 96 36 94, www.diethelmtravel.com. Zuverlässiges Reisebüro unter Schweizer Leitung, Gruppen- und Individualreisen, deutschsprachige Mitarbeiter.

Exotissimo Travel: 6th Floor, SSN Center No. 66, Norodom Blvd., Phnom Penh, Tel. 023 21 89 48, Fax 023 42 65 86, www.exotissimo.com. Gruppen- und Individualreisen in allen Landesteilen.

Mittapheap Travel & Tours: 262 Monivong Blvd., Phnom Penh, Tel. 023 21 85 85 und 0199, Group 8, Phnom Krom St., Siem Reap, Tel. 063 76 00 37, www.mittapheap.com. Maßgeschneiderte Individualreisen, zuverlässige Hotelbuchung, Englisch sprechende Mitarbeiter.

Reisen mit Kindern

Zwar sind die Kambodschaner ausgesprochen kinderlieb, was sich in einer der höchsten Geburtenraten der Welt widerspiegelt, doch ist die touristische Infrastruktur des Landes nicht auf die Bedürfnisse von Familien eingestellt. Problematisch sind vor allem stundenlange Auto- oder Busfahrten auf nicht immer gut ausgebauten Straßen. Auch gibt es keine Tier- und Vergnügungsparks sowie andere kindgerechte Freizeiteinrichtungen oder Sehenswürdigkeiten, an denen Kinder ihren Spaß haben könnten. Außerdem macht die große Hitze, die praktisch im ganzen Jahr herrscht, Kambodscha nicht eben zu einem idealen Reiseland für Kinder. Für einen Familienurlaub eignet sich allein Sihanoukville mit seinen schönen Badestränden.

Kinderkleidung, Babynahrung und Windeln sind nur in Phnom Penh in Geschäften, die auf die Bedürfnisse von Ausländern eingestellt sind, erhältlich und sollten daher mitgebracht werden. In allen Regionen abseits der Hauptstadt ist die medizinische Versorgung sehr schlecht. Wegen der weit verbreiteten Tollwut sollten Kinder nicht mit Tieren spielen. Gefahren drohen zudem vom Straßenverkehr sowie nicht abgedeckten Abwasserkanälen neben Gehwegen und Straßen.

Reisen mit Handicap

Phnom Penh und andere kambodschanische Städte sind nicht behindertenfreundlich. So ist das Überqueren von Straßen schon für Nichtbehinderte bisweilen sehr riskant, da die wenigen Fußgängerampeln von Auto- und Motorradfahrern durchweg ignoriert werden. Zugeparkte oder durch Garküchen, fliegende Händler oder Müllberge verstellte Gehwege mit tiefen Löchern sowie Motorradfahrer, die bei Verkehrsstaus auf die Bürgersteige ausweichen, machen Rollstuhlfahrern und Gehbehinderten zusätzlich das Leben schwer. Die wenigsten Hotels und Restaurants verfügen über behindertengerechte Einrichtungen und öffentliche Verkehrsmittel überhaupt nicht. Problematisch ist auch die Besichtigung der Tempelstätten von Angkor, da überall Treppen zu bewältigen sind.

Einreise- und Zollbestimmungen

Erforderliche Dokumente

Für die Einreise nach Kambodscha benötigen Besucher aus Deutschland, Österreich und der Schweiz einen **Reisepass**, der noch mindestens sechs Monate über die Aufenthaltsdauer hinaus gültig sein muss, und ein **Visum**. Kinder jeden Alters benötigen einen Reisepass. Die Eintragung in den Reisepass eines Elternteils wird nicht mehr anerkannt. Auch ein Kinderausweis reicht nicht aus.

Gebührenpflichtige Visa, welche zur einmaligen Einreise und einem Aufenthalt von 30 Tagen berechtigen, werden von den diplomatischen Vertretungen des Königreichs Kambodscha ausgestellt (s. S. 64). Antragsformulare können gegen einen frankierten Rückumschlag oder per Fax bei den zuständigen Konsularabteilungen angefordert werden. Sie können auch von der Seite www.visaex press.de heruntergeladen werden. Visa für Touristen *(Tourist Visa)* können auch maximal zwei Wochen vor Reiseantritt online über die Website des kambodschanischen Außenministeriums (http://.evisa.mfaic.gov.kh/e-visa/ vindex.aspx) als sogenannte e-Visa beantragt werden. Die Bearbeitung dauert drei Werktage. Die Zahlung der Visagebühr von 25 US-$ ist nur online mit Kreditkarte möglich. Sicherheitshalber sollte man bei der Einreise, die derzeit mit e-Visa nur über die Flughäfen von Phnom Penh und Siem Reap sowie die thailändisch-kambodschanischen Grenzstationen Hat Lek/Chamyeam (Koh Kong) und Aranyaprathet/Poipet sowie den vietnamesisch-kambodschanischen Grenzübergang Moc Bai/Bavet möglich ist, einen Ausdruck des Visums dabei haben. Das Touristenvisum kann in Phnom Penh, am besten mit Unterstützung von Agenturen, um bis zu 30 Tage verlängert werden. An elf Grenzübergängen zu Kambodscha bekommen Reisende problemlos ein 30 Tage gültiges sogenanntes ***Visa on Arrival*** (Visum bei Ankunft) für 20 US-$: Phnom Penh (Pochentong International Airport) und Siem Reap (Siem Reap International Airport), an den thailändisch-kambodschanischen Grenzstationen Aranyaprathet/Poipet, Hat Lek/Chamyeam (Koh Kong), Chom Chong/ O'S mach, Si Saket/Anlong Veng und Chantaburi/Pailin, an den vietnamesisch-kambodscha nischen Grenzübergängen Moc Bai/Bavet, Chau Doc/ Kham Samnor und Hat Tien/ Prek Chak (bei Kep) sowie am laotisch-kambod-schanischen Grenzübergang Dong Krolor. Es sind ein oder zwei Passfotos erforderlich. Wer auf dem Landweg über andere Grenzübergänge einreisen will, muss das Visum bereits haben. Da sich die Bestimmungen immer wieder ändern, sollte man sich rechtzeitig nach dem aktuellen Stand erkundigen. Wer seine Aufenthaltsgenehmigung überschreitet, muss für jeden überzogenen Tag mit einer Geldstrafe von 5 US-$ rechnen.

Einfuhr von Waren

Die Ein- und Ausfuhr von Devisen ist in unbegrenzter Höhe möglich. Es empfiehlt sich, größere Beträge bei der Einreise zu deklarieren, um Schwierigkeiten beim Verlassen des Landes vorzubeugen.

Zollfrei einführen darf man neben den üblichen Reise-Utensilien 200 Zigaretten oder 50 Zigarren oder 100 g Tabak, 1 l alkoholische Getränke und Geschenke im Wert von bis zu 100 US-$. Verboten ist die Einfuhr von Waffen und Munition, Drogen und pornografischem Material. Bei der Einreise muss man eine für statistische Zwecke wichtige Einreisekarte und eine Zollerklärung ausfüllen.

Anreise

... mit dem Flugzeug

Es gibt noch keine Direktflüge von Europa nach Kambodscha. Günstigste Drehscheiben sind Bangkok und Ho Chi Minh City (Flugzeit

Frankfurt-Bangkok bzw. Frankfurt-Ho Chi Minh City 11–14 Std.) mit täglichen Flügen von Thai Airways International, Bangkok Airways, Siem Reap Airways und Vietnam Airlines nach Phnom Penh und Siem Reap (Flugzeit Bangkok-Phnom Penh bzw. Siem Reap 1 Std., Ho Chi Minh City-Phnom Penh bzw. Siem Reap 30 bzw. 45 Min.).

Weitere **internationale Flugverbindungen** bestehen zwischen der kambodschanischen Hauptstadt und Vientiane, Singapur, Kuala Lumpur, Hanoi, Beijing, Hongkong, Guangzhou, Shanghai, Taipei. Des Weiteren gibt es internationale Flüge zwischen Siem Reap und Phuket (Thailand), Siem Reap und Vientiane, Pakxe, Luang Prabang (Laos), Siem Reap und Hanoi, Siem Reap und Singapur, Siem Reap und Kuala Lumpur, Siem Reap und Hongkong, Kunming (China), Siem Reap und Yangon (Myanmar).

Beim Abflug ist bei allen internationalen Flügen eine **Flughafensteuer** von 25 US-$ (Kinder unter 12 Jahre 13 US-$) zu entrichten. Der Betrag kann nur bar in US-$ bezahlt werden. Abhängig von der Fluglinie muss mindestens 72 Stunden vor der Abreise der Rück- oder Weiterflug bestätigt werden.

Zahlreiche Reisebüros vermitteln Flüge von den größeren Flughäfen in Europa nach Bangkok je nach Reisesaison zwischen 650 und 900 €. Der einfache Flug von Bangkok nach Phnom Penh kostet etwa 150 € (bei Air Asia ab 50 €). Fliegt man mit Thai Airways International oder Vietnam Airlines ist es günstiger, den Flug von Europa über Bangkok oder Ho Chi Minh City nach Phnom Penh durchzubuchen.

... auf dem Landweg

Durch die Öffnung neuer Grenzübergänge und die Erleichterung der Visabestimmungen wird die Einreise **aus Thailand** auf dem Landweg immer beliebter. So verkehren zwischen **Bangkok** (Northern Bus Terminal, Morchit Mai, Thanon Kamphaeng Phet) und Aranyaprathet gegenüber der kambodschanischen Grenzstadt Poipet täglich zahlreiche bequeme klimatisierte Busse. Per Tuk-Tuk geht es vom Busterminal zur Grenze, die man zu Fuß passiert. An der Grenze wird ein *Visa on Arrival* ausgestellt, das 1200 Baht kostet; Dollars werden häufig nicht akzeptiert. Auf kambodschanischer Seite warten (Sammel-)Taxis, Busse und Pickups für die Fahrt auf einer Schlaglochpiste nach Siem Reap. **Achtung:** Auf dem chaotischen Busterminal in Poipet gibt es viele Taschendiebe. Die Anreise von Bangkok nach Aranyaprathet ist auch mit der Eisenbahn möglich.

Eine interessante Alternative ist die Fahrt mit einem **Pickup** von Poipet nach Battambang und von dort am nächsten Tag frühmorgens mit einem *speedboat* auf dem Stung-Sangker-Fluss weiter nach Siem Reap. Diese Anreise kostet zwar einen weiteren Reisetag, ist aber angenehmer und vor allem landschaftlich reizvoller als die staubige Fahrt auf der National Route 6, die sich zwischen Sisophon und Siem Reap immer noch in einem sehr schlechten Zustand befindet.

Zunehmend mehr Besucher reisen auf dem Land- oder Seeweg über die kambodschanische Insel Koh Kong ein. Von Bangkok (Eastern Bus Terminal, Ekamai, Thanon Sukhumvit) fährt man mit einem klimatisierten Bus nach Trat oder direkt nach Hat Lek an der Grenze zu Thailand. Von der Grenzstation, wo ein *Visa on Arrival* ausgestellt wird, kommt man per Taxi oder Motorrad-Taxi in die kambodschanische Stadt Koh Kong City, von der täglich gegen 8 Uhr klimatisierte Busse auf der mittlerweile durchgehend asphaltierten und landschaftlich sehr reizvollen National Route 48 durch die südlichen Ausläufer des Kardamom-Gebirges nach Sihanoukville oder Phnom Penh fahren. Immer öfter wird zur Einreise nach Kambodscha auch die neue Bootsverbindung genutzt, die zwischen der thailändischen Ferieninsel Koh Kut und und Koh Kong besteht.

Weitere internationale Grenzübergänge, an denen ein *Visa on Arrival* ausgestellt wird, siehe Seite 70. Bei der Ausreise nach Thailand auf dem Landweg ist bis zu einem Aufenthalt von 15 Tagen kein Visum erforderlich.

Die Einreise auf dem Landweg aus Vietnam ist in Moc Bai/Bavet an der National Route 1 zwischen Ho-Chi-Minh-Stadt und Phnom Penh, in Hat Tien/Prek Chak (bei Kep) sowie am Grenzübergang Chau Doc/Kham Samnor am Mekong möglich; an beiden Grenzübergängen wird ein *Visa on Arrival* ausgestellt. Bei der Ausreise ist ein Visum für Vietnam erforderlich.

Auch am Übergang **Dong Krolor** an der kambodschanisch-laotischen Grenze ist die Ein- und Ausreise problemlos möglich. Bei der Einreise wird ein *Visa on Arrival* ausgestellt. Bei der Ausreise nach Laos bekommt man ebenfalls ein *Visa on Arrival* an der Grenze.

Unterwegs im Land

... mit dem Flugzeug

Die nationale Fluggesellschaft Cambodia Angkor Air und die Privatlinien PMT Air, Royal Khmer Airlines und Siem Reap Airways bedienen die Route von Phnom Penh nach Siem Reap mehrere Male täglich. Auf dieser Strecke sowie im internationalen Flugbetrieb werden meist moderne französische Flugzeuge vom Typ ATR 72 mit erfahrenen Piloten eingesetzt.

Der Flugverkehr zwischen Phnom Penh und anderen Provinzstädten wurde mit dem Ausbau des Straßennetzes eingestellt. Eventuell werden die Flugverbindungen zu entlegenen Orten wie Banlung (Rattanakiri) und Senmonorom (Mondulkiri) wieder aufgenommen.

Zu den **Hauptreisezeiten** zwischen November und Februar sowie während des kambodschanischen Neujahrsfestes im April sind die Flüge zwischen Phnom Penh und Siem Reap schon lange im Voraus ausgebucht.

Inlandsflüge müssen zwar nicht unbedingt rückbestätigt werden, doch kann ein Anruf beim zuständigen Büro der jeweiligen Fluglinie ein oder zwei Tage vor Abflug nicht schaden, denn häufig werden Abflugzeiten geändert oder Flüge gestrichen.

Zu den Flugpreisen kommt eine Flughafensteuer in Höhe von 6 US-$ hinzu, die für gewöhnlich bereits beim Ticketkauf berechnet wird. Die Freigepäcksgrenze liegt bei Inlandsflügen bei 20 kg, bei Flügen mit kleinen Maschinen bisweilen nur bei 10 kg.

Cambodia Angkor Air: www.cambodiaangkorair.com
PMT Air: www.pmtair.com
Royal Khmer Airlines: www.royalkhmerairlines.com
Siem Reap Airways: www.siemreapair.com

... mit dem Bus

Seit dem Ausbau der Nationalstraßen sind Busse das meistbenutzte öffentliche Verkehrsmittel in Kambodscha. Bequeme, klimatisierte Busse mit festen Abfahrtszeiten und Sitzplatzreservierung verkehren auf guten Teerstraßen zwischen Phnom Penh und Sihanoukville (Nationalstraße 4), Phnom Penh und Kompong Chhnang (Nationalstraße 5), Phnom Penh, Kompong Thom und Siem Reap (Nationalstraße 6) sowie Phnom Penh, Kompong Cham, Kratie und Stung Treng (Nationalstraße 7). An großen Busbahnhöfen kann man die Tickets vor Reiseantritt kaufen, bei kürzeren Distanzen im Bus beim Schaffner. Expressbusse sind vorzuziehen, da die anderen Fahrzeuge häufig anhalten oder Umwege machen, um Passagiere aufzulesen. Proviant muss man auch auf Langstrecken nicht mitnehmen, da unterwegs bei einfachen Restaurants angehalten wird und man bei jedem Stopp von fliegenden Händlern mit

Trink- und Essbarem bestens versorgt wird. Außerhalb dieses Streckennetzes sind die Nationalstraßen, obwohl an ihnen gearbeitet wird, immer noch in einem sehr schlechten Zustand.

Einheimische und Hartgesottene reisen auf den staubigen Schotterstraßen voller Schlaglöcher, die sich bei Regen in Schlammpisten verwandeln, entweder in Minibussen, Sammeltaxis (meist handelt es sich um alte japanische Mittelklasselimousinen, in die sich bis zu acht Passagiere quetschen) oder sogenannten Pickups – Kleinlastwagen, auf deren Ladefläche sich die Passagiere notdürftig mit Decken und Plastikplanen gegen Staub oder Regen schützen. Die Sitzplätze in der Fahrzeugkabine sind etwa 50 % teurer als die auf der Ladefläche. Da das Reisen mit öffentlichen Verkehrsmitteln häufig strapaziös und zeitaufwendig ist, lohnt es sich, in den Touristenzentren das Angebot von lokalen Reiseagenturen zu prüfen.

... mit dem Zug

Züge verkehren nur nach Nordwesten (Battambang). Sie sind zwar billig, aber sehr langsam. Zudem fahren sie oft unregelmäßig ab und haben unterwegs häufig Pannen. Die Fahrt in den meist überfüllten Waggons ist ein Abenteuer für Hartgesottene ohne Berührungsängste und mit gutem Sitzfleisch.

... mit dem Boot

Die Bedeutung des Mekong und anderer Flüsse als Verkehrsadern hat seit dem Ausbau der Nationalstraßen deutlich nachgelassen. So verkehren auf dem Tonle-Sap-Fluss und -See zunehmend weniger reguläre **Linienboote,** da die Einheimischen lieber die schnelleren, komfortableren und billigeren Busse benutzen. Touristen aber bieten die Expressboote (*speedboats*) eine interessante Möglichkeit die Strecke zwischen Phnom Penh und Siem Reap auf dem Wasserweg zurückzulegen (s. S. 364).

Während zwischen Battambang und Siem Reap noch Expressboote pendeln, wurde die Mekong-Schifffahrt nördlich von Phnom Penh eingestellt, denn seit dem Ausbau der Nationalstraße 7 zwischen Phnom Penh, Kompong Cham, Kratie und Stung Treng sind Boote nicht mehr konkurrenzfähig. Vorwiegend Touristen nutzen die großen Linienboote von Phnom Penh nach Kham Samnor/Chau Doc, dem Grenzübergang Richtung Vietnam. Eingestellt wurde mit dem Ausbau der National Road 48 durch die südlichen Ausläufer der Kardamom-Berge auch die Expressbootverbindung über den Golf von Thailand zwischen Sihanoukville und Koh Kong City an der Grenze zu Thailand.

Öffentlicher Nahverkehr

Da es weder in Phnom Penh noch in anderen kambodschanischen Städten Stadtbusse gibt, halten **Motorrad-Rikschas** *(tuk-tuks)*, **Moped-Taxis** *(moto dups)* und **Fahrrad-Rikschas** *(cyclos)* den Nahverkehr aufrecht. Um unangenehmen Überraschungen vorzubeugen, sollte man den Fahrpreis, der sich nach der Zahl der Passagiere und der Entfernung richtet, unbedingt vor Fahrtantritt ausmachen. Das gilt auch bei Fahrten mit Taxis, die durchweg kein Taxameter besitzen.

Mietwagen werden nur mit Fahrer vermietet. Im Stadtgebiet von Phnom Penh muss man mit 40 US-$/Tag rechnen, in der Umgebung mit 60 US-$/Tag, in Siem Reap und Angkor mit 30–35 US-$/Tag. Allrad-Geländewagen mit Fahrer kosten etwa 70–80 US-$ /Tag. Man kann in Phnom Penh und Sihanoukville, allerdings nicht in Siem Reap, Mopeds und Motorräder mieten (10–15 US-$/Tag). Wegen des chaotischen Verkehrs und des hohen Unfallrisikos ist dies jedoch in Phnom Penh nicht zu empfehlen. Außerdem gibt es viele Motorraddiebstähle, wobei der Mieter für den Verlust haftbar gemacht wird.

In Phnom Penh, Battambang, Siem Reap und Sihanoukville gibt es zahlreiche Traveller-Bleiben, gepflegte Gästehäuser, Standard- und Mittelklasse-Hotels sowie Häuser der Luxusklasse. In allen anderen Orten muss man mit einfacheren Unterkünften vorlieb nehmen; oft sind dies während des Uno-Mandats errichtete Neubauten, die nüchtern und schmucklos wirken. In vielen Gästehäusern, aber auch Hotels der unteren Kategorien haben nicht alle Zimmer Fenster.

In den Unterkünften aller Kategorien sind Einzelzimmer nur geringfügig preiswerter als Doppelzimmer. Für ein Zustellbett fallen meist zusätzliche Kosten an. Kinder unter 12 Jahren übernachten in der Regel kostenlos im Zimmer der Eltern. Während in Gästehäusern und kleineren Hotels das Frühstück bisweilen im Preis enthalten ist, muss man dafür in besseren Häusern meist extra bezahlen. In Hotels der oberen Kategorien wird außerdem ein Aufschlag von jeweils 10 % für Service und Steuer erhoben.

Hotels

Das Spektrum der **Hotels der oberen Kategorie** ist bunt gemischt. Einerseits gibt es traumhaft schöne, in weitläufige Tropengärten eingebettete, aufgelockerte Hotels im landestypischen Stil, die hinsichtlich Ausstattung und Service keinerlei Wünsche offen lassen. Erstklassige Restaurants und Bars sowie elegante Geschäfte und Boutiquen sind hier ebenso selbstverständlich wie ein großzügig bemessener Swimmingpool, ein reichhaltiges sportives Angebot und oft auch umfassende Wellness-Programme. Andererseits präsentieren sich vor allem in Siem Reap gehobene Häuser oft als massige Bettenburgen ohne Flair, die man hastig und fern jeglicher kam-

Das legendäre Grand Hotel d'Angkor in Siem Reap versprüht kolonialen Charme

bodschanischer Bautradition zur Unterbringung von Pauschaltouristen hoch gezogen hat. Hotels der gehobenen Kategorie nehmen für ein Doppelzimmer 80–100 US-$. Luxus wird ab 150–200 US-$ geboten.

In der Regel verfügen auch **Hotels der Mittelklasse** über Zimmer, deren Ausstattung durchweg westlichem Standard entspricht. Sie besitzen Klimaanlage, Bad und WC, Telefon und Fernseher sowie oft Kühlschrank mit Minibar. Häufig sind auch Restaurant und Pool vorhanden. Die Übernachtungspreise bewegen sich zwischen 40 und 70 US-$.

Oft haben in den Touristenzentren auch **einfachere Hotels und Gästehäuser** ein akzeptables Niveau. Meist bieten sie saubere, klimatisierte Zimmer mit Dusche/WC und eine angenehme Atmosphäre. In dieser Kategorie muss man mit 15–35 US-$ pro Übernachtung rechnen.

Einfache Quartiere für Anspruchslose gibt es in fast jedem größeren Ort, jedoch sind der gebotene Komfort und die Preise sehr unterschiedlich. In den Touristenzentren bieten die meist als Familienunternehmen geführten, kleineren Gästehäuser saubere Zimmer mit Klimaanlage oder Ventilator sowie Dusche/WC oder gemeinschaftlichen Sanitäreinrichtungen. Die Übernachtungspreise liegen bei 10–15 US-$.

Reservierung

Außerhalb der Hauptreisezeiten ist in der Regel eine spontane Zimmersuche möglich. Eine frühzeitige Buchung empfiehlt sich jedoch für die Unterkünfte in Siem Reap während der Hauptsaison von November bis März sowie während des kambodschanischen Neujahrsfestes im April.

Spartipps

Viel sparen kann, wer gehobene Hotels über große Veranstalter bucht, denn gerade Top-Hotels werden in den Katalogen zu oft konkurrenzlos günstigen Preisen angeboten. Deutlich weniger als die offiziellen Preise zahlt man in der Regel auch bei Online-Reservierung, die direkt aber meist nur bei Luxushotels möglich ist. Allerdings lassen sich auch Häuser der Mittelklasse häufig über bestimmte Internet-Agenturen zu Preisen reservieren, die bis zu 50 % unter den *rack rates* liegen. In der Nebensaison oder bei längeren Aufenthalten geben Manager auf Nachfrage oftmals erhebliche Preisnachlässe.

Für die Unterkunftsuche und/oder Reservierung im Internet können folgende Adressen hilfreich sein:
www.asiatravel.com/cambodia/html
www.cambodia-hotels.com
www.phnompenh-hotels.org

Baden und Schwimmen

Schöne Sandstrände erstrecken sich um **Sihanoukville**. Da die Strände flach abfallen, können an den meisten Abschnitten auch Kinder gefahrlos baden.

Radfahren

Wegen des weitgehend flachen Terrains und einer außerhalb von Phnom Penh relativ geringen Verkehrsdichte erfahren immer mehr Reisende Kambodscha mit dem Drahtesel. Favorit bei Radfahrern ist die **Nationalstraße 6** von Phnom Penh über Kompong Thom nach Siem Reap. Sehr beliebt und auch von weniger Konditionsstarken gut machbar ist die Erkundung der Tempelstätten von Angkor mit dem Fahrrad. Fahrräder kann man in den Touristenzentren mieten.

Tauchen und Schnorcheln

An den Korallenbänken um die der Südküste vorgelagerten Inseln begegnen Taucher und Schnorchler einer vielfältigen Unterwasserfauna und -flora. Es gibt in Sihanoukville mittlerweile Tauchzentren mit Kompressoren und Leihausrüstungen sowie Tauchschulen. Padi-**Tauchkurse** für Anfänger und Tauchexkursionen für Fortgeschrittene organisieren Eco-Sea Dive (www.EcoSea.com) und Scuba Nation Padi Dive Centre (www.divecambodia.com). Wer nur schnorcheln möchte, sollte die Ausrüstung mitbringen.

Tennis

Viele Hotels der oberen Kategorien haben Tennisplätze, auf denen auch Besucher gegen eine Gebühr spielen können. Meist kann man dort auch die Ausrüstung ausleihen.

Wandern

Naturerlebnisse und Begegnungen mit Stammesvölkern, die in kleinen, abgelegenen Dörfern ihre alten Traditionen pflegen, versprechen Bergwanderungen durch die Wälder der Provinzen Rattanakiri und Mondulkiri. Zentrum des noch wenig entwickelten Trekking-Tourismus im Nordosten ist Banlung. Wegen der Gefahr von Landminen ist von Trekking-Touren auf eigene Faust abzusehen.

Sandstrände laden zum Baden, Strandspielen und Schwimmen ein

Souvenirs

Dekorative Mitbringsel sind oft hervorragende, nach Originalabdrucken hergestellte **Imitate von Angkor-Statuen**. Götterstatuen, Dämonenfiguren und mythische Tiergestalten gibt es in allen Größen aus Messing, Bronze, Stein, Marmor und Holz. Ganz besonders beliebt sind Figuren von Apsara-Himmelsnymphen sowie die vierköpfigen Bildnisse des Bodhisattva Avalokiteshvara, die im Original als Monumentalplastiken in den Sakralbauten des Herrschers Jayavarman VII. die Besucher begrüßen.

Verkauf und Ausfuhr von echten **Antiquitäten** sind streng verboten. Auf den Erwerb von Originalen aus den Angkor-Tempeln stehen hohe Geld- und Gefängnisstrafen. Wer über Laos und Thailand zurückreist, benötigt für Buddha-Figuren eine Ausfuhrgenehmigung. Nur Amulette, die am Körper getragen werden, unterliegen keiner Beschränkung.

Typische, aber nicht eben billige Souvenirs, die man von einer Kambodscha-Reise mitbringen kann, sind **Edel- und Halbedelsteine**. Berühmt ist die Juwelenmanufaktur des Landes vor allem für Rubin- und Saphirschmuck. Da Touristen wiederholt minderwertige Steine verkauft wurden, sollten Laien nur in renommierte Fachgeschäfte gehen.

Ebenso zahlreich wie Juweliere findet man in Phnom Penh und Siem Reap Gold- und Silberhändler. **Gold- und Silberschmuck** wird fast immer nach Gewicht und Reinheit berechnet, seltener nach Arbeitsaufwand und Qualität der jeweiligen Arbeit.

Weitere Kambodscha-Souvenirs sind handgeschnitzte, -bemalte Schattenspielfiguren aus Büffelleder, Reispapier-Bilder, Seidenstoffe und Kleidungsstücke aus Seide sowie Kramas, traditionelle, rot- oder blaukarierte, vielseitig verwendbare Baumwolltücher.

Außer in den Geschäften der gehobenen Kategorie ist es üblich zu handeln. In der Regel nennt der Verkäufer zunächst den doppelten Preis. Was man dann bezahlt, hängt vom Verhandlungsgeschick ab. Ein günstiger Zeitpunkt für die Einkaufstour ist der frühe Vormittag. Viele Händler locken dann mit *morning prices,* denn für sie gilt der Abschluss des ersten Geschäftes nach Ladenöffnung als Omen für den Tag.

Abstand nehmen sollte man vom Kauf von Souvenirs, die von geschützten Tierarten stammen, etwa Mitbringsel aus Schildpatt, Reptilienleder, Elfenbein, Korallen. Die Einfuhr solcher Produkte nach Europa ist verboten. Infos unter **www.artenschutz-online.de**.

Märkte

Jeder größere Ort verfügt über mindestens einen Markt *(psah)*, dessen Zentrum meist von einer Markthalle eingenommen wird. Hier finden täglich und auch ganztägig die Lebensmittelmärkte statt, die die besten Einkaufsmöglichkeiten für Frischwaren aller Art bieten. Gewöhnlich sind größere Märkte unterteilt in einen nassen (Obst, Gemüse, Fisch, Frischfleisch u. a.) und einen trockenen Sektor (Textilien, Haushaltswaren, konfektionierte Lebensmittel u. a.). Nachhaltige Eindrücke hinterlassen Besuche dörflicher Wochenmärkte, auf denen man viel Lokalkolorit erleben kann. Die modernen Märkte von Phnom Penh und Siem Reap haben mit langen Ladenreihen fast den Charakter von Einkaufszentren.

Öffnungszeiten

Geschäfte haben unterschiedliche Öffnungszeiten, meist Mo–Sa von 7 oder 8 bis 19 oder 20 Uhr. Zahlreiche **Märkte** und **kleinere Läden** sind vielfach bis weit in die Nacht geöffnet. Manche Geschäfte schließen für eine Siesta zwischen 13 und 16 Uhr. Trotz Geschäftsruhe sonn- und feiertags haben viele Läden auch an diesen Tagen geöffnet.

Bettler

Obwohl zahlreiche Menschen in armen und ärmsten Verhältnissen leben, wird in Kambodscha relativ wenig gebettelt. Zwar sind Armut und Elend vielerorts offensichtlich, doch sollte man bettelnden Kindern gegenüber in den meisten Fällen hart sein, denn wenn diese erst den Erfolg ihrer Bemühungen sehen, bleiben sie häufig der Schule fern und verdienen mit ihrer Bettelei meist mehr als ihre Eltern, die für das gleiche Geld hart arbeiten müssen. Mit einem kleinen Geldbetrag (500–1000 Riel) sollte man jedoch bettelnde alte Leute unterstützen, denn diese haben meist keine Familie mehr und sind auf Hilfe angewiesen.

Drogen

Eine strenge **Gesetzgebung** verbietet in Kambodscha die Herstellung und Verbreitung, den Besitz und Konsum sowie die Ein- und Ausfuhr von Drogen. Verstöße dagegen werden mit hohen Haft- und Geldstrafen geahndet. Die gesetzlichen Bestimmungen sollten unbedingt eingehalten werden, da bei Drogendelikten keine Hilfe von der jeweiligen Botschaft zu erwarten ist.

Elektrizität

In Phnom Penh und anderen größeren Städten beträgt die Stromspannung meist 220 Volt/50 Hertz, in kleineren Orten nur 110 Volt Wechselstrom. Für die Steckdosen benötigt man einen zweipoligen flachzinkigen Zwischenstecker. Abends treten häufig Stromschwankungen oder -ausfälle auf, weshalb eine Taschenlampe ins Reisegepäck gehört. In vielen Provinzorten erfolgt die Stromversorgung mit (privaten) Generatoren oft nur von 18–22 Uhr.

Fotografieren

Meist ist das Fotografieren von Personen unproblematisch. Jedoch sollte man gegebenenfalls das Einverständnis des Betreffenden einholen – durch einen kurzen Blickkontakt oder ein freundliches Lächeln. Respektieren sollte man in den Bergprovinzen von Nordostkambodscha die Kamerascheu mancher Einheimischer (vor allem von Frauen und älteren Männern). Gerade bei religiösen Festen sind Diskretion und Zurückhaltung oberstes Gebot – das gilt insbesondere für das Fotografieren mit Blitzgeräten.Besondere Fotogenehmigungen benötigt man meist in Museen. Für militärische Anlagen und Flugplätze gelten die üblichen Fotoverbote.

Filmmaterial

Es empfiehlt sich, einen ausreichenden Filmvorrat mitzubringen, denn **Farbnegativ- und Diapositivfilme** internationaler Marken sind, teurer als zu Hause und vielfach unsachgemäß gelagert, nur in Phnom Penh und Siem Reap erhältlich. Man sollte seinen Filmvorrat immer möglichst kühl aufbewahren, etwa in klimatisierten Räumen oder an trockenen Plätzen mit guter Luftzirkulation, jedoch nicht im Kühlschrank, da sich beim Herausnehmen Kondenswasser bilden kann. Die auf kambodschanischen Flughäfen eingesetzten Prüfgeräte gelten als *film safe*.

Digital fotografieren

Besucher hinterlassen einen guten Eindruck, wenn sie in einem **Digitalstudio** in Phnom Penh, Siem Reap oder Sihanoukville Abzüge anfertigen lassen und diese an die Porträtierten verschicken. Wer mit einer Digitalkamera fotografiert, sollte in der Regel mit ein oder zwei Speicherchips auskommen, da in manchen Internetcafés die Dateien von vollen Chips auf CD bzw. DVD gebrannt oder auch auf einen eigenen USB-Stick kopiert werden können.

Frauen allein unterwegs

Allein reisende Frauen sind in Kambodscha nicht unbedingt stärker gefährdet als männliche Touristen. Belästigungen sind so gut wie unbekannt. **Zurückhaltende Kleidung** und ein auf Distanz bedachtes Verhalten zu kambodschanischen Männern, insbesondere wenn diese offensichtlich zu viel getrunken haben, sind dennoch auf jeden Fall angebracht. Kambodschanische Frauen zeigen sich Touristinnen und Touristen gegenüber sehr kontaktscheu. Der Grund sind oft ihre mangelnden Sprachkenntnisse.

Öffnungszeiten

Auskunftsbüros für Touristen:
Mo–Fr 8–12, 13–16 Uhr

Regierungsbüros:
Mo–Fr 7.30–11.30, 14–17 Uhr

Geschäftsbüros:
Mo–Fr 8–12, 13–16 Uhr
manche sind samstags am Vormittag geöffnet

Museen und Galerien:
Di–So 8–11, 14–17 Uhr

Postämter:
meist Mo–Fr 8–17.30
und Sa 8–12 Uhr

Richtiges Verhalten

Kein Kambodschaner erwartet von Touristen die Beachtung aller Regeln und Tabus. Respektiert man als Gast jedoch die wichtigsten Grundsätze, kann man auch schroffe kulturelle Klippen mühelos umschiffen.

Wichtig im Wertegefüge der kambodschanischen Gesellschaft sind die Achtung vor dem sozialen Status einer Person sowie die Anerkennung der Autorität älterer Leute. Auch Ausländer sollten als Gäste einer kambodschanischen Familie durch entsprechendes Verhalten ihre Achtung vor dem Familienoberhaupt zeigen.

Während es im westlichen Kulturkreis nicht unüblich ist, einen Gesprächspartner zur Bekräftigung der eigenen Worte freundschaftlich anzutippen, empfinden Kambodschaner die Berührung von einem Fremden als Respektlosigkeit. Vor allem der Kopf als edelster Körperteil ist tabu, auch bei Kindern, denen man nicht über das Haupt streichen darf. Die Füße hingegen sind der niederste Körperteil. Deshalb darf man mit ihnen niemals auf Personen oder heilige Objekte wie Buddha-Statuen zeigen, auch nicht im Sitzen. Frauen dürfen buddhistische Mönche nicht berühren. Falls sie ihnen Opfergaben übergeben wollen, müssen sie diese erst einem männlichen Begleiter aushändigen, der sie dann weiterreicht.

Vor dem Betreten von Pagoden und anderen sakralen Stätten muss man die Schuhe ausziehen. Auch in Privathäusern lässt man die Schuhe an der Tür. Eine Wohnung mit Schuhen zu betreten, würde als grobe Beleidigung verstanden werden.

Weitere **Fauxpas** sind laute Auseinandersetzungen in der Öffentlichkeit und ein aggressiver Tonfall sowie das Deuten mit ausgestrecktem Finger auf einen Menschen. Die Geduld der Kambodschaner stellt auf eine Probe, wer beim Gespräch die Hände in die Hüfte stützt oder die Arme vor der Brust verschränkt – beides gilt als Beleidigung. Wer den Kellner rufen möchte, sucht Blickkontakt und winkt ihm mit ausgestrecktem Arm, die Handflächen nach unten gerichtet.

Die Grenzen des Anstands schließen in der Öffentlichkeit körperliche Berührungen zwischen den Geschlechtern oder gar den Austausch von Zärtlichkeiten aus. Hingegen haben befreundete Frauen und Männer untereinander keine Scheu vor Berührungen in Gegenwart anderer Menschen.

Kambodschaner beurteilen Menschen oft nach ihrem Erscheinungsbild. Schmutzige oder zerrissene Kleidungsstücke oder allzu legere Urlaubsbekleidung abseits vom Strand und Pool empfinden sie als Zeichen der Nichtachtung. Besonders auf Ämtern und in Tempeln sollte man auf korrekte Kleidung achten.

Die traditionelle **Begrüßung** ist das Zusammenfalten der Hände vor der Brust, *sompiah* genannt. Die kambodschanische Art des Grußes bedeutet aber weit mehr als das westliche Händeschütteln. Im stark reglementierten *sompiah* spiegelt sich die sozialen Stellung der Grüßenden wider. So entscheidet der Status des zu Grüßenden darüber, wie hoch der Grüßende die gefalteten Hände beim *sompiah* heben muss.

Während man bei hoch gestellten Personen die Fingerspitzen bis zum Mund führt und den Kopf neigt, grüßt man Gleichgestellte oder Personen, deren sozialen Status man nicht kennt, mit einem *sompiah* in Brusthöhe. Als lebende Symbole des Buddha sind Mönche, ganz gleich welchen Alters, besonders respektvoll zu grüßen. Dazu führt man die Hände in Gebetshaltung bis zur Stirn und verbeugt sich dabei tief. Auf keinen Fall darf ein gesellschaftlich höher Stehender den *sompiah* von Kindern, Kellern, Hausangestellten, Taxifahrern oder anderen Personen mit ersichtlich niedrigerem sozialen Rang erwidern. Hier genügt eine knappe Anerkennung durch Kopfnicken und Lächeln.

Ein strahlendes Lächeln ist ein Joker in vielen, auch misslichen Situationen. Es dient als eine Art Schutzwall vor Konflikten, kaschiert häufig heftige Gefühlsregungen und überspielt in manchen Situationen, ebenso wie oft völlig unmotiviert erscheinendes Lachen, Gefühle der Unsicherheit und Verlegenheit. So kann es passieren, dass ein Kambodschaner von seinen von den Roten Khmer ermordeten Familienangehörigen erzählt und dabei lacht.

Sprache

Landes- und Amtssprache ist **Kambodschanisch** (Khmer). **Französisch** wird nur noch gelegentlich, vorwiegend von älteren Menschen gesprochen. Die jungen Leute bevorzugen **Englisch**. Entlang der westlichen Grenze ist Thai verbreitet, an der östlichen Vietnamesisch. Zuweilen kann man sich auch auf Deutsch – ein Resultat ehemaliger ostdeutscher Entwicklungshilfe – verständlich machen.

Toiletten

Westliche Sitztoiletten und Toilettenpapier findet man nur in Hotels, Gästehäusern und Restaurants, die auf Touristen eingestellt sind. Ansonsten gibt es wie in den meisten asiatischen Ländern Hock-Klos, ein in den Boden eingelassenes Loch. Vor allem die öffentlichen Toiletten in größeren Städten entsprechen nicht europäischen Hygienevorstellungen. In entlegeneren Gebieten gibt es häufig keine Toiletten. Auch wenn es peinlich ist, sollte man sich – wegen der Minengefahr – bei Einheimischen erkundigen, wo man größere und kleinere Geschäfte verrichten kann.

Zeit

Der Zeitunterschied zwischen Kambodscha und Mitteleuropa beträgt plus sechs Stunden. Wenn es in Phnom Penh 12 Uhr mittags ist, zeigt die Uhr in Lauf an der Pegnitz 6 Uhr morgens. Während der europäischen Sommerzeit verringert sich diese Differenz um eine Stunde.

Geld

Öffnungszeiten der Banken

Die meisten **Banken** sind Mo–Fr 8–15.30 Uhr geöffnet. Länger geöffnet sind gewöhnlich die Wechselstuben in größeren Hotels und auch in den beiden internationalen Flughäfen des Landes.

Währung

Landeswährung ist der **Kambodschanische Riel**, Hauptwährung jedoch der US-$, nahe der thailändischen Grenze auch der Baht sowie entlang der östlichen Landesgrenze der vietnamesische Dong.

Riel braucht man nur in geringen Mengen, so etwa für Motorrad-Taxis, öffentliche Verkehrsmittel, Essensstände oder für kleinere Einkäufe auf Märkten. Im Umlauf sind Scheine zu 100, 200, 500, 1000, 2000, 5000, 10 000, 20 000, 50 000 und 100 000 Riel. Es gibt keine Münzen.Riel, eine reine Binnenwährung, kann man erst im Landwechseln.

Wechselkurse Januar 2011:

1 US-$	4008 Riel
1 €	5252 Riel
1 SFr	4147 Riel
1 Thailändischer Baht	132 Riel

Zahlungsmittel im Land

Empfehlenswert ist die Mitnahme von auf US-Dollar ausgestellten **Reiseschecks**, die allerdings nur von Banken in Phnom Penh, Siem Reap und einigen anderen größeren Städten eingelöst werden. Bei den meisten Geldinstituten kann man auf US-Dollar ausgestellte Reiseschecks in US-Dollar-Noten tauschen. Außerdem empfiehlt es sich, einen gewissen Bargeldbetrag in **US-Dollar** – keine zu großen Scheine – mitzunehmen. Darauf achten, dass US-Dollar-Scheine nicht beschädigt oder beschriftet sind!

Von der Mitnahme von Reiseschecks oder Bargeld in Euro oder Schweizer Franken ist abzuraten, da diese, bevor sie in Riel gewechselt werden können, zunächst in US-Dollar ausbezahlt werden. Zudem werden europäische Devisen nur von wenigen Banken akzeptiert.

Die günstigsten **Wechselkurse** für Reiseschecks bieten Banken in Phnom Penh, Siem Reap, Sihanoukville. Auf die Höhe der Provision achten – manche Banken verlangen bis zu 5 %! Bargeld in US-Dollar und Baht wechselt man günstiger bei privaten Geldwechslern, ihre Stände sind meist in der Nähe der Märkte. Das sonst oft lästige Sammeln der Umtauschquittungen entfällt in Kambodscha – der Riel ist ohnehin nicht rücktauschbar.

In Verbindung mit dem PIN-Code kann man mit Visa, MasterCard und anderen international gebräuchlichen **Kreditkarten** an den in Phnom Penh, Siem Reap, Sihanoukville und Battambang immer zahlreicher werdenden Geldautomaten US-Dollar ziehen. Man sollte nur Geldautomaten benutzen, welche die Enbleme internationaler Institute aufweisen. Andernfalls kann es passieren, dass der Automat die Karte schluckt. Bei Verlust die Karte sofort sperren lassen! Zur Sicherheit sollte man eine zweite Kreditkarte mitnehmen. Als zuverlässig gelten die Automaten der ANZ Royal Bank und der Canadia Bank.

In anderen kambodschanischen Städten gibt es bislang kaum **Geldautomaten**, aber bei größeren Banken (z. B. Cambodia Commercial Bank und Cambodia Mekong Bank) kann man gegen Vorlage gängiger Kreditkarten US-Dollar bekommen. Kreditkarten werden in der Regel von größeren Hotels und guten Restaurants sowie manchen Geschäften und Reiseagenturen akzeptiert. Um Kreditkartenbetrug zu vereiteln, sollte man den Zahlungsvorgang im Auge behalten und darauf achten, dass nur ein Ausdruck erstellt wird. Für Reisen aufs Land sollte generell ausreichend Bargeld dabei sein.

Preisniveau

Im Vergleich zu Mitteleuropa kann Kambodscha als ein sehr preisgünstiges Reiseland gelten. Wer in Straßenlokalen isst, mit öffentlichen Verkehrsmitteln reist und in einfachen Gästehäusern übernachtet, kommt mit 20–25 US-$ am Tag aus. Reisende mit etwas höheren Ansprüchen hinsichtlich Reisekomfort und Unterkunft sowie Essen und Trinken sollten mit einem Tagesbudget von 50–70 US-$ rechnen. Zu beachten ist: Die Übernachtungspreise in Touristenzentren wie Siem Reap unterliegen erheblichen saisonalen Schwankungen.

Kostenbeispiele

Essen: Eine Schüssel Nudelsuppe kostet in einem einfachen Lokal ab 2000–2500 Riel, eine Portion gebratener Reis ab 3000–3500 Riel. In einem mittleren Restaurant bekommt man ein Tellergericht ab 2–3 US-$. Selbst ein mehrgängiges Abendessen inklusive Getränke in einem gehobenen Restaurant in Phnom Penh oder Siem Reap belastet die Reisekasse mit kaum mehr als 20–25 US-$.
Trinken: Eine Cola (0,375 l) kostet in einem Restaurant 2500–3500 Riel. Eine Tasse Kaffee wird mit durchschnittlich ebenfalls 2500–3500 Riel berechnet. Für eine große Flasche Angkor Beer bezahlt man in einem einfachen Lokal etwa 1,5 US-$, in einem besseren Restaurant 2–3 US-$.
Übernachten: In einem einfachen Gästehaus in Phnom Penh oder Siem Reap bekommt man ein Zimmer ab etwa 10 US-$, auf dem Lande ab 4–5 US-$. Für mehr Komfort muss für eine Übernachtung in einem besseren Guest House mit etwa 15–35 US-$, in einem Mittelklasse-Hotel mit 40–70 US-$ gerechnet werden. In Häusern der gehobenen Kategorie beginnen die Übernachtungspreise bei 80–100 US-$, in Luxushotels bei 150–200 US-$.
Transport: Günstig im Vergleich zu Mitteleuropa sind die Transportkosten. So kostet das Busticket für die drei- bis vierstündige Fahrt von Phnom Penh nach Sihanoukville nur 15 000 Riel. Der Flug von Phnom Penh nach Siem Reap schlägt je nach Gesellschaft mit 70–80 US-$ zu Buche. Relativ teuer sind Mietwagen; ein Auto mit Fahrer im Stadtgebiet von Phnom Penh etwa 40 US-$ und in der Umgebung etwa 60 US-$ am Tag.
Eintrittsgelder: Die Preise liegen mit Ausnahme der Tempelstätten von Angkor (s. S. 394) unter mitteleuropäischem Niveau.

Sperrung von EC-und Kreditkarten bei Verlust oder Diebstahl*:

00149 116 116

oder 00149 30 4050 4050 – 4050
(* Gilt nur, wenn das ausstellende Geldinstitut angeschlossen ist, Übersicht: www.sperr-notruf.de)
Weitere Sperrnummern:
- MasterCard: 00149 69 79 33 19 10
- VISA: 00149 69 79 33 19 10
- American Express: 00149 69 97 97 20 00

Bitte halten Sie Ihre Kreditkartennummer, Kontonummer und Bankleitzahl bereit!

Trinkgeld

Trinkgelder sind in allen Dienstleistungsbereichen üblich; es besteht jedoch keine Mussregel. Bedenken sollte man, dass für viele Kambodschaner kleinere Dienstleistungen die einzige Einnahmequelle sind und dass wegen des niedrigen Lohnniveaus viele Erwerbstätige auf Trinkgelder angewiesen sind. Kellnern, Hotelpersonal und Gepäckträgern steckt man etwa 1000–2000 Riel zu, Fremdenführern ca. 5000–10 000 Riel. Man beachte, dass ein niedriges Trinkgeld beleidigend wirkt, denn es bedeutet, dass man mit dem Service unzufrieden war.

Kambodscha
Reisezeit und Reiseausrüstung

Reisezeit und Klima

Wenig Regen und ›kühle‹, für Mitteleuropäer erträgliche Temperaturen von 25–30 °C machen November, Dezember und Januar zu den besten **Reisemonaten**. In der nordöstlichen Bergregion kann es in der Trockenzeit besonders nachts recht kühl werden, während sich bis in die frühen Morgenstunden feuchter Nebel in den Flusstälern und über den Seen festhängt. Von Februar bis April steigen die Temperaturen an und können die 40 °C-Marke überschreiten. Der feuchte Südwest- oder Sommer-Monsun sorgt von Mai bis Oktober für heftige Regenfälle. Doch muss die Regenzeit nicht unbedingt eine schlechte Reisezeit sein, denn normalerweise regnet es nicht den ganzen Tag. Meist gehen nur kurze, aber heftige Wolkenbrüche, die von Gewittern begleitet sind, nieder. Zudem bringt der Regen die lang ersehnte Abkühlung mit sich, und die am Ende der Trockenzeit schier unerträglich hohen Temperaturen beginnen allmählich zu sinken. Allerdings können nach sintflutartigen Niederschlägen viele Straßenverbindungen durch Überschwemmungen unterbrochen sein.

Infos über das aktuelle Wetter bekommt man unter **www.wetteronline.de**.

Was sollte in den Koffer?

Leichte, aber schickliche Freizeit- oder normale Straßenkleidung eignet sich für das Klima Kambodschas am besten. Obwohl Jackett und Krawatte oder Abendkleid nur bei besonderen festlichen Anlässen sowie in Hotels und Restaurants der gehobenen Kategorie erwartet werden, ist das äußere Erscheinungsbild als eines der Statuskennzeichen in Kambodscha sehr wichtig. Als unhöflich gilt es, sich abseits von Strand oder Swimmingpool in allzu knapper Kleidung sehen zu lassen. Frauen sollten weder Dekolleté noch Knie zeigen und stets einen BH tragen. Auch Männer sollten nicht in kurzen Hosen herumlaufen. Unangebracht ist eine allzu legere Kleidung bei Behördengängen und vor allem beim Besuch religiöser Stätten. Schmutzige und zerrissene Kleidungsstücke tragen allenfalls Menschen aus ärmsten Verhältnissen – bei reichen Touristen stößt dies auf völliges Unverständnis der Einheimischen.

Wer plant, in einfachen Gästehäusern zu übernachten, in denen die Bettwäsche häufig nicht nach jedem Gast gewechselt wird, sollte einen leichten Leinenschlafsack einpacken. Ins Reisegepäck gehört zudem ein Hut als Sonnenschutz. Für Reisen während der niederschlagsreichen Monate von Mai bis Oktober empfiehlt sich die Mitnahme eines Regenschirms oder einer leichten Regenjacke. Plant man Wanderungen im nordöstlichen Bergland sollte man zusätzlich Schuhe mit rutschfester Sohle, einen warmen Pullover, strapazierfähige Jeans und einen guten Schlafsack mitnehmen. In Phnom Penh oder Siem Reap kann man Kleidung preisgünstiger als zuhause kaufen.

Klimadaten Phnom Penh

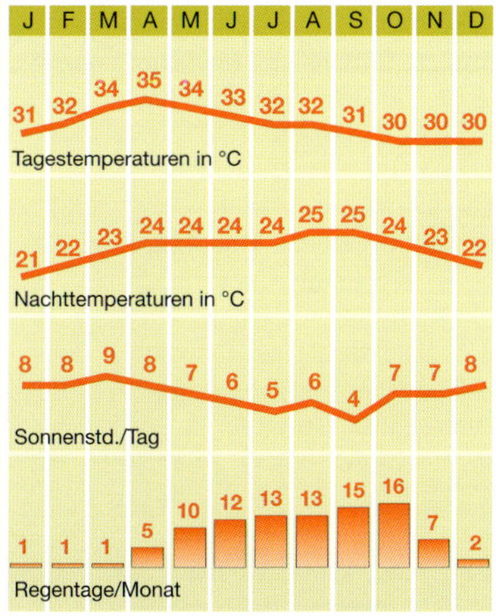

Gesundheit

Folgende Sites informieren ausführlich über gesundheitliche Aspekte bei Reisen nach Kambodscha: **www.die-reisemedizin.de** und **www.fit-for-travel.de** sowie **www.impfkontrolle.de**

Impfungen

Impfungen sind für Reisende aus infektionsfreien Gebieten nicht vorgeschrieben. Es empfehlen sich aber die Auffrischung des Impfschutzes gegen Tetanus und Poliomyelitis sowie prophylaktische Maßnahmen gegen Cholera, Diphtherie, Hepatitis A und Typhus.

Ärztliche Versorgung

Während man in Phnom Penh bei Unfall und Krankheit eine relativ gute medizinische Betreuung erhält, ist die Krankenversorgung außerhalb der Hauptstadt dürftig. Bei schweren Fällen ist es daher ratsam, sich sofort nach Bangkok ausfliegen zu lassen. Einen guten Ruf haben folgende Krankenhäuser in Phnom Penh:

SOS International Medical Centre: No. 161 St. 51 Tel. 023 21 69 11, www.internationalsos.com, rund um die Uhr.
Tropical & Travellers' Medical Centre: No. 88 St. 108 (nahe dem Wat Phnom), Tel. 023 30 68 02 und 012 89 89 81, www.travellersmedicalclinic.com, Mo–Fr 8.30–12, 14–17, Sa 8.30–12 Uhr.
Calmette Hospital: Monivong Blvd./Street 84, Tel. 023 42 69 48.

Höchstem westlichen Standard entspricht folgende Privatklinik in Bangkok:
Bumrungrad Hospital: 33 Soi 3, Thanon Sukhumvit, Tel. 001 66 2 667 10 00, www.bumrungrad.com, rund um die Uhr.
Büro in Phnom Penh: Parkway Square, Second Floor, 113 Mao Tse Toung Blvd., Tel. 012 94 70 00, phnompenh@bumrungrad.com.

Weil zwischen Kambodscha und der Bundesrepublik Deutschland, der Schweiz und Österreich kein Sozialversicherungsabkommen besteht, empfiehlt es sich, für die Reise eine zusätzliche Krankenversicherung abzuschließen. Für eine Rückerstattung der entstandenen Kosten benötigt man detaillierte Rechnungen über die Versorgungsleistungen.

Apotheken

Die größte Auswahl an Medikamenten, darunter auch in Europa gebräuchliche Präparate, haben die Apotheken in den Krankenhäusern von Phnom Penh. Wichtige Medikamente sollte man unbedingt von zuhause mitbringen.

Vorsichtsmaßnahmen

Malaria tritt landesweit auf, doch kann man sich innerhalb des Touristen-Dreiecks Phnom Penh, Siem Reap und Sihanoukville relativ sicher fühlen. Phnom Penh gilt als malariafrei.

Bei Reisen in alle anderen Regionen von Kambodscha werden vor allem während der Regenzeit dringend vorbeugende Maßnahmen gegen Malaria empfohlen. Als besonders hoch wird das **Malariarisiko** in den an Thailand grenzenden Provinzen Battambang, Pursat, Koh Kong und Preah Vihear sowie in den östlichen Provinzen Rattanakiri und Mondulkiri eingestuft. Aufgrund der zahlreichen Resistenzen gegenüber den üblichen Prophylaxe-Medikamenten sollten sich Reisende rechtzeitig bei Gesundheitsämtern oder Instituten für Tropenmedizin über vorbeugende Maßnahmen informieren. Wer ohne Prophylaxe reist, sollte zumindest ein Standby-Medikament dabei haben.

Da auch andere **Tropenkrankheiten**, etwa das auch in der Hauptstadt auftretende Dengue-Fieber, von Stechmücken übertragen werden, gehört unbedingt ein wirksames Mückenschutzmittel ins Gepäck. Zur Vorbeugung sollte man immer unter einem Moskitonetz oder in einem Zimmer mit Fliegengittern an den Fenstern schlafen, von der Dämmerung bis zum Morgen langärmelige Kleidung tragen sowie Rauchspiralen und Moskito-Schutzlotion benutzen. Typische Symptome für eine Malaria-Erkrankung sind abendliches, anfallartiges Fieber bis über 40 °C, Schweißausbrüche, Schüttelfrost, Gliederschmerzen und Benommenheit.

Magenverstimmungen und **Durchfälle** treten bei Kambodscha-Reisenden immer wieder einmal auf. Man beugt vor, indem man durch Eiswürfel gekühlte und nicht in Flaschen abgefüllte Getränke, nicht abgekochtes Leitungswasser sowie unverpacktes, nicht industriell gefertigtes Speiseeis grundsätzlich meidet, desgleichen ungeschältes Obst, Salat und rohes Gemüse sowie – besonders gefährlich – rohe oder halb gare Fisch- und Fleischgerichte.

Schutzmaßnahmen erfordern die oft große **Hitze** und intensive **Sonneneinstrahlung**. An heißen Tagen sollte man stets einen breitkrempigen Hut tragen und eine hochwirksame Sonnenschutzcreme verwenden. Letztere ist teuer in Kambodscha und sollte von Europa mitgebracht werden.

Leitungswasser sollte prinzipiell nicht getrunken werden, auch nicht in Phnom Penh und anderen Touristenzentren. In Hotels und Pensionen erhalten die Gäste meist unentgeltlich Trinkwasser in verschlossenen Plastikflaschen.

Reiseapotheke

Aufgrund der schlechten allgemeinen Gesundheitsversorgung gehört eine umfassende Reiseapotheke ins Gepäck. Neben Verbandszeug braucht man u. a.: Tabletten zur Malariaprophylaxe und -therapie, ein Mittel gegen Durchfallerkrankungen, Wunddesinfektionsmittel und -salbe sowie Tabletten gegen Fieber und Schmerzen.

Wellness und Massagen versprechen Gutes für Körper und Seele

Sicherheit

Notruf

Touristen in Not wenden sich am besten an das Police Headquarter in Phnom Penh, in dem einige Polizisten Englisch und Französisch sprechen: Tel. 012 94 24 84 u. 023 72 47 93.

Kriminalität

Mit der Auflösung der Roten Khmer und der Stabilisierung der politischen Verhältnisse ist Kambodscha erheblich sicherer geworden. In Phnom Penh, Siem Reap und Sihanoukville ist die **Sicherheitslage** gut, wenngleich ein gewisses Risiko bei Dunkelheit durch Straßenraub besteht. Zu anderen kriminellen Delikten gehören Einbrüche in Hotelzimmer sowie Taschen- und Trickdiebstähle im Gedränge von Märkten und Festveranstaltungen oder in öffentlichen Verkehrsmitteln.

> ### Landesweite Notrufnummern
> **Polizei 117**
> **Feuerwehr 118**
> **Krankenwagen 119**

In Angkor können die zentralen Tempel seit Jahren ohne Schwierigkeiten besucht werden, und auch Ausflüge zum Banteay Srei oder zum Phnom-Kulen-Massiv, die lange nicht möglich waren, stehen jetzt auf dem Programm der Tourveranstalter.

Bei Preah Vihear an der kambodschanisch-thailändischen Grenze kommt es seit einigen Jahren immer wieder zu kleineren Schusswechseln zwischen den Truppen beider Seiten. Auch wenn die kambodschanische Tourismusbehörde keine Hinderungsgründe für einen Besuch des Tempels Prasat Preah Vihear (s. S. 372) sieht, rät das Auswärtige Amt im Hinblick auf die jederzeitige Möglichkeit des Wiederaufflammens bewaffneter Konflikte derzeit von einem Besuch ab.

Als unproblematisch gilt das Reisen auf den **Nationalstraßen** RN 1 (Phnom Penh – Ho Chi Minh City), der RN 4 (Phnom Penh – Sihanoukville), RN 5 (Phnom Penh – Battambang – Poipet), RN 6 (Phnom Penh – Kompong Thom – Siem Reap) und RN 7 (Phnom Penh – Kompong Cham – Kratie – Stung Treng). Als sicher gilt auch das Reisen in der entlegenen Bergprovinz Rattanakiri. Das *speedboat* von Phnom Penh über den Tonle-Sap-Fluss und -See nach Siem Reap, früher wiederholt Ziel von Banditen, gilt ebenfalls als sicher.

Gefährlich ist allerdings die Bootsfahrt von Sihanoukville nach Koh Kong City an der Grenze zu Thailand während der Monsunzeit von Mai/Juni bis Oktober/November, wenn über dem Golf von Thailand Taifune auftreten können. Gewarnt wird vor Straßenräubern und Drogenbanden in den gebirgigen Grenzregionen zu Thailand. Da es immer wieder politisch motivierte Anschläge gab, sollte man – trotz der Stabilisierung der politischen Lage – Demonstrationen, politische Veranstaltungen und große Menschenansammlungen meiden.

Blindgänger und Minen

Da in Kambodscha noch 5–10 Mio. Minen in der Erde liegen, ist von Touren auf eigene Faust in entlegene Landesteile dringend abzuraten. Besonders in den Provinzen Battambang, Banteay Meanchey, Pursat, Siem Reap und Kompong Thom sind die Kriegsreste eine ernst zu nehmende Gefahr. Spaziergänge abseits ausgetretener Wege verbieten sich aber generell landesweit. Auf jeden Fall unbedingt die im Land aufgestellten Totenkopf-Warnschilder beachten, sonst kann es lebensgefährlich werden!

Aktuelle Infos zur Sicherheitslage gibt es unter **www.auswaertigesamt.de**.

E-Mail und Internet

In Phnom Penh, Siem Reap und Sihanoukville sowie größeren Provinzstädten bieten Internet-Cafés Touristen Zugang zum Internet. Darüber hinaus kann man in zahlreichen Hotels und Gästehäusern gegen eine geringe Gebühr oder bisweilen sogar kostenlos das Internet nutzen. Wer mit Laptop reist, findet in vielen Internetcafés und Hotels sogenannte WiFi Hot Spots, die über WLAN drahtlosen Internetzugang ermöglichen, bisweilen auch kostenlos.

Post

Luftpostbriefe nach Mitteleuropa benötigen von den Postämtern der größeren Städte etwa fünf bis sieben Tage, von kleinen Provinzpostämtern erheblich länger.

Pakete werden nur bis zu einem Gewicht von 10 kg befördert und müssen neutral verpackt (braunes Papier) sowie verschnürt sein.

Telefonieren

Von Kartentelefonzellen des Ministry of Post & Telecommunications (MPTC) und der privaten Telefongesellschaft Camintel, die man in Phnom Penh, Siem Reap und Sihanoukville findet, sind Auslandsgespräche im Selbstwähldienst möglich. Telefonkarten im Wert von 3–50 US-$ sind in Läden mit einem entsprechenden Hinweisschild sowie in Hotels, Restaurants und Postämtern erhältlich. **Auslandsgespräche** sind in Kambodscha sehr teuer. So kostet ein dreiminütiges Telefonat nach Deutschland etwa 10 US-$. Etwas günstiger telefoniert man am Wochenende.

Sehr beliebt sind in Kambodscha **Mobiltelefone.** Telefonnummern, die mit 011, 012, 015, 016, 017 oder 018 anfangen, sind Handynummern. Die Flächendeckung innerhalb des Landes ist relativ gut, Auslandsgespräche mit einem Handy kommen aber häufig nur in Reichweite eines thailändischen oder vietnamesischen Funknetzes zustande. Von Europa mitgebrachte Mobiltelefone mit Roaming-Service können in Kambodscha benutzt werden; Auskunft gibt die Telefongesellschaft im Heimatland. Um einiges billiger ist das Telefonieren mit einer kambodschanischen SIM-Karte.

Die **Vorwahl** für Kambodscha ist Tel. 00855. Von Kambodscha nach Deutschland wählt man Tel. 00149, nach Österreich Tel. 00143 und in die Schweiz Tel. 00141, danach jeweils die Ortskennzahl ohne die erste Null.

Zeitungen und Zeitschriften

Neben mehreren **Tageszeitungen** in der Landessprache erscheinen in Phnom Penh überregionale fremdsprachige Tages- und Wochenzeitungen, welche sich teilweise recht ausführlich mit innenpolitischen Themen beschäftigen.

Die auflagenstärkste **fremdsprachige Zeitung** ist die englischsprachige Tageszeitung The Cambodia Daily mit Nachrichten internationaler Presseagenturen und einer engagierten Inlandsberichterstattung. Als beste fremdsprachige Zeitung gilt die alle zwei Wochen auf Englisch erscheinende Phnom Penh Post, die sich mit gut recherchierten Artikeln, Analysen und Berichten mit Politik, Wirtschaft, Sozialem und Kultur in Kambodscha auseinandersetzt.

Sehr hilfreich für Touristen ist die kostenlos in Hotels und Restaurants ausliegende **Monatszeitschrift** Bayon Pearnik (www.bayonpearnik.com), die neben Reiseberichten über Kambodscha und satirischen Beiträgen auch viele Tipps zu Hotels und Restaurants, Nightlife und Shopping sowie Veranstaltungshinweise veröffentlicht.

Sprachführer Kambodschanisch

Die Landessprache **Kambodschanisch** bzw. **Khmer** wird von über 90 % der Bevölkerung gesprochen. Die übrigen Einwohner kommunizieren in den Sprachen der Bergvölker sowie in Vietnamesisch und Chinesisch.

Das Khmer basiert auf dem altindischen **Sanskrit**. Mit der Ausbreitung des Theravada-Buddhismus fanden zudem zahlreiche Pali-Begriffe, später auch Wörter und Wendungen aus dem Französischen, Chinesischen, Thailändischen und Vietnamesischen Eingang in das Nationalidiom.

Zwar ist im Kambodschanischen die Grammatik einfach aufgebaut – es gibt keine Deklination, keine Verbbeugung, keine Artikel, keinen Plural –, doch erschweren eine komplizierte Aussprache und eine verwirrende Transkription, die aus der französischen Kolonialzeit stammt, den Zugang zur Sprache.

Anders als die thailändische, laotische und vietnamesische Sprache kennt das Khmer keine unterschiedlichen Tonstufen. Allerdings werden die 24 Zeichen für Vokale und Diphthonge sowie die 33 Zeichen für Konsonanten, aus denen das Khmer-Alphabet besteht, oft auf sehr ungewohnte Weise kombiniert. So gibt es allein acht verschiedene Buchstaben für Laute, die zwischen den deutschen Buchstaben d und t liegen. Nuancen in der Aussprache, die für ungeübte Ohren kaum wahrnehmbar sind, können den Wortsinn entscheidend verändern. Zusätzlich erschwert wird das Verständnis durch verschiedene Anredeformen für die sozialen Klassen.

Sehr nützlich für unterwegs: Claudia Götze und Sam Samnang, Khmer Wort für Wort, Kauderwelsch Band 62, Reise Know-How Verlag, Bielefeld 2007.

Allgemeines

Hallo.	Suor sdei.
Guten Tag (förmlich).	Dschum reab suor.
Guten Abend.	Reatrey suor sdei.
Auf Wiedersehen.	Lea sen hay.
Wie geht es Ihnen?	Sok sabei dee?
Danke, gut.	Khnom sok sabei.
danke/bitte	ar khun/som
ja	baat (sagt der Mann), dschas (sagt die Frau)
nein	tee
klein/groß/viel	too it/thom/tscheran
Was ist das?	Niss chea ey?
Ich bin Deutscher.	Khnom allemong.
Hilfe!	Dschuay!
Kein Problem.	Od banya ha.

Unterwegs

Wo?	Dina?
rechts	khang-sdam
links	khang-tschweeng
geradeaus	trong
nah/weit	djuet/tschngay
gehen/fahren	daö/töw
Abfahrt/Ankunft	jenh/mokhdol
Fahrzeug, Wagen	lahn
Bus	lahn-tschnual
Busterminal	ben lahn
Schiff, Boot	duuk
Flugzeug/Flughafen	junhoh/wi-el junhoh
Eisenbahn	rot-phloeung
Bahnhof	sathani rot-phloeung
Motorrad/Fahrrad	moto/gang
Taxi	rot joan chhuol
Ich möchte nach ... telefonieren.	Khnom chang niyeay toursap ... tov.

Zeit

Stunde	maong
Tag	thngay
Woche	atit
heute	thngay ni
gestern	msel minh
morgen	sääk
Wie spät ist es jetzt?	Maong bonmaa?

Übernachten

Hotel	sontahkia
Zimmer	banthop
Bett	kreä
Bad/Toilette	banthop teuk/bankun

Moskitonetz	mung
Decke	phuay
Seife	sabou
Handtuch	kounsaing
Sauber	saat
schmutzig	kraohwouk

Einkaufen

Markt	psah
Gibt es ...?	Mian ...?
Es gibt nicht ...	Od mian ...
Ich möchte kaufen	Khnom tign
zu teuer	tlay na
Geht es etwas billiger?	Choss tlay?
zu klein/zu groß	too it pek/thom pek

Im Notfall

Krankenhaus	montrii päd
Arzt/Zahnarzt	krou päd/päd thminh
Apotheke	famasi
Arznei	thnam
Ich habe Schmerzen.	Khnom tschu.
Ich habe Fieber.	Khnom kdaw kluan.
Ich habe Durchfall.	Khnom riak.

Zahlen

1/2	muay/pi
3/4	bey/buan
5/6	bram/bram-muay
7/8	bram-pi/bram-bey
9/10	bram-buan/dab
11/12	dab-muay/dab-pi
13/14	dab-bey/dab-buan
15	dab-bram
16	dab-bram-muay
17	dab-bram-pi
18	dab-bram-bey
19	dab-bram-buan
20	mophei
21	mophei-muay
30/40	samseb/sääseb
50/60	haseb/hokseb
70/80	jetseb/päätseb
90/100	kaoseb/muay-rooy
200/300	pi-rooy/bey-rooy
500	bram-rooy
1000/2000	muay-poan/pi-poan
10 000	muay-möm
100 000	muay-sään
1 000 000	muay-lian

Die wichtigsten Sätze

Allgemeines

Entschuldigung!	Som tooh!
Ich verstehe nicht.	Khnom od jol tee.
Ich spreche kein Khmer.	Khnom od sao ches khmer tee.
Spricht hier jemand Englisch?	Neak djeh niyeay phasa phasa angleh rüü tee?
Wie heißen Sie?	Teu lok chhmou ey?
Ich heiße ...	Khnom tschmuah ...
Bitte helfen Sie mir!	Teu neak ach dschuay khnom!

Unterwegs

Ich möchte nach ...	Khnom chang töw ...
Wo gibt es ...?	Nöö aä naa ...?
Wie weit ist das?	Tschngay töw naa?
Wo ist hier eine Apotheke?	Nöö aä farmasii?
Welcher Bus geht nach ...?	Lahn-tschnual töw naa ...?
Ist dies die Straße nach ...?	Teu niss chea phlauv ...?
Ich suche ...	Khnom rook ...

Übernachten

Haben Sie ein freies Zimmer?	Neak mian banthop rüü tee?
Ich habe ein Zimmer reserviert.	Khnom niyeay toursap banthop.
Ventilator	danghal
Klima-Anlage	masouhn traojek

Der imposante That Luang in der laotischen Hauptstadt stellt als zentrale buddhistische Kultstätte des Landes das Nationalheiligtum der Laoten dar

Laos

Laos – Land zwischen den Zeiten

Schon beim Anflug auf Vientiane wird deutlich: Jetzt beginnt eine Reise in eine andere Welt. In Thailand noch Schnellstraßen, Fabriken, Fertigbausiedlungen und Einkaufszentren, in Laos, auf der anderen Mekong-Seite, braune Sandwege, zinnoberrote Dörfer, viele Fahrräder, nur wenige Autos, statt Hochhaustürmen ein grüner Gürtel aus wogenden Reisfeldern und Palmwäldern, hinter denen sich die Hauptstadt versteckt.

Annäherung an Laos

Laos ist viele Jahre aus der Zeit herausgetreten. Ohne einen Zugang zum Meer, umgeben von unwegsamen Gebirgen, die es gegen China und Vietnam abschirmen, geschützt vom Mekong, der es von Thailand trennt, lange Zeit ohne eine einzige Brücke zwischen den beiden Flussufern, hat Laos trotz zahlreicher Kriege und Invasionen, trotz der steten Bevormundung und des Drucks mächtiger Nachbarstaaten, trotz seiner tragischen Verstrickung in weltpolitische Auseinandersetzungen seinen alten, beschaulichen Lebensrhythmus bis weit in die jüngste Vergangenheit beibehalten. »Das Einzige, was sich in Laos bewegt«, pflegten die einstigen französischen Kolonialherren zu sagen, »ist der Mekong«.

Zwischen gestern und morgen

Doch ist diese Lebensart, wie es scheint, dem Untergang geweiht. Seit Laos in den 1990er-Jahren den Bambusvorhang lichtete, hinter dem es sich seit 1975 nach der Machtübernahme der Pathet-Lao-Kommunisten von der westlichen Welt abgeschottet hatte, ist das Land keine unberührte Insel im Strom der Zeit mehr. Mit der Öffnung ist Laos aus seiner Isolation, die dem Land lange half, seine Identität zu bewahren, herausgetreten und befindet sich am Scheideweg zwischen Tradition und Moderne.

Nicht nur die Lockerung der Einreisebestimmungen für Touristen, die nach Aufhebung der Reisebeschränkungen innerhalb von Laos selbst entlegenste Landesteile besuchen können, hat zu dieser Entwicklung beigetragen. Nach dem Zusammenbruch der sozialistischen Planwirtschaft wurden für das unterentwickelte Laos, das zu den ärmsten Ländern der Welt gehört, eine rasche Öffnung nach Westen und eine Liberalisierung der Wirtschaftspolitik zu einer Überlebensfrage. Auch seine geografische Lage im Herzen einer der größten Wachstumsregionen der Welt zwang Laos dazu, aus seiner Abgeschlossenheit herauszutreten und seine Stellung im Staatengefüge Südostasiens neu zu bestimmen. Zu wichtig ist seine Funktion als Durchgangsland und regionale Drehscheibe für den Warenaustausch zwischen Thailand und Vietnam sowie Thailand und China – mächtigen Nachbarn, bei denen die westliche Zivilisation schon lange Einzug gehalten hat.

Auch in Laos herrscht Aufbruchstimmung. Die Menschen träumen vom Wohlstand, vor allem die Jüngeren streben nach Bildung. Die Zahl der Privatschulen für Englisch-, Französisch- oder Japanisch-Unterricht wächst rasant, denn die Kenntnisse einer Fremdsprache versprechen gute Chancen auf eine für laotische Verhältnisse fürstlich bezahlte Anstellung bei einer ausländischen Firma.

Dass Laos mit Riesenschritten in die Zukunft strebt, signalisieren nicht zuletzt die vielen Straßenbaustellen im Lande. Vorbei sind die Zeiten, als in weite Teile des Landes weder Weg noch Steg führten. Die Nationalstraße 13, die als Nord-Süd-Traverse ganz Laos durchzieht, vor gar nicht allzu langer Zeit noch eine staubige Holperpiste, ist inzwischen durchgehend asphaltiert. Orte, die unerschrockene Reisende früher nur auf den harten Holzbänken von Lkw-Bussen sitzend erreichen konnten, werden heute von bequemen Linienbussen angesteuert. Und überall, wo die Menschen durch moderne Kommunikations- und Verkehrsmittel verstärkt mit der Außenwelt in Berührung kommen, ist ein schneller Wandel der Lebensweisen zu beobachten.

Gelassenheit und Sanftmut

Noch scheint Laos den Spagat zwischen gestern und morgen mit spielerischer Leichtigkeit zu meistern. Trotz aller nicht immer positiven Neuerungen und Veränderungen ist das Land am Mekong das Refugium einer ungewöhnlichen Harmonie geblieben. Kaum hat man Laos betreten, spürt man die einzigartige Atmosphäre dieses Landes, überträgt sich die ruhige Heiterkeit der Menschen, von denen viele bis heute immer noch ein bisschen weltfern und in der Vergangenheit geborgen wirken.

Zwar hat man mittlerweile in Vientiane einige Ampeln installiert, um den stetig wachsenden Verkehrsstrom zu regeln, auch siedeln sich im Umland der Hauptstadt mehr und mehr Betriebe der Leichtindustrie an, doch ist Vientiane immer noch die beschaulichste Metropole Südostasiens. Noch hat kein Tourismus thailändischer Couleur Luang Prabang überflutet, obwohl in der alten Königsstadt, nachdem sie 1995 von der UNESCO zum Welterbe erklärt worden war, ein internationaler Flughafen gebaut wurde und neue Hotels und Gästehäuser, Lokale, Cafés und Restaurants eröffneten.

Sanfter Tourismus

Die verschlafene Hauptstadt Vientiane, die ehemalige Königsresidenz Luang Prabang, die legendenumrankte Ebene der Tonkrüge in der Nordostprovinz Xieng Khouang, der prä-angkorianische Tempel Wat Phou und die mächtigen Mekong-Fälle im Landessüden sowie die entlegenen Dörfer von Bergstämmen, die vielerorts noch Ware gegen Ware tauschen, in der nördlichen, mit dichten Monsunwäldern überzogenen Gebirgsregion locken immer mehr Reisende ins Land. Doch Laos ist nicht zu einem touristischen Jahrmarkt verkommen, denn die Besucher scheinen zu begreifen, dass in Lan Xang, dem Land der Million Elefanten, so der Name des früheren laotischen Königreichs, im Gewand von Anmut, Würde, Höflichkeit und Gelassenheit noch Schätze schlummern, die nicht mit schrillem Nachtleben und hektischem Urlaubstrubel aufzuwiegen sind.

Zwei Dinge sind es vor allem, die auf Besucher des Landes eine große Faszination ausüben. Einmal die Freundlichkeit und Hilfsbereitschaft seiner Bewohner, die neugierig auf alles Neue sind und einen Charme haben, der auf Fremde nicht nur unverfälscht und natürlich wirkt, sondern es tatsächlich ist. Ganz gleich, welcher der 68 unterschiedlichen Volksgruppen sie angehören, die über das ganze Land verstreut leben, die Menschen sind von höflicher, zurückhaltender Art und begegnen Besuchern mit einer natürlichen Gastfreundschaft. Zum anderen der beneidenswert großzügige Umgang der meisten Laoten mit der Zeit. Wer es sich leisten kann, trägt auch in Laos eine Armbanduhr. Aber kaum jemand schaut darauf. Das Gefühl der Zeitlosigkeit überträgt sich fast unbemerkt, aber beharrlich auf die Reisenden – Laos wird zum Gemütszustand. Nicht wenige Besucher üben sich in der Lebensphilosophie des Landes am Mekong und folgen dem Motto: sich treiben lassen wie der mächtige Strom.

Was Menschen im Westen verlorene Zeit nennen, erscheint Laoten wie ein Gewinn, wie eine Prämie an Muße und Beschaulichkeit. So fragte einmal ein Fremdenführer in Phonsavan nahe der Ebene der Tonkrüge die ausländischen Besucher, was denn Lao P.D.R. bedeute. »Lao People's Democratic Republic«, antworteten alle. »Nein«, lachte der *guide*, »Lao Please Don't Rush«.

Steckbrief Laos

Daten und Fakten

Name: Sathalanalath Paxathipatei Paxaxon Lao – Demokratische Volksrepublik Laos oder international Lao People's Democratic Republic (Lao P.D.R.)
Fläche: 236 800 km^2 (etwa so groß wie Großbritannien)
Hauptstadt: Vientiane (Vieng Chan) 350 000 Einw., Präfektur Vientiane 650 000 Einw.
Amtssprache: mit eigener Schrift ist Lao, das dem Thai ähnelt
Einwohner: 6,5 Mio.
Bevölkerungswachstum: 2,3 %
Lebenserwartung: Frauen 57 Jahre, Männer 53 Jahre
Währung: Laotischer Kip. Banknoten zu 100, 500, 1000, 2000, 5000, 10 000, 20 000 und 50 000 Kip. Keine Münzen.

Zeit: MEZ plus 6 Std., während der europäischen Sommerzeit MEZ plus 5 Std.
Landesvorwahl: 00856

Landesflagge: Rot-blau-rot mit weißem Kreis auf blauem Feld

Geografie

Das vorwiegend gebirgige, lang gestreckte Binnenland Laos liegt im Zentrum der hinterindischen Halbinsel. Im Nordwesten grenzt es an Myanmar (Burma), im Norden an China, im Osten an Vietnam und im Süden an Kambodscha. Im Westen markiert der Mekong über weite Strecken die Grenze zu Thailand. Die Nordwest-Südost-Ausdehnung beträgt 1700 km, die West-Ost-Ausdehnung 450 km. Mit 2820 m ist der Phou Bia der höchste Berg Laos. Der knapp 4200 km lange Mekong durchfließt Laos auf einer Länge von 1865 km.

Geschichte

Die Lao, ein Zweig der Tai-Völker, die im 8. Jh. im südwestlichen China das Königreich Nan Chao gegründet hatten, drangen von dort nach Süden vor. Mit Hilfe des Khmer-Herrschers in Angkor gründete Fa Ngum 1353 das erste laotische Königreich Lan Xang Hom Khao. Unter Fa Ngum wurde der Theravada-Buddhismus zur Staatsreligion erhoben. Lan Xang bestand bis Ende des 17. Jh., bis es in drei rivalisierende Staaten zerfiel: Luang Prabang, Vieng Chan und Champasak.

1893 wurde Laos dem französischen Kolonialreich Indochina angegliedert. 1942 nahm die französische Kolonialherrschaft ein Ende, als die Japaner Laos eroberten. Nach der Kapitulation Japans verkündete Kronprinz Phetsarath 1945 einseitig die Unabhängigkeit. Danach versuchten die Franzosen, ihre Herrschaft wieder herzustellen und entfesselten einen Freiheitskampf, der 1946 mit der Niederlage der laotischen Befreiungsarmee endete. Eine neue Verfassung führte 1947 die konstitutionelle Monarchie ein. 1949 erhielt das Königreich seine Unabhängigkeit innerhalb der Französischen Union. Im gleichen

Jahr begann die Pathet Lao den Untergrundkampf gegen die von den Franzosen gestützte königlich-laotische Armee. Als eine Folge der Niederlage Frankreichs in der Schlacht von Dien Bien Phu in Vietnam erlangte Laos 1954 seine staatliche Unabhängigkeit.

Ende der 1950er-Jahre eskalierte der Konflikt zwischen den verschiedenen politischen Lagern, der kommunistisch orientierten, an Nordvietnam angelehnten Pathet-Lao-Bewegung und den von den USA unterstützten Verfechtern eines pro-westlichen Kurses, zum offenen Bürgerkrieg. Als Nordvietnam ab 1964 die kommunistisch kontrollierten Nordostprovinzen von Laos immer stärker in das Nachschubsystem der südvietnamesischen Befreiungsfront, den sogenannten Ho-Chi-Minh-Pfad, einbezog, versuchten die USA mit massiven Flächenbombardements, den Versorgungsstrang der Vietcong zu unterbrechen.

Nach militärischen Misserfolgen begannen die Vereinigten Staaten ab 1969 den Vietnamkrieg zu entamerikanisieren. 1975 gelangten auch in Laos die Kommunisten an die Macht. Die Monarchie wurde abgeschafft und die Demokratische Volksrepublik Laos ausgerufen. Mit Unterstützung von Vietnam und der UdSSR bauten die neuen Machthaber einen sozialistischen Staat auf. Nach dem Zerfall der Sowjetunion setzte die laotische Regierung ab Ende der 1980er-Jahre auf einen Reformkurs nach chinesischem Muster: Öffnung gegenüber dem Westen und wirtschaftliche Liberalisierung unter politischer Kontrolle der Einheitspartei. Trotz enormer Entwicklungsfortschritte zählt Laos heute immer noch zu den ärmsten Ländern der Welt.

Staat und Politik

Seit 1975 versteht sich Laos als Demokratische Volksrepublik. Das Machtmonopol liegt bei der Laotischen Revolutionären Volkspartei (LRVP) mit Politbüro und Zentralkomitee an der Spitze. Nominelles Oberhaupt ist der Staatspräsident.

Wirtschaft und Tourismus

Laos ist reich an Edel- und Nutzholz, Wasserkraft und Mineralien, kann jedoch wegen der mangelnden Infrastruktur diese Reserven nur teilweise nutzen. Der industrielle Sektor ist wenig entwickelt. Im Agrarsektor arbeiten immer noch über zwei Drittel aller Beschäftigten. Wichtigster Handelspartner und Investor ist Thailand, bedeutendster Devisenbringer der Tourismus.

Bevölkerung und Religion

Mit nur rund 6,5 Mio. Einwohnern ist Laos das menschenleerste Land in Südostasien. Die Bevölkerungsdichte beträgt 27 Einw./km^2 (200 Einw./km^2 in Deutschland). Als Resultat zahlreicher Einwanderungswellen ist die Bevölkerung von Laos ethnisch stark zersplittert. Während die Lao Loum, mit einem Bevölkerungsanteil von rund 55 % die eigentlichen Laoten, von alters her die fruchtbaren Tieflandregionen für sich beanspruchen, sind die Hochland- und Bergregionen die Heimat von 68 ethnischen Minderheiten, die unter den Sammelbegriffen Lao Theung (25 %) und Lao Soung (15 %) zusammengefasst werden. Vorwiegend in Städten leben als wirtschaftlich einflussreiche Minderheit Vietnamesen, Chinesen und Inder (5 %). Seit 1991 besteht Religionsfreiheit. Rund 65 % der Bevölkerung bekennen sich zum Theravada-Buddhismus, 33 % gehören Natur- und Stammesreligionen an. 1,5 % der Bevölkerung sind Christen, hinzu kommen einige wenige Angehörige des Mahayana-Buddhismus, des Konfuzianismus und des Taoismus.

Wirtschaft, Soziales und aktuelle Politik

Nach dem Scheitern der sozialistischen Experimente wurden für das unterentwickelte Laos, das zu den ärmsten Ländern der Welt zählt, eine rasche Öffnung nach Westen und eine Liberalisierung der Wirtschaftspolitik zu einer Überlebensfrage. Unangetastet blieb allerdings das Machtmonopol der Laotischen Revolutionären Volkspartei.

Zwischen Kommunismus und Kapitalismus

Im sozialistischen Lager

Nachdem die Laotische Revolutionäre Volkspartei (LRVP) 1975 die Macht im Lande übernommen hatte, verharrte Laos lange Zeit hermetisch abgeriegelt hinter dem Bambusvorhang. Das Land schottete sich zum Westen hin ab und wurde zur Interessensphäre der Länder des ehemaligen COMECON. Vor allem der Einfluss Vietnams war so groß, dass sich Laos zum Vasallen des mächtigen Nachbarn entwickelte und Beobachter von einer Vietnamisierung der laotischen Innenpolitik sprachen.

Tausende vietnamesische Berater nahmen sämtliche Schlüsselpositionen ein. Sie kontrollierten die laotische Regierung und Parteiführung, entwarfen die Reden laotischer Politiker und gaben die politisch-wirtschaftlichen Richtlinien vor. Zudem waren rund 50 000 vietnamesische Soldaten im Land stationiert. Daneben gab es noch mehrere hundert sowjetische Experten auf allen Stufen der Verwaltung und der staatlichen Wirtschaft.

Machtmonopol der Volkspartei

Erst nach dem Zusammenbruch der UdSSR und des COMECON begann Laos sich Ende der 1980er-Jahre vom mächtigen Nachbarn abzunabeln und zaghaft dem Westen zu öffnen. Ziel der laotischen Führung ist heute eine weitgehende wirtschaftliche Liberalisierung bei gleichzeitiger Beibehaltung der politischen Machtverhältnisse.

So wurden die Führungsrolle und das Machtmonopol der 1955 gegründeten Laotischen Revolutionären Volkspartei in der 1991 verabschiedeten Verfassung erneut bestätigt. An der Spitze der LRVP, welche die politische und wirtschaftliche Entwicklungsstrategie des Landes vorgibt, stehen der Parteivorsitzende, das nach wie vor aus Revolutionären der ersten Stunde bestehende Politbüro, in dem alle Fäden der Macht zusammenlaufen, sowie das 55-köpfige Zentralkomitee.

Dass Laos seit 1975 ein **Einparteienstaat** ist und dass sich die Macht in wenigen Händen konzentriert, dass die Verfassung zwar einen Katalog von Grundrechten enthält, die Menschen aber keine Möglichkeit haben, diese auch einzuklagen, scheint nur wenige im Lande zu stören. Allerdings erstickt die Altherrenriege im Politbüro jeglichen Ansatz von Kritik im Keim. Oppositionelle Gruppen, so sie sich bilden, werden verfolgt, Regimekritiker gefangen gehalten. Amnesty International forderte wiederholt, aber bislang vergeblich Aufklärung über das Schicksal politischer Gefangener.

Beobachter glauben, dass der Einführung der Marktwirtschaft früher oder später auch Demokratie und Pluralismus folgen werden. Derzeit wird das **Fehlen demokratischer Strukturen** von vielen Laoten nicht als ein Problem erachtet, da die Regierung trotz aller Mängel Erfolge vorzuweisen hat. So führte die seit der Öffnung des Landes praktizierte Reformpolitik zu einer Sicherung der Selbstversorgung mit Reis, sodass in Laos niemand Hunger leiden muss. Obwohl Laos zu den ärmsten Ländern der Welt gehört, gibt es kein sichtbares Elend wie Bettler oder Slums. Dagegen haben die in den 1980er-Jahren eingeleiteten Wirtschaftsreformen vielen zu bescheidenem Wohlstand verholfen.

Tausende konnten es sich leisten, vom Fahrrad aufs Moped umzusatteln. In fast keinem städtischen Haushalt fehlt ein Farbfernseher, vor dem die Menschen abends sitzen und mit Vorliebe thailändische Programme verfolgen. Auf den Märkten werden Güter aus Thailand und anderen Nachbarländern angeboten.

Entwicklungsfortschritte

Laos wird wohl noch lange zu den ärmsten Ländern der Welt zählen, doch lassen nationale und internationale Erhebungen bereits bescheidene Verbesserungen erkennen. So ist die Regierung mit dem Bau neuer Schulen und anderer Bildungseinrichtungen ihrem Ziel, **Bildung** allen Laoten zugänglich zu machen und die immer noch sehr hohe Analphabetenrate von knapp 35 % zu senken, einen Schritt näher gekommen. Erfolge sind auch im Gesundheitswesen zu verzeichnen.

Allerdings besteht gerade in den Bereichen Bildung und Gesundheit ein krasses **Stadt-Land-Gefälle**. Zwar gibt es inzwischen auch in entlegenen Dörfern Grundschulen, doch besuchen trotz der allgemeinen Schulpflicht von acht Jahren viele Kinder nur sporadisch den Unterricht, da sie häufig als Arbeitskräfte in der Landwirtschaft gebraucht werden.

Weil es an Krankenhäusern und ambulanten Versorgungsstellen, Ärzten und medizinisch geschulten Pflegekräften fehlt, ist in ländlichen Gebieten noch nicht einmal die medizinische Grundversorgung, einschließlich der Impfvorsorge, der Bevölkerung gesichert. Mangelhafte sanitäre Verhältnisse führen vor allem in den Bergregionen immer wieder zu epidemieartigen Ausbrüchen von Ruhr, Cholera und anderen Krankheiten.

Politisch stabil

Trotz ethnischer Konflikte und zeitweiliger Aktivitäten regierungsfeindlicher Rebellentruppen ist Laos nach gut drei Jahrzehnten der Herrschaft der LRVP ein politisch stabiler Staat. Nach der kommunistischen Wende im Jahr 1975 waren vor allem die Hmong, von denen viele einst als Verbündete der USA gegen die Pathet Lao gekämpft hatten, ein Unruhefaktor im Lande. Unterstützt von einstigen Gefolgsleuten des Generals Vang Pao, die Mitte der 1970er-Jahre in die Vereinigten Staaten ausgewandert waren, und ehemaligen Offizieren der königlich-laotischen Armee bildeten Hmong-Führer in thailändischen Flüchtlingslagern Exilregierungen, die die Gründung eines eigenen Hmong-Staates anstrebten. Grenzscharmützel zwischen Regierungstruppen und Hmong-Rebellen, bei denen es häufig um die Besteuerung und Kontrolle von Opiumtransporten und illegalen Holzschmuggel ging, stellten jedoch nie eine ernsthafte Gefahr für die Regierung in Vientiane dar.

Aufbruchstimmung

Perestrojka la Laos

Nach einigen Jahren planwirtschaftlicher Experimente, die nicht zum erhofften ökonomischen Aufschwung führten, regten sich in der Parteiführung bereits Ende der 1970er-Jahre Zweifel am vietnamesischen Vorbild, und man begann, über einen eigenen laotischen Weg der Wirtschaftsentwicklung nachzudenken.

Schon lange vor Glasnost erkannten pragmatische laotische Wirtschaftsplaner drei Hauptübel des bisherigen Systems: Überzentralisierung, Bürokratisierung und Subventionsorientierung, an deren Stelle Dezentralisierung der staatlichen Wirtschaft, marktwirtschaftliche Orientierung und Förderung der Privatwirtschaft treten sollten. Die laotische *perestrojka* erhielt auch einen Namen: *chintanakaan may* – **Neues Denken**.

Im industriellen Bereich galt wieder die Eigenverantwortlichkeit der Betriebe, die ihre Gewinne nach Zahlung der Steuern nach eigenem Ermessen investieren konnten. Indem

Laotische Bauern arbeiten auf den Reisfeldern

sie das Verbot des Privateigentums an Produktionsmitteln aufhoben, gaben die Wirtschaftsplaner dem Handwerkssektor und dem Dienstleistungswesen grünes Licht. Vor allem die Abkehr von der Planwirtschaft und von der dogmatischen Beschränkung auf Staats- und Kollektivbetriebe erwies sich als Segen, entwickelten sich Familienbetriebe und kleinindustrielle Unternehmen doch zu einem wichtigen Stützpfeiler der Wirtschaft.

Mit Erstaunen registrierten die laotischen Ökonomen, dass die Bauern, die nach der Aufhebung der Zwangskollektivierung Land pachten und einen Teil ihrer Ernte selbst vermarkten durften, von Jahr zu Jahr höhere Erträge erwirtschafteten. Behutsam ging man dazu über, ausländische Investitionen in Joint-Venture-Projekte zuzulassen sowie das Kredit-, Finanz- und Steuerwesen den veränderten Bedingungen anzupassen.

Als nach dem Zusammenbruch des Ostblocks die sozialistischen Bruderländer als wichtigste Geldgeber für den stark defizitären Staatshaushalt wegfielen, war das unterentwickelte Laos vollkommen auf westliche Hilfe angewiesen. Eine rasch vollzogene Öffnung nach Westen und eine Liberalisierung der Wirtschaftspolitik wurden zu einer Überlebensstrategie.

Wirtschaft im Überblick

Trotz eines leichten Strukturwandels zugunsten der Industrie bildet der **Agrarsektor**, der immer noch über zwei Drittel der Beschäftigten absorbiert, die Basis der laotischen Volkswirtschaft. Allerdings ist die Landwirtschaft bislang kaum über das Stadium der kleinbäuerlichen Selbstversorgung hinausgekommen, nur ein geringer Teil des Ernte-Ertrags wird vermarktet. Vorrangiges Ziel der Agrarpolitik ist es daher, die Subsistenzbauern durch eine Förderung der markt- und exportorientierten Produktion in die Warenwirtschaft einzubeziehen. So will man durch den Bau von Bewässerungssystemen den **Reisanbau** intensivieren. Nutzpflanzen mit wirtschaftlicher Bedeutung sind derzeit allein Kaffee und Tee, die vor allem auf Plantagen auf dem Bolaven-Plateau in Südlaos angebaut werden.

Laos ist enorm reich an **Bodenschätzen**. Das Problem liegt jedoch in der Erschließung der Lagerstätten und der Förderung der mineralischen Rohstoffe, bei der Laos auf ausländisches Know-how und Kapital angewiesen ist. Von Bedeutung sind bislang allein die Gips- und Zinnförderung. Reiche Vorkommen an Eisenerz, Braunkohle, Kupfer, Blei, Mangan, Gold, Silber und vielleicht auch Erdöl werden vermutet.

Zu den bedeutendsten natürlichen Ressourcen von Laos gehören die ausgedehnten tropischen Wälder, die (noch) etwa die Hälfte der Landesfläche bedecken, jedes Jahr aber durch planmäßige Abholzung, unkontrollierten Raubbau und Brandrodung um etwa 300 000 ha schrumpfen. Laut Gesetz befinden sich die laotischen Wälder zwar in staatlichem Besitz, doch liegt der hoch mechanisierte Holzeinschlag zumeist in den Händen ausländischer Konzessionäre.

Obwohl die riesigen Wasserkraftreserven des von zahlreichen Flüssen und Strömen durchzogenen Landes erst zu einem Bruchteil genutzt werden, hat sich die **Energiewirtschaft** zu einem bedeutenden Wirtschaftsfaktor entwickelt. Dem zwischen 1972 und 1975 knapp 100 km nördlich von Vientiane erbauten Nam-Ngum-Wasserkraftwerk folgten weitere Anlagen in allen Regionen des Landes.

Mittlerweile erzeugen die Wasserkraftwerke mehr Strom, als das Land selbst benötigt. Der Überschuss wird gegen Devisen in das energiehungrige Thailand exportiert. Es sind Planungen im Gange, Laos zu einem Kraftwerk für ganz Südostasien zu entwickeln. Auf einem anderen Blatt stehen die durch die Überflutung von Tälern verursachten Umweltschäden.

Der **industrielle Sektor** ist nur wenig entwickelt und beschränkt sich auf einige größere staatseigene Unternehmen und zahlreiche kleine Familienbetriebe. Es werden Möbel und Bekleidung, Holz- und Tabakwaren, Getränke sowie Nahrungsmittel für den Binnenmarkt hergestellt. Nach dem Vorbild von Nachbarländern plant das Industrieministerium die Einrichtung von Freihandelszonen, in denen vor allem Frauen und Mädchen mit flinken Händen Fertigprodukte für den Export herstellen sollen. Ausländische Investoren lockt man mit Privilegien wie infrastrukturellen Vorleistungen, steuerlicher und zollrechtlicher Vorzugsbehandlung sowie freier Rückführung von Gewinnen.

Wichtigster Handelspartner und Investor ist Thailand, gefolgt von den USA sowie Südkorea, Australien und Japan. Da Laos als einziges Land in Südostasien keinen Zugang zum Meer besitzt, ist die Ausfuhr einheimischer Produkte jedoch relativ teuer.

Das geografische Handicap könnte jedoch in Zukunft zu einem Trumpf werden, denn Laos möchte seine Lage im Herzen einer der größten Wachstumsregionen der Welt in bare Münze umwandeln, indem es sich als Transitland und regionale Drehscheibe für den Warenaustausch zwischen Thailand und Vietnam sowie Thailand und China anbietet.

Seitdem die Regierung nach der Öffnung des Landes die Einreisebestimmungen gelockert und 1994 zudem die Reisebeschränkungen innerhalb von Laos aufgehoben hat, entwickelte sich der Tourismus zum ökonomischen Hoffnungsträger. Als mittlerweile bereits wichtigster Devisenbringer ist der Fremdenverkehr der Wirtschaftssektor mit den größten Zuwachsraten.

Soziale Lage

Das jährliche Pro-Kopf-Einkommen von rund 750 US-$ ist heute mehr als dreimal so hoch wie vor gut zehn Jahren. Das ist zwar immer noch wenig im Vergleich zum reichen Nachbarn Thailand, aber ein beachtlicher Entwicklungssprung für ein Land, dessen wichtigster Devisenbringer lange Zeit die Einkünfte aus den Überflugrechten internationaler Fluglinien waren. Allerdings sagt dieser Durchschnittswert nichts aus über die tatsächliche Verteilung des Wohlstands im Lande.

Ein Ziel, das die Regierung mit ihrer **Reformpolitik** verfolgte – alle Bevölkerungsgruppen gerecht am wachsenden Wohlstand teilhaben zu lassen –, ist in weite Ferne gerückt. Denn die Nutznießer der wirtschaftlichen Entwicklung sind in erster Linie die in den Städten lebenden Angehörigen der politischen und wirtschaftlichen Elite, während ein Großteil der Landbevölkerung weiterhin am Rande des Existenzminimums verharrt.

Beinahe vollkommen abgekoppelt von der Entwicklung sind die ethnischen Minderheiten in oft schwer zugänglichen Bergregionen. Diese Menschen können von einer ausreichenden und ausgewogenen Ernährung, von sauberem Trinkwasser sowie vom Zugang zu Krankenhäusern und Schulen nur träumen.

Geschichte

Zu den Stationen einer turbulenten Landesgeschichte zählen: Vom Sagenreich zum Transitland großer Völkerströme, von den indisch beeinflussten Fürstentümern Funan, Champa und Zhenla zu frühen Lao-Königreichen, vom Reich Lan Xang Hom Khao zur französischen Kolonie sowie vom Feudalstaat zum Sozialismus.

Besiedlungsgeschichte

Schöpfungsmythologie

Einst, so will es die seit Generationen überlieferte Schöpfungsmythologie der Laoten, herrschte im Himmel der allmächtige **Phya Thaeng**. Erzürnt über seine widerspenstigen und bösartigen irdischen Untertanen, die sich nicht nur weigerten, ihm Ehrerbietung zu zollen, sondern auch gegen ihre Tributpflicht rebellierten, überschwemmte der himmlische Herrscher die Erde mit einer großen Flutwelle. Drei Fürsten, die das Unheil hatten kommen sehen, retteten sich auf ein Floß, das von dem steigenden Wasser zum Himmel hinaufgetragen wurde. Dort knieten sie vor Phya Thaeng nieder und baten ihn um Verzeihung. Großmütig verzieh der Himmelsherrscher seinen Untertanen und gewährte ihnen Unterkunft.

Als sich die Wassermassen zurückgezogen hatten, kehrten die drei Fürsten mit einem Wasserbüffel, einem Abschiedsgeschenk von Phya Thaeng, auf die Erde zurück. In der Nähe des heutigen Dien Bien Phu in Vietnam gründeten sie eine Siedlung und kultivierten mit Hilfe des Büffels Reisfelder. Nach dem Tod des Wasserbüffels wuchs aus seinen Nüstern eine Ranke, an der bald drei Kürbisse zu sprießen begannen. Als die Früchte zu gigantischer Größe herangereift waren, drang aus ihrem Innern lautes Rumoren. Einer der drei Fürsten, **Khun Pu Lan Xong**, bohrte mit einer glühend heißen Lanze Löcher in die Kürbisse, aus denen alsbald durch die Hitze versengte Menschen krochen – die dunkelhäutigen Lao Theung, die heute in den Bergregionen von Laos leben.

Als aus den Kürbissen weiterhin laute Geräusche zu vernehmen waren, schlug Khun Pu Lan Xong mit einem Meißel größere Öffnungen in die Früchte. Wieder kamen Menschen hervor, dieses Mal die hellhäutigen Lao Loum, die heutigen Tiefland-Laoten.

Im weiteren Verlauf beschreibt die Legende, wie der Himmelsherrscher auf Bitten der drei irdischen Fürsten seinen Sohn **Khun Borom** zur Erde schickte. Seine Reise in die irdischen Gefilde trat der Gottessohn auf einem mächtigen Elefanten mit gekreuzten Stoßzähnen an. Begleitet wurde er von seinen beiden Gemahlinnen sowie einem Tross von Gelehrten und Handwerkern. Die himmlischen Gesandten lehrten ihre neuen Untertanen den Umgang mit Feuer, die Anfertigung von Jagdwaffen und die Zubereitung von Nahrung. Sie unterwiesen sie im Reisanbau und Häuserbau und führten auch heute noch gültige Regeln und Gesetze ein, wie etwa Heiratsvorschriften und Bestattungsbräuche. Sie vergaßen auch nicht, die Menschen in Musik und Tanz, Malerei und Literatur zu unterrichten. Nach einem Vierteljahrhundert erfolgreichen Schaffens vertraute Khun Borom die Erde seinen sieben Söhnen an und kehrte wieder in den Himmel zurück. Bis zur Abschaffung der Monarchie betrachteten alle laotischen Könige den legendären Khun Borom als Stammvater ihrer Dynastie.

Einwanderer und ihre Kulturmerkmale

Was die Schöpfungsmythologie so einfach darstellt, ist tatsächlich eine lange währende, weit in prähistorische Zeiten zurückreichende Abfolge von Einwanderungsintervallen, in deren Verlauf es zu Verschmelzungen, Überlagerungen und Verdrängungen kam. Seit der Übergangszeit vom Mesolithikum zum Neolithikum hat sich mehr als vier Jahrtausende hindurch über Hinterindien, das die heutigen Staaten Thailand, Malaysia, Myanmar (Burma) sowie die drei Nachfolgestaaten des französischen Indochina, Vietnam, Laos und Kambodscha, umfasst, ein steter Bevölkerungs- und Kulturstrom von Norden nach Süden bewegt. Bergvölker fanden Siedlungsraum in den Gebirgen, die mit üppigen Monsunwäldern bedeckt waren, Talvölker besiedelten die fruchtbaren Tiefländer und Mündungsbecken breiter Ströme.

Archäologische Funde belegen, dass die Indochinesische Halbinsel zu den ältesten von Menschen besiedelten Territorien der Erde gehört. Vermutlich lag sie im Schnittpunkt zweier großer Völkerwanderungen: Einwanderer der austronesischen Sprachfamilie, deren Nachkommen man heute noch überwiegend im insularen Südostasien findet, drangen von der heutigen südchinesischen Provinz Yunnan vor, austroasiatische Völker wie die Khmer und die Mon kamen hingegen aus dem Westen.

Fundstücke aus der Nähe von Luang Prabang in Nordlaos zeigen, dass die in den Flusstälern lebenden ersten austronesischen Einwanderer, die sogenannten **Alt- bzw. Protomalaien**, schon vor über 4000 Jahren Steinäxte benutzten. Als Träger einer neolithischen Kultur hinterließen sie auf ihren Wanderbewegungen charakteristische Wegmarken – mit Tüllen versehene Rechteckbeile, anhand derer heute ihre Ausbreitung von Südchina über Laos, Vietnam, Thailand und die Malaiische Halbinsel bis zum Indonesischen Archipel rekonstruiert werden kann. Die Protomalaien verdrängten die nomadisch-wildbeuterische Vorbevölkerung in die Bergwälder oder assimilierten sie.

Hauptmerkmale ihrer jungsteinzeitlichen megalithischen Kultur waren die Domestikation pflanzlicher und tierischer Wildformen, die Herstellung von Rindenstoffen, eine primitive Technik des Töpferns und erste Formen des Hausbaus. Auf die Altmalaien geht auch der traditionelle Brandrodungswanderfeldbau zurück. Im Zentrum ihrer Naturreligion standen Schamanismus und ein ausgeprägter Totenkult. Ein weiteres wichtiges Element ihrer Kultur war die rituelle Kopfjagd.

Als Träger der nach einem kleinen Ort im heutigen nördlichen Vietnam benannten **Dong-Son-Kultur** brachten **austronesische Jung- bzw. Deuteromalaien**, die vermutlich im 8./7. Jh. v. Chr. während einer weiteren Einwanderungswelle aus dem südchinesischen Raum nach Indochina gelangten, einen gewaltigen Zivilisationsschub: den Sprung von der Stein- in die Bronze- und Eisenzeit.

Kulturmerkmale der deuteromalaiischen Einwanderer, die nun ihrerseits die Protomalaien aus den fruchtbaren Küstenstreifen und Flussniederungen in unwegsame Berggebiete verdrängten, waren der Gebrauch von Metallwerkzeugen und -waffen, die Einführung einer hoch entwickelten Töpferkunst sowie neuer Methoden in der Landwirtschaft und im Häuserbau.

Die Menschen jungmalaiischer Abkunft lebten bereits in gefestigten Dorf- und Siedlungsgemeinschaften mit einem gewählten Häuptling oder einem Ältestenrat an der Spitze, der über wichtige Belange des Dorfs entschied. Auch die Deuteromalaien hingen animistischen Naturreligionen an, in denen Geisterglaube und Ahnenverehrung sowie Fruchtbarkeitsrituale, Kopfjägerei und vielfach auch ritueller Kannibalismus eine zentrale Rolle spielten.

Indischer Einfluss

Wie in Stein gemeißelte Inschriften aus dem 5. Jh. n. Chr. bezeugen, breiteten sich in den ersten Jahrhunderten unserer Zeitrechnung indische Glaubensvorstellungen in weiten Teilen von Hinterindien aus. Hinduismus und

Buddhismus fanden ihren Niederschlag im Weltbild, in der Kunst und Architektur sowie in der politischen und sozialen Organisation.

In chinesischen Chroniken findet man Hinweise auf das von Mon-Khmer-Völkern dominierte Reich **Funan,** welches zwischen dem 2. und 6. Jh. etwa die Territorien der heutigen Staaten Thailand, Malaysia, Kambodscha und Laos sowie das Mekong-Delta umfasste.

Die heiligen Schriften des Hinduismus (Purana) und insbesondere die Lehre von den Kasten (Varna) scheinen ganz im Sinne der damaligen Fürstenklasse gewesen zu sein, da die Herrschenden dadurch ihre eigene Position gefestigt und quasi legitimiert sahen. Da im Hinduismus Herrscher als göttliche Inkarnation gelten, konnten sie überdies die feudalen Machtstrukturen des Funan-Reiches theokratisch begründen.

Im 5. Jh. gründeten die Cham, Immigranten malaiisch-melanesischen Ursprungs, am Mekong im Süden des heutigen Laos ein ebenfalls indisch beeinflusstes Fürstentum namens **Champa**. Einer der politischen und religiösen Schwerpunkte dieses Reiches, das sich bis zur zentralvietnamesischen Küste erstreckte, war das hinduistisch-buddhistische Heiligtum Wat Phou. Das Reich der Cham existierte in wechselnder Ausdehnung und in temporärer Abhängigkeit von anderen Staaten bis zum 15. Jh., bevor es im Kaiserreich Dai Viet, dem Vorläufer des heutigen Vietnam, und im Khmer-Imperium aufging.

Funan und Champa lagen im Kreuzungsbereich zweier großer Macht- und Kulturblöcke. Hier trafen Indien und China aufeinander, was auch in dem später von den französischen Kolonialherren geprägten Begriff Indochina zum Ausdruck kommt. Allerdings waren die Kontakte der Reiche Funan und Champa zu China weniger von kulturellen und politischen, sondern von wirtschaftlichen Interessen geprägt.

Im Lauf des 6. Jh. wurde das Reich Funan, das durch Intrigen und innere Zwistigkeiten in mehrere selbstständige, sich befehdende Fürstentümer zerfiel, von dem aufsteigenden hinduistischen Reich **Zhenla** als dominierende Macht im indochinesischen Raum abgelöst. Zahlreiche indische Einwanderer, vor allem Brahmanen und Kaufleute, übten gro-

Weist Ähnlichkeit mit der Tempelstadt Angkor auf: Heiligtum Wat Phou

ßen Einfluss auf Zhenla aus, insbesondere auf Sprache und Schrift, Rechtswesen und Staatsaufbau, Kunstformen und Kosmologie.

Bereits im späten 7. Jh. zerbrach Zhenla in die Teilreiche Zhenla des Landes und Zhenla des Wassers. Während Zhenla des Wassers vom buddhistischen Königreich Sri Vijaya, das sich von Südsumatra ausbreitete, assimiliert wurde, gründeten die Herrscher von Zhenla des Landes in Südlaos die heute verschollende Stadt Shestrapura. Kultischer Mittelpunkt des Reiches war Wat Phou nahe der heutigen Provinzstadt Champasak. Gegen Ende des 8. Jh. verlagerte sich der politische und religiöse Schwerpunkt des Zhenla-Reiches weiter nach Süden. In der Region des Tonle-Sap-Sees errichteten die Khmer-Herrscher mit Angkor eine neue Machtbasis, von der sich später ihr Reich über weite Teile der heutigen Staaten Kambodscha, Vietnam, Laos und Thailand ausbreitete. Ausschlaggebend für den Rückzug der Khmer war die Ausbreitung des von Tai-Völkern um die Zeitenwende gegründeten, nach chinesischem Vorbild organisierten Königreichs Nan Chao, welches im nördlichen Indochina eine Blütezeit erlebte.

Frühe Tai- und Lao-Königreiche

Die Gründung von **Nan Chao** war die Konsequenz eines mehrere Jahrhunderte währenden Zustroms von Tai-Stämmen, welche unter dem Druck von Chinesen und Mongolen aus ihren ursprünglichen zentralasiatischen Siedlungsräumen in südliche und südwestliche Bereiche des heutigen China verdrängt wurden.

Von Nan Chao (chin.: südliches Land) breiteten sich die Tai sprechenden Völker, zu denen die Lao, Shan sowie die Vorfahren der heutigen Thai gehören, Flusstälern folgend Richtung Süden aus. Mächtigen Staaten zahlten sie Tribut, etwa dem indisch beeinflussten Mon-Königreich Burma. Schließlich übernahmen auch die meisten Tai-Völker den buddhistischen Glauben und viele hinduistische Bräuche, passten diese jedoch ihren eigenen Bedürfnissen und kulturellen Vorstellungen an.

Die Besiedlung der Tai-Völker

Tai-Völker ließen sich vornehmlich in den fruchtbaren, leicht zugänglichen Ebenen der großen Ströme Mekong, Mae Nam Chao Phraya, Salween und Irrawaddy nieder. Sie brachten eine hoch entwickelte, auf dem Anbau von Nassreis basierende Kultur in ihre neue Heimat und gründeten dort befestigte Siedlungen (*muang*), denen ein Häuptling (*chao*) vorstand.

Mit den dort ursprünglich ansässigen, ihnen unterlegenen Mon-Khmer-Stammesverbänden vermischten sich die Tai-Völker oder drängten diese in gebirgige Rückzugsgebiete ab. Dadurch kam es zu einer gesellschaftlichen Zweiteilung, die bis heute in Laos fortbesteht: die Vorrangstellung der hellhäutigen Tai-Lao gegenüber den dunkelhäutigen Mon-Khmer, die auch in der Bezeichnung *kha* (Sklave) für die Nachfahren der Urbevölkerung zum Ausdruck kommt.

Die **Wanderungswelle** der Tai-Völker erreichte ihren Höhepunkt Mitte des 13. Jh., als die Mongolen China eroberten und auch Nan Chao unter dem Ansturm der Horden des Kublai Khan zerbrach. Während sich eine Gruppe, die sogenannten Großen Tai (Tai Yai), die heutigen Shan, im Mon-Königreich Burma niederließen und zahlreiche kleine und kleinste Tai-Völker in den zerklüfteten Bergregionen des heutigen Nordthailand, Nordlaos und Nordvietnam eine neue Heimat fanden, drangen die Kleinen Tai (Tai Noi) in das geschwächte Khmer-Reich vor. Die Vorfahren der heutigen Thailänder zogen den Chao-Phraya-Fluss abwärts, schüttelten die Herrschaft der Angkor-Dynastie ab und gründeten 1238 das erste unabhängige siamesische Königreich mit Sukhothai als Hauptstadt.

Zu den tributpflichtigen Vasallen des rasch erstarkenden Sukhothai zählte auch Muang Soua, ein kleiner Lao-Stadtstaat am Mekong, der später unter dem Namen Luang Prabang zur Keimzelle des Lao-Reiches Lan Xang Hom Khao werden sollte.

Das Reich Lan Xang Hom Khao

Wie archäologische Funde belegen, hatte sich im Laufe des 12. Jh., als das Khmer-Reich unter dem bedeutenden König **Jayavarman VII.** seinen Zenit erreichte, der Herrschaftsbereich der Angkor-Dynastie den Mekong aufwärts bis zum Lao-Fürstentum Vieng Chan, dem heutigem Vientiane, ausgebreitet. Als dann das siamesische Sukhothai, der stärkste Widersacher von Angkor, unter dem Druck des am Unterlauf des Mae Nam Chao Phraya erstarkenden Thai-Reiches Ayutthaya zu bröckeln begann, nutzten nun die Khmer-Herrscher die Gelegenheit, ihren Machtanspruch zu festigen.

Um widerspenstige Lao-Stämme wieder unter Tributpflicht zu zwingen, rüsteten sie Fa Ngum, den Sohn eines Lao-Fürsten aus Muang Soua, mit einem 10 000 Mann starken Heer aus. Fa Ngum war 1316 mit 33 Zähnen im Mund geboren worden – nach Meinung der Hofastrologen ein schlechtes Omen, weshalb sie der Fürstenfamilie rieten, den Neugeborenen zu verbannen. Fa Ngum fand Aufnahme am Hof der Angkor-Herrscher und wurde dort im Sinne des Theravada-Buddhismus erzogen.

Die Herrschaft des Fa Ngum

Bei seinem Feldzug nach Norden, den er 1349 begann, bezwang **Fa Ngum** rasch ein abtrünniges Lao-Fürstentum nach dem anderen und eroberte Xieng Dong Xieng Thong, die Hauptstadt von Muang Soua. Als neuer Herrscher dieses Fürstentums sah er die Möglichkeit, die Oberhoheit des schwächelnden Angkor abzuschütteln und gründete im Jahr 1353 sein eigenes Reich – Lan Xang Hom Khao, das Land der Million Elefanten und des Weißen Schirms.

Lan Xang entwickelte sich in der zweiten Hälfte des 14. Jh. zu einem der größten Reiche Indochinas. Es gelang Fa Ngum allerdings nicht, einen zentral regierten, geeinigten laotischen Staat aufzubauen. Lan Xang war kaum mehr als eine lose Konföderation kleiner, dem König tributpflichtiger Fürstentümer, welche sich über ein wild zerklüftetes Bergland erstreckten.

Zwar beanspruchte Fa Ngum sowie auch die ihm nachfolgenden Monarchen als *chao maha sivit* (Großmeister allen Lebens) die absolute Macht in allen zivilen und religiösen Angelegenheiten, jedoch genossen die mit der Königsfamilie blutsverwandten oder verschwägerten Provinzfürsten (*chao muang*) einen hohen Grad an Unabhängigkeit.

Fa Ngum erklärte den Theravada-Buddhismus – eine tolerante Glaubenslehre mit hoher Integrationskraft – zur Staatsreligion. Tausende buddhistische Mönche und Gelehrte, Künstler und Handwerker, die Fa Ngum und seine Frau Nang Kham, eine Prinzessin der Angkor-Dynastie, aus dem Khmer-Reich nach Lan Xang riefen, prägten die Entwicklung des Landes.

Maha Pasaman Chao, Fa Ngums ehemaliger buddhistischer Lehrer vom Angkor-Hof, brachte die vergoldete Buddha-Statue Pha Bang, welche das religiöse und dynastische Symbol des Reiches darstellte, nach Xieng Dong Xieng Thong. 200 Jahre später wurde die Hauptstadt von Lan Xang nach dem heiligen Buddha-Bildnis in Luang Prabang umbenannt (s. S. 185).

Nach dem Tod seiner Gemahlin zog sich Fa Ngum aus dem politischen Leben zurück, um sich in einem buddhistischen Kloster religiösen Studien zu widmen. Eine weitere Blüte erlebte Lan Xang unter Fa Ngums Sohn Samsenthai, der 1373 den Thron von Lan Xang bestieg. Mit großem diplomatischen Geschick verstand er es, die Machtstrukturen in seinem streng zentralistisch gelenkten Reich zu festigen und seine Untertanen in eine über vier Jahrzehnte dauernde Epoche des Friedens zu führen.

Turbulente Herrschaftszeiten

Samsenthais Tod markierte jedoch den Anfang einer turbulenten Geschichte, die bis in die jüngere Vergangenheit von Thronfehden und Palastintrigen sowie einer Schwächung der Zentralmacht und ständigen Eroberungsgelüsten der burmesischen, siamesischen und vietnamesischen Nachbarn geprägt war.

Dem **Expansionsdrang der Nachbarstaaten** versuchte König Phothisarath, der 1520 den Thron bestieg, durch eine geschickte Politik wechselnder Bündnisse entgegenzuwirken. So machte er Ansprüche auf den verwaisten Thron des Nachbarreiches Lan Na geltend und setzte seinen ältesten Sohn, den späteren König Setthathirath, als Regent ein. Nachdem Chiang Mai, die Hauptstadt von Lan Na, im Jahr 1556 an die Burmesen gefallen war, kehrte Setthathirath nach Luang Prabang zurück.

Als die Burmesen den nördlichen Teil von Lan Xang angriffen, verlegte Setthathirath 1560 den Königssitz ins zentral gelegene Vieng Chan, das heutige Vientiane. Dort ließ er den Stupa That Luang erbauen, das zentrale Heiligtum der laotischen Buddhisten. Zur Unterbringung des Pha Keo, des berühmten Smaragd-Buddhas, den er aus Chiang Mai mitgebracht hatte, ordnete Setthathirath den Bau des Tempels Ho Pha Keo an.

Alle Vorsichtsmaßnahmen von Setthathirath aber fruchteten wenig, denn nach zwei vergeblichen Versuchen gelang es den Burmesen 1574, Vieng Chan einzunehmen und einen willfährigen laotischen Prinzen anstelle des geflohenen Setthathirath unter ihrer Oberherrschaft auf dem Thron zu installieren.

Dem Fürsten Pha Voravongsa gelang es Ende des 16. Jh., nach einer Zeit der **Anarchie,** Laos von der fast ein Vierteljahrhundert währenden burmesischen Oberhoheit zu befreien. Den Burmesen, die sich in einen blutigen Krieg mit Ayutthaya verzettelt hatten und sich des Niedergangs ihres Reichs bewusst waren, blieb keine andere Möglichkeit, als die Souveränität der Laoten anzuerkennen.

König Souligna Vongsa

Unter **Souligna Vongsa** (1637–1694), dem nach Fa Ngum bedeutendsten König der Lan-Xang-Dynastie, erlebte Laos seine politisch beständigste Epoche und zugleich eine kulturelle Blütezeit.

Unbehelligt von innenpolitischen Widersachern und Feinden von außen, konnte sich Souligna Vongsa fast sechs Jahrzehnte lang ganz dem Aufbau des Landes widmen. Mit der Gründung zahlreicher Tempel und Tempelschulen verhalf er dem Buddhismus zu einem großen Aufschwung.

Drei laotische Teilstaaten

Mit dem Tod von König Souligna Vongsa im Jahr 1694 endete das Goldene Zeitalter von Laos. Streitigkeiten um die Thronfolge innerhalb der weit verzweigten Königsfamilie stürzten Lan Xang in so heillose Wirren, dass das Land schließlich in drei, zum größten Teil von fremden Mächten abhängige Königreiche aufgeteilt wurde.

In Vieng Chan regierte ein Neffe des verstorbenen Königs unter der Oberhoheit Vietnams. Ein Kusin ernannte sich zum Herrscher von Champasak im Süden, das unter siamesischem Einfluss stand. Allein Luang Prabang, das von König Kingkitsarath, einem weiteren Neffen von Souligna Vongsa, regiert wurde, behielt zunächst seine Unabhängigkeit.

Während des 18. Jh. standen diese drei Reiche in ständigem **Fehdezustand**. Da die verfeindeten Herrscher oft um fremden Beistand nachsuchten, kam es wiederholt zu Invasionen und Annexionen durch Burma, Siam, Vietnam und China. Die militärisch überlegenen Nachbarstaaten nutzten die innere Zerrissenheit des Lao-Reiches, um laotische Gebiete ihren Territorien anzugliedern. Der größte Teil des heutigen Nordostthailands gehörte einst zu Lan Xang.

Laos unter siamesischer Herrschaft

1753 und 1771 wurde Luang Prabang von den Burmesen erobert und geplündert. Den größten Nutzen aus der Wehrlosigkeit des zersplitterten Lao-Reiches zogen jedoch die Siamesen. Nachdem burmesische Truppen 1767 Ayutthaya zerstörten und der siamesische Herrscher die Hauptstadt nach Bangkok verlegen musste, versuchte Siam 1778 die eigene Machtsphäre mit einem Feldzug gegen Laos und Kambodscha zu erweitern.

Auf die **Eroberung** von Teilen Kambodschas folgte die Belagerung von Vieng Chan, das 1779 kapitulieren musste. Bei ihrer Eroberung machten die Siamesen weite Teile der Hauptstadt dem Erdboden gleich. Sie deportierten die Bevölkerung von Vieng Chan und erklärten das Lao-Königreich zur siamesischen Kolonie. Im Triumphzug führte Rama I. den Smaragd-Buddha, den König Setthathirath Mitte des 16. Jh. aus Chiang Mai mitgebracht hatte, in die siamesische Hauptstadt zurück. Seit dem Jahr 1779 ist die heilige Statue ein zwischen den Thai-Königen und den laotischen Herrschern umstrittenes Machtsymbol.

Wenig später mussten auch Luang Prabang und Champasak die Oberherrschaft der Siamesen anerkennen. Mit Ausnahme des Fürstentums Xieng Khouang, das unter der Bezeichnung Tran Ninh unter vietnamesischer Oberhoheit stand, befanden sich 1778/79 alle Regionen des ehemaligen Lan Xang unter siamesischer Herrschaft.

Nicht allein die Ausdehnung ihres Staatsgebiets war Ziel ihres Feldzugs gegen Laos, ebenso wichtig erachteten die Siamesen die Schaffung einer einheitlichen **Tai-Nation**, unter Einschluss der laotischen Völker.

Zur Durchsetzung ihrer Ziele bedienten sich die Siamesen einer geschickten **Politik des Teile-und-herrsche**. Sie banden einheimische Regenten an sich, indem sie militärische Hilfe gegen deren interne Widersacher gewährten und benutzten sie zugleich, um ihre Einflusssphäre auszuweiten. Zwar standen Mitglieder der laotischen Königsfamilien weiterhin an der Spitze der laotischen Teilreiche, doch wurden alle Könige, Vizekönige, Kronprinzen und die Minister von der siamesischen Kolonialverwaltung ernannt.

Gescheiterter laotischer Widerstand

Ein geschlossener Widerstand der laotischen Könige und Fürsten scheiterte lange an Rivalitäten zwischen den zahlreichen Herrschern. Erst Anfang des 19. Jh. kulminierten antisiamesische Proteste in einem großen **Aufstand** gegen die Kolonialmacht. Im Jahr 1805 trat König Anouvong – auch Chao Anou genannt –, der zwar am Hof in Bangkok aufgezogen worden war, aber ein laotischer Patriot blieb, die Thronfolge in Vieng Chan an. Unterstützt vom Fürstentum Champasak rückte Anouvong 1827 mit einer Streitmacht gegen Siam vor. Der Feldzug endete mit einer vernichtenden Niederlage der Laoten. Die Siamesen eroberten erneut Vieng Chan, legten die Stadt in Schutt und Asche und verschleppten Tausende laotische Familien. Anouvong, der bis heute im laotischen Volk als Kämpfer für die nationale Unabhängigkeit hohes Ansehen genießt, wurde nach seiner Gefangennahme in Bangkok in einem Käfig zur Schau gestellt, bis er starb. Anouvongs Tod war zugleich das Ende des Königreichs Vieng Chan.

Laos unter französischer Kolonialherrschaft

Mit der Gründung der **Kolonie Cochinchina**, die den Süden des heutigen Vietnam umfasste, begannen die Franzosen im Jahr 1863 das Kaiserreich Dai Viet unter das koloniale Joch zu zwingen. Zur gleichen Zeit warfen die Briten, die sich in Burma festgesetzt hatten, begehrliche Blicke auf die Indochinesische Halbinsel. Die Motive beider Kolonialmächte waren identisch: zum einen die Suche nach Rohstoffquellen für die aufblühende heimische Industrie und die Erschließung neuer Absatzmärkte, zum anderen die Sicherung des Handelswegs nach China. Während die Briten versuchten, von ihrer Kolonie Burma über den Irrawaddy-Strom nach China vorzustoßen, wollten sich die Franzosen den Zugang vom Südchinesischen Meer über den Mekong in das Reich der Mitte sichern.

Im Juni 1866 rüsteten die Franzosen in der Nähe des heutigen Ho Chi Minh City (Saigon) eine **militärische Expedition** aus. Ihr Plan war, vom Mündungsdelta des Mekong stromaufwärts über Kambodscha, das bereits 1863 französisches Protektorat geworden war, in das Innere der Indochinesischen Halbinsel und schließlich bis nach China vorzudringen. Die Erkundungsfahrt der französischen Kanonenboote endete jedoch bereits an den gewaltigen Wasserfällen zwischen Kambodscha und Laos.

Im **Wettlauf von England und Frankreich** auf dem Weg nach China rückte nun das zersplitterte Laos in den Brennpunkt. Die Franzosen drängten von Cochinchina auf eine Ausdehnung ihres Einflusses, was die Briten verhindern wollten. Als dritte Macht trat Siam auf den Plan, das nach wie vor seinen Traum vom pan-taiistischen Reich hegte.

Dass schließlich Frankreich das Rennen für sich entscheiden konnte, war dem französischen Verwaltungsbeamten Auguste Pavie zu verdanken, der als Konsul am Hof des laotischen Königs Oun Kham in Luang Prabang weilte. Seine Stunde kam, als sich 1887 chinesische Ho-Banditen anschickten, Luang Prabang anzugreifen. Pavie überredete den greisen Monarchen zu fliehen.

In der Überzeugung, dass Frankreich sein Königreich auch künftig vor Schaden bewahren würde, zögerte Oun Kham nicht, als Auguste Pavie ihm französischen Beistand und Schutz antrug. Unter dem Damoklesschwert der Siamisierung empfanden die Laoten ihre Kolonisierung durch die Franzosen eher als Rettung, denn im Laufe ihrer bewegten Geschichte hatten sie die Erfahrung machen müssen, dass Unabhängigkeit für sie nur unter dem Schutz eines starken Verbündeten in Betracht kommen konnte.

Laos wird Teil von Indochina

Im Jahr 1893 wurde zwischen Frankreich, England und Siam das französische Protektorat über Laos errichtet, unter dem nur der König von Luang Prabang, inzwischen Sakkarine, der älteste Sohn von Oun Kham, seinen königlichen Titel und seine Vorrechte behielt. Damit wurde Laos fester Bestandteil des französischen Kolonialreichs Indochina.

Anders als Vietnam, das Kernstück des französischen Indochina, das mit reichen Erz- und Kohlevorkommen für die Kolonialmacht von großem wirtschaftlichem Interesse war, besaß Laos für die Franzosen in erster Linie eine **strategische Bedeutung** als Pufferstaat zum britischen Kolonialreich und als Sprungbrett nach China. Da es außer dem Zinnbergbau und der Gewinnung tropischer Edelhölzer in der vergessenen Kolonie keinen nennenswerten Wirtschaftszweig gab, war den Franzosen auch wenig an der Erschließung von Laos und dem Aufbau einer Infrastruktur gelegen.

Laos im Zweiten Weltkrieg

Kaum war die deutsche Wehrmacht in Frankreich einmarschiert, überfiel Japan, Hitlers asiatischer Verbündeter, Hongkong, Singapur, Manila und Jakarta und besetzte schließlich auch Indochina. Die **japanische Invasionsarmee** stieß auf wenig Widerstand, denn die Völker von Laos, Kambodscha und Vietnam unterstützten die französischen Kolonialstreitkräfte nicht, da die japanische Propaganda den Einheimischen die Befreiung vom kolonialen Joch versprochen hatte.

Doch während der kurzen Besatzungszeit zeigte sich bald, dass die japanische Herrschaft noch arroganter, brutaler und ausbeuterischer war als diejenige der geschlagenen Europäer. Die anfängliche Begeisterung vieler Laoten über die japanischen Befreier wich schon bald Empörung, als Aktivitäten der Nationalisten verboten wurden und die Belastungen der Bevölkerung anwuchsen, insbesondere durch die Beschlagnahme eines Großteils der Reisernten sowie der Zwangsverpflichtung Tausender zum Straßenbau.

Lao Issara an der Spitze der Unabhängigkeitsbewegung

Im August 1945 brach in Laos der organisierte **Widerstand** los, zunächst in Vientiane, später in den Provinzhauptstädten. Wenige Wochen später kapitulierten die Japaner und Kronprinz Phetsarath, der sich an die Spitze der Lao Issara (Freies Laos) genannten, nationalen Unabhängigkeitsbewegung gesetzt hatte, erklärte am 12. Oktober 1945 die Souveränität von Laos.

Als Sammelbecken war Lao Issara der erste von zahlreichen Versuchen, alle nationalen Widerstandskräfte, so sehr deren Auffassungen auch auseinander gingen, einem gemeinsamen Ziel zu verpflichten – der Befreiung des Landes vom Kolonialismus.

Wie unterschiedlich die im Lande verbreiteten **Ideologien** waren, zeigte sich nach dem Ende des Pazifischen Kriegs an den Standpunkten, welche die führenden Mitglieder der Königsfamilie vertraten. Während der in Luang Prabang residierende König Sisavang Vong, der bereits 1904 von der Kolonialregierung eingesetzt worden war, weiter loyal zu den Franzosen stand und deren Rückkehr nach Laos erbat, sprachen sich seine Neffen Prinz Phetsarath und Prinz Souvanna Phouma zunächst dafür aus, Laos als souveränen Staat in die Union Française einzugliedern.

Ein weiterer Neffe, Prinz Souphanouvong, der sich während seines Ingenieurstudiums in Paris mit den Ideen der Französischen Revolution beschäftigt hatte und später in Hanoi mit den Revolutionären um Ho Chi Minh und Vo Nguyen Giap zusammengetroffen war, baute nach der Rückkehr der Franzosen als roter Prinz nach dem Vorbild der Vietminh eine revolutionäre Bewegung in Laos auf.

Unterstützung fand die Lao Issara bei den USA, die nach dem Ende der japanischen Besetzung auch auf eine Beendigung der französischen Kolonialherrschaft in Indochina drängten. Doch die Grande Nation machte keine Anstalten, ihr Kolonialreich aufzugeben, und begann bereits im Herbst 1945 mit der militärischen Rückeroberung von Indochina. Überall im Lande trafen die Franzosen auf bewaffnete Widerstandsgruppen, doch die recht schlecht ausgerüsteten, nur von einigen vietnamesischen Freiwilligen unterstützten laotischen Truppen hatten der Feuerkraft der Franzosen wenig entgegenzusetzen.

Niederlage der laotischen Befreiungsarmee

Nach einer **Entscheidungsschlacht** nahe der zentrallaotischen Stadt Thakhek am 21. März 1946, die mit einer vernichtenden Niederlage der laotischen Befreiungsarmee endete, war der Weg für eine Wiedererrichtung der französischen Kolonialmacht frei. Prinz Souphanouvong und seine beiden Kusins, Prinz Phetsarath und Prinz Souvanna Phouma, flohen nach Thailand, wo sie eine Gegenregierung bildeten, während König Sisavang Vong als Monarch von Frankreichs Gnaden als König über ganz Laos herrschte.

Laos im Indochinakrieg

Mit Billigung der Franzosen erhielt Laos 1947 den Status einer **konstitutionellen demokratischen Monarchie**. Als Frankreich zwei Jahre später dem Land die Unabhängigkeit innerhalb der Union Française anbot, löste Prinz Souvanna Phouma die Exilregierung in Bangkok auf und kehrte mit anderen Mitgliedern der Lao Issara nach Vientiane zurück. Sein Halbbruder, Prinz Phetsarath, blieb in Thailand, denn er war zu einer Kooperation mit den Franzosen nicht bereit, war jedoch auch nicht mit dem Vorgehen von Prinz Souphanouvong einverstanden, der im Norden und Nordosten von Laos den Untergrundkampf neu organisierte. Unterstützung fand die militante kommunistische Organisation des roten Prinzen, die den Namen Pathet Lao (Land der Laoten) trug, vor allem bei der verarmten Landbevölkerung.

Mit militärischer Unterstützung der Vietminh brachten Pathet-Lao-Einheiten die Provinzen Phongsaly, Houa Phan und Xieng Khouang unter ihre Kontrolle und errichteten in Sam Neua nahe der Grenze zu Vietnam ihr Hauptquartier. Doch das Schicksal von Laos war vom Ausgang des Ersten Indochinakriegs, der hauptsächlich in Vietnam ausgetragen wurde, abhängig. Die Entscheidung fiel schließlich 1954 in der Schlacht um die für uneinnehmbar gehaltene Bergfestung **Dien Bien Phu**, welche die Franzosen in der äußersten Nordwestecke von Vietnam nahe der laotischen Grenze errichtet hatten.

Die Franzosen wollten die Vietminh zwingen, ihre Guerilla-Taktik aufzugeben und einen offenen Schlagabtausch anzunehmen. Doch die Strategie ging nicht auf. Unterstützt von Bergstämmen, gelang es den vietnamesischen Truppen unter Führung von General

Vo Nguyen Giap völlig überraschend für die französische Besatzung, die Dschungelfestung Dien Bien Phu unter heftigen Beschuss zu nehmen. 55 Tage leisteten die eingeschlossenen Franzosen Widerstand, bevor sie nach großen Verlusten am 7. Mai 1954 kapitulierten. Die von ihr selbst inszenierte Entscheidungsschlacht endete für die Kolonialmacht mit einem Desaster – vernichtend geschlagen und gedemütigt musste die Grande Nation schließlich ihren Rückzug aus Indochina antreten.

Ein Hoffnungsschimmer für den Frieden in Indochina war die Genfer Konferenz im Jahr 1954. Im Laufe der Verhandlungen erhielten Laos und Kambodscha sowie das im Norden in eine Demokratische Republik unter Ho Chi Minh und im Süden in ein Königreich unter Bao Dai geteilte Vietnam ihre staatliche Unabhängigkeit. Den auflodernden Flächenbrand einzudämmen, gelang trotz allem auch den Delegationen der Parteien dieses Konflikts nicht.

Laos im Vietnamkrieg

Bereits zu Beginn der 1950er-Jahre hatten die USA Indochina zu einer für sie lebenswichtigen Sphäre erklärt. Sie betrachteten zwar den schmutzigen Krieg Frankreichs als einen Teil der gemeinsamen Anstrengung der westlichen Welt zur Eindämmung des sich ausbreitenden Kommunismus, doch erschien ihnen das Vorgehen der Franzosen als zu unentschlossen und wenig Erfolg versprechend. Um die Ideale einer freiheitlichen Gesellschaftsordnung gegen eine kommunistische Aggression zu verteidigen, ließen sich die USA unter Präsident John F. Kennedy daher auf eine militärische Unterstützung Südvietnams ein.

Die Strategen im Weißen Haus und im Pentagon vertraten zur damaligen Zeit die Theorie, dass ein Land nach dem anderen in Asien an den Kommunismus verloren ginge, wenn man Südvietnam fallen ließe – die **Domino-Theorie**.

Allgegenwärtige Erinnerung an den Vietnamkrieg

US-amerikanischer Einzug in Laos

Entschlossen, den Vormarsch der kommunistischen Befreier zu verhindern, ernannten sich die USA zur neuen **Ordnungsmacht**. Wegen der gemeinsamen Grenze mit Nord- und Südvietnam, mit Kambodscha, China, Burma und Thailand maßen die Militärs im Pentagon Laos eine besondere strategische Bedeutung bei. Daher beschlossen sie, das Land zu einem antikommunistischen Bollwerk auszubauen, obwohl die zweite Genfer Konferenz von 1962 die Souveränität und Neutralität von Laos bekräftigte.

Von den USA unterstützte, rasch wechselnde **Marionetten-Regierungen** in Vientiane versuchten, gegen die Pathet Lao anzutreten, die ihrerseits von der Sowjetunion, China und Nordvietnam Beistand erhielten. Die US-amerikanische Wirtschaftshilfe, von der ein Großteil in den Taschen von US-Günstlingen versickerte, sowie die amerikanische Präsenz im Lande wuchsen von Jahr zu Jahr an. Im Kampf gegen die Kommunisten waren jedoch keine nennenswerten Erfolge zu verzeichnen. Bald schon hatten die Pathet-Lao-Truppen in einer innenpolitisch heillos verworrenen Periode wechselnder Allianzen und Koalitionen die Hälfte des Landesterritoriums unter Kontrolle.

Schlüsselrollen spielten zwei verfeindete Mitglieder der Königsfamilie: der neutralistische Prinz Souvanna Phouma, ein vehementer Verfechter der laotischen Unabhängigkeit, und der kommunistische Prinz Souphanouvong, Führer der vietnam-orientierten Rebellenbewegung Pathet Lao.

Bombardements in Laos

Als die Konflikte zwischen den verschiedenen politischen Lagern zum offenen **Bürgerkrieg** eskalierten, geriet das Land endgültig in den Sog des Vietnamkriegs. Angesichts der militärischen Erfolge der Pathet Lao beschlossen die USA eine Intervention und begannen am 17. Mai 1967 – ohne dass die Weltöffentlichkeit von diesem Bruch der Neutralitätsvereinbarung über Laos erfuhr – mit Bombardements kommunistischer Stellungen um die Ebene der Tonkrüge in der von der Rebellenbewegung beherrschten Nordostprovinz Xieng Khouang. Weitere Hauptziele waren die Karsthöhlen um Vieng Xay nahe Sam Neua, in welchen sich die Kommandozentrale der Pathet Lao befand, sowie Grenzregionen in Südlaos, durch die der Ho-Chi-Minh-Pfad, der Nachschubweg der südvietnamesischen Befreiungsfront, verlief.

Laos wurde zum am meisten bombardierten Land der Welt. Sechs Jahre lang flogen US-Piloten Tag für Tag im Durchschnitt 177 Einsätze, bei denen sie über dem kleinen Land mehr Bomben abluden als im Zweiten Weltkrieg auf Deutschland und das von Deutschland besetzte Europa gefallen waren – insgesamt über 3 Mio. t Sprengstoff, statistisch gesehen für jeden der damals 3 Mio. Laoten eine Tonne.

Die massiven **Flächenbombardements**, die offiziell dem Ho-Chi-Minh-Pfad, den Nordvietnamesen und ihren laotischen Verbündeten galten, forderten unter der Zivilbevölkerung schreckliche Opfer, zerstörten unzählige Wohnhäuser und Tempel, verwandelten ganze Reisfelder in Kraterlandschaften. Die Politik der verbrannten Erde führte zu einem Exodus Zehntausender Laoten, die in Südchina oder in Flüchtlingslagern in Thailand Schutz suchten.

Kommunistischer Vormarsch

Der Vormarsch der Kommunisten war dennoch nicht aufzuhalten, weder in Laos noch in Vietnam und Kambodscha, denn die technologisch hoch entwickelte Kriegsmaschinerie der US-Amerikaner war ungeeignet zur Bekämpfung einer Untergrundarmee, welche von der bäuerlichen Bevölkerung unterstützt wurde.

Als die wachsenden Verluste US-amerikanischer Soldaten zu heftigen innenpolitischen Auseinandersetzungen führten, leitete Präsident Richard Nixon 1969 den schrittweisen Abzug der US-Truppen aus Indochina ein. Parallel dazu wurden die südvietnamesischen Truppen und die königlich-laotische Armee weiter aufgerüstet, der Krieg sollte von nun an entamerikanisiert werden.

Kaysone Phomvihane – der Vietnamese

Thema

In jeder Provinzstadt steht ein Pavillon mit seiner Büste, in jedem Regierungsbüro hängt sein Porträt – Kaysone Phomvihane. Der im Jahr 1992 verstorbene Revolutionsführer, Vorsitzende der Laotischen Revolutionären Volkspartei und Premierminister der Demokratischen Volksrepublik Laos ist Jahre nach seinem Tod noch immer allgegenwärtig.

Nur wenig ist bekannt aus dem Leben des Mannes, der die Geschicke des Landes fast vier Jahrzehnte lang lenkte. Geboren wurde er 1920 in Savannakhet als Sohn eines vietnamesischen Verwaltungsbeamten und einer laotischen Mutter. Wegen der Herkunft seines Vaters erhielt Kaysone den Beinamen der Vietnamese. Als junger Mann verließ er Laos, um in Hanoi Rechtswissenschaften zu studieren. Neben seinem Studium engagierte er sich in der kommunistischen Studentenunion. Er traf mit Ho Chi Minh und Vo Nguyen Giap zusammen, die früh erkannten, dass Kaysone der ideale Mann war, die 1945 gegründete nationale Unabhängigkeitsbewegung Lao Issara (Freies Laos) im Sinne Hanois zu infiltrieren.

Ziel der Lao Issara war die Befreiung des Landes von der französischen Kolonialherrschaft. Nach der Niederlage der Nationalisten in einer entscheidenden Schlacht bei Thakhek am 21. März 1946 floh Kaysone Phomvihane mit dem Vorsitzenden der Lao Issara, Prinz Souphanouvong, nach Thailand. Bereits 1947 kehrte er nach Laos zurück und gründete gemeinsam mit dem roten Prinzen die militante kommunistische Organisation Pathet Lao (Land der Laoten), die nach vietnamesischem Vorbild einen Befreiungskampf gegen die Kolonialmacht entfachte.

Mit Unterstützung der Vietminh gelang es Pathet-Lao-Einheiten, weite Regionen von Nord- und Nordostlaos unter ihre Kontrolle zu bringen. Kaysone Phomvihane spielte dabei eine wichtige Rolle als Verbindungsoffizier der Pathet Lao zur Vietminh.

Zwar hatte weiterhin Prinz Souphanouvong nominell den Vorsitz der Pathet Lao inne, doch war Kaysone Phomvihane, der eigentliche Kommandeur der laotischen Befreiungsbewegung. Von Vieng Xay nahe der Grenze zu Vietnam, wo die Pathet Lao in Karsthöhlen ihr Hauptquartier bezogen hatte, leitete Kaysone den Kampf gegen die von den USA unterstützte Regierung in Vientiane.

Nach dem Rückzug der Amerikaner war zwar Prinz Souphanouvong als Verhandlungsführer nach Vientiane gereist, doch im Hintergrund hielt Kaysone Phomvihane die Zügel in der Hand. So war es keine Überraschung, dass er nach dem Sieg der Revolution in Laos am 2. Dezember 1975 von einem Nationalkongress der Volksvertreter zum Premierminister gewählt wurde und sich Prinz Souphanouvong mit dem repräsentativen Posten des Präsidenten zufrieden geben musste.

Zunächst steuerte Kaysone Phomvihane das Land auf dem von Hanoi vorgegebenen Kurs, doch erwarb er sich während seiner 17 Jahre dauernden Amtszeit den Ruf, einer der pragmatischsten Politiker Südostasiens zu sein. Er führte Laos auf einen eigenen Weg der wirtschaftlichen Entwicklung, als sich bereits Ende der 1970er-Jahre ein Scheitern der sozialistischen Experimente abzeichnete und Zweifel am vietnamesischen Vorbild laut wurden.

Lao National Culture Hall in Vientiane, thailändischen Vorbildern nachempfunden

Die Demokratische Volksrepublik Laos

Als Außenminister Henry Kissinger im Januar 1973 in Paris ein **Waffenstillstandsabkommen** mit Hanoi unterschrieb, wurde es dem amtierenden laotischen Ministerpräsidenten Prinz Souvanna Phouma klar, dass nur die US-Truppen das Schlachtfeld räumen, die Nordvietnamesen aber bleiben würden. Ho Chi Minh brachte deutlich zum Ausdruck, dass sein Volk das Erbe der französischen Kolonialmacht antreten und die Oberhoheit über Indochina ausüben wollte.

Die Ambitionen des mächtigen Nachbarn wurden von den Neutralisten um Prinz Souvanna Phouma, in denen das Misstrauen gegenüber den Menschen von jenseits der Berge wieder erwachte, mit Sorge verfolgt. Denn in der Vergangenheit hatte es sich wiederholt gezeigt, dass Vietnam als Kulturmacht nicht nur an strategischen und materiellen Gewinnen Interesse hatte, sondern außerdem eine Vietnamisierung schwächerer Nachbarstaaten betrieb.

Daher kämpfte Prinz Souvanna Phouma für eine Versöhnung der beiden politischen Lager in seinem Land. Er war der Überzeugung, dass eine Koalition laotischer Neutralisten und Kommunisten funktionieren würde, denn der Laotismus, die laotisch-buddhistische Tugend brüderlich-versöhnlicher Toleranz, sei auch unter den Anhängern der Pathet Lao lebendig geblieben.

Nach einjährigen Verhandlungen bildete Souvanna Phouma mit Souphanouvong 1974 eine **Koalitionsregierung**. Die Versöhnung der Halbbrüder sollte ein Zeichen setzen für die nationale Versöhnung. Doch Souphanouvong, der versprochen hatte, die Monarchie und die nationale Einheit zu respektieren, konnte sein Wort nicht halten.

Machtübernahme der Kommunisten

Souphanouvong war zwar als schillernde Galionsfigur der Pathet Lao nach Vientiane zurückgekehrt, jedoch im Hintergrund zog Kaysone Phomvihane (vgl. S. 111), Vorsitzender der Laotischen Revolutionären Volkspartei und Vertrauensmann Hanois, die Fäden der weiteren Entwicklung und schuf die Grundlagen für ein von Vietnam abhängiges Laos ohne Monarchie.

Anfang Mai 1975 marschierten Pathet-Lao-Soldaten in Vientiane und allen größeren Provinzstädten ein. Im August befand sich ganz Laos in der Hand der Kommunisten. Bereits zwei Monate zuvor hatten die letzten US-Berater das Land verlassen.

Als am 2. Dezember 1975 ein Nationalkongress der Volksvertreter die Abdankungserklärung des Königs annahm, die Demokratische Volksrepublik Laos ausrief, Souphanouvong zum Präsidenten und Kaysone Phomvihane zum Premierminister wählte, endete nach 622 Jahren die Monarchie in Laos.

Die **kommunistische Machtübernahme** vollzog sich laotischer, das heißt menschlicher als die kommunistischen Revolutionen in Vietnam und vor allem Kambodscha. Allerdings schickten die neuen Machthaber vor allem während der ersten Jahre ihrer Herrschaft Tausende von Andersdenkenden in Arbeitslager, wo sie in Seminaren im Sinne des neuen Regimes umerzogen werden sollten. Manche der Betroffenen kehrten bereits nach wenigen Wochen wieder zurück, von anderen hat man nie wieder etwas gehört.

Diesem Schicksal entging auch der ehemalige König Sisavang Vatthana nicht. Mit anderen Mitgliedern der königlichen Familie wurde er im März 1977 wegen angeblicher regierungsfeindlicher Umtriebe nach Sam Neua verbannt, wo er, wie es heißt, im Dezember 1980 starb.

Um der Deportation zu entgehen, wanderten einige hunderttausend Laoten über Thailand in die USA oder nach Frankreich aus. Etwa 50 000 Hmong, die während des Vietnamkriegs an der Seite der USA gegen die Kommunisten gekämpft hatten, fanden zunächst Aufnahme in thailändischen Lagern und erhielten später Asyl in den USA.

Mit dem US-amerikanischen Rückzug ging eine zunehmende **sowjetische Präsenz** einher, während China beunruhigend nah und schwer einzuschätzen blieb. Zu einem ernsten Konflikt mit dem mächtigen Nachbarn im Norden kam es 1979, als Laos, das wie Kambodscha seit 1977 durch Freundschafts- und Beistandspakte eng mit Vietnam verbunden war, während des chinesisch-vietnamesischen Kriegs Tausende chinesische Gastarbeiter als unerwünschte Ausländer des Landes verwies. Erst zu Beginn der 1990er-Jahre besserten sich die laotisch-chinesischen Beziehungen wieder.

Außenpolitische Neuorientierung

Neben der **Aussöhnung mit China** konnte die laotische Führung auf internationalem Parkett weitere Erfolge für sich verbuchen. So führten Staatsbesuche von Ministerpräsident Kaysone Phomvihane zur **Normalisierung der Beziehungen** zu Frankreich, Japan und Thailand. Als sich Laos nach dem Zusammenbruch des Ostblocks außenpolitisch neu orientierte, wurden selbst im Verhältnis zu den Vereinigten Staaten Fortschritte erzielt. Nachdem Laos Kooperationsbereitschaft bei der Drogenbekämpfung und bei der Suche nach verschollenen US-amerikanischen Soldaten signalisiert hatte, nahmen die Vereinigten Staaten 1991 die diplomatischen Beziehungen wieder auf, die seit 1975 eingefroren gewesen waren. Die Annäherung an das westliche Lager kam auch im Beitritt von Laos zur ASEAN im Jahr 1997 zum Ausdruck.

Während bis zur Wiedervereinigung die Bundesrepublik Deutschland in Vientiane kaum einen Fuß in die Tür bekam, entwickelten sich die Beziehungen zwischen der Demokratischen Volksrepublik Laos und der Deutschen Demokratischen Republik nach 1975 ausgesprochen gut. Die DDR leistete nicht nur großzügig finanzielle **Entwicklungshilfe**, sondern gewährte auch Tausenden Laoten Ausbildungsmöglichkeiten. Während die wirtschaftlichen Beziehungen immer noch von geringer Bedeutung sind, rangiert Deutschland derzeit mit mehreren Dutzend Entwicklungsprojekten in Laos in der Spitzengruppe der Helferländer.

Zeittafel

ab 2500–1500 v. Chr.	Mehrere Einwanderungswellen proto- oder altmalaiischer Völker; Entstehung einer jungsteinzeitlichen Kultur.
ab 700–600 v. Chr.	Einwanderung deutero- oder jungmalaiischer Völker; Beginn der laotischen Bronze-Eisenzeit.
ab 100 n. Chr.	Aufstieg des indisch beeinflussten Königreichs Funan.
400	Gründung des hinduistisch-buddhistischen Fürstentums Champa.
ab 500	Aufstieg des hinduistischen Zhenla-Reiches.
ab 700	Tai-Völker breiten sich über die Indochinesische Halbinsel aus.
1353	Fa Ngum gründet das erste laotische Königreich.
1373	Samsenthai besteigt den Thron.
1560	Setthathirath verlegt die königliche Residenz von Luang Prabang nach Vieng Chan (Vientiane).
1574	Die Burmesen erobern Vieng Chan.
1637–1694	Regierungszeit von Souligna Vongsa; nach seinem Tod zerfällt das Reich in drei Staaten: Luang Prabang, Vieng Chan und Champasak.
1753 und 1771	Die Burmesen erobern und plündern Luang Prabang.
1779	Die Siamesen bringen das ehemalige Lan Xang unter ihre Herrschaft.
1827	Gescheiterte Rebellion des laotischen Königs Anouvong.
1893	Laos wird dem französischen Kolonialreich Indochina angegliedert.
1942–1945	Die Japaner besetzen Laos; Bildung der Unabhängigkeitsbewegung Lao Issara; die Japaner ziehen sich nach Kriegsende zurück.
12. 10. 1945	Kronprinz Phetsarath erklärt die Unabhängigkeit von Laos.
21. 3. 1946	Französische Truppen besiegen die laotische Befreiungsarmee und ebnen den Weg für die Wiedererrichtung der Kolonialherrschaft.

Laos wird eine konstitutionelle demokratische Monarchie.	**1947**
Unter Führung des roten Prinzen Souphanouvong beginnt die Pathet Lao den Untergrundkampf gegen die königlich-laotische Armee.	**1949**
Niederlage der Franzosen in der Schlacht von Dien Bien Phu beendet den Indochinakrieg und die französische Kolonialzeit in Indochina.	**7. 5. 1954**
Genfer Indochina-Konferenz bestätigt die Unabhängigkeit von Laos.	**Juli 1954**
Wechselnde Regierungen; Kämpfe zwischen den von den USA unterstützten Royalisten und der Pathet Lao.	**1955–1963**
Laos wird in den Vietnamkrieg einbezogen; Beginn der US-amerikanischen Bombenangriffe.	**17. 5. 1967**
Pariser Waffenstillstandsabkommen zwischen den USA und Nordvietnam. Friedensabkommen zwischen der Pathet Lao und den Kräften um Prinz Souvanna Phouma.	**1973**
Abschaffung der Monarchie und Gründung der Demokratischen Volksrepublik Laos.	**1975**
Vertrag über Freundschaft und Zusammenarbeit zwischen Laos und Vietnam; massiver Einfluss Hanois.	**1977**
Beginn der Öffnung des seit der kommunistischen Machtübernahme vom Westen abgeschotteten Landes.	**1988**
Die ehemalige Königsresidenz Luang Prabang wird von der UNESCO zum Welterbe erklärt. Beitritt von Laos zur ASEAN.	**1995**
Der Wat Phou in Südlaos wird von der UNESCO in die Liste des Welterbes aufgenommen.	**2003**
Im Beisein der thailändischen Kronprinzessin Maha Chakri Sirindhorn wird die über die Freundschaftsbrücke führende Bahnstrecke von Nong Khai (Thailand) nach Ban Thanaleng (Laos) eingeweiht.	**5. 3. 2009**
Auch 2010 beträgt das Wirtschaftswachstum etwa 6,5 %. Von der Finanzkrise ist Laos kaum betroffen.	**2010**

Gesellschaft und Alltagskultur

Das trotz einer hohen Wachstumsrate dünn besiedelte Laos zählt zu den ethnisch vielfältigsten Staaten in Südostasien. Neben den in den Tieflandregionen lebenden Lao Loum, mit einem Bevölkerungsanteil von 55 % die eigentlichen Laoten, gibt es 49 Minoritäten mit eigener Sprache sowie sehr unterschiedlichen Kultur- und Gesellschaftsformen.

Bevölkerung

Die Demokratische Volksrepublik Laos ist flächenmäßig fast so groß wie die Bundesrepublik Deutschland vor der Wiedervereinigung, hat jedoch gerade rund 6,5 Mio. Einwohner, also nur gut halb so viele wie in in der thailändischen Hauptstadt Bangkok leben. Mit 27 Einwohnern pro Quadratkilometer ist Laos das Land mit der geringsten Bevölkerungsdichte in Südostasien. Die jährliche **Wachstumsrate** der Bevölkerung von 2,3 % ist jedoch eine der weltweit höchsten – sie bedeutet eine Verdoppelung der Einwohnerzahl in 30 Jahren. Die hohe Geburtenquote hat bei sinkenden Sterbeziffern die Altersstruktur entscheidend verändert: Laos ist ein Land der Jugendlichen, mehr als zwei Drittel der Einwohner sind jünger als 25 Jahre.

Im vorwiegend **agrarisch strukturierten Laos** leben rund 80 % aller Menschen auf dem Land. Doch ziehen die Städte durch die attraktiveren Arbeitsplätze und die dort gebotenen Unterhaltungsmöglichkeiten immer mehr junge Leute an.

Meist in den Städten leben als eine wirtschaftlich sehr einflussreiche, aber von den Laoten nicht immer geliebte Minderheit **Vietnamesen** und **Chinesen** (*han*). Sie verdienen ihren Lebensunterhalt als Groß- und Kleinhändler oder betreiben Hotels und Restaurants. Zum Teil haben sich die Vietnamesen, deren Vorfahren einst von den französischen Kolonialherren als Verwaltungsangestellte ins Land geholt worden waren, durch Heirat mit der laotischen Bevölkerung vermischt.

Vor allem im Stadtbild von Vientiane fallen muslimische Inder und Pakistani auf, die dort schon seit Generationen ansässig sind. Ihre Domäne ist traditionell der Handel mit Stoffen und Edelsteinen.

Mosaik der Völker

Der Begriff Laote, der die Staatsbürger des Binnenlands bezeichnet, fasst ein **Völkergemisch** von offiziell 49 Ethnien zusammen, die fünf größeren Sprachfamilien angehören und sich in religiöser, kultureller und sozialer Hinsicht erheblich voneinander unterscheiden.

Der Bogen spannt sich von halbnomadischen Jägern und Sammlern der Monsunwälder in Nordlaos über die Agrargesellschaften der Mekong-Ebene bis hin zur städtischen Elite, deren Mitglieder oft im Ausland studiert haben und sich häufig an westlichen Leitbildern orientieren.

Nur etwas mehr als die Hälfte der Einwohner können im völkerkundlichen Sinn als Lao bezeichnet werden. Die andere Hälfte setzt sich aus Minderheiten anderer Volkszugehörigkeit zusammen, deren Vorfahren während verschiedener Einwanderungswellen nach Laos kamen und die heute grenzüberschreitend auch in Thailand, Vietnam, Myanmar und China vertreten sind. Die in Laos lebenden Völker werden von der Regierung in Vientiane nach der Höhenlage ihrer Siedlungsgebiete sowie nach ethnischen und kulturellen Merkmalen in drei Hauptgruppen eingeteilt: die Lao Loum (Tiefland-Lao), die Lao Theung (Hochland-Lao) und die Lao Soung (Berg-Lao).

Die Lao Loum

Die Lao Loum, die eigentlichen Laoten, auf die auch der Name des Staates zurückgeht, gehören dem **Tai-Volk der Lao** an. Von den früheren Königreichen über die Kolonialzeit bis zum heutigen Tag sind sie die staatstragende, das gesellschaftliche und politische Leben bestimmende Gruppe. Ihre Vorfahren breiteten sich zwischen dem 8. und 13. Jh. von ihrem Königreich Nan Chao in der heutigen südchinesischen Provinz Yunnan nicht nur über das jetzige Laos, sondern auch über weite Teile von Thailand aus. So leben im heutigen Thailand, vorwiegend im Isaan genannten Nordosten, etwa achtmal so viele ethnische Lao wie in Laos selbst. Heute werden dies- und jenseits des Mekong ähnliche religiöse und kulturelle Traditionen gepflegt.

Wie ihr Name besagt, konzentrieren sich die Lao Loum in den fruchtbaren Tieflandebenen des Mekong und einiger seiner Zuflüsse. Die meisten Lao Loum arbeiten als Reisbauern und erwirtschaften im Bewässerungsfeldbau rund drei Viertel der laotischen Reisernten. Obwohl immer mehr junge Leute in die Städte abwandern, bildet neben der Großfamilie der Dorfverband die entscheidende Einheit im Sozialleben der Lao Loum.

Zu den Lao Loum gehören auch die Tai Lü und die Phou Tai (Berg-Tai), die vorwiegend in etwas höheren Lagen im nördlichen Laos und den angrenzenden Nachbarländern siedeln. Diese Volksgruppe besteht aus mehreren Untergruppen, die nach der in den traditionellen Trachten der Frauen vorherrschenden Farbe benannt sind, etwa Tai Dam (Schwarze Tai), Tai Khao (Weiße Tai) und Tai Daeng (Rote Tai). Ihre wirtschaftliche Grundlage ist der Anbau von Nassreis. Im Unterschied zu den Tieflandbewohnern, die sich größtenteils zum Theravada-Buddhismus bekennen, praktizieren viele Phou-Tai-Völker animistische Volks- und Naturreligionen.

Die Lao Theung

Nach der Ankunft in ihren neuen Siedlungsgebieten assimilierten die Vorfahren der Lao Loum die aus Mon-Khmer-Stammesverbänden bestehende altansässige Urbevölkerung oder drängten diese in bergige Rückzugsgebiete ab. Dort begannen die Ureinwohner, dem Dschungel das Land für ihre Felder und Pfahlhütten abzuringen. Zahlreiche von ihnen waren gezwungen, sich bei den Flachland-Laoten als Lohnarbeiter zu verdingen. Noch heute bezeichnen die dominierenden Tieflandbewohner die Lao Theung oder Hochland-Lao, die gegenwärtig etwas mehr als ein Viertel der Gesamtbevölkerung stellen, wegen ihrer dunklen Hautfarbe und der anderen ethnischen Zugehörigkeit als *kha* – Sklave.

Der Begriff Lao Theung fasst mehrere Dutzend Völker zusammen, die über alle Landesteile verstreut sind. In den nördlichen Bergregionen siedeln die **Khmu**, die zahlenmäßig größte Untergruppe der Lao Theung. Vorwiegend in Zentrallaos leben die **Katang**, das zweitgrößte Lao-Theung-Volk. Die größte Vielfalt von Mon-Khmer-Völkern findet sich in den südlichen Provinzen, vor allem auf dem Bolaven-Plateau. Die bedeutendsten Gruppen der südlaotischen Hochlandbewohner sind die Laven, Tau Oi und Souei.

Gemeinsam ist allen Lao-Theung-Völkern eine sesshafte **Lebensweise** in Höhenlagen zwischen 300 und 1000 m mit einfachen Formen der Landwirtschaft, vorwiegend Anbau von Bergreis und Kaffee im Brandrodungsfeldbau und Viehzucht sowie Jagd und Fischfang als Wirtschaftsgrundlage. Wie die Lao Loum leben sie meist in Dörfern, die aus Pfahlbauten bestehen, wobei bei den Khmu und Katang oft ganze Sippen- und Clanverbände unter dem Dach eines Langhauses Platz finden. Am Rande ihrer oft kreisförmig angelegten Dörfer reihen sich Reisspeicher sowie Geister- und Totenhäuser.

Im Mittelpunkt des magisch-religiösen Lebens der Lao-Theung-Völker, die den Buddhismus noch nicht angenommen haben, stehen oft Schamanen. Als Mittelsmänner nehmen sie mit den Geistern und Seelen der Ahnen sowie den Göttern der Fruchtbarkeit,

Hausschatz und Altersvorsorge: Kopfschmuck einer Akha-Frau

der Krankheit und des Todes Verbindung auf. Im Verlauf der Beschwörungsrituale, die sich über mehrere Tage hinziehen, werden häufig Tieropfer dargebracht.

Nur noch vereinzelt, in sehr isolierten Regionen, blieb die alte Mon-Khmer-Kultur der Lao-Theung-Völker bis heute unverfälscht erhalten. Verbreiteter ist in der Gegenwart eine Anpassung an die Lebens- und Wirtschaftsformen ihrer meistens buddhistischen Lao-Loum-Nachbarn, mit denen sie sich zunehmend vermischen.

Die Lao Soung

Die über 1000 m hoch gelegenen Gebirgsregionen der nördlichen und nordöstlichen Provinzen sind Zufluchtsorte ethnischer Minderheiten, die im Verlauf ihrer konfliktreichen Geschichte von Kriegen und Diktaturen hin- und hergetrieben worden sind. Dort leben viele unter dem Sammelnamen Lao Soung oder Berg-Lao zusammengefasste Bergstämme. Ihre Vorfahren, Völker der sinotibetischen oder tibeto-birmanischen Sprachfamilien, siedelten erst vor etwa 150–200 Jahren, von Myanmar, China und Tibet kommend, in bislang unzugänglichen Berggebieten im Norden des Landes.

Zu den ethnisch stark gegliederten Lao Soung, die ungefähr 15 % der laotischen Gesamtbevölkerung stellen, gehören als bedeutendste Untergruppen die **Hmong**, mit etwa 250 000 Angehörigen das zahlenmäßig größte Bergvolk, außerdem die **Akha**, **Lahu**, **Phou Noi**, **Kui**, **Mu Seu**, **Lolo** und **Ho**. Eine Sonderstellung nehmen die **Yao**, die sich selbst Mien, Menschen, nennen, und die mit ihnen eng verwandten **Lanten** ein – als einzige laotische Bergvölker besitzen sie eine eigene aus alten chinesischen Zeichen bestehende Schrift.

Da sich der Siedlungsraum dieser Völker nicht auf laotisches Staatsgebiet beschränkt, sondern grenzüberschreitend den gesamten Großraum zwischen Nordlaos, Nordthailand, Nordostmyanmar, Nordvietnam und Südchina umfasst, fehlt den Menschen der Berge das Bewusstsein von einem Nationalstaat mit festgelegten Landesgrenzen. Manche von ihnen sind Nomaden oder Halbnomaden, die staatliche Grenzen als einen Eingriff in ihre Stammestraditionen betrachten.

In der geografischen Isolation der nordlaotischen Bergwelt haben die an die 750 000 Stammesangehörige zählenden Lao Soung bis heute in erstaunlich hohem Maß ihre kulturellen Eigenheiten bewahren können. Die verschiedenen Hochlandvölker weisen zwar Ähnlichkeiten und gewisse Gemeinsamkeiten in ihren Lebens- und Wirtschaftsformen auf, besitzen aber dennoch eine jeweils stammeseigene Kultur und eigene Sprache. Viele Bergvölker demonstrieren ihre kulturelle Identität bis heute auch durch unterschiedliche Stammestrachten.

Größtenteils leben die Lao Soung in verstreuten, lose organisierten dörflichen Gemeinschaften, die wirtschaftlich weitgehend autark sind. Sie besitzen ein **hoch entwickeltes Sozialsystem**, in dem der Rat der Ältesten eine bedeutende Rolle spielt. Bei ihm liegt die lokale Gerichtsbarkeit und durch ihn werden, nach streng demokratischen Regeln, schwer wiegende Entscheidungen gefällt. Ein Kennzeichen ihrer Dörfer, die vorwiegend auf Bergkämmen errichtet wurden, sind meist ebenerdig gebaute Holzhäuser. Bei einigen Stämmen nehmen sie die Ausmaße von Langhäusern an, die bisweilen mehrere Dutzend Angehörige von Großfamilien beherbergen.

Die **Akha** bauen immer an Hängen, sodass die hintere Hausseite auf festem Boden, die vordere auf Stelzen steht. Eine auffällige Erscheinung in jedem Akha-Dorf sind die beiden Geistertore aus Bambus, die schädliche Einflüsse fern halten sollen. Daneben stehen meist grob geschnitzte menschliche Statuen mit vergrößert dargestellten Geschlechtsorganen, mit denen man die Fruchtbarkeit der Felder beschwört. Bisweilen sind die Tore auch mit magischen Abwehrzeichen in Form von Bambussternen versehen.

Seit alters her roden die Lao Soung auch steilste Berghänge und bauen auf den mit Asche gedüngten Feldern aromatisch schmeckenden Bergreis an, aber auch Mais und Hirse, Tapioka und Yamswurzeln, Tabak und Baumwolle sowie Gemüse, Bananen, Chili und Gewürzpflanzen.

Wegen der immer dichter werdenden Besiedlung der Bergregionen führt der Brandrodungsfeldbau zu massiven Umweltschäden. In bescheidenem Rahmen betreiben Berg-Lao Viehzucht. Schweine, Hühner und andere Haustiere – bei den Akha auch Hunde – werden für große Festtage gemästet oder bei rituellen Handlungen Geistern und Ahnen als Opfer dargebracht. Viele der von der Regierung in Vientiane schwer zu kontrollierenden Bergvölker pflanzen auch heute noch Schlafmohn an, aus dem Opium gewonnen wird. Hauptproduzenten von Rohopium sind die Hmong und Yao (s. S. 229).

Mit den Wirtschafts- und Sozialformen blieben auch die alten polytheistischen **Stammesreligionen** erhalten, die Einflüsse aus den Hochreligionen benachbarter Kulturen aufgenommen haben. Zentrale Rollen spielen jedoch weiterhin Saat- und Ernteriten sowie ein ausgeprägter Ahnenkult und die Geisterverehrung.

Für die Bergstämme ist die Natur von Geistern belebt. Einer Vielzahl feindseliger Waldgeister stehen wohlwollende Schutzgeister gegenüber, die an Kultstätten verehrt werden. Krankheit, Tod und Kinderlosigkeit oder ausbleibender Regen drücken das Missfallen der unsichtbaren Geister aus, die dann durch rituelle Handlungen besänftigt werden müssen, etwa durch Tieropfer.

Im Mittelpunkt aller **Kulte** stehen die Schamanen-Priester, die Medizinmänner, Geisterbeschwörer, Exorzisten und Wahrsager sowie Mittler zwischen dem Diesseits und der Schattenwelt sind. Sie beschwören die Geister, vertreiben Krankheit, bannen bösen Zauber, legen den richtigen Zeitpunkt für die Ernte, den Hausbau und wichtige Familienfeiern fest. Bei allen bedeutenden Anlässen und Ereignissen, bei denen Regeln und Tabus einzuhalten sind, suchen die Dörfler den Rat ihrer Priester.

Höhepunkt des dörflichen Lebens ist bei den meisten Bergvölkern das **Neujahrsfest**, das man zu Ehren der vergöttlichten Ahnen – bei den verschiedenen Bergvölkern zu unterschiedlichen Zeitpunkten – mit mehrtägigen prachtvollen Zeremonien begeht.

Zu den Neujahrsfeierlichkeiten und anderen festlichen Anlässen, aber auch an Markttagen schmücken sich die Frauen mancher Bergvölker, vor allem bei den Hmong, mit zahlreichen Reifen, Ringen, Ketten und Gehängen sowie schweren Glockengürteln und anderem Silberschmuck. Das oft mehrere Kilogramm schwere Geschmeide ist nicht nur Schmuck, sondern auch mobiler Hausschatz und Altersvorsorge.

Während sich die **Männer** meist in einfache schwarze oder dunkelblaue Hosen und Hemden kleiden, fällt die traditionelle handgewebte Tracht der Frauen wegen ihrer Farbenpracht auf. Die in ihrer Grundfarbe überwiegend indigoblauen oder schwarzen Tuniken, Baumwollröcke und Gamaschen der Hmong- und der Akha-Frauen sind mit bunten Webmustern durchwirkt oder mit farbenfrohen Applikationen verziert, ihre Kopfhaube mit vielfarbigen Quasten, Federn, Perlen oder alten Silbermünzen dekoriert.

Die **Frauen der Yao** erkennt man an ihren kunstvoll gewickelten, oft reichlich mit Silberkettchen verzierten Turbanen sowie an ihren Jacken, die mit einer plüschigen, roten Wollboa besetzt sind. Für die Lao-Soung-Frauen sind die auf Besucher festlich wirkenden Trachten Alltagskleidung, die sie bei der Haus- und Feldarbeit wie auf ihren oft beschwerlichen Wegen zum Markt tragen. Als Vorboten einer neuen Zeit sind inzwischen aber auch Jeans, bunt bedruckte T-Shirts und Baseballmützen in entlegene Bergdörfer vorgedrungen.

Das prächtige Aussehen der Frauen darf aber nicht darüber hinwegtäuschen, dass die Bergvölker ein bescheidenes und entbehrungsreiches Leben führen. Vor allem für die Frauen ist Muße ein Fremdwort. So nutzen Lao-Soung-Frauen, die als geschickte Weberinnen gelten, oft sogar den Heimweg von der anstrengenden Feldarbeit zum Spinnen von Baumwollfäden mit Hilfe kleiner Handspinnräder. Dienten die hergestellten Textilien einst ausschließlich dem Eigengebrauch, so finden hochwertige Handwebwaren, die mit kunstvollen bunten Stickereien verziert werden, wie auch Silberschmuck und Flechtarbeiten heute auf Touristenmärkten in Vientiane oder Luang Prabang rasch Abnehmer.

Minderheitenpolitik

Für die laotische Regierung besteht eines der größten Probleme des Landes in der Uneinheitlichkeit der Bevölkerung, die aus der **ethnischen Zersplitterung** resultiert. Ziel der Regierung ist es, mit einer Politik der Assimilierung die in ihren Traditionen, Glaubenswelten und Lebensbedingungen so unterschiedlichen Bevölkerungsgruppen zu einem einheitlichen Volk zu verschmelzen, in dem es nur noch Laoten, aber keine Hmong, Akha oder Yao mehr gibt.

Das Selbstbewusstsein der Menschen der Berge sowie deren Stolz auf ihre kulturelle Identität sowie ihre – aus der Sicht der Regierung – fragliche Loyalität dem Staat gegenüber sind den Machthabern in Vientiane schon lange ein Dorn im Auge. So haben altgediente Pathet-Lao-Rebellen nicht vergessen, dass Zehntausende von Hmong während des Vietnamkriegs auf Seiten der US-Amerikaner gegen die später siegreichen Kommunisten gekämpft haben.

Mehrfach hat man in den 1990er-Jahren versucht, Bergstämme ins Tiefland umzusiedeln. Neben der Eingliederung der Minderheiten in den Staatsverband verfolgte die Regierung damit auch das Ziel, die ökologisch katastrophale Brandrodung einzudämmen und – auf Druck der USA – die Opiumproduktion der Bergstämme zu unterbinden. Die staatlich organisierte Völkerwanderung stieß aber auf den Widerstand vieler Bergstämme.

Vor allem die Opium anbauenden Völker Hmong und Yao wehrten sich teils mit Waffengewalt gegen die Umsiedlung und die damit verbundene Laoisierung. Auch zeigten die in den Ebenen siedelnden Lao Loum oft keine Bereitschaft, ihr fruchtbares Land mit Neuankömmlingen zu teilen. Außerdem erwiesen sich die Bergbewohner als sehr anfällig gegen die Infektionskrankheiten des Tieflands. Vor allem die Malaria forderte unter den Umgesiedelten viele Opfer. In Anbetracht dieser Probleme stellte man die Zwangsumsiedlungsaktion bald wieder ein.

Priorität haben derzeit auch von ausländischen Organisationen unterstützte Projekte, die darauf abzielen, den Minderheiten vor Ort Hilfe zukommen zu lassen. So schickt die Regierung Lehrer und Gesundheitsteams zum Aufbau von Schulen und Krankenstationen in die Bergdörfer. Immer mehr dieser isolierten Siedlungen werden an das Straßennetz angeschlossen, um Versorgung zu gewährleisten und Handel zu ermöglichen. Landwirtschaftsexperten setzen sich mit Alternativen zum Mohnanbau auseinander. Um die kulturelle Integration zu fördern, lernen die meisten Kinder in den Dorfschulen die laotische Sprache und Schrift.

Der Buddhismus in Laos

Bei der Gründung des ersten laotischen Königreichs Lan Xang Hom Khao erhob Fa Ngum im Jahr 1353 den **Theravada-Buddhismus** zur Staatsreligion. Dem ersten laotischen Monarchen und seinen Nachfolgern diente der Buddhismus als ideologische Grundlage, mit deren Hilfe sie unter Verweis auf Verdienste in ihren früheren Lebenszyklen ihre Herrschaftsansprüche rechtfertigen konnten. Unter der Obhut der Könige, die als politisches und religiöses Oberhaupt fungierten, erlebte der Buddhismus in Laos eine Zeit der Hochblüte.

Buddhismus und Kommunismus

Bis 1975 bestimmte der **Theravada Buddhismus**, zu dem sich fast zwei Drittel der Laoten bekennen, die kulturelle Entwicklung im Lande. Nach der kommunistischen Machtübernahme wurde zunächst jegliche Form der Religionsausübung erschwert. Das neue Regime versuchte lange, buddhistische Bräuche zu unterdrücken, woraufhin der buddhistische Patriarch und andere Repräsentanten des laotischen Mönchsordens nach Thailand flohen.

Sobald der revolutionäre Sturm verebbt war, besannen sich die Pathet-Lao-Kommunisten, die von Anfang an den laotischen Weg zum Sozialismus propagiert hatten, ihrer buddhistischen Wurzeln. So war der gesamte hochrangige Staatsapparat zugegen, als man im Januar 1995 nach dem Tod des roten Prin-

Zwei junge laotische Mönche in ihren charakteristischen safrangelben Gewändern

zen Souphanouvong eine öffentliche Totenfeier gemäß buddhistischer Tradition zelebrierte. Beobachter sahen darin ein Zeichen, dass in Laos nicht der Buddhismus marxistisch geworden ist, sondern dass in laotischen Parteimitgliedern noch buddhistisches Gedankengut schlummerte.

Andererseits vertraten mit der Zeit auch führende laotische Mönche die Auffassung, dass sich der buddhistische Glaube durchaus mit der sozialistischen Weltanschauung vereinen ließ. Beide seien egalitär und auf Klassenlosigkeit orientiert. Der Buddhismus lehre die Ordnung des Kosmos, der Sozialismus hingegen nur die Ordnung der materiellen Welt. Buddhismus und Sozialismus könnten folglich Hand in Hand arbeiten, kein buddhistisches Gebot stünde den Zielen der Laotischen Revolutionären Volkspartei entgegen.

Man hat sich schließlich auf den **staatstragenden Kompromiss** geeinigt, dass es zwischen Buddhismus und Marxismus keinen grundlegenden Widerspruch gäbe, denn beide dienten auf ihre Weise dem Wohl der Menschen. Die Versöhnung zwischen den neuen Machthabern und den Vertretern der alten Traditionen wird durch die Tatsache symbolisiert, dass der höchste Abt im Nationalen Volksrat sitzt. Das Nebeneinander von Buddhismus und Sozialismus kommt auch darin zum Ausdruck, dass Klosterschulen und Mönche in das nationale Erziehungssystem und den Gesundheitsdienst eingespannt werden.

Als Gegenleistung dafür, dass sich die buddhistischen Mönche der Regierung gegenüber loyal verhielten, blieben alle Pagoden und Klöster im Lande erhalten, wurden einige gar mit Staatsmitteln renoviert. Welch ein Kontrast zum benachbarten Kambodscha, wo die Roten Khmer beinahe den gesamten buddhistischen Klerus ermordet, die Tempel in Schweineställe verwandelt und zertrümmerte Buddha-Statuen zu Straßenschotter verarbeitet haben.

Der laotische Volksbuddhismus

Als Verkörperung der nationalen Kultur und Identität dominiert der Buddhismus auch heute noch weitgehend das Leben der laotischen Bevölkerung. Den meisten dient er als **Richtschnur** für das rechte Verhalten im Alltag. Er fördert Toleranz und Friedfertigkeit, Mitgefühl und Hilfsbereitschaft, Bescheidenheit und Gelassenheit, Gleichmut und Geduld. Er ist die alles durchdringende Kraft, welche die Laoten, ihr Wesen, ihren Umgang untereinander und mit Fremden bestimmt. Das laotische Sprichwort *Het bun, dai bun* – Wer Gutes tut, dem wird auch Gutes widerfahren – ist Lebensmaxime.

Mit der Zeit bekam der **Theravada-Buddhismus** jedoch einen eigenen laotischen Charakter. Die meisten laotischen Buddhisten haben zwar die Grundideen der Lehre des Buddha erfasst, doch bleiben die gelehrten buddhistischen Texte gläubigen Laien auch heute noch weitgehend rätselhaft. Nach wie vor ist ihr Denken stark von vorbuddhistischem Gedankengut beeinflusst.

Obwohl bereits in der Vergangenheit laotische Monarchen wie etwa König Phothisarath zu Beginn des 16. Jh. als Hüter der reinen buddhistischen Lehre versuchten, die verschiedenen Geisterkulte zu verbannen und obwohl diese heute verboten sind, ist unter den Laoten der Geisterglaube immer noch weit verbreitet.

Zu den Eigentümlichkeiten des laotischen Volksbuddhismus gehört der **Glaube an übernatürliche Kräfte** *(khuan)*, die jedem Wesen oder Gegenstand innewohnen. Genauso selbstverständlich werden lokale **Schutzgeister** *(phi)* in das buddhistische System integriert. Da sie das tägliche Leben der Menschen mitbestimmen, muss man durch Zeremonien die Wohlgesonnenheit der *khuan* und *phi* sichern. Eines der beliebtesten Rituale, um die Geister gnädig und die Menschen fröhlich zu stimmen, ist ein *basi* (s. S. 124).

Mit buddhistischen Riten ist auch die aus vorbuddhistischer Zeit stammende Verehrung der Fruchtbarkeit spendenden Naga-Schlangen verwoben, die in den Flüssen leben. Außer Fruchtbarkeits-, Natur- und Geisterkulten duldet der laotische Volksbuddhismus neben seiner Lehre hinduistisch-brahmanische Praktiken, wie die Segnung der Gläubigen mit geweihtem Wasser. Auch finden sich in manchem Dorftempel Buddha-Figuren neben Lingas, den Phallussymbolen des Hindu-Gottes Shiva, und Bildnissen von hinduistischen Göttern. Besonders häufig sieht man Statuen von Ganesha, dem elefantenköpfigen Hindu-Gott der Weisheit.

Laotische Feste und Zeremonien

Ein Blick auf den umfangreichen Festkalender lässt es bereits ahnen – die Laoten gehören zu den festfreudigen Völkern dieser Welt. Die meisten Feiertage sind buddhistischen Ursprungs, andere wurzeln in bedeutsamen Ereignissen der Landesgeschichte. Viele davon stehen mit den Lebensgewohnheiten einer Agrargesellschaft in Zusammenhang und haben einen Bezug auf den Rhythmus von Aussaat und Ernte. Die meisten buddhistischen Feiertage sind variabel, da sie sich nach dem Mondkalender richten.

Makha Busa

Makha Busa fällt auf die Vollmondnacht des dritten Mondmonats, nach Gregorianischem Kalender Ende Februar oder Anfang März. Zu Lebzeiten des Buddha versammelten sich in dieser Vollmondnacht ohne vorherige Absprache die ersten 1250 Jünger, um von dem Erleuchteten zu Mönchen ordiniert zu werden. Buddha nutzte die Gelegenheit, um seiner Gefolgschaft die 227 buddhistischen Ordensregeln, die heute noch von allen Mönchen befolgt werden müssen, weiterzugeben. Am Festtag finden sich die Gläubigen in den Tempeln ein, um gemeinsam zu beten und sich andächtig die Litaneien aus den heiligen Schriften anzuhören. Nach Einbruch der Dunkelheit umschreiten sie dreimal im Uhrzeigersinn die Pagode, in den Händen halten sie Kerzen und Räucherstäbchen.

Pi May Lao

Das traditionelle laotische Neujahrsfest, das heiterste und ausgelassenste Fest, findet meist vom 13. April bis zum 17. 4. statt. Besonders spektakulär ist es in Luang Prabang (s. S. 195).

Wisakha Busa

In einer Vollmondnacht im Mai gedenken die Gläubigen am Wisakha-Busa-Tag, dem heiligsten aller religiösen Feste, der Geburt, Erleuchtung und des Eintritts von Buddha in das Nirvana. In langen Prozessionen pilgern Männer, Frauen und Kinder nach Sonnenuntergang zu den Tempeln, wo sie betend dreimal mit brennenden Kerzen und Weihrauchstäbchen das zentrale Heiligtum umkreisen.

Bun Bang Fai

Ebenfalls im Mai findet auf dem Höhepunkt der Trockenzeit das Raketenfest Bun Bang Fai statt. Die im Eigenbau hergestellten Raketen sollen den Himmel befruchten und bewirken, dass bald der lang ersehnte Regen fällt. Viele der abenteuerlichen Konstruktionen – meist mit einigen Kilogramm Schießpulver gefüllte Bambusrohre – erreichen Flughöhen von einigen hundert Metern. Wenn aber eine der primitiven Raketen nicht von der Startrampe abhebt, wird der Konstrukteur unter Hohn und Spott des Publikums in ein Schlammloch geworfen.

Bun Khao Phansaa und Bun Ok Phansaa

Der Beginn der buddhistischen Fastenzeit im Juli markiert für viele junge Laoten einen neuen Lebensabschnitt. Sie verlassen für meist drei Monate ihre gewohnte Umgebung, um als Mönch auf Zeit in ein Kloster zu gehen. Nur wer das asketische Leben der Mönche eine Zeit lang geteilt hat, gilt in Laos als erwachsener Mann und ist gesellschaftlich voll akzeptiert. Die Aufnahme in ein Kloster erfolgt in oft aufwendigen Ordinationsfeiern (s. S. 30).

Während der Fastenzeit, die mit den drei regenreichsten Monaten zusammenfällt, ziehen sich die Mönche in ihre Klöster zurück, um sich verstärkt der Meditation und dem Studium der heiligen buddhistischen Texte zu widmen. Sie folgen damit dem Vorbild des Buddha, der während des Monsunregens nicht durch das Land wandern konnte, um seine Lehre zu verbreiten, und sich in eine Grotte zurückzog. Während der Fastenperi-

Aberglaube, Seelenbeschwörung und Glücksbringer

Unter dem Dach des Buddhismus brennt lichterloh ein uralter, bei allen Laoten tief verankerter Geisterglaube. Das Leben der Laoten – vom Bauern bis zum einflussreichen Politiker – wird von unsichtbaren Mächten beeinflusst, von guten wie von bösen Geistern. Mit Buddhas goldenen Regeln allein lassen sich die Tücken des Lebens nicht meistern. Der Mensch hat tausend Ängste, folglich braucht er tausend Götter.

Animismus, der Glaube an die Beseeltheit und die Kräfte der Natur, ist auch heute noch ein wichtiger Bestandteil der laotischen Glaubenswelt, der sich unmittelbar im täglichen Verhalten widerspiegelt. Tief verwurzelte animistische Elemente sind in den religiösen Zeremonien und traditionellen Riten so verwoben, dass sogar viele Mönche ihre ursprünglichen Hintergründe gar nicht kennen und sie nicht von der buddhistischen Lehre zu trennen wissen.

Jedem Wesen, Menschen und Tieren, aber auch Pflanzen und Gegenständen, wohnen, so glauben die Laoten, übernatürliche Kräfte *(khuan)* inne. Von ihrer Gunst hängt es ab, ob jemand im Leben Glück und Erfolg hat oder ob er krank wird und ihm Unbill widerfährt. So wird jeder Mensch von 32 Lebensgeistern beschützt, die jedoch häufig weit umherschweifen. Da nur die Anwesenheit aller *khuan* Gesundheit und Glück gewährleistet, müssen die Seelenkräfte in sogenannten *Sukhuan*-Zeremonien zurückgerufen werden. Man veranstaltet diese Rituale vor allem bei Ereignissen, die einen Übergang von einem Lebensabschnitt zu einem anderen bedeuten. So finden *su-khuan* insbesondere bei Geburten, Mönchsweihen und Hochzeiten statt, aber auch beim Antritt einer Reise oder einer glücklichen Heimkehr.

Zu diesem auch *basi* genannten Ritual versammeln sich Familienangehörige und Freunde, die Bewohner eines Dorfs oder Mitglieder einer anderen Gemeinschaft. In ihrer Mitte steht ein Gefäß mit Blumen, Bananenblättern und Zweigen, an denen kurze weiße Baumwollfäden hängen. Ein Zauberpriester, meist ein gelehrter alter Mann, der eine Schärpe aus weißer Seide über Brust und Schulter trägt, oftmals aber auch ein Mönch, rezitiert in monotonem Sprechgesang buddhistische Texte, um die Schutzgeister herbeizurufen. Danach bindet er die weißen Baumwollfäden, mit leiser Stimme Glücks- und Segenswünsche murmelnd, den Gläubigen um die Handgelenke. Die mit magischen Kräften versehenen Fäden sollen böse Wesen fern- und gute Geister festhalten. Damit sie ihre Wirkung voll entfalten können, dürfen sie mindestens eine Woche lang nicht entfernt werden. Viele Laoten lassen sie am Handgelenk, bis sie von alleine abfallen.

Selbst in buddhistischen Klöstern blüht der Geisterglaube. So besitzt jeder Wat ein Häuschen, das einem Miniaturtempel ähnelt. Diese *hoo phi* stehen in Laos überall, auf Privatgrundstücken ebenso wie vor großen Hotels und Regierungsgebäuden. In Augenhöhe auf einem Pfahl angebracht, beherbergen sie den Hausgeist *(phi heuan)*, der das jeweilige Domizil beschützen soll. Um ihn milde zu stimmen, müssen vor dem Geisterhäuschen Räucherstäbchen zum Glimmen gebracht oder Opfergaben wie Blumen und Kerzen

Thema

oder Speisen und Getränke niedergelegt werden. Wie auch die buddhistischen Mönche nimmt der *phi heuan* nach Mittag keine Speisen mehr zu sich. Geisterhäuschen werden ebenfalls an unfallträchtigen Straßen und Kreuzungen sowie auf Passhöhen aufgestellt.

Die Errichtung eines Geisterhäuschens erfordert ein besonderes Zeremoniell, in dessen Verlauf der Hausgeist gebeten wird, seine neue Wohnstätte zu beziehen. Der Platz für das Geisterhäuschen muss sorgfältig gewählt werden, denn es darf niemals im Schatten des Haupthauses liegen. Manche Laoten beten jeden Morgen vor dem Geisterhäuschen, andere tun dies nur einmal die Woche oder an einem buddhistischen Feiertag.

Phi können Geister sein, die zum Schutze angerufen werden. Es können aber auch übel wollende Wesen sein, welche die Menschen fürchten. Eines allerdings haben die meisten laotischen Geister gemeinsam: Sie sind in einer Hinsicht den Menschen sehr ähnlich – sie lassen sich bestechen. Es gilt die allgemeine Regel: je höher die Bestechung, desto größer der Schutz und das Wohlwollen der Geister. Deshalb versorgt man nicht nur die kleinen Geisterhäuschen mit Opfergaben, sondern bringt auch zu Orten, an denen man Geister vermutet, etwa zu einem markanten Felsen, zu einer Quelle, unter einen hohen Baum oder an den Rand eines Reisfelds regelmäßig Blumen oder vielleicht auch etwas Reis und Weihrauchstäbchen.

Eine ganz entscheidende Rolle als Mittler zwischen dem Diesseits und der Geisterwelt spielen hoch verehrte Mönche, die sogenannten *luang pho* (etwa Verehrter Vater), die als Träger positiver spiritueller Kräfte gelten. Amulette, welche diese mit zauber- oder heilkräftiger Energie ausgestatteten Mönche gesegnet haben, sind als Talismane gegen böse Geister sehr gefragt. Ein *luang pho* wird bei allen wichtigen Anlässen und Ereignissen konsultiert, bei denen bestimmte Regeln und Tabus einzuhalten sind, etwa bei Familienzeremonien, beim Hausbau, bei der Aussaat oder der Ernte. Stirbt ein *luang pho,* so wird der Tempel, in dem seine sterblichen Überreste aufbewahrt werden, schnell zum Wallfahrtsort.

Weit verbreitet ist der Glaube an Heils- und Unheilssymbole. So schreibt man aus Kalk und geheiligtem Wasser gepressten Buddha-Amuletten eine besondere Schutzwirkung zu, ebenso wie kleinen goldenen Kugeln mit eingravierten, heiligen Buchstaben, die, unter die Haut verpflanzt, unempfindlich gegen Schmerzen machen sollen.

Wer Laune und Libido auf die Sprünge helfen will, erwirbt einen holzgeschnitzten Phallus, der Glück und Kraft sowie Erfolg beim anderen Geschlecht verschafft. Viele laotische Männer und Frauen tragen ständig ein halbes Dutzend und mehr mit magischen Kräften beladene Amulette und Talismane an goldenen Halsketten, um sich vor Unglück und allen erdenklichen Missgeschicken zu schützen. Großer Beliebtheit erfreuen sich auch Zaubersprüche gegen widrige Lebenslagen. Sie werden entweder auf ein Stück Tuch oder Pergament geschrieben, das man mit sich trägt, oder aber auswendig gelernt und im entscheidenden Augenblick lautstark aufgesagt. Wer ganz sicher gehen möchte, lässt sich wichtige magische Formeln auf die Haut tätowieren. Die wirksamsten dieser Tätowierungen sollen den Träger gar unverletzlich machen.

Seinem Schicksal kann man nicht entrinnen, jeder Laote weiß das, aber es kann nicht schaden, den geheimen Mächten Reverenz zu erweisen.

ode unternehmen die Mönche auch keine Almosengänge. Gläubige versorgen sie im Tempel mit einfachen Speisen.

Die Fastenperiode und damit auch die dreimonatige klösterliche Einkehr der Mönche auf Zeit endet mit dem Fest Bun Ok Phansaa im Oktober. Gläubige im ganzen Land pilgern zu Tempeln und Klöstern, um sich religiöse Verdienste zu erwerben, indem sie den Mönchen im Rahmen der sogenannten Thod-Kathin-Zeremonie neue Roben schenken.

Bun Suang Heua

Während und gegen Ende der Regenzeit, wenn der Pegel der Flüsse am höchsten ist, finden in Luang Prabang, Vientiane, Savannakhet, Pakxe und anderen größeren Städten Bootsrennen (Bun Suang Heua) statt. In den reich dekorierten Pirogen sitzen 40–50 Ruderer, ein Steuermann und ein Mann, der den Takt angibt.

Preise gibt es nicht nur für die schnellsten, sondern auch für die schönsten Boote. Nicht allein aus sportlichen Gründen werden die Bootsrennen ausgetragen, sie sind zugleich ein religiöser Ritus zur Verehrung und Besänftigung der auf dem Grund der Flüsse lebenden Naga-Gottheiten. Die aus vorbuddhistischer Zeit stammenden Fabelwesen sorgen durch das Ansteigen des Flusswassers für die Fruchtbarkeit der Reisfelder. Die Rennen bieten außerdem einen willkommenen Anlass für fröhliche Volksfeste mit Musik und Tanz, Schönheitswettbewerben und Aufführungen des Moo-lam-Volkstheaters.

Staatliche Feiertage

1. Januar – Neujahrsfest
6. Januar – Pathet-Lao-Tag
22. März – Tag der Laotischen Revolutionären Volkspartei
1. Mai – Tag der Arbeit
23. August – Unabhängigkeitstag
2. Dezember – Nationalfeiertag zur Erinnerung an die Proklamation der Demokratischen Volksrepublik Laos im Jahr 1975

Buddhistische Feste finden meist während des Vollmonds statt.

Lai Na Heua Fai

Zur Vollmondnacht Ende Oktober/Anfang November findet das anmutigste, ebenfalls aus vorbuddhistischer Zeit stammende Fest der Laoten statt – das Lichterfest Lai Na Heua Fai, das man zu Ehren von Mae Khongkha, der göttlichen Mutter des Wassers, feiert. Alle, ob jung oder alt, lassen nach Einbruch der Dunkelheit kleine Bananenblattschiffchen in Form einer Lotosblüte oder Bambusflößchen, die mit Blumen, Münzen, Räucherstäbchen und brennenden Kerzen beladen sind, auf dem Wasser schwimmen.

Mit diesem bezaubernden Fest, bei dem sich Flüsse, Teiche und Seen in flackernde Lichterteppiche verwandeln, erweisen die Laoten nicht nur der Wassergöttin ihre Verehrung, die illuminierten Schiffchen tragen zugleich auch die alten Sünden fort. Andere vertrauen den kleinen Kunstwerken ihre Wünsche an und hoffen auf deren baldige Erfüllung. Wichtig ist, dass die flackernden Kerzen möglichst lange brennen, denn das verheißt ein langes Leben für den Besitzer.

Bun That Luang

Im November findet in Vientiane das mehrtägige Bun That Luang, das bedeutendste Tempelfest des Landes, statt. Viele tausend Mönche und Laien strömen aus diesem Anlass zum That Luang, dem laotischen Nationalheiligtum, um gemeinsam zu beten und zu meditieren. Das Fest erinnert an die Missionare des indischen Kaisers Ashoka, die hier für einen hoch verehrten Knochensplitter vom Brustbein des Buddha einen Reliquienschrein errichteten. Auf dem Höhepunkt des Festes, das mit einem prachtvollen Feuerwerk endet, umschreiten Mönche und Gläubige dreimal den That Luang, wobei sie flackernde Kerzen und Räucherstäbchen in den Händen halten.

Bedeutende Tempelfeste, die ähnlich wie das Bun That Luang verlaufen, sind das Bun That Sikhottabong in Thakhek, das Bun That Ing Hang in Savannakhet und das Bun Wat Phou in der Provinz Champasak.

Architektur und Kunst

Da Laos abseits der Haupthandelsrouten und damit der großen, von Indien ausgehenden Kulturströme lag, aber auch aufgrund seiner turbulenten Geschichte, erlebte das Land keine kulturelle Hochblüte wie etwa Kambodscha oder Thailand. Die laotische Kunst und Kultur war jedoch stark von den hinduisierten Nachbarländern beeinflusst, sodass sich Laos zu einem Vorposten indisierter Kultur entwickelte.

Architektur

Bereits in der Frühphase der Indisierung wurden Bauwerke in Laos errichtet, doch die Zerstörungskräfte im feucht-warmen Monsunklima haben rasch alle Kulturdenkmäler, die nicht aus Stein gefertigt waren, vergehen lassen. Zahllose Relikte der Vergangenheit fielen in der turbulenten Landesgeschichte außerdem auch den Brandschatzungen und Plünderungen kriegerischer Nachbarvölker zum Opfer.

So wurde Luang Prabang 1753 und 1771 von den Burmesen erobert und teilweise zerstört und Vieng Chan 1779 sowie 1827 von den Siamesen dem Erdboden gleichgemacht. Während des Vietnamkriegs legten US-Bomber die alte Königsstadt Xieng Khouang in Schutt und Asche. Bei den meisten der eindrucksvollsten Baudenkmäler des Landes handelt es sich heute um Nachbauten der Originale.

Zu den schönsten noch erhaltenen Beispielen früher laotischer Architektur gehören ohne Zweifel die fünf heiligsten Stupas des Landes, deren Ursprünge bis in das 6. Jh. zurückreichen. Auch in der heutigen Zeit noch gelten **That Ing Hang** und **That Phone** bei Savannakhet, **That Sikhottabong** in Thakhek und **That Luang** in Vientiane sowie der heute auf thailändischem Gebiet liegende **That Phanom** als bedeutendste Pilgerstätten laotischer Buddhisten.

Buddhistische Tempel

Über die Jahrhunderte hinweg war laotische Architektur weitgehend sakrale Baukunst. Anfangs errichtete man die buddhistischen Tempelanlagen ausschließlich aus Holz und anderen vergänglichen Materialien. Obwohl von den benachbarten Khmer weit reichende kulturelle Impulse ausgingen, imitierten die Laoten deren Bauweise mit Natursteinen nicht. Erst unter dem Einfluss der siamesischen Architektur von Sukhothai und Ayutthaya begannen laotische Baumeister, verputzte Mauersteine, Dachziegel und Stuck zu verwenden.

Das zentrale Heiligtum einer aus mehreren Gebäuden bestehenden Tempel- oder Klosteranlage (laot.: *wat*) ist die **Pagode** (laot.: *sim*), die das auf einem prachtvollen Altar thronende bedeutendste Buddha-Bildnis des jeweiligen Tempels beherbergt. Hier finden die Weihe und andere wichtige Zeremonien des Mönchslebens statt. Im Gegensatz zu Wohnhäusern ruht eine Pagode niemals auf Pfählen, sondern stets auf einem Stein- oder Betonsockel, in welchem nach alter Tradition eine Truhe mit dem Tempelschatz eingemauert wird.

Das herausragende Merkmal laotischer *sim* sind die elegant geschwungenen, oft mehrfach übereinander gestaffelten **Satteldächer**, die von eckigen oder runden Holz- oder Steinsäulen getragen werden. Die Zahl der Dächer ist von hohem Symbolgehalt.

Immer ungerade, kommen in ihr Grundsätze der buddhistischen Lehre zum Ausdruck. So korrespondieren drei Dachebenen mit den drei Merkmalen des Seins oder sieben mit den sieben Stufen der Erleuchtung. Außerdem gelten ungerade Zahlen in Laos wie auch in anderen asiatischen Ländern als Glück verheißend.

Traditionell deckt man die Dächer mit gebrannten ockerfarbenen Ziegeln. Thailändischer Einfluss spiegelt sich in den bunt glänzenden Ziegeldächern mancher neuer oder restaurierter Pagoden. Der Dachfirst ist an den Giebelseiten spitz nach oben gezogen. Diese stilisierten Flammenmotive tragen die Bezeichnung *chao faa* (Fürsten des Himmels) und dienen der Abwehr von Geistern und Dämonen. An den hakenförmigen Gebilden sollen sich, nach dem Glauben der Laoten, übel wollende Wesen verfangen. Typisch für laotische Tempel ist zudem das auf dem First thronende vergoldete Dachornament *dook so faa* (Himmelsblumen), das in einer Reihe zur Mitte ansteigender, ringförmiger Schirmchen das Universum symbolisiert. Die Giebelfronten sind reich verziert mit aufwendigen Holzschnitzereien oder Stuckwerk.

Der stets rechteckige Hauptraum des *sim*, den man durch einen halb offenen, verandaähnlichen Säulenvorbau oder über eine umlaufende Galerie betritt, wird von Säulenreihen gegliedert, wodurch ein breites Mittelschiff und zwei schmalere Seitenschiffe entstehen.

Fresken und Wandgemälde stellen meist Szenen aus dem Leben des Buddha dar. Auch in den oft virtuos gestalteten Reliefschnitzereien, welche die hölzernen Fenster- und Türflügel sowie die Holzblenden und Dachverzierungen der Vorbauten und Säulengänge verzieren, dominieren vor dem Hintergrund überbordender Blätter- und Blumenornamente neben Darstellungen mythologischer Figuren und Kinnari genannter Vogelmenschen Buddha-Bildnisse. Da sie als Symbol der Reinheit des Buddha gelten, haben Lotosblumen als Motiv im Reliefschmuck von Tempelbauten eine wichtige Bedeutung erlangt.

Regionale Baustile

Die laotischen *sim* weisen in ihrer Architektur regional markante Unterschiede auf. Die ***sim* von Vientiane**, hoch aufragende Backsteingebäude mit rechteckigem Grundriss, vier gleichmäßig hohen Seitenwänden und einem meist mehrfach geschichteten Steildach, baute man nach siamesischen Vorbildern der Sukhothai- und Ayutthaya-Epoche.

Der **Stil von Luang Prabang** zeichnet sich durch hohe Giebelseiten und niedrige Längsmauern der Bauwerke aus. Drei oder mehr übereinander gestaffelte Satteldächer, die auf Rundsäulen ruhen, reichen an den Längsseiten so tief herab, dass sie fast den Boden berühren. Viele Tempel im Luang-Prabang-Stil weisen an Türen und Außenmauern kunstvolle Goldreliefs auf. Im Luang-Prabang-Stil, den viele wegen seiner Eleganz und harmonischen Proportionen als den schönsten Architekturstil des Landes rühmen, wird der Einfluss der Kunst des nordsiamesischen Chiang Mai, ehedem Hauptstadt des Lan-Na-Reiches, spürbar. Das überrascht nicht, da zwischen den Herrschern des ersten laotischen Königreichs Lan Xang und der Lan-Na-Dynastie enge verwandtschaftliche Beziehungen bestanden.

Pagoden im seltenen **Xieng-Khouang-Stil** sind solide gebaut, um den Unbilden des rauen Klimas im nordostlaotischen Hochland trotzen zu können. Ebenfalls vom nordsiamesischen Lan-Na-Stil beeinflusst, besitzen die *sim* von Xieng Khouang mehrfach geschichtete Satteldächer, die sich elegant über niedrige Längsmauern schwingen. Die schönsten Tempel der Hochebene von Xieng Khouang wurden während des Vietnamkriegs zerstört. Zwei der wenigen noch erhaltenen Beispiele sind der Wat Pa Fang und der Wat Khili in Luang Prabang.

Weitere Gebäude einer Tempelanlage

Größere Tempelanlagen besitzen neben der Pagode eine öffentliche, allen Gläubigen zugängliche **Gebetshalle** – die Vihara (aus dem Pali, laotisch *vihan* ausgesprochen). Wie die Ordinationshalle enthält sie Buddha-Statuen,

Der Luang-Prabang-Stil zeichnet sich durch kunstvolle Goldreliefs aus

dient aber weniger wichtigen religiösen Zeremonien. In der *hoo tai* genannten **Bibliothek**, einem quadratischen, fensterlosen Bau mit gestuftem Dach, bewahrt man heilige Schriften (Tripitaka) auf. Um gefräßige Termiten von den empfindlichen Palmblatt-Manuskripten fern zu halten, ruhen Tempelbüchereien auf Steinsockeln oder Holzpfählen, bisweilen stehen sie in kleinen Teichen.

Die meist spartanischen, an der Peripherie gelegenen **Mönchsunterkünfte**, die in ihrer schmucklosen Architektur in krassem Kontrast zu den oft barock überladenen Pagoden stehen, tragen die Bezeichnung *kuti*. *Sala long tham* ist ein überdachter, nach allen Seiten offener Pavillon, der Mönchen und Laien als **Speise- und Ruheraum** dient. In keinem Wat fehlt der *hoo koong* oder **Trommelturm.**

Zu jedem Tempelkomplex gehört zumindest ein **Stupa** (laot. *that*). Dies ist ein sich nach oben verjüngender Sakralbau, dessen Ursprünge auf einfache, halbkugelförmige Grabhügel zurückgehen. Stupas, deren Errichtung Gläubigen als verdienstvolles Werk gilt, bergen häufig Reliquien des Buddha oder einer anderen hoch verehrten Person. Dies können Haare, Nägel oder Knochenstücke sein.

In Laos unterscheidet man zwei **Formen von Stupas** – den glockenförmigen *that*, der aus Ceylon stammt, und den schlanken, phallusähnlichen *prang*, den die Laoten aus der Khmer-Architektur übernommen haben. Ob *that* oder *prang* – ein Stupa ist nicht begehbar, sondern kann nur umschritten werden. Als Abgrenzung zur profanen Welt wird ein Tempelkomplex in der Regel von einer Mauer, bisweilen von einem Kreuzgang umgeben. Oft reihen sich an der Tempelumfriedung kleinere Stupas, welche die Asche und Knochenreste von Verstorbenen enthalten und deshalb *that kaduk* genannt werden: Knochenstupas.

Mudras – die Handhaltungen des Buddha

Die Handhaltungen geben in der Symbolsprache des Buddhismus Betrachtern Aufschluss über das Bildnis. Zum Ausdruck kommen Handlungen des Buddha, historische Ereignisse sowie Situationen, die für die Entwicklung der buddhistischen Lehre von Bedeutung waren.

Vor seinem Verlöschen im Nirvana, so wird berichtet, habe der Buddha seine Jünger gebeten, keine Bildnisse von ihm herzustellen. Nicht er selbst wollte verehrt werden, seiner Lehre sollte Respekt und Achtung entgegengebracht werden. So deuten die ältesten erhaltenen Reliefs die Gegenwart des Buddha lediglich durch Sinnbilder an. Eine aufblühende Lotosknospe symbolisiert die Geburt des Königssohns Siddharta Gautama, ein reiterloses Pferd seinen Schritt vom Haus in die Hauslosigkeit, ein Bodhi-Feigenbaum die Nacht der Erleuchtung, das Rad der Lehre die erste Unterweisung seiner Jünger, ein Stupa sein Eingehen ins Nirvana. Erst nach der Spaltung der buddhistischen Lehre in die Schulen des konservativen Hinayana und des weltoffeneren Mahayana erschien der Buddha erstmals als Figur.

Geburtsort der ersten Buddha-Bildnisse war Gandhara im heutigen Nordwestpakistan, Geburtsjahr etwa 150 v. Chr. Da keiner der Bildhauer Buddha jemals gesehen hatte, entstanden aus indischen, persischen und römisch-griechischen Elementen – Gandhara war nach der Unterwerfung durch Alexander den Großen eine Zeit lang von Griechen besetzt – idealisierte Bildnisse des Erleuchteten, die 600 Jahre später, modifiziert durch Künstler der nordindischen Gupta-Dynastie, ihre bis heute gültige Gestalt erhielten.

Bis auf die Gesichtsform, die man in Südostasien den Vorstellungen der dortigen Bevölkerung anpasste, sind die Darstellungen der stets symmetrisch komponierten, dem Betrachter frontal zugewandten Buddha-Statuen weitgehend einheitlich. Dafür sorgten die strengen ikonografischen Vorschriften, die in den heiligen buddhistischen Texten niedergeschrieben sind und im gesamten buddhistischen Kulturkreis Geltung besitzen.

Laut Überlieferung trägt ein Mensch, der dazu bestimmt ist, entweder ein weltbeherrschender König oder ein Buddha zu werden, in früheren Existenzen erworbene Zeichen eines Großen Menschen an seinem Körper. Zu den 32 Haupt- und 88 Nebenzeichen *(lakshana)* gehören die langen Ohrläppchen als Zeichen des fürstlichen Standes und das Auge der Weisheit *(urna)*, das als Mal zwischen den Brauen erscheint. Als Ausdruck der übernatürlichen Kraft des Erleuchteten gilt die knospenförmige Wölbung auf dem Haupt des Buddha *(ushnisha)*.

Mit symbolischen Zeichen bringt man Handlungen des Buddha oder historische Ereignisse zum Ausdruck, aber auch verschiedene Lebenssituationen, die für die Entwicklung der Lehre des Barmherzigen von Bedeutung waren, etwa Predigt vor seinen Anhängern, Meditation oder Eingehen ins Nirvana. Zu den Symbolen der buddhistischen Bildsprache, die gläubigen Betrachtern das angedeutete Ereignis vergegenwärtigen, zählen die Körperhaltungen – sitzend, ruhend, stehend oder schreitend –, die Positionen der Arme und die von den Händen ausgeführten Gesten.

Wichtig sind die Mudra oder Handstellungen des Buddha. Meistens zeigen laotische

Thema

und kambodschanische Buddhas Dhyana Mudra, die Handhaltung des Buddha in meditativer Versenkung, bei der die Hände mit den Handflächen nach oben übereinander im Schoß liegen. Symbolisiert wird der Augenblick der Erleuchtung.

Oft sieht man auch den sitzenden Buddha, die Handfläche der linken Hand nach oben gerichtet im Schoße, während die Finger der nach unten gerichteten rechten Hand die Erde berühren. Diese als Bhumisparsha Mudra oder Berührung der Erde bekannte Haltung nimmt Bezug auf folgende Begebenheit: Siddharta Gautama, der Erleuchtung nahe, saß in tiefer Meditation versunken. Da näherte sich ihm der Dämon Mara, um ihn in Versuchung zu führen und damit die Erleuchtung zu verhindern. Aber Siddharta rief die Erdgöttin als Zeugin seiner Tugend an, indem er mit den Fingerspitzen die Erde berührte. Und die Erdgöttin sandte eine Sintflut, die den Dämon hinwegspülte. So wurde der Buddha zum Sieger über Mara, das Böse.

Segen und Schutz kommen in der Abhaya Mudra, der Stellung des Furchtlosen, zum Ausdruck. Dabei erhebt der stehende Buddha die Hände in Schulterhöhe, die Innenfläche nach außen gerichtet. Sind beide Hände gehoben, so ist die Besänftigung der Wasserfluten symbolisiert. Die erhobene Linke erinnert daran, dass der Erhabene eine Prinzessin, die ihn verehrte, abwies. Mit der rechten Hand ausgeführt, versinnbildlicht die Pose Buddha als Streitschlichter.

Bei der Vitarka Mudra, der Stellung der Darlegung des sitzenden oder stehenden Buddha, bilden Daumen und Zeigefinger von einer Hand einen Kreis, während die übrigen Finger zugleich nach vorne weisen. Diese Handstellung symbolisiert Urteilskraft und Vernunft.

Die Dharmachakra Mudra zeigt Buddha im Lotos- oder Diamantsitz, wie er das Rad der Lehre in Bewegung setzt. Bei dieser Stellung erscheinen beide Handflächen vor der Brust zum Körper gerichtet, wobei die Finger der linken in die rechte Handfläche gestützt sind.

In der Varada Mudra, vorwiegend beim stehenden Buddha, ist die Handfläche am herunterhängenden rechten Arm mit gestreckten Fingern dem Betrachter zugewandt. Diese Stellung symbolisiert Mitgefühl und Güte.

Zwei Haltungen des Buddha sind originär laotisch. Bei der einen sind die Hände eng an den Körper der stehenden Figur gepresst, während die Finger zum Boden zeigen. Man deutet diese Haltung als Bitte um Regen. Ebenfalls in keiner anderen südostasiatischen buddhistischen Kunsttradition bekannt ist der stehende Buddha mit vor dem Oberkörper gekreuzten Händen, den Baum der Erleuchtung betrachtend.

In vielen laotischen und kambodschanischen Tempeln sind Bildnisse auffallend, die den im Lotossitz meditierenden Buddha im Schutze einer sieben- oder zuweilen neunköpfigen Schlange zeigen. Diese Darstellung erinnert an den Schlangenkönig Muchalinda, der eine Naga-Schlange entsandte, um dem Prinz Siddharta auf dessen Weg zur Erleuchtung Schutz vor einem vom Dämon Mara gesandten Unwetter zu bieten.

Als transzendierender Buddha liegt der Erhabene mit geschlossenen Augen auf der rechten Körperseite. Der nach Norden weisende Kopf ruht auf der rechten Hand, die Füße liegen parallel zueinander. Diese Stellung zeigt Buddha in dem Augenblick, in dem er vom ewigen Zyklus der Wiedergeburten befreit wird und vom Diesseits ins Nirvana übergeht.

Bildhauerei und Malerei

Wie in den Nachbarländern steht der Buddhismus im Mittelpunkt der traditionellen laotischen Bildenden Kunst. Da Laos in seiner Geschichte stets eng mit Thailand verbunden war, sind Bildhauerei und Malerei weitgehend an siamesische Vorbilder angelehnt.

Bildhauerkunst

Die eindrucksvollsten Beispiele laotischer Bildhauerkunst stammen aus dem 17. Jh., als Lan Xang unter König Souligna Vongsa eine Kulturblüte erlebte. Für Skulpturen war neben Stein und Holz die Bronze das gebräuchlichste Material, doch wurden auch Gold, Silber, Knochen und Elfenbein verarbeitet.

Buddha, der sitzend, ruhend, stehend oder schreitend dargestellt wurde, war in erster Linie das Motiv der laotischen Bildhauer. Die meist stark abstrahierten **Buddha-Figuren** erinnern an den nordsiamesischen Sukhothai-Stil. Ihre Merkmale sind ovale Gesichter, ausgeprägte Profile mit Hakennasen, kurze

Die Bhumisparsha-Mudra – Berührung der Erde

Locken, lange, meistens spitz zulaufende oder schneckenförmige Ohrläppchen sowie geschwungene, feine Augenbrauen. In den oft gesenkten Augenlidern kommen Ruhe, Versenkung, Vergeistigung und Entrücktheit zum Ausdruck. Die **Handhaltungen** (Mudra) geben in der Symbolsprache des Buddhismus Betrachtern Aufschluss über das Bildnis (s. S. 130).

Einen herausragenden Platz unter den Großplastiken nehmen **Schlangengötter** (Naga) ein, die als Schutzgeister Pagodentreppen flankieren. Dämonen fern zu halten ist auch die Aufgabe der grimmig dreinblickenden Nyak, mit Keulen bewaffneter **Riesen**, die oft die Eingangstore von Tempeln bewachen.

Malkunst

Bis heute dominieren in der laotischen Malkunst traditionelle Themen aus dem religiösen Bereich. Den besten Eindruck von der laotischen Malerei geben **Wandgemälde** an den Innen- und Außenmauern von Tempeln, welche legendäre und historisch nachweisbare Episoden aus dem Leben des Buddha illustrieren oder die Seele im Zyklus von Geburt, Tod und Wiedergeburt zum Thema haben. Dargestellt werden auch Szenen aus dem Nationalepos »Pha Lak Pha Lam«, der laotischen Version des indischen »Ramayana«.

Da die Analphabetenquote gerade bei der Landbevölkerung immer noch sehr hoch ist, dienen die Wandgemälde noch heute als Schautafeln zur religiösen Unterweisung. Trotz aller Farbenpracht wirken die meisten Wandmalereien stereotyp, da starre Regeln, die jedes Detail festlegen, kaum Raum für individuelle Ausdrucksformen lassen.

Musik

Klassische Musik

Die klassische Musik von Laos, die sich an thailändischen und kambodschanischen Traditionen anlehnt, war einst kultischen Ursprungs und wurde später für königliche Zeremonien und als Begleitung des klassischen Tanzdramas höfisch stilisiert. Sie basiert auf pentatonischen Tonleitern, die für abendländische Ohren sehr ungewohnt klingen.

Ein Standardensemble *(sep nyai)* besteht aus einem Satz Bronzegongs *(khong vong)* in allen Größen und Tonstufen, die als phrasierende oder interpunktierende Instrumente die Grundstruktur des Musikstücks bestimmen, einem Xylophon mit Holztasten und Bambus-Resonanzkörper *(ranynat)*, einer oder mehrerer Bambusflöten *(khui)* und einem Blasinstrument *(phi nai)*, das einen oboenhaften Klang erzeugt.

Volksmusik und Instrumente

Während es sich bei der klassischen Musik um eine Art aristokratisch-getragenes Hofzeremoniell handelt, ist die bei den einfachen Menschen beliebte Volksmusik dynamisch und leidenschaftlich. Dargeboten wird sie von einer Combo *(sep noi)*, deren bemerkenswertestes Instrument die *khään* ist. Diese Mundorgel besteht aus mehreren schmalen, mit einem Resonanzkörper aus Hartholz verbundenen Bambuspfeifen. Der Spieler erzeugt die Töne, indem er in ein Loch im Resonator bläst und dabei die kleinen Löcher in den Pfeifen zudrückt oder freigibt. Wie die Mundharmonika erzeugt die *khään*, die als Soloinstrument oder für die Begleitung von Gesängen und Tänzen eingesetzt wird, sowohl beim Einatmen als auch beim Ausatmen des Spielers Töne.

Weitere wichtige Melodie-Instrumente einer *sep noi* sind die *soo*, ein zweisaitiges Streichinstrument, das wie ein Cello gespielt wird, und die *phin*, eine zwei- bis viersaitige Gitarre. In größeren Orchestern kommen noch Bronzegongs, Handtrommeln, Xylophone und Bambusflöten hinzu.

Die auf der *Khään*-Musik mit ihren quirligen Melodiekaskaden basierende moderne laotische Popmusik verwebt traditionelle und westliche Stilelemente zu einem facettenreichen authentischen Musikstil und hebt sich damit wohltuend von dem anglo-amerikanischen Klangbrei ab, der andernorts aus den Lautsprechern dröhnt.

Tanz und Theater

Beim beliebtesten Volkstanz, dem *lam vong* oder Kreistanz, tanzen mehrere Paare zu sanften Melodien in einem langsamen Rhythmus im Kreis umeinander, bis drei Kreise entstehen. Ein Kreis wird von einem Solotänzer getanzt, einer von einem Paar und einer von den restlichen Teilnehmern. Während des tänzerischen Schreitens im Kreis werden die Hände in sehr langsamen Schwingungen auf Bauchhöhe bewegt.

Tanzformen

Wie in Thailand sind auch in Laos *khon* und *lakon* die beliebtesten klassischen Tanzformen. Der einst nur an königlichen Höfen aufgeführte **Maskentanz** *khon* ist eine Kombination aus Tanz und Schauspiel, zugleich ein prachtvolles Kostümspektakel, bei dem alle Rollen von Männern gespielt werden. Bei den oft zeitlupenhaft ablaufenden Bewegungen der Akteure soll jede Geste eine bestimmte Emotion vermitteln. Dargestellt werden meist Episoden aus dem »Pha Lak Pha Lam«, dem »Ramayana«-Epos in seiner laotischen Fassung, wobei die Schauspieler stumm bleiben und Rezitatoren die Geschichte erzählen.

Lakon, das klassische **Tanztheater**, bei dem nur weibliche Akteure ohne Masken auftreten, ist ein Fest der Künste – nach traditionellen Regeln vereint es Gesang, Musik, Dichtung, Tanz, Bildende Kunst. Aufgeführt werden neben Szenen aus dem »Pha Lak Pha Lam« auch buddhistische Legenden und Sagen.

Das *moo lam*

Aus dem im frühen 20. Jh. aus Thailand übernommenen Musiktheater *likay* hat die laotische Volkskunst das *moo lam* entwickelt. *Moo lam* bedeutet ursprünglich soviel wie Meister oder Priester des Tanzes und ist eine pfiffige, geistreiche Mischung aus Komischer Oper, Pantomime, Komödie, sozialkritischer Satire, Parodie und Melodram. Im Mittelpunkt der oft nächtelangen Aufführungen, die mit dem klagenden Stöhnen »Oh la noo« beginnen, stehen aktuelle Themen aus dem gesellschaftlichen und politischen Leben. Oft handelt es sich um derbe Liebes- und Eifersuchtspossen, gewürzt mit zotigen Witzen, Slapstick-Einlagen und Comic-Effekten sowie anzüglichen und doppeldeutigen Bemerkungen. Die Darsteller halten dabei der Gesellschaft einen Spiegel vor, spießen die Irrungen und Wirrungen der Politik auf und machen sich über der Zeiten Lauf lustig. Sie schauen dem Volk aufs Maul und sprechen in ihren oft improvisierten Dialogen eine Sprache, die jeder versteht.

Während beim *moo lam luang* ein Ensemble von Schauspielern auftritt, liefern sich beim *moo lam khu* eine Frau und ein Mann auf der Bühne einen verbalen Schlagabtausch. Eine weitere Sonderform ist das *moo lam chot*, das von den Darbietenden viel Improvisationstalent und Fantasie erfordert.

Moo-lam-Künstler ziehen mit Wanderbühnen durchs Land und über die Dörfer. Sie gastieren meist in den Höfen der Tempel, in denen traditionell Jahrmärkte und Feste abgehalten werden. Trotz der Konkurrenz von Fernsehen und Video fesselt eine gute *Moo-lam*-Show vor allem in ländlichen Gebieten das Publikum bis in die Morgenstunden.

Literatur

Mit der Gründung des Königreichs Lan Xang im 14. Jh. wurde die alte Volksdichtung nach und nach durch eine vorwiegend religiös inspirierte Literatur indischer Herkunft ersetzt. So war die laotische Literatur jahrhundertelang im Grunde genommen indische Literatur in laotischem Sprachgewand. Sie bestand hauptsächlich aus Texten des buddhistischen Kanons und Versionen der »Jataka«, einer Sammlung von 547 buddhistischen Legenden, die sich um die früheren Leben des Buddha ranken.

Palmblatt-Manuskripte

Vor der Entwicklung der modernen laotischen **Schrift** im 19. Jh., einer vereinfachten Variante der Thai-Schrift, wurden die buddhistischen Texte zunächst im später vom Pali abgelösten Sanskrit sowie in zwei lokalen

Schriften aufgezeichnet. Dazu verwendete man kein Papier, sondern Palmblätter. Mit einer Eisenfeder ritzten die Schreiber die Texte in etwa 3 cm breite und 40–60 cm lange Palmblätter. Um die Gravuren besser hervortreten zu lassen, schwärzte man sie anschließend mit einer Mixtur aus Öl und Asche. In die Einzelblätter, die in längliche Streifen geschnitten wurden, bohrte man ein Loch und knüpfte sie mit einem Faden zusammen oder band sie zwischen zwei verzierte Holzdeckel ein. Diese kalligrafische Kunst wird heute noch von Mönchen gepflegt, die darauf spezialisiert sind. Die *nangsüü bai laan* genannten Raritäten werden in den Tempel-Bibliotheken aufbewahrt.

Pha Lak Pha Lam – das laotische Ramayana

Wie in anderen Ländern Süd- und Südostasiens ist auch in Laos das »Ramayana«, eine symbolische Darstellung des ewig währenden Kampfes zwischen Gut und Böse, der Klassiker unter den **mythischen Legenden.** Die laotische Version des großen indischen Heldenepos – »Pha Lak Pha Lam« – schildert, wie Sita, die Gemahlin des edlen Rama von Ayodhya, vom Dämonenkönig Tosakan (im »Ramayana« Ravana) geraubt und auf der Insel Langka (Sri Lanka) gefangen gehalten wird, wo sie sich der Annäherungsversuche des Unholds erwehren muss. Unterstützt von seinem Bruder Pha Lak (im »Ramayana« Lakshmana) und von einem Affenheer unter Führung des tapferen Hanuman, besiegt Rama schließlich in zahlreichen Kämpfen die Dämonen und befreit Sita aus den Klauen des finsteren Tosakan, der seine Niederträchtigkeit mit dem Leben bezahlen muss.

Vers- und Prosaerzählungen

Des Weiteren schöpfte die frühe laotische Literatur aus dem reichen Schatz der **hinduistisch-buddhistischen Mythologie**, die in vielen populären laotischen Vers- und Prosaerzählungen aufgegriffen wird. Im Mittelpunkt der meist durch stereotype Handlungsschemata gekennzeichneten Geschichten steht ein edler Prinz, der bei seinem heldenhaften Kampf gegen das Böse, unterstützt von seiner anmutigen Geliebten, allerlei Abenteuer zu bestehen hat. Hilfe erhält er dabei vom obersten Himmelsherrscher Pha In, der laotischen Version des hinduistischen Schöpfergottes Indra. Die finsteren Mächte der unteren Welt repräsentieren die heimtückischen Nyak, Monsterwesen, die mit ihren Zauberkräften dem Heroen nach dem Leben trachten. Zu den beliebtesten Heldengeschichten, deren Ursprünge zum Teil bis ins 14. Jh. zurückreichen, gehören die Versdichtungen »Buddhasen« und »Sang Sin Say«.

Die laotische Poesie wurde eher rezitiert als gelesen. Die Tradition der mündlichen Überlieferung blieb auch lange nach Einführung der laotischen Schrift bestehen, da das einfache Volk nur selten des Lesens mächtig war. Obwohl thailändische *soap operas* inzwischen auch in den entlegensten Dörfern zu sehen sind, haben die Laoten auch heute noch ein Faible für mündlich vorgetragene Märchen, Fabeln und Legenden, die vorwiegend an den alten Königs- und Fürstenhöfen mit ihren Prinzen und Prinzessinnen, Helden und Kriegern spielen.

Zeitgenössische laotische Literatur

Die moderne laotische Literatur bringt trotz staatlicher Reglementierung zaghaft **soziale Themen** zur Sprache, wie Machtmissbrauch und Korruption oder den Einfluss des westlichen Lebensstils und Konsumdenkens auf die laotische Gesellschaft. Autoren wie Outhine Bounyavong und Bounthanong Somsaiphon entziehen sich staatlicher Kontrolle, indem sie ihre Werke in thailändischer Sprache im Nachbarland veröffentlichen.

Zur modernen Thai-Lao-Literatur gehören auch die in Englisch veröffentlichten Romane der beiden thailändischen Autoren **Kampoon Boontawee** (»Child of the Northeast«) und **Pira Sudham** (»People of Esarn«). Schauplatz der Handlungen ist der von Lao besiedelte Isaan im Nordosten von Thailand, doch könnten die Geschichten, die einfühlsam das entbehrungsreiche Leben der Landbevölkerung schildern, auch jenseits des Mekong spielen.

Essen und Trinken

Die laotische Küche lockt mit allerlei kulinarischen Abenteuern, hat aber auch Gerichte zu bieten, die westlichen Gaumen vertraut sind. Zudem gibt es vielerorts chinesische, thailändische und indische Restaurants. Und wer sich mit asiatischem Essen nicht anfreunden kann, findet zumindest in den Touristenzentren auch europäische Restaurants.

Laos kulinarisch

Kulinarische Abenteuer

Frittierte Heuschrecken, fettbraun geröstete Käfer am Spieß, gekochtes Schlangenfleisch, marinierte rohe Hühnerfüße, gegrillte Wachtelköpfe, Suppe mit Ameiseneiern, gebratene Termiten – die laotische Küche kann auch welterfahrene Gourmets verblüffen. Im jahrzehntelang von Kriegen und Krisen erschütterten Laos war Hunger schon immer der beste Koch, machte Not erfinderisch, auch wenn es ums Kulinarische ging.

Auf den **Märkten** findet man hier und dort proteinhaltige Käfer, Larven und Maden oder auch geröstete Skorpione als Imbiss. Zu den Eiweißbomben zählen außerdem Seidenraupen *(dakdä),* Maulwurfsgrillen *(mäng niang)*, Krabben *(gung ten),* die lebend verspeist werden, oder Wasserkäfer *(mängta gai)*, die nur rein optisch Kakerlaken ähneln und nicht zuletzt wegen ihrer Füllung mit schmackhaften Eiern begehrt sind. Einem Sprichwort zufolge essen die Laoten alles, was läuft, kriecht, krabbelt, fliegt, schwimmt, sich schlängelt ...

Besucher, die derlei Kost- und Mutproben scheuen, halten sich lieber an Bekanntes: Fisch, Fleisch, Gemüse, Reis oder Nudeln. Gebraten, gedämpft, gebacken, gekocht. Natürlich bietet die laotische Küche, die von Thailändern bisweilen etwas herablassend als Arme-Leute-Küche bezeichnet wird, auch westlichen Gaumen mundende Gerichte. In Grundzügen ähnelt sie der thailändischen, ist sie aber, was viele Zutaten und vor allem die Geschmackspalette der Gewürze betrifft, weniger raffiniert.

Laotische Spezialitäten

Eine traditionelle Lao-Spezialität ist ***laab***, die hiesige Version des *Steak tartare*, chilischarfes Hackfleisch von Huhn, Pute, Ente, Rind, Schwein, Fisch oder auch Innereien *(laab gai, laab gai nguang, laab pet, laab nüa, laab muu, laab paa oder laab lüat)* mit Pfefferminzblättern und anderen aromatischen Kräutern, angedickt mit gerösteten, zu grobem Pulver zermahlenen Klebreiskörnern.

Eine Lieblingsspeise vieler Laoten (und mittlerweile auch Farang) ist ***tam maak houng*** oder *somtam*, ein pikanter Salat aus grüner Papaya, Cocktailtomaten, Knoblauch, Chilis, Erdnüssen, Zitronensaft, zerstoßenen Trockengarnelen, Fischsauce und Krabbenpaste. Hinzu kommen gelegentlich winzige Fische oder frische Krebse aus Reisfeldern. Wegen des klopfenden Geräusches, das beim Raspeln der Papaya entsteht, nennt man dieses Nationalgericht auch *papaya pok pok.*

Weitere Spezialitäten des *ahaan bäāp chaao baan*, des Essens im Stil der Dörfler, sind *gai yaang* (gebackenes Hühnchen, mariniert in Sojasauce mit Knoblauch, Salz, Zucker und Pfeffer), *gaeng no mai* (dunkle Suppe aus Bambussprossen), *siin thup* (gedörrtes und gebackenes Rind- oder Büffelfleisch), *kha muu* (Eisbein in süßer Sojasauce), *khaao laam* (süßer oder auch salziger Klebreis mit

Kokosmilch in Bambushülsen) sowie *khaao niao mamuang* (ein köstliches Dessert aus süßem Klebreis mit Kokosmilch und frischen Mangos).

Auch ***nam tok nüa*** (wörtlich Wasserfall-Rindfleisch) lässt der wachsenden Fangemeinde, deren Liebe zu Laos auch durch den Magen geht, das Wasser im Mund zusammenlaufen – auf Holzkohlenfeuer gegrillte, dünn geschnittene Rindfleischscheiben in einer scharf-sauren Sauce aus Limonensaft, Chili und Kräutern. Eine Spezialität von Luang Prabang sind *khai phaen* (in Öl gebackene Algenblätter), die man als Vorspeise oder als Imbiss zum Bier genießt.

Festlichen Anlässen vorbehalten ist *khao phoun.* Kalte Reisnudeln, klein geschnittenes Gemüse und vielerlei Kräuter werden mit einem Sud aus fein gehacktem Fisch, Fleisch und Kokosmilch aufgebrüht.

Ein Import aus Thailand sind die **sauerscharfen Suppen** *(tom yam),* die es in verschiedenen Varianten gibt. Beliebt sind vor allem *tom yam gung* (mit Garnelen), *tom yam paa* (mit Fisch) und *tom yam gai* (mit Huhn). Da die Suppen in einem von glimmender Holzkohle heiß gehaltenen Aluminiumtopf serviert werden, hat sich die Bezeichnung *fire pot* eingebürgert. Die **kräftigen Suppen** *mii nam* und *föö nam* kommen oft bereits als Frühstück auf den Tisch. Selbst auf dem Lande findet man immer einen Straßenstand, der eine herzhafte Nudelsuppe anbietet. Dazu wird eine große Schale mit Weizen- oder Reisnudeln, Sojasprossen, Wasserkresse und anderem Gemüse sowie Fleischstückchen am Knochen von Schwein oder Huhn gefüllt, mit heißer Fleischbrühe übergossen und mit allerlei Kräutern garniert. Zum Nachwürzen erhält man sauer eingelegte milde Chilis, Zucker, scharfe Chilipaste und Fischsaucen mit verschiedenen Zutaten. Es ist kaum zu glauben, welche geschmacklichen Varianten diese preiswerten Suppen zwischen Phongsaly im Norden und Pakxe im Süden des Landes erfahren.

Laos ist weit entfernt vom Meer, daher dominiert **Süßwasserfisch**, vorzugsweise frittiert in Öl oder auf Holzkohle gegrillt. Wegen des Geschmacks und der wenigen Gräten sehr beliebt ist *paa nin,* ein barschähnlicher Fisch, der vor allem im Mekong sehr häufig vorkommt.

Ein Erbe der Kolonialzeit sind **Baguette** *(khaao chi sai patee),* die belegt beziehungsweise gefüllt mit Fleischpastete, Schinken, Eiern und Salat in phantasievollen Variationen auf Märkten und in kleinen Restaurants angeboten werden. Sehr beliebt ist landesweit ***sindata,*** die laotische Variante des auch in den Nachbarländern bekannten Brühefondues. In mit glühenden Kohlen oder Gas befeuerten Fondue-Töpfen mit einer heißen Fleisch-Gemüse-Glasnudel-Brühe gart man Fischbällchen, Fischfilet-Stückchen, mit Schweinehack gefüllten Tintenfisch, Scheiben von Truthahnfilet, Scampi und andere Leckereien. Oft sind die Fondue-Töpfe mit einem kleinen Grill versehen, auf dem man Fisch und Fleisch brutzeln kann. Je größer die Runde ist, desto mehr Spaß macht *sindat.*

Fischsauce und Gewürze

Pfeffer und Salz werden in der laotischen Küche wenig verwendet. Die meisten Speisen bekommen ihren Pfiff durch ***nam paa***, eine dünnflüssige Sauce aus fermentiertem Fisch, die man wie die Sojasauce *(nam sii luh)* bei der Zubereitung der Speisen sowie zum Nachwürzen verwendet.

Der unangenehm riechenden Fischsauce, welche in kleiner Dosierung hervorragend schmeckt, schreibt man umfassende Heilkräfte zu. So soll der regelmäßige Genuss von *nam paa* vor Diabetes schützen und Cholesterin- und Leberfettwerte vermindern. Beliebt ist auch eine aus gemahlenen Krabben hergestellte, dunkle, feste Paste *(gabbi)*, die im Konzentrat penetrant riecht, aber bestimmte Speisen raffiniert würzt.

Die feurige Seele der Lao-Küche sind Chilis *(prik* oder *maak phet)*. Vielen Gerichten gemeinsam ist eine Schärfe, die unvorbereiteten Essern schnell Schweißperlen auf die Stirn treibt. Als Faustregel gilt: Kleine Chilischoten sind schärfer als große, rote meist feuriger als grüne. Am allerschärfsten sind die kleinen *prik gee noo* (wörtlich Mäusedreck-

Chilis) – nichts für Zartbesaitete ohne Stahlgurgel, die ihr Essen besser mit dem Zusatz *boo sai prik* (ohne Chili) oder *phet nid noi* (etwas scharf) bestellen.

Weitere Gewürze der Lao-Küche, die nicht nur dem Wohlgeschmack, sondern auch der Gesundheit dienen, sind Basilikum, Galgant, Ingwer, Knoblauch, Minze, Tamarinde, Zitronenblättern und Zitronengras. Nicht fehlen darf Koriander, das in der Lao-Küche wie bei uns die Petersilie verwendet wird. Der sehr intensive und anfangs ungewohnte Geschmack ist jedoch völlig anders. Bekömmlich und gesund macht die laotische Küche viel frisches Gemüse *(phak)* von Aubergine bis Zucchini. Es wird roh serviert oder nur kurz gegart, damit es knackig und vitaminreich bleibt.

Keine Mahlzeit ohne Reis

Reis gehört zu jeder Mahlzeit. Nicht umsonst bedeutet das laotische Wort für essen *(gin khaao)* zugleich: Reis essen. So sind denn auch die vielfältigen Lao-Gerichte immer nur eine Art Beilage zum Reis. Oft wird – vor allem in ärmeren Gegenden auf dem Land – der Reis ohne Beilagen gegessen, lediglich eine Sauce aus fermentiertem Süßwasserfisch und Chili sowie Reismehl und -hülsen *(nam paa dääk)* dient als Würze.

Es gibt etliche verschiedene **Reissorten**. Während man in den Städten normalen weißen Reis *(khaao djao)* bevorzugt, schätzen die Menschen auf dem Land den Klebreis *(khaao niao)*, dessen Körner nach mehrstündigem Quellen und anschließendem Dämpfen (nicht Kochen) fest aneinander kleben. Da Klebreis jeder Art von Besteck zähen Widerstand leistet, wird er beim Essen mit der Hand zu kleinen Bällchen geformt. Damit stippt man etwas Gemüse, Sauce, Fisch oder Fleisch auf und befördert diesen Bissen in den Mund. Ungeübte bekleckern sich dabei meist.

Serviert wird Klebreis bei der Mahlzeit in Reisstrohkörbchen *(goong khaao* oder *gatip)*, in denen die Bauern ihren täglichen Reis auch mit aufs Feld nehmen. Wer den kleinen geflochtenen Behälter schließt, zeigt damit, dass er satt ist.

Bier oder Wasser?

Zum Essen mundet ein kühles Beer Lao aus heimischer Produktion, ein angenehm leichter, dem Tropenklima angepasster Gerstensaft. Viele Laoten trinken zum Essen reines Mineralwasser *(nam düüm bolisut)*. Gern stillt man seinen Durst auch mit Softdrinks, Tee oder Fruchtsäften.

Und als Digestif schätzen viele Laolao einen klaren, süffigen Reisschnaps, der pur oder gemischt mit Cola, Sodawasser oder Limonensaft getrunken wird. Ein Genuss ist der aromatische Lao-Kaffee, der von Plantagen auf dem Bolaven-Plateau stammt.

Harmonie auch beim Essen

Im Gegensatz zur europäischen Küche kennt die laotische bei den Hauptmahlzeiten keine verschiedenen Gänge. So wird nicht Gericht für Gericht serviert, sondern es kommt alles zur gleichen Zeit auf den Tisch beziehungsweise auf die Reisstrohmatte, denn vor allem in den Dörfern essen die Menschen auf dem Boden sitzend. So haben die Gäste die Möglichkeit, von zahlreichen Gerichten gleichzeitig zu kosten und sich ihr Menü selbst zusammenzustellen. Dabei bedient sich jeder mit seinem eigenen Besteck, was aus westlicher Sicht unhygienisch wirken mag, aber angesichts der exotischen Köstlichkeiten und reger Konversation schnell in den Hintergrund rückt.

Bei der Menüplanung muss der Harmonie Rechnung getragen werden. Zu jedem scharfen Gericht wird ein mildes, zu jedem süßen ein saures, zu jedem gebratenen ein gedünstetes, zu jedem flüssigen ein knuspriges gewählt. Auch die Zutaten sollten möglichst unterschiedlich sein.

Da Fleisch traditionell klein geschnitten auf den Teller kommt, erübrigen sich Messer. Gegessen wird mit Löffel und Gabel, wobei die Gabel in der linken Hand das Essen auf den Löffel in der rechten Hand schiebt, von wo es in den Mund befördert wird. Zu Stäbchen greift man in Laos nur bei Nudelsuppen und chinesischen Gerichten, während auf dem Lande die Finger – und zwar ausschließlich die der rechten Hand – das Besteck komplett ersetzen.

Wo essen?

Besucher, die kulinarische Entdeckungstouren unternehmen wollen, machen es am besten den Einheimischen nach. Die meisten Laoten essen an den einfachen, aber oft sehr guten **Essensständen** *(haan gin düüm)*, die es an jeder Ecke gibt, oder in kleinen Lokalen. Die preiswerteste Versorgungsmöglichkeit sind fahr- und tragbare Garküchen. Wesentlich ist nicht so sehr das Äußere, sondern die Qualität des Essens, und die ist in Straßenrestaurants zuweilen besser als in manchem namhaften Esstempel. Vor allem bei Straßenständen, die von Einheimischen stark frequentiert werden, hat man in der Regel die Gewähr, frisch zubereitete Speisen zu bekommen. Etwas Vorsicht ist allerdings bei dem rohen Gemüse angebracht, das zu vielen laotischen Gerichten, etwa *laab* serviert wird. Dieses wird durchweg nur mit Leitungswasser gewaschen, das oft nicht einwandfrei ist.

Besonders in der Mittagshitze ist es in den von Ventilatoren gekühlten **einfachen Restaurants** *(haan aahaan)* angenehmer als an den Straßenständen. Einen guten Ruf haben auch die von Vietnamesen betriebenen einfachen Lokale. Wer keinen Geschmack am laotischen Essen findet, der kann zumindest in Vientiane und Luang Prabang in herausragenden, jedoch nicht ganz billigen **Spezialitätenrestaurants** einen kulinarischen Streifzug durch viele Länder dieser Welt machen. Dort kann man auch *fusion food* genießen, in dem sich die Aromen der leichten Lao- und anderer asiatischer Küchen mit französischen und italienischen Einflüssen vermengen. Eine Gemeinsamkeit haben aber alle Küchen: In Laos verbinden die Menschen Kochen und Essen immer mit *sanuk* – Spaß.

Und zum Vergnügen gehört die Gesellschaft möglichst Vieler, die es sich gleichfalls schmecken lassen. Wenn irgendmöglich werden Laoten, denen das Essen weit mehr als nur Nahrungsaufnahme bedeutet, nie allein essen. Essen ist immer auch ein soziales Happening. Mehrmals täglich isst man eine Nudelsuppe oder Schale Reis im Vorübergehen an einem Straßenstand, tauscht dabei Nettigkeiten aus.

Abends, wenn die Hitze nachgelassen hat, folgt das mehrgängige Dinner mit Freunden oder Familie, das stets auch als geselliges Beisammensein genossen wird. War eine größere Runde in einem Restaurant, bezahlt derjenige, der eingeladen hat. Manchmal überlässt man diese Kleinigkeit auch dem Besucher aus dem Westen.

Laoten bei der Mahlzeit: Eine lange Plane ersetzt Tisch und Tischtuch

Kulinarisches Lexikon

Frühstück

böö	Butter
khaao chi	(Weiß-)Brot
khai luak/tom	weich/hart gekochtes Ei
khai khon	Rührei
khai khua	Omelett
khai taao	Spiegelei

Geflügel, Fleisch und Meeresfrüchte

gai	Huhn
gai nguang	Pute
khouay	Büffel
gung	Garnele
muu	Schwein
nüa	Rind
paa	Fisch
paa thalee	Meeresfisch
pet	Ente

Zubereitungsarten

diip	roh
djüt	mild
hoon	heiß
nüng	gedünstet
khem	salzig
khua, phat	gebraten
phet	scharf
som	sauer
som waan	süß-sauer
suk diip	halbgar
thoot	gebacken
tom	gekocht
yaang	gegrillt
yen	kalt

Obst

maak farang	Guave
maak houng	Papaya
maak giang	Apfelsine
maak giang jai	Pomelo
maak giang noi	Mandarine
maak gluay	Banane
maak linchee	Lychee
maak mangkhut	Mangosteen
maak mii	Jackfruit
maak moo	Melone
maak muang	Mango
maak nao	Limone
maak nat	Ananas
maak ngo	Rambutan
maak phao	Kokosnuss

Getränke

bia geo	Flaschenbier
bia sot	Fassbier
gafeh	Kaffee

Im Restaurant

Restaurant	haan aahaan
Imbissstand	haan gin düüm
Essen	gin khaao
frühstücken	gin khaao sao
zu Mittag essen	gin khaao suuai
zu Abend essen	gin khaao lääng
Getränke	khüüang düüm
Löffel/Gabel/Messer	buuang/seem/miit
Ist hier frei?	Thi nii waang boo?
Bringen Sie bitte die Speisekarte!	Ao laai gaan aahaan hai dää!
Ich möchte …	Khooi jaak …
Ist dieses Wasser abgekocht?	Nam nii tom lääo boo?
Bitte ohne Eiswürfel!	Boo sai nam goon!
Guten Appetit!	Söön sääp!
Zum Wohl!	Phüüa sukhap-haap!
Wieviel kostet (das)?	(An nii) laa gaa thao dai?
Die Rechnung bitte!	Lai ngön dää!
Das Essen war ausgezeichnet!	Aahaan sääp laai!

gafeh dam	schwarzer Kaffee
gafeh nom	Kaffee mit Milch
gafeh nom jen	Eiskaffee mit Milch
lao hai	Reiswein
laolao	Reisschnaps
nam düüm bolisut	Mineralwasser
nam maak giang	Orangensaft
nam maak phao	Kokosmilch
nam maaknao	Zitronensaft
nam nom	Milch
nam saa	Tee
nam waan	Softdrink
oolilang	schwarzer Eiskaffee

Typische Speisen

föö khua	gebratene Reisnudeln mit Fleisch und Gemüse
föö nam	Reisnudelsuppe
gaeng no mai	kräftige Suppe aus Bambussprossen
gai yaang	gebackenes Hühnchen
khaao chi sai patee	Baguette, gefüllt mit Fleischpastete, Schinken, Eiern, Salat u. a.
ghaao djao	gekochter, weißer Reis
ghaao khua	gebratener Reis
ghaao khua sai gai	gebratener Reis mit Huhn
ghaao khua siin muu/nüa	gebratener Reis mit Schwein/Rind
ghaao laam	Klebreis mit Kokosmilch in Bambushülsen
ghaao niao	Klebreis
ghaao niao mamuang	süßer Klebreis mit Kokosmilch und frischen Mangos
gaeng djüt	milde Suppe mit Schweinehack und Gemüse
khai phaen	in Öl gebackene Algenblätter
kha muu	Eisbein in süßer Sojasauce
ghao phoun	Reisnudeln, Gemüse und Kräuter in einem Sud aus fein gehacktem Fisch, Fleisch, Kokosmilch
khua khing gai	Huhn mit Ingwer
khua phak boo	gebratenes Gemüse
sai siin	
laab	Hackfleisch mit Chilis, Minzeblättern, Kräutern sowie gerösteten, gemahlenen Klebreiskörnern
mii goop	gebackene Weizennudeln
mii nam	Weizennudelsuppe
muu phat bai horapha	gebratenes Schweinefleisch mit Basilikum
nam tok nüa	gegrillte Rindfleischstreifen in einer scharf-sauren Sauce aus Limonensaft, Chili und Kräutern
siin thup	gedörrtes und aufgebackenes Rind- oder Büffelfleisch
som phak	sauer eingelegtes Gemüse
tam maak houng	scharfer Salat aus grüner Papaya, Cocktailtomaten, Knoblauch, Chilis, Erdnüssen, Zitronensaft, Trockengarnelen, Fischsauce und Krabbenpaste
tom yum	sauer-scharfe Suppe
tom yum gai	sauer-scharfe Hühner suppe
tom yum gung	sauer-scharfe Garnelensuppe

Ziel eines Bootsausflugs auf dem Mekong durch Natur und buddhistische Kultur ist der heilige Höhlentempel Tham Thing bei Pak Ou

Kapitel 1

Zentrallaos

Mit dem Ho Pha Keo (Museum der nationalen Kunstschätze), dem Wat Si Saket (einer der wenigen authentischen Tempel des Landes) und dem That Luang (Nationalheiligtum der Laoten) besitzt Vientiane drei überragende Sehenswürdigkeiten.

Kaum jemand kann sich dem einzigartigen Charme von Luang Prabang entziehen, wo in manchen Straßen die Zeit Mitte des 19. Jh. stehen geblieben zu sein scheint. Wie kein zweiter Ort verkörpert die alte Königsstadt das Laos einer längst vergangenen Epoche, in der sich der alte Zauber des Fernen Ostens erhalten hat. Traditionelle Gebäude, Kolonialarchitektur und mehr als 30 Tempel und Klöster, darunter der eindrucksvolle Wat Xieng Thong, der Goldene Stadttempel, prägen das religiöse und kulturelle Zentrum von Laos. Frühaufsteher werden jeden Tag vor Sonnenaufgang Zeugen eines intensiv gelebten Buddhismus, wenn die Gläubigen mit vor der Stirn gefalteten Händen und tief gesenktem Kopf Reis und andere Speisen in die Schalen der Mönche legen, die bei ihrem Almosengang durch die Straßen von Luang Prabang ziehen.

Zentrallaos steckt auch voller Naturwunder: Knapp drei Fahrstunden nördlich von Vientiane ragen die imposanten, weiß-grauen Karstmassive von Vang Vieng in den Tropenhimmel. Hier wird eine weite Palette an Outdoor-Aktivitäten geboten – von Kajakfahren über Klettern und Wandern bis zur Erforschung verästelter Tropfsteinhöhlen.

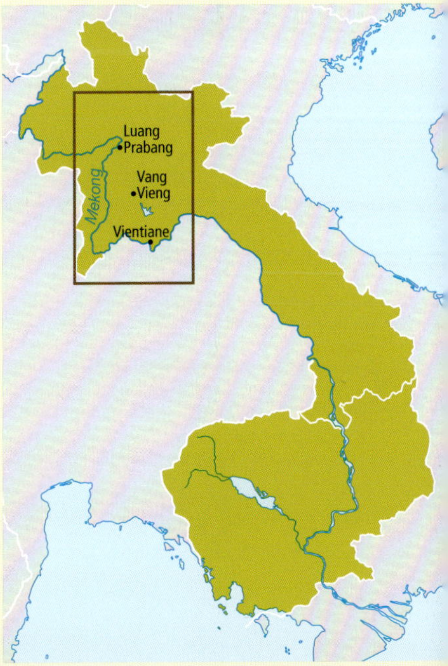

Auf einen Blick

Zentrallaos

Sehenswert

1 Vientiane: Die verschlafene Hauptstadt von Laos, um die ein grüner Gürtel aus wogenden Reisfeldern und Palmwäldern liegt (s. S. 146).

2 Karstmassive um Vang Vieng: Um den beliebten Ferienort zeigt sich Laos von einer seiner schönsten Seiten – über den gesamten Horizont erstreckt sich ein Konturengeriffel von Zuckerhüten, Giebeln, Buckeln, Türmen und Kuppeln (s. S. 173).

3 Luang Prabang: Reich geschmückte Pagoden, alte Kaufmannshäuser und stilvoll restaurierte Kolonialgebäude lassen die ehemalige Königsstadt fast wie eine Kulisse aus einem Indochina-Film der 1950er-Jahre erscheinen (s. S. 184).

Schöne Routen

Rundfahrt im Norden von Vientiane: Die ca. 200 km lange Strecke berührt den Phou-Khao-Khouay-Nationalpark mit einem Netz von Wanderwegen unterschiedlicher Länge, den Nam-Ngum-Stausee, die Vientiane Zoological Gardens und die geheimnisvolle buddhistische Einsiedelei Vang Xang (s. S. 168).

Von Vientiane nach Luang Prabang: Der Abschnitt Vientiane – Luang Prabang der Nationalstraße 13 wurde von 1940–1943 von den Franzosen angelegt und in den 1960er-Jahren von den Amerikanern ausgebaut. Auf der damals noch ungeteerten Straße dauerte die beschwerliche Busreise nach Luang Prabang mindestens 24 Stunden, bisweilen auch zwei oder drei Tage. Heute benötigen Reisebusse auf der jetzt durchgehend asphaltierten Straße, die sich nördlich von Vang Vieng in zahllosen Kehren und Kurven durch eine grandiose Bergwelt windet, etwa zehn Stunden (s. S. 172).

Meine Tipps

Kräutersauna und laotische Massage in Vientiane: Traditionelle laotische Kräutersauna im Wat Sokpaluang (s. S. 156).

Ausflug zur Ban Pako Eco Lodge: Erholung in der Natur, 50 km von Vientiane am Ufer des Nam Ngum (s. S. 161).

Sundowner am Mekong in Vientiane: Am besten in einem der Terrassenlokale an der Uferpromenade Quay Fa Ngum (s. S. 165).

Elefantenfest: Beim jährlichen Elefantenfest in der Provinz Xayaboury dreht sich alles um das Nationaltier (S. 183).

Komfort in der Öko-Lodge Lao Spirit Resort bei Luang Prabang: Eine edle Mischung aus traditioneller Baukunst, Eleganz und Tropengefühl (s. S. 202).

aktiv unterwegs

Mit dem Geländewagen in den Phou-Khao-Khouay-Nationalpark: Wer den auf einem Hochplateau gelegenen Phou-Khao-Khouay-Nationalpark erkunden möchte, benötigt ein Allradfahrzeug mit hoher Bodenfreiheit (s. S. 169).

1 Vientiane ►1, F 11

Die Hauptstadt von Laos erstreckt sich inmitten einer fruchtbaren Ebene am Ufer des Mekong in Sichtweite von Thailand. Zahlreiche Tempel und europäische Bauten aus der Kolonialzeit prägen das Gesicht der Stadt. Doch man täte Vientiane und seinen 350 000 Einwohnern bitteres Unrecht an, würde man es immer noch als verschlafen oder rückständig bezeichnen. Ganz im Gegenteil: Vientiane ist im Aufbruch begriffen.

Hauptstadt im Umbruch

Wasserbüffel, die auf abgeernteten Reisfeldern grasen und Menschen, die bis zu den Oberschenkeln im trüben Wasser ihre Netze auswerfen, mitten in einer Landeshauptstadt? In Vientiane (laot. Vieng Chan, gesprochen: Wiäntjan), der dörflich wirkenden Hauptstadt der Volksrepublik Laos, ist das kein ungewohnter Anblick. Bis weit in die Stadt hinein reichen die Reisfelder und Pfahlhütten. Und gegenüber vom Präsidentenpalast bauen die Menschen im fruchtbaren Uferschlick des Mekong Gemüse an.

Aber allmählich ändern sich auch im politischen, administrativen und wirtschaftlichen **Zentrum des Landes**, in dem etwa 350 000 Menschen leben, die Zeiten. Vor fünf bis zehn Jahren noch machten Reisende, die aus Bangkok in die laotische Hauptstadt flogen, einen Zeitsprung in die Vergangenheit. Sie erlebten eine Stadt, in der irgendwann in den 1940er- oder 1950er-Jahren die Uhren stehen geblieben zu sein schienen, ein langsames, verschlafenes Stück altes Asien – zwar mit französischen Kolonialeinflüssen, aber fern aller Globalisierung.

Obwohl Vientiane immer noch die stillste Metropole Asiens ist, stehen auch hier die Zeichen auf Umbruch. Fußgänger, die noch vor gar nicht allzu langer Zeit unbesorgt auf den Alleen bummeln konnten, müssen sich mittlerweile vor immer mehr Autos und vor allem einer ständig wachsenden Armada japanischer Mopeds in Acht nehmen.

Vorbei sind auch die Zeiten, da bereits lange vor Mitternacht die Lichter in den wenigen Nachtlokalen mit liebenswertem Dorfdisco-Charakter ausgingen. Obwohl noch Lichtjahre entfernt von einem schrillen Nightlife à la Bangkok, öffnen doch immer mehr Bars und Clubs einem nachtschwärmenden Publikum ihre Pforten. Und seitdem sich Laos dem westlichen Ausland geöffnet hat und immer mehr Konsumartikel ins Land geschwemmt werden, wächst auch die Zahl der Läden in den Shoppingmeilen Thanon Samsenthai und Thanon Setthathirath ebenso schnell wie die der Banken in der Avenue Lane Xang.

Mehr Geld und Devisen sind in Laos selten zuvor verfügbar gewesen als in den Jahren seit der Öffnung. Es hat sich eine städtische Gesellschaft entwickelt, die Gewinner und Benachteiligte kennt, die den Profit ganz ungleich verteilt und damit eine in Jahrhunderten gewachsene Sozialstruktur ins Wanken bringt. Eine Dollarschwemme, die nicht nur das äußere Bild von Vientiane, sondern auch den Geist der Stadt zu verändern beginnt. Vor allem die Geldströme aus dem benachbarten Thailand drohen Vientiane in die Kopie einer thailändischen Provinzstadt zu verwandeln.

Mit dem **Wirtschaftsboom** schreitet die Entwicklung von Vientiane in Riesenschritten voran, breitet sich die Hauptstadt zunehmend in das noch von Landwirtschaft geprägte Umland aus. Reisfelder verwandeln sich in Bauland, auf dem Industriebetriebe entstehen. Dörfliche Vororte müssen Platz machen für breite Ausfall- und Umgehungsstraßen. Schon ist die Präfektur Vientiane mit rund 650 000 Einwohnern die am dichtesten besiedelte Region des Landes.

Aber obwohl Vientiane nun dabei ist, die Großstadtschwelle zu überschreiten, besitzt es im Vergleich zum brodelnden Bangkok und anderen südostasiatischen Metropolen immer noch das Flair einer gemütlichen Mittelstadt. Noch imponiert die laotische Kapitale mit einer bunt gemischten Architektur aus Pfahlhäusern und teils stilvoll restaurierten, teils verwitterten Kolonialvillen, amerikanisch angehauchten Glas-Beton-Bauten und formlosen Betonklötzen sozialistischer Einheitsarchitektur sowie thailändisch inspirierten, neobarocken Prachtpalästen. Noch kratzen in Vientiane keine Hochhäuser am blauen Tropenhimmel. Noch blendet nachts keine grelle Leuchtreklame. Noch verstecken sich weite Teile der übersichtlichen Stadt unter einer grünen Decke tropischer Vegetation. Und immer noch fasziniert Vientiane durch eine einzigartige Mischung aus asiatischer Beschaulichkeit und französischem Kolonialflair.

Stadtgeschichte

Bevor Lao-Tai-Völker im 10. Jh. in den fruchtbaren Schwemmlandebenen am Mittellauf des Mekong einen Fürstensitz namens Vieng Chan errichteten, waren dort vermutlich Mon-Khmer-Stämme ansässig, die den Neuankömmlingen weichen mussten. Der Name der Stadt – *vieng* bedeutet soviel wie befestigte Siedlung, *chan* heißt Mond – lässt darauf schließen, dass sie mit einem Verteidigungswall umgeben war. Während der Herrschaftszeit von **König Jayavarman VII.** breitete sich das Khmer-Imperium zu Beginn des 13. Jh., im Zenit seiner Macht, bis Vieng Chan aus.

Versuche der Vieng-Chan-Herrscher sich gegenüber den Khmer aus dem Vasallenstatus zu befreien, wurden während des Eroberungszugs von **Fa Ngum** niedergeschlagen. Der Spross aus dem Lao-Fürstentum Muang Soua, dem heutigen Luang Prabang, war am Hof der Angkor-Herrscher aufgewachsen und hatte sich angeschickt, abtrünnige Lao-Fürsten wieder unter Tributpflicht gegenüber dem mächtigen Nachbarreich zu zwingen.

Im Jahr 1350 nahm Fa Ngum die Stadt ein. Als das Khmer-Reich unter dem Druck des erstarkenden Thai-Reichs Ayutthaya zu zerfallen begann, nutzte Fa Ngum die Gelegenheit, um 1353 Lan Xang Hom Khao, das erste laotische Königreich, zu gründen. Zur Residenz erkor er allerdings nicht Vieng Chan, sondern Xieng Dong Xieng Thong, Hauptstadt von Muang Soua, aus der er einst verbannt worden war.

Vieng Chan wurde erst 1560 Hauptstadt von Lan Xang, als König Setthathirath seine mittlerweile in Luang Prabang umbenannte Residenz am Oberlauf des Mekong aus Furcht vor Angriffen der Burmesen verließ und den Königssitz weiter nach Süden verlegte. Dort errichtete er den Stupa That Luang, die auch heute noch bedeutendste buddhistische Pilgerstätte des Landes, sowie den Tempel Ho Pha Keo, in dem der legendäre Smaragd-Buddha Pha Keo verwahrt wurde.

Doch auch Vieng Chan wurde von den kriegerischen Nachbarn angegriffen und schließlich 1574 erobert. Nach der Befreiung von den Burmesen erlebte Vieng Chan im 17. Jh. unter König Souligna Vongsa eine kulturelle Blüte. Nach dem Tod des Herrschers zerfiel Lan Xang in drei sich ständig befehdende und von fremden Mächten abhängige Königreiche. In Vieng Chan installierten die Vietnamesen einen ihnen willfährigen laotischen Prinzen auf dem Thron.

Auch andere Nachbarstaaten nutzten die innere Zerrissenheit des Lao-Staates zu ihren Gunsten. Vor allem siamesische Herrscher warfen immer wieder begehrliche Blicke auf das schwache Laos. So unterwarf Rama I. 1779 Vieng Chan, zerstörte die Stadt zum größten Teil und veranlasste die Umsiedlung der Bevölkerung auf thailändisches Territorium. Als sich 1827 der in Vieng Chan residierende König Anouvong – nach außen ein treuer Vasall der Siamesen, in seinem Herzen ein Patriot – gegen das mächtige Nachbarreich erhob, reagierte dessen Herrscher mit unnachsichtiger Härte.

Er ließ die Stadt, einschließlich fast aller Pagoden, dem Erdboden gleichmachen und Zehntausende von Laoten als Fronarbeiter nach Siam verschleppen. Der Tod von König Anouvong – als Chao Anou heute noch Nationalheld – bedeutete zugleich das Ende des Königreichs von Vieng Chan, das nun den Status einer Kolonie von Siam besaß.

Das 20. Jahrhundert

Eine neue Epoche brach an, als Laos als Protektorat dem französischen **Kolonialreich** Indochina angegliedert wurde. Die Franzosen bauten das nach der Zerstörung durch die Siamesen vom Dschungel überwucherte Vientiane wieder auf. Ihr Verwaltungssitz strahlte mit herrschaftlichen Villen und breiten Boulevards bald das Flair einer französischen Mittelstadt aus. Ein Großteil der kolonialen Bausubstanz ist heute noch erhalten, da Vientiane im Zweiten Weltkrieg den vorrückenden Japanern keinen Widerstand leistete und die Invasionsarmee die Stadt verschonte.

Als nach der Kapitulation der Japaner und der anschließenden Proklamation der Unabhängigkeit von Laos durch Prinz Phetsarath die Franzosen mit Waffengewalt versuchten, ihre Herrschaft wiederherzustellen, war auch Vientiane ein **Schauplatz der Kämpfe** zwischen der laotischen Befreiungsarmee und französischen Truppen. Nach dem Sieg der Kolonialmacht erhielt Laos 1947 den Status einer konstitutionellen Monarchie. Vientiane, nun offiziell Hauptstadt des Königreichs, wurde Sitz von Regierung und Parlament. König Sisavang Vong aber zog es vor, in der alten Königsstadt Luang Prabang zu residieren und nicht in Vientiane.

Nachdem die Franzosen 1954 nach ihrer Niederlage in der Schlacht von Dien Bien Phu das koloniale Feld verließen, zogen in Vientiane die US-Amerikaner als neue regionale Ordnungsmacht ein. Fortan wurde in Vientiane Geschichte gemacht. Hier wurden Komplotte geschmiedet, fielen Politiker Attentaten zum Opfer, rollten bei Putschversuchen Panzer durch die Straßen, grassierte die Korruption.

Während des **Vietnamkriegs** war die laotische Hauptstadt ein Sammelplatz dubioser Gestalten wie aus einem Spionagethriller von Raymond Chandler. Hier residierten hochrangige US-Militärs, recherchierten Journalisten aus aller Welt, konspirierten Geheimagenten des westlichen Lagers und des Ostblocks.

Schummrige Bars, schillernde Nachtlokale und andere Etablissements verliehen Vientiane bald das Renommee eines Paris des Ostens. Da in Laos vor der kommunistischen Machtübernahme im Jahr 1975 Marihuana, Opium und anderes Rauschgift ganz offen und legal zu billigen Preisen auf dem Markt gehandelt wurde, zog es Scharen von Junkies nach Vientiane.

Mit all dem war Schluss, als Anfang Mai 1975 Pathet-Lao-Soldaten in Vientiane einmarschierten und die neuen Machthaber am 2. Dezember 1975 die Demokratische Volksrepublik Laos proklamierten.

Im einst lebensfrohen Vientiane begann sich **sozialistische Tristesse** breit zu machen. Bars wurden in Volksnachtclubs umgewandelt, in denen revolutionäre Lieder vorgetragen wurden und Tanzen verboten war. Betongraue Verwaltungsgebäude bestimmten das Bild der Stadt. Aber auch dies gehört der Vergangenheit an. Nach dem Scheitern der sozialistischen Experimente und vielen Jahren der Abschottung gibt sich Vientiane heute weltoffen, heißt ausländische Investoren und Touristen gleichermaßen willkommen.

Streifzug durch Vientiane

Cityplan: S.150/151

Vientiane, ursprünglich eine Ansammlung ländlicher Siedlungen, setzt sich heute noch aus Dörfern *(ban)* genannten Bezirken zusammen, die sich jeweils um einen Tempel (Wat) gruppieren. Drei parallel zum Mekong verlaufende Straßenzüge *(thanon)* prägen das Stadt-

Musterbeispiel eines *sim* im Stil von Vientiane: der Wat Inpeng

zentrum: die Uferpromenade Quay Fa Ngum, die Pagodenstraße Thanon Setthathirath und die Einkaufsmeile Thanon Samsenthai.

Der Rundgang durch das Zentrum mit einem Abstecher zum Nationalheiligtum **That Luang** entspricht einem vollen Tagesprogramm. Will man Sehenswürdigkeiten wie das **Laos National Museum** und das Museum der nationalen Kunstschätze im **Ho Pha Keo** intensiver kennen lernen, muss man einen zusätzlichen Tag einplanen. Mag Vientiane auch die größte Stadt von Laos sein, das Zentrum ist so übersichtlich und kompakt, dass man es bequem zu Fuß erkunden kann. Für außerhalb gelegene Sehenswürdigkeiten, etwa den Stupa That Luang, nimmt man ein Tuk-Tuk. Heute noch mehr als in der Vergangenheit präsentiert sich Vientiane Besuchern als eine Stadt der Pagoden. Die Renaissance des Buddhismus in Laos hat dazu geführt, dass die vielen Dutzend Tempelanlagen der Stadt heute in einem selten zuvor gekannten Glanz erstrahlen.

Einige der bedeutendsten Tempel von Vientiane reihen sich links und rechts der **Thanon Setthathirath**. Den sakralen Bauwerken haftet indessen ein Makel an: Da mit zwei Ausnahmen alle Tempel 1827 von den Siamesen bei ihrer Plünderung der Stadt in Schutt und Asche gelegt wurden, handelt es sich bei den heutigen Bauten um Kopien.

Wat Inpeng 1

Ausgangspunkt des Streifzugs durch das historische Vientiane ist der **Wat Inpeng** am Westende der Pagodenstraße Thanon Setthathirath. Archäologische Funde auf dem Tempelgelände lassen vermuten, dass die Ursprünge des Wat Inpeng bis in das frühe 13. Jh., also weit in die Epoche der Khmer-Herrschaft zurückreichen. Außer Buddha-Statuen, die heute im Ho Pha Keo ausgestellt sind, blieben keine Relikte aus dieser Zeit erhalten. Die Mitte des 15. Jh. nach siamesischen Vorbildern der Ayutthaya-Epoche erbaute Pagode ist mit ihrem rechteckigen

Vientiane

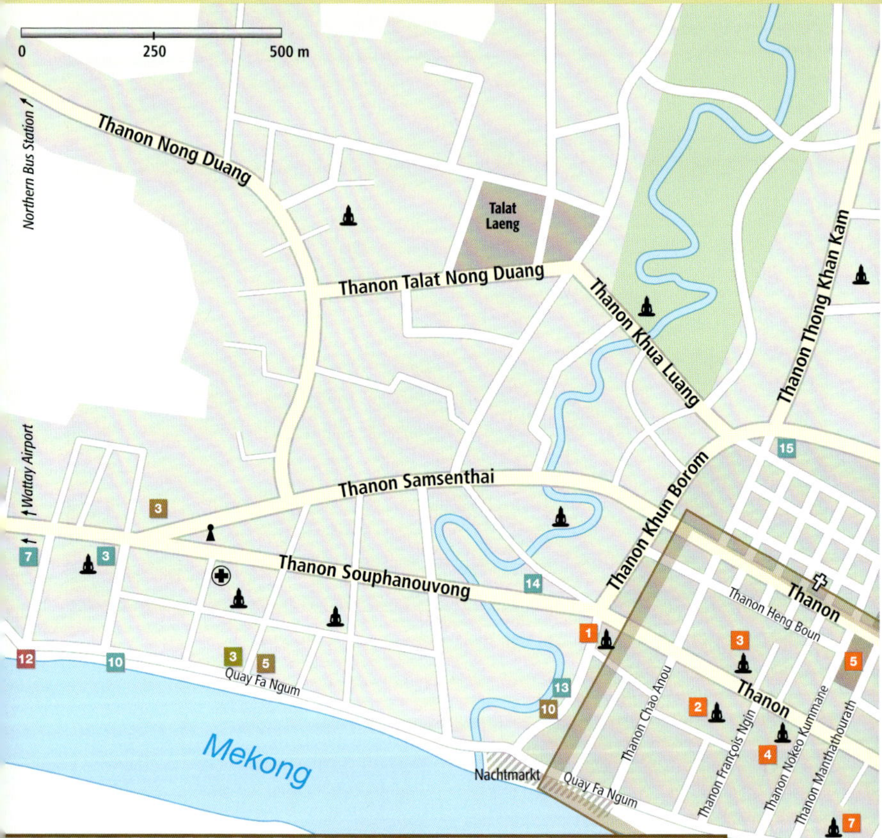

0
250
500 m
Northern Bus Station
Wattay Airport
Thanon Nong Duang
Talat Laeng
Thanon Talat Nong Duang
Thanon Khua Luang
Thanon Thong Khan Kam
Thanon Samsenthai
Thanon Khun Borom
Thanon Souphanouvong
Thanon
Thanon Heng Boun
Thanon
Quay Fa Ngum
Mekong
Nachtmarkt
Thanon Chao Anou
Thanon François Ngin
Thanon Nokeo Kummane
Thanon Manthathourath

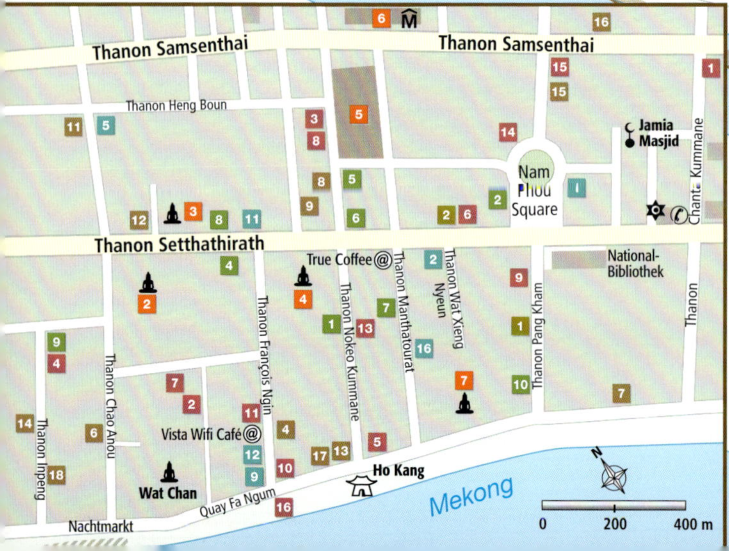

Thanon Samsenthai
Thanon Samsenthai
Thanon Heng Boun
Jamia Masjid
Nam Phou Square
Chantha Kummane
Thanon Setthathirath
True Coffee
Thanon Manthatourat
Thanon Wat Xieng Nyeun
National-Bibliothek
Thanon Nokeo Kummane
Thanon François Ngin
Thanon Pang Kham
Thanon
Thanon Chao Anou
Thanon Inpeng
Vista Wifi Café
Ho Kang
Wat Chan
Quay Fa Ngum
Mekong
Nachtmarkt
0
200
400 m

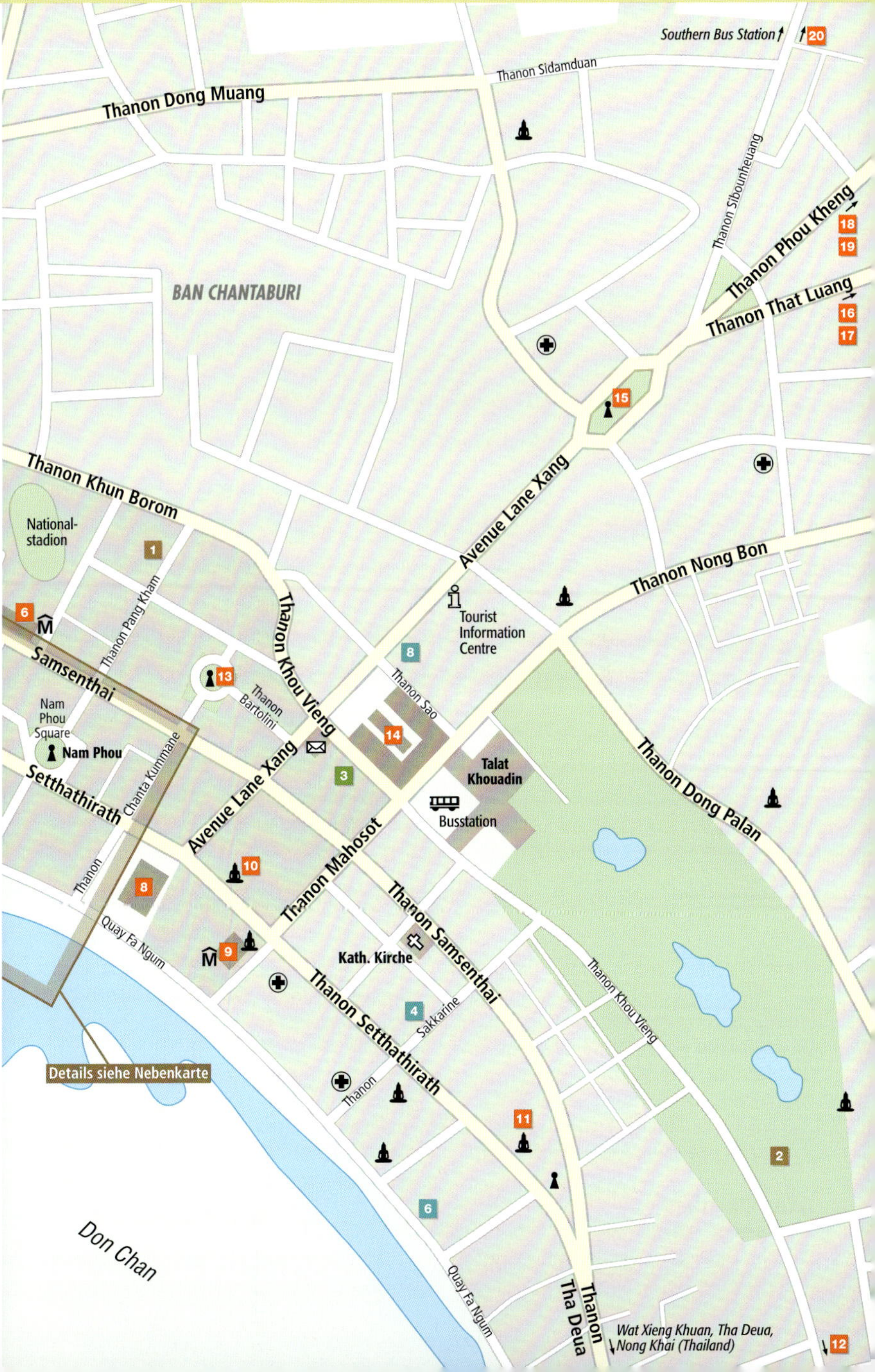
Southern Bus Station
20
Thanon Sidamduan
Thanon Dong Muang
Thanon Sibounheuang
Thanon Phou Kheng
18
19
Thanon That Luang
16
17
BAN CHANTABURI
15
Thanon Khun Borom
National-
stadion
Avenue Lane Xang
Thanon Nong Bon
1
6
Thanon Pang Kham
Tourist
Information
Centre
Samsenthai
13
Thanon
Bartolini
8
Thanon Khou Vieng
Thanon Sao
Nam
Phou
Square
Nam Phou
14
Chanta Kummane
Avenue Lane Xang
3
Talat
Khouadin
Setthathirath
Busstation
Thanon Dong Palan
Thanon Mahosot
10
Thanon
8
Thanon Samsenthai
Quay Fa Ngum
9
Kath. Kirche
Thanon Khou Vieng
Thanon Setthathirath
4
Sakkarine
Details siehe Nebenkarte
Thanon
11
2
6
Don Chan
Quay Fa Ngum
Thanon
Tha Deua
Wat Xieng Khuan, Tha Deua,
Nong Khai (Thailand)
12

Vientiane

Sehenswertes
1 Wat Inpeng
2 Wat Ongtü
3 Wat Hay Sok
4 Wat Mixay
5 Lao National Cultural Hall
6 Laos National Museum
7 Wat Xieng Ngeun
8 Präsidentenpalast
9 Ho Pha Keo
10 Wat Si Saket
11 Wat Si Muang
12 Wat Sokpaluang
13 That Dam
14 Talat Sao
15 Patu Xay
16 That Luang
17 Gebäude der Volksversammlung
18 Revolutionsdenkmal
19 Armeemuseum
20 Kaysone Phomvihane Museum

Übernachten
1 Settha Palace
2 Green Park Boutique Hotel
3 Novotel Vientiane
4 Best Western Vientiane
5 Beau Rivage Mekong
6 Lao Orchid Hotel
7 Lane Xang Hotel
8 Chanthapanya Hotel
9 Vayakorn Inn
10 Hotel Khamvongsa
11 Hotel Lao
12 Lani Guest House
13 LV City Riverine
14 Sala Inpeng
15 Mali Namphou Guest House
16 Asian Pavilion Hotel
17 Orchid Guest House
18 Phorntip Guest House

Essen und Trinken
1 Kua Lao
2 Pa Kao Lao
3 Xayoh Café
4 Le Vendôme
5 Le Côte D'Azur
6 Khop Chai Deu
7 Peuan Mit Makphet
8 Lotus Organic Kitchen
9 Just for Fun
10 Nazim
11 Full Moon Café
12 Sala Sunset Khounta
13 Le Banneton
14 Scandinavian Bakery
15 Kleine Lokale
16 Am Quay Fa Ngum

Einkaufen
1 Camacrafts
2 Couleur d'Asie
3 Handicraft Products of Ethnic Groups (Hmong Market)
4 Indochina Shop
5 Lao Textiles Carol Cassidy
6 Satri Lao Silk
7 The Art of Silk
8 Somsri Lao Handicrafts
9 T'Shop Lai
10 Vientiane Book Centre

Abends & Nachts
1 Déjà Vu
2 Jazzy Brick
3 On the Rock Pub
4 The Chess Café
5 Anou Cabaret
6 Lunar 36
7 Marina
8 Vienglatry May
9 Bor Pen Nyang
10 Highland Bar & Restaurant
11 Samlo Pub
12 Sticky Fingers
13 The Loft
14 Wind West Pub
15 Lao National Opera
16 Lao Traditional Performance

Aktiv
1 Exotissimo Travel
2 Green Discovery
3 Papaya Spa

Grundriss, den vier gleichmäßig hohen Seitenwänden und dem dreifach gestaffelten, von runden Säulen gestützten Steildach das Beispiel eines *sim* im Stil von Vientiane.Dem Volksglauben zufolge hat der Gott Indra den Wat Inpeng persönlich erbaut, worauf auch der Name des Tempels hinweist: *In* steht für Indra, *peng* bedeutet soviel wie errichten.

Wat Ongtü 2

Nur wenige Schritte entfernt, jenseits der Thanon Chao Anou, ist der **Wat Ongtü** als Residenz des Houng Sangkharat, des zweiten Patriarchen des laotischen Sangha, einer der bedeutendsten Tempel des Landes. Zudem befindet sich hier ein hoch angesehenes Zentrum für buddhistische Studien. Schon König Setthathirath, während dessen Regentschaft um das Jahr 1570 die ursprüngliche Tempelanlage errichtet wurde, nutzte den Wat Ongtü für Zeremonien im Rahmen des höfischen Protokolls. Die von den Siamesen 1827 zerstörte Pagode wurde 1911 wieder aufgebaut und 1998 aufwendig restauriert.

Die Virtuosität der Künstler spiegelt sich vor allem in dem kunstvollen Holzschnitzwerk wider, das den Giebel und die Blenden der Veranda schmückt. Mit den niedrigen Seitenwänden, die sie gedrungen erscheinen lassen, wirkt die Pagode untypisch für den Baustil von Vientiane. Das schmucklose Innere dominiert die große Statue Ongtü (der Mächtige), die den meditierenden Buddha in indischer Sitzhaltung darstellt. Die Siamesen konnten die etwa 10 t schwere Kolossalfigur, von der auch der Name des Tempels herrührt, bei ihrem Raubzug nicht verschleppen.

Wat Hay Sok 3

Der von einem kleinen Park umgebene **Wat Hay Sok** gegenüber vom Wat Ongtü ist eine Oase der Ruhe im lebhaften Treiben der Thanon Setthathirath, die, obwohl Straße der Pagoden genannt, auch Heimat von zahlreichen Gastwirten, Handwerkern und Händlern ist. Herausragendes Merkmal der Pagode ist das elegant geschwungene, mehrfach gestaffelte Satteldach. Als Schutzgeister flankieren siebenköpfige Naga-Schlangen die Pagodentreppen.

Wat Mixay 4

Nur durch eine Häuserzeile vom Wat Ongtü getrennt, steht etwas weiter östlich der **Wat Mixay**, dessen Eingangsportal von zwei grimmig dreinblickenden, mit Keulen bewaffneten Nyak-Riesen bewacht wird. Ihre Aufgabe ist es, Dämonen und andere übel wollende Wesen vom sakralen Bezirk fern zu halten. Der große, von eckigen Säulen gestützte, pavillonartige Vorbau des *sim* dient Mönchen und Laien als Speise- und Ruheraum.

Lao National Cultural Hall 5

Biegt man an der Thanon Nokeo Kummane links ab, dominiert schon bald die **Lao National Culture Hall**, ein thailändischen Vorbildern nachempfundener Prachtpalast, das Blickfeld (s. S. 112). Das monumentale Bauwerk wird in erster Linie für Staatsempfänge und andere repräsentative Zwecke genutzt. Normalsterblichen ist der Zutritt ausschließlich bei Konzerten sowie Aufführungen des traditionellen Maskentanzes und Musiktheaters gestattet.

Laos National Museum 6

Gegenüber an der Thanon Samsenthai beherbergt das ehemalige Quartier des französischen Oberkommandos heute das **Laos National Museum**. Obwohl die Sammlungen nicht immer ausreichend beschriftet sind, verschafft das Nationalmuseum, das früher den Namen Laos Revolutionary Museum trug, einen ausgezeichneten Überblick über die laotische Kultur sowie die Entwicklung von der Vor- und Frühzeit bis in die Jahre nach der kommunistischen Machtübernahme. An das Areal des Nationalmuseums grenzt nördlich das National Stadium an (Tel. 021 21 24 60, tgl. 8–12, 13–16 Uhr, an Feiertagen geschl., 10 000 Kip).

Nam Phou Square

Zu jeder Tageszeit herrscht am **Nam Phou Square,** dem quirligen Zentrum von Vientiane, lebhaftes Treiben. Um die begrünte Anlage, in deren Mitte ein Springbrunnen sprudelt, bilden Straßencafés, europäische Bäckereien und elegante Restaurants den Rahmen für die Mittagspause. In der Nähe erstrahlt die restaurierte **Nationalbibliothek** mit einem Bestand von rund 100 000 Büchern in kolonialem Glanz (Thanon Setthathirath, Tel. 021 21 24 52, Mo–Fr 8–12, 13–16 Uhr, freier Eintritt).

Am Quay Fa Ngum

Vom Nam Phou Square führt die Thanon Pang Kham Richtung Südwesten zum Mekong. Der **Wat Xieng Ngeun** 7 verdankt seine heutige Pracht einer aufwendigen Restaurierung im Jahr 2001, hat aber kaum mehr Zeugnisse der Vergangenheit zu bieten. In der Bar des Lane Xang Hotel, einst die Nummer eins unter den Hotels der Stadt, wurde während des Vietnamkriegs Weltpolitik gemacht. Vientiane war damals ein Tummelfeld der Geheimdienste, zugleich einer der wenigen Plätze der Welt, an dem während des Kalten Kriegs zwischen Ost und West Gespräche geführt wurden. Zu Zeiten der Monarchie residierten die laotischen Könige in dem weißen Prachtbau, welcher heute als **Präsidentenpalast** (Ho Kham) 8 dient und der Öffentlichkeit nicht zugänglich ist.

Ho Pha Keo 9

Um den berühmten Smaragd-Buddha oder Pha Keo, den er während seiner Regentschaft im Lan-Na-Reich aus Chiang Mai mitgebracht hatte, angemessen zu beherbergen, ließ König Setthathirath 1565 den **Ho Pha Keo** errichten. Bei der Eroberung der Stadt zerstörten im Jahr 1779 die Truppen des siamesischen Herrschers Rama I. den ursprünglich aus Holz gebauten Tempel und entführten die heilige Buddha-Statue. Heute thront die kaum 75 cm hohe Statue aus grüner Jade als Nationalheiligtum der thailändischen Buddhisten auf einem goldenen Altar im Königstempel Wat Phra Kaeo von Bangkok.

Der in den 1940er-Jahren von Prinz Souvanna Phouma wieder errichtete Palasttempel, der stets vom Königshof und nicht von den zum Einzugsgebiet der Pagode gehörenden Gläubigen unterhalten wurde und auch niemals ein buddhistischer Tempel mit Mönchen war, dient heute als Museum der nationalen Kunstschätze.

Die prachtvoll mit Stuckarbeiten und Holzschnitzereien verzierte Pagode enthält die größte **Sammlung** der für ihre weichen Linien typischen laotischen **Buddha-Statuen** aus Stein, Bronze und Holz sowie andere wertvolle Kunstgegenstände wie Stelen, Relieffragmente, Keramiken, Bronzegongs und Terracotta-Apsaras, himmlische Tänzerinnen aus dem 18. Jh.

Unter den in dem Wandelgang, der um den *sim* herumführt, ausgestellten Skulpturen befinden sich Bildnisse des Erleuchteten wie sie nur in Laos und sonst in keinem anderen buddhistischen Land geschaffen wurden, etwa Figuren in der Pose Bitte um Regen (stehend mit den Händen am Körper) oder in der Haltung Betrachtung des Baums der Erleuchtung (stehend mit vor dem Oberkörper gekreuzten Händen) (Thanon Setthathirath, tgl. 8–12, 13–16 Uhr, 5000 Kip).

Wat Si Saket 10

Wat Si Saket auf der anderen Straßenseite ist die einzige Tempelanlage von Vientiane, die alle Turbulenzen der Vergangenheit unbeschadet überstand und sich somit heute als eines der wenigen in ihrer ursprünglichen Form erhaltenen Exemplare der laotischen Baukunst früherer Jahrhunderte präsentiert.

Das historische Glanzlicht von Vientiane geht auf König Anouvong zurück, der, obwohl ein Herrscher von Siams Gnaden, den Tempel als Ausdruck des erwachenden Nationalstolzes der Laoten im Jahr 1818 auf dem Areal des Königspalastes errichten ließ.

Der *sim* und der Wandelgang, der den Tempelkomplex umgibt, bergen eine einzigartige Sammlung von Buddha-Statuen verschiedener Stilrichtungen und Epochen, gefertigt aus Holz, Stein, Silber, Bronze oder Ton. In den Nischen an den Innenwänden stehen 10136 kleine Buddha-Figuren, auf dem Boden weitere 120 größere Statuen des Erleuchteten. Ihnen schreibt der Volksglaube die schützende Kraft zu, die den Tempel vor der Zerstörung durch die Siamesen bewahrte. Auch später versagte der magische Schutzschild nicht. So überstand der Wat Si Saket die Plünderung von Vientiane durch chinesische Ho-Banditen im Jahr 1873 ebenso wie einen Staatsstreich im Jahr 1960.

Die verwitterten Fresken an den Innenwänden der Pagode und des Wandelgangs, zu einem Großteil Originale aus dem Jahr 1820, zeigen Szenen aus dem Leben des Buddha und Episoden aus dem »Pha Lak Pha Lam«, der laotischen Version des indischen »Ramayana«-Epos.

Die mit ihrem flammenverzierten Giebel siamesischen Vorbildern der Ayutthaya-Epoche nachempfundene Pagode, in der einst die Krönungszeremonien für laotische Könige stattfanden, wurde letztmals 1935 restauriert. Auf einem Steinfundament steht an der Westseite der Tempelanlage eine in ihrem Baustil burmesisch beeinflusste Bibliothek *(hoo tai)*, die einst sehr wertvolle Tripitaka-Palmblatt-Manuskripte barg. Mit Hilfe der beiden etwa 5 m langen, holzgeschnitzten Naga-Schlangen im rückwärtigen Teil des Tempels nehmen Mönche während der buddhistischen Neujahrszeremonien rituelle Waschungen der Buddha-Statuen vor. An der äußeren Umfriedungsmauer reihen sich kleine kuppelförmige Grabmale, sogenannte *that kaduk* oder Knochenstupas, in denen nach buddhistischem Brauch die Urnen eingeäscherter Toter zum Gedenken aufbewahrt werden (Thanon Setthathirath, tgl. 8–12, 13–16 Uhr, 5000 Kip).

Wat Si Muang 11

Am östlichen Ende der Thanon Setthathirath, etwa 15 Gehminuten vom Wat Si Saket entfernt, steht der **Wat Si Muang**, dessen Ursprünge mindestens bis Mitte des 16. Jh., anderen Quellen zufolge sogar bis zur Gründung des Lan-Xang-Reiches im Jahr 1353 zurückreichen. Noch aus der Khmer-Zeit, dem frühen 13. Jh., stammt die Ruine eines Laterit-Stupa an der Westseite der Pagode, die ihren heutigen Glanz bei verschiedenen Restaurierungen in der zweiten Hälfte des 20. Jh. erhielt.

Wie die Legende erzählt, ließ Maha Pasaman Chao, der weise buddhistische Lehrer des Reichsgründers Fa Ngum, einen Tempel errichten, um eine Steinstele als Verkörperung des magischen Mittelpunkts der Stadt angemessen zu beherbergen. Als die mächtige Säule eben im Fundament verankert werden sollte, stürzte sich eine schwangere junge Frau namens Sao-Si als Glück bringendes Menschenopfer in die Baugrube und wurde von der umkippenden Säule erschlagen.

Seither ist der Wat Si Muang ein Pilgerziel schwangerer Frauen aus nah und fern. Im Heiligtum, das von Weihrauchschwaden vernebelt ist, bitten sie vor Buddha-Statuen und der Stadtsäule Lak Muang, dem Wohnsitz für den Schutzgeist von Vientiane (Phi Muang), um die Erfüllung ihres Kinderwunsches. Ist der Wunsch dann in Erfüllung gegangen, kehren die Gläubigen zurück, um Buddha und dem Schutzgeist mit Dankesopfern ihre Ehrerbietung zu erweisen.

Wegen seiner erlesenen Sammlung alter Buddha-Statuen und der virtuos gestalteten

Das älteste erhalten gebliebene Heiligtum der Hauptstadt: der Wat Si Saket

Tipp: Kräutersauna und laotische Massage

Etwa 3 km südöstlich des Zentrums, dort, wo sich Vientiane nicht entscheiden kann, ob es noch Stadt oder schon Dorf ist, versteckt sich in einem dichten Wäldchen an der Thanon Sokpaluang nahe der deutschen Botschaft der **Wat Sokpaluang** 12, den man am bequemsten mit einem Tuk-Tuk erreicht. Der heutige Tempel hat seinen Ursprung in dem Waldkloster Wat Pa Tai, das buddhistische Khmer-Mönche noch vor Gründung des Lan-Xang-Reichs an dieser Stelle errichteten. Die gegenwärtigen Tempelgebäude sind weit jüngeren Datums und weisen keine architektonischen Besonderheiten auf.

Dass es einheimische wie ausländische Besucher zum Wat Sokpaluang zieht, hat einen anderen Grund. Dort haben Nonnen, die im Kloster leben, eine traditionelle laotische Kräutersauna eingerichtet. In einer Rattanhütte zieht heißer, nach Eukalyptus und Zitronengras duftender Dampf das Wasser aus den Poren. Zwischen den Saunagängen kann man sich auf einer Stelzenterrasse bei Kräutertee entspannen oder seinen Körper laotischen Massagekniffen überlassen. Auch bei den Meditationsübungen sind *farang* willkommen. Besucher werden gebeten, sich dezent zu kleiden und für die Saunagänge ein Handtuch und einen Sarong mitzubringen (Wat Sokpaluang: Thanon Sokpaluang, Ban Sisattanak, Tel. 021 23 19 38, Kräutersauna (15 000 Kip/Std.) und laotische Massage (ab 35 000 Kip/Std.) tgl. 13–20 Uhr, Vipassana-Meditationsübungen Sa 16–17.30 Uhr.

Reliefschnitzereien, die Fenster- und Türflügel verzieren, ist die nach ihrer Zerstörung durch die Siamesen im Jahr 1915 wieder aufgebaute Pagode auch von kunsthistorischem Interesse. Besonders schön ausgeführt sind hier die Stuckarbeiten an der vorderen Giebelseite, die Episoden aus dem Leben des Buddha darstellen, sowie das vergoldete Dachornament *dook so faa,* das Symbol des Universums. Besondere Verehrung genießt die Statue des in indischer Sitzhaltung meditierenden Buddha im Schutze einer neunköpfigen Naga-Schlange, die vor der Pagode im Schatten eines mächtigen Bodhi-Baums steht. Den Tempelgarten schmücken Figuren aus der buddhistisch-hinduistischen Mythologie.

Entlang der Avenue Lane Xang

Vom ehemaligen Königs- und heutigen Präsidentenpalast führt die Avenue Lane Xang schnurgerade zum Patu Xay. Gesäumt von den Glas-Beton-Palästen einheimischer und ausländischer Banken, veranschaulicht die Prachtstraße eindrucksvoll Laos' gegenwärtigen Spagat zwischen Tradition und Moderne.

Etwas abseits der Avenue Lane Xang trotzt der **That Dam** 13 in der Mitte der Thanon Bartolini dem ihn umkreisenden Verkehrsstrom. Ursprünglich gehörte der schwarze Stupa zu einer vermutlich in der Frühzeit des Lan-Xang-Reiches errichteten Tempelanlage, die einer der zahlreichen Plünderungen von Vientiane zum Opfer fiel. Dem Volksglauben zufolge ist der That Dam das Domizil einer mächtigen Naga-Schlange, die über das Wohl von Vientiane und seiner Einwohner wacht.

Wie aus einem asiatischen Bilderbuch erscheint der Morgenmarkt **Talat Sao** 14 der sich im Schnittwinkel von Avenue Lane Xang und Thanon Khou Vieng ausbreitet – voller Farben und Düfte. Am sehenswertesten ist der Talat Sao am Morgen und frühen Vormittag. Schon bald jedoch soll der riesige Morgenmarkt dem modernen Einkaufszentrum Talat Sao Shopping Mall weichen, einem Projekt singapurischer Investoren. Als erstes Gebäude des Komplexes erhebt sich schräg gegenüber dem Postamt eine klimatisierte mehrstöckige Einkaufspassage mit Abteilungen für Textilien, Schuhe, Haushaltswaren, Elektroartikel, Kunsthandwerk und Schmuck.

Patu Xay 15

Blickfang am Ende der Avenue Lane Xang ist **Patu Xay** das 1962 begonnene Tor des Sieges, ein dem Pariser Vorbild nachempfundener Triumphbogen, verziert mit Elefantenköpfen und pagodenartigen Türmchen. Die Besucher des bislang unvollendeten Bauwerks bewundern die mit Reliefs der laotischen Version des »Ramayana«-Epos und Bildnissen von Hindu-Göttern reich geschmückte Kuppel, bevor sie durch dunkle Treppenhäuser in schwindelnde Höhen hinaufsteigen. Der Rundblick hoch oben von der Aussichtsplattform über Vientiane ist großartig. In den Abmessungen des Patu Xay, die in kosmologischen Vorstellungen wurzeln, spielen die magischen Zahlen vier und sieben eine wichtige Rolle. So besitzt das Bauwerk vier Torwölbungen und vier Pagodentürmchen, die vier quadratischen Säulen haben eine Fläche von 4 x 4 m und die Gesamthöhe beträgt 7 x 7 m.

Kritiker preisen die eigenwillige Schöpfung eines laotischen Architekten als eine Vermählung östlicher mit westlicher Tradition. Von anderer Seite erntet die laotische Rokoko-Version des Arc de Triomphe Spott als Denkmal der Plünderer der Staatskasse. Ein diskreter Hinweis darauf, dass zum Bau des Denkmals Zementlieferungen der US-Amerikaner abgezweigt wurden, die eigentlich für den Bau eines Flughafens vorgesehen waren. Ursprünglich war das betongraue Monument den Helden der königlichen Armee gewidmet, bevor es anlässlich des 20. Jahrestages der kommunistischen Machtübernahme 1995 in Denkmal der Revolutionshelden umbenannt wurde (tgl. 8–17 Uhr, 4000 Kip).

That Luang 16

Östlich des Siegestors ragt die Silhouette des **That Luang** in den Himmel. Das im Staatswappen abgebildete Nationalheiligtum ist seit Menschengedenken eine der bedeutendsten buddhistischen Pilgerstätten des Landes. Missionare des indischen Kaisers Ashoka, die im 3. Jh. v. Chr. hier weilten, sollen der Überlieferung zufolge für einen Knochensplitter vom Brustbein des Buddha einen Reliquienschrein errichtet haben. Wie Funde aus der Zeit des kambodschanischen Angkor-Reiches belegen, wurde die Kultstätte später von Khmer-Herrschern, deren Machtsphäre vom 11. bis 13. Jh. zeitweise bis Vieng Chan reichte, übernommen und teils im buddhistischen, teils im hinduistischen Stil weiter ausgebaut.

Der heilige Stupa des That Luang wurde 1566 nach siamesischen Vorbildern der Sukhothai-Epoche errichtet, einige Jahre nachdem König Setthathirath die Hauptstadt seines Reiches Lan Xang von Luang Prabang nach Vieng Chan verlegt hatte. Berichten europäischer Reisender aus dem 17. Jh. zufolge war die Oberfläche des Baus damals mit 500 kg Blattgold bedeckt. Das ursprüngliche Bauwerk wurde 1873 von chinesischen Ho-Banditen zerstört, die plündernd und brandschatzend durch Laos zogen. In den 1930er-Jahren ließ die École Française d'Extrême Orient den Stupa originalgetreu rekonstruieren.

Im 45 m hohen That Luang, der nicht nur zentrale buddhistische Kultstätte des Landes, sondern zugleich Symbol der laotischen Baukunst vergangener Zeiten ist, verbindet sich die Idee des buddhistischen Stupa mit der des heiligen Weltenbergs Meru, dem symbolischen Sitz der Götter. Die Stufenpyramide besteht aus drei kleiner werdenden, durch Treppen miteinander verbundenen quadratischen Terrassen.

Am Fuß der vier zum zentralen Heiligtum führenden Treppenaufgänge befindet sich jeweils eine kleine pavillonartige Kapelle *(ho wai)*. Die erste, 68 x 68 m große Ebene ist mit einer Mauer umgeben, auf der wie Zinnen 323 Ordinationssteine *(sima)* stehen.

Vier gewölbte Tore weisen den Weg zur zweiten, 48 x 48 m messenden Terrasse, deren Umfriedungsmauer mit 288 Sima besetzt ist. 30 kleine Stupas bilden hier einen schützenden Wall um den goldenen Chedi, der sich auf der 30 x 30 m großen obersten Terrasse graziös aus einem Beet von 120 stilisierten Lotosblüten erhebt. Einst enthielt jeder der 30 kleinen Stupas, welche die 30 Schritte auf dem Pfad zur Erleuchtung symbolisieren, eine goldene Buddha-Figur. Wie die meisten Schätze des Tempels wurden auch diese im Laufe der turbulenten Geschichte des Nationalheiligtums von Plünderern geraubt.

Um jede der drei Ebenen führen Wandelgänge, auf denen Gläubige bei Tempelfesten einen meditativen Pilgermarsch von den Niederungen des Lebens hinauf zum Nirvana vollziehen und so symbolisch die durch den heiligen Stupa verkörperte Vollkommenheit erreichen.

Der Kreuzgang aus dem frühen 19. Jh., der den ebenfalls quadratischen, 85 x 85 m messenden Unterbau umgibt, birgt eine Sammlung von Buddha-Figuren, alter Relieffragmente und Stelen. Die umlaufende Galerie wird an jeder Seite von einem Tor durchbrochen. Diese vier Tore bildeten einst die Verbindung zu den vier benachbarten Tempelklöstern, von denen nur zwei die Zeitenläufe überstanden haben: der rechter Hand gelegene Südtempel Wat That Luang Tai und der auf der anderen Seite zu sehende Nordtempel Wat That Luang Neua. Im 2010 erbauten prachtvollen Ho Thammasapha residiert der Pha Sangkharat, der oberste Patriarch des laotischen Mönchsordens (Thanon That Luang, Ban Saysettha, tgl. 8–12, 13–16 Uhr, 5000 Kip).

Um den That-Luang-Platz

Vor dem That Luang erstreckt sich der weitläufige **That-Luang-Platz,** alljährlich im November Schauplatz des That-Luang-Festes, zu dem sich viele tausend Mönche und Laien in Vientiane treffen. An der Ostseite des That-Luang-Platzes, an dem am 2. 12. 1975 die Demokratische Volksrepublik Laos proklamiert wurde, steht das unscheinbare **Gebäude der Volksversammlung** 17. An dessen nördlichem Ende wurde 1985 anlässlich des 10. Jahrestages der Gründung der Volksde-

Skurrilen mythologischen Wesen aus Beton begegnet man im Wat Xieng Khuan

mokratischen Republik das **Revolutionsdenkmal** 18 errichtet, ein schneeweißes, von einem Stern gekröntes Monument, das einem Stupa nachempfunden scheint.

Das **Armeemuseum** (Lao People's Army Museum) 19 gegenüber vom Denkmal wird von zwei Panzern und mehreren Artilleriegeschützen aus der Zeit des Vietnamkriegs bewacht. Im Gebäude ist Kriegsgerät der Pathet-Lao-Revolutionäre ausgestellt, historische Fotografien dokumentieren den Befreiungskampf (Thanon Phon Kheng, Di–So 8.30–11.30, 13.30–16 Uhr, 5000 Kip).

Kaysone Phomvihane Museum 20

In Ban Saysettha an der Road 13 etwa 6 km nördlich des Zentrums steht das **Kaysone Phomvihane Museum.** Der nordkoreanischen Vorbildern nachempfundene Monumentalbau, in den sich buddhistische Stilelemente mischen, wurde zu Ehren des 1992 verstorbenen Vordenkers der Laotischen Revolution sowie langjährigen Parteivorsitzenden und Präsidenten der Demokratischen Volksrepublik Laos Kaysone Phomvihane errichtet. Leider sind die Exponate, die das Lebenswerk von Kaysone Phomvihane dokumentieren, nur auf Laotisch beschriftet (Di–So 8–12, 13–16 Uhr, 5000 Kip).

Ausflug in südliche Randgebiete

Wat Xieng Khuan

Im **Wat Xieng Khuan** 25 km südöstlich von Vientiane am Ufer des Mekong stellt eine Sammlung skurriler Betonfiguren Wesen aus der hinduistisch-buddhistischen Mythologie und der laotischen Sagenwelt dar. Schöpfer der eigenwilligen Gestalten war der 1996 verstorbene buddhistische Mönch Luang Pho Bounleua Soulilat. In den 1950er-Jahren legte er mit Unterstützung wohlhabender Gönner den Tempel der Geisterstadt an. Nach der kommunistischen Machtübernahme im Jahr 1975 floh Luang Pho Bounleua Soulilat wie viele andere buddhistische Mönche nach Thailand.

Unmittelbar hinter dem Eingang erhebt sich rechter Hand ein betongraues Gebilde, das die drei kosmischen Sphären des Buddhismus widerspiegelt. Durch das weit aufgerissene Maul eines Nyak-Wächterriesen gelangt man in das nur von kleinen Fensteröffnungen erhellte Innere. Am Anfang steht die unterste Sphäre menschlicher Existenz, die Ebene der weltlichen Begierden und des Leidens, verkörpert durch Figuren, die sich unter Schmerzen winden. Auf einer schmalen Wendeltreppe steigt man hinauf zur Ebene der noch physischen Existenz, in der aber bereits die Suche nach dem tieferen Sinn des Lebens beginnt. Auf dem Dach des Gebäudes sprießt als Symbol für die Erlösung von weltlichem Leid ein Bodhi-Baum der Erleuchtung in den Himmel.

Von der Dachterrasse bietet sich ein schöner Rundumblick über den Park. Nicht zu übersehen ist die Monumentalstatue eines ruhenden Buddha sowie ein riesiger, Furcht erregender Nyak, der eine hilflose Frau entführt.

Etwas weiter entfernt, in der Nähe des Mekong-Ufers, blickt Pha Ouma, die Mutter der Unterwelt, düster auf die Besucher. Gleich daneben steht der dreiköpfige Elefant Erewan, das steinere Sinnbild der drei laotischen Königreiche. Wenige Schritte weiter schickt sich Rahu, der Fürst der Finsternis, an, in Gestalt eines riesigen Frosches den Mond zu verschlingen (tgl. 8–17 Uhr, 5000 Kip, tagsüber alle 20 Min. Bus 14 ab Bus Station bei Talat Sao).

Khua Mittaphap

Vom Wat Xieng Khuan sieht man die 1774 m lange **Khua Mittaphap**, die von Australien finanzierte Brücke der Freundschaft, die seit 1994 Vientiane mit dem thailändischen **Nong Khai** jenseits des Mekong verbindet. Die erste internationale Brücke über den Mekong soll den Binnenstaat Laos der Wirtschaft des Nachbarlandes und dem internationalen Tourismus öffnen.

Infos

Tourist Information Centre: Avenue Lane Xang, Tel. 021 21 22 48, 21 22 51, Fax 21 27 69, Mo–Fr 8–12, 13–16 Uhr. Hier sind die zweimonatl. erscheinenden Magazine Visiting Muong Lao und Discover Laos Magazine erhältlich, ansonsten begrenztes Sortiment an Informationsmaterial.

Service Géographique National: Thanon Oudamduan (nahe Patu Xay), Mo–Fr 9–12, 13.30–16 Uhr. Landkarten und Stadtpläne.

Vientiane im Internet: www.visit-laos.com

Internetcafés:

True Coffee: Thanon Setthathirath/Thanon Manthathourath, Tel. 021 21 89 72 4, tgl. 8–22 Uhr. Schnelle Rechner und WLAN.

Vista WiFi Café: 11 Thanon François Nginn, Tel. 021 21 35 76, www.vistawificafe.com, tgl. 8–22.30 Uhr. Hier gibt es ebenfalls schnelle Rechner und WLAN.

Übernachten

... in Vientiane:

Kolonialer Charme ▶ Settha Palace 1: 6 Thanon Pang Kham, Tel. 021 21 75 81, www.setthapalace.com. Zentral gelegenes, elegantes Boutique-Hotel in einem renovierten kolonialen Anwesen mit Komfortzimmern und Suiten, preisgekröntem Restaurant und Pool. DZ 240 US-$, Suite 320–420 US-$.

Romantisches Hideaway ▶ Green Park Boutique Hotel 2: 12 Thanon Khou Vieng, Tel. 021 26 40 97, www.greenparkvientiane.com. 34 schnörkellos-elegant ausgestattete Zimmer mit Blick auf einen üppigen Tropengarten, Gourmet-Restaurant, Pool und Spa. DZ 155–190 US-$, Suite 300–450 US-$.

Gediegen ▶ Novotel Vientiane 3: Thanon Samsenthai, Tel. 021 21 35 70/1, www.accorhotels.com/novotel_vientiane.htm. Elegantes Stadthotel internationalen Standards mit französischem Restaurant, Bar, Pool und Fitness-Center. DZ 90–180 US-$.

Verlässlicher Komfort ▶ Best Western Vientiane 4: 2–12 Thanon François Nginn, Tel. 021 21 69 06 9, www.bestwestern.com. Etwas nüchternes Businesshotel (ehemals Taipan Hotel) mit 44 komfortablen, klimatisierten Zimmern, zentral, in der Nähe des Mekong, mit internationalem Restaurant, Fitness-Center und Pool auf der Dachterrasse. DZ 57–84 US-$.

Mit Flussblick ▶ Beau Rivage Mekong 5: Quay Fa Ngum, Tel. 021 24 33 50, www.hbrm.com. Boutique-Hotel mit 16 elegant und individuell gestalteten Zimmern in schöner Lage am Mekong, im Restaurant laotische, thailändische, westliche Gerichte. DZ 45–65 US-$ (inkl. Frühstück).

Schöne Aussichten ▶ Lao Orchid Hotel 6: Thanon Chao Anou, Tel. 021 26 41 34, www.lao-orchid.com. Sechsstöckiges modernes Hotel mit 33 dezent in Holz möblierten Zimmern, alle mit Blick auf den Mekong oder die benachbarten Tempel, gutes Restaurant, WLAN. DZ 45 US-$, Suite 65 US-$.

Günstiger Klassiker ▶ Lane Xang Hotel 7: Quay Fa Ngum, Tel. 021 21 41 00 10, www.lane-xang.com. Das einst führende Haus von Vientiane hat viel vom alten sozialistischen Glanz bewahrt. Klimatisierte Zimmer mit Bad/WC, Restaurant mit reichhaltigem Frühstücksbuffet, schöner Garten und Pool, im Restaurant tgl. 19–21.45 Uhr traditionelle laotische Musik und Tanz. DZ 40–65 US-$ (inkl. Frühstück).

Stilvoll-modern ▶ Chanthapanya Hotel 8: 138 Thanon Nokeo Kummane, Tel. 021 24 14 51, www.chantapanyahotel.com. Mehrstöckiges neues Hotel im traditionellen laotischen Stil bei der Lao National Culture Hall, 70 sehr gut ausgestattete Zimmer mit Klimaanlage, Bad und WLAN. DZ 40–60 US-$ (inkl. Frühstück).

Zum Wohlfühlen ▶ Vayakorn Inn 9: 19 Thanon Heng Boun Noi, Tel. 021 21 53 48, www.vayakorn.jimdo.com. Anspruchsvolles, angenehm kleines Hotel mit behaglich möblierten Zimmern. Alle sind mit AC, Kabel-TV, WLAN und Balkon ausgestattet und werden aufmerksam geführt. DZ 40–60 US-$ (inkl. Frühstück).

Boutique-Hotel ▶ Hotel Khamvongsa 10: Thanon Khun Borom, Tel. 021 21 84 15, www.hotelkhamvongsa.com. Neue, schick designte und gemütliche Zimmer mit jeglichem Komfort, alle mit TV, Minibar und WLAN. DZ 32 US-$, Suite 80 US-$ (inkl. Frühstück).

Restauriertes Kolonialgemäuer ▶ Hotel Lao 11: 53/9 Thanon Heng Boun, Tel. 021 21 92 80 1, www.hotel-lao.com. Gut geführtes Kolonialhotel für Nostalgiker, zentral, geräumige, geschmackvolle Zimmer mit Klimaanlage und Bad/WC, Vermittlung von Mietwagen mit Fahrer. DZ 26–46 US-$.

Klein und mit viel Flair ▶ Lani Guest House 12: 281 Thanon Setthathirath, Tel./Fax 021 21 56 39, www.laniguesthouse. com. Charmante Familienpension im Kolonialstil in

Tipp: Ausflug zur Ban Pako Eco Lodge

Gerade 50 km nordöstlich von Vientiane und doch inmitten nahezu unberührter Natur liegt das Dorf **Lao Pako**. Die unter Beachtung ökologischer Richtlinien im landestypischen Stil erbauten, 2010 renovierten **Holzbungalows** der Ban Pako Eco Lodge thronen am Steilufer des Mekong-Nebenflusses Nam Ngum.

Guides führen die Gäste auf einem Naturlehrpfad durch den Regenwald. Angeboten werden auch Fahrten in Schlauchbooten und Kajaks auf dem Nam Ngum sowie Wanderungen oder Radtouren zu Dörfern, in denen die Besucher Eindrücke vom laotischen Landleben gewinnen.

Neben einfach ausgestatteten, aber gemütlichen Bungalows mit Ventilator, Dusche/WC und einer Terrasse (ab 30 US-$), vor der sich ein schönes Panorama des Nam Ngum öffnet bietet das Resort Reisenden mit schmalem Geldbeutel Doppelzimmer mit und ohne Dusche/WC (ab 15 bzw. 10 US-$) sowie Betten in einem traditionellen laotischen Langhaus (ab 5 US-$). Im angeschlossen Restaurant serviert man laotische und europäische Gerichte. Während der Hochsaison von November bis März (vor allem in der Weihnachtszeit) und an Wochenenden ist rechtzeitige Reservierung dringend empfohlen. In den regenreichen Monaten Juli bis September ist das Resort geschlossen.

Auskunft und Buchung: Tel. 030 525 79 37, www.ban-pako-eco-lodge.com oder direkt im Resort (Tel. 030 525 79 37).

Anfahrt mit öffentlichen Verkehrsmitteln: Mit Bus 19 ab Vientiane/Talat Sao (Abfahrt 6.30, 11, 14 Uhr, 1 Std.) Richtung Paxap, in Ban Somsamai aussteigen und weiter mit einem Boot auf dem Nam Ngum zum Lao Pako Resort (30 Min., 20 000 Kip/Pers.)

... mit dem Shuttlebus: Tgl. 11 Uhr ab Nam Phou Square (7 US-$).

... mit eigenem Fahrzeug: Auf der Nationalstraße 13 Richtung Süden bis km 24, dort links abbiegen, dem Hinweisschild Lao Pako folgen. Selbstfahrer können in Ban Somsamai ihr Fahrzeug abstellen und mit einem Boot weiterreisen oder 13 km auf einer holprigen Straße zum Resort fahren (für die letzten 3 km ist ein Geländewagen erforderlich).

einer ruhigen Seitengasse nahe dem Wat Hay Sok, klimatisierte Zimmer mit Bad/WC. DZ 25–40 US-$ (inkl. Frühstück)..

Top-Lage am Fluss ▶ **LV City Riverine 13:** 48 Quay Fa Ngum, Tel. 021 21 46 43, www.lvcitylaos.com. Angenehmes Hotel am Mekong mit 24 modern ausgestatteten, klimatisierten Zimmern und kleinem Wellness-Center, freundliches und engagiertes Personal. DZ 25–40 US-$ (inkl. Frühstück).

Grüne Oase im Zentrum ▶ **Sala Inpeng 14:** 63/6 Thanon Inpeng, Tel. 021 24 20 21, www.salalao.com. Ruhiges, freundliches Kleinhotel in mehreren traditionellen Holzhäusern auf Stelzen mit neun stilvoll in Bambus und Rattan möblierten, klimatisierten Zimmer und herrlichem Tropengarten, unbedingt reservieren. DZ 25–40 US-$ (inkl. Frühstück).

Freundlich und zentral ▶ **Mali Namphou Guest House 15:** 114 Thanon Pang Kham, Tel. 021 21 50 93, www.malinamphu.com. Zentrale Lage nahe Nam Phou, 40 gemütliche, klimatisierte Zimmer mit Kabel-TV und z. T. Internetanschluss, gutes Frühstücksrestaurant, schöner Innenhof. DZ 25–35 US-$.

Mit bewegter Vergangenheit ▶ **Asian Pavilion Hotel 16:** 379 Thanon Samsenthai, Tel. 021 21 34 30, Fax 21 34 32, asianlao@loxinfo.co.th. Als Hotel Constellation war das zentral gelegene Haus im Vietnamkrieg Treffpunkt ausländischer Journalisten und Agenten; etwas abgewohnte Zimmer mit Klimaanlage und Bad/WC, freundlicher Service. DZ 23–27 US-$, Suite 35–37 US-$ (inkl. Frühstück).

Gut und günstig ▶ **Orchid Guest House 17:** 33 Quay Fa Ngum, Tel. 021 25 28 25, www.orchid-guesthouse.com. Kleine klimatisierte Zimmer mit Dusche/WC sowie Zimmer mit Ventilator und Gemeinschaftsbädern, Dachterrasse mit herrlichem Blick über den Mekong. DZ 14–24 US-$ (inkl. Frühstück).

Familiär ▶ **Phorntip Guest House 18:** 72 Thanon Inpeng, Tel. 021 21 72 39. Gut geführte, alteingesessene Familienpension in einer ruhigen Seitengasse nahe dem Mekong; einfache, aber geräumige und sehr saubere Zimmer mit Klimaanlage oder Deckenventilator, z. T. mit Gemeinschaftsbad, Rauchverbot. DZ 12–16 US-$ (inkl. Frühstück).

... in Nong Kai (Thailand):

Zweckmäßig ▶ **Pantawee Hotel:** 1049 Thanon Haisoke, Tel. 042 41 15 68 9, www.pantawee.com. Solides Stadthotel mit unterschiedlich ausgestatteten Zimmern, von einfach bis komfortabel, Restaurant und kleiner Pool, Transport zur Brücke der Freundschaft nach Laos. DZ 500–2750 Baht.

Für jeden Geldbeutel ▶ **Mut Mee Guest House:** 1111/4 Thanon Kaeworawut, Tel. 042 46 07 17, www.mutmee.com. Das Angebot reicht von Betten im Schlafsaal über einfache Zimmer mit Ventilator und Gemeinschaftsbad bis zu klimatisierten Zimmern mit Dusche/WC in Holz-Stein-Bungalows, Restaurant mit Flussblick. DZ 150–750 Baht.

Essen & Trinken

Unverfälscht laotisch ▶ **Kua Lao 1:** 141 Thanon Samsenthai Tel. 021 21 57 77, www.kualao.laopdr.com, tgl. 11–14, 17–22.30 Uhr. Authentische, für empfindliche Geschmacksnerven etwas entschärfte Lao-Küche in einer Kolonialvilla, tgl. 19–21 Uhr Dinner mit Folklore-Show, Tipp: *phakhao lao,* ein mehrgängiges laotisches Menü. Gerichte 3–5 US-$, Menüs 10–16 US-$.

Traditionelle Küche mit Pfiff ▶ **Pa Kao Lao 2:** Parallelstraße zwischen Thanon Chao Anou und Thanon François Nginn, Tel. 021 27 13 69, tgl. 11–23 Uhr. In dem stimmungsvollen, etwas versteckten Gartenrestaurant gibt es laotische Klassiker mit moderner Note. Gerichte 3–5 US-$, Menüs 10–12 US-$.

Trendy und vielfältig ▶ **Xayoh Café 3:** Thanon Nokeo Kummane, Tel. 021 26 21 11, www.xayohgroup.com, tgl. 12–23 Uhr. Minimalistisch gestylter Szenetreff, gute Steaks und Pizzas (ab 40 000 Kip), laotische und thailändische Gerichte (ab 30 000 Kip). Sonntags *Traditional British Roast* (70 000 Kip), Beer Lao vom Fass.

Romantik pur ▶ **Le Vendôme 4:** Thanon Inpeng, Tel. 021 21 64 02, Mo–Fr 10–14, 18–22, Sa/So 18–22 Uhr. Asiatisch-mediterrane Küche mit französischem Akzent. Ideal für ein romantisches Dinner. Gerichte kosten hier ab 30 000 Kip, Menüs ab 70 000 Kip.

Steakrestaurant ▶ Le Côte d'Azur 5: 62–63 Quay Fa Ngum, Tel. 021 21 72 52, Mo–Sa 11–14, 18–22.30 Uhr. Ausgezeichnete Steaks und Salate in geschmackvoll-rustikaler Atmosphäre. Gerichte ab 30 000 Kip, Menüs ab 65 000 Kip.

Place to go ▶ Khop Chai Deu 6: 54 Thanon Setthathirath, nahe Nam Phou, Tel. 021 25 15 64, www.khopchaideu.com, tgl. 10–24 Uhr. Der Treffpunkt für einheimische Yuppies, Expats und Touristen, zum Drinnen- und Draußensitzen im Restaurant mit kolonialem Ambiente, im Biergarten oder auf der Dachterrasse, Mischung aus authentisch laotischen sowie thailändischen, indischen und europäisch-amerikanischen Speisen, Beer Lao vom Fass. Gerichte ab 25 000 Kip, Menüs ab 65 000 Kip.

Genießen und Gutes tun ▶ Peuan Mit Makphet 7: südlich Wat Ongtü, Tel. 021 26 13 89, www.friends-international.org, Mo–Sa 11–16 Uhr. Lebhaftes Lokal in einem restaurierten Kolonialhaus mit zeitgemäßer Lao-Küche jenseits aller Konventionen, betrieben von einer gemeinnützigen Organisation zur Unterstützung ehemaliger Straßenkinder. Gerichte ab 25 000 Kip, Menüs ab 65 000 Kip.

Slowfood auf Laotisch ▶ Lotus Organic Kitchen 8: Thanon Nokeo Kummane, Tel. 020 77 77 77 51, www.lotus-organikitchen.com, tgl. 8–23 Uhr. Regionale Küche mit frischen Produkten, meist aus biologischem Anbau, günstiges Mittagsbuffet. Gerichte ab 27 500 Kip.

Vegetarisch und kosmopolitisch ▶ Just for Fun 9: Thanon Pang Kham, nahe Nam Phou, Tel. 021 21 36 42, www.justforfun.laopdr.com, Mo–Sa 10.30–23 Uhr. Feine vegetarische Küche und kreativ zubereitete Tofu-Spezialitäten, in der Mittagszeit meist sehr voll. Gerichte ab 25 000 Kip.

Authentisch indische Küche ▶ Nazim 10: 335 Quay Fa Ngum, Tel. 021 22 34 80, tgl. 10–14, 16–22 Uhr. Die Ausstattung hat den Charme einer Autowerkstatt, die südindischen Speisen und die nordindischen Tandoori-Spezialitäten aber sind vom Feinsten. Gerichte (vegetarisch) ab 20 000 Kip, Gerichte (mit Fleisch) ab 30 000 Kip.

Traveller-Oase ▶ Full Moon Café 11: Thanon François Nginn, Tel. 021 24 33 73, tgl. 9–24 Uhr. Die Speisekarte gleicht einem Multi-Kulti-Potpourri – von Tacos und Nachos bis Thai-Curry und Satay-Spieschen. Gerichte ab 22 500 Kip.

Kultstatus ▶ Sala Sunset Khounta 12: Thanon Khamkong, Tel. 021 25 10 79, tgl. 11–14, 17–23 Uhr. Legendäres Terrassenlokal am Mekong (auch bekannt unter dem Namen Sunset Bar) und ein am Ufer verankertes schwimmendes Restaurant, originell und sehr populär, ideal für den Sundowner oder ein stimmungsvolles, wenn auch einfaches Abendessen. Gerichte ab 22 000 Kip.

Kultur und Kulinarik ▶ Le Banneton 13: Thanon Nokeo Kummane, Tel. 021 21 73 21, Mo-Sa 7–19, So 7.30–13.30 Uhr. Kunst und kulinarischen Genuss zusammenbringen – lautet der Anspruch dieses trendigen Bistro-Cafés mit großem Frühstücksangebot, kleinen laotischen und europäischen Gerichten sowie im Monatsrhythmus wechselnden Ausstellungen junger laotischer Maler. Gerichte ab 20 000 Kip.

Im Backwahn ▶ Scandinavian Bakery 14: Nam Phou Square, Tel. 021 21 51 99, www.scandinavianbakerylaos.com, tgl. 7–21 Uhr. Leckere Frühstücksvarianten und fantasievoll belegte Baguettes, große Auswahl an Croissants und Petits fours sowie gute Burger mit Pommes. Ab 20 000 Kip.

Snack-Stops ▶ Kleine Lokale 15: an der Thanon Samsenthai/Thanon Pang Kham bieten mehrere kleine Lokale kräftige vietnamesische Nudelsuppen und leckere mit Fleischpastete, Schinken, Eiern und Salat belegte Baguettes. Ab 7500 Kip.

Beliebt bei Einheimischen und Touristen ▶ Am Quay Fa Ngum 16: am Ufer des Mekong, etwa zwischen Thanon Nokeo Kummane und Thanon Khun Bolom, bieten während der Trockenzeit viele Freiluftrestaurants einfache und preiswerte authentische laotische Speisen (Gerichte ab 7500 Kip). Spezialität ist fangfrischer Mekong-Fisch vom Holzkohlegrill. Hinweis: Vielleicht werden die Lokale am Mekong-Ufer in den nächsten Jahren wegen eines Bauprojekts geschlossen.

Einkaufen

Einkaufen und Gutes tun ▶ Camacrafts 1: Phontong Handicraft Cooperative, Thanon Nokeo Kummane, nahe dem Wat Mixay, Tel. 021 24 12 17, www.camacrafts.org. Laden einer Selbsthilfeorganisation, die Frauen in ländlichen Regionen durch die Anfertigung von kunsthandwerklichen Produkten eine Einnahmequelle verschafft.

Edles Kunsthandwerk ▶ Couleur d'Asie 2: Thanon Setthathirath, Nam Phou Square, Tel. 021 21 27 69, Mo-Sa 8–20, So 10–19 Uhr. Großzügig bemessener Laden mit hochwertigen kunsthandwerklichen Souvenirs aus Laos und Nachbarländern.

Ethno-Kunst ▶ Handicraft Products of Ethnic Groups (Hmong Market) 3: Thanon Khou Vieng, gegenüber Talat Sao. Kunsthandwerkliche Produkte von Bergvölkern, vor allem Webwaren und Silberschmuck der Hmong.

Antiquarisch ▶ Indochina Shop 4: Thanon Setthathirath, gegenüber Lao Development Bank, Tel. 021 21 45 67. Große Auswahl an laotischen Antiquitäten und kunsthandwerklichen Artikeln.

Sanft wie Seide ▶ Lao Textiles Carol Cassidy 5: Thanon Nokeo Kummane, Tel. 021 21 21 23, www.laotextiles.com, Mo–Fr 8–12, 14–17, Sa 8–12 Uhr. Traditionelle Seidenweberei von Krawatten bis zum Anzug, vom Taschentuch bis zum Abendkleid.

Elegantes aus Seide ▶ Satri Lao Silk 6: 79/4 Thanon Setthathirath, Tel. 021 21 92 95. Seidenstoffe, elegante Kleidung und Accessoires sowie kunstgewerbliche Souvenirs auf drei Stockwerken.

Seidiges aus Frauenhand ▶ The Art of Silk 7: Thanon Manthathourath, Tel. 021 21 43 08. Handgewebte Seidenstoffe sowie Kleidung, Taschen und Wohnraumtextilien aus Seide in einem Laden unter Leitung der Laotischen Frauen-Union, angeschlossen ist ein kleines Museum.

Spektrum des Kunsthandwerks ▶ Somsri Lao Handicrafts 8: Thanon Setthathirath, nahe dem Wat Hay Sok, Tel. 021 21 38 97. Bunter Querschnitt durch das laotische Kunsthandwerk.

Edles Kunsthandwerk ▶ T'Shop Lai 9: Thanon Inpeng, nahe dem Wat Inpeng gelegen, Tel. 021 22 31 78. Hochwertiges Kunsthandwerk made in Laos.

Bücher ▶ Vientiane Book Centre 10: 54/1 Thanon Pang Kham, Tel. 021 21 20 31. Gut sortierter, auf Literatur über Laos spezialisierter Buchladen, auch Second-Hand-Bücher.

Abends & Nachts

Die meisten Bars, Kneipen und Nachtclubs schließen in der Woche um Mitternacht. Die bei einem jungen laotischen Publikum beliebten Discos an der zum Airport führenden Thanon Luang Prabang haben oft etwas länger geöffnet. Termine für kulturelle Veranstaltungen findet man im Veranstaltungskalender »What's on« der Vientiane Times.

Mit Livemusik ▶ Déjà Vu 1: Nam Phou Square, Tel. 021 21 07 35, tgl. 18–24 Uhr. Leichte asiatische und europäische Gerichte mit Livejazz-Begleitung, große Cocktailkarte.

Jazzclub ▶ Jazzy Brick 2: Thanon Setthathirath, Tel. 021 21 87 69, tgl. 19–24 Uhr. Pub-Restaurant mit gemischtem Publikum, das Freude an gutem Jazz hat, von Dixieland und New Orleans Style über Swing und Bebop bis Cool und Free Jazz.

Live Rock ▶ On the Rock Pub 3: Thanon Souphanouvong, Tel. 021 21 38 69, tgl. 19.30–24 Uhr. Regelmäßig Rockmusik »made in Laos«.

Tanzbar ▶ The Chess Café 4: Thanon Sakkarine, Ban Piawath, Tel. 021 21 77 98, www.chesscafe.laopdr.com, tgl. 19–24 Uhr. Harter Rock, enge Tanzfläche, eiskaltes Bier.

Disco ▶ Anou Cabaret 5: Thanon Heng Boun, Tel. 021 21 36 30, Mo–Fr 19–24, Sa/So 19–1 Uhr. Kein Kabarett, sondern einer der beliebtesten Tanzschuppen der Stadt. **Lunar 36 6**: Don Chan Palace Hotel, Quay Fa Ngum, nahe Wat Phiawat, Tel. 021 24 42 88, www.donchanpalacelaopdr. com, tgl. 19–24 Uhr. Meistbesuchte Disco der Stadt mit ausgeklügelten Musik-, Video- und Laseranlagen. **Marina 7**: Thanon Souphanouvong, nahe Wattay Airport, Tel. 021 21 69 78, Mo-Fr 19–24, Sa/So 19–2 Uhr. Soundmix von

Techno & Rave über Funk & Soul bis Thai- und Lao-Pop, beliebt bei der lokalen Jeunesse dorée. **Vienglatry May** 8: Avenue Lane Xang, etwas nördlich von Talat Sao, Tel. 021 21 53 26, tgl. 19–24 Uhr. Angesagter Tanztempel mit DJ- und Livemusik.

Bar mit Blick ▶ **Bor Pen Nyang** 9: Quay Fa Ngum, Tel. 021 26 13 73, www.borpennyang.com, tgl. 17–24 Uhr. Beliebte Bar im 4. Stock mit kleinen Gerichten und herrlichem Blick auf den Mekong.

Bar & Restaurant ▶ **Highland** 10: Quay Fa Ngum/Thanon Khamkong, Tel. 020 77 83 93 73, tgl. 12–24 Uhr. Der bei Expats beliebte Stelzenbau am Mekong ist ein Crossover aus Bar und Restaurant.

Darts und Billard ▶ **Samlo Pub** 11: Thanon Setthathirath, gegenüber der Lane Xang Bank, Tel. 021 22 23 08, tgl. 12–24 Uhr. Beer Lao vom Fass sowie kleine laotisch-thailändische, europäisch-amerikanische Gerichte, Dartsboard und Billardtisch sorgen hier für Geselligkeit und Kommunikation.

Expat-Treff ▶ **Sticky Fingers** 12: Thanon François Nginn, Tel. 021 21 59 72, Di–So 12–24 Uhr. Von zwei Australierinnen geführtes Pub-Bistro. Es gibt kleine Gerichte und stets gute Musik.

Mit Tanzfläche ▶ **The Loft** 13: Thanon Khun Borom, neben dem Hotel Khamvongsa, Tel. 021 21 47 69, tgl. 19–24 Uhr. Modisch-stilvolle Lounge mit cooler Atmosphäre, gespielt wird abwechslungsreicher Sound: Funk, Dancefloor, Jazz und Electronics

Laos rockt ▶ **Wind West Pub** 14: Thanon Souphanouvong, nahe dem Wat Inpeng, Tel. 021 21 79 38, tgl. 17–24 Uhr. 1993 eröffneter erster Pub von Vientiane, im Stil eines Western Saloon, die Hausband Rock Bottom gilt als eine der besten laotischen Rockgruppen, wegen notorischer Überschreitung der Sperrstunde immer wieder von den Behörden geschlossen.

In der Staatsoper ▶ **Lao National Opera Theatre** 15: Thanon Khun Borom/Thanon Chao Anou, Tel. 021 21 15 69, mehrmals wöchentlich traditionelle laotische Musik- und Tanzvorführungen. Erw. bezahlen 70 000 Kip, Kinder 40 000 Kip.

Tipp: Sundowner am Mekong

Zum Pflichtprogramm eines Rundgangs durch Vientiane gehört der Sundowner in einem der zahlreichen Terrassenrestaurants, die sich vor allem am westlichen Abschnitt der Uferpromenade **Quay Fa Ngum** am Mekong reihen.

Bei Sonnenuntergang werden die kleinen Lokale, die auch eine kulinarische Entdeckungsreise versprechen, zum Logenplatz eines eindrucksvollen Naturschauspiels. Hier kann man beobachten, wie die untergehende Sonne goldfarbene Spiegelungen auf den mächtigen Fluss zaubert, dessen braune Fluten sich träge vorbeischieben.

Während der Trockenzeit, wenn der Mekong wie ein schmales Rinnsal erscheint, taucht aus dem 2 km breiten Flussbett eine große Sandinsel, Don Chan, auf. Hinweis: Möglicherweise müssen die Lokale und Bars am Mekong-Ufer in den nächsten Jahren einem größeren Bauvorhaben weichen.

Kulturelle Tradition ▶ **Lao Traditional Performance** 16: Thanon Manthathourath (nahe Lao Womens Union), Tel. 021 21 24 65, 24 29 78, tgl. 20.30 Uhr. Traditionelle laotische Musik- und Tanzvorführungen. Erw. 8 US-$, Kinder 4 US-$ (Kamera 3 US-$, Video 4 US-$).

Kultur zum Dinner ▶ **Kua Lao** 1: 141 Thanon Samsenthai, Tel. 021 21 57 77, www.kualao.laopdr.com, tgl. 19–21 Uhr. Dinner mit traditionellen laotischen Musik- und Tanzvorführungen.

Musik und Tanz im Hotel ▶ **Lane Xang Hotel** 7: Quay Fa Ngum, Tel. 021 21 41 00 10, www.lane-xang.com, tgl. 19–21.45 Uhr. Dinner mit Vorführung traditioneller laotischer Musik und Tänzen.

Aktiv

Trekking, Rafting, Kajaking ▶ **Exotissimo Travel** 1: 44 Thanon Pang Kham, Tel. 021 24 18 61, www.exotissimo.com, Mo–Fr 9–18, Sa 9–12 Uhr. Wildwasserfahrten in Schlauchbooten und Kajaks auf dem Nam Lik, Trekking und Elefantenbeobachtung im Phou Khao Khouay NPA, Ansprechpartner für The Akha Experience (s. S. 228).

Trekking, Wildwasser, Ökotourismus ▶ Green Discovery 2: beim Khop Chai Deu Restaurant, 54 Thanon Setthathirath, Tel. 021 22 30 22, www.greendis coverylaos.com, tgl. 8–22 Uhr. Tagesausflüge in die Phou Khao Khouay NPA, Trekking und Bergsteigen in Nordlaos, Wildwasserfahrten in Schlauchbooten und Kajaks etc. Die Agentur entwickelt mit Unterstützung der UNESCO Ökotourismus-Projekte.

Wellness-Oase ▶ Papaya Spa 3: Kleine Straße zwischen Thanon Souphanouvong und Mekong, nahe Wat Xieng Veh, Ban Sithan Neua, Tel. 021 21 65 50, www.papaya spa.com, Di–So 9.30–19.30 Uhr. Traditionelle laotische Massage, schwedische Massage, Fußreflexzonen-Massage und Wellness-Angebote wie Kräuterdampfbäder, Aromatherapie, Ganzkörperpeeling etc.

Termine

Chinese and Vietnamese New Year: Jan./ Febr. An einem Neumondtag zwischen 21. Jan. und 19. Febr. feiern Chinesen und Vietnamesen ihr Neujahrsfest. Höhepunkte sind farbenfrohe Drachen- und Löwenparaden.

Bun Suang Heua: Okt. Auf dem Mekong rudern Mannschaften verschiedener Klöster in prachtvollen Pirogen um die Wette, religiöser Hintergrund ist die Verehrung der im Mekong lebenden Naga-Schutzgeister.

Bun That Luang: Okt./Nov. Mehrtägiges, bedeutendes religiöses Fest beim nationalen Wahrzeichen (s. S. 126).

Verkehr

Flugzeug: Der Wattay Airport liegt 5 km nordwestl. des Zentrums, Tel. 021 51 20 12. Zwischen der Innenstadt und dem Flughafen verkehren Tuk-Tuks (3–4 US-$) und Taxis (6–7 US-$, Tickets an einem Schalter am Ausgang erhältlich).

Inlandsflüge von/nach Luang Prabang 3–4 x tgl., Houay Xay 1 x tgl., Luang Nam Tha 5 x wöchentl., Oudom Xay 3 x wöchentl., Pakxe 1–2 x tgl., Phongsaly 2–3 x wöchentl., Phonsavan 2–3 x tgl., Sam Neua 3 x wöchentl., Savannakhet 1–2 x tgl., Xayaboury 2 x tgl. Internationale Flüge von/nach Bangkok 5–7 x tgl. und Chiang Mai (Thailand) 1 x tgl. via Luang Prabang, Hanoi 2–4 x tgl. und Ho-Chi Minh City (Vietnam) 3 x wöchentl. via Pakxe, Phnom Penh und Siem Reap (Kambodscha) 1–2 x tgl. via Pakxe, Kunming 1–2 x tgl. und Nanning (China) 2 x wöchentl., Kuala Lumpur (Malaysia) 3 x wöchentl.

Fluglinien und Buchungsbüros: Lao Airlines: 2 Thanon Pang Kham, nahe dem Lane Xang Hotel, Tel. 021 21 20 51 4 (internationale Flüge), Tel. 021 21 20 57 8 (Inlandsflüge), www.laoairlines.com; Lao Capricorn Air: Wattay Airport, Tel. 021 51 30 09, www.laocapri cornair.net; Thai Airways: M&N Bldg., Thanon Souphanouvong, Tel. 021 22 25 27 9, www. thaiair.com; Vietnam Airlines: Lao Plaza Hotel, Thanon Samsenthai, Tel. 021 21 75 62, www.vietnamairlines.com; Bluebird: 2 Thanon Pang Kham, nahe dem Lane Xang Hotel, Tel. 021 25 11 68 69, www.bluebirdservice. com, zuverlässiges Buchungsbüro für Lao Airlines, Thai Airways, Vietnam Airlines und Air France.

Bus: In Vientiane gibt es drei Busbahnhöfe: Bus Station beim Talat Sao (Morgenmarkt), Thanon Mahosot/Thanon Khou Vieng (Tel. 021 21 65 07): staatliche Busse nach Thalat (87 km/2 Std., Abfahrt tagsüber alle 30 Min.), Vang Vieng (160 km/3 Std., Abfahrt 7, 8.30, 9.30., 10.30, 11.30, 13, 14 Uhr) und andere Ziele in der Provinz Vientiane. Busse zur Brücke der Freundschaft und zum Wat Xieng Khuan, Abfahrt tagsüber alle 20 Min.

Northern Bus Station, Nong Duan Market, Thanon Asean, Ban Nong Duan, 4 km nordwestl. (Tel. 021 26 19 05): staatliche Busse und Busse privater Gesellschaften nach Vang Vieng (160 km/3 Std., Abfahrt tagsüber stdl.), Luang Prabang (410 km/10 Std., Abfahrt 6.30, 7.30, 8, 9, 9.30, 11.30, 14, 17, 19.30 Uhr), Oudom Xay (575 km/14 Std., Abfahrt 6.45, 13.45, 16, 17 Uhr), Phonsavan (380 km/8–9 Std., Abfahrt 6.30, 8, 9.30, 16, 18.40, 20 Uhr) und weitere Reiseziele in Nordlaos. Ein Terminal für Pickups nach Vang Vieng befindet sich 1 km nördl. des Wattay Airport. Bequemer sind die klimatisierten Minibusse, die tgl. 10.30 u. 14.30 Uhr am Quay Fa Ngum gegenüber Joe's Guest House abfahren. Southern Bus Station, Road 13, 5 km nördl. (Tel. 021 74 05 21): staatliche Busse und Busse privater Gesellschaften nach Pakxan (159 km/2,5 Std., Abfahrt tagsüber alle 30 Min.), Lak Sao (350 km/7 Std., Abfahrt 5, 6, 7 Uhr), Thakhek (360 km/5 Std., Abfahrt 5, 6, 12, 13 Uhr), Savannakhet (490 km/8 Std., Abfahrt alle 30 Min. von 5.30–9 Uhr), Pakxe (700 km/12–14 Std., Abfahrt 7.15, 10, 12.30, 13, 14.30, 16, 18 Uhr) und andere Reiseziele in Südlaos.

Zu empfehlen sind die klimatisierten VIP-Busse der Gesellschaft Kriang Kai (www.buslaos.com), Buchung in Hotels, Gästehäusern und Reisebüros.

Bahn: Vientianes Bahnhof liegt in Ban Thanaleng 15 km südöstl. (Tel. 021 82 02 28); tgl. 10.45, 17 Uhr Züge über die Freundschaftsbrücke nach Nong Khai (Thailand).

Auto- und Motorradvermietung: Europcar (früher Asia Vehicle Rental): 354–356 Thanon Samsenthai, Tel. 021 22 38 67, Fax 21 74 93, www.europcarlaos.com u. www.avr.laopdr.com, Mo–Fr 8–17, Sa 8–16, So 8–13 Uhr. Mietwagen mit und ohne Fahrer ab 70 US-$ pro Tag (mehr Infos s. Tipp S. 441). Jules Classic Rental: 80 Thanon Setthathirath, Tel. 020 77 60 08 13, www.bike-rental-laos.com, tgl. 7–18 Uhr. Mietmotorräder ab 15 US-$ pro Tag, Einwegmieten nach Vang Vieng, Luang Prabang und Pakxe möglich sowie die Organisation von Biketouren abseits der üblichen Wege.

Boot: Der Hafen Tha Heua Kao Liao befindet sich 10 km westl. des Zentrums. Zwischen der Innenstadt und dem Hafen verkehren Taxis und Tuk-Tuks sowie von der Bus Station bei Talat Sao Bus 1 u. 2. Tgl. speedboats nach Pak Lai (4 Std., Abfahrt 8, 15 Uhr) und Luang Prabang (8 Std., Abfahrt 9 Uhr), speedboats nach Luang Prabang oft nur auf Charterbasis. Unregelmäßig slowboats nach Pak Lai (8–10 Std.).

Fortbewegung in der Stadt: Da es hier keine Stadtbusse gibt, sichern Taxis, Tuk-Tuks und *Chum-Boos* (Jumbos), die oft als Sammeltaxis genutzt werden, den öffentlichen Nahverkehr. Beim Talat Sao (Morgenmarkt), Thanon Khou Vieng, gibt es einen großen Tuk-Tuk- und Taxi-Stand. Einen Taxameter haben nur die gelben Fahrzeuge der Taxi Vientiane Capital Lao Group (Tel. 021 45 41 68). Vom Busbahnhof beim Talat Sao fahren Busse in die Vororte.

Weiterreise in die Nachbarländer

Thailand

Bus: Thai-Lao International Bus ab Bus Station bei Talat Sao nach Nong Khai (Abfahrt 7.30, 9.30, 12.40, 14.30, 15.30, 18 Uhr), Udon Thani (Abfahrt 8, 10.30, 11.30, 14, 16, 18 Uhr) und Khon Kaen (Abfahrt 8.15, 14.45 Uhr). Von Nong Khai tgl. 20 Uhr ein Direktbus zum Suvarnabhumi Airport in Bangkok (9–10 Std.).

Tgl. um 17.30 Uhr ein klimatisierter Nachtbus ab Nam Phou Square nach Bangkok (Thanon Khao San), Ankunft 6 Uhr, Buchung in Hotels, Gästehäusern und Reisebüros.

Bahn: Von Nong Khai (erreichbar ab Vientiane per Bus oder Bahn s. o.) tgl. 6, 18.20, 19.15 Uhr Expresszüge nach Bangkok (10–11 Std.). Die Züge sind in der Hauptsaisin oft ausgebucht. Tickets bekommt man in den meisten Reisebüros und – bis drei Tage vor Abreise – online unter www.thairailwayticket.com.

Flugzeug: s. S. 166

Vietnam

Bus: Tgl. 19 Uhr Busse der Gesellschaften Lao-Viet Transportation und STD ab Southern Bus Station über Vinh (14 Std.) nach Hanoi (20 Std.) und über Hué (16 Std.) und Da Nang (19 Std.) nach Ho Chi Minh City (40 Std.). Bei der Einreise nach Vietnam ist ein Visum erforderlich.

Flugzeug: s. S. 166

China

Bus: Tgl. gegen 12 Uhr ein Bus ab Northern Bus Station über Mengla (22 Std.) nach Kunming (36–48 Std.). Bei der Einreise nach China ist ein Visum erforderlich.

Flugzeug: s. S. 166

Rundfahrt im Norden von Vientiane

Wer von Vientiane die etwa 200 km lange Rundfahrt in den Norden an einem Tag schaffen will, muss sehr früh aufstehen und sollte über ein eigenes Fahrzeug, am besten mit Allradantrieb, verfügen. Will man den Phou-Khao-Khouay-Nationalpark und den Nam-Ngum-Stausee, die beiden landschaftlichen Highlights der Route, intensiver erforschen, sollte man eine Übernachtung einplanen.

Phou-Khao-Khouay-Nationalpark ► 1, G 10

Karte: s. rechts

Vom Zentrum der Hauptstadt geht es auf der Road 13 South zunächst 10 km Richtung Nordosten. Vorbei an dem monumentalen Kaysone-Phomvihane-Museum, vor dem eine überlebensgroße Statue des im Jahr 1992 verstorbenen langjährigen Revolutionsführers, Vorsitzenden der Laotischen Revolutionären Volkspartei und Präsidenten der Demokratischen Volksrepublik Laos steht (s. S. 111), gelangt man zum Vorort **Ban Xaysavang,** wo die Road 10 in nördliche Richtung abzweigt.

In dem lang gezogenen Ort Tha Ngone hält man sich rechts und überquert anschließend auf einer mautpflichtigen Brücke den Nam Ngum. In den schwimmenden Restaurants kann man hervorragend Fisch essen. Die Fahrt führt durch die fruchtbaren Ebenen des Mekong-Tieflands, wo sich Reisfelder bis zum Horizont erstrecken, nach Ban Na Pheng, dem Ausgangspunkt für die Westregion des Phou-Khao-Khouay-Nationalparks.

Tipp: Busse und Pickups

Auf der Nationalstraße 10 verkehren keine Busse im Liniendienst, sondern nur Pickups je nach Passagieraufkommen. Busse nach Thalat fahren ab Vientiane (Bus Station bei Talat Sao, tagsüber alle 30 Min.) auf der Nationalstraße 13. Zwischen Thalat und Na Nam pendeln Pickups.

Verkehr

Ban Na Pheng, den Ausgangspunkt für die Westregion des Nationalparks, erreicht man mit sporadisch auf der Nationalstraße 10 verkehrenden Pickups, von dort fährt auch 1–2 x tgl. ein Lkw-Bus zu den Dörfern auf dem Hochplateau. Ausgangspunkt für den östlichen Teil ist Thabok, das man mit einem der von Vientiane nach Süden fahrenden Busse erreichen kann. Von dort gibt es allerdings keine öffentlichen Verkehrsmittel in den Park. Also am besten ein Auto mieten.

Zum Nam-Ngum-Stausee ► 1, F 10

Etwa 6 km nördlich von **Ban Na Pheng** an der Road 10 zweigt eine 9 km lange Stichstraße zum **Dansavanh Nam Ngum Resort** ab. Das komfortable, von malaysischen Investoren finanzierte Hotel in herrlicher Lage am Nam Ngum Reservoir bietet einen 18-Loch-Golfplatz sowie das einzige Kasino von Laos, in dem vorwiegend thailändische Touristen bei Roulette, Blackjack, Bakkarat und dem asiatischen Kartenspiel Tai-Sai ihr Geld verspielen.

aktiv unterwegs

Mit dem Geländewagen in den Phou-Khao-Khouay-Nationalpark

Tour-Infos

Start: Ban Na Pheng
Länge: hin und zurück ca. 40 km
Dauer: 4–6 Std. (ohne Wanderung)
Schwierigkeitsgrad: moderat bis schwierig (bei Regen)

Gut 50 km nördlich von Vientiane fährt man in **Ban Na Pheng** nach der Brücke rechts. »Phou Khao Khouay National Park 5 km« steht auf dem Wegweiser. Durch Sand, Sturm und Schlammlöcher erreicht man nach einem steilen, 9 km langen Anstieg das Hochplateau. Die holprige Fahrt bietet immer wieder spektakuläre Ausblicke auf die Mekong-Ebene.

Die von Hmong besiedelte Phou Khao Khouay NPA (National Protected Area) umfasst ein 2000 km² großes Hochplateau, aus dem der Phou Soung (1666 m), der Phou Phadong (1621 m), der Phou Khao Nang (1186 m) und der 1039 m hohe Phou Khao Khouay (Büffelhornberg) aufragen. Den westlichen Teil des Nationalparks durchzieht ein Netz von Pfaden, die zu kurzen Wanderungen einladen. So beginnt einige Kilometer westlich von Ban Phou Khao Keo ein beschilderter Wanderweg auf den Gipfel des Phou Khao Nang, von dem sich ein grandioser Blick bietet (hin und zurück 3–4 Std.).

Östlich von Ban Phou Khao Keo zweigt eine 2 km lange Stichstraße links zum **Phou-Khao-Khouay-Wasserfall** ab, der vor dichtem Tropengrün in kleinen Kaskaden über eine Felsbarriere im Nam Gnong tost. Ein Besucherzentrum informiert über Fauna und Flora des Nationalparks.

Fährt man von Ban Phou Khao Keo geradeaus weiter, liegt etwa 1 km östlich des »Former Military Airstrip« das große Hmong-Dorf **Ban Phou Khao Khouay.** Der Fahrweg endet im Hmong-Dorf **Ban Vang Heua** 6 km südöstlich am Fuß des Phou Khao Khouay. Wege oder Fahrstraßen in den östlichen Teil des Nationalparks mit Wasserfällen und Urwaldszenerien gibt es von hier nicht.

Der Nam-Ngum-Stausee – ein beliebtes Ausflugsziel für die Bewohner von Vientiane

Vientiane Zoological Gardens

Einige Kilometer weiter südwestlich liegen beim Dorf **Ban Bo**, dessen Bewohner ihren Lebensunterhalt mit der Produktion von Salz bestreiten, etwas abseits der Road 10 die **Vientiane Zoological Gardens**, auch Tulakhom Interzoo genannt. Stars in dem vorwiegend aus Naturmaterialien erbauten Zoo, der einen kleinen Querschnitt der laotischen Tierwelt präsentiert, sind ein Rudel katzengroßer Zwerghirsche, Muntjak genannt, und eine Herde Banteng-Wildrinder (Tel. 021-21 63 41, tgl. 8–17 Uhr, Erw. 15 000 Kip, Kinder 7500 Kip).

Nam-Ngum-Stausee (Ang Nam Ngum)

Nach 26 landschaftlich sehr reizvollen Kilometern gabelt sich die Road 10 beim Fluss Nam Lik. Rechts kommt man nach 3 km zum Nam-Ngum-Staudamm. Etwas weiter östlich liegt am Ufer des Nam Ngum Reservoir das aus Stelzenhäusern mit rostigen Wellblechdächern bestehende Dorf **Na Nam,** in dem Boote zu Ausflugsfahrten auf dem Stausee ablegen. In den einfachen Terrassenrestaurants am Seeufer serviert man fangfrischen Fisch aus dem See.

Mit ›ertrunkenen‹ Hügeln, die jetzt als baumbestandene Inseln aus dem Wasser ragen, und der eindrucksvollen Bergkulisse der Phou-Bia-Ausläufer im Hintergrund, ist der größte künstliche See Südostasiens ein beliebtes Ziel für Ausflügler aus dem nur knapp 100 km entfernten Vientiane. Das mächtige Wasserreservoir staut den Fluss Nam Ngum auf eine Fläche von über 400 km^2, was knapp der Größe des Bodensees entspricht. Das Wasserkraftwerk am Nam Ngum, das eine Leistung von 150 Megawatt erbringt, versorgt den Großraum Vientiane mit Strom. Überschüsse werden über den Mekong nach Thailand exportiert. Die früheren Bauern leben heute vorwiegend vom Fremdenverkehr und von der Fischerei. Rund 4000 lizenzierte Fischer – die meisten leben auf der etwa drei Bootsstunden entfernten Insel Don 516 – fangen jährlich etwa 850 t Fisch. Großhändler aus Vientiane kommen jeden Morgen nach Na Nam, um den Fang aufzukaufen.

Eine weitere Einnahmequelle für die Einheimischen und zugleich Attraktion für Touristen ist der Holzeinschlag unter Wasser. Nach der Errichtung der Staumauer stieg der Pegel des Stausees schneller als man die von den Fluten bedrohten Wälder abholzen konnte. So verschwanden wertvolle Teak-Bäume unter der Wasseroberfläche, deren Holz nach jahrzehntelanger Vakuumverpackung auf dem bis zu 50 m tiefen Seegrund heute wegen seiner Qualität sehr gefragt ist. Wagemutige Holzfäller tauchen hinab, um die Bäume abzusägen. Die an die Wasseroberfläche treibenden Stämme bindet man zu Flößen zusammen und schleppt sie ans Ufer.

Bootsausflüge auf dem Nam-Ngum-Stausee führen zur **Frauen-** (Don Nang) und zur **Männerinsel** (Don Thao). Nachdem die Pathet-Lao-Kommunisten in Vientiane die Macht übernommen hatten, deportierten sie Tausende von politischen Widersachern und hohen Militärs des früheren Regimes, aber auch Prostituierte und Kriminelle in Umerziehungs- und Arbeitslager. Zwei dieser Ende der 1980er-Jahre aufgelösten Einrichtungen befanden sich auf diesen Inseln.

Übernachten

Top-Lage am Stausee ▶ **Dansavanh Nam Ngum Resort:** Ban Namkae, Tel. 021 22 37 82 4, www.dansavanh.com. Geräumige Zimmer mit Bad/WC und Klimaanlage, thailändisch-chinesisches Restaurant, Pool. Anreise: Shuttlebus zwischen Vientiane und dem Resort. DZ 35–70 US-$.

Room with a view ▶ **Longngum View Resort:** Na Nam, Tel./Fax 021 21 48 72 u. 020 22 49 99 99, www.longngumview.com. Jedes der geschmackvoll möblierten, klimatisierten Zimmer besitzt eine Terrasse oder einen Balkon mit Blick auf den Stausee, gutes Restaurant. DZ 25–40 US-$.

Essen & Trinken

Für Fischliebhaber ▶ **Nam Ngum Restaurant:** Na Nam, Tel. 020 55 51 35 23, tgl. 11–22 Uhr. Schlichte Einrichtung, authentische laotische Fischgerichte. Gerichte ab 35 000 Kip.

Fisch aus dem See ▶ **Nam Ngum Lake Restaurant:** Na Nam, Tel. 020 55 51 35 21, tgl. 11–22 Uhr. Fangfrischer Fisch aus dem Nam-Ngum-Stausee. Gerichte ab 35 000 Kip.

Zurück nach Vientiane

▶ 1, F 10

Vang Xang

Über den quirligen Marktflecken Thalat am Zusammenfluss von Nam Ngum und Nam Lik erreicht man Phonhong, das administrative Zentrum der Provinz Vientiane. Etwas nördlich des Städtchens Phonsavang, beim Kilometerstein 62 der Road 13, ist die ehemaligen buddhistische Einsiedelei **Vang Xang** (Elefantenloch) ausgeschildert.

Eine knapp 2 km lange Stichstraße führt zu dem Platz am Fluss Nam Cheng. In einem Felsmassiv sitzen in Nischen mehrere in Gruppen zusammengefasste 70 cm bis 5 m große Buddha-Statuen aus Stein. Eine Inschrift auf einer Stele, die auf das Jahr 1006 hindeutet, sowie die Art der Buddha-Darstellung, die für die Khmer-Kunst jener Zeit charakteristische Züge trägt, legen nahe, dass die Bildnisse während der Herrschaftszeit des Khmer-Königs Suryavarman I. (1001/02–1049), als die Machtsphäre der Angkor-Dynastie bis in das heutige Zentrallaos reichte, aus der Felswand gemeißelt wurden.

Alle Bildnisse zeigen den Erleuchteten im Lotos- oder Diamantsitz entweder mit der meditative Versenkung symbolisierenden Handhaltung (Dhyana Mudra), wobei die Hände, eine über der anderen, flach im Schoß liegen, oder in der Haltung Erste Verkündigung der Lehre (Dharmachakra Mudra), in der beide Handflächen vor der Brust zum Körper gerichtet sind und sich die Finger der Linken auf die rechte Handfläche stützen. Der Name der Mönchsklause, in die sich einst buddhistische Eremiten zurückzogen, rührt von der Ähnlichkeit des Felsblocks mit einem Elefanten her.

Ban Lak 52 und Hin-Khan-Na-Wasserfall

In **Ban Lak 52** (Kilometer 52) an der Road 13 siedelte die laotische Regierung während des Vietnamkriegs Hmong-Flüchtlinge aus der nordöstlichen Provinz Xieng Khouang an. Vor allem an Markttagen sieht man noch heute Angehörige dieses Bergvolks in traditionellen Trachten. Höhepunkt des Dorflebens ist das Neujahrsfest der Hmong Anfang Dezember. Knapp 20 km nördlich von Vientiane zweigt von der Road 13 eine Schotterstraße zu dem kleinen, 9 km entfernten **Hin-Khan-Na-Wasserfall** ab. Jugendlichen aus Vientiane, picknicken dort gern und baden in den seichten Felsenpools.

Von Vientiane nach Luang Prabang

Diese – ohne einen Abstecher in die entlegene Provinz Xayaboury – gut 400 km lange Route berührt Landschaften von grandioser Schönheit. Erstes Highlight sind die Karstmassive um Vang Vieng. Nördlich des immer beliebter werdenden Reiseziels klettert die National Road 13 in unzähligen Windungen durch die Bergwelt hinauf in die alte Königsresidenz Luang Prabang.

Nördlich von **Vientiane** führt die Road 13 durch die fruchtbaren Ebenen des Mekong-Tieflands. Reisende mit eigenem Fahrzeug könnten die Fahrt beim Kilometerstein 62, etwas nördlich des Städtchens Phonsavang, unterbrechen, um einen kurzen Abstecher zur alten buddhistischen Einsiedelei Vang Xang zu machen (s. S. 171).

In **Phonhong,** dem Verwaltungssitz der Provinz Vientiane, zweigt eine Straße zum knapp 25 km entfernten Nam-Ngum-Stausee (s. S. 170) ab. Der Ort **Hin Hoeup,** 24 km nördlich von Phonhong am Nam Lik gelegen, ist Ausgangspunkt für ein- und zweitägige Kajaktouren durch die Schlucht des Nam Lik. Auch Anfänger und weniger Sportliche meistern unter professioneller Anleitung die Stromschnellen der Klasse Zwei und Drei. Buchen kann man die Kajaktrips nicht vor Ort, sondern bei Agenturen in Vientiane (s. S. 165) und Vang Vieng (s. S. 179). Durchreisenden bietet sich von der imposanten, ein-

Bizarre Felsformationen in der Umgebung von Vang Vieng

spurigen Brücke über den Nam Lik ein schöner Blick auf den von Tropengrün gesäumten Fluss.

Sportlich Aktive zieht es zum **Nam Lik Eco Village** in Ban Vang Meun, etwa 10 km flussabwärts am Nam Lik gelegen. Zu den Aktivitäten in der Umgebung des nach ökologischen Aspekten konzipierten Resorts gehören neben Kajaking, Trekking, Biking, Klettern und Schwimmen. Stilvoll ist die Anreise mit dem Kajak im Rahmen einer organisierten Tour von Hin Hoeup. Viel Spaß und einen kräftigen Adrenalinstoß verspricht Sportlichen ohne Höheangst der **Nam Lik Jungle Fly,** ein in Schwindel erregenden Höhen durch die Wipfel von Urwaldriesen verlaufender Parcours über Hängebrücken, Stahlseile, Netze und Plattformen (www.laosjunglefly.com, Anmeldung in jedem Büro von Green Discovery)

Knapp 40 km nördlich von Hin Hoeup berührt die National Road 13 den Nam-Ngum-Stausee, das größte Wasserreservoir Südostasiens, im Marktflecken Tha Heua, der für hervorragende Fischrestaurants bekannt ist. Nach weiteren 25 km durch eine reizvolle Hügellandschaft kündigen am Horizont die ausgefransten Silhouetten von mächtigen Karstkegeln Vang Vieng an.

Übernachten

Für Aktivurlauber ▶ Nam Lik Eco Village: Ban Vang Meun, Tel. 020 55 50 87 19 u. 020 55 59 67 24, www.namlik.com. Zimmer mit Ventilator, Dusche/WC und Wohnterrasse in Holzbungalows auf Stelzen am Ufer des Nam Lik, mit Restaurant. Buchbar als Paket, das den Transfer von Vientiane, die Unterkunft, das Frühstück und diverse Aktivitäten umfasst, ab 55 US-$ p. P.

Vang Vieng ▶ 1, F 9

Cityplan: S. 174/175

Seit Laos seine Pforten westlichen Besuchern öffnete, hat sich **Vang Vieng** von einem verschlafenen Provinznest zu einem beliebten Ziel für Backpacker entwickelt. Der Name des einst unter Weltenbummlern als Geheimtipp gehandelten Städtchens ist ein Synonym für hastig und fern jeglicher laotischer Bautradition hochgezogene Gästehäuser aus Stein und Beton, Restaurants, Bars, Discos und Internetcafés. Vang Vieng mit seiner permanenten Partystimmung ist nicht jedermanns Sache, aber die Karstmassive in der Umgebung sind einmalig schön. Mag Vang Vieng auch das Flair einer laotischen Stadt verloren haben, ein Aufenthalt lohnt sich allein wegen der großartigen Landschaftsszenerien, die Besucher nur wenig abseits des Orts erwarten. Die herrliche Karstlandschaft, durch die sich der Nam Song windet, hat Vang Vieng zu einem Mekka für Outdoor-Aktivitäten gemacht, die von Kajak- und Kanufahren über Rafting und Tubing bis Trekking und Klettern reichen. Die zahlreichen Tropfsteinhöhlen in den bizarren Karstmassiven locken unerschrockene Hobby-Speläologen.

2 Karstmassive um Vang Vieng

Nähert man sich dem Städtchen, dämpfen die rauchenden Schornsteine von Zementwerken und der staubige Landestreifen eines von den US-Amerikanern während des Vietnamkriegs angelegten Flugplatzes zunächst die Vorfreude auf Streifzüge durch die Natur. Doch auf der anderen Seite des Nam-Song-Flusses ragen aus den Reisfeldern unvermittelt bizarre Kalksteinformationen auf. Hier findet man eine der Hauptattraktionen von Vang Vieng: knapp drei Dutzend Höhlen (*tham*), die noch lange nicht alle erforscht, geschweige denn für Besucher erschlossen sind. Mehrere zugängliche Höhlen liegen in einem Radius von einstündigen Spaziergängen um den Ortskern.

Am besten erschlossen ist die große Grotte **Tham Chang** an der südlichen Peripherie. In der Anlage des Hotels Vang Vieng Resort überquert man auf einer schwankenden Hängebrücke den Nam Song und folgt einem steilen Treppenpfad zum Eingang der Höhle, die man bequem auf einem Betonweg besichtigen kann. Die Tropfsteine werden von Scheinwerfern angestrahlt. Von einer Öffnung

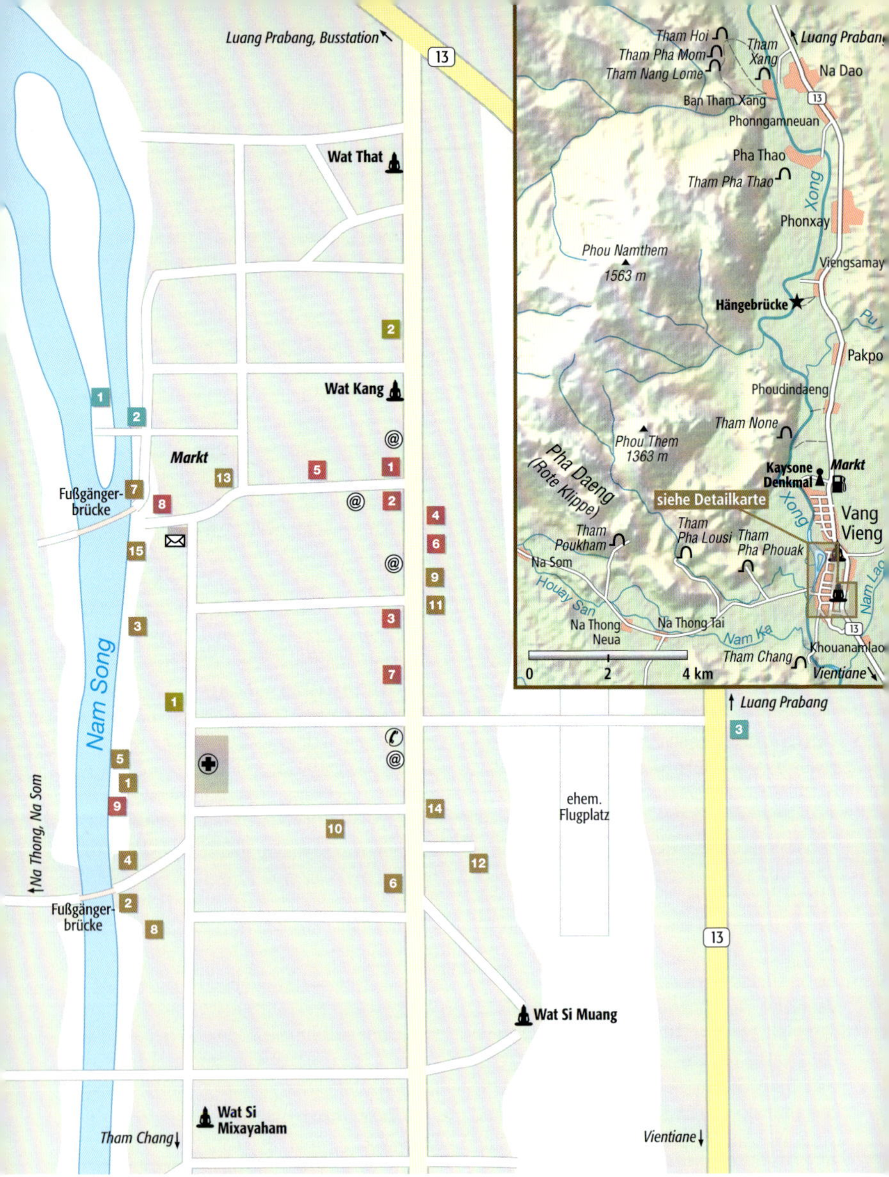

im Fels bietet sich aus der Vogelperspektive ein herrlicher Blick auf das Tal des Nam Song (tgl. 7–11.30, 13–17 Uhr, 15 000 Kip).

Zur **Tham Pha Phouak** führt von der Brücke, die den Nam Song nahe dem Ortskern überspannt, ein markierter Pfad durch Reisfelder (1 km/20 Min.). Um diese wie auch die meisten anderen Tropfsteinhöhlen um Vang Vieng zu erkunden, sollte man sich unbedingt ortskundigen Guides, die vor den Höhleneingängen warten, anvertrauen. Sie besorgen die Kerosinlampen, ohne die man im stockdunklen labyrinthischen Gewirr hilflos wäre. Wer luftige Höhen dunklen Höhlen vorzieht

Vang Vieng

Übernachten
1 The Elephant Crossing Hotel
2 Villa Nam Song
3 Vansana Vangvieng Hotel
4 Bungalow Thavonsouk
5 Ban Sabai Riverside Bungalows
6 Nana Guest House
7 Grandview Guest House
8 Bansuan Riverview Bungalows
9 Babylon Guest House
10 Kiane Thong Guest House
11 Malany Guest House
12 Dokhoun II Guest House
13 Viengvilay Guest House
14 Pan's Place
15 Phoubane Guest House

Essen & Trinken
1 Xayoh Café
2 Sanaxay Restaurant & Bar
3 Erawan
4 Nazim
5 Luang Prabang Bakery & Restaurant
6 Lucky
7 Organic Farm Café
8 Namsong Phadeng
9 Viewpoint Restaurant

Abends & Nachts
1 Nam Song Island
2 Bamboo Bar
3 Moon

Aktiv
1 VLT Natural Tour
2 Adam's Climbing School

sowie über Trittsicherheit und etwas Klettererfahrung verfügt, steigt auf den die Ebene um etwa 100 m überragenden Berg **Pha Phouak**, von dessen Gipfel sich ein prächtiger Blick auf die Natursteinskulpturen bietet.

In einem majestätischen Karstmassiv mit rasiermesserscharfen Klippen, spitzen Felsnadeln und bizarren Steindomen ist **Tham Pha Lousi** Ziel unerschrockener Höhlenforscher, die von der Tham Pha Phouak einem markierten Feldweg folgen (1,5 km/30 Min.). Über verwinkelte, oft nur schulterhohe Gänge gelangt man in das Reich der Stalaktiten und Stalagmiten. Nach der Regenzeit kann man in einem unterirdischen See schwimmen. Weitere Höhlen in der Nähe der Tham Pha Lousi sind **Tham Ua** und **Tham None,** vor der ein schöner Felsenpool zum Schwimmen einlädt.

In der Kette der Kalksteinfelsen, die das lang gestreckte Tal des Nam Song im Westen begrenzt, verstecken sich weitere Höhlen. Ein unterirdisches Meisterwerk der Natur ist die etwas weiter vom Ortskern entfernte **Tham Poukham** (7 km/1,5 Std.). Bei günstigen Witterungsverhältnissen verkehren zwischen Vang Vieng und dem 5 km entfernten Ban Na Thong Pickups, die letzten 2 km läuft man durch Reisfelder.

Etwas Kletterei ist erforderlich, um zu dem 30 m über dem Erdboden gelegenen Zugang des noch nicht gänzlich erforschten, größten Höhlensystems der Region zu gelangen. Die erste Grotte beherbergt eine hoch verehrte Bronzestatue des ruhenden Buddha. Es folgen weitere Tropfsteinhöhlen mit Konzerthallendimension, verästelten Gängen sowie riesigen Stalaktiten und Stalagmiten. Nach der Höhlenerforschung kann man sich bei einem Bad im kristallklaren Wasser eines kleinen, von einem Quellbach gespeisten Felsensees am Fuß des Karstmassivs entspannen (tgl. 8–18 Uhr, 10 000 Kip).

Lohnende Ziele für abenteuerlustige Hobby-Speläologen sind auch etwas abseits von Vang Vieng gelegene Höhlen, die man am besten mit Hilfe eines lokalen Tourveranstalters erkundet, etwa **Tham Pha Mom**, **Tham Nang Lome**, **Tham Pha Pang**, **Tham Xang** oder **Tham Hoi**. Obenan auf dem Tourprogramm von Agenturen in Vang Vieng steht **Tham Pha Thao** in der Nähe des Hmong-Dorfs Ban Pha Thao, 13 km nördlich von Vang Vieng. Hier hat ein unterirdischer Fluss eine über 2 km lange, schmale Kaverne in das Kalkgestein gefräst. Ausgerüstet mit einer starken und möglichst wasserdichten Taschenlampe, kann man bei niedrigem Wasserstand – teils watend, teils schwimmend – eine unterirdische Märchenlandschaft entdecken, in der die Natur kunstvolle Kalkgebilde geformt hat. Nach etwa 800 m weitet sich der Fluss zu einem verwunschenen unterirdischen See (tgl. 8–17 Uhr, 10 000 Kip).

Im Dorf **Pha Thao** leben Hmong, die Ende der 1970er-Jahre vor den Kämpfen zwischen

Rebellen und Pathet-Lao-Truppen nach Thailand flüchteten und erst Mitte der 1990er-Jahre von der laotischen Regierung im Zuge eines Rückführungsprogramms hier angesiedelt wurden.

In der Nähe des Hmong-Dorfs **Na Douang** 6 km östlich von Vang Vieng stürzt der Wasserfall Tad Kaeng Yui etwa 30 m in die Tiefe. Die Wassermassen sammeln sich in kleinen Felsenpools, in denen man baden kann.

Ein beliebtes Ausflugsziel ist die Organic Farm im **Dorf Phoudindaeng,** 3 km nördlich von Vang Vieng. Die am Ufer des Nam Song gelegene Biofarm ist auf die Herstellung von Maulbeertee spezialisiert, ein bewährtes Mittel gegen hohen Blutdruck. Angeschlossen sind ein Gästehaus und ein Restaurant.

Infos

In Restaurants und Gästehäusern sind handgezeichnete Landkarten von Vang Vieng und Umgebung erhältlich, auf denen die bekanntesten Höhlen vermerkt sind. Im Ort gibt es keine Straßennamen.

Übernachten

Während der Hauptsaison von November bis März und zum laotischen Neujahrsfest im April ist rechtzeitige Buchung dringend empfohlen. In der Hauptsaison sind die Zimmerpreise um etwa 20 %, zum Neujahrsfest um 50–100 % höher. Folgende Website kann hilfreich sein: www.vang-vieng-hotels.com.

Kegelkarst-Panorama ▶ **The Elephant Crossing Hotel 1**: Tel. 023 51 12 32 u. 020 560 28 30, www.theelephantcrossinghotel.com. Familienfreundliches Hotel am Nam Song, elegant ausgestattete Zimmer mit Bad/WC sowie Ventilator und Klimaanlage, Holzfußboden und Minibar, die teureren mit Balkon und Blick auf die Karstberge, mit Restaurant und relaxter Bar, im Haus Rauchverbot, hilfsbereites laotisch-australisches Besitzerehepaar, WLAN. DZ 45–55 US-$, Suite 80 US-$ (inkl. Frühstück).

Klein, fein und mit viel Flair ▶ **Villa Nam Song 2**: Tel./Fax 023 51 10 16, www.villanamsong.com. Komfortables Bungalowhotel in Toplage am Fluss, plüschig-asiatisch ausgestattete, klimatisierte Zimmer, stimmungsvolles Verandarestaurant mit Panoramablick und guter Weinkarte. DZ ab 75 US-$.

Mit tollem Pool ▶ **Vansana Vangvieng Hotel 3**: Tel. 023 51 16 00 1, www.vansanahotel-group.com. Größeres Ferienhotel am Nam Song, komfortable Zimmer mit Balkon und Blick auf die Karstberge, halboffenes Restaurant mit laotischen, thailändischen und westlichen Gerichten, schöner Pool am Fluss. DZ 35–55 US-$ (inkl. Frühstück).

Stilvoll ▶ **Bungalow Thavonsouk 4**: Tel. 023 51 10 96, www.thavonsouk.com. Gemütliche Zimmer in Bungalows am Nam Song mit Bad/WC und Klimaanlage sowie Terrasse, ideal für Familien die beiden großen Teakholz-Bungalows im laotischen Stil mit mehreren Betten. Schöner Garten, stimmungsvolles Restaurant mit Blick auf die Karstberge, die hilfsbereite Besitzerin spricht gut Englisch. DZ 35–50 US-$, Bungalow 50–80 US-$.

Romantisches Hideaway ▶ **Ban Sabai Riverside Bungalows 5**: Tel. 023 51 10 88, www.xayohgroup.com. Zwölf Bungalows im traditionellen Lao-Stil am Nam Song aus Holz und Bambus oder aus Stein mit Dusche/WC und Klimaanlage, stimmungsvolles Terrassenrestaurant mit schönem Blick, laotische und westliche Gerichte, unbedingt reservieren. Bungalow 35–50 US-$ (inkl. Frühstück).

Klassiker ▶ **Nana Guest House 6**: Tel. 023 51 10 36. Eher Hotel als Gästehaus, gepflegte Zimmer mit Ventilator oder AC und Dusche/WC. Freundliche Betreiber, Kaffee und Tee gratis. DZ 15–30 US-$.

Gepflegte Pension am Fluss ▶ **Grandview Guest House 7**: Tel. 023 51 14 74, grandviewguesthouse@gmail.com. Gästehaus für gehobene Ansprüche am Nam Song, 22 gut ausgestattete Zimmer mit Dusche/WC und Ventilator oder AC, die teureren Zimmer mit Blick auf die Karstkegel, bisweilen etwas laut wegen der gegenüberliegenden Partyinsel. DZ 10–30 US-$.

Ruhig und behaglich ▶ **Bansuan Riverview Bungalows 8**: Tel. 023 51 16 22, www.bansuan-riverview-bungalows.com. Gemütliche Rattan- und Bambusbungalows mit Dusche/WC, Ventilator und kleiner Wohnterrasse in einem schönen Garten am Fluss. Bungalow 10–25 US-$.

Backpacker-Herberge ▶ **Babylon Guest House** 9: Tel. 023 51 10 47, www.babylonvangvieng.com. Moderne, ordentliche Zimmer mit Dusche/WC und AC oder Ventilator, nettes Restaurant mit WLAN, Dachterrasse. DZ 10–16 US-$.

Mit Fahrradverleih ▶ **Kiane Thong Guest House** 10: Tel. 023 51 10 69. Modernes Gebäude, einfache Zimmer mit Dusche/WC und AC oder Ventilator, Fahrradverleih und Organisation von Ausflügen. DZ 10–14 US-$.

Mit Dachterrasse ▶ **Malany Guest House** 11: Tel. 023 51 10 83. Modernes, vierstöckiges Gebäude in zentraler Lage, zweckmäßig möblierte Zimmer mit Dusche/WC sowie wahlweise Ventilator oder AC, schöne Dachterrasse. DZ 8–14 US-$.

Am Flugplatz ▶ **Dokhoun II Guest House** 12: Tel. 023 51 10 63. Modernes, dreistöckiges Gästehaus am stillgelegten Flugplatz, spärlich möblierte Zimmer mit Dusche/WC sowie Ventilator oder AC. DZ 7–12 US-$.

Dachterrasse ▶ **Viengvilay Guest House** 13: Tel. 023 51 11 77. Dreistöckiges, modernes Gebäude, einfache Zimmer mit Dusche/WC und Ventilator oder AC, schöne Dachterrasse, Organisation von Ausflügen, hilfsbereites Personal. DZ 7–12 US-$.

Traditionelles Haus ▶ **Pan's Place** 14: Tel. 023 51 14 84, www.pansplacelaos.com. Einfache Zimmer mit Dusche/WC oder Gemeinschaftsbad in einem traditionellen Lao-Haus, hilfsbereites laotisch-neuseeländisches Besitzerehepaar. DZ 6–8 US-$.

Achtung: Unfälle auf der Road 13

Auf der sehr kurvenreichen Road 13 von Kasi nach Luang Prabang sind schon schwere Busunfälle passiert. Sollte der Busfahrer zu schnell und riskant fahren, darf man keine Hemmungen haben, ihn aufzufordern, mehr Rücksicht auf die Sicherheit der Passagiere zu nehmen.

Schöner Blick ▶ **Phoubane Guest House** 15: Tel. 023 51 13 06. Gästehaus für bescheidene Ansprüche am Nam Song, Zimmer mit Ventilator und Dusche/WC oder Gemeinschaftsbad, Terrassenrestaurant mit schönem Blick auf die Karstberge. DZ 5–8 US-$.

Essen & Trinken

Romantik pur ▶ **Sunset Restaurant** 4 Bungalow Thavonsouk, Tel. 023 51 10 96, tgl. 8–22 Uhr. Laotische Spezialitäten und internationale Speisen in stimmungsvollem Ambiente vor dem Panorama der Karstmassive, idealer Platz für den Sundowner. Gerichte ab 35 000 Kip.

Szenig ▶ **Xayoh Café** 1: Tel. 023 51 14 40, tgl. 7–23 Uhr. Szenetreff zum Drinnen- und Draußensitzen, west-östlicher Küchenmix, gute Steaks und Pizzas, Beer Lao vom Fass. Gerichte ab 35 000 Kip.

Seit Jahren beliebt ▶ **Sanaxay Restaurant & Bar** 2: Tel. 023 51 14 40, tgl. 8-23 Uhr. Ein Klassiker unter den lokalen Restaurants, internationale Speisen sowie laotische und thailändische Gerichte, man sitzt an Tischen oder Lao-Style auf Kissen am Boden. Gerichte ab 30 000 Kip.

Laotisch-thailändisch ▶ **Erawan** 3: Tel. 023 51 10 93, tgl. 8–23 Uhr. Gemütliches Restaurant mit Terrasse, laotische und thailändische Speisen. Gerichte ab 25 000 Kip.

Angesagter Inder ▶ **Nazim** 4: Tel. 023 51 12 14, tgl. 10–14, 16–22 Uhr. Südindische Speisen und nordindische Tandoori-Spezialitäten. Gerichte (vegetarisch) ab 15 000 Kip, Gerichte (mit Fleisch) ab 25 000 Kip.

Traveller-Treff ▶ **Luang Prabang Bakery & Restaurant** 5: Tel. 023 51 11 45, tgl. 7–22 Uhr. Hier gibt es fantasievolle Frühstücksvarianten, laotische und indische Gerichte, Pizza, Pancake und anderes Traveller-Food. Ab 20 000 Kip.

Vielfältig und gut ▶ **Lucky** 6: Tel. 023 51 12 21, tgl. 8–23 Uhr. Asiatisch-europäische Fusionsküche, relaxte Atmosphäre. Gerichte ab 18 000 Kip.

Alles bio ▶ **Organic Farm Café** 7: Tel. 023 51 11 60, tgl. 8–22 Uhr. Europäisches Frühstück und laotische Gerichte, auch kreative

Von Vientiane nach Luang Prabang

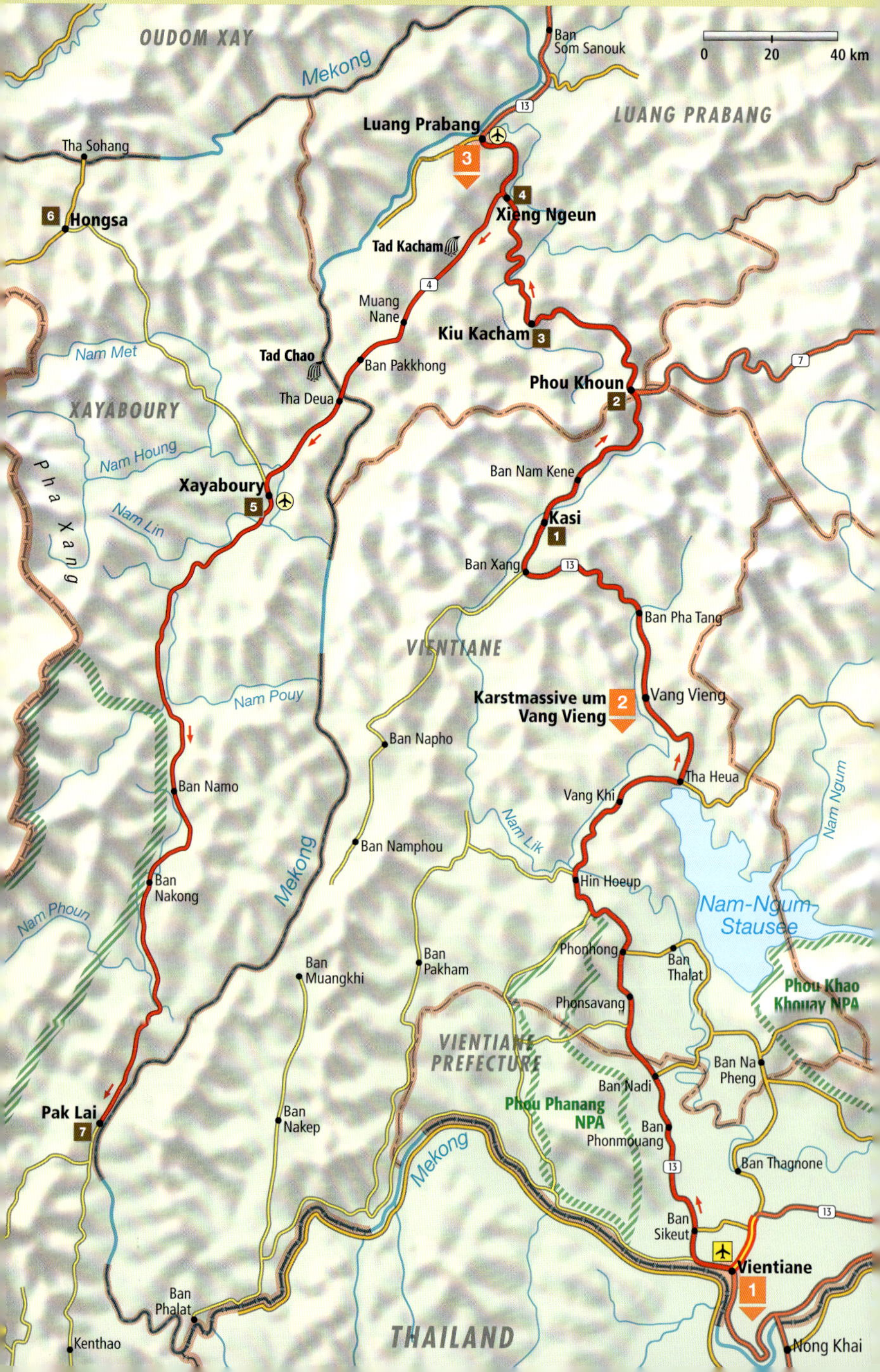

vegetarische Speisen, alle Zutaten aus biologischem Anbau. Gerichte ab 18 000 Kip.
Unvergleichliches Panorama ▶ **Namsong Phadeng 8**: Tel. 023 51 16 13, tgl. 8–22 Uhr. Einfaches Terrassenlokal am Nam Song, aber ein unübertroffener Blick auf die Skyline der Karstkegel, vorwiegend laotische Speisen. Gerichte ab 15 000 Kip.
Toller Blick ▶ **Viewpoint Restaurant 9**: Tel. 023 51 12 61, tgl. 8–23 Uhr. Laotische und internationale Speisen vor dem Panorama der Karstkegel, sehr stimmungsvoll bei Sonnenuntergang. Gerichte ab 15 000 Kip.

Abends & Nachts

Chill out ▶ **Nam Song Island 1**: Partyinsel im Nam Song mit einem halben Dutzend Bars, beliebt zum Feiern und Abhängen.
Eine Institution ▶ **Bamboo Bar 2**: Tel. 023 51 13 69. Relaxter Hangout am Nam Song mit guter Musik, kleine laotische, japanische und europäische Gerichte.
Beliebt bei den Locals ▶ **Moon 3**: National Road 13. Bei einem jungen laotischen Publikum beliebte Disco, etwas außerhalb.

Aktiv

Caving, Kayaking, Trekking ▶ **Green Discovery 1**: Xayoh Café, Tel. 023 51 12 30, www.greendiscoverylaos.com. Höhlenerkundungen, Wildwasserfahrten in Schlauchbooten und Kajaks, Trekking zu Hmong-Dörfern, die Agentur entwickelt mit Unterstützung der UNESCO Ökotourismus-Projekte.
Trekking, Safaris ▶ **VLT Natural Tours 1**: Tel. 023 51 13 69, www.vangviengtour.com. Mountainbiking, Trekking, Höhlenexkursionen und 2,5-stündige Elefantensafaris zu Hmong-Dörfern.
Klettern ▶ **Adam's Climbing School 2**: Tel. 020 55 01 08 32, www.laos-climbing.com. Ein- und mehrtägige Kletterkurse; Fortgeschrittene können sich die Ausrüstung leihen und auf eigene Faust in die Wand steigen.

Verkehr

Bus: Terminal für Busse und Pickups 3 km nördl. des Orts an der Road 13. Busse nach Vientiane (160 km/3 Std., Abfahrt 5.30, 6, 6.30, 7, 9, 10, 12.30, 13.30, 14 Uhr), Luang Prabang (250 km/6–7 Std., Abfahrt 9, 10 Uhr; danach etwa stdl. Busse von Vientiane nach Luang Prabang, die aber oft schon vollbesetzt sind), Phonsavan (220 km/6–7 Std., Abfahrt 9.30 Uhr). Pickups nach Vientiane alle 30 Min. bis 15 oder 16 Uhr. Mehrmals tgl. klimatisierte Minibusse nach Vientiane, Luang Prabang und Phonsavan, Buchung in Hotels, Gästehäusern und Reisebüros.

Von Vang Vieng in die Berge ▶ 1, E/F 8

Karte: links

Kasi 1

Nördlich von Vang Vieng tauchen am Horizont mächtige Felsmassive auf, welche aus der Entfernung wie mittelalterliche Trutzburgen wirken. Vor der Bergkulisse erstreckt sich das von Reisfeldern umrahmte Städtchen **Kasi**, wegen mehrerer einfacher, aber guter Restaurants, in denen man ausgezeichnete Föö-Nudelsuppen serviert, ein beliebter Zwischenstopp der Luang-Prabang-Busse.

Übernachten

Einfach und preiswert ▶ **Somchit II Guest House:** Road 13, Tel. 020 220 94 43. Modernes Gästehaus am nördlichen Ortsende, Zimmer mit Dusche/WC, Ventilator oder Klimaanlage, Restaurant. DZ 80 000–120 000 Kip.

Verkehr

Bus: Mehrere Busse nach Vientiane (210 km/4 Std.), Luang Prabang (200 km/6 Std.); stdl. Pickups nach Vang Vieng (60 km/1 Std.).

Von Kasi nach Phou Khoun

In Kasi beginnen die 200 schönsten Straßenkilometer von Laos. Die National Road 13 windet sich in Kurven hinauf in die Bergwelt. Während und kurz nach der Regenzeit muss entgegenkommenden Fahrzeugen in oft riskanten Manövern ausgewichen werden. Von der Gebirgspiste, die bis auf über 1500 m ansteigt, hat man Ausblick auf bewaldete, für

Holzfäller unerreichbare Berggipfel, aber auch kahl geschlagene Hügel, die Spuren jahrzehntelangen Brandrodungsfeldbaus tragen. Gesäumt wird die Straße von Dörfern der Hmong, die in über 1000 m hoch gelegenen Gebirgsregionen siedeln. An die Stelle der leichten, luftigen Bambushäuser des Tieflands treten jetzt solide, meist fensterlose Holzbauten mit Schindeldächern, die Schutz vor Wind und Wetter bieten.

Im 1350 m hohen **Phou Khoun** 2, einem häufig windumtosten und nebelverhangenen Marktflecken und Verkehrsknotenpunkt, zweigt die durchgehend befahrbare National Road 7 Richtung Osten nach Phonsavan ab, der Hauptstadt der Provinz Xieng Khouang.

Übernachten

... in Ban Nam Kene:

Sehr ruhig ▶ **Bor Nam Oon Resort:** Tel. 020 566 63 82. Hübsche Holzbungalows am Hang mit Dusche/WC und Klimaanlage, in der Nähe befinden sich warme Quellen, im Ort gibt es ein einfaches Lao-Restaurant. Bungalow 80 000 Kip.

... in Phou Khoun:

Sehr einfach ▶ **Saipavong Guest House:** Tel. 020 538 98 88. Spartanische Unterkunft an der Road 13, für den Notfall. DZ 40 000–50 000 Kip.

Essen & Trinken

Traum-Panorama ▶ **Phou Khoun Phieng Fa:** Road 13, 9 km südl. von Phou Khoun, tgl. 8–20 Uhr. Lokal auf einer Kuppe mit einfachen laotischen Speisen und traumhaftem Panoramablick. Gerichte ab 20 000 Kip.

Von Phou Khoun nach Xieng Ngeun ▶ 1, E 7

Auch zwischen Phou Khoun und Xieng Ngeun 105 km weiter nördlich berührt die Road 13 immer wieder lang gestreckte Straßendörfer von Lao-Theung- und Lao-Soung-Völkern. Reisende nach Luang Prabang legen oft in der Hmong-Stadt **Kiu Kacham** 3 eine Pause ein. In **Xieng Ngeun** 4, das malerisch im Tal des Nam Khan liegt, zweigt die National Road 4 ab, eine ungeteerte Allwetterstraße, die in den kommenden Jahren asphaltiert werden soll, Richtung Südwesten nach Xayaboury (ausgegesprochen: Sayabouli) ab.

Übernachten

... in Kiu Kacham:

Spartanisch ▶ **Kiokajam Guest House:** Road 13, Tel. 071 25 25 71, DZ 40 000 Kip. Einfach.

Essen & Trinken

Bodenständig ▶ **Bounthan Restaurant:** Road 13, Tel. 071 25 25 72, tgl. 9–21 Uhr. Einfache Einrichtung, aber gute laotische Speisen. Gerichte ab 15 000 Kip.

Abstecher in die Provinz Xayaboury ▶ 1, D 8

Karte: S. 178

Nur wenige Besucher unternehmen den zwei- bis dreitägigen Abstecher in die Provinz mit dem Beinamen Wilder Westen von Laos, was sich auf die ungezähmte Natur mit dichten Regenwäldern bezieht – Lebensraum großer Herden frei lebender Elefanten sowie indochinesischer Tiger und Sumatra-Nashörner.

Wild aber auch im Sinne von gesetzlos und bisweilen gewalttätig. In der an Thailand grenzenden Provinz kam es letztmals in den 1980er-Jahren wegen territorialer Streitigkeiten zu militärischen Konflikten mit dem Nachbarstaat. Bis heute ist der Grenzverlauf zwischen Laos und Thailand, der 1893 durch einen Vertrag zwischen England, Frankreich und Siam festgelegt wurde, immer wieder Anlass zu Unstimmigkeiten. Über den Grenzort Kenthao läuft ein Großteil des Schmuggels zwischen den beiden Ländern.

Besiedelt ist Xayaboury vorwiegend von Hmong, Akha, Yao und Khmu. In schwer zugänglichen Bergregionen haben die nomadisch lebenden Mabri, die zur ältesten Bevölkerungsschicht von Laos gehören, ein Rück-

Kleines Bergdorf, pittoresk zwischen Kasi und Phou Khoun gelegen

zugsgebiet gefunden. Ohne festen Aufenthaltsort durchstreifen sie in kleinen Gruppen als Jäger und Sammler die Bergwälder.

Knapp 20 km südwestlich von Xieng Ngeun zweigt von der National Road 4 eine Stichstraße zum Wasserfall **Tad Kacham** ab, der umrahmt von üppigem Tropengrün in Kaskaden über eine etwa 30 m hohe Felswand tost (tgl. 8–17 Uhr, 15 000 Kip). Wer länger bleiben möchte, findet in der Nähe gemütliche Bungalows.

Etwa 40 km südwestlich von Xieng Ngeun überquert die Nationalstraße 4 die Grenze zwischen den Provinzen Luang Prabang und Xayaboury. Dicht bewaldete Karstmassive mit unerforschten Höhlensystemen säumen die schottrig-staubige Piste. Ein Ziel für gut ausgerüstete Speläologen mit Erfahrung ist **Tham Thia**, die angeblich tiefste Höhle von Laos. Malerisch in einem von Karstmassiven umrahmten Tal liegt das von Reisfeldern umgebene **Muang Nane** – ein laotisches Städtchen wie aus dem Bilderbuch.

Derzeit wird zwischen Muang Nane und Kasi an der Road 13 eine Straße gebaut, um die Gebirgsregion zu umgehen und die Fahrzeit zwischen Vientiane und Luang Prabang zu verkürzen. Südlich von Muang Nane fällt die Straße steil ab ins Tal des Mekong. Im Dorf **Ban Pakkhong** setzen Boote und eine Fähre je nach Bedarf Passagiere und Fahrzeuge über den Strom. In der Nähe von **Tha Deua** am jenseitigen Mekong-Ufer stürzt der Wasserfall Tad Chao etwa 30 m tief über eine mit Tropengrün bewachsene Felswand in den Mekong.

Xayaboury 5

Das Verwaltungszentrum der gleichnamigen Provinz **Xayaboury**, liegt zwischen Reisfeldern am Nam Houng. Im Westen der Stadt bildet eine Kette von Karstbergen eine imposante Naturkulisse. Sie ähnelt einer Elefantenherde und heißt deshalb Pha Xang. Die Provinzhauptstadt, die vor allem in den ländlich wirkenden und noch relativ unterentwickelten Randgebieten immer noch einiges an Pioniercharakter besitzt, geizt mit optischen Reizen. Einzige Sehenswürdigkeit ist der lebhafte Markt, in dessen buntem Treiben Akha- und Yao-Frauen in ihren traditionellen Trachten für zusätzliche Farbtupfer sorgen.

Übernachten

Bestes Haus am Platz ▶ **Sayananh Hotel:** Tel. 074 21 11 16. Dreistöckiges Provinzhotel genüber der Provinzverwaltung, klimatisierte Zimmer mit Dusche/WC, im Restaurant laotische, thailändische und chinesische Gerichte sowie Beer Lao vom Fass. DZ kosten 120 000–150 000 Kip.

Gut und günstig ▶ **Santiphap Guest House:** Tel. 074 21 11 84. Am nordwestlichen Rand der Stadt an der Straße zum neuen Markt, klimatisierte Zimmer. Für ein DZ bezahlt man 80 000–100 000 Kip.

Freundliche Betreiber ▶ **Mekee Guest House:** Tel. 074 23 99 38. Sympathische Familienpension an der Hauptstraße nördlich des Zentrums gelegen. Sie bietet saubere Zimmer mit Dusche/WC und AC. DZ kosten 80 000–100 000 Kip.

Essen & Trinken

Am Fluss gelegen ▶ **Suan Saynamhoung Restaurant:** Tel. 074 21 11 37, tgl. 11–22 Uhr. Stimmungsvolles Terrassenrestaurant am Nam Houng, laotische, thailändische und chinesische Speisen. Gerichte ab 25 000 Kip.

Frischer Fisch ▶ **Hanphanpa Restaurant:** Tel. 074 21 17 69, tgl. 11–22.30 Uhr. Einfaches Lokal an einem Teich beim Kriegsdenkmal. Die Fische kommen aus dem Wasser direkt auf den Grill – frischer geht es nicht. Gerichte ab 20 000 Kip.

Abends & Nachts

Lao Style Disco ▶ **Nok Noy Nightclub:** Karaoke und eiskaltes Beer Lao, in der Nähe des alten Marktes.

Verkehr

Flugzeug: Zwischen dem Flughafen am südöstlichen Stadtrand und dem Zentrum verkehren Tuk-Tuks. **Flüge** von/nach Vientiane 2 x tgl. **Fluglinien und Buchungsbüros:** Lao Airlines, Tel. 074 41 20 59, Lao Capricorn Air, Tel. 074 21 31 53.

Bus: Mehrmals tgl. ab Northern Bus Station 4 km nördl. der Stadt Pickups nach Hongsa (100 km/4–5 Std.) sowie Busse nach Luang Prabang (110 km/4 Std.) und nach Vientiane (450 km/12 Std.). Mehrmals tgl. ab Southern Bus Station 5 km südl. der Stadt Busse und Pickups nach Pak Lai (120 km/4 Std.).

Hongsa 6

Eine Holperstraße verbindet die Provinzhauptstadt mit dem rund 100 km nordwestlich gelegenen Städtchen **Hongsa,** das sich Muang Xang (»Elefantenstadt«) nennt. In den Bergwäldern um Hongsa werden Arbeitselefanten eingesetzt, um Teak-Stämme aus unwegsamem Gelände zu Sammelplätzen zu schleppen. Touristen können Ausritte auf dem Rücken der grauen Riesen unternehmen. Gut 40 km südwestlich von Hongsa befindet sich beim Marktflecken Muang Ngeun an der laotisch-thailändischen Grenze ein auch für Ausländer geöffneter Übergang.

Übernachten

Funktionell ▶ **Phonethavong Hotel:** Tel. 020 22 02 16 66. Bungalowzimmer mit Ventilator oder AC, in der Nähe des Marktes. DZ 120 000–150 000 Kip.

Familiär und gemütlich ▶ **Jumbo Guest House:** Tel. 020 56 85 64 88, www.lotuselephant.com. Einfache, aber ordentliche Zimmer mit Ventilator und Dusche/WC; gutes laotisches und europäisches Essen; sehr engagiert geführt von der hilfsbereiten Österreicherin Monica, die bei der Organisation von Elefantentouren und Treks zu Bergdörfern behilflich ist. DZ 80 000–100 000 Kip.

Verkehr

Bus: Mehrmals tgl. Pickups zwischen Xayaboury und Hongsa (100 km/4–5 Std.).

Boot: Tgl. *slowboats* auf dem Mekong von Luang Prabang oder Houay Xay nach Tha Souang; vom Flusshafen fahren Pickups nach Hongsa (26 km/1,5 Std.).

Pak Lai 7

Die Nationalstraße 4 führt von Xayaboury in südlicher Richtung nach **Pak Lai**, einem wichtigen Hafen am Mekong, und endet schließlich in Kenthao an der Grenze zu Thailand, die hier auch für ausländische Touristen offen ist. Während zwischen Pak Lai und Vientiane relativ häufig Passagierboote auf dem Mekong verkehren, erfordert die Flussreise Richtung Norden nach Luang Prabang viel Zeit und Geduld. Einfacher und schneller ist es, auf der Road 2 über Xayaboury nach Xieng Ngeun an der Nationalstraße 13 zurückzukehren. Von dort sind es noch 25 km durch das malerische Tal des Nam Khan nach Luang Prabang.

Übernachten

Am Mekong ▶ **Seng Chaleune Guest House:** Tel. 074 21 19 95. Modernes Gebäude, einfache Zimmer mit Ventilator oder AC und Dusche/WC, gutes Restaurant mit Mekong-Blick. DZ 80 000–140 000 Kip.

Verkehr

Bus: Mehrmals tgl. Busse und Pickups nach Xayaboury (120 km/4 Std.).

Boot: 2 x tgl. *speedboats* nach Vientiane (4 Std.) und Luang Prabang (4 Std.) meist auf Charterbasis. Unregelmäßig *slowboats* nach Vientiane (8–10 Std.), Luang Prabang (2 Tage).

Tipp: Elefantenfest

Xayaboury, Hongsa und Pak Lai sind beschauliche Städte mit ruhigem Lebensrhythmus. Allein das alljährlich stattfindende, im dreijährigen Turnus wiederholte Elefantenfest, das zahlreiche Besucher anlockt, beschert den Orten einige geschäftige Tage. Bei dem großen Elefantenauftrieb, einem dreitägigen farbenprächtigen Volksfest, zeigen 30–40 ehemalige Arbeitselefanten, die von ihren Mahouts aus dem ganzen Land hierher gebracht werden, spielerisch ihr Können: beim Wettlauf, beim Fußballspielen oder bei Muskelprotzereien mit Baumstämmen. Unter www. elefantasia.org erfährt man die genauen Termine.

3 Luang Prabang und Umgebung ►1, E 6/7

Wie kein zweiter Ort verkörpert Luang Prabang das Laos längst vergangener Zeiten. Ein Bummel durch die ehemalige Königsresidenz versetzt Besucher in eine Epoche, in der sich der alte Zauber des Fernen Ostens erhalten hat. Das religiöse und kulturelle Zentrum von Laos, von vielen als Museum ohne Mauern bezeichnet, wird geprägt von traditionellen Gebäuden, Kolonialarchitektur und mehr als 30 Tempeln und Klöstern.

Hort des Buddhismus

Die Morgenluft ist frisch, der Himmel noch nachtschwarz, mit einer Nuance von Blau und Grau, die den Tag ankündigt. Frauen knien am Straßenrand, Männer stehen daneben. Jeder hat ein Bambuskörbchen in den Händen, darin Klebreis und andere Speisen. Stille. Niemand spricht. Alle warten. Plötzlich am vom Morgendunst verschleierten Horizont eine Bewegung. Wie Warnsignale im Nebel tauchen gelbe und orangefarbene Punkte auf, bewegen sich auf die wartenden Menschen zu.

Und dann überqueren sie die Straße, in langer, stummer Reihe, barfüßig und kahl geschoren. Sie halten ihre Bettelnäpfe den Menschen am Straßenrand entgegen, um sie von den Gläubigen mit Speisen und Almosengaben füllen zu lassen. Keiner der Mönche bedankt sich bei den Spendern, vielmehr gehen sie würdevoll schweigend weiter ihres Weges zum Königstempel Wat Xieng Thong. Halb sechs am Morgen.

Frühaufsteher können jeden Morgen diesem ergreifenden Schauspiel beiwohnen, wenn Hunderte von Mönchen in safranfarbenen Roben aus ihren Klöstern strömen und durch die Straßen der alten Königsstadt ziehen. Mit Betteln hat der Almosengang *(tak bat)* indessen nichts zu tun. Nach der laotischen Philosophie der guten Taten gilt das Almosengeben als Auszeichnung. Wer den Mönchen spendet, erhöht sein Verdienstkonto und darf mit einer höheren Einstufung im nächsten Leben rechnen. Denn dem buddhistischen Glauben an das Karma zufolge wird das Schicksal im nächsten Leben durch das Verhalten im jetzigen bestimmt. Die Gebenden sind es also, die eigentlich dankbar sein müssten.

Stadt der Pagoden

Noch hängen Nebelschwaden in der kühn geschwungenen Dachkonstruktion des **Wat Xieng Thong**. So elegant, so schwerelos wirkt der Bau, dass man sich nicht wundern würde, flöge er mit seinen fast bis auf den Boden schwingenden Dächern einfach davon. Eine leichte Brise zerreißt den Morgendunst, die ersten Sonnenstrahlen bringen die bunt glänzenden Ziegeldächer der Pagode zum Gleißen. Matt leuchtet das Gold der holzgeschnitzten Giebel und das Rot der Tempelsäulen.

Von den 30 000 Einwohnern Luang Prabangs leben 700 als Mönche und weitere 1000 als Novizen in einem der 35 Klöster, die sich über die Stadt und ihre Umgebung verteilen. Der ganze Ort scheint aus Tempeln zu bestehen – Stadt der Pagoden ist ein weiterer Beiname der ehemaligen Königsresidenz. Die Tempel verleihen Luang Prabang eine ganz besondere Atmosphäre, prägen den Charakter des ländlich wirkenden Städtchens. Fantastische Bauwerke in Rot und Gold, stille Monumente, die von tiefer Religiosität zeugen und zugleich lebendige Symbole des intensiv gelebten Buddhismus sind.

Die strahlenden Tempel der ehemaligen Königsstadt mitten im grünen Herzen von Laos wachen über ein beschauliches Leben. Eingebettet in ein Tal, umgeben von Berggipfeln, überragt vom heiligen **Tempelberg Phou Si**, ist Luang Prabang einer der romantischsten und friedlichsten Orte Asiens, einer der letzten mit dem alten Zauber des Fernen Ostens. Pagoden, verwitterte Villen und Bambushaine zwischen Holzhäusern lassen die Stadt fast wie eine Kulisse aus einem Indochina-Film der 1950er-Jahre erscheinen.

Kulturelles Erbe der Menschheit

In Luang Prabang schien noch vor Kurzem die Zeit stillzustehen. Doch die Stadt ist aus ihrem Dornröschenschlaf erwacht, wachgeküsst von Touristen, die seit der Öffnung des Landes in großer Zahl hierher strömen. Was Luang Prabang zu bieten – oder schlimmer – zu verlieren hat, seine **Kunst- und Kulturschätze**, wurde rechtzeitig erkannt, dank der UNESCO, die 1995 die 650 Jahre alte Königsstadt mit ihren vielen Tempeln, Bürgerhäusern und kolonialen Bauten in den Rang eines Weltkulturerbes erhob. Unter ihrer Schirmherrschaft scheint das Stadtensemble von Luang Prabang, das so unversehrt kaum anderswo in Südostasien zu finden ist, in die Zukunft gerettet werden zu können. Mit Hilfe ausländischer Experten wurde ein stadtplanerisches Konzept erstellt. In letzter Minute konnte die Errichtung großer Hotelkomplexe und Ferienresorts, die den Charme der Stadt zerstört hätten, ebenso verhindert werden wie das Vorhaben, die durch die Altstadt führende Königsstraße zu einem Teilstück der Nationalstraße 13 auszubauen. Unter den strengen Richtlinien der UNESCO ging man daran, Tempel und historische Gebäude mit traditionellen lokalen Techniken zu restaurieren sowie in den Klöstern, seit alters her auch Ausbildungsstätten für (Kunst-)Handwerker, wieder junge Mönche und Novizen zu Zimmerleuten, Holzschnitzern, Malern und Bildhauern auszubilden.

Stadtgeschichte

Der Tag scheint noch gar nicht so fern, als Fa Ngum, ein in der Obhut eines Herrschers der Angkor-Dynastie aufgewachsener und mit einer Khmer-Prinzessin verheirateter laotischer Fürstensohn, gen Norden zog und im Jahr 1353 am Zusammenfluss von Mekong und Nam Khan das erste Reich von Laos gründete – Lan Xang Hom Khao.

Von seiner Hauptstadt, die damals noch den Namen Xieng Dong Xieng Thong trug, gelang es Fa Ngum, durch Eroberungszüge, aber auch durch geschickte Diplomatie Lan Xang zu einem der mächtigsten Reiche der Region zu entwickeln. Um den Buddhismus im Reich des neuen großen Nachbarn zu propagieren und auch als Zeichen der Anerkennung von dessen Souveränität, sandte der Khmer-König seinem Schwiegersohn die goldene, 80 cm hohe Buddha-Statue Pha Bang.

Als die mittlerweile nach dem heiligen Buddha-Bildnis in Luang Prabang (Großer oder Königlicher Pha bzw. Pra Bang) umbenannte Königsresidenz den angreifenden Burmesen in die Hände zu fallen drohte, zog König Setthathirath im Jahr 1560 mit seinem Hofstaat in das weiter im Süden gelegene und leichter zu verteidigende Vieng Chan. Auch König Souligna Vongsa, während dessen Regentschaft von 1637 bis 1694 Lan Xang eine politisch beständige Epoche und zugleich eine Zeit hoher kultureller Blüte erlebte, zog es vor, die Geschicke des Reiches von Vieng Chan zu lenken.

Aus dem Schatten der Konkurrentin im Süden trat Luang Prabang, als mit dem Tod von König Souligna Vongsa das Goldene Zeitalter von Laos endete und Lan Xang in drei Teilstaaten zerfiel. Während die südlichen Reiche Vieng Chan und Champasak in Abhängigkeit von Vietnam und Siam gerieten, gelang es dem Herrscher von Luang Prabang, König Kingkitsarath, trotz der Angriffe von Burmesen 1753 und 1771, die Souveränität seines Reiches gegenüber den mächtigen Nachbarn zu behaupten. Ende des 18. Jh. aber musste auch Luang Prabang die Oberhoheit der Siamesen anerkennen.

Schönstes Beispiel für Luang Prabangs Tempelarchitektur: der Wat Xieng Thong

Eine neue Epoche brach an, als es dem französischen Kolonialbeamten Auguste Pavie 1887 gelang, den in Luang Prabang residierenden laotischen König Oun Kham zu einem Schutzbündnis mit Paris zu überreden. 1893 wurde das französische Protektorat über Laos errichtet, unter dem nur der König von Luang Prabang, Sakkarine, der älteste Sohn von Oun Kham, seinen königlichen Titel behielt.

Die französischen Kolonialbehörden wollten sich im abgelegenen Luang Prabang nicht ansiedeln. Sie machten das in der Ebene gelegene Vientiane zur administrativen Hauptstadt von Laos. Luang Prabang aber blieb das kulturelle Zentrum und die traditionelle laotische Fürstenstadt. Auch nach dem Rückzug der Franzosen aus ihrem Kolonialreich Indochina im Jahr 1954 war Luang Prabang Sitz des vereinten Königreichs Laos. Politik und Geschichte aber wurden in Vientiane gemacht. Im Jahr 1975 endete nach 622 Jahren die Monarchie in Laos. König Sisavang Vatthana, der letzte laotische Monarch, wurde wegen angeblicher regierungsfeindlicher Umtriebe in einem Arbeitslager interniert, wo er 1980 starb. Sein Tod bedeutete zugleich auch das Ende der laotischen Königsfamilie. Luang Prabang aber profitiert bis heute von seiner großen Vargangenheit als kulturelles und spirituelles Zentrum.

Die Altstadt von Luang Prabang

Cityplan: S. 188/189

Die Orientierung in Luang Prabang fällt leicht. Die Altstadt erstreckt sich auf einer Halbinsel. Auf der einen Seite fließt der Mekong, auf der anderen der Nam Khan. Ihr Zusammenfluss markiert das nordöstliche Ende des historischen Zentrums. Der Ortskern umfasst die **alte Königsstraße**, deren vier Abschnitte nach laotischen Herrschern benannt sind. An der Magistrale liegen neben dem ehemaligen Königspalast, der heute als Museum dient, die bedeutendsten Tempel der Stadt. Wie die Hauptstadt Vientiane besteht auch Luang Prabang aus Dorfbezirken *(ban)*, welche die Namen der Tempel tragen, um die sie sich gruppieren.

Die mit Tempeln, Pagoden und Klöstern beladene Halbinsel ist so kompakt und übersichtlich, dass man sie problemlos zu Fuß erkunden kann. Zwei, drei Tage genügen aber kaum, um einen Eindruck von der alten Königsresidenz zu erhalten.

Wat Mahathat

Ausgangspunkt des Streifzugs ist die 1548 von König Setthathirath gegründete Tempelanlage **Wat Mahathat** 1, zu der von der Thanon Fa Ngum eine von silbernen Naga-Schlangen flankierte Treppe führt. Mehrere Gebäude des Klosters fielen 1900 einem Wirbelsturm zum Opfer. Ihre heutige Pracht verdankt die Pagode, die sich mit hohen Giebelseiten und einem tief über die niedrigen Längsmauern herabreichenden Satteldach im für Luang Prabang typischen Stil präsentiert, einer aufwendigen Restaurierung im Jahr 1910.

Den Giebel des von sechs massiven Rundsäulen gestützten Portalvorbaus schmücken kunstvolle Goldreliefs. Virtuos gestaltete Reliefschnitzereien verzieren die hölzernen Fenster- und Türflügel des *sim*. Sie illustrieren die Legende von König Sisouthone und der Kinnari-Vogelfrau Nang Manola, die aus Liebe zu dem König ihre Flügel ablegt, um als Mensch zu leben. Der große grau-schwarze Stupa hinter dem *sim* birgt eine Reliquie des Tempelgründers. Auf einer Terrasse oberhalb des Wat Mahathat steht der kleine **Wat Ho Siang** 2, dessen Ursprünge in das frühe 18. Jh. zurückreichen.

Das **Traditional Arts and Ethnology Centre** 3 etwas abseits der Thanon Setthathirath stellt ethnische Artefakte wie Kleidung, Haushaltsgegenstände und Kunsthandwerk aus. Ziel des Privatmuseums ist es, die Lebensweise der Bergvölker darzustellen (Tel. 071 25 33 64, www.taeclaos.org, Di–So 9–18 Uhr, 20 000 Kip).

Im Schnittwinkel von Thanon Setthathirath und Thanon Chao Siphouphan breitet sich der **Talat Dara** 4 aus. Im riesigen überdachten Markt reiht sich ein Stand an den anderen. Hier gibt es vor allem Textilien und Haushaltswaren. Manche Händler verkaufen Gold- und Silberschmuck oder Antiquitäten. Das Labyrinth der Gänge zu erkunden, macht vor allem in den frühen Morgenstunden Spaß, wenn auf dem Markt reges Treiben herrscht.

Wat May 5

Einer der größten und prächtigsten Sakralbauten in der an Schmuckstücken nicht armen Stadt ist der **Wat May**. Der zu Zeiten der Monarchie unter königlicher Patronage stehende Tempel beherbergte einst die in ein Prachtgewand gekleidete Buddha-Statue **Pha Bang**, das Nationalheiligtum von Laos. Während des alljährlich im April stattfindenden buddhistischen Neujahrsfestes begleitet eine feierliche Prozession den goldenen Pha Bang aus seiner neuen Stätte im früheren Königspalast zum Wat May. Dort wird er im Allerheiligsten ausgestellt und in einer feierlichen Zeremonie von Mönchen und Würdenträgern mit Weihwasser übergossen.

Mit seinem fünffach übereinander gestaffelten, fast bis auf den Boden schwingenden Satteldach, dem vergoldeten ornamentalen Schmuckwerk an Giebeln und Säulen sowie der reichen Innenausstattung ist der Wat May ein Paradebeispiel nordlaotischer Sakralarchitektur. Ins Auge fällt vor allem das aus Holz geschnitzte vergoldete Basrelief, das die gesamte Front überzieht. Illustriert sind Szenen aus dem »Vessantara Jataka«, die von der vorletzten Inkarnation des Buddha berichten. Gegründet wurde der Tempel von König Anourouth Ende des 18. Jh. Mit dem Bau der Pagode begann man aber erst während der Regentschaft von König Manthathourath im Jahr 1821. Fertig gestellt wurde das Heiligtum 70 Jahre später unter König Sakkarine.

An den Steinsäulen vor der Pagode wurden in früheren Jahren bei Prozessionen die königlichen Elefanten festgezurrt. Die auf Steinsockeln ruhende **Bibliothek** in der Südwestecke des Tempelareals beherbergt eine der bedeutendsten Sammlungen von Palmblatt-Manuskripten in Luang Prabang (tgl. 7–17.30 Uhr, 10 000 Kip).

Der ehemalige Königspalast 6

An den Wat May grenzt nördlich der weitläufige, sich zwischen dem Tempelberg Phou Si und dem Mekong erstreckende ehemalige

Luang Prabang

Mekong
Nam Khan
Kingkitsarath
Thanon Ounkham
Thanon Sakkarine
Thanon
Thanon Sisavang Vatthana
Nam Sok Internet
Thanon Sisavang Vong
Slowboat-Anlegestelle
Phou Si
0
100
200 m
Pak-Ou-Höhlen, 19 20 21
Mekong
Thanon
Thanon Sisavang Vatthana
Slowboat-Anlegestelle
Wat Pa Phay
Wat Xieng Mouane
Wat Chom Khong
Thanon Sisavang Vong
Phou Si
Luang Prabang Provincial Tourism Office
Thanon Souvanbanlang
Thanon Fa Ngum
Thanon Setthathirath
Thanon Chao Siphouphan
Thanon
Thanon Visounarath
Thanon
Thanon
Boun Khong
Thanon Phamaha Phasaman
Thanon Oupalathviengkhung
Thanon Samsenthai
Thammikarat
Thanon Phothisarath
Thanon Phou Vao
Thanon Naviengkham
Tad Kuang Si
Vientiane, Tad Sae, Southern Bus Station

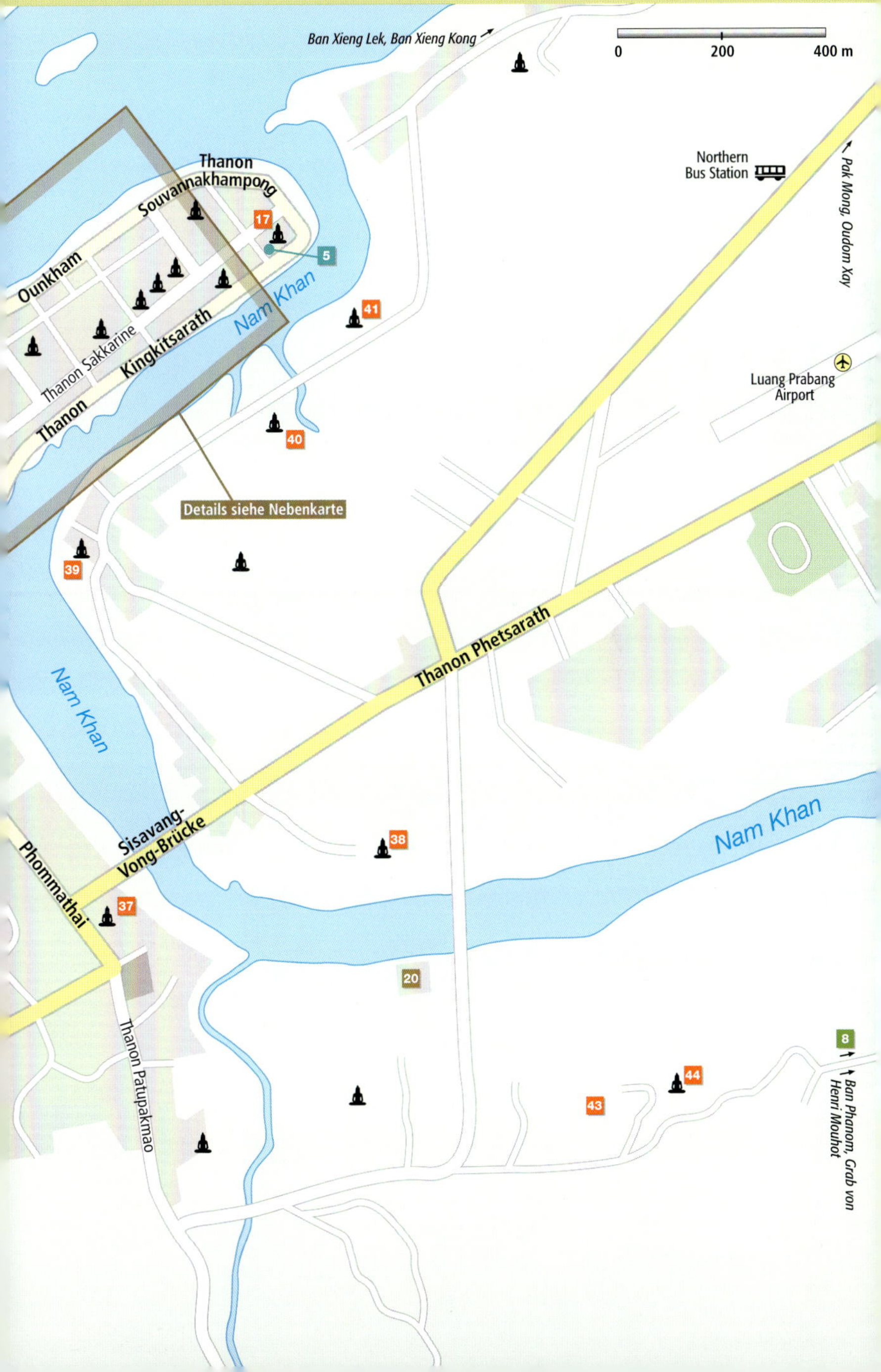

Ban Xieng Lek, Ban Xieng Kong
0
200
400 m
Northern
Bus Station
Pak Mong, Oudom Xay
Thanon
Souvannakhampong
17
5
Ounkham
Nam Khan
41
Thanon Sakkarine
Kingkitsarath
Thanon
Luang Prabang
Airport
40
Details siehe Nebenkarte
39
Thanon Phetsarath
Nam Khan
Sisavang-
Vong-Brücke
Phommathai
38
Nam Khan
37
20
Thanon Patupakmao
8
44
43
Ban Phanom, Grab von
Henri Mouhot

Luang Prabang

Sehenswertes

1 Wat Mahathat
2 Wat Ho Siang
3 Traditional Arts and Ethnology Centre
4 Talat Dara
5 Wat May
6 Nationalmuseum im ehemaligen Königspalast
7 Wat Pha Huak
8 Wat Chom Si
9 Wat Si Phutthabat
10 Wat Pa Khae
11 Wat Pa Fang
12 Wat Sene
13 Wat Sop
14 Wat Si Mungkhun
15 Wat Si Bun Hüang
16 Wat Khili
17 Wat Pak Khan
18 Wat Xieng Thong
19 Wat Khok Pab
20 Wat Phu Phasat
21 Wat Hat Siao
22 Wat Tham Khoua Sakkarine
23 Wat Long Khun
24 Wat Chom Phet
25 Wat Xieng Maen
26 Wat Nong
27 Wat Kok Pho Thaen
28 Wat Pa Phay
29 Wat Xieng Mouan
30 Wat Chom Khong
31 Cultural House Puang Champa
32 Wat Phone Xay
33 Wat That Luang
34 Wat Monorom
35 Wat Visounarath
36 Wat Aham
37 Wat Mün Na
38 Wat Tao Hai
39 Wat Phan Luang
40 Wat Pa Kha
41 Wat Poonsaath
42 Wat Phabat Tai
43 Santi Chedi
44 Wat Pa Phon Phao

Übernachten

1 Villa Santi
2 The BelleRive
3 Sala Prabang
4 Lotus Villa
5 The Chang Inn
6 Auberge Le Calao Inn
7 Say Nam Khan
8 Sayo River Guest House
9 Xieng Mouane Guest House
10 Villa Senesouk
11 Alounsavath Guest House
12 Sopha House
13 La Résidence Phou Vao
14 Maison Souvannaphoum
15 Maison Da La Bua
16 Ancient Luang Prabang Hotel
17 Mouang Luang Hotel
18 Phousi Hotel
19 Rama Hotel
20 Thongbay Guest House
21 Maniphone Guest House
22 Sabaidee Guest House
23 Manichan Guest House

Essen und Trinken

1 L'Eléphant
2 Three Nagas
3 Apsara Restaurant
4 Blue Lagoon Café
5 Tum Tum Cheng
6 Coconut Garden
7 Couleur Café & Restaurant
8 Tamarind
9 Big Tree Café
10 Tamnak Lao Restaurant
11 Tum Tum Bamboo Restaurant
12 Luang Prabang Bakery
13 Entlang der Thanon Ounkham
14 Roots & Leaves
15 Indochina Spirit
16 Lao Lao Garden
17 Paradise Restaurant
18 Le Tam Tam Garden

Einkaufen

1 Ban Khili Paper Gallery
2 Caruso
3 Kopnoi
4 Mixay Boutic
5 Satri Lao Deco
6 The Blue House
7 Ban Lao Natural Products
8 Ban Phanom Handicraft Weaving Room
9 Lao Antique Textile Collection
10 Lao Cotton
11 OckPopTok
12 Textile Handicraft Workshop
13 Night Market
14 Talat Phousi
15 Tribal Market
16 Xao Many Silver Smith

Abends & Nachts

1 Hive Bar
2 Khopchai
3 Lemongrass
4 L'Usine
5 Khili Wine Bar
6 Pack Luck Liquor
7 Maylek Pub
8 Dao Faa
9 Muang Sua Discotheque
10 Royal Ballet Theatre
11 Children's Cultural Centre

Aktiv

1 Lao Red Cross
2 The Spa Garden
3 Exotissimo Travel
4 Green Discovery
5 Tiger Trail

Königspalast, der seit dem Ende der Monarchie als **Nationalmuseum** dient. König Sisavang Vong, der vorletzte laotische Monarch, ließ den Goldenen Palast (Ho Kham) zwischen 1904 und 1909 errichten. Einst war der königliche Palast der magisch-religiöse Mittelpunkt des Reiches.

Vom Haupteingang an der Thanon Sisavang Vong führt eine von Zuckerpalmen gesäumte Allee zu dem Palast mit kreuzförmigem Grundriss, einem unspektakulär wirkenden zweistöckigen Gebäude, dessen gestaffeltes Dach eine neunstufige Pagode krönt. Der dreiköpfige Elefant Erawan im Schutze eines großen weißen Schirms, den man im Giebeldreieck des Portalvorbaus sieht, symbolisiert die drei historischen Königreiche von Laos. Das Staatsemblem wird umgeben von Naga-Schlangen, die seit alters her als Regen- und Fruchtbarkeitsspender verehrt werden.

Blickfang in der Eingangshalle, die einst für Staatsempfänge und andere offizielle Anlässe genutzt wurde, ist der **Thron des Pha Sangkharat**, des Obersten Patriarchen des laotischen Sangha. Die zum Teil sehr alten Köpfe von Buddha-Figuren und Statuen des Erleuchteten in den Glasvitrinen stammen aus Tempeln, die bei Angriffen der Burmesen im 18. Jh. zerstört wurden.

Die Wände des sich anschließenden **königlichen Empfangssaals** schmücken Malereien, die der Franzose Alix de Fauteraux 1930 schuf. Dargestellt sind markante Ansichten und Bauwerke von Luang Prabang sowie Szenen aus dem Alltagsleben der Stadt. Die Exponate in dem Gang, der den Audienzsaal mit der Thronhalle verbindet, darunter eine Stele mit Pali-Inschriften aus dem Jahr 1527 und zwei große Bronzegongs, stammen aus der Epoche des Königreichs Lan Xang Hom Khao (1353–1694).

Der Glanz der monarchistischen Vergangenheit spiegelt sich besonders eindrucksvoll in dem ganz in Rot und Gold gehaltenen **Thronsaal** wider. Glasvitrinen schützen wertvolle Buddha-Figuren sowie kunstvoll gearbeitete, mit Edelsteinen besetzte Zeremonialschwerter und andere königliche Insignien.

Den prunkvollen Thron in der Mitte des Saales, eigens für die Krönungszeremonien gefertigt, hat Sisavang Vatthana nie bestiegen. Zwar trat er nach dem Tod seines Vaters Sisavang Vong dessen Nachfolge an, Hofastrologen aber hatten bis zu seiner erzwungenen Abdankung im Jahr 1975 keinen spirituell günstigen Termin für die offiziellen Thronfeierlichkeiten ausmachen können.

In den **Privatgemächern** im rückwärtigen Palasttrakt kann man dem Leben der königlichen Familie nachspüren. Zwar sind die Räume mit traditionellem Mobiliar und historischen Sammlerstücken eingerichtet, doch deutet das im Vergleich zu den mit Gold und Brokat ausgestatteten offiziellen Sälen einfache Inventar auf eine bescheidene Lebensweise der laotischen Monarchen hin.

In den Gängen, die zum **Empfangssaal der Königin** im linken Palastflügel führen, sind weitere Exponate der reichhaltigen Kunstsammlung des Nationalmuseums ausgestellt, etwa bronzene Buddha-Figuren, die im 15. und 16. Jh. gegossen wurden. Vitrinen im Secretary's Reception Room, der letzten Station des Rundgangs, enthalten Staatsgeschenke an die königliche Familie.

Die heiligste Buddha-Statue des Landes, der **Pha Bang,** ein stehendes Buddhabildnis aus Gold, Silber und Bronze in der Segen und Schutz symbolisierenden *Abhaya-Mudra*-Pose, thront auf einem goldenen Altar im rechten Flügel des ehemaligen Königspalastes. Sobald führende Mönche ein dafür astrologisch günstiges Datum ermittelt haben, soll der buddhistische Nationalheilige und Namenspatron von Luang Prabang in die Pagode (Ho Pha Bang) rechts vom Haupteingang einziehen (Tel. 071 25 83 79, tgl. außer Di 8–11.30, 13.30–16 Uhr, letzter Einlass 15.30 Uhr, angemessene Kleidung, Fotografieren verboten, 30 000 Kip).

Der Tempelberg Phou Si

Gegenüber vom ehemaligen Königspalast ragt der heilige Tempelberg **Phou Si** auf, ein 150 m hoher Hügel, gekrönt von einer Pagode mit goldener Kuppel. Ein nachts beleuchteter Treppenpfad mit 328 Stufen führt durch üppiges Tropengrün hinauf auf den Gipfel. Am Beginn der Treppe steht der kleine **Wat Pha Huak** 7, dessen Ursprünge in die erste Hälfte des 19. Jh. zurückreichen. Im Innern zeigen restaurierte Wandgemälde Luang Prabang als eine himmlische Stadt.

Der Weg endet beim Bergtempel **Wat Chom Si** 8, der auch unter dem Namen Wat Phou Si bekannt ist. Nicht nur wegen der kleinen Tempelanlage, die aus einem *sim* mit sitzendem Buddha und einem Stupa besteht, sondern auch wegen des herrlichen Ausblicks über die sich zwischen Mekong und Nam Khan ausbreitende Altstadt ist der Aufstieg zu Luang Prabangs Stadthügel zu empfehlen (tgl. 7–19 Uhr, 20 000 Kip).

Etwas abseits der Pagode beginnt ein Stufenpfad. Vorbei an einem liegenden Buddha erreicht man den **Wat Si Phutthabat** 9, dem eine Mittelschule, eine der drei Mönchsschulen von Luang Prabang, angeschlossen ist. Ziel zahlreicher Gläubiger ist eine kleine Kapelle auf dem Tempelgelände, die um einen Fußabdruck des Buddha errichtet wurde. Der Überlieferung zufolge bereiste Siddharta Gautama Laos, um seine Lehre zu verbreiten, und hinterließ dabei als Zeichen seiner Wertschätzung von Land und Leuten an manchen Stellen seine Fußstapfen. Die Pagode des **Wat Pa Khae** 10 am Fuß der Treppe besticht durch kunstvolle Stuckverzierungen. Die Reliefschnitzereien von zwei Holztüren zeigen europäische Gesandte, die Mitte des 17. Jh. das Königreich Laos besuchten.

Wat Pa Fang 11

Vorbei an den Kuti, den spartanischen Unterkünften für meist aus entlegenen Bergprovinzen stammende Mönche und Novizen, erreicht man den **Wat Pa Fang**, der auf einem Hügel über dem Nam Khan thront. Die solide gebaute Pagode aus dem Jahr 1799, mit

Der heilige Tempelberg Phou Si

mehrfach gestaffeltem, tief heruntergezogenem Dach, Flammengiebeln und mächtigen Rundsäulen ein schönes Beispiel für den seltenen Xieng-Khouang-Stil, präsentiert sich in archaischer Ursprünglichkeit.

Thanon Sakkarine

Von dort ist es nah zur **Thanon Sakkarine** mit zweistöckigen Handelshäusern, die Kaufleute aus Südchina im 18. und 19.Jh. errichteten. Heute beherbergen die Häuser Souvenir- und Kunsthandwerksläden sowie Restaurants, Bistros und Cafés.

Wat Sene 12

Sich an der Kreuzung der Thanon Sisavang Vatthana und der Thanon Sakkarine rechts haltend, erreicht man den **Wat Sene** (gesprochen: Sään), dessen von zwei goldenen Löwen bewachte Pagode innen wie außen ein Schmuckstück der typischen Tempelarchitektur des laotischen Nordens ist. Besonders eindrucksvoll sind die kunstvollen vergoldeten Reliefschnitzereien an den Giebeln, den achteckigen Säulen und den Fenster- und Türflügeln.

Kein anderes Tempelkloster ist so reich mit dem für Luang Prabang typischen Schablonendruck – Gold auf rotem oder schwarzem Grund – verziert wie der Wat Sene. Reiches Golddekor weisen auch die beiden 27 m langen Pirogen für die alljährlichen Wettrennen auf dem Nam Khan auf. Dass man am Wat Sene, der 1957 anlässlich der buddhistischen 2500-Jahr-Feiern aufwendig restauriert wurde, so verschwenderisch mit Goldschmuck umging, hat Tradition. Der Legende nach stiftete im Jahr 1718 der Adelige Chao Mang für den Bau von Tempel und Kloster einen riesigen Goldnugget von über 100 000 Karat. Von dieser Spende rührt auch der Name des Tempels her – *sen* bedeutet 100 000.

Wat Sop 13

Die Ursprünge des benachbarten **Wat Sop** , dessen zierliche Pagode eine umlaufende, von quadratischen Säulen gestützte Galerie und einen von Rundsäulen getragenen Portalvorbau besitzt, reichen bis in das 15. Jh. zurück. 1480 ließ Prinz Chao Thaen Kham zum Gedenken an seinen verstorbenen Vater an dieser Stelle einen Stupa errichten, in dem nach der Kremation die sterblichen Überreste des Königs verwahrt wurden.

Heute befindet sich auf dem Gelände des Wat Sop eine höhere Mönchsschule, in der die Eleven die buddhistische Lehre studieren und die heilige Sprache Pali lernen, aber auch in Naturwissenschaften, Mathematik und Englisch unterrichtet werden.

Wat Si Mungkhun 14

Mit seinen hohen Seitenwänden wirkt der *sim* des nördlich angrenzenden **Wat Si Mungkhun** untypisch für den Baustil von Luang Prabang. Aus dem Rahmen fällt auch der asymmetrische Grundriss mit nur einer von fünf Säulen gestützten Seitengalerie.

Wat Si Bun Hüang 15

In der rückwärtigen Veranda der Pagode des **Wat Si Bun Hüang** steht ein etwa 5 m langer Holztrog, der einer Naga-Schlangengottheit ähnelt. Diese sogenannten *hang song nam pha* (Statuen-Wässerungströge) werden während des buddhistischen Neujahrsfestes im April in den meisten Tempeln für rituelle Waschungen der Buddha-Statuen verwendet.

Wat Khili 16

Die kleine Pagode des **Wat Khili** auf der gegenüberliegenden Seite der Thanon Sakkarine ist mit ihrem gestaffelten, von quadratischen Säulen gestützten Steildach eines der wenigen noch erhaltenen Beispiele eines *sim* im seltenen Xieng-Khouang-Stil. Zuwanderer aus der laotischen Nordostregion errichteten das Gebäude 1773/74.

Wat Pak Khan 17

Die schnörkellose Pagode und einfachen Mönchsunterkünfte des **Wat Pak Khan** nahe der Mündung des Nam Khan in den Mekong täuschen darüber hinweg, dass es sich bei dem Tempelgelände um einen der ältesten Kultplätze von Luang Prabang handelt. Der Überlieferung zufolge trafen sich an dem günstig gelegenen Ort seit Menschengedenken Händler von nah und fern, um Waren zu tauschen. Als Dankesbezeugung für den ihnen gewährten Wohlstand und auch, um sich Verdienste für künftige Existenzen zu erwerben, ließen sie 1737/38 den Wat Pak Khan errichten. Gegenüber erstrahlt das frühere Zollgebäude, heute Sitz der UNESCO in Luang Prabang, in kolonialem Glanz.

Wat Xieng Thong 18

Oberhalb des Zusammenflusses von Mekong und Nam Khan leuchtet der **Wat Xieng Thong** (Goldener Stadttempel) wie eine Krone. Die Pagode des 1560/61 von König Setthathirath gegründeten Tempels ist ein besonders feines Beispiel für den Architekturstil des laotischen Nordens mit hohen Giebelseiten und niedrigen Längsmauern, mehrfach gestaffelten, bis fast auf den Boden reichenden, auf üppig dekorierten Säulen ruhenden Satteldächern und reich verzierten Dachbalken. Zur Mitte aufsteigende, ringförmige Schirmchen *(dook so fan),* die das Universum symbolisieren, krönen als Ornament das Pagodendach. Auf der roten Außenwand der südlichen Giebelseite blüht der Flammenbaum des Lebens als Glasmosaik. Dem prachtvollen Äußeren entspricht das nicht minder prunkvolle Allerheiligste des *sim*: Gold-Lack-Verzierungen und Gemälde schmücken dessen Innen- und Außenwände.

An der Ostseite wird die Pagode von mehreren Kapellen flankiert, in denen sich jeweils eine Buddha-Statue befindet. So enthält die Kapelle in der Nähe des achteckigen Stupas ein sehr seltenes Bildnis des liegenden Buddha bei seinem Eingang ins Nirvana. Die Statue, eine der größten Bronzeskulpturen von Laos, stammt vermutlich aus dem 16. Jh. Zahlreiche tönerne Votivtäfelchen schmücken die Wände dieses Schreins. Die Statue des Abhaya-Mudra-Buddha in einem kleinen Gebäude beim Pagodeneingang symbolisiert Segen und Schutz.

Manche der thailändisch inspirierten Mosaiken an den Außenwänden der Pagode und der Kapellen – besonders prachtvoll sind diejenigen der Bibliothekskapelle an der Rückseite des *sim* – illustrieren »Jataka«-Legenden, die sich um die früheren Leben des Buddha ranken, andere stellen Szenen aus dem laotischen Nationalepos »Sang Sin Say« dar. Die **Wandgemälde** in der Pagode dienten der moralisch-religiösen Unterweisung der meist des Lesens unkundigen einfachen Leute. Straffällig gewordenen wurde drastisch vor Augen geführt, was sie nach dem Richterspruch zu erwarten hatten.

In der **Begräbniskapelle** an der Thanon Sakkarine, einem gelungenen Beispiel moderner laotischer Sakralarchitektur aus dem Jahr 1962, bewundern Besucher den von sieben Naga-Schlangen geschmückten Bestattungswagen der königlichen Familie. In den drei Urnen aus Sandelholz wurden die sterblichen Überreste von König Sisavang Vong sowie seiner Mutter und seines Vaters zum Verbrennungsplatz beim Wat That Luang überführt.

In einem Bootshaus pflegen die Mönche zwei lange Drachenrennboote für die alljährlichen Ruderwettkämpfe.

Der Wat Xieng Thong ist die einzige Tempelanlage von Luang Prabang, die alle Eroberungen, Plünderungen und Brandschatzungen der Stadt unbeschadet überstanden hat und sich somit in ihrer ursprünglichen Form präsentiert. Viele Gläubige sind überzeugt, dass der Naga-Schlangengott Chao Bun Nüa, der am Zusammenfluss von Mekong und Nam Khan residiert, ein magisches Schutzschild um das Heiligtum gelegt hat. Ein ihm im Tempel gewidmeter Schrein erfährt bis zum heutigen Tage eine besondere Verehrung (tgl. 7–18 Uhr, 20 000 Kip).

Tempel am jenseitigen Mekong-Ufer

Vom Hauptportal des Wat Xieng Thong führt eine Treppe hinab zum Mekong. Dort bieten Bootsleute ihre Pirogen für die Überfahrt an das jenseitige Flussufer an, an dem weitere bedeutende Tempel aufragen. Schräg gegenüber der Mündung des Nam Khan in den Mekong liegt, von üppigem Tropengrün überwuchert, die Ruine des **Wat Khok Pab** 19, dessen Gründungsdatum unbekannt ist. Die Einheimischen, bei denen der Geisterglaube

Pi May Lao – Luang Prabangs Wasserschlacht

Thema

Wer in Laos Mitte April den Ruf Sabai dii Pi May Lao hört, der geht am besten ganz schnell in Deckung, vor allem wenn er gerade in Luang Prabang ist. Auf den buddhistischen Neujahrsgruß folgt nämlich in der Regel ein Schwall kaltes Wasser, begleitet von schallendem Gelächter. Drei, vier Tage, oft auch eine ganze Woche, meist beginnend am 13. April, tobt zum buddhistischen Neujahrsfest eine Wasserschlacht im Land.

Das traditionelle Neujahrsfest der Buddhisten ist ein Fest der Reinigung. Schon Tage zuvor werden Wohnhäuser und Pagoden blitzblank geputzt, denn Schmutz zum Neujahrsanfang bringt Unglück für das folgende Jahr. Die Gläubigen schmücken Buddha-Statuen mit Blumen und Girlanden, nachdem an ihnen zuvor Mönche rituelle Waschungen vollzogen haben. Dies geschieht mittels meterlanger Holztröge, die Naga-Schlangen ähneln und als *hang song nam pha* (Statuen-Wässerungströge) bezeichnet werden.

Um die Sünden des alten Jahres abzuwaschen und das neue Jahr rein beginnen zu können, besprengt oder begießt man sich mit wohlriechendem Wasser. Das Puder oder Reismehl, mit dem man sich zuvor gegenseitig die Gesichter einreibt, symbolisiert den Schmutz des vergangenen Jahres. Das Ritual steht nicht nur für Reinheit, sondern auch für Erneuerung und Fruchtbarkeit, denn es ruft den Regen herbei und schafft neues Leben.

Aus diesem alten Brauch entwickelte sich eines der ausgelassensten Feste des Landes. Dutzende von Pickups fahren durch die Straßen, auf den Ladeflächen große Bottiche voller Wasser und Eimer. Empfangen werden die Kampfwagen mit Salven aus Wasserwerfern und Hochdruck-Wasserpistolen, die triefend nasse Menschen am Straßenrand abfeuern.

Der Höhepunkt des Pi-May-Festes in Luang Prabang ist eine große Parade zwischen dem Wat May und dem Wat Xieng Thong, den Haupttempeln der Königsstadt. Angeführt wird die Prozession von Mönchen und buddhistischen Würdenträgern. Im Festzug ziehen auch die hübschesten Mädchen mit sowie Straßenmusikanten mit Trommeln und Zimbeln. Stars der Parade sind in manchen Jahren prachtvoll geschmückte Elefanten.

Abends findet in allen größeren Tempeln der Tanz der Schutzpatronen von Luang Prabang, Pu Nyoe und Nya Nyoe, statt. Dargestellt werden die beiden Wächter über dem Wohlergehen der Stadt durch zwei geheimnisvolle Masken, die während des Jahres in einem Schrein auf dem Gelände des Wat Aham aufbewahrt werden.

Am letzten Tag des Neujahrsfestes lassen sich Tausende von Laoten mit Pirogen zum rechten Mekong-Ufer übersetzen, um auf einer ausgedehnten Sandbank vor dem Wat Long Khun kleine Stupas aus Sand zu bauen, die sie dann mit Fähnchen und Buddha-Bildern schmücken. Der Wunsch eines jeden gläubigen Buddhisten ist es, dem Barmherzigen einen Tempel zu stiften. Da die wenigsten so viel Geld aufbringen können, errichten sie am Neujahrsfest zu Ehren von Buddha kleine Heiligtümer aus Sand. Für jedes einzelne Sandkorn werde eine Sünde vergeben, glauben die einen. Andere beten zu Buddha, er möge ihnen für jedes Sandkorn einen Tag voller Glück und Reichtum schenken.

höchst lebendig ist, meiden diesen verwunschenen Ort.

Wat Phu Phasat 20 und **Wat Hat Siao** 21 sind weitere verlassene Klöster, in deren Ruinen sich bisweilen Mönche aus der Stadt zur Meditation zurückziehen.

Vor dem Höhlentempel **Wat Tham Khoua Sakkarine** 22 bieten Kinder ihre Dienste als *guides* an. Im Schein starker Taschenlampen erblicken Besucher Fragmente hölzerner Buddha-Statuen, bevor sie auf rutschigen Stufen in eine große Grotte mit schönen Tropfsteinen hinabsteigen. Vor allem während des buddhistischen Neujahrsfests ist der Wat Tham, in dessen tiefem Innern eine heilige Quelle sprudelt, Ziel zahlreicher Gläubiger.

Der **Wat Long Khun** 23, dessen Ursprünge in das 18. Jh. zurückreichen, diente einst laotischen Königen und männlichen Angehörigen des Hofstaats als Meditationsort. Auch verlangte es die Tradition, dass sich ein König von Luang Prabang vor den Krönungszeremonien drei Tage lang in diesen Tempel zurückzog. Wie alle Klöster am rechten Mekong-Ufer war der Wat Long Khun nach der kommunistischen Machtübernahme im Jahr 1975 dem Verfall preisgegeben, konnte aber dank privat initiierter Restaurierungsarbeiten, bei denen traditionelle lokale Techniken angewendet wurden, gerettet werden. Besonders schön gestaltet sind die vergoldeten **Holzschnitzereien** am Giebel der vorgebauten Säulenhalle und die stilisierten **Flammenmotive** an den Dachfirsten. Die hoch verehrte Statue des sitzenden Buddha im Allerheiligsten wird von mehreren stehenden Buddha-Figuren im graziösen Luang-Prabang-Stil flankiert (tgl. 7–18 Uhr, 5000 Kip).

Hoch über dem Mekong-Ufer thront der Bergtempel **Wat Chom Phet** 24, ein außen wie innen unspektakuläres Bauwerk, von dem sich aber ein wunderschöner Blick auf das gegenüberliegende Luang Prabang bietet.

Der **Wat Xieng Maen** 25 einige Hundert Meter flussabwärts ist ein weiteres Juwel unter den Tempeln der alten Königsstadt. Das Säulenportal der Pagode und ihr mehrfach gestaffeltes Satteldach sind in Anlehnung an den Stil der nordsiamesischen Tempelarchitektur von Chiang Mai ausgeführt. Im Innern blieben Originale der Wandbilder aus dem 19. Jh. mit »Jatakas«-Themen erhalten. Mit einer Piroge kehrt man vom Wat Xieng Maen in die Altstadt von Luang Prabang zurück.

Wat Nong 26

Zwischen der Thanon Sakkarine und der Thanon Manthathourath am Mekong-Ufer verläuft eine weitere Pagodenstraße, an der bedeutende Tempelanlagen wie Perlen an einer Kette aufgereiht sind. Etwa zehn Gehminuten südwestlich vom Wat Xieng Thong erstrahlt der aufwendig restaurierte **Wat Nong**, mit vollem Namen Wat Nong Si Khoun Muang, in einem Glanz, den er wohl kaum jemals zuvor besessen hat.

Das Stuckwerk und die Holzschnitzereien der Pagode, vor allem am Giebel und an den Tür- und Fensterrahmen, sind hervorragende Handwerksarbeit. Berühmtheit über die Grenzen von Luang Prabang hinaus erlangte der Tempel, als man nach einer Feuersbrunst im Jahr 1774 ein Tuch, das die bedeutendste Buddha-Statue des Wat bedeckte, unversehrt wieder fand. Heute residiert im Wat Nong der buddhistische Patriarch von Luang Prabang.

Wat Kok Pho Thaen und Wat Pa Phay

Im **Wat Kok Pho Thaen** 27 in der Thanon Sisavong Vatthana empfingen früher zum Tod Verurteilte am Morgen vor ihrer Hinrichtung ihre Henkersmahlzeit. Der gegenüberliegende kleine **Wat Pa Phay** 28 besticht durch reiches Golddekor an den Giebelseiten, Dachverzierungen, Rundsäulen sowie Fenster- und Türflügeln. Die Reliefschnitzerei im Giebeldreieck des Portalvorbaus zeigt Buddha im Kreise seiner Jünger. Mitten in einem Palmengarten mit Hibiskus und Bougainvillea schmiegt sich die im Stil von Vientiane errichtete Pagode mit elegant geschwungenem Dach in die Landschaft, als wäre sie ein Stück Natur. Der Name des 1815/16 gegründeten Tempels deutet darauf hin, dass er einst von einem Bambushain umgeben war – *pa* bedeutet Wald, *phay* Bambus.

Wat Xieng Mouan 29

Im **Wat Xieng Mouan** von 1853 werden mit Unterstützung der UNESCO Mönche zu Kunsthandwerkern ausgebildet. Dies knüpft an eine alte Tradition an, nach der junge Männer in ein Kloster eintraten, um neben dem Studium der buddhistischen Lehre auch kunsthandwerkliche oder künstlerische Fertigkeiten zu erwerben. Als Bildhauer, Maler, Steinmetz oder Töpfer leisteten sie ihren Beitrag zur Erschaffung und Instandhaltung der Heiligtümer. Die Kriegsjahre und die Machtübernahme der Kommunisten 1975 haben einen Nachwuchsmangel hervorgerufen. Erst allmählich schließt die Ausbildung junger Mönche zu Kunsthandwerkern diese Lücke.

Das Resultat der Bemühungen kann sich am vorbildlich restaurierten Wat Xieng Mouan sehen lassen: ein überbordendes Dekor aus vergoldeten Holzschnitzereien und Stuckreliefs, das den *sim* wie ein Mantel überzieht. Die Virtuosität der Kunsthandwerker dokumentieren auch die Gemälde an den Außenwänden der Pagode. Dargestellt werden »Jataka«-Legenden, die von Ereignissen aus früheren Existenzen des Buddha berichten.

Wat Chom Khong

Ähnlich prachtvoll präsentiert sich der reich mit Gold-Lack-Verzierungen geschmückte, südlich angrenzende **Wat Chom Khong 30,** dessen Portal zwei chinesische Wächterfiguren flankieren. Das Heiligtum wurde 1853/54 gegründet und 1962 letztmals restauriert. Etwas abseits versteckt sich in einem schattigen Palmenhain ein altes Holzhaus auf mächtigen Pfählen. Das von UNESCO-Experten restaurierte Gebäude beherbergt das **Cultural House Puang Champa 31** mit einer Ausstellung über traditionelle Bautechniken und lokales Kunsthandwerk. Zudem finden hier regelmäßig Aufführungen und Workshops statt (Tel. 071 25 47 87, www.laoheritagefoundation.org/puangchampa, tgl. 8–17 Uhr, freier Eintritt, Anmeldung erbeten).

Wat Phone Xay 32

König Anourouth gründete 1791/92 den **Wat Phone Xay** gegenüber der Anlegestelle für Boote zu den Pak Ou-Höhlen. Zwischen dem Tempel, der wie viele andere Klöster nach dem Sieg der Revolution 1975 mehrfach aufgegeben und erst im Zuge der politischen Öffnung in den späten 1980er-Jahren neu belebt wurde, und der Thanon Sisavang Vong erstreckt sich ein Markt.

Heilige Stätten rund um die Altstadt

Cityplan: S. 188/189

Ein Fahrrad, das man in fast jedem Hotel oder Gästehaus leihen kann, ist ideal für Erkundungen der Randgebiete von Luang Prabang. Die Radtour zu den Tempeln um die Altstadt entspricht einem Tagesprogramm.

Wat That Luang 33

Ausgangspunkt ist der **Wat That Luang** an der südlichen Peripherie, der älteste und seit vielen Jahrhunderten in ritueller Hinsicht bedeutendste Tempel von Luang Prabang. Die Überlieferung besagt, dass vom indischen Herrscher Ashoka entsandte Missionare im 3. Jh. v. Chr. an der Stelle des heutigen Wat That Luang eine Pagode errichteten. Traditionell diente die Tempelanlage der königlichen Familie für Kremationsfeiern und andere wichtige religiöse Zeremonien. Am Zugang zum Tempelgelände sitzt im Schatten eines mächtigen Bodhi-Baums ein Buddha-Dhyana-Mudra in meditativer Versenkung. Ein von zwei siebenköpfigen Naga-Schlangen flankierter Aufgang führt zu der 1818/19 erbauten, schmucklosen Pagode mit zweistufigem Dach und rundum verlaufender Veranda. Der große Stupa dahinter enthält die sterblichen Überreste von König Sisavang Vong, des vorletzten laotischen Königs (tgl. 7.30–17.30 Uhr, 10 000 Kip).

Wat Monorom 34

Ursprünglich war der 1372 auf Veranlassung von König Samsenthai errichtete **Wat Monorom** mit dem nicht mehr bestehenden Wat Xieng Kang Borom Vihan verbunden, dem ersten Aufbewahrungsort der berühmten

Buddha-Statuen im Luang-Prabang-Stil schmücken den Wat Visounarath

Pha-Bang-Buddha-Statue in Luang Prabang. Von 1502 bis 1513 thronte die kleine goldene Statue im Allerheiligsten des Wat Monorom, bevor sie auf Geheiß von König Visounarath zum Wat Visounarath gebracht wurde. Die bei einem Brand Ende des 19. Jh. zerstörte und erst 1972 wieder aufgebaute Pagode des Wat Monorom beherbergt eine 6 m hohe und 12 t schwere einarmige Buddha-Statue, die im nordsiamesischen Sukhothai-Stil des späten 14. Jh. aus Bronze gegossen wurde. Nachdem der Wat Monorom in den Jahren nach der Machtübernahme der Kommunisten lange Zeit verwaist war, leben hier heute wieder mehr als 100 Mönche und Novizen. Damit ist der Wat Monorom das größte Kloster von Luang Prabang. Angeschlossen ist die buddhistische Grundschule der Stadt.

Wat Visounarath 35

Dem Volksglauben zufolge wurde der **Wat Visounarath** (oder Wat Visoun) auf dem Reisfeld der beiden mythischen Schutzgottheiten von Luang Prabang, Pu Nyoe und Nya Nyoe, errichtet. Die Gründung des Tempels geht auf König Visounarath zurück, der sich mit dem Bau des Heiligtums ein Denkmal setzte. Als Material dienten riesige Holzstämme, eine Spende tributpflichtiger Vasallenstaaten im Norden des Königreichs, die man auf dem Mekong stromabwärts treiben ließ. Das ursprüngliche Holzgebäude ging bei einem Angriff von Ho-Banditen aus China im Jahr 1887 in Flammen auf. Bis zu seiner Zerstörung wurde im Wat Visounarath die Pha-Bang-Statue verwahrt, die man danach zum Wat May brachte.

Der heutige, außen wie innen schmucklose Steinbau stammt aus dem späten 19. Jh. Im Allerheiligsten, das von einem großen sitzenden Buddha dominiert wird, befindet sich eine Sammlung teils sehr alter Buddha-Statuen aus Stein und Holz im graziösen Luang-Prabang-Stil. Die stehenden Figuren, bei denen die Hände eng an den Körper gepresst sind, während die Finger zum Boden weisen, zeigen die Pose Bitte um Regen, eine Haltung, die man nur in Laos und sonst in keinem anderen buddhistischen Land kennt. Wie viele andere Tempel der Stadt besitzt auch der Wat Visounarath ein prachtvoll dekoriertes Drachenrennboot für die alljährlich im August oder September stattfindenden Ruderwettkämpfe auf dem Fluss Nam Khan. Die feierliche Prozession zum Bootsrennen beginnt der Tradition zufolge auf dem Gelände des Wat Visounarath (tgl. 7.30–17.30 Uhr, 20 000 Kip).

Der massive, aus Ziegelsteinen errichtete **That Mak Mo** (Wassermelonen-Stupa) auf dem Tempelareal weist mit seiner halbrunden Kuppel singhalesische Einflüsse auf. Der ursprüngliche Bau aus dem Jahr 1515 barg zahllose kleine Buddha-Statuen, von denen die meisten im Jahre 1887 von den Ho-Marodeuren bei ihrem Plünderungszug geraubt wurden. Was den chinesischen Banditen damals nicht in die Hände fiel, ist heute im ehemaligen Königspalast ausgestellt. Der von Feuchtigkeit geschwärzte Stupa, an dem Gläubige regelmäßig Opfergaben darbringen, stammt aus dem Jahr 1914.

Wat Aham 36

Durch ein großes Tor ist der Wat Visounarath mit dem Nachbarkloster namens **Wat Aham** verbunden, in dessen Garten zwei prächtige Bodhi-Bäume stehen. Die von löwenähnlichen Fabeltieren und Nyak-Riesen bewachte Pagode, ein schönes Beispiel für den Luang-Prabang-Stil des frühen 19. Jh., wurde auf Geheiß von König Manthathourath an der Stelle errichtet, an der sich einst eine Kultstätte für die beiden Schutzpatronen der Stadt, Pu Nyoe und Nya Nyoe, befand. Die guten Geister, die über das Wohl von Luang Prabang wachen, treten heute als hoch verehrte Masken während des buddhistischen Neujahrsfests in Erscheinung, begleitet von ihrem Sohn in der Gestalt eines kleinen Löwen. Während des ganzen restlichen Jahres ruhen die geheimnisvollen Masken in zwei vergoldeten Kisten in einem Schrein auf dem Gelände des Wat Aham (tgl. 7.30–17.30 Uhr, 20 000 Kip).

Wat Mün Na 37

Östlich des Wat Aham führt die Fußgängern und zweirädrigen Fahrzeugen vorbehaltene Sisavang-Vong-Brücke über den Nam Khan. Rechter Hand der Stahlbrücke steht der in den Jahren 1533/34 gegründete **Wat Mün Na,** mit tief schwingendem, mehrfach gestaffeltem Dach, reichem Golddekor an Giebeln und Säulen sowie zwei Seitengalerien ein besonders gelungenes Exemplar früher nordlaotischer Tempelarchitektur. Von der Brücke bietet sich ein wunderschöner Blick über den Nam Khan zum goldfarben am Horizont leuchtenden Santi Chedi, Ziel einer weiteren Radtour (s. S. 197).

Tempel am rechten Nam-Khan-Ufer

In der Umgebung des **Wat Tao Hai** 38 am jenseitigen Ufer des Nam Khan wird in kleinen Werkstätten, in denen Besucher willkommen sind, handgeschöpftes Sa-Papier hergestellt.

Einen guten Eindruck vom Leben in den Dörfern um Luang Prabang vermittelt die Fahrt entlang des rechten Nam-Khan-Ufers. Biegt man an der Sisavang-Vong-Brücke links ab, kommt man zum **Wat Phan Luang** 39, neben dessen mit Reliefschnitzereien und Wandgemälden geschmückter Pagode ein Bootsschuppen mit einer Piroge für die Nam-Khan-Wettrennen steht. In einem lauschigen Hain versteckt sich der Waldtempel **Wat Pa Kha** 40 mit dunkelbraunen, von den Wettern gebeizten Holzschnitzereien am Portal.

Der **Wat Poonsaath** 41 besticht durch seine schöne Lage hoch über dem Nam Khan. Prächtig bemalt sind die Außenwände der Pagode, mit märchenhaften Szenen buddhistischer Legenden und Frömmigkeit. Im Allerheiligsten blicken Buddha-Figuren auf jene herab, welche sich als Mönche für einige Monate oder für immer den Klosterregeln unterwerfen. Gleich nördlich des Wat Poonsaath liegt **Ban Xieng Lek,** das sich mit dem Beinamen »Silk Weaving Village« schmückt. In dem Handwerksdorf weist rhythmisches Klappern den Weg zu einigen der besten Seidenwebereien von Laos, in denen sich Besucher ein Bild von der Herstellung und dem

Weben von Seide machen können. Im Nachbardorf **Ban Xang Kong** verarbeitet man handgeschöpftes Sa-Papier zu Alben, Notizblöcken und Lampenschirmen.

Wat Phabat Tai 42

Verfügt man über Energiereserven, könnte man zum **Wat Phabat Tai** im Süden der Stadt radeln, wo man allabendlich Zeuge eines Naturschauspiels wird, wenn die Sonne goldene Reflexe auf den träge fließenden Mekong wirft, bevor sie rot glühend hinter den Bergketten am Horizont versinkt.

Der Wat Phabat Tai wurde – so will es die Legende – während der Regentschaft von König Samsenthai gegen Ende des 14. Jh. errichtet, um einer machtvollen Naga-Schlange, deren Residenz sich am Zusammenfluss von Mekong und dem kleinen Fluss Houay Hop befand, Reverenz zu erweisen. Ein Stufenpfad führt vom Klostergarten hinab zum Mekong, wo man in einer blau bemalten Felsengrotte einen riesigen Fußabdruck des Buddha bewundern kann. Zur Zeit der Tempelgründung deutete man den steinernen Abdruck als ein Zeichen der Naga, dass sie mit dem Bau des Klosters einverstanden sei.

Seitdem sich die chinesisch-vietnamesische Gemeinde von Luang Prabang des nach der Revolution lange Zeit verwaisten Tempels angenommen hat, präsentiert er eine eigenwillige Stilmischung aus laotischen, chinesischen und vietnamesischen Elementen. Die Pagode mit einem großen sitzenden Buddha entspricht laotischer Tempelarchitektur, andere Gebäude taoistischen Tempeln (tgl. 7–18.30 Uhr, 10 000 Kip).

Zum Santi Chedi und nach Ban Phanom

Cityplan: S. 188/189

Ziele einer weiteren Radtour, für die man mindestens einen halben Tag einplanen sollte, sind der Friedensstupa Santi Chedi, das Weberdorf Ban Phanom und das Grab des Angkor-Entdeckers Henri Mouhot im Südosten von Luang Prabang.

Santi Chedi

Auf einem Hügel 3 km außerhalb thront der **Santi Chedi 43**, den man 1988 zum Gedenken an die Freundschaft mit dem Brudervolk der Thai errichtete. Der Friedensstupa krönt ein achteckiges, zweistöckiges Bauwerk mit vier pavillonartigen Anbauten, in dem Wand- und Deckengemälde Episoden aus dem Leben des Erleuchteten darstellen (Mo–Fr 8–10, 14–16 Uhr, Spende erbeten). Im benachbarten **Wat Pa Phon Phao 44** lebt die größte Nonnengemeinschaft von Luang Prabang.

Ban Phanom

Aus dem Ban Phanom Handicraft Weaving Room im gut 1 km entfernten **Ban Phanom** dringt das monotone Schlagen von Holz auf Holz. Dort sitzen Mädchen und Frauen an Handwebstühlen und fertigen in einer von Generation zu Generation weitergegebenen Technik Stoffe mit traditionellen Mustern. Die Geschichte des Weberdorfs reicht ins frühe 18. Jh. zurück, als ein laotischer König aus Südchina stammende Weber des Volkes der Tai Lü hier ansiedelte. Auf Anweisung des Königs mussten die Handwerker für den Hof Stoffe aus Baumwolle und Seide anfertigen. Wegen ihrer besonderen Qualität haben die Webwaren von Ban Phanom heute noch im ganzen Land einen guten Ruf.

Grab von Henri Mouhot

Etwa 4 km östlich von Ban Phanom hat **Henri Mouhot**, der französische Entdecker der von Urwald überwucherten Khmer-Tempelstadt Angkor, am Ufer des Nam Khan seine letzte Ruhestätte gefunden. Ein schlichtes weißes Grabmal, von dem Kolonialbeamten Auguste Pavie 1867 errichtet, erinnert an den Abenteurer und Naturforscher, der als erster Europäer nach einer strapaziösen Reise von Bangkok die Königsstadt Luang Prabang erreicht hatte und am 10. November 1861 auf einem Erkundungsmarsch den Nam Khan aufwärts 35-jährig der Malaria erlag.

Infos

Luang Prabang Provincial Tourism Office: Thanon Sisavang Vong, Tel. 071 21 24 87, tgl.

8–11.30, 13.30–16 Uhr, begrenztes Sortiment an Informationsmaterial, die freundlichen Mitarbeiter sind sehr bemüht, sprechen aber kaum Englisch, im gleichen Gebäude auch die Touristenpolizei.
Luang Prabang im Internet: www.luangprabang-laos.com
Internetcafés:
Namsok Internet: Thanon Sisavang Vatthana, tgl. 9–22 Uhr.
Weitere Internetcafés entlang der Thanon Sisavang Vong und der Thanon Sakkarine.

Übernachten

Während der Hauptsaison von November bis März sowie während des laotischen Neujahrsfests im April ist rechtzeitige Buchung dringend empfohlen. In der Hauptsaison sind die Zimmerpreise um etwa 25 %, zum Neujahrsfest um 50–100 % höher. Falls im Zentrum alle Unterkünfte belegt sein sollten, kann man sein Glück in der Thanon Phou Vao (ca. 20 Min. zu Fuß zur Altstadt) versuchen. Dort gibt es mehrere ordentliche Gästehäuser, Hotels sowie gute Restaurants. Buchung unter www.luang-prabang-hotels.com.

... in der Altstadt:

Für Nostalgiker ▶ Villa Santi 1: Thanon Sakkarine, Tel. 071 25 21 57, www.villasantihotel.com. Kleines, feines Kolonialhotel in der ehemaligen Residenz der Kronprinzessin Manilay (früherer Name Villa de la Princesse), komfortable, klimatisierte Zimmer mit laotischem Dekor, mit hervorragendem Restaurant. DZ 165–185 US-$, Suite 275 US-$ (inkl. Frühstück und Flughafentransfer).

Gediegen logieren ▶ The BelleRive 2: Thanon Ounkham, Tel. 071 26 07 33, www.thebellerive.com. Die kleine Herberge am Mekong-Ufer verbindet Eleganz und Atmosphäre mit den Modernität. Sie hat 13 in einer Mischung aus traditionellem Lao-Stil, französischem Kolonialstil und modern-westlichen Elementen gestaltete Zimmerin drei, in den 1920er-Jahren gebaute Häuser. Thailändisches Terrassenrestaurant, Organisation von Ausflügen, Fahrradverleih, Airporttransfer, kostenloses WLAN, thailändisch-deutsches Management. DZ 110–180 US-$.

Alles außer gewöhnlich ▶ Sala Prabang 3: 102/6 Thanon Ounkham, Tel. 071 25 24 60, www.salalao.com. Extravagantes Boutiquehotel. Elemente traditioneller laotischer Architektur verbinden sich mit 1990er-Jahre-Minimalismus. Top-Lage. DZ 85–125 US-$.

Schlupfwinkel für Romantiker ▶ Lotus Villa 4: Thanon Kounxoa, Ban Phonheuang, Tel. 071 25 50 50, www.lotusvillalaos.com. Stilvolles Hideaway in zwei traditionellen Lao-Häusern hinter dem Wat Sene, 15 Zimmer mit Terrasse oder Balkon, geschmackvoll mit Holz und Rattan möbliert, kleiner Garten, WLAN. Die Betreiber unterstützen ein Waisenhaus am Stadtrand von Luang Prabang. DZ 84–112 US-$.

Dezenter Komfort ▶ The Chang Inn 5: Thanon Sakkarine, Tel. 071 21 47 69, www.the-chang-inn.com. Behutsam restauriertes Haus aus dem 19. Jh. Die Zimmer sind etwas klein, aber komfortabel und geschmackvoll. Schöner Garten, kostenloses WLAN. Man kann sich in einem Mercedes-Oldtimer vom und zum Flughafen kutschieren lassen. DZ 84–96 US-$.

Bezauberndes Kolonialhaus ▶ Auberge Le Calao Inn 6: Thanon Ounkham, Tel. 071 21 21 00, www.calaoinn.laopdr.com. Stilvolle, kleine Kolonialherberge aus dem Jahr 1930 für Nostalgiker am Mekong in der Nähe von Wat Xieng Thong. Sechs individuell ausgestattete Zimmer mit Bad/WC und Klimaanlage, laotisch-französisches Terrassenrestaurant mit Blick auf den Mekong. DZ 75–95 US-$ (inkl. Frühstück).

Gepflegt alter Charme ▶ Say Nam Khan Guest House 7: Thanon Kingkitsarath, Tel./Fax 071 21 29 76, www.saynamkhanguesthouse.com. Ruhige, kleine Kolonialherberge am Ufer des Nam Khan gegenüber dem Wat Pa Fang, gemütlich möblierte Zimmer mit Dusche/WC und Klimaanlage, z. T. mit Blick auf den Fluss. EZ/DZ 37–62 US-$.

Individuell ▶ Sayo River Guest House 8: Thanon Ounkham, Tel. 071 21 26 14, www.sayoguesthouse.com. Top-Lage am Mekong mit 13 klimatisierten und schlicht-eleganten Zimmern, sehr persönlicher Service. DZ 35–52 US-$.

Gemütlich und familiär ▶ Xieng Mouane Guest House 9: Ban Xieng Mouane, gegenüber dem Wat Xieng Mouane, Tel./Fax 071 25 21 52, xiengmouane@yahoo.com. Familienfreundliche Pension, gemütliche Zimmer mit Dusche/WC und Klimaanlage in einem ruhig gelegenen Kolonialgebäude mit hübschem Garten. DZ 35–48 US-$.

Lauschig ▶ Villa Senesouk 10: Thanon Sakkarine, Tel. u. Fax 071 21 20 74, www.villa-senesouk.com. Gemütliche, sehr saubere, wenn kleine Zimmer mit Dusche/WC und AC sowie z. T. mit Balkon und Blick auf Wat Sene. DZ 30–40 US-$.

Am Mekong ▶ Alounsavath Guest House 11: Thanon Ounkham, Tel. 071 21 26 16, www.alounsavath.150m.com. Stilvolle Familienpension mit acht klimatisierten Zimmern, freundliche Besitzer. Tipp: Balkonzimmer im oberen Stock mit Blick auf den Mekong. DZ 25–40 US-$ (inkl. Frühstück).

Mit Flussblick ▶ Sopha House 12: Thanon Kingkitsarath, Tel. 071 25 30 58 u. 020 55 54 58 25, www.sophahouse.com. Behaglich in Bambus und Holz möblierte Zimmer mit Dusche/WC und Ventilator oder AC, schöner Blick auf den Nam Khan vom Gemeinschaftsbalkon. DZ 20–40 US-$.

... außerhalb der Altstadt:

Feudal ▶ La Résidence Phou Vao 13: Thanon Phou Vao, Tel. 071 21 25 30 3, www.residencephouvao.com. Luxushotel in vollendet schlichtem Asia-Dekor auf einem Hügel 2 km südl., mit Restaurant, Garten und Pool. In der Prabang Suite haben bereits Angehörige der thailändischen Königsfamilie übernachtet. DZ 237–469 US-$, Suite 378–594 US-$ (inkl. Frühstück und Flughafentransfer).

Flair ▶ Maison Souvannaphoum 14: Thanon Fa Ngum, Tel. 071 21 22 00, www.angsana.com. Charmantes Hotel mit dem Flair vergangener Jahrzehnte in einem weitläufigen Tropengarten, mit Pool, Spa, Wellness-Center und dem preisgekrönten Restaurant L'Eléphant Blanc. 24 sehr stilvolle Zimmer mit Bad, Klimaanlage und Balkon. Hier residierte

Tipp: Die Öko-Lodge Lao Spirit Resort

Gerade knapp 15 km östlich von Luang Prabang, aber doch tief im Grün des bergigen Dschungels liegt die Öko-Lodge **Lao Spirit Resort.** Die unter Beachtung ökologischer Richtlinien im landestypischen Stil erbauten Holzbungalows thronen am Steilufer des Mekong-Nebenflusses Nam Khan. Das Resort fügt sich nahtlos in die tropische Landschaft ein.Während man in Luang Prabang immer mehr alte Holzhäuser durch moderne Steinbauten ersetzt, bemühten sich die Betreiber des Lao Spirit Resort diesem Trend entgegenzuwirken. Die fünf Gästebungalows und drei Gemeinschaftsgebäude mit Rezeption, Restaurant und Massage-Center wurden aus dem Holz traditioneller Bauernhäuser errichtet. Zwar sorgt den sehr geräumigen Bungalows ein Deckenventilator für Kühlung, doch wurde zugunsten der Ruhe auf Klimaanlagen, Fernsehgeräte und Telefone verzichtet.

Das Lao Spirit Resort kombiniert komfortables Wohnen und hervorragende ostwestliche Gastronomie mit naturverbundenen Aktivitäten. Eine kurze Kajaktour führt von der Lodge zu dem Wasserfall Tad Sae, länger dauert die Bootsfahrt den Nam Khan abwärts nach Luang Prabang.

Angeboten werden auch Wanderungen zu Dörfern der Khmu und Hmong, in denen die Besucher Eindrücke vom Leben der Bergvölker gewinnen. Höhepunkte sind Ausritte auf Elefanten, die vom ganz in der Nähe gelegenen **Elephant Village** starten. Neben den sehr gemütlichen Bungalows des Resorts mit Dusche/WC und Ventilator (90–120 US-$) gibt es in der benachbarten Elephant Lodge auf dem Gelände des Elephant Village für Reisende mit schmalerem Geldbeutel Doppelzimmer in einem traditionellen laotischen Langhaus (DZ 40–50 US-$). Alle Preise sind inklusive Frühstück.

Buchung: Lao Spirit Resort, Ban Xieng Lom, Luang Prabang, Tel. (856) 30 514 01 11 u. 020 58 55 31 33, www.lao-spirit.com.

einst der langjährige Premier Kronprinz Souvanna Phouma. DZ 195–265 US-$, Suite 285–415 US-$.

Nobel ▶ Maison Da La Bua 15: Thanon Phothisarath, Tel. 071 25 55 88, www.maisondalabua.com. Das »Haus der Lotus-Prinzessin« verbindet traditionelle laotische Elemente mit modernem Komfort. Restaurant, Bar, Lao-Massage, Fahrradverleih; nahe dem Wat That Luang, ca. 20 Fußminuten zur Altstadt. 65–120 US-$ (inkl. Frühstück).

Orient trifft Okzident ▶ Ancient Luang Prabang Hotel 16: Thanon Sisavang Vong, Tel. 071 21 22 64, www.ancientluangprabang.com. Modernes, dreistöckiges Hotel am Rand der Altstadt mit zwölf klimatisierten Zimmern (die teureren mit Balkon). Gelungene Verbindung von laotischem Design und zeitgemäßer westlicher Ausstattung. Kostenloses WLAN, Dachterrasse mit schönem Blick, Werke zeitgenössischer laotischer Künstler. DZ 65–85 US-$.

Erschwinglich ▶ Mouang Luang Hotel 17: Thanon Boun Khong, Tel./Fax 071 21 27 90, www.luang-prabang-hotels.com. Komfortables Hotel im Stil eines Königspalasts, makellose Zimmer mit Bad/WC und Klimaanlage, mit Restaurant, schönem Garten und Pool, ruhige Lage, ca. zehn Fußminuten zur Altstadt. DZ 62–78US-$.

Restauriertes Kolonialgemäuer ▶ Phousi Hotel 18: Thanon Setthathirath, Tel. 071 21 21 92, www.phousihotel.laopdr.com. Komfortables Haus mit dem Charme alter Zeiten in einem Tropengarten, etwas plüschige, sehr geräumige Zimmer mit Bad/WC und AC, im Restaurant abends traditionelle laotische Musik. DZ 52–70 US-$ (inkl. Frühstück).

Praktisch und gut ▶ Rama Hotel 19: Thanon Visounarath, Tel. 071 21 22 47, www.ramahotel.net. Makellose Zimmer mit Dusche/WC und Klimaanlage oder Ventilator, freundlicher und flotter Service, reichhaltiges Frühstücksbuffet, gutes Preis-Leistungs-Verhältnis, ca. zehn Fußminuten zur Altstadt. DZ 28–48 US-$ (inkl. Frühstück).

Bungalows ▶ Thongbay Guest House 20: Ban Viengmay, Wat Sakem, Tel./Fax 071 25 32 34, www.thongbayguesthouses.com. 16 stilvolle, landestypische Bambusbungalows mit Dusche/WC, Ventilator und Moskitonetz, sehr ruhige Lage am Nam Khan, ca. 3 km nördlich. Laotische und westliche Küche, Fahrradverleih, mehrmals tgl. kostenloser Transfer in die Stadt. Anfahrt: Auf der Road 13 Richtung Flughafen, in Höhe der Abzweigung zu Santi Chedi und Ban Phanom links abbiegen. Bungalow 25–45 US-$.

Gut und günstig ▶ Maniphone Guest House 21: Thanon Phou Vao, Tel. 071 21 26 36. Funktionale Zimmer mit Dusche/WC und Klimaanlage, Terrasse. Restaurants in der Nähe, ca. 20 Fußminuten zur Altstadt. DZ 22–30 US-$.

Traveller-Bleibe ▶ Sabaidee Guest House 22: 70 Thanon Thammikarat, Tel. 071 25 31 43, www.sabaidee-hotel.com. 19 schlichte, aber geräumige Zimmer mit Dusche/WC und AC oder Ventilator, ruhig gelegen, ca. zehn Fußminuten zur Altstadt, Fahrradverleih, WLAN. EZ/DZ 16–28 US-$ (inkl. Frühstück).

Familiär ▶ Manichan Guest House 23: Thanon Ounkham, Ban Pakham, Tel. 020 56 92 01 37, www.manichanguest house.com. Sympathische Familienpension mit neun einfachen, behaglichen Zimmern (Gemeinschaftsbad oder Dusche/WC, Ventilator oder AC), in ruhigen einer Gasse südlich des Wat May, üppiges Frühstück, hilfsbereite laotisch-belgisches Besitzer. DZ 12–26 US-$.

Essen & Trinken

... in der Altstadt:

Verwöhn-Adresse ▶ Princess Restaurant 1: im Hotel Villa Santi, Thanon Sakkarine, Tel. 071 25 21 57, www.villasantihotel.com, tgl. 11.30–14, 17–22 Uhr. Speisen in königlichem Ambiente in der ehemaligen Residenz der Kronprinzessin Manilay, laotische Haute Cuisine und internationale Küche in höchster Vollendung. Die Köchin ist die Tochter des letzten Kochs der königlichen Familie. Unvergesslich: ein Kerzenlicht-Dinner auf dem Balkon mit Blick auf die »Königsstraße«, tgl. 19–21 Uhr traditionelle laotische Musik und Tanz. Menüs ab 25 US-$.

Gourmet-Paradies ▶ L'Eléphant 1: Ban Wat Nong, Tel. 071 25 24 82, www.elephantrestau.com, tgl. 12–14, 18–23 Uhr. Französische Haute cuisine und feinste laotische Regionalküche in einem schönen Gebäude mit kolonialem Flair, hervorragende Wildspezialitäten. Menüs 15–25 US-$.

Beste Crossover-Küche ▶ Three Nagas 2: Thanon Sakkarine, Tel. 071 25 38 88, tgl. 11.30–15, 17–22.30 Uhr. Das Motto des Chefkochs lautet: »East meets west«. Seine Kreationen sind eine Mischung aus klassisch Laotischem mit einem kräftigen Schuss Italienisch-Französischem. Stimmungsvoll, in einem Kolonialhaus. Menüs 15–25 US-$.

Aufregende Kreationen ▶ Apsara 3: Thanon Kingkitsarath, Tel. 071 25 46 70, www.theapsara.com, tgl. 11–15, 17–23 Uhr. Mischung südostasiatischer Küchen; der Grundton ist laotisch, die Zwischentöne sind thailändisch, kambodschanisch und vietnamesisch. Gerichte 8–12 US-$.

Schweizerisch ▶ Blue Lagoon Café 4: Ban Choumkhong, Tel. 071 25 36 98, www.blue-lagoon-cafe.ch, tgl. 10–22.30 Uhr. Zürcher Geschnetzeltes mit Rösti und andere Schweizer Spezialitäten, dazu frisch gezapftes Beer Lao. Gerichte 5–10 US-$.

Laotische Esskultur ▶ Tum Tum Cheng 5: Thanon Sakkarine, Tel. 071 25 33 88, www.tumtumcheng.com, tgl. 11–14, 17–22 Uhr. Traditionelle Luang-Prabang-Küche in gemütlichem Ambiente, englischsprachige Kochkurse. Gerichte 30 000–70 000 Kip.

Vielfältig ▶ Coconut Garden 6: Thanon Sisavang Vong, Tel. 071 25 21 62, tgl. 7–23 Uhr. Auf der ellenlangen Speisekarte stehen leckeres europäisches Frühstück und Klassiker der Landesküche. Angenehmer ruhiger Innenhof. Gerichte 30 000–65 000 Kip.

Laotisch und europäisch ▶ Couleur Café & Restaurant 7: Thanon Sisavang Vatthana, Tel. 020 55 62 10 64, tgl. 10–22 Uhr. Authentische laotische Küche, vor allem Luang-Prabang-Klassiker und europäische Speisen. Laotische Gerichte ab 30 000 Kip, europäische Gerichte ab 50 000 Kip.

Traditionelle Lao-Küche ▶ Tamarind 8: Ban Wat Nong, Tel. 020 77 77 04 84, tgl. 11–14, 17–23 Uhr. Charmantes kleines Lokal mit typischen Lao-Gerichten (30 000–45 000 Kip). Tipp: Traditional Luang Prabang Meal für zwei Personen (80 000–100 000 Kip).

Küche und Kunst ▶ Big Tree Café 9: Thanon Ounkham, Tel. 020 77 77 67 48, www.bigtreecafe.com, tgl. 9–22 Uhr. Terrassenlokal am Mekong mit laotischen und koreanischen Speisen, im Innenraum präsentiert der niederländische Fotograf Adri Berger seine Werke. Gerichte ab 30 000 Kip.

Klassiker neu interpretiert ▶ Tamnak Lao Restaurant 10: Thanon Sakkarine, Tel. 071 25 25 25, www.tamnaklao.net, tgl. 8.30–15, 17–23 Uhr. Traditionelle Luang-Prabang-Küche mit moderner Note, z. B. die verfeinerte *aw lam nüa* (dicke Rindfleischsuppe mit Gemüseeinlage). Gerichte ab 30 000 Kip.

Pfiffig südostasiatisch ▶ Tum Tum Bamboo Restaurant 11: Thanon Sisavang Vong, Tel. 071 25 24 99, tgl. 8–22 Uhr. Ideenreiche Küche mit laotischen, thailändischen und südchinesischen Einflüssen, gemütliches Ambiente. Gerichte ab 30 000 Kip.

Frühstück und Lunch ▶ Luang Prabang Bakery 12: 17/01 Thanon Sisavang Vong, Tel. 071 25 24 99, www.lpbgh.com, tgl. 7–23 Uhr. Einen Tag in Luang Prabang kann man kaum besser starten als bei einem Frühstück auf der Terrasse dieses Bistros, das einen tollen Blick auf die Flaniermeile bietet. Mittags gibt es Pizza und Pasta, Steaks und knackige Salate. Im Obergeschoss: gemütliche, wenn auch kleine Zimmer mit Dusche/WC und Klimaanlage. Gerichte ab 25 000 Kip.

Beliebt bei Locals und Touristen ▶ Entlang der Thanon Ounkham 13: Am Ufer des Mekong bieten während der Trockenzeit Gartenrestaurants gute laotische, thailändische und europäische Speisen (Gerichte ab 25 000 Kip), stimmungsvoll bei Sonnenuntergang. Besonders empfehlenswert sind Boua Savanh, Tel. 020 57 01 96, LpB Restaurant, Tel. 071 25 37 69, Mixay Khemkhong, Tel. 071 25 22 37, Saffron, Tel. 071 25 20 21, und View Kheamkhong, Tel. 071 21 27 26.

... außerhalb der Altstadt:

Dinner mit Show ▶ Roots & Leaves 14: Thanon Setthathirath, Tel. 071 25 48 70, www.rootsinlaos.com, tgl. 8–23 Uhr. Stimmungsvolles Gartenrestaurant um einen Lo-

tosteich mit laotischen und thailändische Gerichten (3–9 US-$), tgl. 19–21 Uhr Dinner mit Folklore-Show (Menü 25 US-$).
Mit Livemusik ▶ Indochina Spirit 15: Thanon Fa Ngum, Tel. 071 25 23 72, tgl. 8–22.30 Uhr. Kunst und Küche in einem 100 Jahre alten Teakhaus, originelles Interieur, internationale Speisen mit laotisch-thailändischem Schwerpunkt, allabendliche Live-Lao-Musik (19.15–20.30 Uhr), auch schön zum Draußensitzen. Gerichte 35 000–100 000 Kip.
Fondue auf Laotisch ▶ Lao Lao Garden 16: Thanon Chao Siphouphan, Tel. 071 27 58 69, tgl. 9–23 Uhr. Auf Sindat, die laotische Variante des asiatischen Brühefondues (s. S. 137), spezialisiert. Menü 60 000–80 000 Kip.
Ambitioniert ▶ Paradise Restaurant 17: 22/01 Thanon Phamaha Phasaman, Tel. 071 25 32 00, tgl. 7.30–23 Uhr. Gartenlokal mit ausgezeichneten laotischen (30 000–50 000 Kip) sowie auch einigen internationalen Gerichten (60 000–85 000 Kip).
Hippes Traveller-Lokal ▶ Le Tam Tam Garden 18: 91/8 Thanon Sisavang Vong, Tel. 071 25 23 00, tgl. 8–23 Uhr. Regionale und internationale Küche, auch sehr gute vegetarische Gerichte. Drinnen und draußen ungezwungene Atmosphäre. Ab 25 000 Kip.

Einkaufen

Handgeschöpftes Papier ▶ Ban Khili Paper Gallery 1: 43/2 Thanon Sakkarine, Tel. 071 21 26 11. Lampenschirme aus handgeschöpftem Sa-Papier.
Edles Holz ▶ Caruso 2: 60 Thanon Sakkarine, Tel. 071-25 45 74, www.carusolao.com. Schalen, Schüsseln und Kästchen aus edlen Hölzern.
Zum Verschenken ▶ Kopnoi 3: Thanon Phommathai, Ban Aphay, Tel. 071 26 02 48, www. kopnoi.com, Mo-Sa 7–20, So 10–20 Uhr. Schöne kunsthandwerkliche Souvenirs.
Querschnitt ▶ Mixay Boutic 4: Thanon Sisavang Vong, Tel. 071 21 93 69, tgl. 9–22 Uhr. Querschnitt des laotisches Kunsthandwerks.
Stoffe etc. ▶ Satri Lao Deco 5: Thanon Sakkarine, Tel. 071 21 14 86, tgl. 8.30–20 Uhr. Handwebstoffe, Holzschnitzarbeiten etc.

Tipp: Luang-Prabang-Spezialitäten

aw lam – eine leicht bittere, dicke Suppe mit Huhn, Rind, Schwein oder Fisch sowie Auberginen und Pilzen
kanab plaa – in Bananenblättern gegarter Mekong-Fisch
khaao kiab – Fladen aus Klebreis, an der Sonne getrocknet
khai phaen – in Öl gebackene Algenblätter, als Vorspeise oder zum Bier
ngaem – laotische Mettwurst
phak nam – Salat aus Wasserkresse, auch Luang Prabang Salad genannt
saikok – laotische Bratwurst

Ausstellungen der Laotischen Handelskammmer ▶ The Blue House 6: Thanon Sisavang Vong, Tel. 071 25 23 83, Mo–Sa 8–11, 14–16 Uhr. Ausstellungs- und Verkaufszentrum der laotischen Industrie- und Handelskammer für die nördlichen Provinzen. Verkauf hervorragender kunsthandwerklicher Produkte, vor allem handgewebte Baumwoll- und Seidenstoffe, Silberschmuck, Töpferwaren und Holzschnitzarbeiten. Das Projekt wird von der Handwerkskammer Koblenz unterstützt. Auch Kunst- und Fotoausstellungen.
Textilien ▶ Ban Lao Natural Products 7: Ban Wat Nong, Tel. 030 514 05 55. Kunsthandwerkliche Produkte, vor allem handgewebte Baumwoll- und Seidenstoffe sowie Kosmetikartikel aus natürlichen Ingredienzen.
Handgewebtes ▶ Ban Phanom Handlcraft Weaving Room 8: Ban Phanom (4 km östl.). Hochwertige handgewebte Baumwoll- und Seidenstoffe sowie Kleidung, Taschen und Wohnraumtextilien zu günstigen Preisen.
Alte Stoffe ▶ Lao Antique Textile Collection 9: Thanon Sisavang Vong gegenüber vom Wat May, Tel. 071 25 13 79. Traditionelle, teils sehr alte Handwebstoffe aus Nordlaos.
Baumwolle ▶ Lao Cotton 10: Thanon Phothisarath, Tel. 071 25 77 69, www.laocotton.com. Hochwertige Baumwollstoffe sowie

Kleidung und Wohnraumtextilien aus Baumwolle.
Stoffe und Trachten ▶ OckPopTok 11: Ban Wat Nong, Tel. 071 25 32 19, www.ockpop tok. com, tgl. 8.30–21 Uhr. In einem komplizierten Handwebverfahren hergestellte Ikat-Stoffe. Die benachbarte Galerie Fibre2Fabric zeigt u. a. handgewebte Trachten von Bergvölkern.
Hochwertig Gewebtes ▶ Textile Handicraft Workshop 12: Thanon Sisavang Vong, Tel. 071 25 33 40. Hochwertige Handwebwaren in einem Laden unter Leitung der Lao Youth Union.
Märkte ▶ Night Market 13: Thanon Sisavang Vong, während der Trockenzeit tgl. 17–22 Uhr. Bunter Querschnitt des laotischen Kunsthandwerks und sehr gutes laotischen Fast Food. **Talat Dara 4:** Thanon Setthathirath/Thanon Rathsavong. Textilien und Haushaltswaren, Gold- und Silberschmuck, Antiquitäten und Kunsthandwerk. **Talat Phousi 14:** Thanon Phothisarath (2 km südl., Richtung Kuang-Si-Wasserfall). Vor allem Textilien und Haushaltswaren, vereinzelt Stände mit Silberschmuck und Antiquitäten. **Tribal Market 15:** Thanon Sisavang Vong. Handwebwaren, Silberschmuck etc. der Akha und Hmong.
Silberschmuck ▶ Xao Many Silver Smith 16: Ban Wat That, Tel. 071 21 22 81. Traditioneller Silberschmuck von einem renommierten Silberschmied, Werkstatt und Laden befinden sich in einer schmalen Gasse zwischen Thanon Fa Ngum, etwa in Höhe des Wat Mahathat und Mekong.

Abends & Nachts

Nachtschwärmer hält es nicht lange in Luang Prabang, denn hier klappt man die Gehsteige meist schon weit vor Mitternacht hoch. Etwas länger geöffnet haben die Bars in der Thanon Chao Siphouphan südlich des Phou Si.
Biergarten ▶ Hive Bar 1: Thanon Chao Siphouphan, www.hivebarlaos.com, tgl. 14–24 Uhr. Crossover aus Lounge und Biergarten mit cooler Atmosphäre und vorwiegend elektronischer Musik, Di–Do 19 Uhr *Ethnic Fashion Show.*
Bar für Homos ▶ Khopchai 2: Thanon Chao Siphouphan, tgl. 17.30–23.30 Uhr. Auch bei Heteros beliebte Schwulenbar mit gutem Soundmix von Funk & Soul über Drum & Bass bis Lao- & Thai-Pop.
Am Mekong ▶ Lemongrass 3: Thanon Ounkham, tgl. 17–23 Uhr. Das Terrassenlokal am Mekong ist ideal für den Absacker nach dem Sightseeing oder Shopping.
Rockbar ▶ L'Usine 4: Thanon Ounkham, tgl. 11–23.30 Uhr. Trendiges Bar-Bistro mit Rockmusik, beliebter Treffpunkt junger Traveller und Laoten.
Weinbar ▶ Khili Wine Bar 5: Thanon Kingkitsarath, tgl. 17.30–23 Uhr. Kleine charmante Bar, erlesene Weine aus Frankreich.
Jazz ▶ Pack Luck Liquor 6: Thanon Sisavang Vong, tgl. 17–23 Uhr. Die angesagte Musikbar spielt vorwiegend Jazz aller Stilrichtungen.
Kneipe ▶ Maylek Pub 7: an der Kreuzung von Thanon Phamaha Phasaman und Thanon Oupalathviengkhong, Tel. 071 25 25 60, tgl. 17–24 Uhr. Bei Nachtschwärmern gesetzteren Alters beliebte Kneipe. Serviert werden kleine laotische und westliche Gerichte, während der Happy Hour von 17–21 Uhr.
Tanzschuppen ▶ Dao Faa 8: Thanon Naviengkham gegenüber Southern Bus Station, Mo–Fr 19–24, Sa/So 19–1 Uhr. Bei jungen Laoten beliebter Tanzschuppen, in dem Livemusik gespielt wird.
Beliebt bei Einheimischen ▶ Muang Sua Discotheque 9: Thanon Phou Vao, Mo–Fr 19–24, Sa/So 19–1 Uhr. Livemusik und Tanz in laotischem Ambiente.
Kulturshow ▶ Royal Ballet Theatre 10: Thanon Sisavang Vong, Tel. 071 25 37 05, Mo, Mi, Fr, Sa 18.30 Uhr. Kulturshow mit klassischer laotischer Musik und traditionellem Tanz sowie einer Basi-Zeremonie (s. S. 124) auf dem Gelände des ehemaligen Königspalasts. 8–20 US-$.
Musik und Puppentheater ▶ Children's Cultural Centre 11: Thanon Setthathirath, Tel. 071 25 37 32, mehrmals wöchentl. 18–19.30 Uhr. Volkstänze und -musik, Puppentheater und eine traditionelle Basi-Zere-

monie (s. S. 124), dargeboten von laotischen Schulkindern. Eintritt 50 000 Kip.
Livemusik ▶ **Indochina Spirit** 15: Thanon Fa Ngum, Tel. 071 25 23 72, tgl. 19.15–20.30 Uhr. Auftritt einer klassischen laotischen Musikgruppe.
Diner Show ▶ **Princess Restaurant** 1: im Hotel Villa Santi, Thanon Sakkarine, Tel. 071 25 21 57, www.villasantihotel.com, tgl. 19–21 Uhr. Klassische laotische Musik und traditionelleTänze. **Roots & Leaves** 14: Thanon Setthathirath, Tel. 071 25 48 70, www.roots inlaos.com, tgl. 19–21 Uhr. Dinner mit traditionellen laotischen Musik- und Tanzvorführungen, 25 US-$.

Aktiv

Luxus und Wellness ▶ **Angsana Spa** 14: Maison Souvannaphoum Hotel, Thanon Fa Ngum, Tel. 071 21 22 00, www.angsana spa.com, tgl. 9.30–22 Uhr. Die Wellness-Oase des Maison Souvannaphoum Hotel ist auch für Besucher geöffnet, allerdings haben Hotelgäste bei der Terminvergabe Vorrang. Das Spa bietet fünf verschiedene Massageformen, die z. T. selbst kreiert und häufig eine Kombination aus verschiedenen Techniken sind, sowie vier Wellness-Pakete. Der Gast sucht sich aus einer Liste mit Kurzbeschreibungen selbst das passende Angebot heraus oder lässt sich von einem der Spa-Mitarbeiter beraten. Das edle Ambiente und die aufwendige Behandlung haben allerdings ihren Preis – für ein dreistündiges Entspannungs- und Schönheitsprogramm sind 85 US-$ zu berappen.
Sauna, Massage ▶ **Lao Red Cross** 1: Thanon Visounarath. Kräutersauna, tgl. 16–20 Uhr (15 000 Kip/Std.) und laotische Massage, tgl. 9–21 Uhr (40 000 Kip/Std.).
Anwendungen ▶ **The Spa Garden** 2: Ban Phonheuang, nahe Wat Sene, Tel. 071 21 23 25, www.spagardenlpb.com, tgl. 9.30–22.30 Uhr. Sauna (30 000 Kip), Heilmassagen (60 000–90 000 Kip/Std.) und Wellness-Pakete mit Anwendungen (300 000–600 000 Kip).
Trekking, Rafting, Kajaking ▶ **Exotissimo Travel** 3: Thanon Ounkham, Tel. 071 25 28 79, www.exotissimo.com, Mo–Fr 9–18, Sa 9–12 Uhr. Angeboten werden ein- und mehrtägige Trekking-Touren in der Umgebung von Luang Prabang und in den Bergen von Nordlaos, Ansprechpartner für The Akha Experience (s. S. 228).
Klettern, Elefantenritte ▶ **Green Discovery** 4: 44/3 Thanon Sisavang Vong, Tel. 071 21 20 93, www.greendiscoverylaos.com, tgl. 8–20 Uhr. Mountain Biking, Trekking und Bergsteigen in Nordlaos, Wildwasserfahrten in Schlauchbooten und Kajaks auf dem Nam Khan, Kletterkurse an der Gecko Wall bei Luang Prabang, Ritte auf Elefanten in der Umgebung von Luang Prabang, diese Agentur mit vielfältigem Angebot gilt als Pionier des Ökotourismus in Laos.
Mit Umwelt-Label ▶ **Tiger Trail** 5: Thanon Sisavang Vong, Tel. 071 21 23 11, www.laos-adventures.com oder www.tigertrail-laos.com. Trekking, Mountain Biking, Rafting, Kajaktouren sowie Ritte auf Elefanten, unter deutsch-laotischer Leitung. Der Veranstalter hat in Kooperation mit der regionalen Tourismusbehörde sozial- und umweltverträgliche Trekking-Touren zu Hmong- und Khmu-Dörfern in der Umgebung von Luang Prabang und in der Provinz Phongsaly konzipiert, die das Siegel »Fair Trek« tragen. Angeboten wird auch ein mehrtägiger Aufenthalt in einem Akha-Dorf bei Muang Khua (mehr Infos unter www.trek king-in-laos.com).
Kochkurse ▶ **Tamnak Lao Cooking School** 11: Thanon Sakkarine, Tel. 071 25 25 25, www.tamnaklao.net und **Tum Tum Cheng Cooking Class** 5: Thanon Sakkarine, Tel. 071 25 32 24, www.tumtumcheng.com. Bei den ein- bis dreitägigen Kochkursen in englischer Sprache lernen die Teilnehmer nicht nur den Gebrauch exotischer Kräuter und Gewürze, sie erfahren auch viel über den Stellenwert des Essens in der laotischen Gesellschaft. Vor dem Kurs geht man zusammen mit dem Kochlehrer auf den Markt und kauft alle Zutaten frisch ein. Zum Abschluss genießt man ein gemeinsames Essen. 350 000–700 000 Kip.
Meditation ▶ **Wat Sene** 12:: Thanon Sakkarine, tgl. 16 Uhr. Buddhistische Rezitation und Vipassana-Meditation.

Termine

Pi May Lao: Mehrtägiges laotisches Neujahrsfest im April, Höhepunkte sind die Prozession der Pha-Bang-Statue vom ehemaligen Königspalast zum Wat May sowie der Maskentanz der beiden Schutzpatrone der Stadt Pu Nyoe und Nya Nyoe (s. S. 195).

Bun Suang Heua: Aug./Sept. Auf dem Nam Khan rudern Mannschaften verschiedener Klöster in prächtigen Pirogen um die Wette. Religiöser Hintergrund ist die Verehrung der am Zusammenfluss von Mekong und Nam Khan lebenden Naga-Schutzgeister.

Lai Na Heua Fai: Nov. Großes Lichterfest am Mekong zur Huldigung der 15 Schutznagas von Luang Prabang und zur Beschwichtigung der Flussgeister.

Verkehr

Flugzeug: Der Flughafen liegt 3 km nördl. des Zentrums, Tel. 071 25 23 37. Zwischen der Innenstadt und dem Flughafen verkehren Taxis und Tuk-Tuks (ca. 60 000 Kip).

Inlandsflüge von/nach Vientiane 3–4 x tgl., Phonsavan 3 x wöchentl., Pakxe 3 x wöchentl.

Internationale Flüge von/nach Bangkok via Sukhothai (Thailand) 3–4 x tgl., Chiang Mai (Thailand) 1 x tgl., Udon Thani (Thailand) 2–3 x wöchentl., Hanoi (Vietnam) 1–2 x tgl., Siem Reap (Kambodscha) 1–2 x tgl.

Fluglinien und Buchungsbüros: Lao Airlines: Thanon Visounarath, Tel. 071 21 21 72; Bangkok Airways, 57/6 Thanon Sisavang Vong, Tel. 071 25 33 34; Lao American Enterprise: 1/7 Thanon Sisavang Vong, Tel. 071 25 27 33, Fax 25 27 34, lavtelao@laotel.com. Buchung von Flügen der Lao Airlines, der Bangkok Airways und der Vietnam Airlines.

Bus: In Luang Prabang gibt es zwei Busbahnhöfe: Southern Bus Station, 4 km südl. in Ban Na Luang, Tel. 071 25 20 66: Busse nach Vientiane (410 km/9–10 Std., Abfahrt 7, 8, 8.30, 9, 11, 14, 17, 18.30, 19.30 Uhr), Vang Vieng (250 km/6–7 Std., Abfahrt 6.30, 7.30, 10, 12.30, 17 Uhr, alle staatlichen Busse Richtung Vientiane halten in Vang Vieng), Xayaboury (110 km/4 Std., Abfahrt 9, 14 Uhr) und Phonsavan (240 km/7–8 Std., Abfahrt 8.30 Uhr) sowie nach Kunming (China, 24 Std., Abfahrt 7 Uhr) und Vinh (Vietnam, 18 Std., Abfahrt Do, So 18.30 Uhr).

Northern Bus Station, 4 km nördl. in Ban Nong Say, Tel. 071 25 27 29: Von hier fahren Busse nach Nong Khiao (140 km /3–4 Std., Abfahrt 9, 11.30, 13.30, 16 Uhr), Oudom Xay (200 km/5 Std., Abfahrt 9, 12, 16 Uhr), Luang Nam Tha (330 km/8–9 Std., Abfahrt 9 Uhr), Vieng Kham (220 km/7 Std., Abfahrt um 9 und 14 Uhr).

Mehrmals tgl. klimatisierte Minibusse nach Vientiane mit kurzen Aufenthalten in Kasi und Vang Vieng sowie mehreren Fotostopps, buchbar in Hotels, Gästehäusern und Reisebüros.

Mietwagen: Autos mit Fahrer nach Vientiane, Vang Vieng, Luang Nam Tha u. a. sowie für Tagestouren um Luang Prabang vermitteln Reiseagenturen (s. u.).

Boot: Slowboat-Anleger in Höhe des ehemaligen Königspalasts: tgl. 8 Uhr mehrere Boote nach Houay Xay (2 Tage, Übernachtung in Pak Beng, Buchung u. a. bei All Lao Travel Service, Tel. 071 25 35 22), tgl. 9 Uhr nach Nong Khiao (6–7 Std.) und Muang Ngoi (7–8 Std.), sporadisch nach Tha Deua/Xayabouri (7–8 Std.) und Pak Lai (2 Tage). Speedboat-Anlegestelle 7 km nördlich in Ban Don: tgl. mehrere Boote nach Houay Xay (8 Std., Abfahrt 8.30 Uhr, Buchung u. a. bei All Lao Travel Service, Tel. 071 25 35 22), sowie nach Bedarf auch Boote nach Nong Khiao (3 Std.), Tha Deua/ Xayabouri (3 Std.) und Vientiane (8 Std.).

Kreuzfahrten: Luang Say Mekong Cruises: Thanon Sakkarine, Tel. 071 25 25 53, www.mekong-cruises.com u. www.luangsay.com. 3 x wöchentl. komfortable Kreuzfahrten auf dem Mekong nach Houay Xay; zwei Tage, Übernachtung in Pak Beng, ab 218 € oder drei Tage, Übernachtung in der Kamu Lodge 2,5 Bootsstunden nördl. von Luang Prabang und in Pak Beng, ab 288 €. **Mekong River Cruises:** 22/2 Thanon Sakkarine, Tel. 071 25 47 68, www.cruisemekong.com. Vier- bis achttägige komfortable Mekongfahrten in den beiden im Kolonialstil erbauten Schiffen »Mekong Explorer« und »Mekong Sun« zwi-

Inmitten einer Dschungellandschaft: der Wasserfall Tad Kuang Si

schen Vientiane, Luang Prabang und dem Goldenen Dreieck. Die Kreuzfahrten beider Veranstalter sind auch buchbar über Lernidee Erlebnisreisen, www.lernidee.de.

Reiseagenturen: All Lao Travel Service: 13/7 Thanon Sisavang Vong, Tel. 071 25 35 22-3, www.alllaoservice.com, Treasure Travel, 5 Thanon Sisavang Vong, Tel. 071 25 44 03, www.treasuretravellaos.com u. Viva Travel Express, 1/1 Thanon Fa Ngum, Tel. 071 25 45 90, vivatravellaos@gmail.com. Flugbuchung und Rückbestätigung, Tickets für Busse in alle Richtungen, Buchung von Fahrten in *slow boats* oder *speed boats* nach Houay Xay, Buchung von Ritten auf Elefanten, Visaservice, Autovermietung (mit Fahrer).

Fortbewegung in der Stadt: Es gibt keine Stadtbusse. Taxis, Minibusse, Tuk-Tuks und Chum-Boos (Jumbos) halten den Nahverkehr aufrecht. Sie warten meist im Altstadtbereich entlang der Thanon Sisavang Vong und Thanon Setthathirath, oft auch in der Gegend des Dara-Markts.

Die Umgebung von Luang Prabang

Karte: S. 210

Die schönste Stadt des Landes hat, inmitten eines von Waldgebirgen umrahmten Beckens 700–900 m hoch gelegen, auch eine attraktive Umgebung. Drei Ausflugsziele kann man auf Halbtagestouren um Luang Prabang besuchen. Eine gut anderthalbstündige Bootstour flussaufwärts durch die Fluten des Mekong führt zu den Höhlen von Pak Ou. Eine Piroge für die Flussfahrt kann man an den Anlegestellen in der Nähe des Wat Phone Xay oder Wat Xieng Thong mieten. Wenn im Winter bis in die Vormittagsstunden dichter Nebel das Mekong-Tal einhüllt, kann es bei der Bootsfahrt sehr frisch werden. Deshalb unbedingt Pullover oder Jacke mitnehmen!

Ban Sang Hay 1

Der Geruch von vergorenem Klebreis kündigt **Ban Sang Hay** an. Das Dorf lebt von Reis-

Umgebung von Luang Prabang

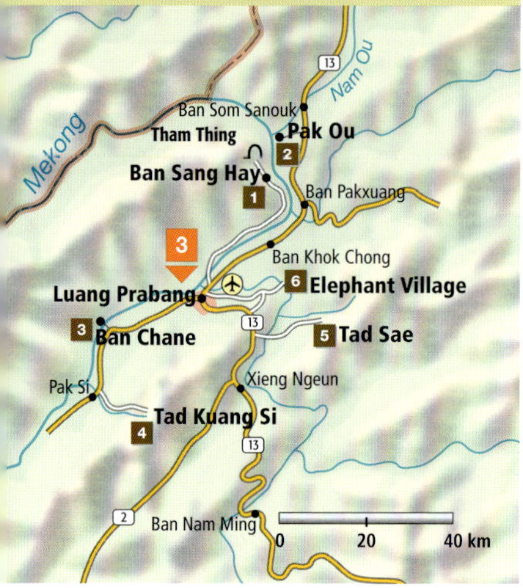

schnapsbrennereien im Freien. Daher trägt es auch den Beinamen Whisky Village. In den einfachen Destillen des Orts kann man den klaren, süffigen Laolao zu verkosten. Früher war die Haupteinnahmequelle des Orts die Töpferei, doch erwies sich das Schnapsbrennen als lukrativer. Dabei hat die Töpferkunst hier eine lange Tradition, wie Fundstücke beweisen, die auf ein Alter von bis zu 2000 Jahren geschätzt werden. Rhythmisches Klappern weist den Weg zu Webereien. Hinter Ban Sang Hay türmen sich am rechten Mekong-Ufer bizarre Karstmassive zu Landschaftskulissen.

Die Höhlen von Pak Ou 2

Die heilige Höhle Tham Thing bei **Pak Ou** gegenüber der Mündung des Nam Ou in den Mekong ist nur vom Wasser zu erreichen. Der Höhlentempel liegt in einer steilen grauen Klippe hoch über dem Fluss. Eine weiß gekalkte Steintreppe führt von der Bootsanlegestelle in eine buddhistische Wunderwelt. Hier stehen, sitzen und liegen Tausende Buddha-Statuen – 3 cm bis 1,5 m groß, zwei bis über 200 Jahre alt, aus Holz, Metall, Ton oder Stein. Alle mit den fast gleichen, halb offenen Augen der Einsicht, still, weise, zeitlos. Zum größten Teil wurden sie als Votivgaben von Gläubigen gestiftet, die damit ihr Karma im ewigen Rad der Wiedergeburten mit Verdiensten anreichern wollten. Ab und zu werden Figuren gestohlen. Doch sie bringen den Dieben kein Glück und werden von den Sündern bald heimlich wieder zurückgebracht.

Auf einem steilen Stufenpfad erreichen Besucher die große Grotte **Tham Phoum** 60 m über dem Mekong, in der ebenfalls zahllose Buddha-Statuen stehen. Ein bunt bemaltes Podest im hinteren Teil der heiligen Höhle diente früher Einsiedlermönchen und Pilgern als Ruhestätte. Wie Tham Thing war auch Tham Phoum bereits in vorbuddhistischer Zeit eine Kultstätte, in der die Einheimischen die im Mekong hausenden Flussgeister verehrten (tgl. 9–17 Uhr, 20 000 Kip).

Schöne Plätze für die Mittagspause sind die kleinen Terrassenrestaurants auf der Landzunge am Zusammenfluss von Mekong und Nam Ou. Vor dem Panorama der malerischen Kalksteinklippen Pha Houng und Pha Ene genießt man hier fangfrischen Mekong-Fisch vom Holzkohlegrill.

Die Ursprünge des **Wat Pak Ou,** der sich im nahe gelegenen Dorf im unverfälschten Stil nordlaotischer Tempelarchitektur präsentiert, reichen ins 16. Jh. zurück. Wie die heilige Höhle Tham Thing ist der Wat Pak Ou während des buddhistischen Neujahrsfests im April ein Pilgerziel zahlreicher Gläubiger aus Luang Prabang, die ihre eigenen Buddha-Figuren mitbringen, um sie von Mönchen mit heiligem Wasser aus einer tief im Innern der Tham-Thing-Höhle sprudelnden Quelle segnen zu lassen. Viele reisen im Auto auf einer schmalen Schotterstraße hoch über dem linken Mekong-Ufer an und lassen sich dann per Boot von Pak Ou zu den Höhlen übersetzen um dort zu beten und zu meditieren.

Ban Chane 3

Im Anschluss an die Fahrt nach Pak Ou kann man das Töpferdorf **Ban Chane** einige Kilometer stromabwärts von Luang Prabang am rechten Mekong-Ufer besuchen. In archaisch wirkenden Brennöfen fertigt man hier vor allem irdene Mörser, die in der laotischen Küche unentbehrlich zum Mahlen und Zerstoßen von Gewürzen sind.

Tad Kuang Si 4

Zu den beliebtesten Ausflugszielen der Einwohner von Luang Prabang gehört der Wasserfall **Tad Kuang Si** knapp 30 km südwestlich der Stadt. Die Anreise erfolgt am besten mit einem Taxi oder Tuk-Tuk. Ein Stopp lohnt beim **Wat Sangkhalok** wenige Kilometer südlich der Ortsgrenze. Der auf Geheiß von König Phothisarath 1527/28 am Zusammenfluss von Mekong und Nam Dong errichtete Tempel gehörte einst zu den bedeutendsten Heiligtümern von Luang Prabang, in dem die laotischen Könige wichtige religiöse Zeremonien abhielten.

Die Inschrift auf einer Stele und mehrere Buddha-Statuen im Allerheiligsten, die für die Khmer-Kunst jener Zeit typisch sind, belegen, dass sich an diesem Ort schon zwei Jahrhunderte vor Gründung des Königreichs Lan Xang 1353 eine Kultstätte des Mahayana-Buddhismus befand.

Die Pagode besticht durch kunstvolle Stuckreliefs und Holzschnitzereien. Die Wandgemälde am Portal erzählen die Legende von König Sisouthone und der Kinnari-Vogelfrau Nang Manola, eine Liebesgeschichte, die noch immer die Herzen vieler Laoten berührt. Der heutige *sim* wurde unter König Sisavang Vong 1905 errichtet, nachdem das ursprüngliche Bauwerk Ende des 19. Jh. bei einem Unwetter schwer beschädigt worden war. Im Hmong-Dorf **Ban Na Ouane** auf halber Strecke zwischen den Orten Luang Prabang und Tad Kuang Si legen die meisten Touristenbusse einen Einkaufsstopp ein. Angeboten werden insbesondere Handwebwaren und Silberschmuck.

Die kurvenreiche Straße, die sich von Luang Prabang Richtung Südwesten windet, endet in Ban Thabene. Von dem Dorf läuft man etwa 500 m zum Wasserfall **Tad Kuang Si**. Von dort bietet sich auch schöner Blick auf den Tad Kuang Si. In mehreren hohen Kaskaden tost der beeindruckende Wasserfall über eine mehr als 50 m hohe Felswand in eine von üppigem Tropengrün umrahmte Schlucht, wo er mehrere Felsenpools bildet (tgl. 8–17 Uhr, 20 000 Kip). Auf dem Rückweg kann man im Bear Rescue Centre Asiatische Schwarzbären beobachten, die in einem großen Gehege umherstreifen. In dem 2003 mit australischer Hilfe gegründeten Tierpark werden Jungbären aufgepäppelt, die man vor Wilderern retten konnte (www.bearlao.com, tgl. 8–17 Uhr, Fütterung 13 Uhr, Spende erbeten).

Tad Sae 5

Mit dem Rad oder Tuk-Tuk geht es zum Wasserfall **Tad Sae**. Von Luang Prabang fährt man auf der Nationalstraße 13 gen Süden, biegt nach 15 km links ab und folgt der 2 km langen Stichstraße zum Ban Ean. In dem Dorf am Nam Khan bringen Bootsleute die Besucher mit Pirogen in zehn Minuten zu dem Wasserfall. Mag der Tad Sae auch nicht sonderlich hoch sein, die Szenerie ist zauberhaft: In Kaskaden tost und gischtet der Wasserfall in einer märchenhaften Urwaldkulisse über Kalksteinfelsen, bevor er in den Nam Khan stürzt. Viele Felsenpools versprechen Badespaß im Regenwald. Umkleidekabinen und laotische Küche gibt es in einem kleinen Restaurant. Das Foto-Licht ist vormittags am besten (tgl. 8–17 Uhr, 15 000 Kip).

Elephant Village 6

Im rund 15 km östlich von Luang Prabang **Elephant Village** am Ufer des Nam Khan verdienen sich acht ehemalige Arbeitselefanten ihre Pension. Statt wuchtige Baumstämme aus schwer zugänglichen Teakholzwäldern zu schleppen, tragen sie Touristen durch die hügelige Landschaft. Besonders reizvoll ist der Ausflug »Trail of Falls« entlang dem Wildbach Houay Sae zum Wasserfall Tad Sae. Neben Elefantensafaris können Besucher im Dorf eine ein- bis dreitägige Grundausbildung zum Mahout machen (Ban Xieng Lom, Tel. 030 514 06 14, Luang Prabang Office, Thanon Sisavang Vong, Tel. 071 25 24 17, www. elephantvillage-laos.com). Wer länger bleiben möchte, findet in der angeschlossenen Elephant Lodge oder in der nahen Öko-Lodge Lao Spirit Resort eine komfortable Bleibe (s. S. 202).

Im Norden von Laos locken ursprüngliche
und reizvolle Berglandschaften

Kapitel 2

Nordlaos

Obwohl man bereits in Luang Prabang, dem Tor zu den Bergprovinzen, viel von dem eigenwilligen Flair dieser Region spürt, ist eine Reise in den Norden von Laos ein Zeitsprung in eine andere Welt. Fährt man von der alten Königsstadt, dem Hort des Buddhismus, auf kurvenreichen Straßen nach Norden, gelangt man in ein bis weit über 2000 m hohes Gebirgsland mit tiefen Taleinschnitten und Schluchten.

Stellen in Luang Prabang noch Tiefland-Laoten (Lao Loum) die Mehrheit der Bevölkerung, siedeln in den Bergregionen im Norden Dutzende von Völkern, die als Hochland-Lao (Lao Theung) und Berg-Lao (Lao Soung) bezeichnet werden. Da die heutigen Staatsgrenzen erst im Kräftespiel zwischen den französischen und britischen Kolonialinteressen und dem unabhängigen Thailand entstanden, leben die Minderheiten diesseits und jenseits der Landesgrenzen.

In der Großregion zwischen Nordthailand, Nordlaos, Myanmar (Burma) und Südwestchina leben die unterschiedlichsten ethnischen Gruppen. Sie können sich untereinander so fremd sein wie etwa Deutsche und Italiener, doch fast alle sind Pantheisten, verehren die Ahnen und fürchten die Launen von Geistern und Göttern. Obwohl sie ein entbehrungsreiches Leben führen und auf der untersten Stufe der sozialen Leiter in Laos stehen, strahlen sie meist eine zurückhaltende Freundlichkeit und Zufriedenheit aus.

Auf einen Blick

Nordlaos

Sehenswert

4 **Luang Nam Tha:** Das Städtchen selbst hat nicht viel zu bieten, doch eine Wanderung zu einem der traditionellen Bergdörfer der Akha in der Umgebung hinterlässt bleibende Eindrücke (s. S. 220).

5 **Muang Sing:** Einer der Höhepunkte der Reise in das Bergland des Nordens ist der Morgenmarkt von Muang Sing, zu dem Frauen der Akha, Hmong, Yao und anderer Bergvölker in farbenfrohen Stammestrachten kommen (s. S. 226)..

6 **Ebene der Tonkrüge:** In der Umgebung der Stadt Phonsavan im Nordosten von Laos gibt es Hunderte oft übermannshohe Steingefäße rätselhafter Herkunft (s. S. 250).

Schöne Routen

Von Luang Nam Tha nach Houay Xay: Ob mit dem Boot auf dem Nam Tha oder im Bus auf der Nationalstraße 3, die Reise verspricht viele Überraschungen (s. S. 223).

Von Houay Xay mit dem Boot nach Luang Prabang: Viele betreten Laos durch die Hintertür. Sie setzen vom nordthailändischen Chiang Khong nach Houay Xay über. Von dort tuckert man in zwei Tagen den Mekong abwärts nach Luang Prabang (s. S. 233).

Von Nong Khiao mit dem Boot über Muang Khua nach Hat Sa bei Phongsaly: Eine Bootsfahrt auf dem Nam Ou durch Landschaften, die wie Bilder aus Reisebeschreibungen französischer Forscher des 19. Jh. wirken (s. S. 236).

Mein Tipp

Im Lkw-Bus in den Nordosten von Laos: Die Reise von Nong Khiao in die Provinz Houa Phan bietet eine der wenigen, möglicherweise bald letzten Gelegenheiten, einmal die harten Holzsitzbänke eines zum Reisegefährt umgewandelten Lastwagens zu testen (s. S. 246).

aktiv unterwegs

Trekking in der Provinz Luang Nam Tha: Höhepunkte einer Reise durch das Bergland des Nordens sind Begegnungen mit Bergstämmen, geprägt von gegenseitigem respektvollem Bestaunen. Ein guter Startpunkt für eine Trekking-Tour ist Luang Nam Tha (s. S. 221).

Mit dem Rad durch das Nam-Tha-Tal: Die herrliche Landschaft und die geringe Verkehrsdichte machen das Tal des Nam-Tha-Flusses zu einem Traum für Radler (s. S. 224).

Mit dem Slowboat von Houay Xay nach Luang Prabang: Eine beschauliche Bootsfahrt auf dem Mekong vermittelt einen Eindruck vom Leben am und auf dem längsten Strom Südostasiens (s. S. 232).

Rundreise von Luang Prabang in die Bergregion

Frauen in farbenfrohen Stammestrachten auf dem Weg zum Markt, malerisch in Hochtäler eingebettete kleine Städte und Dörfer, die sich an von Wolken eingehüllte Gebirgsstöcke schmiegen, reißende Flüsse und wildromantische Schluchten. Die Bergwelt im Nordwesten von Laos ist eine Region von archaisch anmutender Schönheit.

Nachdem man sich in Luang Prabang mit ein paar Hand voll Kip versorgt hat – weiter im Norden werden die Wechselmöglichkeiten rar, und Plastikgeld ist dort weitgehend unbekannt –, steht dem Abenteuer Nordlaos nichts mehr im Wege. Es beginnt mit einer beschaulichen Fahrt zunächst am Mekong entlang. Nach der mautpflichtigen Brücke über den Nam Ou in Ban Som Sanouk mäandert die Nationalstraße 13 durch das malerische, von schroffen Bergen gesäumte Tal des ungestümen Mekong-Nebenflusses. 30 km südlich von Pak Mong wartet **Tham Thong Khamuan Nga**, eine verzweigte Karstgrotte, auf unerschrockene Höhlenforscher. In den Dörfern links und rechts der Straße leben zumeist Hmong, die während des Vietnamkriegs aus den umkämpften nordöstlichen Landesteilen hierher flüchteten.

Im Verkehrsknotenpunkt **Pak Mong** zweigt die Nationalstraße 1 rechts zum Traveller-Dorado **Nong Khiao** (s. S. 235) und in die nordöstliche Provinz Houa Phan ab. Richtung Westen fährt man von Pak Mong 80 km auf der kurvenreichen, aber durchgehend asphaltierten Nationalstraße 13 durch eine wilde Bergwelt, in der nur noch unzugängliche Kuppen und steile Gipfel mit ursprünglichem Dschungel bedeckt sind, in die Provinz Oudom Xay. Vor allem der Brandrodungsfeldbau und immer neue, breitere Pisten schlagen klaffende Wunden in die bis noch vor kurzem intakten Wälder. An roh gezimmerten Verkaufsständen am Rande der Straße bieten Männer der dort ansässigen Lao-Theung-Stämme, vor allem Blaue Hmong, ihre Jagdbeute an: Rehe, Wildschweine, Affen, Warane, Schuppentiere, kleine Bären.

Oudom Xay ►1, E 5

Karte: rechts
Erst nach dem Ausbau der Nationalstraßen 4 und 13 in Richtung der chinesischen Provinz Yunnan und der zunehmenden Durchlässigkeit der Grenze mit China erwachte **Oudom Xay** **1** aus seinem Dornröschenschlaf. Heute hat die staubige, laute Stadt, die auch unter dem Namen Muang Xay bekannt ist, vor allem Bedeutung als Verkehrsknotenpunkt, Warenumschlagplatz und Versorgungszentrum für das Umland sowie Verwaltungssitz der gleichnamigen Provinz. Als Folge des wirtschaftlichen Aufschwungs weichen immer mehr der schönen alten Holzhäuser moderner, westlicher Betonarchitektur, was sich für das Ortsbild eher unvorteilhaft auswirkt.

Oudom Xay, das in einem ausgedehnten, von schroffen Bergen umrahmten Hochtal liegt, vermag die meisten Besucher nicht zu einem längeren Aufenthalt zu verlocken. Nur wenige Sehenswürdigkeiten verstecken sich hinter den betongrauen Verwaltungsgebäuden und belebten Märkten, auf denen zu günstigen Preisen Textilien, Porzellan, Elektro- und Haushaltsartikel und viele andere chinesische Waren verkauft werden. Ein sehr schöner

Rundreise von Luang Prabang in die Bergregion

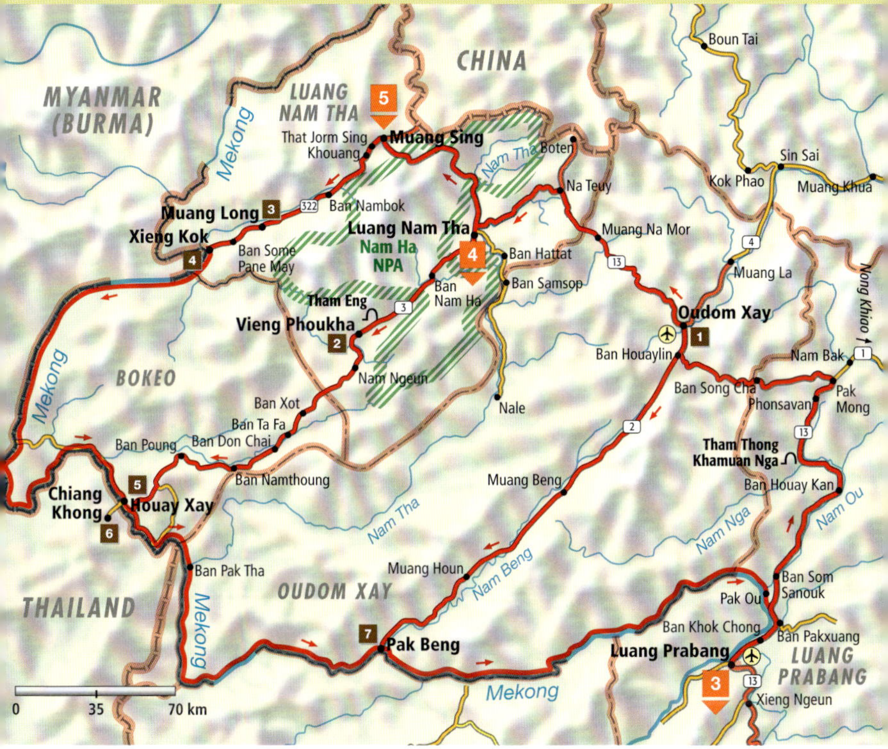

Blick über Stadt und Umland bietet sich vom blendend weißen Stupa des Wat Phou That, der auf einem Hügel im Zentrum thront.

Geizt Oudom Xay auch mit optischen Reizen, so wartet die weitere Umgebung des Orts mit großartigen Naturattraktionen auf. So erstreckt sich knapp 50 km westlich von Oudom Xay mit dem verästelten Höhlensystem der Tham Chom Ong ein unterirdisches Meisterwerk der Natur. Das weit verzweigte Netz aus Gängen und Stollen der größten, noch nicht gänzlich erforschten Höhle von Nordlaos umfasst insgesamt rund 11,5 km. Hobby-Speläologen entdecken dort eine wahre Schatzkammer mit faszinierenden Stalagmiten und Stalaktiten sowie turmhohen Hallen und einem unterirdischen Fluss. Ausgangspunkt ist das Dorf Ban Chom Ong Tai, von dem eine knapp einstündige Wanderung zum südlichen Höhleneingang führt. Beleuchtet ist nur der vordere Bereich der Grotte. Weiter hinein sollte man sich nur in Begleitung eines zuverlässigen Guide wagen. Höhlentouren organisiert das Provincial Tourism Office in Oudom Xay.

Infos

Provincial Tourism Office: Road 13, gegenüber vom neuen Markt, Tel. 081 21 24 83, www.oudomxay.info, Mo–Fr 8–12, 13.30– 16. 30 Uhr. Buchung von zwei- oder dreitägigen Treks zu Khmu-Dörfern und zur Höhle Tham Chong Ong, Tagesausflügen nach Muang La und zum Wasserfall Nam Kat, Kochkursen und Kursen zur Herstellung von handgeschöpftem Sa-Papier. Englischsprachig.

Übernachten

Alle Hotels und Gästehäuser mit chinesischen Schriftzeichen am Eingang sind nicht zu empfehlen. Dahinter verbergen sich meist schmuddelige Absteigen für chinesische Lastwagenfahrer, manchmal sogar auch Bordelle.

Beste Wahl im Ort ▶ Dansavan Hotel: Road 13, Ban Vanghai, Tel. 081 21 26 96. Modernes Haus mit Drei-Sterne-Komfort, Restaurant, Touragentur. DZ 20–35 US-$.

Solide ▶ Surinphone Hotel: Road 13, Tel. 081 21 27 89 u. 020 55 47 43 79, surinphone @hotmail.com. Freundliche Zimmer mit Dusche/WC, Ventilator und Klimaanlage, Restaurant und Internetzugang, in praktischer Lage, schräg gegenüber dem Busterminal. DZ 15–25 US-$.

Modern ▶ Oudomkham Hotel: Road 13, Tel. 081 21 22 02. Gut ausgestattete Zimmer mit Dusche/WC und Ventilator oder Klimaanlage, am südöstlichen Ortsrand. DZ kosten 90 000–160 000 Kip.

Gut geführt ▶ Litthavixay Guest House: Road 13, Tel. 081 21 21 75 u. 020 237 51 91, Fax 081 21 25 28, litthavixay@yahoo.com. Einfache Zimmer mit Dusche/WC und Ventilator oder Klimaanlage, freundliches Personal, Internetzugang, Tourorganisation und Fahrradverleih. DZ 80 000–140 000 Kip.

Komfortabel ▶ Linda Guest House: Road 13, Tel. 081 31 21 47. An der Hauptstraße, etwa 200 m vom Markt entfernt bietet das Gästehaus einfache Zimmer mit Dusche/WC und Ventilator sowie komfortable Zimmer mit Warmwasser-Dusche/WC und Klimaanlage. DZ 60 000–120 000 Kip.

Ruhige Lage ▶ Phouthat Guest House: Tel. 081 31 15 13. Abseits der Hauptstraße in ruhiger Lage vermietet dieses Gästehaus einfache Zimmer mit Ventilator und Dusche/WC oder etwas günstiger mit Gemeinschaftsbad. EZ/DZ 50 000–70 000 Kip.

Malerische Flusslandschaft bei Muang Na Mor

Essen & Trinken

Bodenständig ▶ **Suphailin Restaurant:** Tel. 081 31 47 69, tgl. 8–22 Uhr. Beliebtes Lokal in einer Seitenstraße nahe der Post, traditionelle ländliche Küche des Nordens, auch hervorragende vegetarische Speisen. Gerichte ab 20 000 Kip.

Gemütlich ▶ **Kanya's Restaurant:** Tel. 081 31 48 57, tgl. 8–22 Uhr. In einer Seitengasse nahe der Brücke, gute laotische und europäische Speisen. Gerichte ab 15 000 Kip.

Für westliche Gaumen ▶ **Muang Meua Restaurant:** Tel. 081 31 66 69, tgl. 8–22 Uhr. Steaks und Pasta, im Zentrum an der Hauptstraße. Laotische und europäische Gerichte kosten ab 15 000 Kip.

Beliebt bei Travellern ▶ **Pholay Restaurant:** Road 13, Tel. 081 31 23 24, tgl. 8–22 Uhr. Laotische Gerichte ab 10 000 Kip.

Aktiv

Totale Entspannung ▶ **Lao Red Cross:** nahe dem Phouxay Hotel, Tel. 081 21 20 22. Traditionelle laotische Massage, tgl. 9–21 Uhr (30 000 Kip/Std.) und Kräutersauna, tgl. 15–19.30 Uhr (15 000 Kip/Std.), duschen und Handtuch oder Sarong nicht vergessen.

Mountainbiken ▶ **Samlaan Cycling Tours:** Tel. 081 21 20 20 u. 020 55 60 97 90, www.samlaancycling.com. Geführte eintägige Radtouren bei Oudom Xay, z. B. zum Wasserfall Nam Kat sowie zwei- und dreitägige Touren nach Luang Prabang und Houay Xay.

Verkehr

Flugzeug: Zwischen dem Flughafen am südöstlichen Stadtrand und dem Zentrum verkehren Tuk-Tuks. **Flüge** von/nach Vientiane 3 x wöchentl. **Fluglinien und Buchungsbüros:** Lao Airlines, Tel. 081 31 20 47.

Bus: Terminal für Busse und Pickups an der Road 13 am südöstlichen Ortsrand. Busse fahren nach Vientiane (600 km/15 Std., Abfahrt 9, 14, 16, 18 Uhr), nach Luang Prabang (200 km/5 Std., Abfahrt 8.30, 11.30, 14.30, 15.45, 18 Uhr), Pak Mong (80 km/3 Std., Abfahrt 12, 14, 16 Uhr), Nong Khiao (110 km/4 Std., Abfahrt 9 Uhr), Pak Beng (145 km/4 Std., Abfahrt 8, 10 Uhr), Boten (100 km/4 Std., Abfahrt 8.30, 10 Uhr), Luang Nam Tha (120 km/4 Std., Abfahrt 8.30, 11.30, 15 Uhr), Muang Khua (100 km/3 Std., Abfahrt 8.30, 11.30, 14 Uhr), Phongsaly (235 km/10 Std., Abfahrt 8 Uhr).

Von Oudom Xay nach Pak Beng ▶ 1, D/E 5/6

Karte: S. 217

Einige Kilometer südlich von Oudom Xay zweigt die zwar kurvenreiche, aber gut ausgebaute und durchgehend asphaltierte, 145 km lange National Road 2 Richtung Südwesten nach **Pak Beng** ab. Die Straße windet sich durch das meist von Khmu besiedelte, fruchtbare Tal des Nam Beng. Der auf halbem Weg gelegene, quirlige Marktflecken **Muang Beng** ist Ausgangspunkt für Trekkingtouren, die man aber besser bereits in Oudom Xay organisiert. **Muang Houn**, der nächste größere Ort knapp 30 km weiter südwestlich, fungiert als Verwaltungs- und Versorgungszentrum der Region. Obwohl die Busfahrt nach Pak Beng landschaftliche Reize bietet, reisen die meisten Besucher im Boot auf dem Mekong an (s. S. 232).

Übernachten

... in Muang Beng:

Rustikal ▶ **Phonethong Guest House:** Einfache Bleibe mit angeschlossenem Restaurant. DZ 40 000–50 000 Kip.

... in Muang Houn:

Spartanisch ▶ **Chitthayom Guest House:** Einfache Zimmer mit Gemeinschaftsbad. DZ 30 000–40 000 Kip.

Von Oudom Xay nach Luang Nam Tha ▶ 1, E/D 4/5

Karte: S. 217

Etwas abenteuerlich ist vor allem in der Regenzeit die Fahrt von Oudom Xay nach Luang Nam Tha, knapp 120 km weiter nordwestlich. Kurvenreich und schlaglochübersät mäandert die Nationalstraße 13 durch dicht bewaldete, von tiefen Schluchten zerfurchte Berge. Nach gut 50 km halten die Busse im Städtchen **Muang Na Mor** mit einem bunten Markt, einer schönen Pagode sowie einfachen Nudel-Shops und spartanischen Gästehäusern.

Nordwestlich von Muang Na Mor öffnet sich die Landschaft zu einem mit Buschwerk und lichten Wäldern bewachsenen Hügelland, in dem Bananenplantagen, Gemüsefelder und Bergreisparzellen liegen. Ein Hauch von Wildem Westen liegt über dem staubigen Nest Na Teuy, wo laotische und chinesische Lastwagenfahrer gern einen Stopp einlegen. Geradeaus sind es von dort nur noch 20 km nach Boten an der laotisch-chinesischen Grenze, während die Nationalstraße 13, einen weiten Bogen nach Südwesten beschreibend, nach Luang Nam Tha weiterführt.

4 Luang Nam Tha ▶ 1/D 4

Karte: S. 217

Nach mühsamem Auf und Ab durch eine faszinierende Bergwelt gelangt man in ein weites Hochtal, in dem sich bis zu den Bergen am Horizont Reisfelder erstrecken. Obwohl wirtschaftliches und administratives Zentrum der gleichnamigen Provinz, besticht **Luang Nam Tha** durch viel ländliches Flair. Eine kilometerlange Hauptstraße, von der mehrere Seitenstraßen abzweigen – mehr Stadt gibt es bislang nicht.

Luang Nam Tha profitiert von seiner günstigen Lage an der Transitstrecke zwischen China und Thailand. Mit der zunehmenden Durchlässigkeit der Grenzen zu den beiden Nachbarstaaten ist auch die Bedeutung der Stadt gewachsen. Wurden früher die Waren mit Frachtschiffen auf dem Mekong von Yunnan nach Nordthailand transportiert, bevorzugt man heute den Landweg durch Laos. Daher wurde die Nationalstraße 3 nach Houay Xay in der Provinz Bokeo zu einem transasiatischen Highway ausgebaut, der den Südwesten Chinas mit dem Norden Thailands verbindet. Die neuen Handelswege und die Hoffnung auf schnelle Profite locken Glücksritter und Spekulanten in den hohen Norden von Laos. Neben Geschäftsleuten bevölkern auch immer mehr Touristen die einfachen Hotels und Gästehäuser der Stadt, die sich, umgeben von Siedlungen der Bergvölker und der Nam Ha National Protected Area, zu einem beliebten Ziel des Trekking-Tourismus entwickelt hat.

Da in der Provinz Luang Nam Tha Wanderungen zu Bergdörfern auf eigene Faust nicht gestattet sind, sollte das in einem traditionellen Holzhaus untergebrachte **Luang Nam Tha Tourist Office and Visitor Centre** erste Anlaufstelle vor einem Trek sein. In dem von einer nichtkommerziellen Organisation zur Unterstützung der Bergvölker betriebenen Zentrum plant man mit gut ausgebildeten *guides* ein- oder mehrtägige Wanderungen und verschafft sich zugleich einen ersten Überblick über die Stämme, ihre Dorfstruktur, Trachten, Sitten und Gebräuche.

Einblicke in Geschichte und Kultur der Bergvölker geben in Verbindung mit historischen Fotografien auch die Exponate – Haushalts- und Gebrauchsgegenstände, Kleidung, Schmuck und Waffen – im **Luang Nam Tha Museum**. Ausgestellt sind außerdem archäologische Fundstücke sowie Buddha-Figuren aus Bronze, Stein und Holz, die aus alten Tempeln in der Provinz stammen (tgl. 8.30–12, 13.30–15.30 Uhr, 15 000 Kip).

Ein schöner Blick über Luang Nam Tha bietet sich vom **Wat Nam Tha** auf dem Hügel, der die Stadt im Westen begrenzt. Auf einer Bergkuppe in der Nähe des Flughafens thront der Stupa **That Phoum Phouk,** der 1628 zum Gedenken an die Brüderschaft zwischen den benachbarten Reichen Lan Xang (Luang Prabang) und Lan Na (Chiang Mai) errichtet und im Vietnamkrieg schwer beschädigt wurde. Neben der Ruine erhebt sich seit 2003 als neues Friedenssymbol ein moderner Stupa gleicher Bauart.

Infos

Luang Nam Tha Tourist Office and Visitor Centre: Tel. 086 21 15 34 u. 086 31 20 47, www.luangnamtha.com u. www.ecotourism

aktiv unterwegs

Trekking in der Provinz Luang Nam Tha

Tour-Infos

Start: Luang Nam Tha
Dauer: 2–4 Tage
Schwierigkeitsgrad: einfach bis moderat
Organisation: Luang Nam Tha Tourist Office und Visitor Center und private Veranstalter wie Green Discovery
Kosten: ca. 30 US-$ p. P./Tag

Die Menschen in den Bergen um Luang Nam Tha bilden ein buntes Mosaik von mehr als 20 verschiedenen Minderheiten mit unterschiedlichen Kulturen, eigenen Sprachen und lokalen Dialekten. Engagierte Mitarbeiter des Luang Nam Tha Tourist Office and Visitor Centre bieten in einem grandiosen Trekking-Terrain mehrere Wanderungen unterschiedlicher Dauer und Schwierigkeitsgrade zu Bergdörfern an. Das vom laotischen Tourismusministerium und der UNESCO im Jahr 1995 entwickelte Nam Ha Eco Tourism Project ist mittlerweile zu einem Markenartikel für einen sanften Tourismus geworden, der Abenteuer mit Naturerkundung und Völkerverständigung verbindet.

In der Provinz Luang Nam Tha sind Treks auf eigene Faust untersagt. Wanderungen in Kleingruppen werden mit ausgebildeten einheimischen Führern im Besucherzentrum geplant. Ein guter Guide ist schon deshalb unentbehrlich, weil die Orientierung im zerklüfteten Bergland oft nicht einfach ist und nicht in jedem Dorf jemand zu finden ist, der Laotisch spricht, ganz zu schweigen von Englisch. Zudem sind Fremde längst nicht in jedem Bergdorf willkommen.

Eine **zweitägige Wanderung** mit reinen Laufzeiten von jeweils 5–7 Std. führt zu den auf Besucher vorbereiteten Bergsiedlungen **Ban Nalan** und **Ban Namlue** in der Nam Ha National Protected Area. Englischsprachige Guides informieren die Wanderer während des Treks über Sitten und Gebräuche der Hochlandvölker sowie über Tiere und Pflanzen. Sie geben ihnen auch Einblick in das alte Wissen der Bergstämme über die Heilwirkung vieler Pflanzen.

Übernachtet wird in einer einfachen Pfahlbau-Lodge in Ban Nalan, das hauptsächlich von Khmu bewohnt wird. Am zweiten Tag verläuft der Wanderpfad zunächst einige Kilometer am Nam-Ha-Fluss entlang, bevor er durch ursprünglichen Primärwald mit 400 bis 500 Jahre alten Urwaldriesen steil zu einem Bergkamm ansteigt, um dann zu dem Lanten- und Khmu-Dorf Ban Namlue abzufallen. Von dort fahren die Teilnehmer mit Tuk-Tuks zurück nach Luang Nam Tha.

Eine anspruchsvolle **drei- bis viertägige Wanderung** hat die Dörfer **Ban Kokmee, Ban Sam Yord** und **Ban Nam Talan** zum Ziel, in denen Akha, Lanten, Khmu und Phu Noi leben. Bei gemeinsamen Abendessen mit den Dorfältesten lernen die Wanderer viel über die traditionelle Lebensweise ihrer Gastgeber, die auf einem strikten Kodex beruht. So erfahren sie, weshalb die Akha an den Zugängen zu ihren Dörfern Geistertore errichten und warum sie diese mit magischen Abwehrzeichen in Form von Bambussternen versehen.

Besucher hinterlassen einen guten Eindruck, wenn sie dem Vorsteher des Dorfs, in dem sie übernachten, Gastgeschenke überreichen, etwa Salz, Zucker, Reis, Trockenfisch oder Zahnpasta, Zahnbürsten und Seife. Man sollte vorher mit dem Guide besprechen, welche Mitbringsel sinnvoll sind. Bettelnden Kindern schenkt man besser nichts, auch kein Geld.

Zur Ausrüstung gehören gute Wanderschuhe, Regen- und Kälteschutz, Schlafsack und Wasserflasche. Sicherheitshalber immer darauf achten, dass das Trinkwasser abgekocht wird.

laos.com, Mo–Fr 8–12, 13.30–20, Sa/So 8.30–11.30, 14–19 Uhr. Besucherzentrum des Nam Ha Eco Tourism Project, Infos über die Bergvölker, Buchung von Touren, in einer Seitenstraße hinter dem Postamt.

Übernachten

Wohlfühloase am Fluss ▶ **The Boat Landing Guest House:** Ban Luang Khone, Tel. 086 31 23 98, www.theboatlanding.com. Nach ökologischen Richtlinien erbaute Lodge 7 km südl. in einem üppigen Tropengarten am Ufer des Nam Tha, gemütliche Holzbungalows unterschiedlicher Größe mit Dusche/WC, Ventilator, schöner Terrasse und Flussblick. Das Restaurant serviert ausgezeichnete nordlaotische Gerichte. Die freundlichen Besitzer sind auch bei der Organisation von Touren behilflich. Bungalow 35–60 US-$ (inkl. Frühstück, in der Saison kommen 20 % Zuschlag hinzu).

Funktional ▶ **Lao Royal Hotel:** Tel. 086 21 21 52. Etwas nüchternes Touristenhotel nördlich des Markts mit 100 klimatisierten Komfortzimmern. DZ 30–55 US-$.

Ruhig und angenehm ▶ **Luang Nam Tha Guest House:** Tel. 086 31 20 87, Fax 31 23 30. Ruhige Lage am westlichen Ortsrand, ordentliche Zimmer mit Dusche/WC im Haupthaus und gemütliche Holzbungalows mit Dusche/WC. DZ 8–14 US-$.

Familiär ▶ **Vila Guest House:** Tel. 020 55 68 33 33. Ruhige Lage, Zimmer mit Dusche/WC, kostenloses WLAN. DZ 60 000–100 000 Kip.

Freundlich ▶ **Thoulasith Guest House:** Tel. 020 55 68 33 33. Ruhige Lage, Zimmer mit Dusche/WC, kostenloses WLAN. DZ kosten 60 000–100 000 Kip.

Gut und günstig ▶ **Zuela Guest House:** Tel. 086 21 20 59. In ruhiger Seitenstraße, behagliche Zimmer mit Dusche/WC und Ventilator in einem Holzhaus, Restaurant, Fahrrad- und Motorradverleih. DZ 60 000–90 000 Kip.

Traditionelles Lao-Haus ▶ **Heuan Lao Guest House:** Tel. 086 21 11 11. An der Hauptstraße in der Ortsmitte, sieben gemütliche Zimmer mit Dusche/WC und Ventilator in einem schönen Holzhaus mit beliebtem Restaurant. DZ 60 000–80 000 Kip.

Backpacker ▶ **Manychan Guest House:** Tel. 086 31 22 09. Einfache Zimmer mit Dusche/WC oder Gemeinschaftsbad in einem Holzhaus an der Hauptstraße schräg gegenüber der Post, moderne Zimmer in einem mehrstöckigen Neubau, mit beliebtem Restaurant. DZ 40 000–120 000 Kip.

Pension ▶ **Saikhonglongsak Guest House:** Tel. 086 31 22 57. Beliebte Pension an der Hauptstraße, einfache, aber ordentliche Zimmer mit Dusche/WC, gutes Lao-Restaurant. DZ 50 000–60 000 Kip.

Essen & Trinken

Feine regionale Küche ▶ **The Boat Landing Guest House:** Ban Kone, Tel. 086 31 23 98, tgl. 7–22 Uhr. In dem rustikal-gemütlichen, halb offenen Restaurant am Ufer des Nam Tha bekommt man authentische nordlaotische Spezialitäten sowie dem westlichen Geschmack etwas angepasste Gerichte der Bergvölker, z. B. *Akha Boiled Pork Balls* und *Black Tai Stew*. Gerichte 4–6 US-$.

Traditionelle Küche ▶ **Heuan Lao Restaurant:** Tel. 086 21 11 11, tgl. 11–14, 17–22 Uhr. Stimmungsvolles Terrassenrestaurant in einem traditionellen Holzhaus am nördlichen Ende der Hauptstraße, hervorragende laotische und thailändische Gerichte. Gerichte ab 20 000 Kip.

Ethno-Food ▶ **Minority Restaurant:** Tel. 86 21 37 69, tgl. 8–23 Uhr. An der Hauptstraße gegenüber dem Dokchampa Hotel, traditionelle Küche der Bergvölker. Gerichte ab 20 000 Kip.

International ▶ **Banana Restaurant:** Tel. 020 571 80 26, tgl. 8–22 Uhr. Standard-Traveller-Food und einige laotische Speisen. Gerichte ab 15 000 Kip.

Küchenmix ▶ **Darasavath:** Tel. 086 31 23 84, tgl. 8–23 Uhr. Rustikales Lokal mit laotischen und europäischen Speisen sowie beliebter Biergarten. Gerichte ab 15 000 Kip.

Aktiv

Trekking, Rafting, Kajak ▶ **Green Discovery:** Hauptstraße nahe Lao Development Bank, Tel. 086 21 14 84, www.greendiscoverylaos.com, tgl. 8–21 Uhr. Der Outdoor-

Spezialist vor Ort. Kajaking und Rafting auf dem Nam Tha, Trekking und Mountainbiking in der Provinz.

Verkehr

Flugzeug: Zwischen dem Flughafen 5 km südl. und der Innenstadt verkehren Tuk-Tuks. **Flüge** von/nach Vientiane 5 x wöchentl. **Fluglinien und Buchungsbüros:** Lao Airlines, Tel. 086 21 20 87.

Bus: Es gibt zwei Terminals, die **Northern Bus Station** in der Ortsmitte nahe dem Markt: Busse und Pickups nach Muang Sing (58 km/2 Std., Abfahrt 8, 9.30, 11, 12.30, 14, 15.30 Uhr), Boten (60 km/2 Std., Abfahrt 8, 9.30, 11, 12.30, 14, 15.30 Uhr), Vieng Phoukha (68 km/1,5 Std., Abfahrt 9.30, 12 Uhr). **Southern Bus Station,** 10 km südl.: Busse und Pickups nach Oudom Xay (114 km/4 Std., Abfahrt 8.30, 12, 14.30 Uhr), Houay Xay (196 km/4–5 Std., Abfahrt 9, 12 Uhr) und Luang Prabang (330 km/8–9 Std., Abfahrt 9, 14 Uhr) sowie tgl. 8/9 Uhr ein Direktbus nach Mengla und Jinghong in China.

Boot: Vom Bootshafen am Fluss Nam Tha ca. 7 km südwestl. unregelmäßig *slowboats* nach Pak Tha und Houay Xay (2 Tage), meist nur auf Charterbasis, Boot für 4–6 Pers. ca. 200–250 US-$, Vermittlung in The Boat Landing Guest House und bei Green Discovery.

Umgebung von Luang Nam Tha ► 1, C 4

Karte: S. 217

Ein Bootsausflug, den die Mitarbeiter im Luang Nam Tha Tourist Office and Visitor Centre organisieren, gibt Einblicke in die 2224 km^2 großen **Nam Ha Protected Area.** In dem noch zu einem großen Teil von ursprünglichem Regenwald bedeckten Nationalpark leben Tiger, Leoparden, Elefanten, Braunbären, Wildschweine, Sambar-Hirsche und wilde Gaur-Büffel. Imposant ist auch die artenreiche Vogel- und Reptilienwelt. Auf dem Fluss Nam Tha, der abschnittweise die Ostgrenze des Parks bildet, gelangt man in einem Tagesausflugs von Luang Nam Tha bis zum Zusammenfluss von Nam Tha und Nam Ha. Landgänge führen zu Dörfern der Akha, Hmong, Tai Dam (Schwarze Tai), Lanten und Khmu.

Von Luang Nam Tha nach Houay Xay ► 1,C 4–A 6

Karte: S. 217

Mit dem Boot

Da die Fahrt auf dem **Nam Tha**, der abschnittweise parallel zur Ostgrenze des Nam-Ha-Nationalparks fließt, mit regulären Booten zeitaufwendig und unbequem ist, chartert man besser ein Boot. Der Bootsmann sorgt auch für Verpflegung und Unterkunft während des zweitägigen Trips. Bisweilen sind gegen Ende der Trockenzeit die Stromschnellen am Unterlauf des Nam Tha für größere Boote unpassierbar. Die Fahrgäste müssen dann in kleinere Boote umsteigen. Manchmal wird der Bootsverkehr auf dem Nam Tha bei zu niedrigem Pegel auch gänzlich eingestellt.

Mit dem Bus

»200 km lang, 2 m breit und bei Regen einen halben Meter tief«, so hat ein Reisender noch Ende der 1990er-Jahre die Nationalstraße 3 von Luang Nam Tha nach Houay Xay am Oberlauf des Mekong beschrieben. Doch ist die wichtige Handelsroute, die schon vor Jahrhunderten China mit Siam verband, inzwischen zu einem transasiatischen Highway ausgebaut worden und der Ruf der National Road 3 als eine der abenteuerlichsten Pisten von Laos endgültig dahin. Auch heute bietet die Strecke immer noch schöne Aussichten.

Zunächst geht es durch das weite Tal des Nam-Ha-Flusses, in das von Reisfeldern umgebene Khmu- und Lanten-Dörfer eingebettet sind. Kurvenreich und in ständigem Auf und Ab mäandert die Straße durch den Bergdschungel des Nam-Ha-Nationalparks, eine Landschaft von dramatischer Schönheit, die aber hier und dort noch die Spuren des früher praktizierten Brandrodungsfeldbaus trägt. In

aktiv unterwegs

Mit dem Rad durch das Nam-Tha-Tal

Tour-Infos

Start: Luang Nam Tha
Länge: Rundfahrt ca. 20 km
Dauer: 3–4 Std.
Schwierigkeitsgrad: einfach
Fahrradverleih: im Zuela Guest House ab 10 000 Kip/Tag.

Auf der Hauptstraße von Luang Nam Tha geht es Richtung Norden bis zur Brücke über den Nam Tha. Gegenüber liegen die Dörfer **Ban Thong Jai Neua** und **Ban Thong Jai Tai,** in denen Tai Dam (Schwarze Tai) leben. Sie sind für ihre feinen Seidenstoffe bekannt. In der Umgebung werden Maulbeerbäume gepflanzt, deren Blätter als Futter für Seidenraupen dienen. Nach dem Schlüpfen vergrößern sich die Raupen und spinnen sich in Kokons ein. Diese werden nach etwa sechs Wochen in einem Wasserkessel gekocht, bis sich der Faden löst und auf Spulen gedreht werden kann. Die gebratenen Raupen gelten als Leckerbissen. Die Tai-Dam-Frauen zeigen gerne die Phasen der Seidenproduktion.

Am kleinen Fluss Nam Dee etwa 6 km nordöstlich des Ortskerns erstreckt sich das malerische **Ban Nam Dee.** Nach der Brücke über den Nam Tha folgt man der zweiten Abzweigung nach links. Auf einer Schotterpiste fährt geht es zunächst durch ein Khmu-Dorf. Die Körbe, die man hier häufig im Wasser sieht, enthalten einen Brei aus Bambusfasern, der später, auf Baumwolltüchern ausgebreitet und an der Sonne getrocknet, ein grobes Papier ergibt.

Die Bewohner von Ban Nam Dee gehören zum Lao-Soung-Volk der Lanten, dessen etwa 4000 Angehörige vorwiegend in der Provinz Luang Nam Tha siedeln. Wie die Yao, mit denen sie ethnisch eng verwandt sind, wanderten sie vor 150 bis 200 Jahren aus der südchinesischen Provinz Yunnan ein. Als einzige Bergvölker benutzen die Yao und Lanten eine auf alten chinesischen Zeichen basierende Schrift. Das traditionell gefertigte Bambusfaser-Papier verwenden sie zur Aufzeichnung ihrer Glaubensvorstellungen, in denen sich Animismus und Ahnenverehrung mit Elementen des chinesischen Taoismus vermischen. Da sich die Lanten oft an Flüssen und Bächen niederlassen, tragen sie den Beinamen Lao Houay (Bach-Lao). Die Frauen und Mädchen fallen durch ihre indigoblaue Tracht mit weißen Beinkleidern und ihren mit Münzen und Silberkügelchen verzierten Kopfschmuck auf. Etwa 500 m nördlich des Dorfs plätschert der kleine Wasserfall **Tad Nam Dee** vor dichtem Tropengrün in Kaskaden über eine Felsbarriere im Nam Dee. Auf der

Ban Nam Ha gut 30 km südwestlich von Luang Nam Tha führt eine Brücke über den Nam-Ha-Fluss.

Je weiter man sich **Vieng Phoukha** 2 nähert, dem einzigen größeren Ort an der Route, desto dramatischer wird die Landschaft. Karstmassive ragen unvermittelt aus den Reisfeldern auf, durchlöchert von zahlreichen noch gänzlich unerforschten Höhlen. Zu den **Grotten**, die man in Begleitung eines *guide* besuchen kann, zählen Tham Phou Prasat, Tham Eng und Tham Kao Rao nördlich und nordöstlich von Vieng Poukha. In der Nähe verstecken sich unter einem dichten Mantel tropischer Vegetation die Ruinen der alten Befestigungsanlage Khou Vieng aus dem 17. Jh. Ein- und mehrtägige Wanderungen führen zu ursprünglichen Dörfern der Akha, Khmu und Lahu.

Auch die verbleibenden rund 130 km von Vieng Phoukha zum Mekong durch das Stammland der Khmu sind eine abwechslungsreiche Berg- und Talfahrt. Das Kurvenkarussell endet in Houay Xay (s. S. 230).

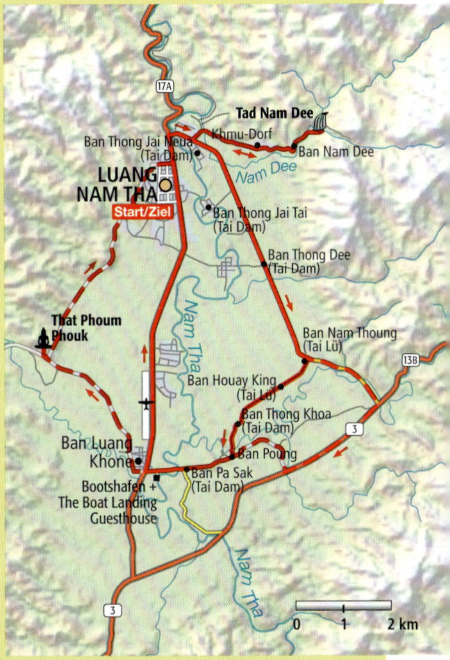

leicht ansteigenden ehemaligen Hauptstraße nach Luang Nam Tha geht die Fahrt weiter über das Tai-Dam-Dorf **Ban Thong Dee** nach **Ban Nam Thoung**. Aus vielen Häusern des Tai-Lü-Dorfs dringt rhythmisches Klappern. Mädchen und Frauen an Handwebstühlen fertigen Baumwoll- und Seidenstoffe mit traditionellen Mustern. Von Ban Nam Thoung führt ein schmaler Weg durch Reisfelder und Obstplantagen über das ebenfalls von Tai Lü bewohnte Dorf **Ban Houay King** nach **Ban Thong Khoa.** Südlich dieses Tai-Dam-Dorfs kann man in der Trockenzeit bei niedrigem Pegelstand den Nam Thoung an einer Furt überqueren. Bei zu hohem Wasserstand muss man einen kleinen Umweg machen und die Brücke an der neu gebauten Nationalstraße 3 nehmen. Von **Ban Poung** südlich der Nam-Thoung-Furt sind es nur wenige Fahrminuten zum Tai-Dam-Dorf **Ban Pa Sak,** einem weiteren Zentrum der Seidenproduktion im Nam-Tha-Tal. Nimmt man an der Gabelung in Ban Pa Sak die rechte Abzweigung, kommt man zu einer Brücke über den Nam Tha. Nach gut 1 km zweigt links eine schmale Stichstraße zum Bootshafen am Nam Tha und The Boat Landing Guest House ab. Wer noch über Energiereserven verfügt, kann vom großen Dorf Ban Luang Khone südlich des Flugplatzes einen etwa 2 km langen Abstecher zum **That Phoum Phouk** machen (s. S. 220). Ansonsten geht es auf der schnurgeraden Hauptstraße auf direktem Weg zurück nach Luang Nam Tha.

Übernachten

... in Vieng Phoukha:

Tolle Hanglage ▶ **Mountain Lodge:** Tel. 020 55 48 80 32. Holzbungalows mit Dusche/WC auf einem Hügel südlich des Orts, dazu gehört auch ein kleines Restaurant. DZ 60 000–100 000 Kip.

Am Fluss ▶ **Thong My Xay Guest House:** Einfache Bambusbungalows am südlichen Ortsrand mit Dusche/WC oder Gemeinschaftsbad, gutes nordlaotisches Essen. DZ 40 000–80 000 Kip.

Aktiv

... in Vieng Phoukha:

Caving & Trekking ▶ **Vieng Phoukha Eco-Guide Service:** Tel./Fax 081 21 24 00, mpvpk@lao tel.com, www.ecotourismlaos.com. Höhlenexkursionen und Wanderungen zu Bergdörfern, die von erfahrenen, einheimischen, englischsprachigen Guides geführt werden. Zu empfehlen ist beispielsweise der dreitägige Akha Trail durch herrliche Landschaft. Unterwegs lernt man zwei Akha-Dörfer kennen.

5 Muang Sing ▶ 1, C 4

Karte: S. 217

Spektakulär ist auch die knapp 60 km lange Fahrt entlang des Flusses Nam Leuang von Luang Nam Tha durch die wild bewachsene, von tiefen Schluchten zerfurchte Gebirgswelt des Nam-Ha-Nationalparks nach **Muang Sing**. Hinter jeder Kuppe und Kurve bieten sich neue herrliche Panoramen ursprünglichen Bergdschungels, der jedoch zunehmend von ausgedehnten Kautschukplantagen verdrängt wird. Da in Laos vor der kommunistischen Machtübernahme 1975 Opium legal und sehr preiswert auf den Märkten verkauft wurde, zog es Scharen von Junkies in das Land, vor allem nach Muang Sing am Rande des Goldenen Dreiecks (s. S. 229).

Immer noch wirkt Muang Sing, dessen Bewohner vorwiegend zum Volk der buddhistischen Tai Lü gehören, auf angenehme Art rückständig. Doch beginnt der Tourismus dem Städtchen immer deutlicher seinen Stempel aufzudrücken. Vor allem der Trekking-Tourismus zieht immer mehr Reisende in die nordwestliche Landesecke, wo Laos an Myanmar und China grenzt. Mittlerweile gibt es zahlreiche Gästehäuser, Restaurants und Trekking-Agenturen. Neubauten werden leider meist nicht mehr im traditionellen Stil aus Holz errichtet, sondern aus Stein und Beton. Urtümlich wirkt der von zwei Steinlöwen bewachte **Wat Sing Jai**, dessen Pagode ein geschwungenes sowie mehrfach gestaffeltes Satteldach besitzt. Das Holzgebäude daneben beherbergt das **Muang Sing Exhibition Centre**, ein kleines ethnografisches Museum zu Alltag und Kultur der Bergvölker (Mo–Fr 9–12, 13.30–15.30 Uhr, 10 000 Kip). **That Muang Sing,** das bedeutendste Heiligtum der Tai Lü, thront weithin sichtbar auf einem Hügel im Süden der Stadt.

Der Morgenmarkt (Talat Sao)

Die größte Attraktion von Muang Sing ist der geschäftige Markt. In der Morgendämmerung setzt auf der Hauptstraße eine Prozession von Menschen ein, die aus einem Lehrbuch der Ethnologie zu stammen scheinen. Schwer bepackt mit riesigen Körben, die sie am Nackenjoch oder an Tragestangen balancieren, kommen Angehörige von Bergvölkern nach Muang Sing, um ihre Waren zu verkaufen und auf dem **Talat Sao** (Morgenmarkt) und in den Geschäften Wolle, Werkzeuge und andere notwendigen Dinge zu erwerben. Meist haben sie stundenlange Fußmärsche hinter sich, oft bei Nebel und Nieselregen. Jede Gruppe demonstriert ihre kulturelle Identität durch farbenfrohe Stammestrachten.

Der große Morgenmarkt beginnt bei Sonnenaufgang, drei Stunden später ist das Hauptgeschehen bereits vorüber. Verkauft werden Obst, Gemüse, Fleisch, Fisch und Haushaltswaren, teils im Freien, teils in einer Halle. Vereinzelt bieten Hmong- und Tai-Lü-Frauen Webarbeiten und Silberschmuck an. Über den Markt verteilt sind Imbissstände und kleine Lokale, bei denen man sich mit etwas Fantasie und Mut ein herzhaftes Frühstück zusammenstellen kann.

Trekking-Touren in die Umgebung

Muang Sing ist ein herrlicher Ort zum Verweilen und ein idealer Ausgangspunkt für Trekking-Touren zu Dörfern von Bergvölkern, die in der Hügellandschaft um den Ort verstreut sind. Nach ein- bis zweistündigen **Wanderungen** erreicht man die Akha-Dörfer Ban Panja Luang, Ban Pa Baht May und Ban Pa Kha. Dorfleben kann man auch in den Yao-Siedlungen Ban Nam May, Ban Chongka, Ban Houay Dam und Ban Sai Lek kennen lernen. Informationen und Führer findet man in den meisten Gästehäusern.

Infos

Muang Sing Visitor Information & Trekking Guide Service: nahe dem Markt, Tel. 081 31 20 47, tgl. 8–17 Uhr. Organisation von Ein- und Mehrtageswanderungen zu Dörfern der Bergvölker und Buchung bei The Akha Experience (s. S. 228.).

Übernachten

Beste Unterkunft der Stadt ▶ **Pouiu Guest House:** Tel. 081 21 23 48 u. 020 55 68 69 09.

Traditionelle Bergvölker leben in der Umgebung von Muang Sing

Modernes Gebäude am südwestlichen Ortsrand, komfortable Zimmer mit Dusche/WC und Ventilator; zum Gästehaus gehören 10 stilvoll in Bambus möblierte Holzbungalows mit Dusche/WC und Ventilator; die freundliche Besitzerin spricht zwar kein Englisch, bemüht sich aber sehr um ihre Gäste. DZ 15–22 US-$, Bungalow 35 US-$ (inkl. Frühstück).

Solide ▶ **Singchaluen Hotel:** Tel. 081 21 23 47. Am südwestl. Ortsrand, ordentliche Zimmer mit Dusche/WC, Restaurant. DZ 8–10 US-$.

Top-Lage ▶ **Stupa Mountain Lodge:** Ban Tin That, Tel. 081 21 23 87 u. 020 55 68 65 55, stupamtn@laotel.com. 5,5 km südlich an der Straße nach Luang Nam Tha in herrlicher Lage, vier Holz- und Bambusbungalows im traditionellen laotischen Stil mit jeweils zwei geräumigen Zimmern (Dusche/WC, Ventilator), einfaches laotisches Restaurant mit Panoramablick. DZ 8–10 US-$.

Bungalows im Grünen ▶ **Adima Guest House:** Tel. 081 21 23 72. Einfache, saubere Zimmer in Holzbungalows mit Gemeinschaftsbädern, ruhige Lage 8 km nordöstlich nahe der laotisch-chinesischen Grenze, Restaurant mit laotischen, thailändischen und europäischen Gerichten, gute Trekking-Informationen. DZ 50 000–80 000 Kip.

Bodenständig ▶ **Daenneua Guest House:** Zentral gelegenes Gästehaus mit einfachen Zimmern mit Dusche/WC oder Gemeinschaftsbad, mit Restaurant. Die DZ kosten zwischen 40 000–60 000 Kip.

Mit Dachterrasse ▶ Muang Sing Guest House: Tel. 081 21 23 75. Zentral, einfache Zimmer mit Dusche/WC oder Gemeinschaftsbad, schöne Dachterrasse. DZ kosten 35 000–50 000 Kip.

Rustikales Ambiente ▶ Tailue Guest House: Tel. 081 21 23 75. Zentral, einfache Zimmer mit Dusche/WC oder Gemeinschaftsbad in einem schönen Holzhaus, gut besuchtes Restaurant, Fahrradverleih. DZ kosten 35 000–50 000 Kip

Backpackerherberge ▶ Viengxay Guest House: Tel. 081 21 23 72. Der zentral gelegene Traveller-Treff bietet einfache Zimmer mit gemeinschaftlichen Sanitäreinrichtungen und ein beliebtes Restaurant. Die DZ sind für 30 000–40 000 Kip zu haben.

Essen & Trinken

Panasiatische Küche ▶ Muang Sing View Restaurant: Tgl. 11–15, 17–22 Uhr. Terrassenrestaurant, gute laotische, chinesische und thailändische Speisen. Gerichte kosten ab 20 000 Kip.

Herzhafte Regionalküche ▶ Tailue Restaurant: Tgl. 7–22 Uhr. Nordlaotische Spezialitäten, Probiertipp: *sa low* – die hiesige Variante des laotischen Nationalgerichtes *laab*. Gerichte ab 15 000 Kip.

Traveller's Taste ▶ Vieng Phone Restaurant: Tel. 081 21 23 68, tgl. 8–22 Uhr. Lokal mit einfacher Ausstattung, aber guten laotischen, chinesischen und thailändischen Speisen. Gerichte ab 12 000 Kip.

Aktiv

Wellness ▶ Muang Sing Herbal Sauna & Massage: nahe dem Pouiu Guest House. Kräutersauna, tgl. 16–20 Uhr (15 000 Kip/Std.) und laotische Massage, tgl. 10–21 Uhr (30 000 Kip/Std.), vorher duschen und Handtuch oder Sarong nicht vergessen.

Trekking ▶ The Akha Experience: Tel. 081 21 23 81, Fax 21 23 83, www.ecotourismlaos.com/activities/akha_experience.htm. Buchung: Exotissimo Travel in Vientiane, Tel. 008 56 21 24 18 61 u. Luang Prabang, Tel. 008 56 71 25 28 79, www.exotissimo.com. Mit Hilfe der GTZ entwickelte dreitägige Trekking-Tour zu Akha-Dörfern in der Umgebung von Muang Sing (25 US-$ p. P.).

Termine

Bun Bang Fai: Mai. Raketenfest.
Bun That Muang Sing: Nov. Mehrtägiges farbenfrohes Fest der Bergstämme.

Verkehr

Bus: Tagsüber Busse und Pickups nach Luang Nam Tha (58 km/2 Std.), Muang Long (49 km/1,5 Std.) und Xieng Kok (70 km/2,5 Std.).

Von Muang Sing nach Xieng Kok ▶ 1, B/C 4

Karte: S. 217

Entlang der Akha Road

Zahlreiche Dörfer von Bergvölkern säumen die sogenannte Akha Road, die mittlerweile gut ausgebaute Schotterstraße von Muang Sing zum Städtchen Xieng Kok 70 km weiter südwestlich am Mekong. Nach 8 km erhebt sich linker Hand der Piste auf einem Hügel **That Jorm Sing**, ein restaurierter weißer Stupa mit goldfarbener Kuppel aus dem Jahr 1797. Dass das alte Heiligtum im religiösen Leben der Einheimischen nach wie vor eine wichtige Rolle spielt, beweisen die Buddha-Figuren in einem kleinen Schrein: Glänzende Goldblättchen, frische Lotosblüten, brennende Kerzen, glimmende Weihrauchstäbchen verraten, dass sie noch heute die Verehrung gläubiger Buddhisten empfangen.

Muang Long 3, die einzige Stadt an der Route und Verwaltungssitz des Bezirks, erscheint wie ein größeres Dorf, aus dem zwei, drei Betonbauten herausragen. Neben zwei einfachen Gästehäusern und kleinen Restaurants besitzt der lebhafte Ort einen Markt, zu dem frühmorgens viele Angehörige von Bergstämmen kommen. That Jorm Jeuang und That Phaa Khaang, zwei Ende des 18. Jh. errichtete Stupas in der Nähe von Muang Long, sind nur noch als Ruinen erhalten.

Die Blumen des Bösen – Opiumanbau in Nordlaos

Thema

Obwohl überall Plakate vor dem Gebrauch und Besitz von Drogen warnen, zieht es schon seit Jahrzehnten Drogenabenteurer aus der ganzen Welt in die Grenzregion zwischen Laos, Thailand und Myanmar (Burma), in das berüchtigte Goldene Dreieck.

Das Gold der Dreiländerregion mit dem Beinamen The Golden Triangle ist kein glänzendes Metall, sondern der Schlafmohn, aus dem Opium, der Rohstoff für Heroin und andere Opiate, gewonnen wird. Vor etwa 1500 Jahren gelangte die Schlafmohnpflanze *(Papaver somniferum)*, die nur in Höhenlagen ab 1000 m gedeiht, aus Arabien über Indien nach China. Mit den seit dem 8. Jh. nach Süden wandernden Tai-Lao-Stämmen fand die Pflanze ihren Weg nach Laos.

Bei der Ernte zwischen Januar und Mai werden mit einem Messerchen die Kapseln des Schlafmohns angeritzt. Die austretende weiße Milch gerinnt zu braunen, harzigen Klumpen, dem Rohopium. Rund 350 US-$ zahlen Händler für 1 kg des begehrten Stoffes, aus dem 100 g Heroin mit einem Marktwert von 10 000 US-$ gewonnen werden.

Einen enormen Aufschwung nahm die Opiumproduktion im Goldenen Dreieck nach dem Zweiten Weltkrieg. Als in China 1949 der Bürgerkrieg zu Ende ging, flüchteten Tausende Soldaten der National-Chinesen in die Gebirgsregion im Norden von Laos, Thailand und Myanmar. Der US-amerikanische Geheimdienst CIA versuchte, die Truppen für einen Guerillakrieg gegen die Kommunisten zu gewinnen. Als dieses Vorhaben misslang, wandten sich die Kuomintang-Offiziere ungefährlicheren und einträglicheren Geschäften zu.

Sie unterwarfen die Bergstämme, erpressten von ihnen Steuern in Form von Opium. Chemikern gelang es in Dschungellabors, aus dem Rohopium hochwertiges Heroin herzustellen. Die Rauschgiftproduktion stieg innerhalb kürzester Zeit ins Unermessliche.

Während der 1960er- und frühen 1970er-Jahre, als sich durch den Vietnamkrieg eine neue, zahlungskräftige Klientel erschloss, spielte Laos eine zentrale Stellung im internationalen Drogenhandel. Jeder fünfte GI in Vietnam war damals abhängig von dieser Droge.

Während noch Anfang der 1990er-Jahre das Goldene Dreieck mit einer Jahresproduktion von bis zu 3000 t Rohopium als größter Rohopiumproduzent der Welt galt, sind heute viele der violettfarbenen Mohnfelder verschwunden. Außer Heroin werden nun vermehrt kleine, bunte Pillen produziert – Amphetamin, auch bekannt als Speed.

Den laotischen Behörden bereitet der Drogenkonsum im Lande große Sorgen. Die Hmong, Akha und Yao waren selbst dem Opium nicht verfallen, da feste Regeln den Eigenverbrauch beschränkten. So war das Opiumrauchen lange Zeit nur Männern über 40 und Kranken gestattet. Heute triumphiert in vielen Bergdörfern der Rausch über das Tabu. Immer mehr Hochlandbauern produzieren Rohopium für den Eigengebrauch. Zwar stehen auch in Laos Anbau, Handel und Konsum von Drogen unter Strafe, doch reicht der Arm des Gesetzes noch lange nicht in jedes entlegene Bergdorf. Auch vorbeugende, von internationalen Entwicklungsorganisationen unterstützte Maßnahmen wie Aufklärungskampagnen oder Alternativen zum Mohnanbau, zeitigen wenig Erfolg, solange 1 kg Rohopium so viel einbringt wie 20 t Kohl.

Xieng Kok 4

Westlich des Akha-Dorfs Ban Some Pane May fällt die Straße kurvenreich zum Mekong-Tal ab. An einer Biegung des Flusses liegt das Städtchen **Xieng Kok**, dem der Ruf eines Schmugglernestes vorauseilt. Seit jedoch die burmesische Armee die aufständischen Karen vom jenseitigen Mekong-Ufer vertrieben hat, ist Schluss mit den Geschäften und der kleine Ort dämmert in der Hoffnung auf bessere Zeiten vor sich hin. Die wenigen Besucher bleiben meist nur in Xieng Kok, um die Bootsfahrt nach Houay Xay weiter flussabwärts zu organisieren.

Übernachten

Mit Flussblick ▶ Xieng Kok Resort: Einfache, aber gemütliche Bungalows mit Ventilator und Dusche/WC in herrlicher Lage hoch über dem Mekong, mit Restaurant. DZ 60 000–70 000 Kip.

Schlichte Bleibe ▶ Khemkhong Guest House: Einfache Zimmer mit Ventilator und Gemeinschaftsbad in einem schönen Holzhaus, Terrassenrestaurant mit Blick auf den Mekong. EZ/DZ 40 000–50 000 Kip.

Verkehr

Bus: Tgl. mehrere Pickups nach Muang Sing (70 km/2,5 Std.).

Boot: Unregelmäßig reguläre *slowboats* (10–12 Std.) und *speedboats* (4 Std.) nach Houay Xay, meist nur auf Charterbasis.

Houay Xay ▶ 1, A 6

Karte: S. 217

Das geschäftige, aber nie hektische Handelsstädtchen am Mekong hat seit der Öffnung der Grenze zum Nachbarn Thailand einen raschen wirtschaftlichen Aufschwung vollzogen. Viele Einheimische am linken wie am rechten Ufer des Mekong leben vom schwunghaften Im- und Export. Meist mit Erfolg – das belegen die oft stattlichen Häuser beiderseits des Flusses, der majestätisch zwischen den ehemaligen Feinden Laos und Thailand gen Süden fließt. Schon vor Jahrhunderten war **Houay Xay** 5 ein bedeutender Knotenpunkt des Handels zwischen Siam und China. Chinesische Händler aus Yunnan, bekannt als Jin Hoo, zogen mit ihren schwer mit Tee, Seide und Opium beladenen Maultieren und Lastpferden auf dem Weg in das siamesische Chiang Mai durch Houay Xay. Auf ihrem Rückweg brachten sie Gold, Silber und Elfenbein in das Reich der Mitte. Seit den 1960er-Jahren wurden die Lasttierkarawanen zusehends durch Lastwagenkonvois ersetzt. Weitere Impulse erhielten die Handelsbeziehungen zwischen den Ländern Thailand und China durch den Ausbau der Nationalstraße 3, die durch die Provinz Bokeo über Luang Nam Tha bis zur chinesischen Grenze führt. Noch fehlt am Oberlauf bei Houay Xay eine Brücke über den Mekong, doch sie ist in Planung und soll bis 2012 fertig gestellt sein.

Auch der Mekong spielt seit vielen Jahrhunderten als Handelsweg für die Anrainerstaaten eine große Rolle. So diente Houay Xay bereits den Franzosen als Hafen und Sprungbrett für den Handel mit China. Relikte der französischen Kolonialepoche sind mehrere schöne Gebäude, etwa das Postamt und die Schule sowie das düstere Fort Garnot, einst befestigtes Standquartier der französischen Fremdenlegion, heute Kaserne der laotischen Armee. Ein anderer Kolonialbau beherbergt Regierungsbehörden, denn Houay Xay ist Verwaltungssitz von Bokeo, der kleinsten und am dünnsten besiedelten Provinz von Laos.

Zu einer weiteren wichtigen Einnahmequelle für Houay Xay wie für **Chiang Khong** 6 am thailändischen Mekong-Ufer, zu dem Passagier- und Autofähren verkehren, hat sich seit der Errichtung des Grenzübergangs für Touristen der Fremdenverkehr entwickelt. Mit optischen Highlights ist Houay Xay indessen nicht gesegnet, seine touristische Bedeutung hat der Ort eher als Ausgangs- oder Endpunkt der zweitägigen Mekong-Fahrt von oder nach Luang Prabang.

Ein schöner Blick auf den mächtigen Strom bietet sich vom **Wat Chom Khao Manirath**. Zu dem Tempel, der auf einem Hügel im Ort thront, führt ein von bunten Naga-Schlangen flankierter Treppenpfad. Die alte, im burmesischen Shan-Stil erbaute Pagode aus dem Jahr 1880 dient heute als Schule für Novizen. Zahlreiche kunstvolle Reliefs und Gemälde sowie vergoldete Buddha-Figuren schmücken den neuen *sim*. Wohlhabende Einwohner der Stadt stifteten die Figuren, um Verdienste für das nächste Leben zu erwerben.

In der Hoffnung auf raschen Wohlstand graben etwa 15 km nördlich der Stadt Einheimische auf der Suche nach Edelsteinen tiefe Löcher in die lehmige Uferböschung des Mekong. Den schlammigen Aushub waschen sie mit Bambussieben aus, darauf hoffend, dass im Geflecht einmal ein funkelnder Saphir, Smaragd oder Rubin hängenbleibt. Fast alle Schürfer sind im Hauptberuf Bauern. Sie betreiben die **Edelsteinsuche** als Nebenerwerb in der Trockenzeit, wenn es in der Landwirtschaft keine Arbeit gibt. Meist werden die Steine von thailändischen Händlern aufgekauft. Weiter stromaufwärts fördert eine dänische Bergbaugesellschaft Edelsteine mit modernstem Gerät. Auf die Schätze unter der Erdoberfläche weist bereits der Name der Provinz hin – Boo Keo heißt soviel wie Edelsteinquelle.

Einreise aus Thailand

In Houay Xay ist ein 30 Tage gültiges sogenanntes Visa on Arrival für 30 US-$ erhältlich. Man benötigt zwei Passfotos. Da sich die Bestimmungen ändern können, sollte man das Visum für Laos sicherheitshalber bereits in Europa oder in Bangkok beantragen. Falls in Houay Xay kein Visa on Arrival ausgestellt wird, kann die Visa-Beschaffung durch Agenturen in Chiang Khong zwei bis fünf Tage dauern. In Hotels, Gästehäusern und Restaurants zahlt man meist mit thailändischen Baht. In Houay Xay hat nur die Hauptstraße einen Namen – Thanon Saykhong.

Übernachten

... in Houay Xay:

Bestes Haus ▶ **Thaveesinh Hotel:** Thanon Saykhong, Tel./Fax 084 21 15 02. Nahe dem Fährhafen nach Thailand, komfortable, klimatisierte Zimmer mit Dusche/WC, z. T. mit Mekong-Blick. Autovermietung und Fahrradverleih. DZ 400–1000 Baht.

Gemütliche Bungalows ▶ **Arimid Guest House:** Thanon Saykhong, Tel./Fax 084 21 10 40. Ca. 300 m vom *slowboat*-Anleger entfernt, Bungalows im landestypischen Stil mit Dusche/WC und Ventilator oder AC, im Restaurant gute laotische und thailändische Gerichte. Bungalow 300–600 Baht.

Ruhig und behaglich ▶ **Friendship Guest House** (Mittaphap Guest House): Thanon Saykhong, Tel. 084 21 12 19. Freundliche Pension in der Ortsmitte, einfache, aber ordentliche Zimmer mit Dusche/WC und Ventilator oder Klimaanlage auf mehreren Etagen, Dachterrasse mit schönem Blick auf den Mekong. DZ 250–400 Baht.

Am Fluss ▶ **Sabaidee Guest House:** Thanon Saykhong, Tel. 084 21 15 03. Familiäre Pension am Mekong, einfache Zimmer mit Dusche/WC und Ventilator, z. T. mit Flussblick, gut besuchtes Restaurant. DZ 200–350 Baht.

Beliebte Backpacker-Herberge ▶ **B.A.P. Guest House:** Thanon Saykhong, Tel. 084 21 10 83. Nahe dem Fährhafen nach Thailand, einfache Zimmer mit Dusche/WC oder Gemeinschaftsbad, gutes Frühstückslokal, Organisation von Bootstouren nach Luang Nam Tha. DZ 200–300 Baht.

Spartanisch, aber Top-Lage ▶ **Pornvijid Guest House:** Tel. 08421 17 65. Am Slowboat-Pier, einfache Bleibe in schöner Lage, Terrassenrestaurant mit Blick auf den Mekong. DZ 150–200 Baht.

... in Chiang Khong (Thailand):

Beste Mekong-Lage ▶ **Namkhong Riverside Hotel:** Tel. 053 79 17 96, www.namkhongriverside.com. Modernes Hotel am Mekong mit 40 komfortablen Zimmern und sehr gutem Terrassenrestaurant. DZ 900–1000 Baht (inkl. Frühstück).

Lokalflair ▶ **Ruan Thai Sopaphan Resort:** Tel. 053 79 10 23, Fax 79 14 46, info@ruanthaisopaphan.com. Schönes altes Teak-Haus am Mekong mit teils geschmackvoll ausgestatteten, teils etwas abgewohnten Zimmern (alle mit Ventilator und Dusche/WC), hilfsbereite Besitzer, Visa-Beschaffung für Laos, Bu-

aktiv unterwegs

Mit dem Slowboat von Houay Xay nach Luang Prabang

Tour-Infos

Start: Houay Xay
Länge: ca. 400 km
Dauer: 2 Tage
Organisation: Bootstickets sind tgl. ab 9 Uhr im Ticketbüro oberhalb des Slowboat-Anlegers erhältlich. Gästehäuser und Reiseveranstalter erheben für die Besorgung des Tickets einen Aufschlag. Abfahrt zwischen 10 und 11 Uhr. Gästehäuser und Hotels gibt es ausreichend in Pak Beng, eine Vorausbuchung ist in der Regel nicht nötig. Sehr komfortabel sind die Kreuzfahrten der Gesellschaften Luang Say Mekong Cruises und Mekong River Cruises (s. r.).
Kosten: 2 Tage bis Luang Prabang kosten 240 000 Kip, bis Pak Beng die Hälfte.

Bis Houay Xay hat der längste Strom Südostasiens und zwölftlängste Fluss der Erde bereits fast die Hälfte seines Laufs zurückgelegt. Von seiner Quelle in den eisigen Höhen von Osttibet, die erst 1994 entdeckt wurde, schlängelt sich der Mekong auf einer fast 4200 km langen Reise durch sechs Länder, bevor sich seine schlammig-braunen Fluten im südlichen Vietnam mit dem Südchinesischen Meer vermischen. Über weite Strecken die Grenze zu Thailand bildend, durchströmt er auf 1865 km laotische Reisfelder und Teakwälder. Mae Nam Khong nennen die Laoten ehrfurchtsvoll den legendären Strom – Mutter aller Flüsse.

Die Passagiere machen es sich auf Holzbänken, Strohmatten oder Reissäcken bequem. Das Dach des Frachters dürfen nur Männer als Aussichts- und Sonnendeck nutzen. Für diese vermeintliche Diskriminierung gibt es eine einfache Erklärung: Laotische Männer, deren Berufe Risiken mit sich bringen, tragen magische Amulette, um sich vor Unglück zu schützen. Eine Frau, die sich körperlich über die mit zauberkräftiger Energie ausgestatteten Talismane erhebt, würde deren Schutz zunichte machen.

Da nach Einbruch der Dunkelheit keine Boote mehr auf dem Mekong verkehren können, wird in **Pak Beng** (s. S. 234), etwa auf halber Strecke zwischen Houay Xay und Luang Prabang, übernachtet.

Südlich von Pak Beng gleitet das *slowboat* stundenlang durch eine scheinbar unberührte Urwaldlandschaft. Immer wieder säumen steile Karstmassive den Fluss. Geschickt müssen die Bootsleute Untiefen und verborgene, rasiermesserscharfe Klippen umschiffen, die den hölzernen Bootsrumpf leicht in Stücke reißen könnten. Bisweilen muss gegen Ende der Trockenzeit (April/Mai) der Bootsverkehr eingestellt werden, weil der Mekong zu wenig Wasser führt.

Keuchende kleine Dampfer kommen dem *slowboat* entgegen, das immer wieder paddelnde Frauen und Kinder überholt oder Lastkähne passiert, die von ihren Frachten tief ins Wasser gedrückt werden. Ohrenbetäubender Lärm kündigt *speedboats* (heua wai) an, schlanke, von starken Außenbordmotoren angetriebene Boote, die mit bis zu über 50 km/h vorbeischießen. Mit nur wenigen Zentimetern Tiefgang brettern die unbequemen Schnellboote in nur acht Stunden von Houay Xay nach Luang Prabang. Aber wehe, wenn sie auf ein Stück Treibholz knallen. Zahlreiche Unfälle mit Todesopfern hat es bereits gegeben, deshalb müssen die sechs bis acht Passagiere Sturzhelme tragen. Bei den heiligen Höhlentempeln von Pak Ou (s. S. 210), dem letzten Stopp vor Luang Prabang, treffen sich die Flussreisenden meist wieder. Etwa anderthalb Stunden später kündigen Pagoden und Stupas die ehemalige Königsresidenz an.

chung von Bootstouren nach Luang Prabang. DZ 200–800 Baht (inkl. Frühstück).
Einfach und originell ▶ **Bamboo Riverside Guest House:** Tel. 053 79 35 47. Urige Bambusbungalows am Mekong mit Ventilator, Terrassenrestaurant mit thailändischen und mexikanischen Gerichten. DZ 250–300 Baht.

Essen & Trinken

Mit Flussblick ▶ **Khemkhong Restaurant:** Tgl. 8–22 Uhr. Terrassenrestaurant nahe dem Fährhafen nach Chiang Khong, gute laotische Gerichte vor dem Panorama des Mekong. Gerichte ab 25 000 Kip.
Asiatischer Mix ▶ **Muang Neua Restaurant:** Tgl. 8–22 Uhr. Schlichte Ausstattung, gute laotische, chinesische und thailändische Gerichte. Gerichte ab 20 000 Kip.
Traveller-Treff ▶ **Nutpop Restaurant:** Tel. 084 21 10 37, tgl. 9–23 Uhr. Ruhiges Gartenrestaurant in der Nähe des *Slowboat*-Piers, laotische und thailändische Gerichte, gute Info-Börse. Gerichte ab 15 000 Kip.

Einkaufen

Spektrum des Kunsthandwerks ▶ **Handicraft Shop of the Lao Women Union:** In der Nähe des Hafens für die *slowboats*, hervorragende kunsthandwerkliche Produkte, vor allem Web- und Flechtwaren.

Aktiv

Mekong-Kreuzfahrten ▶ **Luang Say Mekong Cruises:** www.mekong-cruises.com u. www.luangsay.com. 3 x wöchentl. komfortable Kreuzfahrten auf dem Mekong nach Luang Prabang; 2 Tage, Übernachtung in Pak Beng, ab 218 € oder 3 Tage, Übernachtung in Pak Beng und in der Kamu Lodge 2,5 Bootsstunden nördlich von Luang Prabang, ab 288 €; Buchung in Luang Prabang s. S. 208. **Mekong River Cruises:** www.cruisemekong.com. 4- bis 8-tägige komfortable Mekongfahrten in den beiden im Kolonialstil erbauten Schiffen »Mekong Explorer« und »Mekong Sun« zwischen Vientiane, Luang Prabang, Houay Xay und dem Goldenen Dreieck. Buchungsbüro in Luang Prabang s. S. 208. Auch buchbar über den Lernidee Erlebnisreisen (www.lernidee.de). **Langchang Easy Trip:** Thanon Saykhong, Tel. 084 21 21 11 u. Tel. 053 65 51 74 (in Chiang Khong), www.discoverylaos.com. Nach Luang Prabang (2 Tage, Übernachtung in Pak Beng) und Luang Nam Tha (2 Tage) sowie ins Goldene Dreieck.
Entspannen ▶ **Lao Red Cross Bokeo:** Thanon Saykhong, Tel. 084 21 12 64, tgl. 17–20 Uhr. Kräutersauna (15 000 Kip/Std.) und laotische Massage (30 000 Kip/Std.), vorher duschen, Handtuch nicht vergessen!

Verkehr

Flugzeug: Zwischen dem 6 km südl. gelegnen Flughafen und der Innenstadt verkehren Tuk-Tuks. Flüge von/nach Vientiane 1 x tgl. **Fluglinien und Buchungsbüros:** Lao Airlines, Tel. 084 21 10 26.
Bus: Das Terminal für Busse liegt 6 km südl. nahe dem Flughafen. Busse nach Vieng Phoukha (125 km/3 Std., Abfahrt 9, 10 Uhr), Luang Nam Tha (196 km/4–5 Std., Abfahrt 9, 10 Uhr), Luang Prabang (500 km/15–17 Std., Abfahrt 8, 12 Uhr). Ein Pickup-Terminal für Ziele in der Umgebung befindet sich in der Ortsmitte nahe dem Morgenmarkt (Talat Sao).
Boot: Slowboat-Anleger 2 km nördl. in Ban Khonekeo: tgl. mehrere Boote nach Pak Beng (7–8 Std.) und Luang Prabang (2 Tage, Übernachtung in Pak Beng, Abfahrt zwischen 10 und 11 Uhr). Speedboat-Anlegestelle 4 km südl. in Ban Thinthat: tgl. mehrere Boote nach Pak Beng (4 Std.) und Luang Prabang (8 Std.). *Speedboats* nach Xieng Kok (4 Std.) meist nur auf Charterbasis.

Von Houay Xay nach Luang Prabang ▶ 1,A 6–E 7

Karte: S. 217
Jeden Morgen legen im geschäftigen Hafen von Houay Xay mehrere Passagierboote nach Luang Prabang ab. Während die ohrenbetäubend lauten *speedboats* die Fahrt zur alten Königsstadt an einem Tag schaffen, legen die *slowboats* einen Übernachtungsstopp in Pak Beng ein.

Pak Beng 7

Der Ort träumt seit Jahrhunderten am Zusammenfluss von Mekong und Nam Beng vor sich hin. Leben kehrt in das lang gestreckte Dorf, dessen Holzhäuser sich an die steilen Hänge des Nam-Beng-Tals schmiegen, erst am frühen Abend ein. Dann strömen aus den Booten, die Mekong aufwärts aus Luang Prabang oder Mekong abwärts aus Houay Xay kommen, Touristen in den Ort. Viel Lokalkolorit erlebt man am frühen Morgen, wenn Frauen aus Bergdörfern zum Markt kommen, um ihre Produkte zu verkaufen. Zur gleichen Zeit brechen auch die Mönche und Novizen aus den beiden Tempelklöstern des Orts zu ihrem Almosengang auf.

Ein kurzer Spaziergang führt zum **Wat Si Mungkhuk** an der nördlichen Peripherie von Pak Beng. Die Außen- und Innenwände der schlichten Pagode, deren Allerheiligstes eine große Statue des sitzenden Buddha dominiert, sind mit bunten Gemälden geschmückt.

Wenig später ist es dann Zeit, sich am malerischen Hafen einzufinden, denn die Boote legen pünktlich ab. Die Touristenboote halten meist kurz bei den Pak-Ou-Höhlen (s. S. 210), bevor sie am frühen Abend in der alten Königsstadt ankommen.

Infos

Provincial Tourism Office: in Flusshafen-Nähe, Tel. 020 548 13 04, ptdoudomxay @yahoo. com.

Übernachten

Entlang der Hauptstraße stehen einfache Holzhäusern mit spartanischen Zimmern und gemeinschaftlichen Sanitäreinrichtungen. Die besseren Unterkünfte befinden sich am Mekong-Ufer westlich des Flusshafens.

Gediegen und ruhig ▶ **Pak Beng Lodge:** Ban Done Khame, Tel./Fax 081 21 23 04, www.pakbenglodge.com. 500 m flussaufwärts, gut ausgestattete Zimmer mit Warmwasser-Dusche/WC, Klimaanlage und Balkon und Restaurant. Zur Lodge gehört das Mekong Elephant Camp, von dem zweistündige Ausritte bis fünftägige Elefantensafaris starten. DZ 75–135 US-$ (inkl. Frühstück).

Mit Traumblick ▶ **Luang Say Resort:** Ban Khok Phadaeng, Tel. 081 21 22 96-7, Buchung: Luang Say Mekong Cruises, Tel. 071 25 23 04, www.mekong-cruises.com u. www. luangsay.com. Komfortable Lodge aus Naturmaterialien, 1,5 km flussaufwärts in herrlicher Lage, Zimmer mit Dusche/WC und Warmwasser, Terrassenrestaurant mit Mekong-Blick, oft belegt von Gästen des Kreuzfahrtunternehmens Luang Say Mekong Cruises. DZ 65–75 US-$ (inkl. Frühstück).

Funktional ▶ **Villa Salika Guest House:** Tel. 081 21 23 06, buchbar über Diethelm Travel, www.diethelm-travel.com. In der Nähe des Flusshafens, Zimmer mit Dusche/WC, Restaurant mit Mekong-Blick. DZ 12–18 US-$.

Traveller-Hostel ▶ **Bounmy Guest House:** Tel. 081 21 22 94 u. 020 55 78 05 42. Einfache Zimmer mit Ventilator und Dusche/WC oder Gemeinschaftsbad, im Restaurant mit Flussblick laotische Gerichte. DZ 5–10 US-$.

Lokales Flair ▶ **Santisouk Guest House:** Tel. 020 55 78 17 97. Familiäre Pension am Mekong, einfache Zimmer mit Ventilator und Dusche/WC oder Gemeinschaftsbad, mit Restaurant. DZ 4–8 US-$.

Essen & Trinken

Schön zum Draußensitzen ▶ **Khop Chai Deu:** Tgl. 10–23 Uhr. Stimmungsvolles Terrassenrestaurant am Mekong, gute laotische, indische und europäische Speisen, auch vegetarisch. Gerichte ab 25 000 Kip.

Aktiv

Entspannen ▶ **Traditional Sauna and Massage:** Bei Khop Chai Deu Restaurant am Mekong. Kräutersauna, tgl. 16–22 Uhr (15 000 Kip/Std.) und laotische Massage, tgl. 8–12, 14–23.30 Uhr (30 000 Kip/Std.).

Verkehr

Bus: Terminal für Busse und Pickups 4 km nordöstl. des Hafens. Busse nach Oudom Xay (145 km/4 Std., Abfahrt 9, 12.30 Uhr).

Boot: Tgl. *slowboats* nach Luang Prabang und Houay Xay (7–8 Std. bzw. 8–9 Std., 8–9 Uhr), tgl. *speedboats* nach Luang Prabang und Houay Xay (4 Std., 8–9 Uhr).

Von Luang Prabang nach Phongsaly und zurück

Der hohe Norden von Laos wartet mit Landschaften auf, die zum Schönsten gehören, was das Land an Naturattraktionen zu bieten hat. Dort finden sich außerdem Regionen, die für ihre zahlreichen Minderheiten bekannt sind. Die Tiefland-Laoten sind in den hauptsächlich von Angehörigen der Lao Theung und Lao Soung bevölkerten Nordprovinzen in der Minderheit.

Von Luang Prabang nach Nong Khiao ► 1, E 7–F 5

Mit etwas Glück und Geduld findet man im Hafen von Luang Prabang ein reguläres Passagierboot nach Nong Khiao. Der Ort 140 km nördlich der alten Königsstadt ist mittlerweile auch bequem auf der Nationalstraße 13 mit dem Bus zu erreichen. Eventuell muss man in Pak Mong, wo sich die Straßen 13 und 1 treffen, in einen Pickup umsteigen. Östlich des Marktfleckens Nam Bak am gleichnamigen Fluss nimmt die Landschaft dramatische Formen an. Dschungelüberwucherte Karstmassive türmen sich über den Ufern des Nam Ou zu imposanten Landschaftskulissen.

Nong Khiao

In einem Talkessel am Fuß schroffer Felswände liegt das Städtchen **Nong Khiao**, Ausgangspunkt für Trekking-Touren zu Bergdörfern und Raftingexkursionen auf dem Nam Ou. Hier finden die zumeist jungen Touristen einfache Gästehäuser und Lokale.

Guides führen Unerschrockene in die **Karsthöhlen** der Umgebung, etwa die Tham Soung Phathok 3 km östlich von Nong Khiao nahe der Nationalstraße 1. Durch enge, schulterhohe Gänge kriecht man in den großartigen Dom mit bizarren Stalaktiten und Stalagmiten. In der Höhle befand sich im Vietnamkrieg die geheime Kommandozentrale der Pathet Lao in der Provinz Luang Prabang.

Übernachten

Schöner Ausblick ► **Nong Khiao River Side Resort**: Ban Muang Ngoi May, Tel. 071 60 00 04 u. 020 22 40 66 77, Fax 071 60 00 62. 15 komfortable Bungalows mit schönem Blick auf den Nam Ou, im Restaurant hervorragende laotische und thailändische Gerichte, WLAN, Büro von Green Discovery. Bungalow 30–35 US-$.

Für Backpacker ► **Ban Lao Village Sunset Guest House:** Ban Muang Ngoi May, Tel. 071 81 00 33 u. 020 55 57 10 33, Fax 071 25 39 33. Gut geführte Familienpension in Top-Lage über dem Nam Ou, einfache Zimmer mit Gemeinschaftsbad sowie vier Bambusbungalows mit Dusche/WC, Ventilator und Veranda, schönes Terrassenrestaurant, mit laotischen, thailändischen und westlichen Gerichten, gute Info-Börse, Organisation von Trekking- und Bootstouren, der hilfsbereite Besitzer spricht gut Englisch und Französisch. DZ 5–7 US-$, Bungalow 15–25 US-$.

Hübsch und preiswert ► **Phayboun Guest House:** Ban Nong Khiao Neua, Tel. 071 60 00 28. An der Road 1 westl. der Nam-Ou-

Tipp: Nicht verwechseln

Der Ortsteil von Nong Khiao östl. der Nam-Ou-Brücke heißt Ban Muang Ngoi May, nicht zu verwechseln mit dem Dorf Muang Ngoi eine Bootsstunde flussaufwärts.

Brücke, hübsche Bambusbungalows mit Dusche/WC und Ventilator, einfache Zimmer im Hauptgebäude mit Dusche/WC und Ventilator. DZ 5 US-$, Bungalow 8–10 US-$.

Familiär ▶ **Bamboo Paradise:** Einfache Zimmer, abseits vom Fluss, freundlicher Familienbetrieb. DZ 40 000–80 000 Kip.

Lokales Flair ▶ **Philasouk Guest House:** Ban Nong Khiao Neua. Einfache Zimmer in Holzgebäude an der Nam-Ou-Brücke mit Gemeinschaftsbad. DZ 40 000–50 000 Kip.

Essen & Trinken

Panoramablick ▶ **Ban Lao Village-Sunset Guest House:** Ban Lao Village-Sunset Guest House: Ban Muang Ngoi May, Tel. 020 55 57 10 33, tgl. 7–22 Uhr. Das stimmungsvolle Terrassenrestaurant in einem traditionellem Holzhaus serviert hervorragende laotische, thailändische und westliche Speisen. Gerichte ab 20 000 Kip.

Place to go ▶ **Delilah's Place:** Ban Nong Khiao Neua, tgl. 8–22 Uhr. Saisonal orientierte ländliche Küche mit moderner Note, beliebt und immer voll. Gerichte kosten ab 20 000 Kip.

Indisch ▶ **Deen Restaurant:** Ban Muang Ngoi May, tgl. 8–22 Uhr. Gute süd- und nordindische Speisen. Gerichte ab 15 000 Kip.

Mit Flussblick ▶ **Sengdao Restaurant:** Ban Nong Khiao Neua, Tel. 071 25 39 01. Gut besuchtes Terrassenrestaurant direkt an der Nam-Ou-Brücke mit ost-westlicher Fusionsküche. Gerichte ab 15 000 Kip.

Snack Stop ▶ **CT Bakery:** Ban Muang Ngoi May, tgl. 7–22 Uhr. An der Ostseite der Brücke mit schönem Blick auf den Nam Ou. Pizzas und leckere Baguettes, Kaffee und Kuchen. Gerichte kosten ab 12 000 Kip.

Aktiv

Trekking, Kajaking, Klettern ▶ **Green Discovery:** Ban Muang Ngoi May, Nong Khiao Riverside Resort, Tel. 020 23 36 61 10, www.greendiscoverylaos.com, tgl. 9–21 Uhr. Kajaking und Rafting auf dem Nam Ou, Trekking und Klettertouren.

Fahrräder ▶ **Tiger Trail:** Ban Nong Khiao Neua, Tel. 020 56 83 30 22, www.trekking-in-laos.com, tgl. 9–21 Uhr. Ein- und zweitägige Treks, Fahrradverleih.

Sauna und Massage ▶ **Sabai Sabai:** Ban Muang Ngoi May, gegenüber Wat Sophoun. Kräutersauna, tgl. 16–22 Uhr (15 000 Kip/Std.) und laotische Massage, tgl. 8–12, 14–22 Uhr (30 000 Kip/Std.).

Verkehr

Bus: Tgl. nach Luang Prabang (140 km/3 Std.), Vieng Kham (70 km/2 Std.) und Vieng Thong (145 km/ 5 Std.). Am Tag stdl. Pickups nach Pak Mong (30 km/45 Min.).

Boot: Unregelmäßig *slowboats* und *speedboats* nach Luang Prabang (6–7 Std. bzw. 3 Std.), nach Muang Ngoi (1 Std. bzw. 20 Min.) und Muang Khua (5–6 Std. bzw. 2,5 Std.), oft nur auf Charterbasis.

Von Nong Khiao nach Phongsaly ▶ 1, F 5–E 2

Nördlich von Nong Khiao haben die Hochwasserfluten, die sich in der Regenzeit durch das Bett des Nam Ou wälzen, in Jahrmillionen eine spektakuläre Schlucht in das poröse Kalkgebirge gefräst. Die wilden Felsmassive links und rechts des Flusses tragen noch einen dichten Mantel ursprünglicher Vegetation, da sie zu steil und unzugänglich für die Bergbauern sind.

Muang Ngoi

Etwa eine Bootsstunde flussaufwärts träumt am linken Nam-Ou-Ufer am Fuß des 1902 m hohen Phou Phakhao das Dorf **Muang Ngoi** vor sich hin, das sich wegen seiner entspannten Atmosphäre zu einem Treffpunkt von Travellern entwickelt hat. Nur wenn eines der knatternden Boote neue Touristen bringt, kommt etwas Bewegung in die schläfrige Stimmung des Orts.

Bislang beschränkt sich die touristische Infrastruktur des nur auf dem Wasserweg erreichbaren Orts, in dem nach 22 Uhr Kerosinlampen und Kerzen für ein romantisches Flair sorgen, auf einige absolut spartanische Gästehäuser und einfache Lokale. Für Abwechslung sorgen Wanderungen zu Bergdörfern und Erkundungen von Höhlen, etwa der rund 30 Gehminuten entfernten Tham Kang sowie der etwas weiter entfernten Tham Pha Kouang und Tham Pha Tho. Informationen und Guides findet man in jedem Gästehaus.

Übernachten u. Essen & Trinken

Die meisten Unterkünfte sind sehr einfach, ohne Ventilator/Klimaanlage, nur mit Gemeinschafts-Sanitäreinrichtungen, einziger Luxus sind Moskitonetze. Die Übernachtungspreise liegen bei DZ 30 000–50 000 Kip. In den angeschlossenen einfachen Restaurants werden dem Traveller-Geschmack angepasste laotisch-thailändische Gerichte serviert. Elektrischen Strom gibt es nur von 18–22 Uhr. Besser ausgestattet sowie mit Ventilator und Warmwasser-Dusche/WC sind die Zimmer im **Lattanavongsa Guest House** (Tel. 030 514 07 70, DZ 100 000–150 000 Kip), **Aloune May Guest House** (Tel. 020 22 17 87 69, DZ 80 000–100 000 Kip), **Ning Ning Guest House** (Tel. 030 514 08 63, DZ 80 000–100 000 Kip) sowie im **Rainbow Guest House** (Tel. 020 22 21 07 87, DZ 80 000–100 000 Kip).

Muang Khua

Landschaftsbilder wie aus den Reisebeschreibungen französischer Forscher des 19. Jh. prägen die Weiterfahrt auf dem Nam Ou zu dem großen Hafen **Muang Khua** (gesprochen: Muang Kwa) eine Tagesreise weiter nördlich. Wegen freundlicher Gästehäuser und guter Restaurants ist der Ort ein beliebter Stopp für Bootsreisende zwischen Luang Prabang und Phongsaly. Mit verwinkelten Gassen, in denen sich wettergegerbte Geschäftshäuser aus Holz reihen, besitzt die Stadt am Zusammenfluss von Nam Ou und Nam Phak eine Atmosphäre wie alte chinesische Handelsplätze in Yunnan. Einen schönen Blick können Schwindelfreie von der schwankenden Hängebrücke über den Nam Phak genießen.

Laoten, die man mit verbundenen Augen nach Muang Khua bringen würde, könnten vermutlich sofort riechen, wo sie sich befinden. Über dem ganzen Ort liegt ein säuerlicher Geruch, hervorgerufen von Bambussprossen, die am Rande der steil vom Nam-Ou-Ufer ansteigenden Hauptstraße zum Trocknen an der Sonne ausgelegt sind. Wenn sie getrocknet sind, werden sie mit Lastwagen, die den Nam Ou auf einer Fähre überqueren, nach Vietnam exportiert.

Wenige Kilometer jenseits der laotisch-vietnamesischen Grenze, die auch für westliche Touristen geöffnet ist, liegen nahe der gleichnamigen Stadt die Ruinen der historischen Dschungelfestung **Dien Bien Phu**. Französische Strategen hatten in der Endphase des Indochinakriegs den Bau eines Außenpostens beschlossen, dessen militärischer Wert allerdings höchst zweifelhaft erschien. Schon wenige Tage nach Beginn des gegnerischen Sturmangriffs stellten sich die Prognosen der französischen Militärführung als falsch heraus. Dien Bien Phu wurde zum Anfang vom Ende der französischen Kolonialherrschaft in Indochina (s. S. 108).

Infos

Muang Khua Visitor Information & Trekking Guide Service: Im Zentrum, gegenüber dem Seunnaly Hotel, Tel. 020 22 84 80 20, Mo–Fr 8–12, 13.30–16 Uhr. Organisation von Ein- und Mehrtageswanderungen zu Dörfern der Bergvölker. Angeboten wird auch ein mehrtägiger Aufenthalt in einem Akha-Dorf, bei dem man Einblick in das Alltagsleben der Einheimischen gewinnt (buchbar über Tiger Trail, www.trekking-in-laos.com).

Übernachten

Bestes Haus am Platz ▶ **Seunnaly Hotel:** Tel. 088 41 20 30. Komfortabel und etwas steril, 18 zweckmäßig ausgestattete Zimmer mit Ventilator und Dusche/WC, Restaurant, im Zentrum neben dem Markt. DZ 10–15 US-$.

Angenehm ▶ **Keophila Guest House:** Tel. 088 21 20 22. Einfache, aber gemütliche und saubere Zimmer in einem modernen Gebäude, z. T. mit eigener Dusche/WC, schöne Dachterrasse, hilfsbereites Personal. DZ 60 000–80 000 Kip.

Ordentlich ▶ Chaleunsouk Guest House: Tel. 088 21 08 47. Hier gibt es einfache Zimmer mit und ohne Dusche/WC, Dachterrasse. DZ 50 000–70 000 Kip.

Mit Charakter ▶ Nam Ou Guest House: Tel. 088 21 08 44. Einfache Zimmer in einem alten verwinkelten Haus über dem Nam Ou und in einem modernen Anbau, teils mit Dusche/WC, teils mit Gemeinschaftsbad, gutes Restaurant. DZ 40 000–60 000 Kip.

Schlicht ▶ Ketsana Guest House: Tel. 088 41 20 65. Einfache Zimmer mit Dusche/WC oder Gemeinschaftsbad, nahe Bushaltestelle. DZ 40 000–50 000 Kip.

Solide ▶ Singsavanh Guest House: Tel. 088 41 20 40. Einfache Zimmer mit Dusche/WC oder Gemeinschaftsbad, DZ kosten 40 000–50 000 Kip.

Essen & Trinken

Beliebt ▶ Sayfon Restaurant: Tel. 088 21 35 69, tgl. 8–22 Uhr. Unverfälschtes nordlaotisches Essen in bester Lage über dem Nam Ou. Das sich dies herumgesprochen hat, gut besucht. Gerichte ab 15 000 Kip.

Köstlich ▶ Say Nam Ou Restaurant: Tel. 088 21 08 44, tgl. 8–22 Uhr. Einfaches Terrassenrestaurant im Nam Ou Guest House mit Blick auf das Treiben am Bootsanleger, sehr gute laotische, thailändische und chinesische Gerichte auf der Speisekarte. Gerichte ab 15 000 Kip.

Laotisch ▶ Say Nam Phak Restaurant: Tgl. 8–22 Uhr. Einfaches Terrassenrestaurant mit Blick auf Nam Phak, gute laotische Hausmannskost. Gerichte ab 12 000 Kip.

Einkaufen

Einkaufen und Gutes tun ▶ Ethic Crafts: Chaleunsouk Guest House, tgl. 9–19 Uhr. Der auf eine Initiative des United Nations Office on Drugs and Crime eröffnete Laden verschafft Frauen in abgelegenen Dörfern durch die Anfertigung von kunsthandwerklichen Produkten eine Einnahmequelle.

Verkehr

Bus: Tgl. mehrere Busse nach Oudom Xay (95 km/3,5 Std.) und ein Bus nach Dien Bien Phu in Vietnam (100 km/5–6 Std.). Achtung: Das Visum für Vietnam im Voraus besorgen.

Boot: Unregelmäßig *slowboats* und *speedboats* nach Muang Ngoi (4–5 Std. bzw. 2 Std.), Nong Khiao (5–6 Std. bzw. 2,5 Std.), Luang Prabang (11–13 Std. bzw. 5–6 Std.) und Hat Sa/Phongsaly (5–6 Std. bzw. 2–3 Std.), oft nur auf Charterbasis.

Hat Sa

Nach einer weiteren Tagesreise nordwärts ist das Dorf **Hat Sa** erreicht, dessen Häuser förmlich am Steilhang über dem Nam Ou kleben. Hat Sa ist der Dreh- und Angelpunkt des Flussverkehrs auf dem Oberlauf des Nam Ou, zugleich Ausgangspunkt zum Phou-Daen-Din-Nationalpark 30 km weiter nordwestlich.

Die Straße vom Tal des Nam Ou, mit rund 500 km nach dem Mekong der längste Fluss von Laos, hinauf nach Phongsaly überwindet auf einer Länge von nur 20 km einen Höhenunterschied von fast 1000 m. Besonders eindrucksvoll ist die Fahrt am frühen Morgen, wenn sich vom Nam Ou aufsteigende Nebelschwaden in dem vor Feuchtigkeit triefenden Bergurwald festhängen.

Phongsaly ▶ 1, E 2

Besuchern der Hauptstadt der gleichnamigen, von China und Vietnam umschlossenen Provinz kommt es vor, als seien sie in das alte Indochina zurückversetzt worden. Es gibt weder Bars noch Diskotheken und nur vereinzelt Fernsehapparate – dieses unverfälschte Stück Asien hat die kulturelle Überfremdung durch die Außenwelt bisher weitgehend abgewehrt.

Phongsaly auf einem hügeligen Hochplateau am Fuß des knapp 1500 m hohen **Phou Faa** (Himmelberg) erfreut sich eines ganzjährig gemäßigten Klimas. Hauptsächlich bewohnt von Phou Noi, einem vor 150 bis 200 Jahren aus China eingewanderten Volk, und Ho-Chinesen, deren Vorfahren einst als Händler nach Laos kamen, erinnert die Stadt an Hochlandsiedlungen in Chinas Provinz Yunnan. Vermutlich wäre die laotische Provinz heute auch ein Teil von China, hätten die Franzosen hier nicht während ihrer Kolonialherrschaft einen Militärstützpunkt errichtet. Ein schöner Blick auf Phongsaly und die ausgedehnten Teeplantagen um die Stadt bietet sich vom Phoufa Hotel, das in den grauen Gemäuern des ehemaligen chinesischen Konsulats eröffnet wurde. Zu sehen ist auch der markante weiße Stupa auf dem Gipfel des Phou Faa, zu dem eine knapp einstündige Wanderung führt.

Die **Altstadt** beginnt jenseits des klobigen Phongsaly Hotels, das den Ortskern dominiert. In dem traditionellen Viertel von Phongsaly stört kaum ein Bau der Neuzeit die Harmonie des alten Stadtbilds. In den wunderschönen, meist von reichen chinesischstämmigen Händlern errichteten Teakhäusern steht auf dunkel polierten Hartholzböden oft noch Originalmobiliar des 19. Jh. Auch heute rumpeln trotz zunehmender Motorisierung Pferde- und Ochsenkarren durch die mit Na-

Phongsaly – ein unverfälschtes Stück Asien

tursteinen gepflasterten Gassen links und rechts der Durchgangsstraße.

Die Exponate in dem kleinen ethnografischen **Phongsaly Museum** am Rande der Altstadt – Haushalts- und Gebrauchsgegenstände sowie traditionelle Trachten und Modelle überlieferter Haustypen – geben in Verbindung mit historischen Fotografien einen recht guten Einblick in Alltagsleben, Kunst und Kultur der 28 Bergvölker, die in der Provinz Phongsaly leben. Unter ihnen befinden sich auch Stämme wie die Mon Chi und Ko Nou Kui, die nur noch wenige Tausend Angehörige zählen (Mo–Fr 8–12, 13.30–16.30 Uhr, 10 000 Kip).

Infos

Provincial Tourism Office: gegenüber dem Markt, Tel. 088 21 00 98 u. 020 55 90 39 26, www.phongsali.net u. www.ecotourismlaos.com, Mo–Fr 8–12, 13.30–16 Uhr. Das Fremdenverkehrsamt hat mit Unterstützung des Deutschen Entwicklungsdienstes (DED) mehrere ein- bis sechstägige Trekking-Touren entwickelt, bei denen die Teilnehmer Einblick in den Alltag der Bergvölker bekommen sowie Unterkunft und Verpflegung in den Bergdörfern, die das Ziel der Tour sind.

Übernachten

Traumblick ▶ **Phoufa Hotel:** Tel. 088 21 00 31. Auf einem Hügel im Norden oberhalb der Stadt im ehemaligen chinesischen Konsulat, renovierte Zimmer mit Dusche/WC, Restaurant, schöner Blick. DZ 80 000–140 000 Kip.

Solide ▶ **Viphaphone Hotel:** Tel. 088 21 01 11 u. 020 55 69 53 15. Modernes Hotel am Altstadtrand, praktische Zimmer mit Ventilator und Dusche/WC. DZ 75 000–100 000 Kip.

Im sozialistischen Stil ▶ **Phongsaly Hotel:** Tel. 088 21 00 42. Vierstöckiges Stadthotel im Zentrum, einfache, aber nicht immer wirklich saubere Zimmer mit Dusche/WC oder Gemeinschaftsbad, annehmbares Restaurant. DZ 60 000–80 000 Kip.

Schlicht ▶ **Numsokmay Guest House:** Tel. 088 21 00 33. Am Rande der Altstadt, einfache Zimmer mit Dusche/WC, mit Restaurant. DZ 50 000–60 000 Kip.

Hilfsbereit ▶ **Sensaly Guest House:** Tel. 088 21 01 65. An der Hauptstadt nahe der Ortsmitte gelegen. Hier gibt es einfache Zimmer mit Dusche/WC, hilfsbereite Besitzer. DZ 40 000–50 000 Kip.

Beim Markt ▶ **You Hua Guest House:** Tel. 088 21 01 86. Einfache Zimmer mit Dusche/WC, Restaurant, sporadisch Internetzugang. DZ 40 000–50 000 Kip.

Essen & Trinken

Chinesisch ▶ **Lao Jerm Restaurant:** Gutes China-Restaurant an der Hauptstraße 200 m westlich des Markts, Speisekarte auch auf Englisch. Gerichte ab 20 000 Kip.

Regionale Kost ▶ **No Name-Restaurant:** Tgl. 8–22 Uhr. Kleines, namenloses Restaurant, gegenüber dem Phongsaly Hotel gelegen, mit guten laotischen und chinesischen Speisen sowie regionalen Spezialitäten im Angebot. Gerichte ab 15 000 Kip.

Im Hotel ▶ **Phongsaly:** tgl. 8–22 Uhr. Das Restaurant im Phongsaly Hotel serviert laotische und chinesische Speisen. Gerichte ab 10 000 Kip.

Gut besucht ▶ **Yee Houa Restaurant:** Tel. 088 21 01 86, tgl. 8–23 Uhr. Lokal im gleichnamigen Gästehaus, laotisches und chinesisches Essen. Gerichte ab 10 000 Kip.

Aktiv

Trekking ▶ **Amazing Lao Phongsaly:** Tel. 020 55 77 43 54, sivangxay@yahoo.com. Bietet interessante ein- und mehrtägige, teils anspruchsvolle Trekkingtouren in der Provinz Phongsaly an.

Verkehr

Flugzeug: Zwischen dem Flughafen in Boun Neua (41 km südwestl.) und Phongsaly verkehrt ein Shuttlebus.

Flüge von/nach Vientiane 2 x wöchentl. mit Lao Capricorn Air (Büro im Viphaphone Hotel, www.laocapricornair.net).

Bus: Busse nach Boun Tai (95 km/3 Std., Abfahrt um 7.30 und 8.30 Uhr) und Oudom Xay (235 km/10 Std., Abfahrt 7.30 Uhr), tagsüber fahren auch mehrere Pickups nach Hat Sa (20 km/45–60 Min).

Boot: Unregelmäßig *slowboats* (5–6 Std.) und *speedboats* (2–3 Std.) von Hat Sa nach Muang Khua, oft nur auf Charterbasis.

Von Phongsaly zurück nach Luang Prabang

▶ 1, E 2–E 7

Von Phongsaly nach Luang Prabang sind es mehr als 400 km durch wild zerklüftetes Bergland, bei weitem zu viel für eine Tagesfahrt, sodass man zwei Etappen einplanen sollte. Vom Hochplateau windet sich die Straße, großartige Ausblicke bietend, kurvenreiche 41 km hinab zum Marktflecken und Verkehrsknotenpunkt **Boun Neua,** in dem rechts eine Straße zur laotisch-chinesischen Grenze abzweigt. Die Bergkuppen entlang der Route sind entwaldet, da in den Jahren der laotischen Revolution Reparationszahlungen in Form von Edelhölzern an die Chinesen für deren Unterstützung der Pathet-Lao-Kommunisten entrichtet wurden. Nach rund 20 km auf einer guten Teerstraße durch ein von Reisanbau geprägtes Hochtal erreicht man Ban Yoo. Geradeaus geht es weiter nach Mengla im chinesischen Yunnan, links nach **Boun Tai** 30 km weiter südlich in einem weiten Talkessel am Nam Lan. In dem freundlichen Marktflecken kann man Trekking-Touren zu Bergdörfern organisieren, in denen die Besucher das Leben der Akha kennen lernen.

Der rund 80 km lange Streckenabschnitt zwischen Boun Tai und Sin Sai ist eine der landschaftlich reizvollsten Höhenstraßen von Laos. Immer wieder genießt man auf der abenteuerlichen **Gebirgsstraße**, einem ehemaligen Handelspfad der Bergvölker, atemberaubende Ausblicke. Die knochenschindende Reise in einem zwar robusten, aber nicht eben für europäische Körpermaße konstruierten Bus geht über Stock und Stein. Zwar wird an der Straße emsig gearbeitet, doch sind manche Abschnitte immer noch sehr rau und nach Wolkenbrüchen infolge von Erdrutschen häufig unpassierbar. Dafür wird man entschädigt, denn hinter jeder Haarnadelkurve eröffnen sich neue, spektakuläre Panoramen. Man taucht in eine Landschaft von archaisch anmutender Schönheit ein und passiert Dörfer von Bergvölkern, in denen sich das Leben seit Generationen kaum geändert hat.

In **Sin Sai**, einem kleinen auch Pak Nam Noi genannten Verkehrsknotenpunkt, zweigt eine 36 km lange Straße Richtung Osten nach **Muang Khua** (s. S. 237) ab. Die abschnittweise dem Fluss Nam Phak folgende Nationalstraße 4 führt weiter südlich nach **Muang La,** das wie eine Insel inmitten ausgedehnter Reisfelder schwimmt. Wenige Kilometer später erreicht man – überzogen von einer feinen Patina aus grauem Staub – Oudom Xay (s. S. 216). Von der Provinzhauptstadt aus bestehen gute Busverbindungen nach Luang Prabang und es starten mehrmals wöchentlich Flugzeuge in die Stadt Vientiane.

Übernachten

... in Boun Neua:

Schlicht ▶ **Inthaseng Guest House:** Tel. 030 510 06 48. Landestypisches Gästehaus 300 m nördlich der Busstation, ordentliche Zimmer, freundliche Betreiber. DZ 50 000–70 000 Kip.

... in Boun Tai:

Westlicher Stil ▶ **Hong Thong Hotel:** Tel. 020 22 39 87 53. Das moderne Haus hat 20 Zimmer mit Ventilator und Dusche/WC. Etwas preiswerter ist das Hong Thong Guest House, zu dem ein Restaurant gehört. DZ kosten 80 000–100 000 Kip.

Bodenständig ▶ **Khane Nam Lan Guest House:** Modernes Haus an der Brücke, einfache Zimmer mit Dusche/WC oder Gemeinschaftsbad, mit Restaurant und Bierbar. DZ 40 000–60 000 Kip.

... in Muang La:

Verstecktes Juwel ▶ **Muang La Resort:** Tel. 020 55 50 75 00, www.muangla.com. Komfortbungalows in einer Mischung aus laotischen und westlichen Stilelementen, kleiner Pool und Restaurant, günstig buchbar als Paket inkl. Vollpension. Auch der Transfer und Ausflüge werden angeboten. DZ kosten 85–120 US-$.

Von Luang Prabang in die nordöstlichen Provinzen

Die nordöstlichen Provinzen Xieng Khouang und Houa Phan liegen abseits der populären Reisewege. Eine Ausnahme ist die mysteriöse Ebene der Tonkrüge nahe der Stadt Phonsavan mit Hunderten oft übermannshohen Steinbehältnissen, die von einer jahrtausendealten, bis heute kaum erforschten Megalithkultur zeugen.

Von Luang Prabang nach Sam Neua ► 1, E 7–J 5

Karte: s. rechts

Bequem ist die erste Etappe von Luang Prabang bis Nong Khiao (s. S. 235). Östlich des Traveller-Treffpunkts wird die Beschaffenheit der Road 1 jedoch von Kilometer zu Kilometer schlechter. Früher war dies die einzige Überlandverbindung in die Provinzen Houa Phan und Xieng Khouang. Das Reisen auf der alten Ost-West-Verbindung, die als holprige Asphaltstraße oder schlaglochübersäte Schotterpiste durch eine ungezähmte Bergwelt mäandert, ist zeitaufwendig, unkomfortabel und strapaziös. Lohn der Mühen aber sind grandiose Naturszenerien sowie Einblicke in das dörfliche Leben der Region.

Vieng Kham 1

Einen längeren Stopp legen die Lkw-Busse etwa 80 km östlich von Nong Khiao in **Vieng Kham** ein, das sich beiderseits des Nam Xuang erstreckt.

Übernachten

Für den Notfall ► **Nycha Luene Guest House:** Einfache Zimmer mit Gemeinschaftsbad. EZ/DZ 30 000–40 000 Kip.

Phou Loei und Nam Et NPA

Südöstlich von Pak Xeng windet sich die Road 1 durch die Nationalparks **Phou Loei** 2 und **Nam Et** 3. Die bis zu über 2200 m hohen Berge bestehen aus Schiefern, Gneisen und Graniten. Oft sind in die Gesteinsschichten Kalke eingelagert, die hoch aufragende Karsttürme und scharfe Bergspitzen bilden.

In beiden Nationalparks betreiben die dortigen Bergvölker wie früher Brandrodungsfeldbau, sodass die Bergketten häufig nur noch mit Sekundärbewuchs bedeckt sind. Versuche, die Menschen zum Anbau von Nassreis in den Talsohlen zu bewegen, waren nicht immer erfolgreich. Durch die meist lichten Monsun- und Bambuswälder der Nam Et NPA streifen Herden wilder Elefanten, während in den unversehrten Regenwäldern, die sich inselartig über die Phou Loei NPA verteilen, Tiger, Leoparden, Bären und andere gefährdete Tierarten leben.

Vieng Thong 4

Am Ostrand des Naturschutzgebiets liegt **Vieng Thong**, eine ärmlich wirkende Pionierstadt mit herbem Charme. Die flackernden Kerzen und Gaslampen in vielen Häusern verraten, dass sie noch keine Elektrizität besitzen. Etwa 30 Gehminuten vom Zentrum entfernt ersetzen am rechten Ufer des Nam Khan heiße Quellen, die einen Naturpool speisen, Dusche und Badewanne.

Übernachten

Bodenständig ► **Phou Kae Guest House:** Einfache Zimmer mit Gemeinschaftsbad, nahe der Brücke über Nam Khan. DZ 30 000–40 000 Kip.

Von Luang Prabang in die nordöstlichen Provinzen

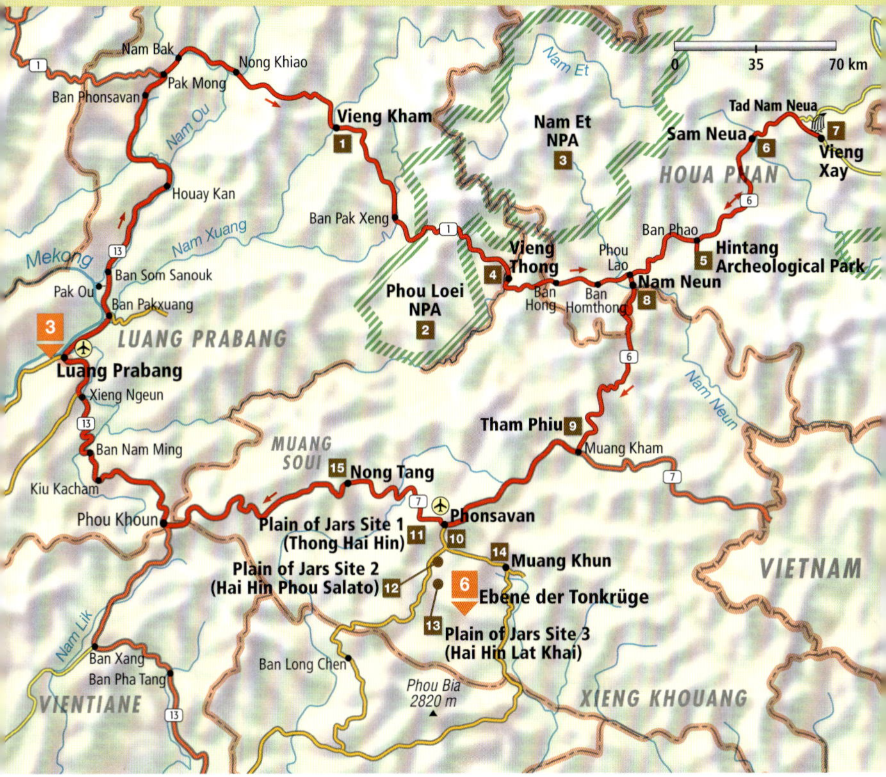

Einfach ▶ Santisouk Guest House: Schlicht, Dusche/WC im Hof. DZ 25 000–30 000 Kip.

Essen & Trinken

Hausmannskost ▶ Phouthad Restaurant: Tgl. 7–21 Uhr. Kleine Auswahl an laotischen Speisen. Gerichte ab 10 000 Kip.

Verkehr

Bus: Tgl. zwischen 6.30 und 7.30 Uhr Busse bzw. Lkw-Busse nach Vieng Kham (75 km/ 3 Std.), Nam Neun (65 km/3 Std.), Sam Neua (155 km/6–7 Std.), Phonsavan (210 km/ 7 Std.). Reisende nach Sam Neua oder Phonsavan müssen evtl. in Nam Neun umsteigen.

In die Provinz Houa Phan

Von Vieng Thong windet sich die Nationalstraße 1, die sich von nun an in einem sehr schlechten Zustand befindet, hinauf in die wilde Gebirgswelt der Provinz **Houa Phan**. Ab und zu säumen Hmong-Dörfer die Rüttelpiste, die Fahrern wie Fahrgästen einiges abverlangt. Ansonsten steht der Bergwald wie eine grüne Wand entlang der Serpentinenstraße.

Knapp 60 km östlich von Vieng Thong trifft die Nationalstraße 1 bei Phou Lao auf die Nationalstraße 6. Richtung Süden windet sich die Road 6 kurvenreich aus der Wolkenwelt von Houa Phan hinab in das Tal des Nam Neun und weiter nach Phonsavan, die Hauptstadt der Provinz Xieng Khouang. Mit deutschem Geld und vietnamesischem Knowhow bestens zu einer Berg-Panorama-Straße ausgebaut, führt die Nationalstraße 6 nordwärts nach Sam Neua, dem Verwaltungssitz der Provinz Houa Phan.

Hintang Archaeological Park 5

Gut 30 km nördlich von Phou Lao macht in Ban Liang Sat ein Hinweisschild auf den Keohintang Trail aufmerksam. Der Wanderpfad führt in etwa 90 Minuten zum **Hintang Archaeological Park** (Sao Hintang), den man auf einer 3 km weiter nördlich in Ban Phao Richtung Osten abzweigenden, 6 km langen Stichstraße auch mit einem robusten Auto erreichen kann. Die Piste endet bei einer Lichtung, auf der geheimnisvolle Menhire und Dolmen sowie halbrunde und ovale Steinplatten stehen und liegen.

Die Ursprünge der **Steinsetzungen** liegen im Dunkeln. Spärlich nur sind die Informationen über die Dinge, die hier einst stattgefunden haben. Vermutungen, Andeutungen, nicht sehr viel – während die Steine beredt schweigen. Ein Volk, von dessen Herkunft und Kultur man so gut wie nichts weiß, hat vermutlich vor über 2000 Jahren auf Bergkämmen der heutigen Provinz Houa Phan Menhir-Felder errichtet. Wissenschaftler nehmen an, dass es sich bei den megalithischen Monumenten um Grabmale für Stammesfürsten handelt. Ein Zusammenhang mit der Megalithkultur, die sich zur gleichen Zeit in der Ebene der Tonkrüge entwickelte, wird vermutet, ist aber nicht bestätigt.

Sam Neua ▸ 1, J 5

Karte: S. 243

In die Bergregionen der an Vietnam grenzenden Provinz **Houa Phan** zogen sich die laotischen Revolutionäre nach ihren Niederlagen gegen die französische Kolonialarmee in Zentrallaos zurück. Mit militärischer Unterstützung der Vietminh brachten Pathet-Lao-Einheiten im Indochinakrieg die Provinzen Houa Phan und Xieng Khouang unter ihre Kontrolle und errichteten in **Sam Neua** 6 ihr Hauptquartier. Dort fanden die Kongresse der Befreiungsfront statt und dort wurde die Laotische Revolutionäre Volkspartei gegründet.

Auf dem Höhepunkt des Vietnamkriegs belegte die US-Luftwaffe Sam Neua regelmäßig und massiv mit Flächenbombardements. Die Stadt wurde bei den Luftangriffen praktisch dem Erdboden gleichgemacht und erst nach dem Sieg der Revolution im Jahr 1975 mit vietnamesischer Hilfe wieder aufgebaut. Daher wirkt die in einem von Bergen umrahmten Talkessel gelegene Stadt mit ihren 40 000 Bewohnern so wenig laotisch.

In der Hochburg der sozialistischen Pathet Lao hatte auch der Buddhismus viele Jahre einen schweren Stand. Von einst vier buddhistischen Tempeln mit Mönchen und Novizen gibt es heute nur noch zwei. Das bedeutendste Heiligtum der Stadt ist der **Wat Phoxai** an der nördlichen Peripherie, dessen Pagode durch ein mehrfach gestaffeltes Holzschindeldach und schöne Stuckreliefs auffällt. Das Innere des *sim* dominiert ein fast 3 m hoher und knapp 4 t schwerer Bronze-Buddha in der Bhumisparsha Mudra, der Pose der Erdanrufung. An wichtigen Feiertagen kommen Gläubige aus der gesamten Provinz, um vor der vermutlich Mitte des 16. Jh. gegossenen Statue zu beten und Opfergaben darzubringen. Die grauen Stupas in der Nähe sind die Reste des im Vietnamkrieg zerstörten Wat Inpeng.

Infos

Provincial Tourism Office: an der Hauptstraße, gegenüber der Lao Development Bank, Tel. 064 31 25 67, Mo–Fr 8–11.30, 13.30–16 Uhr. Hilfsbereite Mitarbeiter, die teils Englisch sprechen, Vermittlung von Leihwagen mit Fahrer und Mietmotorrädern.

Übernachten

Bestes Haus im Ort ▸ Samneua Hotel: Tel. 064 31 47 77. Am östlichen Flussufer an der Nam-Sam-Brücke gelegen, 32 komfortable Zimmer mit Dusche/WC und AC auf mehreren Etagen, Internetzugang und Mietwagen. DZ 150 000–275 000 Kip.

Beliebt ▸ Kheamsam Guest House: Tel. 064 31 21 11. Zentral zwischen der Nam-Sam-Brücke und dem Markt, zweckmäßig ausgestattete und saubere Zimmer mit Warmwasser-Dusche/WC, Zimmer in oberen Stockwerken z. T. mit Balkon und Flussblick. DZ 70 000–90 000 Kip.

Gut und günstig ▶ That Meaung Guest House: Tel. 064 31 21 41. Moderner Bau am Rand des Ortskerns, ordentliche Zimmer mit Warmwasser-Dusche/WC oder Gemeinschaftsbad. DZ 50 000–70 000 Kip.
Lao style ▶ Phanxam Guest House: Tel. 064 31 22 55. Modernes Gebäude nahe dem Busterminal, annehmbare Zimmer mit Warmwasser-Dusche/WC oder Gemeinschaftsbad, mit Restaurant. DZ 40 000–60 000 Kip.

Essen & Trinken

Authentisch ▶ Chittavanh Restaurant: Neben dem Kheamsam Guest House, Tel. 064 31 22 65, tgl. 7–22 Uhr. Sehr gute laotische Speisen. etwas nüchternes Ambiente, Gerichte ab 10 000 Kip.

Verkehr

Flugzeug: Zwischen dem Flughafen (Tel. 064-31 20 23) 3 km östl. und der Innenstadt verkehren Tuk-Tuks. **Flüge** von/nach Vientiane 3 x wöchentl. **Fluglinien und Buchungsbüros:** Lao Capricorn Air, Tel. 020 54 48 87 71, www.laocapri cornair.net.
Bus: Von der Phoutanou Bus Station am südlichen Stadtrand verkehren tgl. Busse nach Phonsavan (240 km/9 Std.), Vieng Thong (155 km/6–7 Std., evtl. in Phou Lao umsteigen) und Nam Neun (100 km/4 Std.). Von der Nathong Bus Station 4 km östl. fahren mehrmals tgl. von 7–16 Uhr Pickups nach Vieng Xay (28 km/1 Std.) und 1–2 x tgl. nach Nameo an der laotisch-vietnamesischen Grenze (85 km/3 Std.). Mehrmals wochentl. verkehren Busse über Nameo nach Thanh Hoa in Vietnam (285 km/9–10 Std.). Achtung: Das Visum für Vietnam im Voraus besorgen.

Vieng Xay ▶ 1/K 5

Karte: S. 243
Um vor den US-amerikanischen Luftangriffen geschützt zu sein, verlegte die Pathet-Lao-Führung ihr Hauptquartier in die von labyrinthischen Höhlensystemen durchzogenen Karstmassive, die 28 km östlich von Sam Neua in der Nähe von **Vieng Xay** 7 aufragen.

Als der US-amerikanische General Curtis Le May 1971 verkündete, »Laos in die Steinzeit zurückbomben« zu wollen, wusste er nicht, dass sich seine Gegner bereits wie steinzeitliche Höhlenmenschen tief in Bergschächte, Grotten und Kavernen zurückgezogen hatten. Dies war die einzige Möglichkeit für die Führungsriege der Pathet Lao den Luftangriffen zu entgehen, die weiterhin ganze Dörfer und Landschaften zerstörten.

Fünf der mehr als 100 sogenannten **Pathet Lao Caves** sind Besuchern zugänglich, darunter auch die Höhle, in der Kaysone Phomvihane (s. S. 111) Quartier bezogen hatte. Die ehemalige, mit Originalmobiliar ausgestattete unterirdische Behausung des langjährigen Vordenkers und Führers der laotischen Revolution sowie späteren Ministerpräsidenten ist ein 140 m langer Komplex verschiedener, durch Tunnel miteinander verbundener Höhlen, die beispielsweise als Speisesaal, Schlafzimmer oder Versammlungsraum für die sieben Mitglieder des Zentralkomitees dienten.

In ähnlichen Verhältnissen lebte auch der rote Prinz Souphanouvong. In anderen Höhlen befanden sich Schulen und Krankenhäuser, Munitionsfabriken und Werkstätten sowie Schutzräume, in denen Bauern und ihre Familien tagsüber Unterschlupf fanden, während sie nachts auf ihren Reisfeldern arbeiteten. Nach dem Sieg der Revolution im Jahr 1975 wandelten die neuen Machthaber die Höhlen in ein Umerziehungslager für politische Widersacher und hohe Militärs des früheren Regimes um (www.visit-viengxay.com, tgl. 8–12, 13.30–16.30 Uhr, zweistündige Führungen in englischer Sprache tgl. 9, 13 Uhr, Eintrittskarten im Vieng Xay Caves Visitor Centre, 60 000 Kip).

Mit Vieng Xay (Stadt des Sieges) hatten die Pathet-Lao-Führer weit reichende Pläne. Der Ort dicht an der Grenze zum vietnamesischen Bruderland sollte einmal die Hauptstadt der Demokratischen Volksrepublik Laos werden. Es blieb bei den Gedankenspielen. Heute ist Vieng Xay ein Provinzstädtchen mit morbidem Charme, dessen Gebäude, die zu einem großen Teil von ihren Bewohnern verlassen

Tipp: Im Lkw-Bus in den Nordosten von Laos

Die Hitze hat den früheren Teerbelag aufgeweicht. Im Slalom umkurvt der Fahrer tiefe Furchen und Löcher. Wie in einem Mixer werden die Touristen, die auf harten Holzbänken zwischen den Einheimischen kauern, durchgeschüttelt. Die ziemlich raue Fahrt auf der Nationalstraße 1 von **Nong Khiao** in die Provinzen **Houa Phan** und **Xieng Khouang** ist, seitdem auch im gebirgigen Nordlaos immer mehr Fernstraßen asphaltiert werden, eine der letzten Gelegenheiten, ein ungewöhnliches Reisegefährt zu testen.

Im Morgengrauen haben der Fahrer und seine beiden Helfer den zum Omnibus konvertierten Isuzu-Laster in Nong Khiao beladen. Erst kamen die Reissäcke und Gemüsekörbe sowie die Rucksäcke der *farang* auf das Dach. Als sich alle Passagiere in den umgebauten Lastwagen gequetscht hatten, wurden die Tiere verstaut – Hühner, Gänse, Schweine – unter den Bänken oder auf dem Schoß. Passagiere, die jetzt noch mitfahren wollten, mussten sich einen Platz auf dem Dach suchen, obwohl auch in der Trockenzeit im nordostlaotischen Bergland gelegentlich heftige Wolkenbrüche niedergehen. Andererseits verspricht ein Logenplatz in der zweiten Etage einen ungehinderten Rundumblick auf herrliche Landschaftsszenerien.

Das angerostete und zerbeulte Vehikel – Baujahr irgendwann lange vor Gründung der Demokratischen Volksrepublik Laos – quält sich ächzend über Stock und Stein. Bei jedem Schlagloch heben die Fahrgäste ab und knallen dann schmerzhaft zurück auf die Holzbank. Eine Busfahrt im Norden und Nordosten von Laos hinterlässt durchaus ihre Spuren – blaue Flecken an Po und Schulter sowie eine dicke Staubschicht, die den ganzen Körper überzieht. Wer nun etwas Laotisch spricht, um mit dem Fahrer zu verhandeln, kann gegen eine Hand voll Kip vielleicht einen der beiden gepolsterten Beifahrersitze ergattern.

wurden, verfallen und von dichter Vegetation überwuchert werden. Nahe Vieng Xay stürzt der 70 m hohe Wasserfall Tad Nam Neua in eine von üppigem Tropengrün umrahmte Schlucht.

Verkehr

Tgl. mehrere Pickups von/nach Sam Neua. Wegen der beträchtlichen Entfernungen zwischen den einzelnen Höhlen reist man besser mit einem Taxi an.

Von Sam Neua nach Phonsavan ▶ 1, J 5–G 8

Die laotisch-vietnamesische Grenze bei Nameo ist auch für Reisende aus Drittländern offen – vorausgesetzt, sie sind im Besitz eines gültigen Visums für Vietnam. Wer in Laos weiter reisen möchte, muss auf der Nationalstraße 6 zurückfahren.

Nam Neun 8

Etwa 6 km südlich der Einmündung der Nationalstraße 1 in die Nationalstraße 6 erstreckt sich am Ufer des gleichnamigen Flusses der Marktflecken **Nam Neun**, ein beliebter Rastplatz für Reisende. Eine farbenfrohe Pagode am Nam Neun mit schönem Blick auf den tosenden Fluss – mehr hat das Städtchen nicht zu bieten

Übernachten

Für Hängengebliebene ▶ **Phou Chom Koub Guest House:** Familiäre Pension an der Road 6 nahe der Nam-Neun-Brücke gelegen, einfache Zimmer mit Gemeinschaftsbad. DZ 30 000–40 000 Kip.

Verkehr

Bus: Tgl. Busse nach Vieng Thong (65 km/3 Std.), Sam Neua (100 km/4 Std.) und Phonsavan (140 km/5 Std.). Reisende nach Vieng Thong müssen evtl. in Phou Lao umsteigen.

In die Provinz Xieng Khouang

Bei Nam Neun überquert die Nationalstraße 6 die Grenze zwischen den Provinzen Houa Phan und Xieng Khouang. Wie Houa Phan spielte die Provinz **Xieng Khouang** im rauen Hochland des Nordostens stets eine – meist von fremden Mächten aufgezwungene – Sonderrolle in der laotischen Geschichte.

Nach dem Zerfall des laotischen Königreichs Lan Xang bestand Xieng Khouang kurze Zeit als unabhängiges Fürstentum, bevor es zunächst als Provinz Tran Ninh unter die Herrschaft des Kaiserreichs von Annam und später als Protektorat unter Kontrolle der Franzosen geriet. Während ihrer turbulenten Geschichte war die Hochlandprovinz im **Schnittpunkt divergierender Macht- und Interessensphären** immer wieder Schlachtfeld blutig ausgetragener Kämpfe und Kriege.

Im Indochinakrieg und im Vietnamkrieg hatten die Bewohner von Xieng Khouang – meist Angehörige von Lao-Theung- und Lao-Soung-Völkern wie Phuan, Khmu und vor allem Hmong sowie den Tiefland-Laoten ethnisch verwandten Tai Dam – besonders zu leiden. Die Pathet-Lao-Hochburg war Schauplatz heftiger Kämpfe zwischen Einheiten der königlich-laotischen Armee und von Vietnam unterstützten Rebellentruppen.

Als die USA nach militärischen Erfolgen der Pathet Lao ihr Engagement verstärkten und im Mai 1967 begannen, die von den Rebellen kontrollierten Gebiete zu bombardieren, führte der Konflikt zum heftigsten Bombardement der Menschheitsgeschichte. Nirgends in Indochina fielen mehr Bomben als in der öden Hochebene von Xieng Khouang, an deren Ostrand der Ho-Chi-Minh-Pfad verlief, der Nachschubweg für die Vietcong-Aufständischen gegen das Regime in Saigon.

Die massiven Flächenbombardements forderten unter der Zivilbevölkerung unzählige Opfer. Die **Politik der verbrannten Erde** zwang Tausende ausgebombter Bauern, mit ihren Familien die zerstörten Dörfer zu verlassen und Zuflucht in Höhlen von Karstmassiven zu suchen. Doch nicht einmal tief im Bergesinnern waren sie sicher – wie jene 400 Frauen, Kinder und Alten, die am 24. November 1968 in der großen Höhle **Tham Phiu** **9** einige Kilometer nördlich der Provinzstadt Muang Kham Schutz suchten. Sie verbrannten und erstickten in ihrem Unterschlupf, als eine Phosphorrakete den Eingang traf. Der 2,5 km lange Weg zu der Höhle zweigt in Ban Phuam, 4 km nördlich von Muang Kham, von der Nationalstraße 6 ab. Auch Jahrzehnte nach der Tragödie wagt sich kein Laote in die Tham Phiu, weil dort die *phi,* die Geister der Toten, wachen.

Die **Spuren des Kriegs** werden in Xieng Khouang noch lange sichtbar bleiben, nicht nur in der Tham Phiu mit ihren brandgeschwärzten Wänden. Nähert man sich der Provinzhauptstadt Phonsavan mit dem Flugzeug, erblickt man Tausende kleiner Seen und Weiher. Wer den Entstehungsgrund nicht kennt, könnte den Anblick für idyllisch halten. Aber es handelt sich um Bombenkrater, die sich im Laufe der Zeit mit Regenwasser gefüllt haben.

In den Städten und Dörfern der Provinz sieht man allenthalben, wie erstaunlich pragmatisch die Einheimischen heute mit Relikten der Vergangenheit umgehen. Kriegsschrott, den die US-Amerikaner hinterlassen haben, flankiert Portale und Haustüren. Hülsen entschärfter Sprengbomben und Mörsergranaten bilden Gartenzäune und Fundamente für Pfahlbauten oder dienen als Futtertröge für Büffel und Schweine. Kartuschen, Bazookas und Raketenköpfe wurden in Gegenstände des täglichen Lebens wie Pflanzgefäße für Obst und Gemüse umfunktioniert. Stahlhelme dienen heute als Blumentöpfe. Der meiste Kriegsschrott wurde – als Altmetall nach Vietnam exportiert – in bare Münze verwandelt.

Immer noch aber birgt der Boden von Xieng Khouang eine tödliche Gefahr, immer noch hängen in den Schulen Minen-Warnplakate, immer noch werden Einheimische Opfer sogenannter *unexploded ordnance* (UXO) von noch nicht geborgenen und entschärften Blindgängern und Minen. Wegen der in Feld, Wald und Busch immer noch allgegenwärtigen Gefahr wird daher Reisenden empfohlen, sich ausschließlich auf festen Pfaden zu bewegen (s. S. 18).

Phonsavan ▶ 1, J 5

Karte: S. 243

Wie viele andere Ortw wurde bei den Luftangriffen der US-Amerikaner auch die alte Provinzhauptstadt fast zerstört. An ihrer Stelle entstand in den Nachkriegsjahren der neue, weitläufige Verwaltungssitz **Phonsavan** 9.

Mit zwei, drei Hauptstraßen, von denen staubige Nebenstraßen abzweigen, besitzt Phonsavan den Charme einer Transitstadt.

Ein Bummel über den exotisch wirkenden Markt oder ein Spaziergang zu den beiden auf Hügeln thronenden Mahnmalen, die an die laotisch-vietnamesische Waffenbrüderschaft erinnern, das sind die Unternehmungen in der nicht eben mit Highlights gesegneten Stadt. Wer nach Xieng Khouang kommt, möchte die Ebene der Tonkrüge sehen, wie die Statuen auf den Osterinseln eines der ungelösten Rätsel der Weltgeschichte.

Infos

Provincial Tourism Office: Ban Nam Ngum (weit außerhalb an der Straße zu Plain of Jars Site 1), Tel. 061 31 22 17, xkgtourism@yahoo.com, tgl. 8–11.30,13.30–16 Uhr. Engagierte Mitarbeiter, interessantes Angebot an Ausflügen rund um Phonsavan.

Internet: Internetzugang bieten Amazing Lao Travel und Phonsavan Colour Lab in der Nähe des Postamts in der Ortsmitte.

Übernachten

Toller Ausblick ▶ **Phouphadaeng Hotel** (Auberge de la Plaine des Jarres)**:** Tel. 030 517 02 82, auberge_plainjars@yahoo.fr. Lodge in Top-Lage auf einem Hügel hoch über der Stadt, ca. 20 Min. zu Fuß ins Zentrum, komfortable, geräumige Zimmer in Blockhäusern mit offenem Kamin und Warmwasser-Dusche/WC, mit Restaurant, Organisation von Touren zur Ebene der Tonkrüge. DZ 50–65 US-$.

Phonsavan wurde nach dem Vietnamkrieg als neuer Verwaltungssitz gegründet

Elegant ▶ Vansana Plain of Jars Hotel: Tel. 061 21 31 70 5, www.vansanahotel-group.com. Großzügig konzipiertes Resorthotel am nördlichen Ortsrand. Komfortable Zimmer und Suiten mit Warmwasser-Dusche/WC und Klimaanlage, im Restaurant laotische und westliche Gerichte. EZ/DZ 25–50 US-$, Suite 60 US-$.

Mit Charakter ▶ Maly Hotel: Tel. 061 31 20 31, www.malyht.laotel.com. Gut geführtes rustikales Haus, sehr saubere, unterschiedlich ausgestattete Zimmer mit Warmwasser-Dusche/WC und Ventilator, gutes Restaurant mit laotischen, chinesischen und europäischen Gerichten; auf Sauberkeit wird großer Wert gelegt – im ganzen Haus gilt Schuhverbot. EZ/DZ 15–50 US-$ (inkl. Frühstück).

Für Anspruchsvolle ▶ White Orchid Guest House: Tel. 061 31 24 03 u. 020 55 87 43 56. Große, gut ausgestattete Zimmer mit Warmwasser-Dusche/WC und Ventilator, zentrale Lage nahe Postamt. DZ 10–25 US-$ (inkl. Frühstück).

Guter Standard ▶ Phitsamai Hotel: Tel. 061 21 16 78 u. 020 22 20 28 14. Modernes Haus 300 m westlich des Zentrums, behaglich ausgestattete Zimmer mit Warmwasser-Dusche/WC. DZ 10–15 US-$.

Klassisch ▶ Banna Plain of Jars House: Tel. 061 21 24 84 u. 020 55 56 11 16, chansmon@laotel.com. Gut geführte Pension gegenüber dem Markt, geräumige und saubere Zimmer mit Warmwasser-Dusche/WC und Ventilator, z. T. aber ohne Fenster. EZ/DZ 10–18 US-$ (inkl. Frühstück).

Nomen est omen ▶ Nice Guest House: Tel. 061 31 24 54 u. 020 55 61 62 46, naibthoj@hotmail.com. Modernes Gebäude in der Ortsmitte nahe dem Postamt, ordentliche Zimmer mit Dusche/WC und Ventilator, freundliche Betreiber. DZ 6–10 US-$.

Beliebt ▶ Dokkhoune Guest House: Tel. 061 31 21 89. Zimmer mit Dusche/WC und Ventilator in zwei modernen Gebäuden, Touragentur. DZ 5–8 US-$.

Essen & Trinken

Unverfälscht ▶ Phonekeo Restaurant: Tel. 061 31 10 69. Hervorragende laotische Gerichte, freundliches Personal, beliebt bei Einheimischen und Touristen, nahe dem Postamt. Gerichte ab 15 000 Kip.

Rustikal ▶ Sangah Restaurant: Tel. 061 31 23 18, tgl. 8–21 Uhr. Schlichte Ausstattung, gute laotische, chinesische und europäische Speisen. Gerichte ab 15 000 Kip.

Traveller-Treff ▶ Simmaly Restaurant: Tel. 061 21 10 13. Laotische Speisen und westliche Standardgerichte, stets gut besucht. Gerichte ab 15 000 Kip.

Beliebter Inder ▶ Nisha Restaurant: Tel. 020 569 81 40. Gute süd- und nordindische Speisen. Favorit der Backpacker. Gerichte ab 12 000 Kip.

Vietnamesisch ▶ Tuyen Chau Restaurant: Tel. 020 66 02 92, tgl. 8–21 Uhr. Einfaches vietnamesisches Restaurant in der Ortsmitte. Gerichte ab 10 000 Kip.

Einkaufen

Regionales Kunsthandwerk ▶ Nei Dok Khai Handicraft Shop: Ban Phonsaat, Tel. 061 31 22 13. Kunsthandwerk der Hmong, vor allem Webwaren und Silberschmuck.

Aktiv

Gute Begleitung ▶ Sousath Travel: Tel. 061 31 20 31, www.malyht.laotel.com. Tagesausflüge zu den drei Stätten der Ebene der Tonkrüge sowie zu historisch bedeutsamen Stätten des Vietnamkriegs. Sousath Pethrasy, der Englisch sprechende Besitzer, ist ein ausgewiesener Experte.

Termine

Bun Phao Hmong: Nov. Mehrtägiges Hmong-Fest, zu dem viele in die USA emigrierte Angehörige dieses Volkes anreisen. Höhepunkte sind Wasserbüffel- und Stierkämpfe.

Pi May Hmong: Dez. Mehrtägiges farbenprächtiges Neujahrsfest der Hmong, zugleich Heiratsmarkt.

Verkehr

Flugzeug: Zwischen dem Flughafen am südöstlichen Ortsrand und der Innenstadt verkehren Tuk-Tuks.

Fluglinien und Buchungsbüros: Lao Airlines, Tel. 061 21 21 07. **Flüge** von/nach Vientiane 2–3 x tgl., von/nach Luang Prabang 3 x wöchentl.
Bus: Terminal für Busse und Pickups am westlichen Ortsrand ca. 4 km vom Zentrum. Busse nach Vientiane (380 km/8–9 Std., Abfahrt 7, 8, 10.30, 16, 20 Uhr), Luang Prabang (240 km/7–8 Std., Abfahrt 8.30 Uhr), Phou Khoun (115 km/3,5 Std., Abfahrt 7, 7.30, 8.30, 9 Uhr), Vang Vieng (220 km/6–7 Std., Abfahrt 7, 8, 10.30, 16, 20 Uhr); tgl. nach Muang Kham (60 km/1,5 Std), Nam Neun (140 km/4–5 Std.), Vieng Thong (200 km/8 Std., evtl. umsteigen in Nam Neun oder Phou Lao) und Sam Neua (240 km/9–10 Std., Abfahrt 8 Uhr). Mehrmals wöchentl. verkehren Busse über Nong Het/Ky Son nach Vinh in Vietnam (400 km/10 Std.). Achtung: Das Visum für Vietnam im Voraus besorgen. Pickups nach Muang Khun (30 km/45 Min.) fahren ab dem Terminal in Ban Nam Ngum in der Nähe des Provincial Tourism Office, Pickups nach Nong Tang (44 km/1 Std.) ab dem neuen Markt 400 m westlich des Zentrums.

6 Ebene der Tonkrüge

▶ 1, G 8

Karte: S. 243

Plain of Jars Site 1 11

Etwa 8 km südwestlich von Phonsavan erstreckt sich nahe Ban Ang in einer hügeligen Savannenlandschaft **Thong Hai Hin**, auch **Plain of Jars Site 1** genannt. Auf einem 25 ha großen Areal stehen und liegen weit verstreut im Gras mehrere hundert zwischen 200 und 1000 kg schwere, oft übermannshohe **Krüge** mit einem Durchmesser von bis zu über 1 m. Der größte der Steinkolosse, den einheimische *guides* King's Cup nennen, wiegt bei einem Durchmesser von 2,5 m und einer Höhe von fast 2,6 m mehr als 6 t (tgl. 8–18 Uhr, 10 000 Kip).
Man weiß zwar, dass Xieng Khouang in grauer Vorzeit ein Durchzugsgebiet bei Völkerwanderungen war. Welche Völker aber die Kolossalgefäße hier aufgestellt haben und wozu sie benutzt wurden, bleibt rätselhaft. Da menschliche Knochen und Zähne in einigen Behältern gefunden wurden, nehmen Archäologen an, dass die Steinkrüge als Urnen für die sterblichen Überreste von Fürsten oder Stammeshäuptlingen dienten. Andere sehen in ihnen Vorratsbehälter für Reis und Öl. Auch auf die Frage, woher das Material für die megalithischen Monumente stammt, konnten Wissenschaftler bislang keine Antwort finden. Die Riesenkrüge scheinen aus Sandstein gemeißelt zu sein, wobei als Werkzeug vermutlich Granitäxte dienten. Doch in einem Umkreis von 100 km um die Fundstellen gibt es keine Sandsteinmassive. So bleibt rätselhaft, wie die Krüge auf das Plateau gelangten.

Auch die noch nicht ganz verwitterten Reliefs auf manchen Krügen geben keine Hinweise auf die Herkunft, denn sie lassen sich keiner der in Indochina bekannten alten Kulturen zuordnen. So hat die recht gut erhaltene Steinfigur auf Krug 217 stilistisch keinerlei Gemeinsamkeiten mit anderen archäologischen Fundstücken der Großregion. Alles, was man vage kennt, ist das Alter der Krüge, das auf ungefähr 2000 Jahre geschätzt wird. In einer Höhle auf Site 1 fanden französische Archäologen Steinäxte aus Granit, möglicherweise ein Hinweis darauf, dass sich hier einst die **Werkstatt** befand, in der die Sandsteinblöcke ausgehöhlt wurden. In der Decke der Höhle befindet sich eine vielleicht von Menschenhand geschaffene Öffnung, die als Rauchabzug gedient haben könnte. Dies hat eine andere Forschergruppe zu der Hypothese bewogen, dass die Krüge aus einem Kalk-Ton-Gemisch geformt und hier gebrannt wurden. Aufgrund dieser Annahme neigen manche Wissenschaftler dazu, die Fundstätte Ebene der Tonkrüge zu nennen.

Viele Einheimische zweifeln nicht daran, dass die Kolossalkrüge Relikte eines gigantischen Gelages waren. Gern erzählen sie die Legende von einem sagenhaften Helden aus China, der das von einem grausamen Herrscher geknechtete Volk von Xieng Khouang in einem blutigen Kampf von seinem Peiniger befreite. Nach seinem Sieg ließ er die riesi-

Mehr als 90 rätselhafte Tonkrüge verteilen sich über die Plain of Jars Site 2

gen Krüge aus einer Art Zement, der aus Sand, Wasser, Zuckerrohr und Büffelhaut bestand, formen und in einem Ofen brennen, um darin Reiswein für eine Siegesfeier zu keltern. Der größte der Krüge war für den Helden bestimmt, den die Befreiten zu ihrem neuen König erkoren. Dieser Krug wird daher in der Legende *hai jeuam* oder in der Sprache der Touristenführer King's Cup genannt.

Die Plain of Jars Site 1 ist mit 307 Steinkrügen – etwa die Hälfte wurde bei den US-amerikanischen Luftangriffen während des Vietnamkriegs beschädig t– die größte Ansammlung der mysteriösen Gefäße. Es gibt noch ein Dutzend weitere bekannte Stätten mit Riesenkrügen; allerdings sind zehn nicht entmint. Zugänglich und Bestandteil im Programm lokaler Veranstalter sind die **Plain of Jars Site 2** (Hai Hin Phou Salato) und **Plain of Jars Site 3** (Hai Hin Lat Khai).

Plain of Jars Site 2 12

Grau und riesig verteilen sich auf **Site 2** (Hai Hin Phou Salato) gut 8 km südlich von Phonsavan nahe Ban Nako mehr als 90 Steinkrüge auf zwei gegenüberliegenden Hügeln. Auf einigen Deckeln sind halb verwitterte Reliefs zu erkennen. Manche Krüge enthalten Fragmente von Buddha-Figuren, die Gläubige während des Vietnamkriegs aus zerstörten Tempeln hierher brachten (tgl. 8–18 Uhr, 10 000 Kip). Ein 30-minütiger Spaziergang führt von Site 2 durch eine Reisfeldlandschaft zum **Saddle Rock bei Ban Sao**, einem mythenumrankten Felsblock in Form eines riesigen Sattels. Nach Überzeugung vieler Einheimischer wurde er von Menschenhand geschaffen. Und zwar aus dem gleichen Material wie die Steinkrüge, nämlich tertiärem Sandstein, den es in der Hochebene von Xieng Khouang gar nicht gibt.

Plain of Jars Site 3 13

Landschaftlich sehr schön liegt **Site 3** (Hai Hin Lat Khai) gut 9 km südlich von Phonsavan. Mit dem Auto geht es bis Ban Xieng Di. Von dem Dorf führt ein 15-minütiger Spaziergang durch Reisfelder zu der wenig besuchten Stätte mit über 100 Monumentalkrügen (tgl. 8–18 Uhr, 10 000 Kip).

Muang Khun 14

Aus grauer Vorzeit in die nicht allzu ferne Vergangenheit führt ein Ausflug nach **Muang Khun** 30 km südöstlich von Phonsavan, die frühere, im Vietnamkrieg fast völlig zerstörte Hauptstadt von Xieng Khouang. Kaum etwas erinnert heute noch an den Glanz der alten Königsresidenz. Vom Wat Phiawat aus dem 17. Jh., dem Tempel der Xieng-Khouang-Herrscher, sind nur noch einige bröckelnde Ziegelsteinsäulen und zerfallene Mauern erhalten. Wie durch ein Wunder hat eine große Statue des sitzenden Buddha die Bombardements überstanden.

Von Gras und Buschwerk halb überwuchert, thront auf einem Hügel über dem Ort der grau-schwarze Ziegelstein-Stupa **That Dam**. Weder in Muang Khun noch in einem anderen Ort der Region haben Tempel in dem für die Provinz typischen Xieng-Khouang-Stil den Vietnamkrieg überstanden. Erhalten blieben allein die beiden von Zuwanderern aus der Nordostprovinz in Luang Prabang im Xieng-Khouang-Stil erbauten Tempel Wat Pa Fang und Wat Khili (s. S. 192/193).

Von Phonsavan zur Road 13 ► 1, F/G 8

Karte: S. 243

Das sanfthügelige, 1200 bis 1500 m hohe Plateau, über das sich die gut ausgebaute Nationalstraße 7 von Phonsavan nach Phou Khoun 115 km westlich an der Road 13 windet, ist von lichten Wäldern aus subtropischen Kiefern bedeckt. Die idyllische Landschaft war im Vietnamkrieg Schauplatz heftiger Gefechte zwischen Pathet-Lao-Truppen und US-amerikanisch-thailändischen Verbänden. Ortskundige Einheimische weisen den Weg zu rostzerfressenen Panzerwracks und Fliegerabwehrkanonen. Schilder mit Totenköpfen warnen davor, die befestigten Wege zu verlassen, denn noch immer ist die Gegend mit Tausenden Minen und *bombies,* faustgroßen, tückischen Splitterbomben, übersät.

Nong Tang 15

An einem malerischen, von Karstfelsen gesäumten See liegt 44 km westlich von Phonsavan im Distrikt Muang Soui das Städtchen **Nong Tang**. Hier zweigt eine Schotterstraße

zur **Tham Pha** oder **Holy Buddha Cave** ab. Der Name stammt von einer großen Statue des sitzenden Buddha in der Hauptgrotte eines Höhlenkomplexes. Wie Einheimische zu berichten wissen, fing die sehr alte Buddha-Figur bei den ersten Luftangriffen der US-Amerikaner an zu schwitzen. Die Laoten deuteten dies als Zeichen für einen bevorstehenden Krieg.

Während des Vietnamkriegs diente der Höhlenkomplex, in dem heute noch einfache Operationstische zu sehen sind, als Feldlazarett (tgl. 9–17 Uhr, 10 000 Kip). Bei Nong Tang können Reisende in Begleitung ortskundiger Führer die Relikte eines US-Militärstützpunktes mit einer Landebahn für Kampfflugzeuge besichtigen. Hier befand sich auch ein Trainingscamp, in dem die CIA ihre Hmong-Verbündeten für den Kampf gegen die Pathet-Lao-Kommunisten ausbildete. Die Gegend ist mit Kriegsschrott übersät, u. a. den Wracks russischer Panzer.

Westlich von Nong Tang windet sich die Nationalstraße 7 durch eine Bergwelt, in welcher der hier jahrhundertelang praktizierte Brandrodungsfeldbau Spuren hinterließ, nach Phou Khun an der Road 13. Rechts geht es weiter nach Luang Prabang, links nach Vientiane.

Von Gras überwuchert ragt der Ziegelstein-Stupa That Dam heraus

Der restaurierte Wat Sayaphoum in Savannakhet präsentiert sich mit kunstvollen Stuckarbeiten und Holzschnitzereien in farbenfroher Pracht

Kapitel 3

Südlaos

Der schmale Süden von Laos ist eingeklemmt zwischen Thailand und Vietnam. Die beiden Nachbarstaaten sind heute wichtige Handelspartner, zumal sich am Unterlauf des Mekong die wirtschaftlichen Zentren von Laos konzentrieren: die Hauptstadt Vientiane, gefolgt von Thakhek, Savannakhet und Pakxe. Dass in der südlaotischen Mekong-Ebene fast die Hälfte der Bevölkerung lebt, hat seine Ursache auch im Nassreisanbau, der großer Wassermengen bedarf.

Abgesehen von der schönen Karstlandschaft von Khammouane, den Viertausend Inseln im Mekong unmittelbar vor der Grenze zu Kambodscha und den spektakulären Mekong-Fällen hat eine Reise in den Süden von Laos landschaftlich weniger zu bieten als der gebirgige Norden und Nordosten. Dafür entschädigen beschauliche Städte wie Thakhek, Savannakhet, Pakxe und Champasak. Höhepunkt des Südens sind die Ruinen des Bergtempels Wat Phou, die zu den eindrucksvollsten Zeugnissen der Khmer-Architektur außerhalb von Kambodscha gehören. Die einst Hindu-Göttern geweihte Tempelanlage an den Ausläufern des 1416 m hohen Phou Pasak ist heute eine bedeutende buddhistische Wallfahrtsstätte. Gerade im Süden von Laos hat sich am Mekong ein traditionelles Flussleben erhalten. Der stille Zauber dieser amphibischen Welt mit ihren Inseldörfern zieht immer mehr westliche Besucher an. Der besondere Reiz liegt im gemächlichen Dahinschreiten des Lebens.

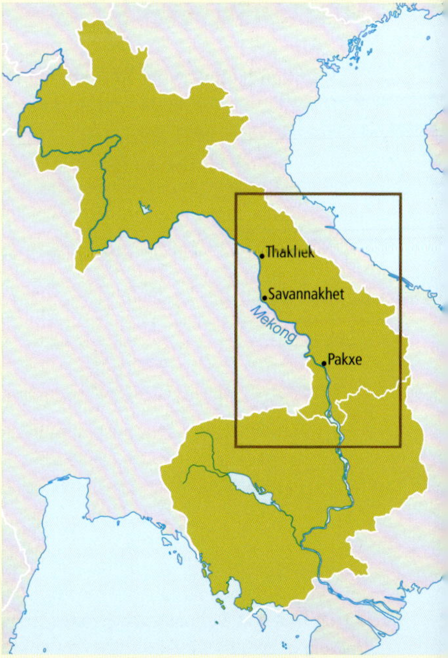

Auf einen Blick

Südlaos

Sehenswert

7 **Karstlandschaft von Khammouane:** Die schroffen Felskegel und Steindome der Karstmassive nordöstlich von Thakhek gehören zum Schönsten, was Laos landschaftlich zu bieten hat. Meisterwerke der Natur sind die zahlreichen Tropfsteinhöhlen der Region (s. S. 268).

8 **Wat Phou:** Der bedeutendste Khmer-Tempel außerhalb der Grenzen von Kambodscha (s. S. 287).

9 **Viertausend Inseln im Mekong:** In der Region der Viertausend Inseln (Si Phan Don) verästelt sich der Mekong auf einer eindrucksvollen Breite von 14 km in unzählige Arme (s. S. 292).

10 **Mekong-Fälle:** Khong Phapheng nennen die Einheimischen die mächtigsten Wasserfälle von Südostasien – Getöse des Mekong (s. S. 297).

Schöne Routen

Auf der Nationalstraße 8 nach Lak Sao: Die Route berührt den ›Kalksteinwald‹ um den Phou Pha Mane, eine der ausgedehntesten Karstformationen Asiens (s. S. 263).

Rundfahrt durch das Bolaven-Plateau: Diese Route erschließt einige der schönsten Wasserfälle des Landes (s. S. 282).

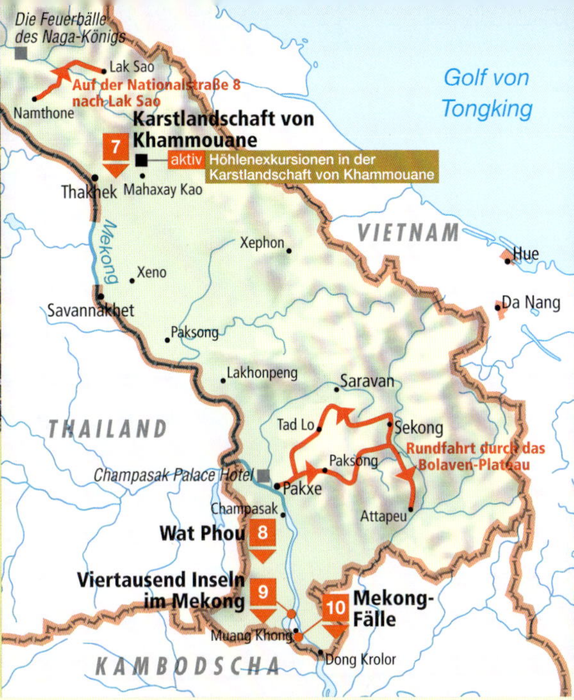

Meine Tipps

Die Feuerbälle des Naga-Königs: Jedes Jahr zur gleichen Zeit steigen in einer Vollmondnacht am Ende der buddhistischen Regenzeiteinkehr schimmernde Blasen aus dem Mekong und schweben als leuchtende Schleier in den Nachthimmel. Laoten und Thailänder dies- und jenseits des Mekong feiern dann das große Festival Bun Fai Phaya Nak (s. S. 265).

Das Champasak Palace Hotel: Nächtigen wie ein Fürst. Wie eine gigantische Hochzeitstorte aus Stein und Ziegeln thront in Pakxe das Champasak Palace Hotel über dem Xe Done (s. S. 278).

aktiv unterwegs

Höhlenexkursionen in der Karstlandschaft von Khammouane: Mit Hilfe ortskundiger Einheimischer können Hobby-Speläologen entlegene Karstgrotten erkunden, darunter die Tham Pa Fa mit mehr als 200 alten Buddha-Statuen von unschätzbarem Wert (s. S. 281).

Von Vientiane nach Pakxe

Die Fahrt in den Süden folgt weitgehend dem Mekong. Landschaftlich hat die Reise, abgesehen von Abstechern in die von spektakulären Karstmassiven geprägten Bergregionen, weniger zu bieten als der gebirgige Norden und Nordosten von Laos. Dafür berührt die Route mit Thakhek, Savannakhet und Pakxe Städte, die mit einer Mischung aus asiatischer Beschaulichkeit und französischem Kolonialflair bezaubern.

Von Vientiane nach Thakhek ► 1, F 11–L 12 u. 2, L 13

Karte: rechts

Wat Phabat Phonsane

Gut ausgebaut und oft schnurgerade führt die Nationalstraße 13 östlich von Vientiane durch Reisfelder. Kurz vor der Grenze zur Provinz Bolikhamxay überquert sie den Nam Ngum, der bei **Pak Ngum** in den Mekong mündet. Zu dem etwa 75 km von Vientiane entfernten Dorf strömen einmal im Jahr Tausende von Laoten, um das rätselhafte Spektakel Bung Fai Phaya Nak zu erleben (s. S. 265).
Bei Kilometer 87 kündet ein grau-schwarzer Stupa den **Wat Phabat Phonsane** 1 an, ein Pilgerziel für Buddhisten aus ganz Laos. Die Bedeutung des von einer zinnenbewehrten Mauer umgebenen, unscheinbaren Tempels liegt in einem Fußabdruck des Buddha, den Mönche dort im Jahr 1933 entdeckten. Dem 1,2 m breiten und 2,4 m langen Abdruck in einer Sandsteinplatte erweisen Gläubige vor allem am Buddha-Tag, der alljährlich im Februar mit Zeremonien begonnen wird, höchste Verehrung.

Der Überlieferung zufolge bereiste Siddharta Gautama Laos, um seine Lehre zu verbreiten. Als Zeichen dafür, wie wichtig ihm das Land erschien, drückte er ihm das Siegel seiner Fußspuren auf. Fußstapfen des Erleuchteten, der auf seinen historisch nachweisbaren Wanderungen tatsächlich nie so weit nach Osten vordrang, finden sich überall in Laos, vor allem in Luang Prabang.

Schräg gegenüber der heiligen Stätte zweigt von der Road 13 eine 2 km lange Schotterstraße zum **Wat Phonsane** 2 ab. Von siebenköpfigen Naga-Schutzgeistern flankierte Treppen führen zur Pagode, die über dem Mekong thront. Fenster- und Türflügel des *sim* weisen kunstvolle Holzschnitzereien auf. Farbenprächtige Wandgemälde illustrieren Episoden aus dem Leben des Buddha.

Ban Na 3

Beim Wat Phabat Phonsane zweigt eine Straße nach **Ban Na** ab. In der Nähe des Dorfs am südöstlichen Rand der Phou Khao Khouay NPA steht ein Elephant Observation Tower. Mit etwas Glück und Geduld kann man von dem Aussichtsturm wilde Elefanten beobachten. Die Dickhäuter kommen zwar regelmäßig zu einer Salzlecke in der Nähe des Turms, eine Elefantengarantie gibt es jedoch nicht.

Am besten sind die Chancen, wenn man über Nacht bleibt. Errichtet wurde der Elephant Observation Tower mit Hilfe des Deutschen Entwicklungsdienstes (DED) im Rahmen eines ländlichen Entwicklungsprojekts. Die Einnahmen kommen den Einwohnern von Ban Na zugute. Wer Einblick in laotisches

Von Vientiane nach Pakxe

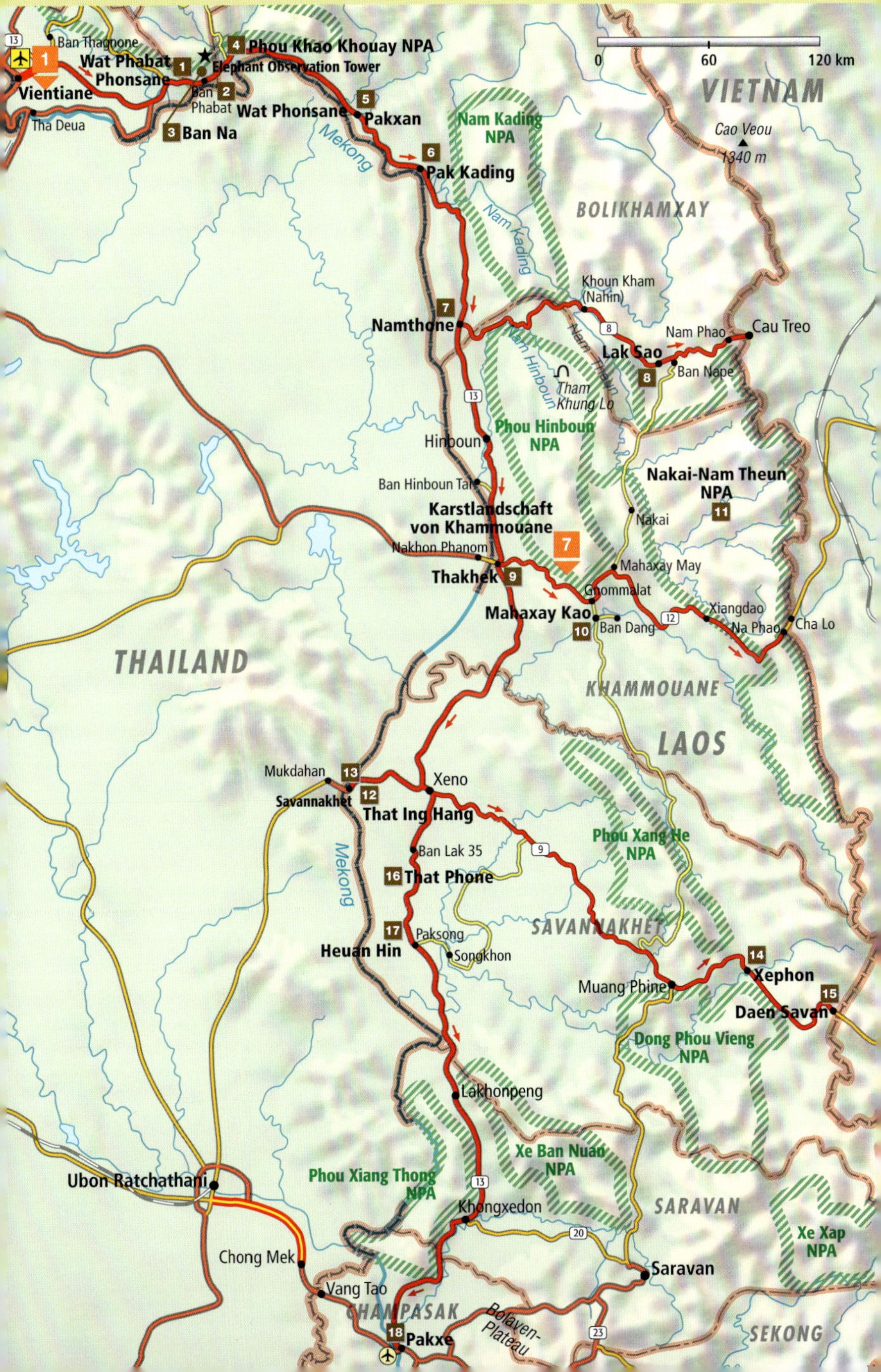

Landleben gewinnen möchte, kann sich in Ban Na bei einer Gastfamilie einquartieren.

Nach Ban Na gelangt man am bequemsten mit einem eigenen Fahrzeug. Man kann aber auch von der Southern Bus Station in Vientiane mit einem beliebigen Bus auf der Nationalstraße 13 Richtung Süden fahren und bei der Abzweigung nach Ban Na unmittelbar vor dem Wat Phabat Phonesane aussteigen. Von dort ist es ein kurzer Spaziergang zum 1,5 km entfernten Dorf. Die ca. 4 km lange Wanderung vom Dorf zum Elephant Observation Tower sollte man nur in Begleitung eines ortskundigen Guide unternehmen, der auch mit dem Verhalten wilder Elefanten vertraut ist. Es hat schon wiederholt Angriffe von Elefanten auf Menschen gegeben! Im Aussichtsturm können bis zu acht Personen übernachten. Matrazen und Moskitonetze sind vorhanden, Bettwäsche oder Schlafsack sowie Verpflegung muss allerdings mitgebracht werden. Die Übernachtung im Turm kostet 10 US-$/Pers., bei einer Familie in Ban Na 3 US-$/Pers. Ein Guide verlangt etwa 20 US-$. Information und Buchung: Tel. 020 220 82 86, www.trekkingcentrallaos.com. Ausflüge zum Elephant Observation Tower werden auch von Agenturen wie Green Discovery angeboten (s. S. 38 u. 166).

Phou Khao Khouay NPA 4

Etwa 1 km südlich von **Thabok** markiert ein Hinweisschild die Abzweigung zur Ostregion der 2000 km² großen **Phou Khao Khouay NPA** (National Protected Area). Während in der Mekong-Ebene nach Jahrhunderten zivilisatorischer Entwicklung kaum mehr etwas so ist, wie es die Natur einst erschaffen hat, blieb in dem nahezu wegelosen Nationalpark eine wilde, ungezähmte Landschaft mit üppiger tropischer Vegetation erhalten, darunter die meisten der in Laos wachsenden Orchideenarten. Wie vor Jahrhunderten durchstreifen Leoparden und andere Raubkatzen die Regenwälder, in denen auch andere große Säugetiere wie Elefanten, Asiatische Schwarzbären, Wildschweine und wilde Büffel einen Lebensraum gefunden haben. Vielfältig ist auch die lokale Vogel- und Reptilienwelt.

Entdeckernaturen können den Nationalpark auf Trekkingpfaden erkunden. Ausgangspunkt für geführte Wanderungen in der fast menschenleeren Ostregion des Nationalparks mit imposanten Urwaldkulissen und rauschenden Wasserfällen ist das Dorf **Ban Hatkhai.** Outdoor-Spezialisten in Vientiane wie Exotissimo Travel und Green Discovery haben in enger Kooperation mit den Dorfbewohnern, von denen viele zum Volk der Khmu gehören, Touren unterschiedlicher Länge entwickelt (s. S. 38 u. 166, Infos auch unter www.trekkingcentrallaos.com). Bei einem nicht allzu anstrengenden Tagesausflug erlebt man zunächst während einer knapp einstündigen Bootsfahrt den Nam Mang aufwärts herrliche Urwaldszenerien, bevor es zu Fuß weiter geht zum **Tad Xay.** Der Wasserfall tost in Kaskaden über die Felsen in einen Wildbach, bevor er einige hundert Meter flussabwärts über eine steile Felswand in eine Regenwaldschlucht stürzt (tgl. 8–18 Uhr, 5000 Kip).

Den schönsten Wasserfall des Parks erreicht man auch mit einem eigenen Fahrzeug. Eine kurvenreiche Schotterstraße windet sich in stetem Auf und Ab von der Nationalstraße 13 zur Parkgrenze. Nach 8 km zweigt rechts eine 10 km lange raue Piste zum Tad Xay ab, auf der ein Geländewagen gute Dienste leistet.

Rund 10 km jenseits der Parkgrenze führt links eine 4 km lange Stichstraße zum **Tad Leuk** (tgl. 8–18 Uhr, 5000 Kip). Außerhalb der Monsunzeit mag der Wasserfall, der in Kaskaden über vier Felsstufen rund 30 m in die Tiefe stürzt, unspektakulär wirken, doch die zauberhafte Urwaldszenerie entschädigt mit vielen Schmetterlingen für die Mühen der Anfahrt. Picknickplätze auf Felsen am Ufer des Nam Leuk machen den Ort zu einem beliebten Ausflugsziel der Vientianer. Ein kurzer Spaziergang flussaufwärts führt zu einer Hängebrücke über den Nam Leuk. In der Nähe versprechen einige Pools im felsigen Flussbett Badespaß im Regenwald. Das Besucherzentrum, das die Fauna und Flora informiert, ist Ausgangspunkt des Naturlehrpfads Houay Bone Nature Trail (Rundweg 1,5 km/1 Std.).

Übernachten

... in Thabok:

Gutes Quartier ▶ **T & M Guest House:** Tel. 054 53 00 87. 10 einfache Zimmer mit Dusche/WC, Ventilator oder Klimaanlage. DZ kosten 6–9 US-$.

Pakxan 5

Pakxan an der Mündung des Nam Xan in den Mekong ist ein kleines Provinzzentrum. Obwohl die meisten Einwohner Buddhisten sind, ist die von den Franzosen Ende des 19. Jh. angelegte Stadt eine Hochburg des Katholizismus geblieben. Bis zur kommunistischen Machtübernahme 1975 befand sich hier eine katholische Klosterschule, in der laotische Jugendliche eine Ausbildung nach französischen Lehrplänen erhielten. Heute dient das Gebäude als Oberschule der Provinz.

Sonntagvormittags feiern in der katholischen Kirche schräg gegenüber Gläubige, zumeist vietnamesischstämmige Laoten, deren Vorfahren einst von den französischen Kolonialherren als Verwaltungsangestellte ins Land geholt worden waren, die Heilige Messe. Das Gotteshaus aus dem Jahr 1966 ist der Madonna von Lourdes geweiht.

Übernachten

Zum Wohlfühlen ▶ **B.K. Guest House:** Ban Si Mungkhun, Tel. 054 21 26 38, 020 612 33 48. Modernes Gebäude, saubere Zimmer mit Dusche/WC und Klimaanlage oder Ventilator, mit kleinem Restaurant, freundliche Betreiber. DZ 70 000–90 000 Kip.

Funktional ▶ **Liengvilay Guest House:** Road 13, Tel. 054 21 20 76, 020 211 23 77. Ruhige, motelähnliche Unterkunft am östlichen Ortsrand, zweckmäßig ausgestattete Zimmer mit Dusche/WC und Klimaanlage, in der Nähe kleine vietnamesische Restaurants. DZ 80 000 Kip.

Essen & Trinken

In der Altstadt bieten am Ufer des Nam Xan während der Trockenzeit einfache Gartenlokale gute laotische Speisen (Gerichte ab 10 000 Kip), z. B. Kulap Keound Nam Nongsea. Vietnamesische Suppenküchen findet man an der Durchgangsstraße (ab 8000 Kip).

Schöne Aussicht ▶ **Saynamxan Restaurant:** Tel. 054 21 20 68, tgl. 11–14, 16–22 Uhr. An der Nam-Xan-Brücke mit Blick auf den Fluss, gute laotische Gerichte, Tipp: Mekong-Fisch vom Holzkohlegrill. Ab 15 000 Kip.

Auf dem Weg nach Lak Sao geht es durch tropisches Plateau-Land

Laos und Thailand – zwei ungleiche Brüder

Thema

Der 4200 km lange Mekong bildet auf einem Teilstück von 1500 km die Grenze zwischen Laos und Thailand. Der Strom trennt zwei Nationen, die Gemeinsamkeiten haben, deren Verhältnis zueinander aber nicht immer unproblematisch war.

Laoten und Thailänder haben die gleichen ethnischen Wurzeln. Ihre Vorfahren gehörten Tai sprechenden Völkern an, die zwischen dem 8. und 13. Jh. aus dem südchinesischen Raum nach Südostasien einwanderten. Während sich die Ur-Thai in den fruchtbaren Ebenen des Mae Nam Chao Phraya niederließen, besiedelten die Vorväter der heutigen Laoten nicht nur das jetzige Laos, sondern auch den Nordosten des heutigen Thailand. Heute leben in der Isaan genannten Region am Westufer des Mekong – ein Ergebnis kolonialer Grenzziehung – mehr ethnische Laoten als in Laos selbst.

Zwar sind diesseits und jenseits des Mekong die religiösen und kulturellen Gebräuche ähnlich, doch verlief die politische und wirtschaftliche Entwicklung in den beiden Ländern seit Mitte der 1970er-Jahre in entgegengesetzte Richtungen. Thailand gehörte zum Westen, Laos war nach der kommunistischen Machtübernahme bis zum Kollaps des Sowjet-Imperiums ein Staat des Ostblocks. Während in Thailand die Wirtschaft boomte, verharrte Laos als eines der am wenigsten entwickelten Länder der Welt in Armut. Lange verschloss sich Laos aus ideologischen Gründen dem Bruderland. Erst im Rahmen der Öffnungspolitik und der wirtschaftlichen Liberalisierung kam es wieder zu einer Annäherung zwischen den beiden Staaten.

Heute kommt fast die Hälfte aller Investitionen in Laos aus Thailand. Die Thais haben es leicht, denn Sprache und Mentalität der beiden Länder ähneln sich.

Die Waren hüben und drüben sind die gleichen, der thailändische Baht ist neben dem US-Dollar Zweitwährung. Das thailändische Fernsehen dominiert die Programme. Laoten, die sich um ihre Kultur und traditionellen Werte sorgen, sehen darin eine andere Art von Kolonialismus und befürchten, vom reichen Vetter schleichend vereinnahmt zu werden.

Viele Laoten haben bis heute nicht vergessen, wie sie von den Thais im Laufe ihrer Geschichte behandelt wurden, wie siamesische Herrscher nach dem Zerfall des ersten laotischen Königreichs die Zerrissenheit des Landes nutzten, um ihrem Territorium laotische Gebiete einzuverleiben; wie die Siamesen 1779 Vieng Chan dem Erdboden gleichmachten und den Smaragd-Buddha, das Machtsymbol der laotischen Herrscher, nach Ayutthaya entführten; wie sie die laotische Hauptstadt 1827 erneut zerstörten, den laotischen König gefangen nahmen und ihn in Bangkok in einem Käfig zur Schau stellten; wie sich die Thailänder im Zweiten Weltkrieg auf die Seite der Japaner stellten und die laotischen Provinzen am Westufer des Mekong annektierten.

Trotz eines 1992 geschlossenen Freundschafts- und Kooperationsvertrags, der die gemeinsame Geschichte und ethnische Verwandtschaft der beiden Völker betont, betrachten nicht wenige Laoten das Verhältnis zum Nachbarn mit Skepsis. Was heute in Laos ein intensives Nationalgefühl fördert, ist vor allem die Furcht, in eine völlige wirtschaftliche Abhängigkeit vom thailändischen Bruderland zu geraten.

Termine

Bun Suang Heua: Okt. Bootsrennen mit religiösem Hintergrund.

Verkehr

Bus: Terminal für Busse und Pickups an der Road 13 westlich der Nam-Xan-Brücke. Mehrmals tgl. Busse und Pickups nach Vientiane (159 km/2,5 Std.), Thakhek (200 km/3 Std.) und Lak Sao (190 km/5 Std.).

Pak Kading 6

Gut 40 km südöstlich von Pakxan liegt **Pak Kading** idyllisch an der Mündung des Nam Kading in den Mekong. Kleine Restaurants, in denen ausgezeichnete Fischgerichte serviert werden, veranlassen viele Reisende, in dem freundlichen Städtchen einen Stopp einzulegen. Viele Autofahrer halten kurz an der Brücke, die am östlichen Ortsrand den breiten Nam Kading überspannt, um mit Opfergaben eine machtvolle, im schnell fließenden Fluss lebende Naga-Schlange zu beschwichtigen. Um sich des Wohlwollens der Wassergottheit zu versichern, opfern die Einwohner von Pak Kading jedes Jahr einen Büffel.

Übernachten

Landestypisch ▶ **Phetpathoum Guest House:** Tel. 054 68 00 40, 020 565 28 39. Einfache Zimmer mit Ventilator, Dusche/WC oder wahlweise Gemeinschaftsbad. DZ 50 000–70 000 Kip.

Nach Lak Sao

Südlich der schmalen Taille von Laos zwischen Pakxan und Pak Kading beginnt ein um 500 m hohes Berg- und Plateauland, das nach Osten bis zu über 2000 m ansteigt. Ein Großteil der Region steht als **National Protected Area** unter Naturschutz. Von **Namthone** 7 windet sich die Road 8 schlaglochübersät und kurvenreich zwischen der Nam Kading NPA und der Phou Hinboun NPA Richtung Nordosten nach **Lak Sao**. Links und rechts der Straße wuchert tropischer Regenwald, überragt von bis zu über 1000 m hohen Kalksteinbergen. Von einem Aussichtspunkt bei Kilometer 32 bietet sich ein grandioses Panorama einer der weitläufigsten Karstformationen Asiens. Tausende von Felskegeln, Dolomiten und Steindomen erstrecken sich, so weit das Auge reicht. Der Kalksteinwald um den **Phou Pha Mane**, den mit 1131 m höchsten Gipfel der Region, nimmt den Norden der **Phou Hinboun NPA** ein.

Eine weitere große Attraktion des Nationalparks liegt 45 km südlich der Nationalstraße 8 unter der Erde – die **Tham Khong Lo,** ein Höhlenkomplex von gigantischen Ausmaßen in der Nähe von Ban Natan in der nördlichen Region der Phou Hinboun NPA. In Jahrmillionen hat der unterirdisch mäandernde Nam Hinboun einen rund 7,5 km langen, durchschnittlich 30 m breiten und zwischen 20 und 100 m hohen Tunnel geschaffen – eine Märchenwelt aus Tropfsteingrotten mit Konzerthallendimension, verästelten Gängen sowie riesigen Stalaktiten und Stalagmiten. Zwei- bis dreistündige Höhlenexkursion, die nur per Paddelboot und in Begleitung eines Ortskundigen möglich sind, starten in der Nähe des Dorfs **Ban Khong Lo** (100 000–120 000 Kip pro Boot, plus 5000 Kip Eintritt p. P.). Ban Khong Lo liegt rund 45 km südlich der Nationalstraße 8 und ist auf einer Asphaltstraße mit einem Motorrad oder Pickup zu erreichen. Landschaftlich außerordentlich reizvoll, aber nicht ganz billig ist die Anreise mit dem Boot auf dem Nam Hinboun.

Ein guter Ausgangspunkt ist **Khoun Kham** (auch Nahin genannt) an der National Road 8 mit einigen Gästehäusern und Resorts, in denen man auch Informationen und *Guides* findet. Nahe Khoun Kham stürzt der Wasserfall Tad Mouang in mehreren Kaskaden über steile Felsen ins Tal. Eine zweistündige schweißtreibende Dschungelwanderung hat den Wasserfall Tad Namsanam zum Ziel, in dessen Nähe sich Makaken und Languren durch die Bäume hangeln.

Auf dem Weg hinab in das Tal des Nam Hinboun schlängelt sich die Nationalstraße 8 durch ein labyrinthisches Karstmassiv. Das weite Flusstal wird von der riesigen **Theun Hinboun Hydro Power Station** beherrscht. Das Wasserkraftwerk ist eines von mehreren, die in Laos mittlerweile mehr Elektrizität erzeugen, als das Land benötigt. Abnehmer der Energieüberschüsse ist in erster Linie Thailand.

Da die Energiewirtschaft zu einem bedeutenden Devisenbringer für Laos geworden ist, plant die Regierung den Bau neuer Wasserkraftwerke. So entstand südlich der Nationalstraße 8 in der Nakai-Nam Theun NPA ein gewaltiger Damm zur Aufstauung des Nam Theun, dessen Fluten eine 450 km² große Dschungelfläche und mit ihr eine außerordentlich reiche Tier- und Pflanzenwelt unter Wasser setzten

Knapp 20 km östlich der Brücke über den Nam Theun öffnet sich die Landschaft zu einem weiten Hochtal, das von schroffen Kalkfelsen gesäumt wird. Tham Mangkone 19 km westlich von Lak Sao ist eine der vielen Höhlen in den Karstmassiven der Umgebung. Die Stadt kündigt sich mit großen Sägewerken an, in denen ein Teil der tropischen Wälder der Umgebung zu devisenbringendem Bauholz verarbeitet wird.

Infos

... in Khoun Kham:

Tourism Information Centre: Tel. 020 22 32 52 50, tgl. 8–16 Uhr. Organisation von zwei- oder dreitägigen Exkursionen zur Tham Khong Lo und Vermittlung von Guides für Touren in die Umgebung.

Übernachten

... in Khoun Kham:

Lao-Style-Bungalows ▶ **Sainamhai Resort:** Ban Namsanam, Tel. 020 22 33 16 83, www.sainamhairesort.com. Gut geführte Bungalowanlage im landestypischen Stil am Ufer des Nam Hai, mit beliebtem Terrassenrestaurant, 3,5 km südöstl. Für DZ bezahlt man hier 12–18 US-$.

Angenehm ▶ **Meethuna Inn:** Road 8, Tel. 020 22 24 01 82. Bungalows im landestypischen Stil mit Dusche/WC und Ventilator oder Klimaanlage, gutes Restaurant, 1,5 km westlich. DZ 8–14 US-$.

Familiär ▶ **Seng Chan Guest House:** Tel. 051 242 58 38. Charmantes Gästehaus, vier Zimmer mit Dusche/WC und Ventilator. DZ kosten 60 000–80 000 Kip.

... nahe Tham Khong Lo:

Komfort in der Wildnis ▶ **Sala Hinboun:** Ban Phou Ngieng, Tel. 020 77 75 52 20, Buchung: Savannakhet Office, Tel. 041 21 24 45, www.salalao.com. Rustikale Lodge in herrlicher Lage am Nam Hinboun 35 km südlich der National Road 8, gemütliche Bungalowzimmer mit Dusche/WC, Ventilator, Moskitonetz und Balkon, im Terrassenrestaurant vorzügliche laotische Gerichte, Fahrradverleih und Vermittlung von Guides, Organisation von Exkursionen zur 7,5 km entfernten Tham Khong Lo (reservieren!), Büro am Markt von Khoun Kham. DZ 22–34 US-$ (inkl. Frühstück).

Lodge nahe der Höhle ▶ **Sala Khong Lo:** Ban Tiou, Tel. 020 77 76 18 46, Buchung: Savannakhet Office, Tel. 041 21 24 45, www.salalao.com. Einfach ausgestattete Zimmer in einem Hauptgebäude (DZ 10–14 US-$), vier Bambusbungalows mit Gemeinschaftsbad (DZ 7–9 US-$) sowie drei komfortable Holzbungalows mit Dusche/WC (DZ 16–33 US-$), 1,5 km zur Tham Khong Lo, alle Preise inkl. Frühstück.

Gemütlich ▶ **Sailomyen Guest House:** Ban Khong Lo, Tel. 020 77 75 52 16. Gemütliche Bungalows mit Dusche/WC und Terrasse umgeben von Reisfeldern, freundliche Betreiber. DZ 60 000–80 000 Kip.

Lak Sao und Umgebung

Lak Sao 8, kühle 1200 m hoch gelegen, geizt mit optischen Reizen. Die erst nach dem Vietnamkrieg gegründete Stadt besitzt vor allem in den ländlich wirkenden Randgebieten immer noch viel Pioniercharakter. Im geometrisch klaren Stadtbild fällt nur ein Bauwerk aus der Reihe der uniformen Geschäfts- und Verwaltungsgebäude: das halbrunde Marktgebäude, um welches sich Dutzende von Buden und Verkaufsständen gruppieren. Frühmorgens kommen Frauen der Bergvölker hierher, um ihre Waren anzubieten und sich mit allem Notwendigen einzudecken.

Reizvoller als die Stadt ist die Umgebung. Entlang der Nationalstraße 8, die von Lak Sao nach **Nam Phao** etwa 40 km weiter östlich an der vietnamesischen Grenze führt, reihen sich malerische Dörfer von Berg-Lao-Stämmen und Mon-Khmer-Völkern, die zur austroasiatischen Sprachgruppe zählen.

In Ban Bo, kurz vor Ban Nape, sprudeln am Ufer des Nam Phao Thermalquellen. Im Badehaus kann man sich gegen einen Obolus ein wohl temperiertes Bad bereiten lassen.

Östlich von **Ban Nape** steigt die Straße zu den Ausläufern der Annamitischen Kordilleren an, die nicht nur Laos und Vietnam voneinander trennen, sondern seit alters her Indochina in zwei kulturelle Sphären geteilt haben. Westlich der Gebirgskette dominiert der indische Einfluss, östlich davon der chinesische. Lagerhäuser am Straßenrand und reger Lastwagenverkehr signalisieren die nahe Grenze zu Vietnam, die auch für westliche Touristen geöffnet ist, sofern sie ein Visum für das Nachbarland besitzen.

Übernachten

Beste Wahl ▶ **Souriya Hotel:** Tel. 054 34 11 11. Einfache Zimmer mit Warmwasser-Dusche/WC und Ventilator oder AC im Altbau, komfortablere Räume im modernen Anbau, wegen der Nähe zum Markt morgens etwas laut. DZ 80 000–140 000 Kip.

Guter Standard ▶ **Phouttavong Guest House:** Tel. 054 34 10 74. Zentral, aber ruhig, da etwas abseits der Hauptstraße gelegen, zweckmäßg ausgestattete, klimatisierte Zimmer mit Warmwasser-Dusche/WC, hilfsbereite Betreiber, Restaurant. DZ sind für 80 000–100 000 Kip zu haben.

Ruhig und gepflegt ▶ **Vongsouda Guest House:** Tel. 054 34 11 23. Etwas abseits vom Zentrum gelegenes Gästehaus mit klimatisierten Zimmern, die alle Warmwasser-Dusche und WC haben. DZ 60 000–80 000 Kip.

Essen & Trinken

Laotisch-thailändisch ▶ **Only One Restaurant:** Tel. 054 34 10 34, tgl. 8–22 Uhr. Einfache Ausstattung, laotisches und thailändisches Essen. Gerichte ab 15 000 Kip.

Einfach ▶ **Thipphavongxay Restaurant:** Tel. 054 34 75 91, tgl. 8–22 Uhr. Einfaches Lokal mit guten laotisch-thailändischen Gerichten. Gerichte ab 15 000 Kip.

Tipp: Feuerbälle des Naga-Königs

In einer Vollmondnacht am Ende der buddhistischen Fastenperiode im Oktober steigt alljährlich der Naga-König vom Grund des Mekong empor und schickt Buddha zu Ehren funkelnde Feuerbälle in den Himmel. So erklärt eine Legende ein Phänomen, 75 km von Vientiane den Mekong abwärts im Dorf Pak Ngum, das als Bun Fai Phaya Nak bekannt ist: die Feuerbälle des Naga-Königs. Kurz nach Sonnenuntergang steigen Blasen zur Wasseroberfläche auf, um als leuchtende Schleier in den Nachthimmel zu schweben.

Tausende von Menschen säumen jedes Jahr beide Flussufer, um die mysteriösen Feuerbälle zu beobachten. Wissenschaftlern zufolge bildet sich in den Tiefen des Mekong Methan-Nitrofen-Gas. Wenn am Ende der Regenzeit die Wassertemperatur steigt, dringt es an die Oberfläche, verbindet sich mit Sauerstoff und erzeugt einen rötlichen Schein. Allerdings hat konnte noch niemand schlüssig erklären, weshalb das Phänomen jedes Jahr zur gleichen Zeit an an der Mündung des Nam Ngum in den Mekong auftritt. Laoten und Thailänder feiern das Ereignis jedenfalls mit Musik, Tanz, Schönheitswettbewerbenund reich dekorierten Booten auf dem Mekong.

Verkehr

Bus: Mehrmals tgl. fahren Busse nach Vieng Kham (98 km/3 Std.), Vientiane (350 km/7 Std.) und Thakhek (200 km/5 Std.). Tgl. fährt ein Bus nach Vinh in Vietnam (140 km/4–5 Std.). Achtung: Visum für Vietnam im Voraus besorgen.

Von Namthone nach Thakhek

Südlich von Namthone gewinnt auch die Fahrt auf der Nationalstraße 13 an landschaftlichen Reizen. Karstmassive tauchen zunächst als ausgefranste Silhouetten am Horizont auf, um sich dann beim Näherkommen in ihrer ganzen Formenvielfalt zu präsen-

Thakhek

Sehenswert

1 Stupa That Sikhottabong

Übernachten

1 Riveria Hotel
2 Inthira Sikhotabong
3 Mekong Khammouane Hotel
4 Southida Guest House
5 Sooksomboon Hotel
6 Mouthong Guest House
7 Thakhek Travel Lodge

Essen & Trinken

1 Sabaidee Thakhek
2 Schwimmende Restaurants

tieren. Wie in einem Traumbild ragen nördlich und östlich von Thakhek, der Hauptstadt der Provinz Khammouane, schroffe Kalkfelsen aus dem satten Grün der Reisfelder.

Thakhek ▸ 2, L 13

Cityplan: oben; **Karte:** S. 259

In **Thakhek 9**, auch unter dem alten Namen Muang Khammouane bekannt, mischen sich die Welten. Die Häuserzeilen in der Altstadt am Ufer des Mekong weisen französischen Kolonialstil auf. Dazwischen setzen schnörkelreiche buddhistische Pagoden farbenprächtige Akzente. Im lebhaften Geschäftsviertel nahe der Nationalstraße 13 verdrängen Neubauten zusehends das Flair vergangener Tage. Die umtriebigen thailändischen Nachbarn haben Thakhek zu einem Knotenpunkt des Handels mit Vietnam erkoren. Sie bauten die Nationalstraße 12 zu einer Transitstrecke für den Warenaustausch aus und wollen bald eine weitere thai-laotische Freundschaftsbrücke über den Mekong zwischen Thakhek und Nakhon Phanom eröffnen.

That Sikhottabong 1

Thakhek ist nicht mit großartigen Sehenswürdigkeiten gesegnet. Einzige Attraktion ist der **Stupa That Sikhottabong** 6 km flussabwärts am Mekong, der zu den wichtigsten buddhistischen **Wallfahrtsorten** von Laos zählt. Der Name des Heiligtums stammt von dem bedeutenden buddhistischen Reich Sikhottabong, das zwischen dem 2. und 6. Jh. n. Chr. etwa die Territorien der heutigen Staaten Thailand, Malaysia, Kambodscha und Laos sowie das Mekong-Delta umfasste. Chinesische Chronisten prägten für das von Mon-Khmer-Völkern beherrschte Imperium die heute geläufigere Bezeichnung Funan. Ebenfalls chinesische Quellen nennen als Gründer dieses Königreichs den indischen Brahmanen Kaundinya. In seinem Gefolge strömten zahlreiche indische Mönche, Kaufleute und Handwerker nach Indochina. Auf die Immigranten geht möglicherweise auch die Gründung der Stadt Thakhek zurück, denn der Name bedeutet Hafen der Gäste, wobei Gäste ein Synonym für Inder ist.

Wie der auf dem gegenüberliegenden Mekong-Ufer aufragende That Phanom gehört der That Sikhottabong, dessen Ursprünge im 6. Jh. liegen, zu den schönsten noch erhaltenen Beispielen früher laotischer Baukunst. Die Form des auf einem quadratischen Steinsockel thronenden, knapp 30 m hohen Stupa erinnert an eine Lotosknospe. Er soll das Wachstum eines Lotos vom Samen auf dem schlammigen Seegrund bis zur Blüte auf der Wasseroberfläche symbolisieren – ein perfektes Bild für die Entwicklung des Menschen von Unwissenheit zur Erleuchtung im Buddhismus.

An der Ostseite des Sockels sieht man acht in zwei Vierergruppen unterteilte Buddha-Bildnisse, die den Erleuchteten in verschiedenen Posen zeigen.

Vor dem That Sikhottabong erstreckt sich ein Platz, der alljährlich im Februar Schauplatz eines großen Tempelfestes ist, zu dem viele tausend Mönche und Laien aus dem Umkreis strömen.

Infos

Khammouane Provincial Tourism Office: Thanon Vientiane, Tel. 051 21 25 12 u. 020 55 75 17 97, tgl. 8–16 Uhr. Hier auch das Büro der Khammouane Provincial Guide Service Unit, wo man Höhlenexkursionen sowie ein- und mehrtägigen Trekking-Touren in der Phou Hinboun NPA buchen kann, z. B. eine Zwei-Tages-Tour zur Tham Khong Lo mit Übernachtung in Ban Natan (Infos: www.ecotourismlaos.com).

Übernachten

Blick auf den Fluss ▶ **Riveria Hotel 1:** Thanon Setthathirath, Tel. 051 25 00 00, www.hotelriveriathakhek.com. Anspruchsvolles Vier-Sterne-Hotel mit 56 Balkonzimmern, Restaurant, Fitness-Center, Kasino und WLAN. DZ 55–75 US-$ (inkl. Frühstück).

Viel Flair ▶ **Inthira Sikhotabong 2:** Thanon Chao Anou, Tel. 051 25 12 37, www.inthirahotels.com. Stimmungsvolles Boutiquehotel in einem restaurierten Kolonialhaus mit klimatisierten Zimmern, Restaurant, kostenloses WLAN, Filiale von Green Discovery. DZ 23–32 US-$, Suite 40–44 US-$..

Funktional ▶ **Mekong Khammouane Hotel 3:** Thanon Setthathirath, Tel. 051 25 07 77. Großes Stadthotel am Mekong, das über zweckmäßig ausgestattete Zimmer mit Dusche/WC und Ventilator oder Klimaanlage verfügt. Schöner Blick von den Zimmern mit Balkon, halboffenes Restaurant. DZ 12–18 US-$, Suite 20–30 US-$.

Individuell ▶ **Southida Guest House 4:** Thanon Chao Anou, Tel. 051 21 25 68. Gut geführte Familienpension in der Altstadt nahe dem Mekong, gemütliche, sehr saubere Zimmer mit Dusche/WC und Klimaanlage, besonders schön ist Zimmer 304 mit zwei Balkonen, Restaurant und Fahrradverleih. DZ 100 000–140 000 Kip.

Herberge mit Historie ▶ **Sooksomboon Hotel 5:** Thanon Setthathirath, Tel. 051 21 22 25. Nicht mehr ganz taufrische, aber stilvolle Unterkunft in der ehemaligen Gouverneursresidenz am Mekong mit motelähnlichem modernem Anbau, geräumige Zimmer mit Dusche/WC und Klimaanlage. DZ kosten 95 000–120 000 Kip.

Behaglich ▶ **Mouthong Guest House 6** Thanon Nongbua Kham, Tel. 051 21 23 87. Freundliche Atmosphäre, Zimmer mit Dusche/WC und AC, in ruhiger Lage etwas abseits vom Zentrum. DZ 60 000–90 000 Kip.

Traveller-Treff ▶ **Thakhek Travel Lodge 7** 300 m nördl. des Sooksomboon-Marktes am östlichen Stadtrand, Tel. 051 21 29 31 u. 030 530 01 45, travell@laotel.com. Von Budget-Reisenden hoch gelobt, Zimmer mit Ventilator oder AC, Gemeinschaftsbad oder Dusche/WC sowie Schlafsaal, Restaurant, Internetzugang, Organisation von Treks und Ausflügen, Fahrrad- und Motorradverleih. DZ 50 000–90 000, Schlafsaal 25 000 Kip (p. P.).

Essen & Trinken

Fondue auf Laotisch ▶ Southida Restaurant 4: im Southida Guest House, Thanon Chao Anou, Tel. 051 21 25 68, tgl. 7–22 Uhr. Spezialität des einfachen Lokals ist das asiatische Brühefondue, auf Laotisch Sindat oder hier – wie im gegenüberliegenden Thailand – Sukiyaki genannt. Menü 60 000–80 000 Kip.

International ▶ Inthira 2: im Inthira Sikhottabong Hotel, Thanon Chao Anou, Tel. 051 25 12 37, tgl. 7–23 Uhr. Mischung aus authentisch laotischen sowie thailändisch, indischen und europäisch-amerikanischen Speisen, koloniales Ambiente. Gerichte ab 25 000 Kip, Menüs ab 65 000 Kip.

Steaks ▶ Sabaidee Thakhek 1: Thanon Chao Anou/Thanon Kouvoravong, Tel. 051 21 37 69, tgl. 9–22 Uhr. Beste Steaks und Burger, üppiges Frühstück, hilfsbereiter amerikanischer Besitzer. Gerichte 25 000–60 000 Kip.

Schwimmende Restaurants ▶ Huaphae Phonekam 2: Tel. 051 21 38 47. In der Nähe des Khammouane Mekong Hotel am Ufer des Mekong bieten schwimmende Restaurants wie das Huaphae Phonekam gute laotische und thailändische Kost, vor allem Fischgerichte (ab 25 000 Kip).

Aktiv

Caving und mehr ▶ Green Discovery 2: im Hotel Inthira Sikhotabong, Thanon Chao Anou, Tel. 051 25 18 69, www.greendiscoverylaos.com, tgl. 9–19 Uhr. Höhlenexkursionen und Trekking-Touren in der Nakai-Nam Theun NPA.

Termine

Bun That Sikhottabong: Jan./Febr. Mehrtägiges bedeutendes Tempelfest während des Vollmonds.

Chinese and Vietnamese New Year: Jan./Febr. Neujahrsfest der Chinesen und Vietnamesen mit Drachen- und Löwenparaden.

Bun Suang Heua: Okt. Bootsrennen mit religiösem Hintergrund.

Verkehr

Bus: Der Busterminal liegt 3 km nordöstl. an der Road 13, Tel. 051 25 05 19. Busse nach Vientiane (360 km/5 Std., Abfahrt 6–24 Uhr alle 60 Min.), Savannakhet (130 km/2,5 Std., Abfahrt 8–24 Uhr alle 30–60 Min.) und Pakxe (340 km/6 Std., Abfahrt 8–24 Uhr alle 60 Min.) sowie mehrmals wöchentl. ein Bus über Vinh nach Hanoi (20 Std.) und Hué/Da Nang (12 Std.). Achtung: Das Visum für Vietnam im Voraus besorgen. Pickups fahren von einem Terminal neben dem Sooksomboon-Markt am östlichen Stadtrand, u. a. mehrmals tgl. nach Khoun Kham (150 km/3 Std.), Lak Sao (200 km/5 Std.), Mahaxay May/Mahaxay Kao (40 bzw. 46 km/1,5–2,5 Std.) und Savannakhet (130 km/2,5 Std.).

7 Karstlandschaft von Khammouane ▶ 2, L 12

Karte: S. 259

Mag Thakhek auch mit optischen Reizen geizen, die weitere Umgebung im Osten des Orts wartet mit Naturattraktionen auf, die zum Schönsten gehören, was Laos landschaftlich zu bieten hat. Ein Tagesausflug, für den man ein Fahrzeug benötigt, führt von Thakhek auf der Nationalstraße 12 am Südrand der Phou Hinboun NPA entlang durch eine bizarre Karstlandschaft zu mehreren Höhlen.

Tham Pha

Unmittelbar östlich der Ortsgrenze erheben sich aus den Reisfeldern Bergbuckel wie urzeitliche Saurier. Im ersten Karstmassiv, das nach 5 km rechter Hand auftaucht, sieht man schon aus der Entfernung die Öffnung einer großen Grotte, von den Einheimischen Tham Pha (mitunter auch Tham Xang) genannt. Die heilige Höhle mit Buddha-Statuen und einem Felsen in Form eines Elefantenkopfes erreicht man nach einem fünfminütigen Spaziergang vom Tempel des Dorfs Ban Tham.

Tham Xieng Liang

Wenige Kilometer weiter wird die Straße Nummer 12 von Karstmassiven regelrecht verschluckt, die wie mittelalterliche Kastelle links und rechts der Piste aufragen. Die Hauptattraktion von Ban Song Khone bei Ki-

aktiv unterwegs

Höhlenexkursionen in der Karstlandschaft von Khammouane

Tour-Infos

Start: Thakhek
Dauer: 1–3 Tage
Schwierigkeitsgrad: einfach bis moderat
Organisation: Khammouane Provincial Tourism Office (s. S. 267) und private Veranstalter wie Green Discovery (s. l.)

Während man die Karstgrotten entlang der National Road 12 zwischen Thakhek und Mahaxay May gut auf eigene Faust erkunden kann (s. S. 270), ist man bei anderen Höhlenexkursionen unbedingt auf ortskundige Guides angewiesen.

Eine der eindrucksvollsten Höhlen in der Karstlandschaft von Khammouane ist die schwer zu findende **Tham Pha Chan** rund 30 km nordöstlich von Thakhek zwischen den Dörfern Ban Mouang und Ban Doi. Man betritt die 600 m lange, kathedralengroße Grotte durch eine riesige, 60 x 100 m große Öffnung in einem Karstmassiv. Etwa 15 m über dem Höhlenboden befindet sich ein Schrein mit Buddha-Figuren, eine von ihnen ist aus Sandelholz (*mai chan*). Daher rührt der Name der Grotte – Höhle des Sandelholz-Buddha. Während des buddhistischen Neujahrsfests im April strömen zahlreiche Einheimische zur **Tham Pha Chan,** um den Sandelholz-Buddha mit geweihtem Wasser zu benetzen. In Felsspalten in der Höhle nisten seltene Langohrfledermäuse.

In der Nähe von **Tham Pha Chan** liegt am Fuß einer schroffen Karstklippe **Khoun Nam Don.** In dieser Lagune, die in allen Blau- und Grüntönen schimmert, tritt der unterirdisch fließende Nam-Don-Fluss ans Tageslicht. Mit einem Boot kann man nur etwa 20 m in die von dem Fluss ausgewaschene Höhle vordringen. Höhlenforschern gelang es, dem unterirdischen Flusslauf 3 km weit zu folgen. Ebenfalls nahe Tham Phachan steht mit dem zwischen dem 6. und 8. Jh. n. Chr. erbauten **Stupa Muang Phone** eine der bedeutendesten buddhistischen Stätten der Provinz Khammouane.

Im April 2004 sorgte die Entdeckung von 229 Buddha-Figuren in der Karstgrotte **Tham Pa Fa** unweit des kleinen Dorfs Ban Na Khang Xang für Aufsehen. Vermutlich stammen die Statuen aus der Epoche des bedeutenden buddhistischen Reiches Sikhottabong bzw. Funan, das zwischen dem 2. und 6. Jh. n. Chr. weite Teile des heutigen Südostasiens umfasste. Außer den Buddha-Figuren aus Holz, Stein und Edelmetallen fand man alte Palmblattmanuskripte von unschätzbarem Wert. Ein Rätsel bleibt, wie diese Kostbarkeiten in die entlegene Karstgrotte kamen. Heute ist Tham Pa Fa eines der bedeutendsten buddhistischen Pilgerziele der Provinz Khammouane.

Erst seit wenigen Jahren steht die spektakuläre 7,5 km lange **Tham Khong Lo** in der Nordregion der Phou Hinboun NPA auf der touristischen Landkarte (s. S. 263). Ausflüge können in Thakhek oder in Khoun Kham an der Nationalstraße 8 organisiert werden.

Noch nicht für den Tourismus erschlossen ist die riesige **Tham Xe Bangfai** 110 km östlich von Thakhek am Rande der Hin Namno NPA. Der noch nicht in seiner gesamten Länge erforschte Höhlenkomplex, den der Xe Bangfai in Jahrmillionen in einem Karstmassiv geschaffen hat, besitzt gigantische Ausmaße. Er präsentiert er sich als ein unterirdisches Meisterwerk der Natur aus zahlreichen bis zu über 100 m hohen und 200 m breiten Grotten mit einer Gesamtlänge von 9,7 km. Über die zauberhaften, riesengroßen Tropfsteine kann man nur staunen. Für eine Exkursion zur Tham Xe Bangfai, die nur während der Trockenzeit möglich ist, benötigt man eine Genehmigung der Tourismusbehörde in Thakhek.

lometer 11 verbirgt sich unter der Erde. An der Brücke in der Dorfmitte zweigt rechts ein Pfad zur Tham Xieng Liang ab. Nach gut fünf Gehminuten steht man vor dem gähnenden Schlund einer wassergefüllten Kaverne.

Ausgerüstet mit einer starken und möglichst wasserdichten Taschenlampe können Unerschrockene in Begleitung eines ortskundigen *guide* das Karstmassiv unterwandern und dabei eine märchenhafte Unterwelt mit fantastischen Tropfsteinen entdecken. Zwei der Gebilde haben eine verblüffende Ähnlichkeit mit meditierenden Mönchen.

Tham Sa Pha In

Dass die Laoten ein Gespür für magische Plätze haben, beweist die leicht erreichbare Tham Sa Pha In. Etwa 1 km östlich Ban Song Khone windet sich die Straße durch links und rechts steil aufragende Karstklippen. Der bei Getränkeständen links abzweigende Fußweg endet an einer Felswand. Betonstufen führen zu einer großen, von Tageslicht erhellten Grotte, die einen von Stalaktiten und Stalagmiten umrahmten Altar mit Buddha-Statuen birgt. Tief im Innern der Höhle schimmert in einem Felsenpool das kristallklare Wasser einer heiligen Quelle. Vor Jahren gaben Einheimische an, auf der Wasseroberfläche das Bild Indras gesehen zu haben. Seit dieser Begebenheit trägt die Höhle den Namen des Hindu-Gottes.

Tham Aen

Die am besten erschlossene Höhle der Karstberge und beliebtes Wochenendausflugsziel vieler Einheimischer ist Tham Aen, zu der bei Kilometer 16 eine Stichstraße abzweigt. Hinter einem Picknickplatz und einem kleinen Tiergehege mit Rotwild und Stachelschweinen führen Treppen zum Eingang der Tropfsteinhöhle, die man bequem auf einem Betonweg besichtigen kann (tgl. 8–18 Uhr, 10 000 Kip).

Mahaxay Kao

Etwa 40 km östlich von Thakhek zweigt in Mahaxay May (Neu-Mahaxay) eine 6 km lange Stichstraße nach **Mahaxay Kao** **10** (Alt-Mahaxay) ab, das sich an die Ufer des Flusses Xe Bangfai schmiegt. Mit einem alten Tempel, vor dem ein mächtiger Bodhi-Baum mit mehreren Metern Umfang wuchert, und schönen Holzhäusern ist Mahaxay Kao ein laotisches Bilderbuchstädtchen.

Nakai-Nam Theun NPA **11**

Östlich von Mahaxay May setzt sich die Natur mit endlosen Karstmassiven grandios in Szene. Am Horizont zeichnen sich Berge ab, die mit primärem Regenwald bedeckt sind. Sie bilden den Südrand der **Nakai-Nam Theun NPA** (National Protected Area). Das Naturschutzgebiet umfasst das 500 m hohe Nakai-Plateau und die bis auf 2000 m ansteigenden Ausläufer der Annamitischen Kordilleren, des Grenzgebirges zwischen Laos und Vietnam. Hier gibt es noch Tierarten, die in anderen Teilen Asiens längst ausgerottet sind, etwa Indochinesische Tiger, Asiatische Schwarzbären, einhornige Javanische Panzernashörner, Krokodile und Asiatische Elefanten. Außerdem entdeckte man in den Wäldern Säugetiere, die weltweit als ausgestorben galten. Zu ihnen zählen das Saola, ein Wildrind mit spiralförmigen Hörnern, der nur katzengroße Zwerghirsch Muntjak und das Indochinesische Warzenschwein.

Ein großer Teil der riesigen Arche Noah verschwand in den Fluten eines 450 km^2 großen Sees, den der Mitte 2008 fertiggestellte Nam-Theun-II-Damm aufstaute. Dem umstrittenen, größten Wasserkraftwerk des Landes, das mit Unterstützung der Weltbank und der Asian Development Bank realisiert wurde, mussten zudem 17 Dörfer mit mehr als 6000 Menschen weichen.

In der Nähe der kleinen Stadt Xiangdao berührt die Straße Nummer 12 den Nationalpark. Ausflüge in das wegelose Naturschutzgebiet, die rasch den Charakter von Expeditionen annehmen, bedürfen einer sorgfältigen Vorbereitung und der Einwilligung der zuständigen Behörden in Vientiane und Thakhek. Die laotisch-vietnamesische Grenze bei Na Phao/Cha Lo ist auch für ausländische Touristen offen – vorausgesetzt, sie sind im Besitz eines gültigen Visums für Vietnam. Wer in Laos weiter reisen möchte, kann auf der

Nationalstraße 12 nach Thakhek zurückkehren oder auf der recht rauen Straße 8B über Gnommalat und Ban Oudomsouk (Nakai) nach Lak Sao (s. S. 263) fahren.

That Ing Hang ► 2, L 14

Karte: S. 259
99 ereignislose Straßenkilometer sind es von Thakhek zu dem schmucklosen Städtchen **Xeno,** dessen Bedeutung als Verkehrsknotenpunkt in zwei überdimensioniert erscheinenden Straßenkreuzungen zum Ausdruck kommt. Bei **Ban Lak Sipsong** (Dorf Kilometer 12) an der Straße zwischen Xeno und Savannakhet zweigt eine 3 km lange Stichstraße Richtung **That Ing Hang** 12 ab.

Wie der That Sikhottabong in Thakhek gehört das gut erhaltene Heiligtum zu den ältesten und bedeutendsten Pilgerzielen laotischer Buddhisten. Die Stätte erwuchs zur Zeit des Reiches Sikhottabong oder Funan aus einem buddhistischen Schrein, den missionierende indische Mönche im 6. Jh. an dieser Stelle errichtet hatten.

Der Überlieferung zufolge hatte hier einst Siddharta Gautama während seiner Wanderung durch das Königreich Sikhottabong einige Tage lang gerastet. Unter dem Einfluss der Khmer wurde That Ing Hang später zu einer hinduistischen Kultstätte, bevor er unter König Fa Ngum, der den Theravada-Buddhismus im 14. Jh. zur Staatsreligion erhob, wieder zu seiner ursprünglichen Bestimmung zurückfand. Das hinduistische Intermezzo hinterließ seine Spuren in Form von Holzschnitzereien an dem Eingangsportal, die Shiva und andere Gottheiten des hinduistischen Pantheons darstellen.

Das etwa 25 m hohe Bauwerk, das auf einem quadratischen Steinsockel thront, ist in Anlehnung an die Architektur der Khmer als schlanker Prang errichtet. Im Gegensatz zu den meisten Stupas, deren Reliquienkammern fest ummauert sind, besitzt der That Ing Hang eine begehbare Schatzkammer mit einer Sammlung seltener Buddha-Statuen von unschätzbarem Wert. Frauen ist das Betreten des Allerheiligsten verboten.

Als Abgrenzung zur profanen Welt wird der Tempelkomplex im Westen von einer Mauer umgeben, auf der Ordinationssteine *(sima)* stehen. Die Kreuzgänge an den anderen Seiten, in denen sich viele Buddha-Figuren befinden, dienen den zahlreichen zum alljährlichen großen Tempelfest in den Monaten Februar oder März anreisenden Mönchen als Schlafstätte.

Jeder Wandelgang ist in der Mitte von einem Pagodentor mit mehrfach gestaffeltem Dach durchbrochen. Der dreiköpfige Elefant Erawan, den man am reich ornamentierten Tor der westlichen Umfriedungsmauer sieht, verkörpert die drei historischen Königreiche von Laos (tgl. 7–17.30 Uhr, 5000 Kip, Fotoerlaubnis 1000 Kip, Video 2000 Kip).

Übernachten

Gemütlich ► Sonexay Guest House: Tel. 041 43 12 70. Gut geführtes, modernes Gästehaus an der Road 13 Richtung Pakxe, gemütlich eingerichtete Zimmer mit Dusche/WC und Klimaanlage, mit kleinem Restaurant. DZ 80 000–100 000 Kip.

Für Transitreisende ► Tongphaxay Guest House: Tel. 041 43 11 02. Gepflegte Pension an der Road 13, Zimmer mit Dusche/WC und Klimaanlage taugen für Kurzaufenthalte. DZ 80 000–100 000 Kip.

Verkehr

... in Xeno:
Bus: Tgl. mehrere Busse und Pickups Von Xeno nach Savannakhet (30 km/45 Min.), Thakhek (99km/1,5 Std.), Pakxe (240 km/4 Std.), Xephon (160km/4 Std.) und Vientiane (460 km/ Std.).

Savannakhet ► 2, L 14

Cityplan: S. 272/273; **Karte:** S. 259
Savannakhet 13 oder kurz Savan, mit rund 110 000 Einwohner die zweitgrößte Stadt von Laos, ist Verwaltungssitz der flächenmäßig größten und auch bevölkerungsreichsten Provinz des Landes. Die geschäftige Stadt inmitten einer ausgedehnten Reisanbauebene

Savannakhet

Sehenswert

1 Ho Mahesak Khanthaboury
2 Mekong Hotel
3 Wat Sayaphoum
4 Wat Sayamungkhun
5 St. Teresia
6 Savannakhet Provincial Museum
7 Dinosauriermuseum

Übernachten

1 Daosavanh Resort & Spa Hotel
2 Phonpaseud Hotel
3 Sala Savan
4 Hoongthip Hotel
5 Nanhai Hotel
6 Nong Soda Guest House
7 Xayamoungkhoun Guest House

Essen & Trinken

1 Dao Savan Restaurant
2 Café Chez Boune
3 Tonenam Restaurant
4 Laos Paris Restaurant
5 Café Anakot
6 Entlang der Thanon Tha Hae

Abends & Nachts

1 Savan Vegas

am Mekong profitiert von ihrer Lage an einem der bedeutendsten Transitkorridore zwischen Thailand und Vietnam.

Die Passagier- und Autofähren, die den hier sehr breiten Grenzfluss einst überquerten, haben seit dem 21. Dezember 2006 ausgedient, als die thailändische Kronprinzessin Maha Chakri Sirindhorn als zweite Thai-Lao Friendship Bridge die 1600 m lange Mukdahan-Savannakhet-Brücke eröffnete. Das Projekt ist ein wichtiger Bestandteil des von der laotischen Regierung angestrebten Ausbaus zu einem Transitland, da von Savannakhet bereits eine Straßenverbindung zum Hafen von Da Nang in Zentralvietnam besteht.

Die Zeiten, da Savannakhet, mit altem Namen Khanthaboury, am Ufer des großen Stromes vor sich hin döste, sind vorbei. Heute herrscht Aufbruchstimmung in der Stadt, in welcher der einstige französische Einfluss auf Laos immer noch sichtbar ist. Die im Kolonialstil erbauten zweistöckigen Gebäude der Altstadt, die sich am Mekong erstreckt, verleihen – mal marode, mal zusammengeflickt, mal stilvoll restauriert – der Stadt ein charmantes Bild. In der Nähe des Mekong Hotel, einst die Residenz des französischen Gouverneurs, erhebt sich am Steilufer **Ho Mahesak Khanthaboury** 1, ein Edelholzpavillon, in dem die Einwohner von Savannakhet den Schutzgeist der Stadt verehren. Das koloniale **Mekong Hotel** 2, schräg gegenüber in der ehemaligen Residenz des französischen Gouverneurs, hat zwar schon bessere Tage gesehen, besitzt aber immer noch viel nostalgisches Flair. Knapp 200 m nördlich präsentiert sich der aufwendig restaurierte **Wat Sayaphoum** 3 aus dem Jahr 1896 mit kunstvollen Stuckarbeiten und virtuosen Holzschnitzereien in geradezu barocker Üppigkeit. Angesichts des wirtschaftlichen Aufschwungs der Stadt können die Tempel über einen Mangel an Spenden zur Restaurierung ihrer Gebäude nicht klagen. Das bestätigt auch der nicht minder prachtvolle **Wat Sayamungkhun** 4, an der Hauptstraße.

Sonntagmorgens werden die Bewohner des Viertels von Glockengeläut geweckt. Vorwiegend Vietnamesen und Chinesen, welche das Wirtschaftsleben der Stadt bestimmen, strömen dann zur katholischen Kirche **St. Teresia** 5, um die Heilige Messe zu feiern. Das 1930 erbaute Gotteshaus ist einen Besuch wert, weil hier christliche Motive im asiatischen Stil erscheinen.

Dem Befreiungskampf gegen Franzosen und US-Amerikaner ist die Ausstellung im **Savannakhet Provincial Museum** 6 in einem stilvoll restaurierten Kolonialhaus gegenüber dem Postamt gewidmet (Mo–Fr 8–11, 13–16 Uhr, 5000 Kip). Das **Dinosauriermuseum** 7 am nördlichen Rand der Altstadt zeigt Fossilien, die 1990 in einer abgelegenen Bergregion nahe der Grenze zu Vietnam entdeckt wurden (tgl. 8–12, 13–16 Uhr, 5000 Kip).

Infos

Savannakhet Provincial Tourism Office: Thanon Ratsaphanith, Tel./Fax 041 21 42 03, savannakhetguides2@yahoo.com. Hier befindet sich auch das Büro der Savannakhet Eco Guide Unit, wo man von Englisch sprechen-

den einheimischen Guides begleitete ein- und mehrtägige Trekking-Touren in der Umgebung von Savannakhet buchen kann, z. B. eine Tageswanderung zum Nong Lom Lake, eine Zwei-Tages-Tour im Naturschutzgebiet Dong Natad, eine Drei-Tages-Tour in der Dong Phou Vieng NPA oder eine anspruchsvolle Fünf-Tages-Tour in der Phou Xang He NPA (Infos: www.savannakhet-trekking.com u. www.ecotourismlaos.com).

Internetcafés:
Vor allem entlang der Thanon Pethsarath, der Thanon Khanthaboury und der Thanon Ratsavong Seuk.

Übernachten

Komfort und Entspannung ▶ Daosavanh Resort & Spa Hotel 1: Thanon Khanthaboury, Ban Tha Hae, Tel. 041 25 21 88, www.daosavanhhtl.com. Dieses architektonisch ansprechende Vier-Sterne-Resort hat 83 modern ausgestattete Zimmern und Suiten (z. T. mit Mekong-Blick) sowie ein Restaurant, einen Pool und ein Fitness- und Wellness-Center. Das DZ kostet hier 60–88 US-$, die Suite 148–158 US-$.

Behaglich-modern ▶ Phonpaseud Hotel 2: 56 Thanon Santisouk, Tel. 041 21 21 58. Eine motelähnliche Anlage abseits der Altstadt gelegen. Sie bietet 70 gemütliche, klimatisierte Zimmern, eine Restaurant, einen großen Pool und einen Tennisplatz. DZ 30–45 US-$ (inkl. Frühstück).

Schönes Kolonialhaus ▶ Sala Savan 3: 129 Thanon Kouvoravong, Tel. 041 21 24 45, www.salalao.com. Stilvolle Herberge in einem restaurierten Gebäude aus den 1920er-Jahren. Fünf behaglich möblierte Zimmer, schöner Garten. DZ 23–28 US-$ (inkl. Frühstück).

Solide ▶ Hoongthip Hotel 4: Thanon Phetsarath/Thanon Udomsinh, Tel. 041 21 22 62, hoongthip@laotel.com. Mehrstöckig, mit 60 funktionalen AC-Zimmern in einem Altbau und einem modernen Anbau, nettes Restaurant. DZ 20–28 US-$ (inkl. Frühstück).

Mönche in der zweitgrößten Stadt des Landes: Savannakhet

Guter Preis ▶ Nanhai Hotel 5: Thanon Ratsavong Seuk/Thanon Santisouk, Tel. 041 21 23 71. Sechsstöckiges Hotel mit 72 komfortablen, unterschiedlich großen AC-Zimmern, Restaurant und Tanzbar. DZ 18–26 US-$.

Familiär ▶ Nong Soda Guest House 6: Thanon Tha Hae, Tel. 041 21 25 22. Gepflegte Pension am Mekong, klimatisierte Zimmer mit Dusche/WC, kleines Restaurant, der Besitzer spricht Englisch. DZ 10–18 US-$.

Für den kleinen Geldbeutel ▶ Xayamoungkhoun Guest House 7: 84 Thanon Ratsavong Seuk, Tel. 041 21 24 26. Ordentliche Zimmer mit Dusche/WC und Ventilator oder AC, nette Atmosphäre, Fahrrad- und Motorradverleih DZ 40 000–70 000 Kip.

Essen & Trinken

Französisch ▶ Dao Savan Restaurant 1: Thanon Rathsapanith, Tel. 041 21 41 69, tgl. 7–22 Uhr. Feine französische Küche in kolonialem Gemäuer, üppiges Frühstück. Gerichte ab 35 000 Kip, Menüs 80 000–120 000 Kip.

Trendy ▶ Café Chez Boune 2: Thanon Chaimeuang, Tel. 041 21 96 69, tgl. 7–22 Uhr. Junges Team mit kreativer, französisch inspirierter Bistro-Küche, beste Pizzas und Steaks, ansprechendes Ambiente. Gerichte ab 30 000 Kip

Drinnen und draußen ▶ Tonenam Restaurant 3: Thanon Udomsinh, Tel. 041 21 33 69, tgl. 10–23 Uhr. Stimmungsvolles Restaurant mit schöner Terrasse, hervorragender Thai-Küche und freundlichem Service. Gerichte ab 25 000 Kip.

Nettes Ambiente ▶ Hoongthip Garden Restaurant 4: Thanon Phetsarath/Thanon Udomsinh, Tel. 041 21 22 62, tgl. 8–22 Uhr. Terrassenrestaurant, gute laotische und thailändische Speisen. Gerichte ab 22 000 Kip.

Traveller-Treff ▶ Laos Paris Restaurant 4 Thanon Tha Hae, Tel. 041 21 30 04, tgl. 8–22 Uhr. Gute laotische, thailändische und europäische Speisen, zum Frühstück Baguette und Croissants. Gerichte ab 20 000 Kip.

Solidarisch ▶ Café Anakot 5 167 Thanon Ratsavong Seuk, Tel. 041 21 37 69, www.cafeanakot.blogspot.com, Di–So 11–21 Uhr. Heimeliges Bistro-Restaurant mit vielfältiger Speisekarte, neben westlichen und japanischen auch vegetarische Gerichte, gute Info-Börse, kostenloses WLAN; die Betreiber spenden einen Teil der Einnahmen einem Dorfentwicklungsprojekt. Gerichte ab 20 000 Kip.

Laotisch lecker ▶ Entlang der Thanon Tha Hae 6: am Ufer des Mekong, etwa in Höhe des Mekong Hotel, bieten während der Trockenzeit mehrere Freiluftrestaurants einfache und preiswerte authentische laotische Speisen (Gerichte ab 10 000 Kip). Hier gibt es auch die lokale Spezialität *xin savan* (getrocknetes Rind- oder Büffelfleisch), sehr stimmungsvoll bei Sonnenuntergang.

Abends & Nachts

Spielkasino ▶ Savan Vegas 1: Ban Nong Deune, Tel. 041 25 22 00, www.savanvegas.com, tgl. 10–24 Uhr. Größtes Kasino von Laos mit 80 Spieltischen und 400 Automaten, in dem meist thailändische Touristen ihr Geld verspielen, 10 km südöstlich des Zentrums.

Termine

Chinese and Vietnamese New Year: Jan./Febr.: Neujahrsfest mit Drachen- und Löwenparaden.

Bun Suang Heua: Okt. Bootsrennen auf dem Mekong rudern Mannschaften verschiedener Klöster in prachtvollen Pirogen um die Wette, religiöser Hintergrund ist die Verehrung der im Fluss lebenden Naga-Schutzgeister.

Bun That Ing Hang: Dez. Mehrtägiges Tempelfest während des Vollmonds.

Verkehr

Flugzeug: Zwischen dem Flughafen am östl. Ortsrand und der Innenstadt verkehren Tuk-Tuks. Flüge von/nach Vientiane 1–2 x tgl., Pakxe 3 x wöchentl. sowie internationaler Flug von/nach Bangkok 3 x wöchentl. **Fluglinien und Buchungsbüros:** Lao Airlines, Tel. 041 21 21 40.

Bus: Terminal für Busse und Pickups 4 km nördl. Busse nach Vientiane (490 km/8 Std., Abfahrt 6–22 Uhr alle 45–60 Min.), Thakhek (130 km/2,5 Std., Abfahrt 6–22 Uhr alle 45–60 Min.), Pakxe (240 km/4 Std., Abfahrt mehrmals tgl. 7–21 Uhr) und Xephon (190 km/

4 Std., Abfahrt mehrmals tgl. 8–14 Uhr) sowie über die Thai-Lao-Freundschaftsbrücke nach Mukdahan in Thailand (Abfahrt 8–19 Uhr alle 45–60 Min.) und nach Vietnam (Da Nang, Hué, Quang Tri, Vinh und Hanoi, Abfahrt in den frühen Morgenstunden). Achtung: Das Visum für Vietnam im Voraus besorgen.

Abstecher zur vietnamesischen Grenze ▶ 2, L/O 14

Karte: S. 259

Die Fundstelle der Dinosaurierrelikte im Dinosauriermuseum von Savannakhet liegt abseits der Nationalstraße 9 etwa 175 km östlich von Savannakhet. Da die letzten 25 km auf abenteuerlichen Wegen durch den Dschungel führen, ist sie nur mit guten Ortskenntnissen und Geländewagen erreichbar. Die eint raue Road 9 wurde als wichtige Transitstrecke für den Warenaustausch zwischen Thailand und Vietnam großzügig ausgebaut. Sie verbindet das landumschlossene Laos mit der vietnamesischen Hafenstadt Da Nang am Südchinesischen Meer.

Östlich von Muang Phine steigt die Nationalstraße 9 zu den Ausläufern der Annamitischen Kordilleren an. Im Norden erstreckt sich die Phou Xang He NPA, südlich die Dong Phou Vieng NPA, beides unzugängliche Rückzugsgebiete für bedrohte Tiere wie Tiger und Elefanten.

Xephon

Xephon 14 mit breiten Straßen und großen Verwaltungsgebäuden wurde erst nach dem Vietnamkrieg gegründet. Der gesichtslose Ort, der Besuchern nichts außer einem großen Markt mit vietnamesischen Waren bieten kann, hat einen Platz in der Geschichte gefunden. Während des Vietnamkriegs war Xephon ein strategischer Knotenpunkt des verästelten Ho-Chi-Minh-Pfads und als Aufmarschgebiet der Pathet Lao auch eine bedeutende Garnisonsstadt. Nach erfolglosen Flächenbombardements der US-Luftwaffe versuchten im Frühjahr 1971 südvietnamesische Verbände mit Unterstützung einiger tausend US-amerikanischer Soldaten in der groß angelegten Offensive Lam Son 719 den Nachschubweg der Vietcong zu unterbrechen. Die Militäraktion endete in einem Desaster. Damals gingen Bilder schwer verwundeter US-Marines und in völliger Auflösung fliehender südvietnamesischer Soldaten um die Welt.

Früher war das Gebiet zwischen Xephon und der Grenze zu Vietnam mit Kriegsschrott gespickt. Doch die Wracks ausgebrannter Panzer und abgeschossener Helikopter wurden mittlerweile als Altmetall nach Vietnam verkauft. Einzige Erinnerung an Kriegszeiten ist ein Denkmal in einem kleinen Park am östlichen Ortsende, das an die laotisch-vietnamesische Waffenbrüderschaft im Vietnamkrieg gemahnt. Jenseits der Brücke über den breiten Xe Banghiang windet sich die Nationalstraße 9 durch wildes Bergland nach **Daen Savan** 15 kurz vor der laotisch-vietnamesischen Grenze, die hier auch für ausländische Touristen offen ist. Im vietnamesisch geprägten Daen Savan ist Vietnamesisch die Zweitsprache, der vietnamesische Dong die Zweitwährung.

Übernachten

... in Xephon:

Bodenständig ▶ Viengxay Guest House: Road 9, Tel. 041 21 48 95. Einfache Zimmer mit Ventilator und Gemeinschaftsbad sowie bessere Zimmer mit Klimaanlage und Dusche/WC. DZ 60 000–100 000 Kip.

Schlicht ▶ Houng Heuang Guest House: Road 9, Tel. 020 22 31 13 70. Ähnlicher Standard. DZ 50 000–80 000 Kip.

... in Daen Savan:

Spartanisch ▶ Daen Savan Bus Station Guest House: Einfache Zimmer mit Ventilator und Gemeinschaftsbad. DZ 50 000 Kip.

Einfach ▶ Lin Da Guest House: Ähnlicher Standard. DZ 50 000 Kip.

Verkehr

Bus: Tgl. Busse und Pickups von Xephon nach Daen Savan (43 km/1,5 Std.), Xeno (160 km/3 Std.) und Savannakhet (190 km/4 Std.).

Zwischen Xeno und Pakxe ►2, L 14–N 18

Karte: S. 259

That Phone 16

Unspektakulär verläuft die Fahrt von Xeno auf der Nationalstraße 13 nach Pakxe. Mit einem eigenen Auto kann man einen Abstecher zum **That Phone** machen, der wie der That Sikhottabong in Thakhek und der That Ing Hang in Savannakhet zu den ältesten und trotz abgeschiedener Lage heute noch bedeutendsten laotischen Wallfahrtsstätten gehört.

Etwa 4 km südlich von Ban Lak 35, dort, wo eine Nebenstraße von Savannakhet auf die Road 13 trifft, zweigt eine Schotterstraße zum Dorf Ban Phoumachedy 15 km weiter westlich ab. Dort biegt man links ab und fährt durch eine Reisfeldlandschaft, in der Zuckerpalmen mit fast kugelrunden Kronen Akzente setzen, nach Ban That Phone. Die Dörfer der Region decken einen Großteil des Landesbedarfs an Palmzucker, welcher aus dem Saft der Zuckerpalme gewonnen wird.

Am Rande des Dorfs erhebt sich der grauschwarze Stupa That Phone, um den die bunten Gebäude eines Tempels gruppiert sind. Die Ursprünge des Heiligtums reichen ins 6. Jh. zurück. Wie die Legende berichtet, wurde das Bauwerk an einem Rastplatz des Buddha bei seinen Wanderungen durch Laos errichtet. Ein Linga, Phallussymbol des Hindu-Gottes Shiva, an der Rückseite der Pagode weist darauf hin, dass That Phone unter dem Einfluss der Khmer zeitweise als hinduistische Kultstätte diente.

Heuan Hin 17

Etwa 9 km nördlich von Paksong an der Nationalstraße 13 markiert das Hinweisschild **Heuan Hin** – Stonehouse Ruin 15 km die Abzweigung zu einem weiteren altertümlichen Baudenkmal. Die Fahrt auf einer schmalen, holprigen Sandpiste endet am Steilufer des Mekong, wo sich in einem Hain die Ruinen des Heuan Hin, einer im Khmer-Stil erbauten Kultstätte verstecken. Das vermutlich im 6. Jh. errichtete Bauwerk weist Ähnlichkeiten mit dem bedeutenden Heiligtum Wat Phou in Champasak auf. Vor dem kleinen Buddha-Schrein im Innern finden sich auch heute noch Gläubige zur Andacht ein. Außer einer bunten siebenköpfigen Naga-Schlange sind alle Skulpturen und Reliefs verschwunden.

Pakxe ►2, N 18

Karte: S. 259

Südlich von Paksong mit einigen gepflegten Gästehäusern kennt die Nationalstraße 13 nur ein Ziel – **Pakxe** 15. Das am Zusammenfluss von Mekong und Xe Done gelegene Zentrum des Südens hat trotz des Wirtschaftsbooms sein Provinzstadtflair bewahrt. Etwas Hektik kommt allenfalls dann auf, wenn sich an der alten, einspurigen Stahlbrücke über den Xe Done Autos und Mopeds stauen.

Wie Savannakhet ist Pakxe eine kolonialzeitliche Gründung, doch blieben hier weniger architektonische Spuren des alten Indochina im Stadtbild erhalten. Außer dem Ruf, im April mit Temperaturen von bis zu über 40 °C der heißeste Ort von Laos zu sein, hat die 90 000 Einwohner zählende Stadt nicht viel zu bieten.

Ein paar Schritte abseits der Stahlbrücke liegt am Ufer des Xe Done der bedeutendste Tempel der Stadt **Wat Luang** 1. Der 1935 gegründete Sakralbau verdankt seine Pracht einer Restaurierung Ende der 1990er-Jahre. Im Kontrast zum üppigen Dekor der Pagode steht das schmucklose Innere, das eine große Statue des sitzenden Buddha beherrscht. Stuckreliefs am Giebel des *sim* zeigen legendäre oder historisch nachweisbare Episoden aus dem Leben des Erleuchteten.

Das schlichte Holzgebäude hinter der Pagode dient als Mönchsschule, in der die Novizen in der Pali-Sprache, aber auch in modernen Fächern wie Englisch, Mathematik und Naturwissenschaften unterrichtet werden. In der Nähe der 1990 errichteten Betonbrücke über den Xe Done ragt neben dem Champasak Palace Hotel der **Wat Phabat** 2 auf, dessen moderne Pagode ein schönes, mehrfach gestaffeltes Dach bedeckt. Das

Pakxe

Sehenswert
1 Wat Luang
2 Wat Phabat
3 Champasak Historical Heritage Museum
4 Dao-Heuang-Markt

Übernachten
1 Champasak Palace Hotel
2 Pakse Hotel
3 Champa Residence Hotel
4 Sang Aroun Hotel
5 Lao Chaleun Hotel
6 Sabaidy 2 Guest House
7 Phaytahvone Guest House

Essen & Trinken
1 Khemkhong Restaurant
2 Jasmin Restaurant
3 Delta Coffee Restaurant
4 May Kham Restaurant
5 Sinouk Café Lao
6 Lankham Noodle Soup
7 Am Ufer des Mekong

Einkaufen
1 Supawadee Handicraft

Aktiv
1 Green Discovery
2 Xplore Asia
3 Wat Phou Cruise
4 Mekong Islands Tours

etwas weiter stadtauswärts an der Road 13 gelegene historisch-ethnografische **Champasak Historical Heritage Museum** 3 präsentiert präangkorianische Fundstücke wie Sandsteinreliefs aus alten Khmer-Tempeln in der Umgebung sowie Trachten und Schmuck ethnischer Minderheiten der Provinz (Mo–Fr 8–11.30, 14–16 Uhr, 5000 Kip). Nahe der neuen, von Japanern gebauten Mekong-Brücke liegt der große **Dao-Heuang-Markt** 4.

Für die wenigen Attraktionen der Stadt entschädigen Ausflüge in die landschaftlich wie kulturell interessante Umgebung. So eignet sich Pakxe auch vorzüglich als Basis für Exkursionen zum reizvollen Bolaven-Plateau, zu den Ruinen des Wat Phou, eines der bedeutendsten Khmer-Tempel außerhalb von Kambodscha, sowie nach Si Phan Don, der Region der Viertausend Inseln mit den Mekong-Fällen nahe der Grenze zu Kambodscha.

Infos

Champasak Provincial Tourism Office: Thanon 11, Tel. 031 21 20 21, Mo–Fr 8–12, 13–16.30 Uhr, Buchungen von Ausflügen zu den Dörfern Kiat Ngong und Phapho sowie von Trekking-Touren in die Phou Xieng Thong NPA und Xe Pian NPA möglich (s. S. 284), es gibt hier Englisch sprechende Mitarbeiter.

Übernachten

Fürstlich ▶ **Champasak Palace Hotel** 1: Road 13, Tel. 031 21 22 63 u. 21 27 77, champasak_palace_hotel@yahoo.com, www.champasak-hotels.com/Champasak_Palace_Hotel. Weitere Infos s. Tipp S. 281.

Drei-Sterne-Komfort ▶ **Pakse Hotel** 2: 112/13 Thanon 5, Tel. 031 21 21 31, www.hotelpakse.com. Mehrstöckiges Stadthotel mit 63 komfortablen Zimmern und Suiten, luftiges Restaurant auf der Dachterrasse mit schönem Blick, Internetcafé mit WLAN, Touragentur, französisches Management. DZ 20–45, Suite 61–96 US-$.

Nostalgie ▶ **Champa Residence Hotel** 3: Road 13, Tel. 031 21 21 20, champare@laotel.com, www.visit-mekong.com/champa-residence/. Gute Adresse für Liebhaber von kolonialer Plüscheinrichtung, 45 komfortable Zimmer mit Bad, Klimaanlage und Minibar, im Restaurant gute laotische, thailändische und europäische Gerichte. DZ 35–45 US-$ (inkl. Frühstück).

Gut geführt ▶ **Sang Aroun Hotel** 4: Road 13, Tel. 031 25 21 11, sangarounhotel@hotmail.com. Vierstöckiges Stadthotel mit komfortablen, hellen Zimmern (alle mit Klimaanlage, Dusche/WC, Minibar und gefließtem Boden), Fahrradverleih. DZ 18–26 US-$.

Angenehm und zentral ▶ **Lao Chaleun Hotel** 5: Thanon 5/Thanon 10, Tel. 031 25 13 33. Modernes Stadthotel nahe dem Wat Luang, freundliche Zimmer mit Dusche/WC und AC sowie kleine Zimmer mit Dusche/WC und Ventilator, Fahrrad- und Motorradverleih. DZ 8–16 US-$.

Beliebt ▶ **Sabaidy 2 Guest House** 6: Thanon 24, Tel./Fax 031 21 29 92, www.sabaidy2tour.com. Einfache, aber ordentliche Zimmer mit Gemeinschaftsbad oder Dusche/WC und Ventilator oder AC in einem Kolonialhaus, schöner Garten, Fahrradverleih;

der Besitzer spricht Englisch und Französisch. DZ kosten 5–8 US-$, ein Bett im Schlafsaal ist für 2,5 US-$ p. P. zu haben.

Im laotischen Stil ► Phaytahvone Guest House 7: Road 13, Tel. 031 21 36 23. Ruhig gelegen nahe dem Wat Phabat, einfache, aber ordentliche Zimmer mit Ventilator oder AC sowie Dusche/WC oder Gemeinschaftsbad. DZ 40 000–80 000 Kip.

Essen & Trinken

Nomen est omen ► Le Panorama 2: im Pakse Hotel, 112/13 Thanon 5, Tel. 031 21 21 31, tgl. 15.30–23 Uhr. Französische Haute Cuisine und feine Regionalküche, Live-Jazz- und einem wundervoller Blick über die Stadt. Hier kann man auch wunderbar den Sundowner genießen. Gerichte ab 40 000 Kip.

Beliebte Fischküche ► Khemkhong Restaurant 1: Tel. 031 21 32 40, 020 99 92 01 80, tgl. 11–14, 16–22 Uhr. Schwimmendes Restaurant am Ufer des Mekong nahe der Mündung des Xe Done, ausgezeichnete Fischgerichte, gegrillt, gebacken oder als Suppe. Gerichte ab 30 000 Kip.

Gut besucht ► Jasmin Restaurant 2: Road 13, Tel. 031 25 29 12, tgl. 7–22 Uhr. Gutes süd- und nordindisches Essen sowie einige malaysische und laotische Speisen. Gerichte (vegetarisch) ab 15 000 Kip, Gerichte (mit Fleisch) ab 25 000 Kip.

Vielfältig ► Delta Coffee Restaurant 3: Road 13, Tel. 031 25 59 73, tgl. 8–22 Uhr. Auf der umfangreichen Speisekarte stehen laotische, thailändische, chinesische und europäische Gerichte sowie beste Pizza und Pasta, Burger und Steaks und es gibt ein üppiges Frühstück mit Kaffee aus eigenem Anbau. Gerichte ab 20 000 Kip.

Rustikal ► May Kham Restaurant 4: Road 13, Tel. 031 21 21 42, tgl. 9–22 Uhr. Einfaches Lokal nahe der Xe-Done-Brücke, gute laotische und thailändische Speisen. Gerichte ab 15 000 Kip.

Szenetreff ► Sinouk Café Lao 5: Thanon 11, Tel. 031 21 53 87, tgl. 7–20 Uhr. Sympathisches Café-Bistro, in dem sich Traveller und junge Laoten treffen, verschiedene Kaffeevarianten von der eigenen Plantage, Croissants und Gebäck aus der Hausbäckerei. Ab 15 000 Kip.

Föö-Suppen ► Lankham Noodle Soup 6: im Lankham Hotel, Road 13, Tel. 031 21 88 69, tgl. 7–18 Uhr. Kräftige Föö-Suppen be-

Auf dem Markt von Pakxe werden traditionelle Stoffe und Textilien angeboten

kommt man hier in erstaunlichen Geschmacksvarianten; es ist so gut wie immer proppevoll. Ab 10 000 Kip.

Laotisch ▶ **Am Ufer des Mekong** 7: zwischen Thanon 1 und Thanon 9 bieten während der Trockenzeit kleine Freiluftlokale einfache und preiswerte (Gerichte ab 10 000 Kip) authentische laotische Speisen, Spezialitäten sind gegrillter Fisch (*paa yaang*) und eine Rindfleischsuppe mit Gemüse (*sin yum*).

Einkaufen

Kunsthandwerk ▶ **Supawadee Handicraft** 1: Thanon 7, Tel. 031 21 23 66. Produkte aus der Region, vor allem Flechtwaren und Holzschnitzereien sowie handgewebte Baumwollstoffe, nahe Wat Luang.

Aktiv

Trekking, Kajak, Kaffeefahrten ▶ **Green Discovery** 1: Road 13, Tel. 031 25 29 08, www.greendiscoverylaos.com, tgl. 9–19 Uhr. Wildwasserfahrten, Touren zu Kaffeeplantagen auf dem Bolaven-Plateau.

Exkursionen ▶ **Xplore Asia** 2: Road 13, Tel. 031 21 28 93, www.xplore-asia.com. Große Palette an ein- und mehrtägigen Ausflügen auf das Bolaven-Plateau, zu den Viertausend Inseln u. a.

Kreuzfahrten ▶ **Wat Phou Cruise** 3: Thanon 11, Tel. 031 25 14 46, www.mekong-cruises.com u. www.vatphou.com. Auch buchbar über www.lernidee.de. Komfortable dreitägige Kreuzfahrt auf dem Flussschiff »Wat Phou« nach Champasak (Besichtigung des Bergtempels Wat Phou und des Waldtempels Oup Moung) und Si Phan Don mit den Mekong-Fällen, ab 320 €. **Mekong Islands Tours** 4: Thanon 6, Tel. 031 41 01 55, www.cruisemekong.com. Ebenfalls buchbar über www.lernidee.de. Fünftägige Luxus-Kreuzfahrt von Pakxe zu den Mekong-Fällen, ab 1060 €.

Termine

Chinese and Vietnamese New Year: Jan./Febr.: Neujahrsfest der Chinesen und Vietnamesen.

Bun Suang Heua: Okt. Bootsrennen. Auf dem Xe Done rudern Mannschaften verschiedener Klöster in prachtvollen Pirogen um die Wette, religiöser Hintergrund des Rennens ist die Verehrung der am Zusammenfluss von Mekong und Xe Done lebenden Naga-Schutzgeister.

Verkehr

Flugzeug: Zwischen Flughafen 3 km nördl. und Innenstadt gibt es Tuk-Tuks.

Fluglinien und Buchungsbüros: Lao Airlines, Tel. 031 21 22 52. **Flüge:** von/nach Vientiane 1–2 x tgl., Savannakhet 3 x wöchentl., Luang Prabang 3 x wöchentl. Internationale Flüge von/nach Siem Reap (Kambodscha) 1–2 x tgl., Ho-Chi-Minh-Stadt 3 x wöchentl., Bangkok 3 x wöchentl.

Bus: In Pakxe gibt es zwei Busbahnhöfe: **Southern Bus Station** (8 km östl.) Tgl. mehrere Busse und Pickups nach Paksong (50 km/1,5 Std.), Tad Lo (90 km/2,5 Std.), Saravan (115 km/3 Std.), Attapeu (205 km/5 Std.), Champasak (40 km/1,5 Std.), Don Khong (120 km/3 Std.), Don Khon/Don Det (Bus bis Ban Nakassang, dann mit der Fähre übersetzen, 140 km/4 Std.) und Dong Krolor (160 km/4 Std.). Von hier fährt auch tgl. 7.30 Uhr ein Bus der kambodschanischen Gesellschaft Phnom Penh Sorya (www.ppsorya transport.com) über Stung Treng (4–5 Std.), Kratie (6–7 Std.) und Kompong Cham (9–10 Std.) nach Phnom Penh (11–12 Std.) und Siem Reap (14–15 Std.).

Northern Bus Station (7 km nördl.): Busse nach Savannakhet (240 km/4 Std., Abfahrt 7–18 Uhr alle 30–45 Min. mit Umsteigen in Xeno, Direktbusse 6, 9 Uhr), Thakhek (340 km/6 Std., Abfahrt 7–18 Uhr alle 30–45 Min.) und Vientiane (700 km/12 Std., Abfahrt 7–18 Uhr alle 30–45 Min.). Von hier fahren auch tgl. 18–19 Uhr Busse nach Dong Ha (14 Std.), Hué (15,5 Std.) und Da Nang (18 Std.) in Vietnam. Achtung: Das Visum für Vietnam im Voraus besorgen. **Champasak VIP Terminal** (beim Talat Lak Song, 2 km östl.): Klimatisierte Busse privater Gesellschaften über Thakhek nach Vientiane (700 km/10–11 Std.): Zu empfehlen ist Kriang Kai (Tel. 031 21 22 28, www.buslaos.com). Von hier fahren auch Busse nach Ubon Ratchathani in Thailand (120 km/3 Std., Abfahrt 8.30, 15.30 Uhr), von dort mehrmals tgl. Busse, Züge und Flüge nach Bangkok (Tickets bei Pakse Travel, Road 13, Tel. 020 22 27 72 77).

Pickups nach Vang Tao (45 km/1 Std.) an der Grenze zu Thailand warten in der Nähe des Dao-Heuang-Markts bei der Lao-Nippon-Brücke über den Mekong.

Boot: Nach dem Ausbau der Nationalstraße 13 wurde der Bootsverkehr auf dem Mekong zwischen Pakxe und Don Khong eingestellt. Es verkehren aber noch Ausflugsboote.

Tipp: Nächtigen wie ein Fürst

Die größte Sehenswürdigkeit von Pakxe ist der ehemalige Palast des **Prinzen Boun Oum von Champasak**. Wie der Volksmund behauptet, ließ der Adelige das Märchenschloss für seine Konkubinen bauen. Doch residierte Prinz Boun Oum nie in seinem Traumpalais, weil die in den 1960er-Jahren begonnenen Bauarbeiten bis zur Machtübernahme der Kommunisten im Jahr 1975 noch nicht abgeschlossen waren. Jahrelang stand das Prachtgebäude leer, dem Kritiker eine Ähnlichkeit mit einer gigantischen viktorianischen Hochzeitstorte bescheinigen. Erst nach der wirtschaftlichen Liberalisierung verwandelten thailändische Investoren das von Einheimischen »Haus der tausend Fenster« genannte Bauwerk in das Champasak Palace Hotel.

An Wochenenden legt die fürstliche Residenz ihr proletarisches Gewand an, wenn Ausflügler aus Thailand in Scharen einfallen und das ehrwürdige Gemäuer unter lauter Karaoke-Musik erbebt. Tausende von Budget-Gästen bewohnen die preiswerten Zimmer (DZ 35–40 US-$), vor allem im rückwärtigen ehemaligen Dienstbotentrakt (DZ 20–25 US-$). Fürstlich nächtigen kann man in den VIP-Rooms und Suiten der oberen Stockreichhaltiges Frühstücksbuffet. Im Veranda-Restaurant gute laotische, thailändische und europäische Gerichte zu günstigen Preisen (praktische Infos s. S. 278).

Rundfahrt durch das Bolaven-Plateau

Östlich von Pakxe setzen Berggipfel landschaftliche Akzente – die Höhen des Bolaven-Plateaus. Auf der Rundfahrt durch das Hochland gibt die Natur den Ton an. Während man die beiden bekanntesten Attraktionen, die Wasserfälle Tad Fane und Tad Lo, recht gut mit Bussen oder Pickups erreichen kann, ist für den Abstecher zum entlegenen Wasserfall Katamtok ein eigenes, möglichst robustes Fahrzeug erforderlich.

Die von einer Basaltdecke überzogene etwa 10 000 km^2 große **Hochebene** ragt mit durchschnittlich 800 m wie eine Insel aus dem Umland empor. Die mineralhaltigen vulkanischen Verwitterungsböden sind sehr fruchtbar und bieten in Verbindung mit einem ganzjährig angenehmen Klima günstige Voraussetzungen für die Landwirtschaft. Die größeren der auf dem Plateau siedelnden Mon-Khmer-Völker, die zur Gruppe der Hochland-Lao zählen – etwa die Laven, Tau Oi, Souei, Alak, Katang und Katou – bauen Kaffee und Tee, Obst und Gemüse sowie Kardamom und andere Gewürze an. Kleinere Stämme wie Kaleum, Nyaheung und Ngei halten an einer halbnomadischen Lebensweise in entlegenen Regenwaldgebieten fest. Auf die Laven, die größte Gruppe der Hochlandbewohner, geht der Name des Plateaus (Bo-Laven) zurück.

Traurige Berühmtheit erlangte das Hochland zwischen dem Mekong im Westen, den Annamitischen Kordilleren im Osten und dem Kambodschanischen Becken im Süden durch seine Schlüsselstellung im **Vietnamkrieg**. Das Bolaven-Plateau diente der nordvietnamesischen Armee als Drehscheibe für die Verteilung des Nachschubs, der über den Ho-Chi-Minh-Pfad aus Hanoi dort eintraf. Ein Teil der Güter ging über Kambodscha nach Saigon, der andere nach Zentralvietnam.

Um den Nachschubweg der südvietnamesischen Befreiungsfront zu unterbrechen, belegte die US-Luftwaffe das Hochland mit heftigen Bombardements. Den Bombenhagel der US-Amerikaner hat auf dem Plateau keine Stadt, kein Dorf, keine Pagode und kein Gebäude aus der Kolonialzeit unbeschadet überstanden. Bis heute stellen abseits der festen Pfade noch nicht geborgene Blindgänger eine Gefahr für die Einheimischen dar.

Von Pakxe nach Paksong ▶ 2, N/O 18

Paksong

Paksong, der Hauptort des Plateaus, wurde im Krieg völlig zerstört und später als gesichtsloses Versorgungszentrum für die Dörfer im wichtigsten Kaffeeanbaugebiet von Laos wieder aufgebaut. Obwohl das Ökosystem vieler Regionen des Bolaven-Plateaus durch Sprengbomben und Entlaubungsmittel wie Agent Orange schwer geschädigt wurde, blieb stellenweise wie durch ein Wunder eine artenreiche Flora und Fauna erhalten.

Tad Fane

So erstreckt sich südlich von Paksong der für seinen Vogelreichtum bekannte **Nationalpark Dong Hua Sao**, der manche landschaftliche Überraschung birgt, etwa den **Tad Fane**. Die Zwillings-Wasserfälle, die einige Kilometer südwestlich von Paksong über eine rund 100 m abfallende Felsklippe in eine Regenwaldschlucht stürzen, sammeln sich in einem

Pool. Dort kann man baden, allerdings erst nach einer schweißtreibenden Wanderung, die beim Tad Fane Resort beginnt (hin und zurück 2 Std.). Zu einem Bad lädt auch ein Felsenpool auf dem Plateau oberhalb der Wasserfälle ein, erreichbar nach einem zwei- bis dreistündigen Marsch. Infos zu Wanderungen im Nationalpark sowie Führer findet man im Tad Fane Resort mit dem einzigen Aussichtspunkt (tgl. 8–19 Uhr, 5000 Kip). Ohne Guide findet man die nahe, 2 km nördlich der Road 23 gelegene **Tham Champee,** eine 15 m hohe Felsnase, über die der Wildbach Houay Champee tost (tgl. 8–19 Uhr, 5000 Kip). Ebenfalls leicht zu finden ist der kleine Wasserfall **Tad Ngiang,** zu dem eine holprige Stichstraße 2 km östlich des Tad Fane Resort von der Nationalstraße 23 abzweigt (tgl. 8–19 Uhr, 5000 Kip).

Übernachten

Am Wasserfall ▶ **Tad Fane Resort:** bei Km 38 der Road 23 rechts abbiegen, Ban Lak 38, Tel. 020 55 53 14 00, www.tadfane.com. Holzbungalows, gemütliche Zimmer mit Warmwasser-Dusche/WC, im Restaurant mit Blick auf Tad Fane Fahrradverleih und Vermittlung von Guides, DZ 40 US-$ (inkl. Frühstück).

Verkehr

Bus: tgl. Busse und Pickups nach Pakxe (50 km/1,5 Std.), via Ban Beng nach Tad Lo (60 km/2 Std.) und Saravan (75 km/2 Std.)

Zum Wasserfall Katamtok ▶ 2, P 18

Nach Möglichkeit mit einem Geländewagen, erreicht man von Paksong auf kaum beschilderten Wegen den spektakulären Wasserfall Katamtok. Etwa 1 km östlich von Paksongführt die asphaltierte Nationalstraße 23 halblinks nach Ban Thateng und Sekong. Geradeaus geht es Richtung Attapeu. Man folgt der staubigen Piste 32 km bis Ban Houay Kong. An der Weggabelung 7 km östlich des Dorfs biegt man links Richtung Houay Ho Hydropower Plant und Attapeu ab. Nach 6 km erreicht man eine Brücke über einen Wildbach, nach weiteren knapp 8 km eine zweite Brücke über den ungestümen Xe Katam. Nach 1,5 km zweigt rechts ein kurzer Fußpfad ab. Der Blick von mehreren Aussichtspunkten ist atemberaubend. In schillernden Schleiern stürzt der rund 80 m hohe **Katamtok** über eine Steilwand in eine Schlucht von urtümlicher Schönheit. Ergiebige Regenfälle sorgen dafür, dass dieses tosende Spektakel nie an Wucht verliert. Von dem Wasserfall windet sich ein holpriger Weg 17 km durch eine von tiefen Schluchten zerfurchte, mit Primärwald bewachsene Bergwelt hinab zur Nationalstraße 16. Mittlerweile durchgehend asphaltiert, führt die Hauptstraße, dem Fluss Xe Kong folgend, Richtung Süden nach **Attapeu**.

Attapeu ▶ 2, Q 19

In die schmucklose Verwaltungszentrale der gleichnamigen Provinz blieb als einzige Stadt der Region vom Bombenhagel des Vietnamkriegs weitgehend verschont. Exkursionen in die Naturschutzgebiete **Dong Amphan** und **Xe Pian** bedürfen einer kundigen Führung und sehr guten Vorbereitung. Lokale bieten vietnamesische Pho Com (Suppe, Reis) an. Gästehäuser heißen vietnamesisch Nha Nghi.

Infos

Attapeu Provincial Tourism Office: 1,5 km nordwestl., Tel. 036 21 10 56, Mo–Fr 7.30–12, 13.30–16 Uhr. Organisation von Ausflügen in die Naturschutzgebiete Dong Amphan NPA und Xe Pian NPA, etwas Englisch spricht Mr. Khampanh, Tel. 020 99 83 53 02.

Übernachten

Bestes Haus im Ort ▶ **Attapeu Palace:** Tel. 036 21 12 04, 020 55 51 68 90, atppalace@yahoo.com. Gemütliche Zimmer mit Dusche/WC und AC, Restaurant, Internet, Pool, Vermietung von Motorrädern und Geländewagen. DZ 15–45 US-$ (inkl. Frühstück).
Typisch ▶ **Phuttavong Guest House:** Tel. 020 22 21 11 19. Gut geführte Pension 200 m

südl. des Wat Luang Muang May, Zimmer mit Dusche/WC und AC. DZ 80 000–100 000 Kip.
Vietnamesisch ▶ **Chanthavone Guest House:** Tel. 036 21 10 44. In der Ortsmitte, schlichte, saubere Zimmer mit Dusche/WC und Ventilator oder AC. DZ 60 000–80 000 Kip.
Bodenständig ▶ **Amphone Guest House:** Tel. 036 21 10 69. Einfache, aber ordentliche Zimmer mit Dusche/WC und Ventilator, am westlichen Ortsrand. DZ 50 000–70 000 Kip.

Essen & Trinken

Laotisch ▶ **Charoensap Restaurant:** Tel. 036 21 11 79, tgl. 11–22 Uhr. *Sindat* – das laotische Fondue – und regionale Speisen. Gerichte ab 20 000 Kip.
Fisch und Fleisch ▶ **Pakonxap:** Tel. 036 21 10 84, tgl. 9–22 Uhr. Am Fluss Xe Khamane, laotische Gerichte ab 20 000 Kip.

Verkehr

Bus: Vom Busterminal 3 km nordwestl. mehrmals tgl. Busse über Sekong (75 km/1,5 Std.) nach Pakxe (205 km/5 Std.). Tgl. am frühen Vormittag Busse nach Ngoc Hoi (3 Std.) und Kon Tum (5–6 Std.) in Vietnam. Achtung: Das Visum für Vietnam im Voraus besorgen.
Boot: Unregelmäßig reguläre *slowboats* (6–8 Std., Abfahrt 7–8 Uhr) auf dem Xe Kong nach Sekong, meist nur auf Charterbasis.

Dong Amphan NPA und Xe Pian NPA ▶ 2, R 18–Q 19

Die Wahrscheinlichkeit, wilde Elefanten zu sehen, ist im gebirgigen Dschungel der **Dong Amphan NPA** mit bis zu über 2000 m aufragenden Bergen groß. Die unzugänglichen Wälder der **Xe Pian NPA** im Grenzland zu Kambodscha bilden den Lebensraum für Sumatra-Nashörner, wilde Wasserbüffel, Asiatische Schwarzbären, Malaiische Sonnenbären sowie Tiger und Leoparden. Die Xe Pian NPA erreicht man auf der nicht asphaltierten Straße Nummer 18, die Attapeu mit der Nationalstraße 13 verbindet. Nach Niederschlägen ist die raue Piste häufig durch Erdrutsche blockiert. Den besten Eindruck von der ursprünglichen Wildnis vermittelt eine Bootsfahrt auf dem Xe Pian zwischen Ban Mai nahe Sanamxai und Ban Phonesaat. Ein guter Ausgangspunkt für Exkursionen in die Xe Pian NPA ist auch das von Pakxe leicht zu erreichende Dorf Kiat Ngong (s. S. 291).

Von Attapeu nach Pakxe

Sekong und Saravan
▶ 2, P 16/17

Hält man sich an der Einmündung der vom Wasserfall Katamtok herführenden Dschungelpiste in die Nationalstraße 16 links, erreicht man nach 10 km den Wasserfall **Tad Fek,** der 2 km östlich der Hauptstraße in einer nicht sehr hohen, aber breiten Kaskade über eine Felsbarriere stürzt. Die Provinzhauptstadt **Sekong** wurde nach dem Krieg als nüchternes Verwaltungszentrum wieder aufgebaut. Ein Erlebnis ist der allmorgendliche Markt. Auch das 77 km nördlich gelegene, ebenfalls bei US-amerikanischen Luftangriffen zerstörte **Saravan** entstand nach dem Krieg neu als gesichtsloser Verwaltungssitz der Provinz Saravan.

Übernachten

... in Sekong:
Komfortabel ▶ **Hongkham Hotel:** Tel. 038 21 17 77. 20 komfortable AC-Zimmer mit Dusche/WC, gutes Restaurant, der Manager spricht Englisch. DZ 15–30 US-$.
Günstig ▶ **Pisaxay Guest House:** Tel. 038 21 12 71. Zimmer mit Dusche/WC und Klimaanlage. DZ 70 000–90 000 Kip.
... in Saravan:
Angenehm ▶ **Phoufa Hotel:** 5 km westl. an der Road 20, Tel. 020 55 33 41 52. 30 Klimatisierte Zimmer mit Dusche/WC, Restaurant und schöner Garten. DZ 12–28 US-$.
Helle Räume ▶ **Chindavone Guest House:** Tel. 034 21 10 65. Beste Unterkunft im Zentrum, beim Markt gelegen. Zimmer mit Dusche/WC und Klimaanlage, beliebt bei NGO-Mitarbeitern. DZ 80 000–100 000 Kip.
Lao Style ▶ **Thipphaphone Guest House:** Tel. 034 21 10 63. Zimmer mit Gemein-

schaftsbad oder Dusche/WC und Ventilator, nahe dem Markt, gleich nebenan zwei gute Lao-Restaurants. DZ 40 000–70 000 Kip.

Essen & Trinken

... in Sekong:

Laotisch-Vietnamesisch ▶ **Khamting Restaurant:** Tel. 038 21 10 86. Restaurant nahe des Wat Luang . Ab 10 000 Kip.

... in Saravan:

Deftig Laotisch ▶ **Miss Asim Restaurant:** Tel. 034 21 10 62. Einfache laotische Hausmannskost nahe dem Markt. Ab 10 000 Kip.

Verkehr

... in Sekong:

Bus: Vom Busterminal 2,5 km nördl. mehrmals tgl. nach Attapeu (75 km/1,5 Std.), Saravan (65 km/2 Std.) und Pakxe (130 km/3,5 Std.).

Boot: Unregelmäßig reguläre *slowboats* (6–8 Std., Abfahrt 7–8 Uhr) auf dem Xe Kong nach Attapeu, meist nur auf Charterbasis.

... Saravan:

Bus: Vom Busterminal 2,5 km westl. mehrmals tgl. Busse über Sekong (65 km/2 Std.) nach Attapeu (140 km/3,5 Std.) und über Tad Lo (35 km/1 Std.) nach Pakxe (115 km/3 Std.).

Tad Hung und Tad Lo ▶ 2, O 17

Zwischen Ban Beng und Ban Laongam an der Nationalstraße 20 tosen die malerischen Wasserfälle **Tad Hung** und **Tad Lo**. Am Tad Hung, bietet ein rustikales Resort die vielleicht romantischste Übernachtungsmöglichkeit in Laos. Einige hundert Meter flussaufwärts stürzt der Tad Lo über eine Felsstufe etwa 15 m in die Tiefe. Geführte Trekking-Touren zu 10–15 km entfernten Dörfern von Hochlandvölkern oder zum Nongboa-See, 18 km östlich. Die Umgebung des Tad Lo Resort kann auf dem Elefantenrücken erkundet werden (tgl. 8–9.30, 10–11.30, 13–14.30, 15–16.30 Uhr, 10 US-$ für 2 P., am Vorabend buchen).

Übernachten

Während der Hauptsaison von November bis März ist eine rechtzeitige Buchung dringend empfohlen.

Romantik pur ▶ **Tad Lo Lodge:** Tel. 034 21 18 89, www.tadlolodge.com. Gemütliche Holzbungalows mit Dusche/WC, Ventilator und Balkon in der Nähe des Tad Hung. Einen einzigartigen Blick bieten die Bungalows C 1 und C 2 sowie E 1 und. E 2, Terrassenrestaurant, am Resort starten 1,5- bis 2-stündige Elefanteritte. DZ 40–50 US-$ (inkl. Frühstück).

Am Wasserfall ▶ **Saise Resort:** Tel. 034 21 18 86, www.sayseguesthouse-resort-tadlo.com. Holz- und Steinbungalows an einem Hang in der Nähe des Tad Hung, alle gemütlich in Bambus möbliert, mit Warmwasser-Dusche/WC und Ventilator (DZ 16–28 US-$). Im Green House Zimmer mit Dusche/WC sowie Holzbungalows (DZ 28–33 US-$). Im Blue House nahe des Tad Lo komfortable Zimmer mit Dusche/WC und Klimaanlage (DZ 40–45 US-$). Im White House unterhalb des Tad Hung ein gemütliches Restaurant.

Günstig ▶ **Sypaseuth Guest House:** Einfache Zimmer mit Gemeinschaftsbad und komfortable Bungalows mit Dusche/WC, etwas abseits des Wasserfalls gelegen, Restaurant, Motorradverleih. DZ 40 000–100 000 Kip.

Tim Guest House: Tel. 034 21 18 85, soulidet@gmail.com. Einfache Zimmer in Bambushütten mit Gemeinschaftbad, Restaurant, gute Info-Börse, DZ 40 000–60 000 Kip.

Verkehr

Bus: Tgl. mehrere Busse und Pickups nach Pakxe (90 km/2,5 Std.).

Zurück nach Pakxe

▶ 2, O 17–N 18

Vom Bolaven-Plateau fällt die von Bananenplantagen gesäumte Straße Nr. 20 sanft zum Mekong-Tal ab. Im Weberdorf **Laongam** verkaufen Katou-Frauen bunte Tücher und Handwerkskunst. Andernorts kündigt metallisches Gehämmer die Werkstätten von Silberschmieden an. Knapp 30 km östlich von Pakxe werden an der **Banana Junction**, am Treffpunkt der Nationalstraßen 20 und 23, landwirtschaftliche Erzeugnisse vom Bolaven-Plateau angeboten. Laotische Frauen kaufen hier besonders gern grüne Papayas, den Rohstoff für das Nationalgericht *tam maak houng*.

Von Champasak nach Dong Krolor

Gut ausgebaut und über weite Strecken schnurgerade führt die Nationalstraße 13 von Pakxe durch dünn besiedeltes Reisbauernland und erreicht nach 160 km Dong Krolor an der Grenze zu Kambodscha. Die kulturellen und landschaftlichen Highlights sind die Ruinen des alten Khmer-Tempels Wat Phou und Si Phan Don, die Region der Viertausend Inseln mit den mächtigsten Wasserfällen von Südostasien.

Champasak ▸ 2, N 18

Karte: rechts

Champasak 1 ist ein Nest am Steilufer des Mekong, das von seiner großen Vergangenheit als Residenz des südlaotischen Königshauses träumt. Marode Villen, früher im Besitz der königlichen Familie, und bröckelnde Bauten, die noch aus der französischen Kolonialzeit stammen, tragen zum morbiden Charme des Orts bei.

Der Name des Städtchens weckt Erinnerungen an jenes indisch beeinflusste Königreich, das einen seiner religiösen und politischen Schwerpunkte im Wat Phou besaß. Im Zenit seiner Macht reichte die Einflusssphäre von Champa, das von dem malaiisch-melanesischen Volk der Cham im 5. Jh. gegründet wurde, von Südlaos über Kambodscha bis zur zentralvietnamesischen Küste.

Bereits im Laufe des 6. Jh. wurde Champa vom aufsteigenden Khmer-Reich Zhenla als dominierende Macht im südlichen Kambodscha und Laos abgelöst. Von ihrem Stammland an der Küste von Zentralvietnam kontrollierten die Cham als Seefahrer und Piraten aber weiterhin große Meeresgebiete zwischen Indien, Java und China. In wechselnder Ausdehnung und zeitweiliger Abhängigkeit von anderen Staaten bestand das Reich der Cham bis zum 15. Jh., bevor es im Königreich Dai Viet, dem Vorläufer von Vietnam, und im Khmer-Imperium aufging.

Übernachten

Vom Mekong umspült ▸ **La Folie Lodge:** Tel. 030 534 76 03 u. 020 55 53 20 04, www.lafolie-laos.com. Weitgehend aus Naturmaterialien erbautes Bungalowresort auf der Mekong-Insel Don Daeng bei Champasak. 24 komfortable Zimmer mit Veranda, Pool mit Sonnenterrasse, im Restaurant sehr gute laotische, thailändische und internationale Gerichte, Internetzugang, Fahrradverleih. DZ 90–150 US-$ (inkl. Frühstück).

Hübsch wohnen ▸ **Inthira Champanakhone:** Tel. 031 21 40 59, www.inthirahotels.com. Vier klimatisierte Komfortzimmer in einem restaurierten Kolonialhaus (DZ 40–71 US-$) und vier modern ausgestattete Bungalows (DZ 56–62 US-$), im Restaurant feine Regionalküche und einige internationale Speisen.

Tolle Lage ▸ **Anouxsa Guest House:** Tel. 031 21 32 72. Gut geführtes Gästehaus mit Restaurant am Ufer des Mekong am nördlichen Ortsrand, fünf behaglich möblierte Zimmer mit Dusche/WC, AC und luftiger Terrasse nur wenige Schritte vom Fluss entfernt, acht einfacher ausgestattete Zimmer in einem Nebengebäude, Fahrrad- und Mopedverleih. DZ 12–28 US-$.

Essen & Trinken

Zum Anbeißen ▸ **Maykhay Restaurant:** Im Souchitra Guest House, Tel. 031 21 23 66, tgl. 8–22 Uhr. Hervorragender Mekong-Fisch, gegrillt, gebacken oder gedämpft. Gerichte ab 20 000 Kip.

Mit Flussblick ▶ Champamay Restaurant: Tgl. 8–22 Uhr. Großes, halboffenes Restaurant am Mekong mit laotischen, thailändischen, chinesischen und europäischen Speisen. Gerichte ab 15 000 Kip.

Verkehr

Bus: Tgl. mehrere Busse und Pickups nach Pakxe (40 km/1,5 Std.) und Don Khong (80 km/2 Std.).

Boot: Es verkehren nur noch Ausflugsboote für Touristen, z. B. Wat Phu Cruise (s. S. 280). Boote nach Pakxe und Don Khong nur noch auf Charterbasis.

8 Wat Phou ▶ 2/N 18

Karte: rechts; **Grundriss:** S. 290

Geschichte

Historiker schreiben die Gründung des Wat Phou 8 km südwestlich von Champasak den Cham zu, da die ältesten Ruinen aus dem 5./6. Jh. und damit aus ihrer Herrschaftszeit stammen. Gestützt wird diese These durch die Lage der Kultstätte an den Ausläufern des 1416 m hohen **Phou Pasak**, auf dessen Gipfel ein mächtiger, rund 60 m hoher Fels steil in die Wolken ragt. Seit alters her gilt dieses Gebilde den Einheimischen als Linga, als Phallussymbol des Hindu-Gottes Shiva. Diese Assoziation trug dem Berg den Beinamen Lingaparvata ein – Phallus auf dem Berg. Vieles weist darauf hin, dass für die Cham als Anhänger des Shiva-Kultes das Wahrzeichen des Gottes ein Objekt höchster religiöser Verehrung war. So mag ihnen die markante Naturformation des Lingaparvata wie ein göttliches Zeichen erschienen sein, hier eine Kultstätte zu errichten.

Ihre heutige Gestalt erhielt die Tempelstadt von Wat Phou erst unter der Ägide der Herrscher des hinduistischen Khmer-Reichs von Zhenla im 6. und 7. Jh. Vermutlich war der Wat Phou der kultische Mittelpunkt der verschollenen Stadt Shestrapura, des einstigen

Von Champasak nach Dong Krolor

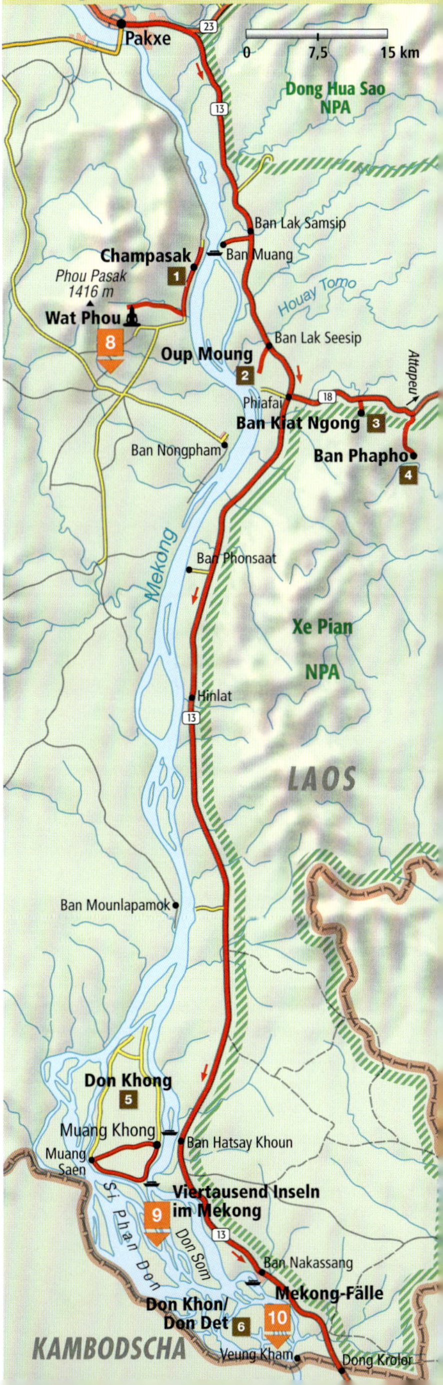

Zentrums von Zhenla, bevor die Hauptstadt des Khmer-Imperiums nach Angkor weiter im Süden verlegt wurde.

Wie Wissenschaftler anhand von Radaraufnahmen ermittelten, erstreckte sich die Residenz der Zhenla-Fürsten auf einer Fläche von rund 2 x 2 km unweit des Lingaparvata am Ufer des Mekong. Archäologen entdeckten von der präangkorianischen Kapitale des Khmer-Imperiums bislang jedoch nur einige Gebäudefundamente und Relikte der einstigen Befestigungsanlage. In Stein gemeißelte Sanskrit-Inschriften auf Stelen, die man im Wat Phou fand, deuten darauf hin, dass der Tempel schon zwei Jahrhunderte vor der Gründung von Angkor eine bedeutende, vielleicht sogar die bedeutendste Kultstätte der Khmer-Könige war.

Auch nach Verlegung der Hauptstadt blieb der Wat Phou im Einflussbereich der Angkor-Dynastie, deren Machtsphäre bis zum 13. Jh. zeitweise bis Vieng Chan reichte. So wurden verschiedene Sakralbauten der Tempelstadt, die durch eine 250 km lange Straße mit Angkor verbunden war, im 11. und 12. Jh. während der Regentschaft der Khmer-Herrscher Jayavarman VI. und Suryavarman II., des Erbauers von Angkor Wat, errichtet.

Besichtigung des Wat Phou

Der weiträumige, in Ost-West-Richtung angelegte Wat Phou (Bergtempel) weist in mancher Hinsicht Ähnlichkeiten mit der Tempelstadt Angkor auf. Besucher erreichen zunächst ein 200 x 600 m großes **Wasserbecken** für rituelle Waschungen, an das sich bergwärts eine ebenso lange **Steinterrasse** anschließt. Hier standen einst hölzerne Pavillons, in deren Schatten die Könige Prozessionen beobachteten.

Auf einem Damm zwischen zwei von Lotos bedeckten **Baray** – Wasserreservoirs, die auch ein wichtiges Element in der Anlage von Angkor sind – bewegten sich früher Prozessionen zum zentralen Teil der Tempelanlage. Die schnurgerade, heute von Lingas sowie einst zudem von steinernen Löwenfiguren und Statuen mythischer Tiere gesäumte Prozessionsstraße endet auf einer 80 x 150 m großen Esplanade, welche die untere Tempelebene bildet.

Als dominierende Bauwerke stehen hier zwei Pavillons aus dem 12. Jh., von denen nur noch die Außenmauern erhalten sind. Das nördliche, mit Blickrichtung auf den Berg rechte Gebäude aus porösem Laterit soll der **Männerpavillon** gewesen sein, während das aus Sandsteinquadern errichtete Südgebäude als **Frauenpavillon** gedient haben soll. In letzterem befand sich ein aus Ziegelstein gemauertes Gemach, in das sich einst die Königin bei Tempelfesten zurückzog. Beide Gebäude besitzen als Zeugnisse hoher Steinmetzkunst gut erhaltene Reliefs mit Darstellungen von Vishnu und Brahma, Shiva und anderen Hindu-Gottheiten. Westlich der Frauenunterkunft befand sich einst im **Nandi-Pavillon** eine Statue des mythischen Reittiers des Gottes Shiva.

Eine von knorrigen Frangipani-Bäumen gesäumte steile **Steinterrasse** aus verwitterten Lateritblöcken führt zur zweiten Ebene der in drei Stufen angelegten Kultstätte. Rechts vom Portal der mittleren Plattform steht eine **Statue von Pranga Kammatha**, dem eine Volkslegende die Gründung des Wat Phou zuschreibt. Bevor Gläubige zum Haupttheiligtum hinaufsteigen, knien sie vor der steinernen Figur nieder, um mit Opfergaben den Segen des legendären Schöpferkönigs zu erbitten.

Besucher queren die mittlere Ebene auf einem mit Steinplatten gepflasterten Pfad und gelangen schließlich auf einer weiteren steil ansteigenden Treppe zum **Haupttempel** auf der obersten Terrasse, die sich 90 m über der Basis erhebt.

Im zentralen, einst Shiva geweihten Heiligtum thront ein großer sitzender Buddha, vor ihm ebenfalls im Lotossitz drei kleineren Figuren des Erleuchteten, alle mit weltentrücktem Lächeln und den halb offenen Augen der Erkenntnis. Früher stand hier ein Linga, der

Buddhas im Wat Phou, einem der bedeutendsten Khmer-Heiligtümer außerhalb Kambodschas

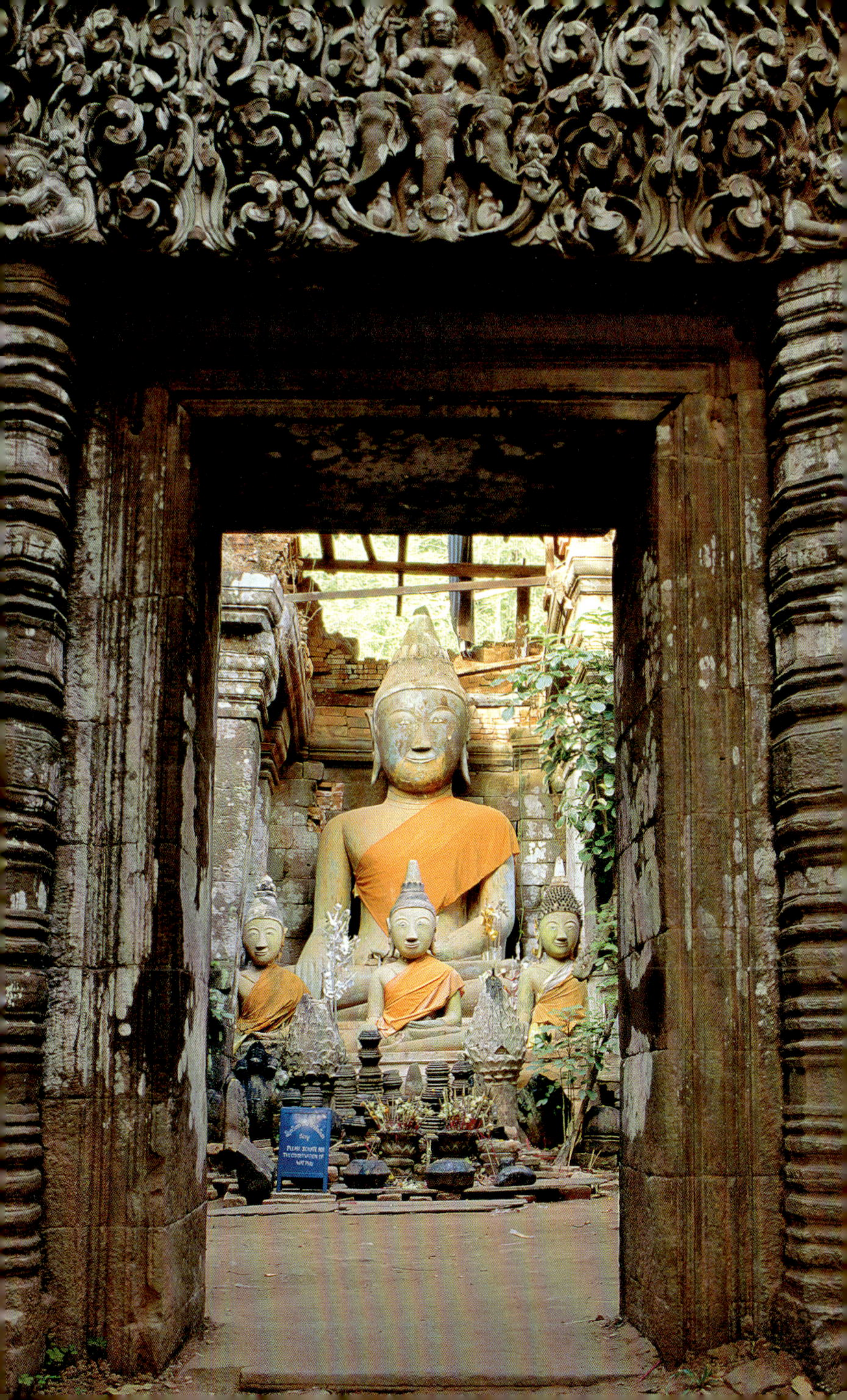
PLEASE DONATE FOR
THE CONSERVATION OF
WAT PHU

Wat Phou

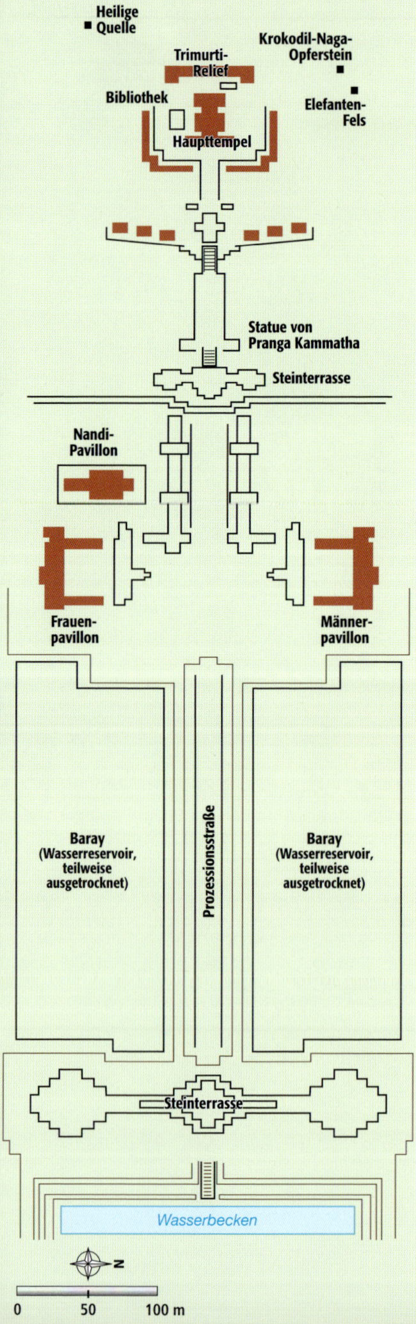

auf mystische Weise mit dem phallusartigen Felsgebilde auf dem Berggipfel in Verbindung stand. Der Überlieferung zufolge wurde einst durch die Rückwand der aus Ziegelstein gemauerten Cella Wasser aus einer heiligen Quelle, die von dem monumentalen Gipfel-Linga gespeist sein soll, auf die Phallusstele im Heiligtum geleitet.

Die frühere hinduistische Bestimmung der Kultstätte kommt auch in den Sandsteinreliefs an Wänden und Türstürzen zum Ausdruck, die Hindu-Götter und Fabelwesen aus der hinduistischen Mythologie darstellen. Die hinduistische Dreieinigkeit Vishnu-Brahma-Shiva ist auf dem **Trimurti-Relief** zu sehen, das Künstler einst in einen großen Sandsteinblock hinter dem Allerheiligsten gemeißelt haben.

Links hinter dem Hauptheiligtum stehen die Reste einer **Bibliothek**. Einige Schritte abseits sprudelt unter einem Felsüberhang die **heilige Quelle,** mit deren Nass einst der Linga im Allerheiligsten benetzt wurde und dem buddhistische Gläubige auch heute noch eine Glück bringende Wirkung zusprechen. Historiker sind sich uneins darüber, in welcher Epoche die Umwandlung des Wat Phou von einem hinduistischen in ein buddhistisches Heiligtum vollzogen wurde. Vermutlich geschah dies im 14. Jh. nach der Gründung des ersten laotischen Königreichs Lan Xang unter dem Herrscher Fa Ngum, der den Theravada-Buddhismus zur Staatsreligion erhob.

Dass an der Stelle des heutigen Wat Phou bereits zu prä-hinduistisch-buddhistischen Zeiten animistische Rituale stattfanden, belegen wenige Schritte nördlich des Hauptheiligtums die in einen Felsblock gehauene **Darstellung eines Elefanten** und der **Opferstein** mit der ausgehöhlten Form eines Krokodils oder einer Naga-Schlange.

Hier befand sich einst ein Kultplatz der Ureinwohner. Um die Götter zu beschwichtigen, zelebrierten Schamanen blutige Opferrituale, bei denen sie in Trance Büffeln die Köpfe abschlugen. Dabei fing die in Form eines Krokodils aus dem Fels geschlagene Schale das Blut als Opfer für die Götter auf. Die Tradition der Büffelopfer ist heute noch bei einigen Völkern in entlegenen Bergregionen von Südlaos lebendig.

Die Ruinen von Wat Phou, die seit 2003 auf der UNESCO-Liste der Weltkulturstätten verzeichnet sind, zählen nach ihrer Wiederentdeckung 1866 durch den französischen Forscher Francis Garnier zu den bedeutendsten archäologischen Stätten von Laos. Sie sind aber auch ein Ort gelebter Frömmigkeit. Das wird besonders einmal im Jahr deutlich, wenn bei Vollmond im Februar buddhistische Mönche und Laien aus dem ganzen Land zum dreitägigen Wat-Phou-Fest in die einst Hindu-Göttern und heidnischen Ritualen geweihte Tempelanlage strömen, die heute unter dem Schutz des Erleuchteten steht.

In der Wat Phou Exhibition Hall am Haupteingang haben Buddha-Figuren aus Holz und Stein, Statuen hinduistischer Götter, Reliefs von Türstürzen und andere Fundstücke ein sicheres Refugium gefunden (www.vatphu-champasak-laos.com, Museum tgl. 8–16.30 Uhr, Tempel tgl. 8–18 Uhr, Eintritt Museum und Tempel 30 000 Kip).

Termine

Bun Wat Phou: Febr. Dreitägiges Tempelfest am Wat Phou bei Vollmond.

Von Champasak nach Süden ► 2, N 18/O 19

Karte: S. 289

Das Heiligtum Oup Moung 2

Khmer- und Lao-Kultur begegnen sich auch in der Ruinenstätte von **Oup Moun** (auch Wat Tomo genannt) etwa 15 km südlich des Wat Phou am östlichen Ufer des Mekong. Bei Ban Lak Seesip (Dorf Kilometer 40) an der Nationalstraße 13 markiert ein Hinweisschild die Abzweigung zum Dorf Ban Oup Moung 4,5 km weiter westlich. Von dort führt ein kurzer Spaziergang zu einem verwunschenen Hain, in dem sich unter vielhundertjährigen Bäumen eine inzwischen teilweise von tropischem Wildwuchs überwucherte Tempelanlage aus dem 6. Jh., der frühen Wat-Phou-Periode, versteckt. In dem aus Lateritquadern errichteten Allerheiligsten stand einst eine ungewöhnliche Steinsäule, die Kunsthistoriker als *mukhalinga* bezeichnen – wörtlich Phallus mit Gesicht. Die vermutlich aus dem 5./6. Jh. stammende Darstellung des Hindu-Gottes Shiva wird heute in der Wat Phou Exhibition Hall aufbewahrt (tgl. 8–16.30 Uhr, 10 000 Kip). Aus einem nahen Steinbruch stammen die Lateritquader für den Wat Phou. Die Felsblöcke wurden an Ort und Stelle behauen und mit Booten auf dem Houay Tomo und dem Mekong zur Tempelstadt Wat Phou gebracht.

Die Dörfer Kiat Ngong und Phapho

In Phiafai beim Kilometerstein 49 der Nationalstraße 13 zweigt die sehr raue Straße Nummer 18 nach Attapeu ab. Zu einem Touristenziel hat sich **Ban Kiat Ngong** 3 entwickelt. Das malerische Lao-Loum-Dorf im Nordteil des 2400 km² großen Naturschutzgebiets **Xe Pian NPA,** das wegen seines Artenreichtums zu den bedeutendsten Naturschutzgebieten von Laos gehört, ist Ausgangspunkt für Kanufahrten in einer von vielen Bach- und Flussläufen durchzogenen Feuchtregion mit vielfältiger (Wasser-)Vogelwelt. Hobby-Ornithologen können hier vor allem Kormorane, Kraniche, Reiher, Sumpfhühner und viele Entenarten beobachten. Elefantensafaris führen auf den Phou Asa, auf dessen Gipfel eine aus unbehauenen Steinen errichtete Kultstätte geheimnisvollen Ursprungs und bislang unbekannter Bestimmung steht.

Auf dem Rücken von Elefanten kann man auch die Umgebung von **Ban Phapho** 4 erkunden. Früher war das Dorf landesweit für seine Elefantenschule bekannt, in der die grauen Riesen zu Waldarbeitern ausgebildet wurden. Seitdem wilde Elefanten unter Schutz stehen und nur noch in Gefangenschaft geborene Tiere ausgebildet werden dürfen, leidet die Schule jedoch an Nachwuchsmangel. Besucher, die ein paar Tage in dem freundlichen Dörfern Kiat Ngung und Phapho bleiben, gewinnen einen guten Eindruck vom laotischen Landleben.

Infos

... in Ban Kiat Ngong:

Kiat Ngong Visitor Centre: Tel. 030 534 65 47, www.xepian.org. Vermittlung von Gastfamilien, Organisation von Bootstouren und Elefantenausritten (auch buchbar beim Champasak Provincial Tourism Office, s. S. 278).

Übernachten

... in Ban Kiat Ngong:

Einfache Bambusbungalows mit Gemeinschaftsbad, ohne Ventilator oder Klimaanlage oder sehr schlichte Zimmer in den Häusern von Gastfamilien, einziger Luxus sind Moskitonetze. Die Übernachtungspreise liegen bei 30 000–40 000 Kip. Für die Verpflegung – ausschließlich *ahaan bääp chaao baan* (Essen im Stil der Dörfler) – sorgen die Gastfamilien. Infos und Buchung am besten im Champasak Provincial Tourism Office.

In der Natur ▶ Kingfisher Ecolodge: Tel. 020 55 72 63 15 u. 020 99 67 15 74, www.kingfisherecolodge.com. Sechs geräumige Holzbungalows mit je zwei behaglich möblierten Zimmern (Dusche/WC und Ventilator, DZ 585 000–675 000 Kip, inkl. Frühstück), zudem einige bescheidener ausgestattete *Eco Rooms* (DZ 180 000–225 000 Kip, inkl. Frühstück), sehr gutes laotisches und italienisches Essen im Restaurant mit Aussichtsterrasse. Die hilfsbereiten Betreiber organisieren Ausflüge in die Xe Pian NPA mit Englisch sprechenden Guides und führen einen Teil der Einnahmen sozialen Zwecken zu.

... in Ban Phapho:

Familiär ▶ Boon Hom Guest House: Einfache Unterkunft im Gehöft einer laotischen Familie, Dusche/WC im Hof, die Frau des etwas Englisch sprechenden Besitzers bereitet gute laotische Hausmannskost zu. Es gibt keinen elektrischen Strom. DZ 40 000 Kip.

Verkehr

Anreise: Sporadisch Pickups ab Pakxe (Southern Bus Station) direkt nach Ban Kiat Ngong und Ban Phapho oder Bus bzw. Pickup ab Pakxe (Southern Bus Station) bis Phiafai/Ban Thang Baeng, von dort mit Tuk-Tuk oder Motorrad-Taxi 7 km auf der Road 18 Richtung Attapeu, dann auf einer holprigen Piste nach rechts 1,5 km bis Ban Kiat Ngong bzw. 15 km auf der Road 18 in Richtung Attapeu, dann auf einer holprigen Piste nach rechts 7 km bis Ban Phapho.

0 Viertausend Inseln im Mekong ▶ 2, N 20

Karte: S. 289

Tief im Süden von Laos, unmittelbar vor der Grenze zu Kambodscha, erreicht der sich in schier unzählige Neben- und Seitenarme verästelnde Mekong mit rund 14 km die größte Breite seines langen Laufes zwischen den Höhen des Himalaya und seinem Delta am Südchinesischen Meer. Die tropische Fluss-

Idyllisches und ruhiges Plätzchen: Dorf auf Don Det

landschaft ist mit zahlreichen kleinen und größeren Inseln, Felsen und Sandbänken gespickt, was der Region den Namen Si Phan Don eingebracht hat – Viertausend Inseln. Nicht immer ragen alle Inseln aus den lehmigbraunen Fluten, während des Monsuns, wenn der Pegel des Mekong deutlich steigt, werden viele von den Wassermassen verschluckt. In der amphibischen Welt leben etwa 60 000 Menschen, verteilt auf mehr als 100 Dörfer, die auf den größeren, dicht bewachsenen Inseln verstreut sind.

Don Khong 5

25 000 Bewohner zählt allein **Don Khong**, die mit knapp 130 km² größte der Mekong-Inseln. Zur Hauptstadt Muang Khong verkehren vom Hafen Ban Hatsay Khoun etwas abseits der Nationalstraße 13 Passagierboote. Das verschlafene Städtchen hat Besuchern wenig zu bieten. Nichts, was einem den Atem raubt. Kein Bauwerk von besonderer Bedeutung. Der Zauber von Don Khong liegt in seinem Frieden, im gemächlichen Dahinschreiten des Lebens.Spaziergänge führen vom Bootsanleger zum Wat Luang Keo mit einer reich dekorierten Pagode und zum schmucklosen Wat Chomthong, von dem sich ein schöner Blick auf vom Mekong umarmte Inseln bietet. Ziel einer Radtour ist der Hafen Muang Saen in der Südwestecke der Insel.

Übernachten

Inselresort ▶ **Villa Muang Khong Hotel:** Tel. 031 21 30 11, www.khongislandtravel.com/hotel.html. 42 komfortable, klimatisierte

Zimmer in einem Hauptgebäude und in Bungalows, wenige Schritte vom Mekong, gut besuchtes Restaurant und Internetzugang. DZ 35–48 US-$.
Individuelle Note ▶ Sala Don Khong: Tel. 031 21 20 77, www.salalao.com. Stilvolle Kolonialherberge am Mekong, zwölf behagliche Zimmer mit Warmwasser-Dusche/WC und Klimaanlage, Restaurant, Organisierte Bootstouren. DZ 22–33 US-$ (inkl. Frühstück).
Anspruchsvoll ▶ Mali Guest House: Tel. 031 21 36 68, athalo@netzero.com. Klimatisierte Zimmer mit Bad, z. T. mit Mekong-Blick, schöner Garten, sehr persönlicher Service. DZ 22–28 US-$.
Gut geführt ▶ Pon's Hotel: Tel. 031 21 40 37. Freundliches Haus am Mekong, gemütliche, klimatisierte Zimmer mit Dusche/WC, Restaurant, Internetzugang, Fahrrad- und Mopedverleih, Organisation von Bootstouren nach Don Khon/Don Det und zu den Mekong-Fällen, der hilfsbereite Mr. Pon spricht Englisch und Französisch. DZ 12–27 US-$.
Budget-Option ▶ Mekong Guest House: Tel. 031 21 36 68. Einfache, aber ordentliche Zimmer mit Ventilator und Gemeinschaftsbad oder AC und Dusche/WC, die besseren mit Flussblick, verteilt auf drei Häuser am Mekong, mit Restaurant. DZ 5–25 US-$.

Essen & Trinken

Hochgenuss ▶ Pon's Restaurant: Tel. 031 21 40 37, tgl. 7–23 Uhr. Das gut besuchte Terrassenrestaurant scheint über dem Mekong zu schweben. Traditionelle Lao-Küche mit Pfiff interpretiert, Spezialität ist *mokpa* (im Bananenblatt gedämpfter Fisch). Nahe am Bootsanleger. Gerichte ab 20 000 Kip.
Schöner Ausblick ▶ Souksan Restaurant: Tel. 031 21 20 71, tgl. 7–22.30 Uhr. Überdachtes Terrassenlokal am Mekong, 200 m nördlich des Bootsanlegers, Gerichte ab 15 000 Kip.

Termine

Bun Suang Heua: Dez. Auf dem Mekong rudern die Mannschaften verschiedener Dörfer um die Wette; in Muang Khong wird ein großer Jahrmarkt und Rummel abgehalten.

Verkehr

Bus: Tgl. mehrere Busse nach Champasak (80 km/2 Std.) und Pakxe (120 km/3 Std.).
Boot: Es verkehren nur noch Ausflugsboote für Touristen, z. B. Wat Phu Cruise (s. S. 280). Boote nach Pakxe und Champasak nur noch auf Charterbasis. Einige Hotels und Gästehäuser bieten einen Shuttleservice zwischen Don Khong und Don Khon/Don Det, z. B. Pon's Hotel (s. l.).

Don Khon und Don Det 6

Zwei Bootsstunden flussabwärts liegen die beiden durch eine Steinbrücke miteinander verbundenen Inseln **Don Khon** und **Don Det** im breiten Strom. Deutlich kürzer ist die Anfahrt von Ban Nakassang, das man auf einer 3 km langen Stichstraße ab Kilometerstein 140 an der Road 13 erreicht.

Ban Khon auf der Insel Khon ist ein beschaulicher kleiner Ort mit Holzhäusern, über dem immer noch ein Hauch französischer Kolonialatmosphäre weht. Hier hatten die Franzosen einst eine Verladestation gebaut und im Dschungel ein paar Kilometer Eisenbahntrassen gelegt, um die Wasserfälle und Stromschnellen des Mekong zu umgehen. Sie hofften, so ihren Traum von einer fließenden Seidenstraße zwischen dem Südchinesischen Meer und China doch noch verwirklichen zu können. Die Anlage wurde allerdings schon bald aufgegeben. Die einzige Lokomotive, die je in Laos gefahren ist, rostet jetzt am Rande von Ban Khon vor sich hin. Auf einem kleinen christlichen Friedhof in der Nähe findet man verwitterte Grabmale.

Spuren der Khmer entdeckt man im Wat Khon Tai, hinter dessen Pagode ein schwarzer Stupa aus der Zhenla-Epoche steht. Wie viele andere buddhistische Tempel im Süden von Laos erwuchs auch Wat Khon Tai aus den Ruinen einer hinduistischen Kultstätte. Die Linga-Yoni-Darstellung vor dem teils von Tropengrün überwucherten Sakralbau gibt einen weiteren Hinweis auf die ursprünglich hinduistische Bestimmung des Heiligtums.

Vom Tempel führt ein halbstündiger Spaziergang vorbei an Gehöften, die von Kokospalmen überschattet sind, zu den Somphamit oder auch Li Phi genannten Wasserfällen zwischen den Nachbarinseln **Don Doi** und **Don Sangiat**. Hier beendet der größte Strom Südostasiens seinen friedlichen Lauf und sucht sich tosend einen Weg durch ein Felsenlabyrinth. Die Stromschnellen und tiefen Ausspülungen in den Felsen sind Lebensraum und Laichplatz für Fische.

Oft kann man Fischer beobachten, wie sie von wackeligen Bambusgestellen ihre Netze auswerfen oder Fischreusen kontrollieren. Rund zwei Drittel der Insulaner erwirtschaften ihren Lebensunterhalt mit dem Fischfang. In den reichen Gründen des Mekong fangen sie alljährlich pro Kopf durchschnittlich fast 400 kg Fisch.

Die Stromschnellen **Tam Ee Daeng** zwischen Don Sangiat und dem kambodschanischen Mekong-Ufer erreicht man nur mit einem Boot. Dicht an der Grenze zum Nachbarland vor der Südspitze von Don Khon haben die berühmten Irrawaddy-Delfine (s. S. 24) ihren Tummelplatz.

Die besten Chancen, die seltenen Tiere zu beobachten, bestehen in den späten Nachmittagsstunden während der regenarmen Monate April und Mai, wenn der Pegel des Mekong auf seinen niedrigsten Stand sinkt und sich die Delfine in der verbleibenden tiefen Flussrinne vor Ban Hang Khon sammeln. Bootsausflüge kann man in den meisten Gästehäusern arrangieren.

Über die in der französischen Kolonialzeit gebaute Eisenbahnbrücke erreicht man Don Det, die noch bis Ende 2009 ohne Elektrizität, ohne Autos und Mopeds vor sich hin träumte, mittlerweile aber wie ihre Nachbarinsel an das Stromnetz angeschlossen ist. Wie auf Don Khon ist auch dort der Tourismus zu einer wichtigen Einnahmequelle der Insulaner geworden. Zog es einst vor allem Reisende hierher, die das einfache Leben erleben wollten, ist nun Partytime. Mittlerweile reiht sich im Inseldorf Ban Houa Det ein Bambusresort an das andere, schießen in den verbliebenen Lücken Lokale und Bars aus dem Boden, plärren bei Full-Moon-Partys Lautsprecher ohrenbetäubend durch die Tropennächte.

Übernachten

Während es auf Don Khon neben preiswerten Gästehäusern auch einige gehobenere Unterkünfte gibt, dominieren auf Don Det einfache Bambusbungalows für Backpacker. In den angeschlossenen Restaurants werden dem westlichen Geschmack angepasste laotisch-thailändische Gerichte serviert.

... auf Don Khon:

Stivoll gebettet ▶ Salaphae: Tel. 030 525 63 90, www.salalao.com. 3 komfortable, zurückhaltend dekorierte Zimmer mit Warmwasser-Dusche/WC und AC in einem französischen Kolonialgebäude (45–60 US-$, inkl. Frühstück), sechs gemütliche Zimmer mit Warmwasser-Dusche/WC und Ventilator in einem traditionellen Teakhaus (30–45 US-$, inkl. Frühstück), Terrassenrestaurant mit Blick auf den Mekong, Bootstouren zur Delfinbeobachtung. DZ 30–60 US-$ (inkl. Frühstück).

Schwimmende Lodge ▶ Salaphae: Tel. 020 55 40 42 33, www.salalao.com. Gemütliche Holz-Bambusbungalows auf Flößen, alle Zimmer mit Warmwasser-Dusche/WC und Ventilator, sehr gutes Restaurant. Bungalow 40–50 US-$ (inkl. Frühstück).

Guter Preis ▶ Mr. Pan's Guest House: Tel. 030 534 69 39. Landestypische Bungalows aus Naturmaterialien mit Klimaanlage und Warmwasser, laotisch-vietnamesisches Restaurant, Internetzugang, Organisation von Ausflügen, der Besitzer spricht Englisch. DZ 15–25 US-$.

Rustikal ▶ Khampheng Guest House: Tel. 020 56 56 52 98. Holzbungalows am Fluss mit Gemeinschaftsbad oder Dusche/WC und Ventilator. DZ 40 000–60 000 Kip.

... auf Don Det:

Gehobener Anspruch ▶ Souksan Bungalows: Ban Houa Det, Tel. 030 534 51 54. Gut ausgestattete Zimmer in Holz- und Steinbungalows mit Dusche/WC und Ventilator oder AC, Restaurant, Bootsservice. DZ 15–30 US-$.

Beliebt ▶ Santiphab Guest House: Tel. 020 54 61 42 31, www.santiphab-don-det.com. Bambusbungalows in idyllischer Lage an der alten Eisenbahnbrücke, gutes Restaurant, Fahrradverleih. Bungalow 40 000–80 000 Kip.

Von Champasak nach Dong Krolor

Am Fluss ▶ Mr. B. Sunset Bungalows: Ban Houa Det, Tel. 030 534 51 09. Hübsche Holzbungalows mit kleiner Terrasse und Ventilator, Gemeinschaftsbad oder Dusche/WC. Bungalow 40 000–70 000 Kip.

Gemütlich ▶ River Garden Bungalows: Tel. 020 77 70 18 60, www.rivergardenlaos.com. Holzbungalows mit Gemeinschaftsbad oder Dusche/WC und Ventilator, Restaurant, 300 m nördlich der alten Eisenbahnbrücke. Bungalow 40 000–70 000 Kip.

Urig ▶ Boun Tip's Eastside: Tel. 020 54 81 39 00. Bambusresort mit Restaurant am Fluss, hilfsbereites deutsch-laotisches Besitzerehepaar, Bootstransfer von Ban Nakassang möglich. Bungalow 40 000–60 000 Kip.

Aus Holz und Bambus ▶ Sunset Bungalows: Ban Houa Det. Nette Bungalows am Mekong. 35 000–50 000 Kip.

Essen & Trinken

... auf Don Khon:

Am Mekong ▶ Seng Ahloune Restaurant: Ban Khon, Tel. 030 534 58 07, tgl. 8–22 Uhr. Stimmungsvolles Terrassenrestaurant mit laotisch-thailändischer Speisekarte, südlich der alten Brücke. Gerichte ab 20 000 Kip.

Alteingesessen ▶ Somesanouk Restaurant: Ban Khon, tgl. 8–22 Uhr. Rustikales Terrassenlokal am Fluss, gute asiatische und europäische Speisen, nördlich der alten Brücke. Gerichte ab 15 000 Kip.

Größter Wasserfall Südostasiens: der Khong Phapheng

... auf Don Det:
Stimmungsvoll ▶ Little Eden: im Little Eden Guest House, Ban Houa Det, Tel. 020 77 73 90 45, tgl. 8–23 Uhr. Ambitionierte Küche. Auf der abwechslungsreichen Speisekarte stehen asiatische und europäische Speisen. Gerichte ab 25 000 Kip.
Für Sundowner ▶ Sunset Bar: Sunset Bungalows, Ban Houa Det, tgl. 17–24 Uhr. Angesagte Bar am Fluss, kaltes Beer Lao und kleine asiatische und europäische Speisen. Gerichte ab 15 000 Kip.
Hip und lässig ▶ Reggae Bar: Ban Houa Det, tgl. 17–24 Uhr. Traveller-Treff mit internationaler Speisekarte und Bob-Marley-Musik. Gerichte ab 10 000 Kip.

Aktiv

Delfine beobachten ▶ Green Discovery: Ban Houa Det, Don Det, www.greendiscoverylaos.com und Xplore Asia: Ban Houa Det, Don Det, www.xplore-asia.com. Kajaktouren zu den Somphamit-Wasserfällen und den Delfinen.

Verkehr

Bus: Tgl. mehrere Busse von Pakxe (Southern Bus Station) nach Ban Nakassang, von dort tagsüber etwa stündlich Passagierfähren nach Don Khon und Don Det. Boote nach Don Khong und zu den Mekong-Fällen sowie Busse zur kambodschanischen oder thailändischen Grenze können in den meisten Gästehäusern gebucht werden.

10 Mekong-Fälle ▶ 2, O 21

Karte: S. 289
Wenige Kilometer südlich des landumschlossenen Archipels der Viertausend Inseln gibt der vorher träge fließende Mekong mit den mächtigsten Wasserfällen von Südostasien in Laos eine grandiose Abschiedsvorstellung. Für Schiffe unüberwindbar, stürzt der Fluss auf einer durch Felsen unterbrochenen Breite von mehreren Kilometern bis zu 15 m in die Tiefe. **Khong Phapheng** nennen die Einheimischen das gischtende Spektakel – Getöse des Mekong. Hier endete im Juni 1866 die Expedition der französischen Kolonialoffiziere Francis Garnier und Ernest Douart de Lagrée, deren Ziel es war, einen Handelsweg auf dem Mekong nach China zu erkunden – im Wettlauf mit den Briten, die von Burma über den Irrawaddy in das Reich der Mitte vorstießen. Da spätere Pläne, die Felsbarriere zu sprengen, am Widerstand der Einheimischen scheiterten, beschloss man, das Hindernis mit einer 10 km langen Eisenbahnstrecke zu umgehen. Der beste Blick auf Khong Phapheng bietet sich von einem Aussichtspavillon oberhalb der Wasserfälle, zu erreichen auf einer Stichstraße, die etwa 10 km nördlich der laotisch-kambodschanischen Grenze von der Road 13 abzweigt (tgl. 8–20 Uhr, 20 000 Kip). Die Nationalstraße endet in Dong Krolor. Seit der Öffnung der Grenze können ausländische Touristen per Boot oder auf dem Landweg von Südlaos in den Nordosten von Kambodscha reisen (s. S. 438).

Tipp: Weiterreise nach Kambodscha

Vor dem Ausbau der National Road 13 in Laos und der RN 7 in Kambodscha war die Bootsfahrt auf dem Mekong die einzige Möglichkeit, nach Kambodscha weiterzureisen. Heute ist die laotische Grenzstation Veung Kham, wo die Boote ins Nachbarland ablegten, praktisch ohne Bedeutung, da die allermeisten Reisenden den weitaus unkomplizierteren Landweg über die Grenzstation Dong Krolor, 11 km östlich von Veung Kham, nehmen.

Von Pakxe (Southern Bus Station) fahren regelmäßig Busse der kambodschanischen Gesellschaft Phnom Penh Sorya (www.ppsoryatransport.com) über Stung Treng, Kratie und Kompong Cham nach Phnom Penh und Siem Reap. Zudem gibt es tgl. Minibusse von Don Khong und Don Khon/Don Det zur laotischen Grenze, wo die Passagiere in Busse kambodschanischer Partnergesellschaften umsteigen.

Geheimnisvoll und mit mächtiger Dschungelatmosphäre lädt der Ta-Phrom-Tempel in Angkor auf eine Reise in die Vergangenheit ein

Kambodscha

Kambodscha – Land im Aufbruch

Besuchermagnet des kleinen Königreichs sind die Tempelstätten von Angkor. In der von Aufbruchstimmung geprägten Hauptstadt Phnom Penh lohnt sich der Aufenthalt ebenso. Erholung von Besichtigungstouren versprechen die Badestrände bei Sihanoukville. Auch zieht es immer mehr Besucher den Mekong aufwärts bis zur kambodschanisch-laotischen Grenze oder in die Provinz Rattanakiri im Nordosten des Landes.

Annäherung an Kambodscha

Der Zauber von Angkor

Nebelstreifen hängen zwischen den Kronen der hohen Bäume, die den Bayon-Tempel umgeben. Ein leichter Wind kommt auf und zerreißt den Morgendunst wie einen Tüllvorhang. Die ersten Sonnenstrahlen treffen auf die oberste Terrasse des von König Jayavarman VII. erbauten buddhistischen Heiligtums. Während sich der Himmel orangerot verfärbt, nehmen die rund 200 monumentalen Porträts des Bauherrn, die den Tempel schmücken, Kontur an. Zeitlos lächelnd und entrückt begrüßt er als Bodhisattva Avalokiteshvara den neuen Tag.

Für Besucher, die hier in den frühen Morgenstunden in die längst vergangene Welt der Khmer eintauchen wollen, verfließen in diesem Augenblick Realität und Illusion. Auf der Suche nach der Vergangenheit finden sie sich unvermittelt in der Gegenwart wieder. Die Morgenbrise trägt Stimmen hinauf zur Himmelsburg des Bayon. Sie gehören Touristen, die ihr Tempel-Sightseeing in der Ebene von Angkor beginnen.

Das Königreich der Khmer, das sich im 12./13. Jh. zur Zeit seiner größten Ausdehnung von Annam über Laos und Siam bis an die Grenze zu Burma und zur nördlichen Malaiischen Halbinsel erstreckte, hat von der Wende vom 8. zum 9. Jh. bis zum 15. Jh. eine Hochkultur geschaffen, wie sie in Südostasien nicht ihresgleichen fand – Angkor.

Seitdem die lange Zeit vergessene Tempelstadt, eines der bedeutendsten Baudenkmäler der Welt, von französischen Archäologen in der zweiten Hälfte des 19. Jh. dem Dschungeldickicht entrissen wurde, ist Angkor für die Kambodschaner das Symbol ihrer einstmaligen Größe und Kultur.

Die berühmten Tempel der Khmer-Könige nahe der Provinzstadt Siem Reap, rund 300 km nordwestlich der kambodschanischen Hauptstadt Phnom Penh, waren noch bis Mitte der 1990er- Jahre auf dem Landweg für Touristen nicht erreichbar. Damals hatten die Roten Khmer noch ein Viertel des Landes unter Kontrolle, vor allem die Regionen im Nordwesten von Kambodscha an der Grenze zu Thailand. Überfälle, Entführungen und Raubmorde machten Reisen auf vielen Überlandrouten zu einem unkalkulierbaren Sicherheitsrisiko.

Heute locken die Tempel von Angkor, die geheimnisvollen, monumentalen Sakralbauten am Rande des Dschungels, wieder zahlreiche Touristen aus aller Welt nach Kambodscha. Viele von ihnen reisen von Phnom Penh in einem der auf dem Tonle Sap, dem größten Binnensee Südostasiens, pendelnden komfortablen Kabinenboote an. Sie erleben dabei eine amphibische Welt, sehen Menschen, die schon seit Jahrtausenden in schwimmenden Dörfern auf dem Wasser leben.

Vom Paradies zum Schlachtfeld

Der Fremdenverkehr hat im Königreich Kambodscha eine lange Tradition. Als Anfang der 1960er-Jahre Düsenjets den Luftverkehr revolutionierten, nahm der Ferntourismus einen Aufschwung, von dem auch das Land am Mekong profitierte. Viele Besucher haben Kambodscha damals als ein Paradies erlebt und so auch in Erinnerung behalten. Im benachbarten Vietnam dröhnten schon die Waffen, im Reich von König Sihanouk herrschte Friede. Die Einheimischen begnügten sich als einfache Reisbauern mit einer bescheidenen Existenz, aber sie lebten glücklich in den Tag. Die alluvialen Böden des Mekong und des Tonle Sap waren so fruchtbar, dass es keine Nahrungsprobleme gab. Angesichts wogender Reisfelder, Zuckerpalmen und fischreicher Flüsse und Seen wähnten sich die fremden Besucher in einem Land bescheidenen Glücks.

Auch Phnom Penh bot in jenen Jahren das Bild einer blühenden Märchenstadt, die Besucher mit breiten Boulevards und einem prachtvollen Königspalast in ihren Bann zog. Doch seit Anfang der 1970er-Jahre wurden die Touristen von Kriegsjournalisten abgelöst.

Mit dem Sturz von Prinz Sihanouk durch General Lon Nol begann die Leidenszeit der Kambodschaner, die über ein Vierteljahrhundert dauerte. Dem Militärputsch folgten der amerikanische Bombenterror, der Massenmord der Roten Khmer, die Invasion der Vietnamesen und zehn Jahre Bürgerkrieg. Kambodscha wurde zum blutigen Experimentierfeld der Weltideologien. Eine ganze Generation wuchs in Angst und Schrecken auf. Die Kambodschaner brauchten viele Jahre, um sich nach dem Schrecken der Vergangenheit wieder an den Normalzustand zu gewöhnen.

Ihre tragische Geschichte, die seit dem Zerfall des Angkor-Imperiums im 15. Jh. fast nur aus Niederlagen und Demütigungen, Fremdherrschaft und Ausbeutung durch andere Staaten bestand, hat die Kambodschaner tief getroffen. Der Niedergang hat zu einem Trauma geführt, das in allen Schichten der Gesellschaft zu spüren ist. Ein Symbol der Hoffnung, zugleich ein Orientierungspunkt auf der Suche nach einer nationalen Identität, ist für die Kambodschaner die Tempelstadt Angkor, in der vor mehr als 1000 Jahren ihre Nation gegründet wurde. In Angkor schlägt noch heute das Herz der Khmer.

Reisen in Kambodscha

Noch immer ist Kambodscha, das heute noch von den Wirren der jüngeren Vergangenheit gekennzeichnet ist, als Reiseland mit etwas Vorsicht zu genießen. Zwar herrscht Friede im Land, doch hat die Bevölkerung unter den Folgen des langen Bürgerkriegs zu leiden. So sind Millionen von Landminen nach wie vor eine große Gefahr.

Während die Angkor-Tempel gefahrlos besucht werden können und auch Reisen in und um die Hauptstadt Phnom Penh sowie zu den weiten Stränden bei Sihanoukville an der Südküste oder den Mekong aufwärts zur Grenze nach Laos nicht mehr riskant sind, ist die Erkundung entlegener Landesteile derzeit immer noch eine Frage der persönlichen Entscheidung und Verantwortung. So wagen sich bislang nur abenteuerlustige Backpacker in die gebirgige Grenzregion zu Thailand. Aber vermutlich ist es nur eine Frage der Zeit, bis auch die Dangrek- und Kardamom-Berge mit ihren Naturschönheiten und ihrer reichen Tier- und Pflanzenwelt für den (Trekking-)Tourismus erschlossen werden. In Phnom Penh und Sihanoukville sowie vor allem in Siam Reap, dem Ausgangsort für die Erkundung der Tempelstätten von Angkor, finden Besucher heute schon eine ausgezeichnete touristische Infrastruktur mit Unterkünften und Restaurants für jeden Geldbeutel.

Ob in der quirligen Hauptstadt Phnom Penh oder in einem kleinen Dorf in der Provinz, die Kambodschaner begrüßen Reisende mit dem ihrem Volk eigenen *sourire khmer,* dem Lächeln der Khmer. Vielen Einheimischen erscheinen die Besucher aus aller Welt wie Sendboten des Friedens. Seitdem jedes Jahr immer mehr Touristen in ihr Land reisen, schöpfen die Kambodschaner Hoffnung für die Zukunft.

Steckbrief Kambodscha

Daten und Fakten

Name: Preah Reacheanachakr Kampuchea – Königreich Kambodscha oder International Kingdom of Cambodia
Fläche: 181 035 km^2 (mehr als doppelt so groß wie Österreich)
Hauptstadt: Phnom Penh (1,8 Mio. Ew.)
Amtssprache: mit eigener Schrift ist Kambodschanisch (Khmer)
Einwohner: 14,8 Mio.
Bevölkerungswachstum: 2,5 %
Lebenserwartung: Frauen 61 Jahre, Männer 56 Jahre

Währung: Kambodschanischer Riel. Banknoten zu 100, 200, 500, 1000, 2000, 5000, 10 000, 20 000, 50 000 und 100 000 Riel. Keine Münzen.

Zeit: MEZ plus 6 Std., während der europäischen Sommerzeit MEZ plus 5 Std.
Landesvorwahl: 00855

Landesflagge: Blau-rot-blau, im roten Feld die Tempeltürme von Angkor Wat in weiß

Geografie

Kambodscha besteht aus einem herzförmigen Tieflandbecken, von Bergketten umrahmt. Im Westen und Südwesten grenzt es an Thailand, im Osten und Südosten an Vietnam und im Norden an Laos. Im Süden hat Kambodscha Zugang zum Golf von Thailand. Die Nord-Süd-Ausdehnung beträgt 430 km, die West-Ost-Erstreckung 550 km. Mit 1771 m ist der Phnom Aoral der höchste Berg des Landes. Der 4200 km lange Mekong durchfließt Kambodscha auf 510 km. Der Tonle Sap hat je nach Jahreszeit eine Ausdehnung von 2500 bis zu 20 000 km^2.

Geschichte

Im 2. Jh. entwickelte sich im Mekong-Delta mit Funan das erste indisch geprägte Königreich Südostasiens. Im 6. Jh. gelang es den Khmer von Zhenla, Funan zu unterwerfen.

Unter der Regentschaft von Jayavarman II. (vor 770 bis nach 800), der Angkor zum Zentrum einer bis zum 15. Jh. regierenden Dynastie erkor, begann die machtvollste Epoche der kambodschanischen Geschichte. Nach Angriffen von Nachbarstaaten auf das Khmer-Reich wurde dessen Niedergang 1431 durch die Zerstörung Angkors eingeleitet.

Als das von Siam und Vietnam in die Zange genommene Khmer-Reich im 19. Jh. zu zerfallen drohte, unterschrieb König Norodom I. 1863 ein Protektoratsabkommen mit Frankreich. Nach dem Zweiten Weltkrieg wurde Kambodscha als autonomer Staat Teil der Französischen Union. Seine volle Unabhängigkeit erhielt Kambodscha am 20. Juli 1954.

Als die USA Kambodscha im Vietnamkrieg massiv bombardierten, brach König Sihanouk 1965 die diplomatischen Beziehungen zu Washington ab und suchte eine Anlehnung an Peking. Am 18. März 1970 stürzte der Generalstabschef Lon Nol mit amerikanischer Hilfe Sihanouk.

Am 9. Oktober 1970 wurde in Phnom Penh die pro-westliche Republik Kambodscha ausgerufen. Der darauffolgende Bürgerkrieg zwischen Anhängern von General Lon Nol und den kommunistischen Roten Khmer endete 1975 mit der Einnahme von Phnom Penh durch die Roten Khmer unter der Führung von Pol Pot.

Ziel der Roten Khmer war die Umgestaltung Kambodschas in einen Agrarstaat nach chinesischem Modell. Die radikale, hundertprozentige sozialistische Revolution wurde zur Terrorherrschaft. Auf Kambodschas *killing fields* starben innerhalb von drei Jahren und acht Monaten 1,5–2 Mio. Menschen.

1979 vertrieben die Vietnamesen die Roten Khmer aus Phnom Penh. Die Vereinten Nationen erkannten die neue, von Vietnam unterstützte Regierung Kambodschas nicht an und betrachteten die Widerstandkoalition aus Sihanouk-Anhängern, bürgerlich-republikanischen Kräften und Roten Khmer, die sich 1982 formiert hatte, als legitime Vertretung.

Nach jahrelangem Guerillakrieg der drei Widerstandsgruppen gegen die kambodschanischen Regierungstruppen kam es ab 1986 zu Verhandlungen. Diese führten zum Friedensabkommen von 1991. Der Vertrag sah vor, dass die Vereinten Nationen eine Übergangsverwaltung errichteten und freie Wahlen organisierten.

Nach den ersten Parlamentswahlen in Kambodscha 1993 fand das Land nach politischen Turbulenzen zu stabilen Verhältnissen zurück. Größte innenpolitische Erfolge waren die Auflösung der Roten Khmer und die Prozesse ehemaliger Rote-Khmer-Führer vor dem Völkermordtribunal.

Staat und Politik

Gemäß der Verfassung vom September 1993 ist Kambodscha eine konstitutionelle Monarchie auf der Grundlage eines demokratischen Mehrparteiensystems. Als lebenslanges Staatsoberhaupt gilt der König als Symbol der nationalen Einheit und oberster politischer Schiedsrichter des Landes. Theoretisch besteht eine Gewaltenteilung zwischen Exekutive, Legislative und Judikative. Mit einem jährlichen Pro-Kopf-Einkommen von unter 480 US-$ gehört Kambodscha zu den ärmsten Nationen der Welt.

Wirtschaft und Tourismus

Kambodscha ist ein Agrarstaat mit Reis als wichtigstem landwirtschaftlichem Produkt. Aufgrund archaischer Bearbeitungsmethoden liegt die Landwirtschaft auf Subsistenzniveau. Im bis heute sehr wenig entwickelten industriellen Sektor dominiert die Textil- und Bekleidungsbranche. Weitere bedeutende Devisenbringer: Export von Edelhölzern und Kautschuk sowie der Fremdenverkehr.

Bevölkerung und Religion

Die Bevölkerung Kambodschas betrug nach der Vertreibung der Roten Khmer 1979 nur noch 5,2 Mio., sie ist jedoch nach einem rasanten Wachstum wieder auf fast 15 Mio. gestiegen, davon 92 % Khmer, 4 % Vietnamesen und 2 % Chinesen. Weitere 2 % der Einwohner gehören zum muslimischen Volk der Cham. In abgelegenen Regionen leben 70 000–80 000 Angehörige von Bergvölkern. Das jährliche Bevölkerungswachstum beträgt gut 2,5 %, die Bevölkerungsdichte 75 Einw./km^2. 50 % der Bevölkerung sind jünger als 20 Jahre. Die Analphabetenquote beträgt über 50%. Staatsreligion, zu der sich fast alle Khmer bekennen, ist der Theravada-Buddhismus.

Wirtschaft, Soziales und aktuelle Politik

Kaum ein anderes Land der Welt ist in der jüngeren Geschichte so häufig und tief in Tragödien geraten wie Kambodscha. Zwar herrscht Friede im Land, doch hat die Bevölkerung immer noch unter den wirtschaftlichen und politischen Folgen des lang andauernden Bürgerkriegs zu leiden.

Wirtschaft – Armut trotz natürlichen Reichtums

Kambodscha, das einst als die Asiatische Schweiz einen höheren Entwicklungsstand als Thailand hatte, könnte florieren, doch fiel Anfang der 1970er-Jahre ein großer Teil der bescheidenen Infrastruktur dem Bürgerkrieg zum Opfer.

Dann warf zwischen 1975 und 1978 die **Schreckensherrschaft** der Roten Khmer das Land um Jahrzehnte zurück. Die Steinzeitkommunisten zerstörten die Basis der Industrie, indem sie die Stadtbevölkerung in abgelegene Regionen trieben, praktisch alle einheimischen Experten töteten und die meisten Fabriken in Schutt und Asche legten. Zudem verboten sie den Besitz von Privateigentum und zogen das Geld aus dem Verkehr. Durch den Bau von nicht den Landesverhältnissen angepassten Bewässerungsanlagen, die nie funktionierten, zerstörten sie die Landwirtschaft.

Dagegen war die **Planwirtschaft**, welche die Vietnamesen nach ihrem Sieg über die Roten Khmer dem Lande verordneten, noch die reinste Wohltat. Dem von Hanoi eingesetzten Regime gelang es, Kambodscha wieder halbwegs auf die Beine zu stellen. Doch war das Land auf Unterstützung von außen angewiesen. Als nach 1989 die Finanzhilfe aus Moskau ausblieb und eine erneute Krise drohte, vollzog die Regierung eine wirtschaftspolitische Kehrtwende.

Kurskorrektur

Nach den Wahlen vom Mai 1993 musste sich der kambodschanische Staat gewissermaßen selbst neu erschaffen. Das **Wiederaufbauprogramm** der Weltbank ließ praktisch keinen Sektor unberücksichtigt, von der Infrastruktur bis zur Verwaltung, vom Schulsystem bis zum Gesundheitswesen.

Heute profitieren viele Kambodschaner von einer wirtschaftlichen **Laisser-faire-Politik**. Die Märkte sind gefüllt mit japanischer Unterhaltungselektronik, Restaurants bieten Spezialitäten aus aller Welt. Die Hauptverkehrsadern von Phnom Penh ersticken im lärmenden Verkehrschaos qualmender Mopeds und Autos.

Der **Boom** ist die Folge einer kambodschanischen **Reform- und Öffnungspolitik**, die sich von sozialistischen Dogmen verabschiedet hat, das Verbot des Privateigentums an Produktionsmitteln aufhob und ausländische Investitionen zuließ. Statt im Kollektivanbau in Solidaritätsgruppen bestellen die Bauern ihre Felder wieder in eigener Verantwortung. Grund- und Hausbesitz ist vererbbar. Der private Handel floriert, und der blühende Schmuggel wurde recht pragmatisch zum Außenhandel umdefiniert.

Doch der Boom ist alles andere als der Anfang eines neuen asiatischen Wirtschaftswunders. Das aktuelle Wachstum, eine Art Strohfeuer, geht nicht sehr tief. Es werden zwar zahlreiche neue Hotels, Restaurants und Läden eröffnet, aber die Investitionen in das verarbeitende Gewerbe sind verschwindend gering. Auch darf nicht vergessen werden, dass der Entwicklungsfortschritt zu einem großen Teil auf Finanzspritzen aus dem Ausland beruht – Kredite und sonstige internationale Finanzhilfen machen etwa die Hälfte des gesamten Regierungsbudgets aus.

Soziale Missverhältnisse

In den Jahren seit den Wahlen von 1993 hat sich eine Gesellschaft entwickelt, die wenige Großgewinner und **zahlreiche Benachteiligte** kennt, die den Profit ganz ungleich verteilt. Auf den Gehsteigen von Phnom Penh ziehen Scharen verwahrloster und hungriger Frauen und Kinder bettelnd umher. Zugleich gibt es immer mehr brandneue Luxuslimousinen, an deren dunkel getönten Scheiben jene Unglücklichen mit ihren dürren Fingern vergeblich klopfen. In kaum einem anderen Land Südostasiens klafft die Schere zwischen superreich und bitterarm weiter auseinander als in Kambodscha.

Während für die städtische Bevölkerung ein extrem **niedriges Lohnniveau** und eine **hohe Inflationsrate** die größten Probleme sind, nehmen viele Menschen in entlegenen Landesteilen wenig oder gar nicht an der Geldwirtschaft teil. Dort, wo der Reisanbau und etwas Fischfang die üblichen Erwerbzweige sind, leben die Menschen aus der Hand in den Mund. In den meisten Haushaltskassen befinden sich allenfalls ein paar 1000 Riel, bestenfalls ein Dollar. Zu Bargeld kommen die Kleinbauern auf dem Markt, wenn sie ein paar Pfund Reis, einige Eier oder auch einmal ein Huhn verkaufen können. In der Regel werden die kargen Erträge für den Eigenbedarf gebraucht – und reichen oft nicht einmal dafür aus.

In Dorfschulen werden Kinder über die Minengefahr aufgeklärt

Nach dem Uno-Index der Sicherung der Grundbedürfnisse lebt fast die Hälfte der kambodschanischen Bevölkerung unter der Armutsgrenze von 2 US-$ pro Tag, davon wiederum 80 % in der ländlichen Subsistenzwirtschaft von Reisanbau und Fischerei. Als eine der ärmsten Nationen der Welt mit einem jährlichen Pro-Kopf-Einkommen von nur rund 480 US-$ steht Kambodscha auf einer Stufe mit den Armutsländern Afrikas.

Langfristig sind ausländische Experten allerdings optimistisch. Kambodscha könnte in Südostasien eine Position einnehmen wie Belgien in Europa: ein mittelgroßes Land, dessen Bewohner gut zwischen ihren großen Nachbarn Thailand und Vietnam leben können. Ob Reis, Kautschuk, Holz oder sogar Öl – das Land hat genug natürliche Reichtümer, die nur richtig genutzt werden müssen. Zudem besitzt es mit den Tempeln von Angkor einen Touristenmagnet ohnegleichen.

Spektrum der Wirtschaft

Wie zu Zeiten der Angkor-Herrscher bildet der **Reisanbau** die Lebensgrundlage der zu gut 80 % **agrarischen Bevölkerung**. Die Alluvialböden des wasserreichen Tieflands bieten ideale Voraussetzungen für den Anbau von Nassreis, der auf etwa drei Viertel der landwirtschaftlichen Nutzfläche kultiviert wird. Aber trotz der Bewässerungstradition Angkors sind die heutigen Irrigationsanlagen so unzureichend, dass die Trockenzeiternte zum größten Teil verschenkt wird. Außerdem lauert überall auf den Feldern die Tretminengefahr. Während Kambodscha vor Beginn der Bürgerkriegswirren als Reiskammer am Mekong galt und alljährlich mehr als ein Zehntel der Reisproduktion exportieren konnte, reicht die Jahresernte heute gerade eben aus, um die eigene Bevölkerung satt zu machen.

Ergänzt wird die Reisproduktion durch den Anbau von **Mais**, **Erdnüssen**, **Soja-** und **Mungbohnen**, **Tabak** und **Zuckerrohr**. Von Bedeutung ist die Haltung von Rindern und Wasserbüffeln. Das Überschwemmungsland der großen Flüsse bietet zudem ideale Voraussetzungen für die Entenzucht. Das wichtigste Zubrot für die Subsistenzbauern ist aber die **Fischerei**. Im warmen und nährstoffreichen Wasser – besonders in den planktonreichen Überschwemmungswäldern – wächst während der Überflutungen ein ungewöhnlicher Fischreichtum heran. Im Tonle-Sap-See wird er auf etwa 8 t Fisch/km² geschätzt (s. S. 308). Enorm fischreich sind auch die Meeresküstengewässer.

Am Rande des zentralen Tieflands, vorwiegend auf niedrigen Basaltplateaus, deren rote Verwitterungsböden für die Reiskultivierung ungeeignet sind, legte man in der Kolonialzeit **Kautschukplantagen** an. Die Produktion konnte sich zwar nicht mit der Malaysias oder Indonesiens messen, stand aber lange Zeit im Wettbewerb mit Reis um den ersten Platz unter Kambodschas Exporten. Heute rangieren die Ausfuhrerträge durch Kautschuk infolge von Kriegszerstörungen weit hinter den Einnahmen, die der Export von Tropenholz erbringt.

Kambodscha ist nicht gerade mit **Bodenschätzen** gesegnet. Es gibt nur etwas Eisenerz, Phosphat, Bauxit, Zinn, Kupfer und Edelsteine. Aber es wird angenommen, dass sich vor der Küste ausgedehnte Erdgas- und Ölvorkommen befinden, die ausreichend wären, das ganze Land mit Strom und Treibstoff zu versorgen.

Aufgrund des Lohnniveaus, das zu den niedrigsten in Südostasien gehört, hat sich die arbeitsintensive **Textilindustrie** zu einem Zugpferd der Exportwirtschaft entwickelt. Insbesondere Firmen aus der VR China, Taiwan und Südkorea eröffneten seit Ende der 1990er-Jahre eine Textilfabrik nach der nächsten in Phnom Penh. Auf diese Weise können sie die heimischen Quoten umgehen, welche die Ausfuhr ihrer Textilien nach Europa und in die USA beschränken. Die Schattenseite dieser Art von Wachstum liegt in schlechten Arbeitsbedingungen für die rund 250 000 in dieser Branche tätigen Frauen sowie einer extrem niedrigen Bezahlung (etwa 50 US-$ im Monat). Wiederholt kam es in den vergangenen Jahren zu Gewerkschaftsdemonstrationen für bessere Arbeitsbedingungen und angemessene Löhne.

Ein weiterer wichtiger Devisenbringer ist der **Tourismus**, der dank der momentanen stabilen innenpolitischen Situation hohe Wachstumsraten verzeichnet. So stiegen 2008 die Touristenzahlen um 10 % auf 2,2 Mio. Die Welttourismusorganisation schätzt, dass die Zahl der internationalen Touristenankünfte bis 2012 auf rund 3 Mio. steigen wird. Die Regierung bemüht sich, die Urlauber zu längeren Aufenthalten zu bewegen und dazu, auch andere Sehenswürdigkeiten als die Tempelstätten von Angkor zu besuchen. Behindert wird die wirtschaftliche Entwicklung durch eine ausufernde Korruption auf allen Ebenen.

Aktuelle Politik

Kambodscha ist ein Land mit tragischer Geschichte. Hoffnung auf eine bessere Zukunft verspricht dem leidgeprüften Volk die Weissagung des Eremiten Pouth. 1863 – in dem Jahr, da Kambodscha französisches Protektorat wurde – hatte der legendäre Hellseher vorausgesagt, dass die Herrschaft des weißen Mannes zwar nicht ewig dauern, aber durch ein blutiges Terrorregime von betrügerischen Raben abgelöst werde. Der Eremit beschrieb die Schreckensherrschaft der schwarz gekleideten Roten Khmer im Detail: »Sie werden die Intelligenz des Landes ausrotten, und die Ignoranten werden die Macht ausüben.« Auch die Entvölkerung der Städte hatte Pouth vorhergesehen: »Es wird Häuser geben, in denen niemand mehr wohnt, und es wird Straßen geben, auf denen kein Mensch mehr zu finden ist.«

Nach der großen Schreckensherrschaft der Schwarzgefiederten wäre, so der Weise aus dem Urwald weiter, das Leid des kambodschanischen Volkes nicht zu Ende, vielmehr würde »die Blutwelle der Getöteten noch einmal bis zum Bauch des Elefanten« ansteigen. Nach Überzeugung der Kambodschaner meinte der von ihnen als buddhistischer Prophet verehrte Pouth damit den zehnjährigen Krieg zwischen den vietnamesischen Besatzungstruppen einerseits und den Armeen der drei kambodschanischen Widerstandsgruppen andererseits. Hoffnung schöpfen die Khmer aus dem letzten Satz der Weissagung: »Erst nach unsäglichem Leid wird Frieden einkehren, und ein Prinz wird unser Volk und unser Land erretten.«

Rückkehr eines Prinzen

Inständig baten die Kambodschaner, des Bürgerkriegs und der Korruption überdrüssig, in ihren Gebeten zu Buddha darum, dass der Prinz kommen und Friede einkehren möge. Auf ihn richtete sich die Sehnsucht eines Volkes, das über ein Vierteljahrhundert lang durch die Hölle gegangen war.

Und der Prinz kehrte zurück. Unter der Präsidentschaft des von allen politischen Gruppierungen respektierten Prinzen Norodom Sihanouk nahm Ende des Jahres 1991 der Oberste Nationalrat als Interimsregierung bis zur Durchführung der ersten freien Wahlen im Lande die Arbeit auf. Nach den Wahlen im Mai 1993 wurde die Volksrepublik Kampuchea in eine **konstitutionelle Monarchie** umgewandelt und **Prinz Norodom Sihanouk** zum König ernannt. Seit fast einem halben Jahrhundert Identifikationsfigur seines Landes stand er bis zu seiner Abdankung aus gesundheitlichen Gründen im Oktober 2004 wieder an der Spitze der kambodschanischen Nation.

Von den meisten Kambodschanern wurde König Sihanouk als Landesvater *(samdach euv)* verehrt und mit dem traditionellen *sampeah,* den vor dem Gesicht zusammengelegten Handflächen, gegrüßt. Besonders unter der bäuerlichen Bevölkerung ist auch nach dem Rückzug des langjährigen Regenten vom Thron die teils religiös fundierte Königsverehrung, die an angkorianische Traditionen erinnert, heute noch höchst lebendig. Auch ausländische Beobachter sahen in König Sihanouk die einzige Person im Lande, die in der Lage war, das zerrissene Volk der Khmer wieder zu einen.

Tatsächlich genießt Kambodscha zum ersten Mal seit mehr als drei Jahrzehnten eine **Periode des Friedens und der politischen Stabilität.** Voraussetzung dafür war nicht

Ein Fluss ändert seinen Lauf – der Tonle Sap

Thema

Nur für einige Hundert Meter vereint sich der Tonle Sap in Höhe des Hotel Cambodiana in Phnom Penh mit dem Mekong. Doch dieser kurze Berührungspunkt ist die Ursache für das sich jährlich wiederholende Schauspiel der wechselnden Strömungen.

Jedes Jahr Ende Oktober, Anfang November – das hängt vom Vollmond ab – feiern die Kambodschaner in Phnom Penh *bon oumtouk,* das große Wasserfest der wechselnden Strömungen. König Sihamoni steht dann auf einer großen Ehrentribüne nahe dem Zusammenfluss von Mekong und Tonle Sap und grüßt winkend sein Volk. Mit handverlesenen Gästen beobachtet er die Regatta langer, schmaler, mit Blumenketten und buntem Tüll herausgeputzter Boote, deren Besatzungen sich auf dem Tonle Sap ein dramatisches Rennen liefern.

Seit alters her wird das große Wasserfest zu Ehren der im Tonle Sap lebenden Naga-Gottheiten abgehalten. Die Menschen bedanken sich bei ihnen mit Bootsrennen, Feuerwerk und Xylophonmusik für den im Vorjahr gewährten Fischreichtum.

Im Rhythmus der Jahreszeiten verändern sich Wassermenge und Fließgeschwindigkeit des Mekong dramatisch. Wenn gegen Ende April/Anfang Mai das Schmelzwasser des Himalaya nach Kambodscha gelangt und der Monsun zusätzlich reiche Niederschläge bringt, steigt der Pegel des Mekong so rasant an, dass seine Delta-Arme nicht mehr ausreichen, um die Wassermassen in das Südchinesische Meer abzuleiten. Obwohl ein Teil der Fluten das Kambodschanische Becken weiträumig überschwemmt, tritt der Mekong unter dem Druck des riesigen Rückstaus in den Tonle Sap ein. Dieser beginnt nun nach Norden zu fließen, bis hinauf zum Tonle-Sap-See. Unter der strömenden Flut dehnt das größte Binnengewässer Südostasiens seine Oberfläche um ein Vielfaches aus, von 2500 km^2 auf 10 000 km^2, oft sogar bis zu 20 000 km^2. Als natürliches Ausgleichsbecken speichert der See die Wassermassen und lässt sie nach der Monsunperiode gleichmäßig zum Meer abfließen.

Dieses Naturwunder, das den Tonle Sap zum fischreichsten Binnensee der Welt macht, ist möglich, weil der See nur wenig über dem Meeresspiegel liegt. Im warmen und nährstoffreichen Wasser, besonders in den planktonreichen Überschwemmungswäldern, wachsen während der Überflutung sehr viele Fische heran. Experten schätzen den Ertrag im großen Süßwassermeer auf bis zu 8 t Fisch/km^2. Wenn am Ende der Regenzeit im Oktober/November der Pegel des Mekong sinkt und der Tonle Sap seine Fließrichtung erneut ändert, also wieder von Nord nach Süd strömt, starten die Einheimischen einen gewaltigen Fischzug. Mit Netzen und Angeln, Reusen und Fischwehren, Bambus- und Schilfsperren beuten sie den Fischreichtum des Sees aus.

In manchen Jahren gehen den Fischern am Tonle Sap weit mehr als 100 000 t Fang in die Netze. Weithin unbeachtet belegen die Kambodschaner Platz vier der Weltrangliste der Binnenfischer. Fisch ist neben Reis seit alters her die Lebensgrundlage der Länder am Mekong. Ein Teil des Fanges wird in großen Tonkrügen zur Fischpaste Prahok fermentiert, einer proteinreichen und würzenden Beikost zum Reis.

zuletzt, dass nach erneuten Amnestieangeboten zwischen Dezember 1998 und März 1999 fast alle verbliebenen Roten Khmer zur Regierung überliefen, darunter auch Khieu Samphan, Ieng Sary und Nuon Chea, die prominentesten Kader aus der Führungsriege der Roten Khmer nach dem Tod Pol Pots.

Schatten der Vergangenheit

Für Zündstoff sorgt allerdings auch Jahrzehnte nach Ende ihrer Terrorherrschaft die **Vergangenheitsbewältigung** des mörderischen Regimes der Roten Khmer. Während kambodschanische Menschenrechtsorganisationen jahrelang die Einrichtung eines internationalen Kriegsverbrechertribunals forderten und eine UN-Juristenkommission zu dem Schluss kam, dass das Verlangen des kambodschanischen Volkes nach Gerechtigkeit nicht ignoriert werden könne und es unerlässlich sei, die Vergangenheit durch gerechte Strafe für diejenigen, die dafür verantwortlich seien, zu überwinden, sprachen sich König Sihanouk und Premier Hun Sen im Interesse der nationalen Versöhnung und der innenpolitischen Stabilität gegen eine juristische Verfolgung der Überläufer aus.

Grund dafür war, dass fast alle einflussreichen Politiker des Landes bis hinauf zum ehemaligen König Sihanouk zeitweise mit den Roten Khmer kooperiert hatten und Sorge haben mussten, belangt zu werden. Bei einer frühzeitigen schonungslosen Aufarbeitung der Vergangenheit vor einem Tribunal wäre vermutlich die Mehrheit der Parlamentarier auf der Anklagebank gesessen.

Kein Wunder also, dass die meisten der ehemaligen Rote-Khmer-Führer lange Zeit unbehelligt im Land leben konnten und sich erdreisteten, den Massenmord oder zumindest ihre Kenntnis davon in Interviews und Biografien zu leugnen und so die Überlebenden zu verhöhnen. Erst 2001 schuf die kambodschanische Regierung auf internationalen Druck die gesetzlichen Grundlagen für ein Völkermordtribunal gegen die Roten Khmer. Erst Ende 2004 konnten sich die »Außerordentlichen Kammern der Gerichte Kambodschas für die Verfolgung der in der Ära des Demokratischen Kampuchea begangenen Verbrechen« konstituieren. Erst im November 2007 wurden die letzten noch lebenden Befehlshaber des Rote-Khmer-Regimes verhaftet, unter ihnen der Ex-Staatschef Khieu Samphan. Erst Mitte 2008 begann die Justiz eines der dunkelsten Kapitel der Menschheitsgeschichte aufzurollen. Und erst am 26. Juli 2010 sprach das von den Vereinten Nationen unterstützte Sondertribunal sein erstes Urteil: Kaing Guek Eav alias »Duch«, dem man als ehemaligen Leiter des Foltergefängnisses Tuol Sleng in Phnom Penh 12 380 Morde zur Last legte, wurde wegen Kriegsverbrechen und Verbrechen gegen die Menschlichkeit zu einer Gefängnisstrafe von 35 Jahren verurteilt. Mittlerweile sind auch die Ermittlungen gegen fünf weitere Schlüsselfiguren des organisierten Terrors abgeschlossen. Künftig folgen weitere Verfahren. Zum Triumph des Tribunals gehört, dass die Verbrechen der Roten Khmer nun unzweifelhaft aktenkundig sind und das unsägliche Leid zahlloser Menschen juristisch anerkannt wird.

Die Debatte um die Gräueltaten des Regimes von Pol Pot ist damit aber vermutlich noch lange nicht beendet, denn die nationale Versöhnung wird dadurch behindert, dass Kambodscha in den langen Jahren des Bürgerkriegs beinahe vollständig verloren hat, was eine Nation ausmacht – die **Solidarität im Volk.** Das menschenverachtende Khmer-Rouge-Regime zerstörte das Gemeinschaftsgefühl. Keiner konnte mehr dem anderen trauen. Die Grundlagen jeglichen friedlichen Zusammenlebens wurden durch die totale Kontrolle der Roten Khmer über das Volk zerstört. Nach dem Ende des Bürgerkriegs zeigte sich, dass der Friede noch nicht gewonnen ist, wenn der Krieg beendet ist. Erst allmählich beginnen sich die zwischenmenschlichen Beziehungen zu normalisieren. Endlich reden die Kambodschaner darüber, was sie jahrzehntelang wie ein Alptraum geplagt hat. Vor allem aber ruhen die Hoffnungen der Kambodschaner nun auf ihrem König Norodom Sihamoni, welcher auf Beschluss des Thronrats im Oktober 2004 seinem Vater nachfolgte.

Geschichte

Nach dem Zerfall des Angkor-Imperiums im 15. Jh. schloss sich eine Phase des Niedergangs an. Besonders tragisch war die jüngere Geschichte des Landes: Dem Sturz von Prinz Sihanouk 1970 folgte der amerikanische Bombenterror, der Massenmord der Roten Khmer, die Invasion der Vietnamesen und zehn Jahre Bürgerkrieg. Allmählich findet das Land zu einigermaßen stabilen politischen Verhältnissen zurück.

Die Reiche Funan und Zhenla

Archäologische Funde belegen, dass das fruchtbare Tiefland des heutigen Kambodscha seit etwa 2500 v. Chr. von **austroasiatischen Mon-Völkern**, die aus dem ostindischen Raum einwanderten, besiedelt wurde. Sie gründeten mehrere kleine Fürstentümer, die sich nach der Zeitenwende zum Königreich Funan zusammenschlossen.

Zwischen dem 2. und 6. Jh. war das Gebiet des heutigen Kambodscha **Teil des Königreichs Funan**, das seinen Wohlstand seiner Lage am großen Handelsweg zwischen China und Indien verdankte. Der Handel und die Abgaben der Seekaufleute, die auf der Reise vom Arabischen Meer oder vom Golf von Bengalen zu den südchinesischen Provinzen in den Hafenstädten von Funan Etappe machten, um auf die regelmäßigen Monsunwinde zu warten, bildeten die wirtschaftliche Basis des Königreichs.

Brahmanen-Priester, die mit indischen Kaufleuten ins Land kamen, wurden von den Funan-Herrschern in hohe Ämter berufen und übten einen großen Einfluss auf das Staatswesen aus. Die Schriften des Hinduismus prägten die politische und soziale Organisation des Funan-Reiches, indisches Gedankengut fand seinen Niederschlag in Kunst und Kultur.

Die **Indisierung Funans** hatte nicht den Charakter einer Kolonialisierung. Vielmehr importierten die Funan-Herrscher die höhere Zivilisationsform in ihr Reich, um an den verschiedenen Ausprägungen indischer Kulturschöpfung teilzuhaben und dadurch ihre Macht und ihren Reichtum zu mehren. Durch die Übernahme der indischen Kultur gab Funan, das sich im Zenit seiner Macht im 2. und 3. Jh. vom Mekong-Delta über das heutige Kambodscha bis zur Malaiischen Halbinsel erstreckte, der Entwicklung Südostasiens entscheidende Impulse.

Im Laufe des 6. Jh. wurde das Reich Funan, das durch Bürgerkriege, Thronfehden und Palastintrigen in mehrere eigenständige, sich befehdende **Fürstentümer** zerfiel, vom hinduistischen Reich Zhenla assimiliert. Die Ursprünge von Zhenla verlieren sich im Legendären. Bekannt ist, dass es als erstes Reich des austroasiatischen Volks der Khmer am Mittellauf des Mekong entstand und von einer Dynastie mit dem Namen Kambuja, wovon sich die heutige Bezeichnung Kambodscha herleitet, regiert wurde. Drei Könige – Ishanavarman I., Bhavavarman I., Jayavarman I. – sind namentlich bekannt, doch gibt es keine ausreichend gesicherten Quellen, um sie über die Legendenbildung hinaus eindeutig als historische Persönlichkeiten zu definieren. Es gilt jedoch als wahrscheinlich, dass König Ishanavarman I. Anfang des 7. Jh. nahe der heutigen Stadt Kompong Thom die nach ihm benannte Hauptstadt Ishanapura mit dem Tempel Sambor Prei Kuk gründete.

Nach dem Tod von König Jayavarman I., unter dessen Herrschaft das Reich nach 650 weit in den Norden expandierte, zerbrach Zhenla im späten 7. Jh. in zwei Teile. Chinesische Chronisten prägten für die beiden Teilreiche die Bezeichnungen **Zhenla des Landes** (Lu Zhenla) und **Zhenla des Wassers** (Shui Zhenla). Aufgrund innerer Rivalitäten zerfiel das sich am Golf von Thailand erstreckende Zhenla des Wassers schon bald und ging im Herrschaftsbereich des mächtigen buddhistischen Königreichs Sri Vijaya auf, das im Süden von Sumatra wurzelte.

Die Hauptstadt der Herrscher von Zhenla des Landes, die verschollene Stadt Shestrapura, befand sich in der Nähe des heutigen laotischen Champasak. Als kultischer Mittelpunkt des Reiches gilt der Wat Phou, die bedeutendste Khmer-Tempelanlage außerhalb von Kambodscha (s. S. 287). Vermutlich aufgrund der machtvollen Ausbreitung von Tai-Lao-Völkern aus dem Süden von China verlagerte sich der politische und religiöse Schwerpunkt des Zhenla-Reiches gegen Ende des 8. Jh. weiter nach Süden in das Gebiet des großen Binnensees Tonle Sap. Dort errichteten die Khmer-Fürsten mit Angkor einen neuen politisch-religiösen Mittelpunkt.

Das Khmer-Reich von Angkor

Um die Wende vom 8. zum 9. Jh. begründete **Jayavarman II.** (vor 770 bis nach 800) in der Ebene von Angkor eine neue Herrscherdynastie. Er war am buddhistischen Fürstenhof der Shailendra, die wie Gottkönige über Mittel-Java herrschten und deren Machtspäre bis zur Indochinesischen Halbinsel reichte, erzogen worden. Nach seiner Ankunft in der Region von Angkor hatte er die Tochter eines Zhenla-Herrschers geheiratet.

Seine Residenz errichtete er am heiligen Berg Phnom Kulen, etwa 40 km nordöstlich von Angor. Damit legte Jayavarman II. den Grundstein für das mächtige Khmer-Imperium der Angkor-Dynastie. Die ersten bedeutenden Bauwerke in der Ebene von Angkor wurden allerdings erst unter Indravarman I. (877/78–889/90) errichtet, der in der Nähe des großen Binnensees Tonle Sap seine Hauptstadt Hariharalaya anlegen ließ.

Man nimmt an, dass Jayavarman II. von den javanischen Shailendra-Herrschern die Auffassung vom Gottkönigtum übernahm, eine Herrschaftsform, die für die Geschichte Angkors bestimmend bleiben sollte. So betrachteten sich die Könige von Angkor als eine Inkarnation von Shiva oder Vishnu und beanspruchten für sich das Anrecht auf religiöse Verehrung schon zu Lebzeiten. Damit vollzogen sie die kultische Verbindung zwischen weltlicher Macht und göttlicher Kraft.

Da die Herrschaft auf magischen und religiösen Grundlagen basierte, konnte sie absolut und nahezu unkontrolliert ausgeübt werden. Die Gottkönige waren aber auch verpflichtet, den Frieden und das Wohlergehen des Volkes zu gewährleisten. Sie waren die Beschützer des Landes und der Bewohner, die Garanten der Fruchtbarkeit der Felder.

Bei ihrer Machtausübung stützten sich die Angkor-Herrscher auf eine kleine **Führungsschicht**, die sich aus Mitgliedern der eigenen Familie und Brahmanen-Priestern zusammensetzte. Vor allem die nicht selten mit dem König verschwägerten Priester, denen höchste Ämter anvertraut waren, hatten großen Einfluss auf alle politischen Entscheidungen. Die einfachen Menschen dagegen spielten im politischen und sozialen Leben keine Rolle. Sie mussten für die Lebensmittel sorgen und als Fronarbeiter die riesigen Tempelanlagen errichten.

Allein die **Gottgleichheit** war der Grund dafür, dass die Könige trotz aller Härte ihrer Machtausübung mit der Loyalität der Bauern und Arbeiter rechnen konnten. Bis heute umgeben sich in Kambodscha mächtige Staatsmänner mit der Aura des allmächtigen Gottkönigs. So beruht das Ansehen, ja die Verehrung, die König Norodom Sihanouk und sein Nachfolger König Sihamoni bei der ländlichen Bevölkerung genießen, immer noch auf dem traditionellen Devaraja-Kult.

Auf den Kult der Gottgleichheit geht auch die Entwicklung der Sakralarchitektur zurück.

Geschichte

Alle bedeutenden Tempelanlagen der Angkor-Epoche sind auf die Vergöttlichung der Könige zurückzuführen, denn diese gaben sich nicht mit ihrer Verherrlichung zu Lebzeiten zufrieden. Die vergöttlichten Herrscher waren bemüht, für ihren Ruhm in der Nachwelt zu sorgen und ließen prächtige Tempel bauen, in denen sie nach ihrem To als göttliche Inkarnation verehrt werden konnten.

Seit dem späten 9. Jh. erlebte das Khmer-Imperium der Angkor-Dynastie einen enormen politisch-wirtschaftlichen und kulturellen **Aufschwung**. Auch wenn nur Reste die Zeiten überdauert haben, zeugen die Architektur und das bildhauerische Dekor zahlreicher Tempel und Städte, die durch Straßen miteinander verbunden waren, noch heute von einer künstlerischen und kulturellen Blütezeit. Macht und Ruhm der Khmer-Herrscher spiegeln sich am eindruckvollsten in der Hauptstadt Angkor wider, die zu den größten und prachtvollsten Zentren der damaligen Welt gehörte.

Während die Vorgängerreiche Funan und Zhenla trotz einer bereits hoch entwickelten **Reisbautechnik** bei ihren wirtschaftlichen Aktivitäten noch weitgehend auf das Meer bezogen waren, bildete der Bewässerungsbodenbau die Grundlage des Khmer-Imperiums. Zu den großen Leistungen der Khmer zählt, neben dem Bau ihrer einzigartigen Heiligtümer, die Anlage riesiger **künstlicher Wasserreservoirs** (Baray) und weit verzweigter Kanalsysteme zur Bewässerung ihrer ausgedehnten Reisfelder, mit der sie den natürlichen Rhythmus der Jahreszeiten außer Kraft setzten. Die Könige von Angkor hatten erkannt, dass ihr Reich nur blühen konnte, wenn es ihnen gelang, die Reisernten zu steigern.

Dank der ertragreichen Landwirtschaft wuchs die Bevölkerung im Zentrum des Khmer-Reichs, ohne dass Versorgungsprobleme auftraten. Ein starkes Heer wurde aufgestellt, und es gab genügend Arbeitskräfte für den Bau der riesigen Tempelanlagen.

Jayavarman II., dem ersten Angkor-König, folgten mehr als 30 Regenten, die den Aufstieg und Fall jenes Imperiums lenkten, das als monumentales Vermächtnis die Tempelstadt Angkor hinterließ. Alle Herrscher fügten ihrem königlichen Namen das Sanskrit-Wort *varman* bei – der vom Panzer eines Gottes Beschützte.

Chinesischen Chroniken zufolge war ein Kennzeichen des feudalistisch strukturierten Khmer-Reiches eine deutliche Kluft zwischen den adligen Herrschern und ihren wichtigsten Beratern, den Brahmanen, sowie der Bevölkerung, die ein sklavenähnliches Dasein führte. Der Hof der Fürsten war ein Staat im Staate, zugleich auch ein Hort von Kunst und Kultur. Eine Zeit besonderer kultureller Blüte erreichte Angkor unter Suryavarman II. (1112/13 bis vor 1155), der die Tempelanlage von Angkor Wat errichten ließ.

Die berühmten Gesichtertürme des Bayon von Angkor Thom

Gekennzeichnet war der Aufstieg des Angkor-Imperiums durch **militärische Auseinandersetzungen** mit den Nachbarstaaten, mit Annam im Nordosten, Champa im Südosten und Siam im Westen, sowie durch innere Auseinandersetzungen und Thronfehden. Während der Regentschaft von Jayavarman VII. (1181 bis um 1220) dehnte sich das Imperium von Angkor über Laos und Thailand bis an die Grenzen Burmas und bis weit in die Malaiische Halbinsel aus. Im Osten reichte es nach der Eroberung des Reiches der Cham, die 1177 mit einem verheerenden Angriff auf Angkor das Khmer-Imperium in seinen Grundfesten erschüttert hatten, bis zum Südchinesischen Meer.

Unter **Jayavarman VII**. befand sich Angkor nicht nur im Zenit seiner politischen Macht, es erlebte zugleich eine letzte künstlerisch-kulturelle Blüte, die sich in den Sakralbauten der Tempelstadt Angkor Thom manifestiert. In der bildhauerischen Gestaltung der Bauwerke zeigte sich schon der Einfluss des Buddhismus (s. S. 28/327), der im Khmer-Reich jahrhundertelang neben dem Hinduismus bestand und zur Zeit von Jayavarman VII. in der Mahayana-Variante (s. S. 29) zur Staatsreligion erhoben wurde.

Nach dem Tod des letzten großen Angkor-Herrschers setzte der schnelle und endgültige Niedergang des Khmer-Imperiums ein. Obwohl Jayavarman VII. Krankenhäuser,

Schulen und andere soziale Einrichtungen für seine Untertanen schuf, war das Volk am Ende seiner Regierungszeit durch die enorme Bautätigkeit ausgelaugt. Innerlich geschwächt, konnte das Khmer-Reich den Angriff feindlicher Nachbarstaaten nicht abwehren.

Die Khmer-Reiche der Nach-Angkor-Periode

Im 14. und 15. Jh. befand sich das zerfallene Khmer-Reich von Angkor fast ununterbrochen im **Kriegszustand**. Im Osten wurde es von den wieder erstarkten Cham bedrängt, im Westen von den expandierenden Siamesen angegriffen. Im Norden wehrten sich die Laoten gegen den Führungsanspruch der Khmer. Bis zur endgültigen Einnahme Angkors durch die Siamesen wurde die Hauptstadt wiederholt erobert und teilweise zerstört.

Die zahlreichen **Niederlagen** in den kriegerischen Auseinandersetzungen mit den Nachbarstaaten erschütterten den Glauben des Volkes an die Unfehlbarkeit ihrer Gottkönige schwer. Zudem stellten viele einfache Leute, von denen sich immer mehr zum Buddhismus mit seinen demokratischen Tendenzen bekannten, den Absolutheitsanspruch der Herrscher in Frage. Der Versuch der Khmer-Könige, ihre gefährdete Machtposition zu festigen, indem sie sich als lebende Buddhas darstellen ließen, misslang. Sie folgten dem Beispiel von Jayavarman VII., der sich in den Gesichtertürmen des Bayon-Tempels hatte verewigen lassen. Vermutlich trug auch der schwindende Rückhalt der Khmer-Gottkönige beim Volk zum Niedergang des Imperiums bei.

Nach einem fehlgeschlagenen Feldzug der Khmer gegen die neue siamesische Hauptstadt Ayutthaya griffen die Siamesen 1431 Angkor an und nahmen die Khmer-Kapitale ein. Sie plünderten die Stadt und verschleppten Tausende Menschen, darunter auch viele Adelige, Priester, Künstler und Handwerker. So wurde die Khmer-Kultur zur Hauptquelle der politischen, religiösen und künstlerischen Inspiration des siamesischen Königreichs.

Da bei dem **Angriff der Siamesen** viele Kanäle und Wasserreservoirs zerstört worden waren, verwandelten sich weite Teile des Landes in Sümpfe und Steppen. Hungersnöte waren die Folge, Malaria breitete sich aus. Da Angkor die Lebensgrundlage entzogen war, verlegte ein von den Siamesen als Vasallenkönig eingesetzter Khmer-Prinz das Zentrum seines verbliebenen Herrschaftsgebiets in die Nähe des heutigen Phnom Penh.

Wenig ist bekannt über die Nachfolgereiche Angkors, von denen keines eine dem alten Khmer-Imperium auch nur annähernd ebenbürtige Bedeutung erlangte, weder in politischer noch in künstlerisch-kultureller Hinsicht. Als wichtigster der nach-angkorianischen Herrscher gilt **Ang Chan I.** (1530–1567), der Lovek am Tonle-Sap-Fluss zu seiner befestigten Hauptstadt ausbauen ließ und als Förderer des Theravada-Buddhismus im ganzen Land Tempel und Klöster stiftete.

Gegen 1550 verlegte er seinen Hof vorübergehend in das 120 Jahre zuvor aufgegebene Angkor. Einen weiteren Versuch, Angkor wieder zu beleben, unternahm sein Enkel, Satha I., der 1579 den Thron bestieg. Satha I. ließ zwar einige Tempelanlagen restaurieren, konnte Angkor aber auch nicht halten und kehrte nach Lovek zurück.

Nach erneuten kriegerischen Auseinandersetzungen mit den Siamesen, die 1594 zur Besetzung der Khmer-Kapitale Lovek führten, begann eine verworrene Zeit. Von schwachen Königen regiert, wurden die Reste des Khmer-Reiches zu einem ständigen **Streitobjekt** zwischen den Siamesen und den Vietnamesen. Innerlich geschwächt durch Thronstreitigkeiten, die zu Revolten, Mord und Usurpation führten, vermochten die Khmer-Könige in ihrer neuen, im Jahr 1618 gegründeten Hauptstadt Udong den expandierenden Nachbarn keinen Widerstand zu leisten.

Somit gelang es den vietnamesischen Nguyen-Fürsten im Jahre 1749, das Mekong-Delta, das heute noch von den Kambodschanern als **Kampuchea Krom** (Nieder-Kambodscha) bezeichnet wird, ihrem Reich einzugliedern. Das siamesische Königreich nutzte die Schwäche der Khmer, um sich 1793 die Westprovinz Battambang und Siem Reap mit den Ruinen von Angkor vorübergehend einzuverleiben. Während die Siamesen zwar an territorialen Zugewinnen interessiert waren, aber der Khmer-Kultur Respekt entgegenbrachten, versuchten die Vietnamesen, den Khmer, denen sie sich überlegen fühlten, die vietnamesische Kultur aufzuzwingen. In dieser historischen Phase wurzelt die tiefe Abneigung vieler Khmer gegenüber den Vietnamesen.

Die französische Kolonialzeit

Um von seinen Nachbarn nicht völlig absorbiert zu werden, ergriff König Norodom I. (1860–1904) die ›rettende‹ Hand Frankreichs und unterschrieb 1863 ein **Protektoratsabkommen** mit den Europäern. Anfangs kümmerten sich die Franzosen wenig um die inneren Angelegenheiten ihres Schützlings, doch als sich in den 1880er-Jahren ihr Interesse auf die wirtschaftliche Ausbeutung des Landes richtete, nötigten sie den König, ein Abkommen zu unterzeichnen, durch das Kambodscha 1883 in das französische Kolonialreich eingegliedert wurde.

Zur Durchsetzung ihrer Interessen bedienten sich die Franzosen einer Politik des Teile-und-herrsche. Sie verstanden es, die kambodschanischen Gottkönige an sich zu binden und damit die Monarchie als beinahe religiöse Institution und mystisches Band des nationalen Zusammengehörigkeitsgefühls zu stärken. Dadurch schwächten sie von vorneherein eine antikoloniale Bewegung. Allerdings gestatteten die Franzosen, die alle führenden Posten für sich beanspruchten, den Khmer-Herrschern nur eine rein repräsentative Rolle ohne jegliche Machtbefugnisse. Alle Entscheidungsgewalt im Lande lag fortan beim französischen Generalgouverneur.

König Norodom I. folgten König Sisowath (1904–1927) und König Monivong (1927–1941), zwei den Franzosen ergebene Monarchen. Nach dem Tod von König Monivong ernannte der französische Generalgouverneur Prinz Norodom Sihanouk unter Umgehung seines Vaters zum Nachfolger seines Großvaters. Diese Wahl basierte auf der Annahme, dass der erst 19 Jahre alte, in Saigon ausgebildete und für sein ausschweifendes Nachtleben bekannte Prinz ein Marionettenkönig werden würde. Sehr schnell jedoch profilierte sich der junge König als Gegner der französischen Kolonialpolitik und Streiter für die kambodschanische Unabhängigkeit.

Wie den anderen Ländern Indochinas hat die Kolonialepoche auch Kambodscha weder politische Weiterentwicklung und wirtschaftlichen Aufschwung noch Fortschritte im Bildungswesen, in der medizinische Versorgung und der Verwaltung gebracht. Die Franzosen legten zwar große Kautschukplantagen an, holten aber Vietnamesen als Arbeitskräfte ins Land. Dadurch schürten sie Animositäten gegenüber den ungeliebten Nachbarn.

Die Ära Norodom Sihanouk

Nach dem Zweiten Weltkrieg, in die Japaner Kambodscha besetzt hatten, proklamierte König Norodom Sihanouk mit Einverständnis der japanischen Besatzungsmacht am 12. März 1945 die **Unabhängigkeit Kambodschas**. Doch unterstellte sich Kambodscha nach der japanischen Kapitulation im September 1945 erneut dem Schutz von Frankreich und wurde 1946 als autonomer Staat **Teil der Französischen Union**. Im Untergrund versuchte währenddessen die Khmer Issarak, eine antifranzösische Vereinigung, die Unabhängigkeit Kambodschas mit Waffengewalt zu erreichen. Am 20. Juli 1954 mussten die Franzosen, nachdem ihr Kolonialreich infolge der Niederlage im vietnamesischen Dien Bien Phu zerfallen war, auf der Genfer Indochina-Konferenz dem Königreich Kambodscha endgültig die volle Souveränität gewähren.

1955 dankte Norodom Sihanouk zugunsten seines Vaters Norodom Suramarith als

Herrscher ab. Sihanouk, der innerhalb der konstitutionellen Monarchie als oberster Repräsentant des Landes nicht in das politische Geschehen eingreifen konnte, wandte sich nun der aktiven Politik zu. Nach dem überwältigenden Wahlsieg seiner Volksozialistischen Partei (Sangkum Reastr Niyum) wurde er noch im selben Jahr Ministerpräsident und 1960, als nach dem Tod seines Vaters kein neuer König mehr ernannt wurde, Staatsoberhaupt.

Sihanouks Politik basierte auf der Philosophie vom **Buddhistischen Sozialismus**, in dem er eine der Mentalität der Khmer entsprechende Staatsform sah. Um den Ausgleich der divergierenden politischen Kräfte in seinem Land bedacht, nahm er links- wie rechtsgerichtete Politiker in seine Regierung auf. Die von Sihanouk verfolgte sozialistische Wirtschaftspolitik entfremdete aber die konservativen Kräfte im Lande, vor allem die Militärs und die städtische Elite, die einen prowestlichen, kapitalistischen Kurs verfolgten.

In den 1960er-Jahren demonstrierte das linke Lager gegen den zunehmend autokratischen Regierungsstil des fast allmächtigen Staatschefs. Wortführer waren junge Männer, die nach ihrem Studium in Frankreich aus dem Untergrund organisierten Widerstand gegen die Politik Sihanouks leisteten. Von Prinz Sihanouk erhielten sie ihren Namen – Rote Khmer.

Kriegsschrott erinnert an vielen Orten in Kambodscha an den Vietnamkrieg

Außenpolitisch wahrte Sihanouk in den 1960er-Jahren während des Vietnamkriegs in einem Zickzack-Kurs die **Neutralität** Kambodschas, wodurch er sein Land sechs Jahre lang aus dem Kriegsgeschehen heraushalten konnte.

Als jedoch die USA ihr militärisches Engagement verstärkten, brach Sihanouk 1965 die Beziehungen zu Washington ab. Auf Rückendeckung bedacht, versuchte er eine **Annäherung an Peking**, das damals noch Vietnams Revolutionäre unterstützte. Er war zu Zugeständnissen an die Kommunisten bereit und gestattete sowohl der nordvietnamesischen Armee, den Nachschub für die Vietcong auf dem Ho-Chi-Minh-Pfad durch kambodschanisches Territorium zu transportieren, als auch den Chinesen, im Seehafen Sihanoukville Material zu löschen.

Die Amerikaner fürchteten, dass Kambodscha ins feindliche Lager wechseln und damit ganz Indochina einschließlich Laos in die Hände der Nordvietnamesen fallen könnte. So wurde der ungeliebte rote Prinz, während er sich auf einer Auslandsreise befand, mit Unterstützung der CIA am 18. März 1970 unter der Führung von General Lon Nol gestürzt.

Sihanouk ging ins Exil nach Peking, wo er gemeinsam mit der radikal-kommunistischen Guerillatruppe der Roten Khmer, die er zuvor bekämpft hatte, die Nationale Einheitsfront Kampucheas gründete und wenig später den Nationalen Befreiungskrieg proklamierte.

Lon Nol und der Vietnamkrieg

Lon Nol schaffte die über ein Jahrtausend alte Monarchie ab und rief 1970 die pro-westliche **Republik Kambodscha** aus. Als immer deutlicher wurde, dass die amerikanischen Militärexperten im Lande die Zügel in den Händen hielten, gingen die Roten Khmer zum Angriff auf Lon Nols Staat von Amerikas Gnaden über. Überall im Lande gerieten die Regierungstruppen in die Hinterhalte der sogenannten Pyjamapartisanen und mussten enorme Verluste hinnehmen. Militärische Hilfe erhielten die Streitkräfte der Roten Khmer von den Nordvietnamesen. Diese schärften damit jedoch ein Messer, das sich nach 1975 gegen sie selbst richten sollte.

Als die Truppen der Roten Khmer schon die Hälfte der kambodschanischen Provinzen unter ihre Kontrolle gebracht und Phnom Penh von seinen Versorgungswegen abgeschnitten hatten, befahl der US-amerikanische Präsident Nixon, den **Luftkampf** gegen die Roten Khmer, der bereits 1969 begonnen hatte, zu intensivieren. Bei den Luftangriffen wurden über 600 000 t Bomben über der östlichen Landeshälfte abgeworfen, wo man kommunistische Stützpunkte vermutete.

Zehntausende von Zivilisten wurden bei den **Bombardements** getötet, Hunderttausende heimatlos gemacht. Schutz suchten die Menschen vor allem im relativ sicheren Phnom Penh oder in den bald überquellenden Provinzstädten. Trotz der massiven militärischen Unterstützung der USA gelang es dem Lon-Nol-Regime nie, die Oberhand über die Roten Khmer zu gewinnen.

Lon Nol konnte den Kampf nur mit amerikanischer Hilfe führen, die aber angesichts eines immer größer werdenden Widerstands gegen den Vietnamkrieg in der Bevölkerung der USA kontinuierlich abnahm. Am 17. April 1975 marschierten unter dem Jubel der Bevölkerung die **Roten Khmer** in die Hauptstadt ein, und ein gewisser Saloth Sar alias Pol Pot übernahm die Herrschaft über das neue Kambodscha.

Die Schreckensherrschaft der Roten Khmer

Die Roten Khmer waren von der Bevölkerung als Befreier begrüßt worden, doch die Führung ließ die Stadtbewohner zusammentreiben, um sie in ländliche Gebiete zu deportieren. Dort mussten sie täglich bis zu 15 Stunden auf den Reis- und Baumwollfeldern arbeiten oder gigantische Bewässerungskanäle ausheben. Viele Städter starben an Entkräftung und Unterernährung oder fielen der Malaria und anderen Krankheiten zum Opfer.

Wer sich gegen die unmenschliche Behandlung auflehnte, wurde hingerichtet.

Die Hauptstadt Phnom Penh, in der sich 1975 rund 3 Mio. Kambodschaner aufhielten, verwandelte sich über Nacht in eine Geisterstadt. Auch die Provinzstädte wurden entvölkert und die Einwohner sogenannten Arbeitseinsatzplätzen zugewiesen. Mit der massenhaften Zwangsarbeit verfolgten die Roten Khmer in erster Linie ein Ziel: die Kontrolle und Disziplinierung der Bevölkerung, für die ein Leidensweg ohnegleichen begann.

Pol Pot erklärte den Beginn seiner Herrschaft zum Jahre Null und gab dem Land den Namen **Demokratisches Kampuchea**. Der Bruder Nummer eins teilte das Land in sieben Zonen auf, die Stück für Stück in einen agrarischen Urzustand zurückversetzt werden sollten. In den Provinzen fernab der Städte sollte die Gestaltung einer neuen Gesellschaft ihren Anfang nehmen. Ziel der maoistisch orientierten Roten Khmer war es, durch die **Zwangskollektivierung** auf nationaler Ebene sämtliche Familien- und Dorfstrukturen aufzuheben und unter Ausschaltung des Mittelstands und der intellektuellen Eliten einen Agrarsozialismus zu schaffen.

Totale Unterdrückung, lückenlose Kontrolle, Rechtlosigkeit und ein Terror ohnegleichen waren die Mittel, mit denen die Roten Khmer ihre Ziele erreichen wollten. Klassenfeinde wurden in Konzentrationslagern zu Tode gefoltert oder bei Massenexekutionen hingerichtet.

Das öffentliche und private Dienstleistungswesen von Privatgeschäften bis hin zu den Banken wurde aufgelöst, die Stadtbevölkerung in schwarze Einheitskleidung gesteckt, das Geldwesen abgeschafft, die Universität in Phnom Penh zerstört, alle Schulen geschlossen und der Buddhismus systematisch verfolgt.

Die Fäden der **Terrorherrschaft** wurden von einer Organisation gezogen, die den Namen Angkar trug. Sie setzte sich aus der Führungsriege der Roten Khmer zusammen, trat aber niemals öffentlich in Erscheinung, sodass kein Mensch genau wusste, wer sich dahinter verbarg.

Das Blutbad erreichte 1978 seinen Höhepunkt, als nach Fraktionskämpfen und Säuberungsaktionen in den eigenen Reihen Zehntausende von ›Verrätern‹ hingerichtet wurden. Aus Furcht vor Verfolgung setzten sich viele ehemalige Gefolgsleute von Pol Pot nach Vietnam ab, wo sie eine Anti-Pol-Pot-Front gründeten.

Die vietnamesische Besetzung

Zwischen 1976 und 1978 provozierte das vietnamfeindliche Pol-Pot-Regime mehrere Grenzzwischenfälle, um seinen Anspruch auf das einst zum Khmer-Reich gehörende Kampuchea Krom (Nieder-Kambodscha) zu bekräftigen. Diese Übergriffe lieferten der vietnamesischen Seite einen Grund zu einer groß angelegten Gegenoffensive. In einem vierzehntägigen Krieg, den sie am 25. Dezember 1978 begannen, nahmen vietnamesische Verbände fast ganz Kambodscha ein und verdrängten die Roten Khmer in die gebirgigen Dschungelgebiete beiderseits der kambodschanisch-thailändischen Grenze.

Doch die von China mit Waffen und Munition versorgten Roten Khmer konnten sich im Grenzgebiet neu formieren. Gemeinsam mit anderen anti-vietnamesischen Widerstandsgruppen führten sie aus ihren Urwaldverstecken einen **Guerillakrieg** gegen die vietnamesische Besatzungsmacht.

Die Vietnamesen besetzten ein ausgeblutetes Land, dessen Bevölkerung nur durch umfangreiche Nahrungsmittellieferungen aus dem befreundeten Ausland, vor allem aus der ehemaligen UdSSR, vor einer verheerenden Hungerkatastrophe bewahrt werden konnte.

Noch immer ist nicht bekannt, wie viele Kambodschaner dem vierjährigen Terrorregime der Roten Khmer zum Opfer fielen. Die Vietnamesen, für die die Befreiung des Volkes von den Tyrannen ein Vorwand für ihre Intervention war, sprechen von mehr als 3 Mio. Toten. Ausländische Experten schätzen die Zahl der Opfer auf 1,5–2 Mio., mehr als ein Viertel der damaligen Bevölkerung.

Bereits am 8. Januar 1979 konstituierte sich in Phnom Penh mit vietnamesischer Hilfe eine neue Regierung unter Führung von Heng Samrin und Hun Sen, zwei ehemaligen Khmer-Rouge-Offizieren, die nach Vietnam übergelaufen waren. Noch am gleichen Tag riefen sie die **Volksrepublik Kampuchea** (VRK) aus. Am 22. 3. 1979 schloss die neue kambodschanische Regierung mit Vietnam einen Vertrag über Freundschaft und Zusammenarbeit, der es den Vietnamesen gestattete, in Kambodscha Truppen zu stationieren.

Während der 1980er-Jahre schottete sich Kambodscha vom Westen ab und wurde de facto zu einem Land des Ostblocks. In den Schulen wurde Russisch gelehrt. Viele junge Kambodschaner studierten in Moskau, Warschau, Prag oder Ostberlin.

Gegen das neue Regime formierte sich 1982 unter chinesischem Druck die FUNCINPEC, wie die französische Abkürzung für die Vereinigte nationale Front für ein unabhängiges, neutrales, friedliches und kooperatives Kambodscha lautete. Die von Prinz Sihanouk geführte **Koalition des Widerstands** setzte sich aus drei ehedem verfeindeten Gruppen zusammen – Sihanouk-Anhängern, bürgerlich-republikanischen Kräften um den ehemaligen Premierminister Son Sann und den Roten Khmer, die bei weitem die größte und mächtigste der drei Gruppen stellten.

Während die Welt nach dem mehrheitlichen Willen der Vereinten Nationen die **Volksrepublik Kampuchea** ignorierte, die Intervention der Vietnamesen als aggressiven Akt gegen die Selbstbestimmung eines freien Volkes ächtete und den Abzug der vietnamesischen Streitkräfte forderte, erkannte sie die Widerstandskoalition unter Prinz Sihanouk als die rechtmäßige Regierung Kambodschas an und wertete dadurch unfreiwillig die Pol-Pot-Mörder auf. Jahrelang durften Botschafter der Roten Khmer Kambodscha bei den Vereinten Nationen vertreten.

Zehn Jahre führten die Armeen der drei Widerstandsgruppen, meistens unabhängig voneinander, einen erbitterten Krieg gegen die von den Vietnamesen unterstützten kambodschanischen Regierungstruppen. Lange Zeit gab es auf politischer Ebene keine Kontakte zwischen der Volksrepublik Kampuchea und der Dreierkoalition. Zu einer **Annäherung** kam es erst bei den sogenannten Jakarta Informal Meetings in Indonesiens Hauptstadt sowie bei der Paris International Conference on Cambodia in den Jahren 1986–1990.

Bereits am 30. Juni 1988 hatte Vietnam, das sich aufgrund seiner prekären wirtschaftlichen Situation darum bemühte, seine internationale Isolation zu beenden, mit dem Abzug seiner 140 000 Mann starken Besatzungsarmee begonnen, der bis Ende 1989 abgeschlossen war.

Die UN-Mission und der staatliche Neubeginn

Die diplomatischen Bemühungen, den Bürgerkrieg zu beenden, zeigten im Oktober 1991 erste Erfolge. Energisch gedrängt von den kriegsmüden Großmächten, stimmten sowohl die Regierung in Phnom Penh als auch die Koalition der drei Oppositionsgruppen einem **Friedensabkommen** zu, auf das sich zuvor die fünf ständigen Mitglieder des UN-Sicherheitsrats geeinigt hatten.

Der Plan sah die Bildung eines Obersten Nationalrats (Supreme National Council, SNC) vor, de facto eine Allparteienregierung der nationalen Aussöhnung unter der Präsidentschaft von Prinz Sihanouk. Gleichzeitig sollte die UNTAC (United Nations Transitional Authority in Cambodia), eine Übergangsbehörde der Uno, für 18 Monate die Verwaltung des Landes übernehmen und die Voraussetzungen für freie Wahlen schaffen.

Für die Weltorganisation begann damit die größte und schwierigste Friedensoperation ihrer Geschichte. 22 000 Soldaten aus 47 Staaten überwachten die Einhaltung des Friedensabkommens. Deutschland hatte in Kambodscha seinen ersten **UN-Einsatz**. Dem Bundesgrenzschutz oblag die Ausbildung kambodschanischer Polizisten. Die Bundeswehr schickte Ärzte und Sanitäter.

Trotz massiver Versuche der Roten Khmer, den Friedensprozess zu destabilisieren, war die Mission der Blauhelme erfolgreich. Vom 25. bis 28. Mai 1993 fanden freie Wahlen statt, bei denen fast 90 % der Wahlberechtigten von ihrem Stimmrecht Gebrauch machten. Wegen des nicht eindeutigen Wahlergebnisses drohte das Land jedoch erneut an den Rand eines Bürgerkriegs zu geraten. Den Konflikt zu lösen, gelang Norodom Sihanouk, der bei allen politischen Parteien Respekt genoss, auf salomonische Weise.

Mit Zustimmung des Obersten Nationalrats ernannte er sich selbst zum König und überzeugte die Vertreter der angetretenen politischen Parteien, dass Kambodscha zwei Premierminister erhalten sollte – sein Sohn, **Prinz Norodom Ranariddh**, Vorsitzender der FUNCINPEC, sollte erster und Hun Sen von der Kambodschanischen Volkspartei (KVP), der ehemaligen kommunistischen Regierung, zweiter Premier werden. Ebenso wurden alle Ministerien und Verwaltungsposten bis hinunter auf die kommunale Ebene paritätisch besetzt, was jedoch der ohnehin schon grassierenden Korruption weiteren Vorschub leistete, denn nun mussten vor Vertragsabschlüssen zwei Beamte ›geschmiert‹ werden.

UNTAC hat das Leben in Kambodscha vollkommen verändert – leider nicht immer zum Besseren. Eine negative Begleiterscheinung des UN-Einsatzes in den Jahren 1992 und 1993, unter der Kambodscha heute noch zu leiden hat, war eine Aids-Epidemie, da die gut bezahlten Soldaten aus Übersee das Prostitutionsgewerbe ankurbelten. Heute steht Kambodscha vor einem der asienweit größten Aids-Probleme.

Das Königreich Kambodscha

Aufgrund staatlicher Amnestieprogramme liefen in der Zeit nach den Wahlen Tausende von Khmer-Rouges-Partisanen zu den Regierungstruppen über. Schützenhilfe erhielt Phnom Penh dabei von der thailändischen Regierung, die nach langem Zögern sämtliche Aktivitäten der Roten Khmer im Grenzgebiet unterband und die Aufständischen zudem von ihrer wichtigsten Einnahmequelle abschnitt, dem Handel mit Holz und Edelsteinen, bei dem Offiziere der thailändischen Armee Geschäftspartner waren.

Interne Auseinandersetzungen in der Führungsriege der Roten Khmer führten dazu, dass Ieng Sary, Bruder Nummer drei in der Hierarchie, 1996 in einer Massendesertation mit rund 10 000 seiner Kämpfer und deren Familien auf die Regierungsseite überlief. Pailin, der wichtigste Stützpunkt der Roten Khmer an der Grenze zu Thailand, geriet unter die Kontrolle der regulären Armee.

Trotz dieser Erfolge zerbrach 1997 die instabile Regierungskoalition. Vorausgegangen waren heftige Auseinandersetzungen zwischen den beiden Premierministern, die sich mit gegenseitigem Misstrauen begegneten. Der machtbewusste Hun Sen, dem die Kontrolle über Militär und Polizei unterstand, nutzte jede Gelegenheit, um seine Position weiter auszubauen. Als Norodom Ranariddh, der sich auf ein Wettrüsten mit Hun Sen eingelassen hatte, mit den übergelaufenen Truppen der Roten Khmer zu sympathisieren begann und schließlich versuchte, die schwer bewaffneten Guerillakämpfer zur Stärkung seiner Macht in seine Partei einzubinden, sah sich Hun Sen in die Enge getrieben und stellte am 5. Juli 1997 den Sohn von König Sihanouk politisch kalt.

Es kam zu Feuergefechten zwischen den mit schweren Waffen ausgestatteten Privatarmeen der beiden Kontrahenten. Aus den **blutigen Auseinandersetzungen** in den Straßen von Phnom Penh ging Hun Sen, der zweite Premierminister, als Sieger hervor. Die USA, Japan, Deutschland und andere Länder reagierten mit einem Einfrieren der Entwicklungshilfe auf die chaotischen Verhältnisse, während die Südostasiatische Staatengemeinschaft (ASEAN) den geplanten Beitritt des Landes auf unbestimmte Zeit verschob.

Im April 1998 startete die Regierung von Hun Sen eine Großoffensive gegen die Roten Khmer und nahm deren Hochburgen Anlong Veng und Preah Vihear ein. Zur gleichen Zeit starb am 15. April 1998 Pol Pot. Angeblich war er nach Fraktionskämpfen innerhalb der

Der kambodschanische Ex-König Sihanouk – Identifikationsfigur seines Landes

verbliebenen Führungsriege der Roten Khmer als Verräter gefangen genommen und durch die Androhung, ihn an die Regierung auszuliefern, in den Selbstmord getrieben worden.

Am 26. Juli 1998 fanden, begleitet von Vorwürfen der Opposition über Einschüchterungen der Wähler, die zweiten **Parlamentswahlen** des Landes statt, welche die regierende Kambodschanische Volkspartei von Hun Sen für sich entscheiden konnte. Daraufhin organisierten die oppositionellen Parteien Massendemonstrationen in Phnom Penh, die zu Krawallen und gewalttätigen Ausschreitungen führten. Kambodscha schien erneut auf eine Zeit heftiger politischer Turbulenzen hinzusteuern.

Erst nach Intervention von König Sihanouk kam eine **Neuauflage der ungeliebten Regierungskoalition** zustande, dieses Mal allerdings mit der Kambodschanischen Volkspartei als dominierendem Regierungspartner und Hun Sen als alleinigem Premierminister, während sich Norodom Ranariddh nun mit der weniger einflussreichen Position des Präsidenten der Nationalversammlung zufrieden geben musste.

Erster außenpolitischer Erfolg der Regierung war der Beitritt Kambodschas als **Vollmitglied in den Verband südostasiatischer Nationen** (ASEAN) 1999. Durch eine Stabilisierung der Lage gelang es, das Vertrauen der internationalen Staatengemeinschaft zurückzugewinnen, worauf die Entwicklungshilfe wieder aufgenommen wurde. Nachdem bereits im Juli 2003 die dritten Parlamentswahlen den Führungsanspruch Hun Sens bestätigt hatten, erzielte die Regierungspartei des Premierministers, die Cambodian People's Party (CCP), im Juli 2008 auch bei den vierten Wahlen einen Erdrutschsieg, während sich die royalistische FUNCINPEC-Partei und die von ihr abgesplitterte Norodom-Ranariddh-Partei mit dem dritten und vierten Platz begnügen mussten. Zweitstärkste Partei wurde die liberale Sam Rainsy Party. Trotz der von Beobachtern als relativ frei eingeschätzten Wahlen, zeigten sich ausländische Regierungen über den langsamen Wandel zu einer transparenten Demokratie in Kambodscha besorgt und beschuldigten die Regierung von Premierminister Hun Sen, ihre Kritiker mit Drohungen, Gewalt und Gerichtsverfahren einzuschüchtern.

Zeittafel

ab 2500 v. Chr.	Austroasiatische Mon-Völker siedeln im Gebiet des heutigen Kambodscha.
2.–6. Jh.	Blütezeit des hinduistisch geprägten Reiches Funan.
6.–7. Jh.	Blütezeit des hinduistischen Khmer-Reiches Zhenla.
vor 770 – nach 800	Jayavarman II. lässt sich zum Gottkönig (Devaraja) weihen und gründet das Angkor-Reich.
1112/13 – vor 1155	Suryavarman II. festigt das Reich Angkor und lässt den Staatstempel Angkor Wat erbauen.
1177	Die Cham erobern und zerstören die Khmer-Hauptstadt.
1181 – um 1220	Jayavarman VII. vertreibt die Cham. Während seiner Herrschaft erreicht das Imperium seine größte Ausdehnung.
1431	Eroberung Angkors durch die Siamesen.
1618	Die Hauptstadt wird nach Udong am Tonle-Sap-Fluss verlegt.
1749	Die vietnamesischen Nguyen-Fürsten erobern das Mekong-Delta.
1793	Siam annektiert die Provinzen Battambang und Siem Reap.
1863	König Norodom I. schließt mit Frankreich einen Protektoratsvertrag.
1866	Verlegung der Hauptstadt nach Phnom Penh.
1883	Kambodscha wird in das Kolonialreich Französisch-Indochina eingegliedert.
1941–1945	Japanische Besetzung
1954	Die Unabhängigkeit Kambodschas wird auf der Genfer Indochina-Konferenz bestätigt.
1960	Norodom Sihanouk wird zum Staatschef gewählt.
1968	Die Roten Khmer beginnen ihren Guerilla-Krieg.

Die USA beginnen im Zuge des Vietnamkriegs mit Flächenbombardements auf Stellungen des Vietcong in Kambodscha.	**1969**
Prinz Sihanouk wird von pro-westlichen Militärs gestürzt.	**1970**
Die Roten Khmer marschieren in Phnom Penh ein. Ihrer Terrorherrschaft fällt mehr als ein Viertel der Bevölkerung zum Opfer.	**1975**
Vietnamesische Truppen erobern Phnom Penh. Eine von Vietnam unterstützte Regierung übernimmt die Macht.	**1978**
Die Vereinten Nationen verweigern der von Vietnam gestützten Volksrepublik Kampuchea die Anerkennung.	**ab 1979**
Rückzug der Vietnamesen aus Kambodscha.	**1989**
Alle Konfliktparteien unterzeichnen ein Friedensabkommen.	**1991**
Angkor wird von der UNESCO zum Welterbe erklärt.	**1992**
Norodom Ranarridh schließt mit Hun Sen eine Koalitionsregierung. Norodom Sihanouk wird erneut zum König gekrönt.	**1993**
Hun Sen wird zum Sieger der zweiten Parlamentswahlen erklärt und bildet erneut mit Norodom Ranarridh eine Koalitionsregierung.	**1998**
Die Roten Khmer gelten als aufgelöst. Kambodscha wird als Vollmitglied in den ASEAN aufgenommen.	**1999**
Nach der Abdankung von König Norodom Sihanouk folgt ihm sein Sohn Prinz Norodom Sihamoni nach.	**2004**
Nach seinem Sieg bei den dritten Parlamentswahlen 2003 siegt Hun Sen auch bei den vierten Wahlen zum Abgeordnetenhaus.	**2008**
Das Völkermordtribunal in Phnom Penh verurteilt den ehemaligen Leiter des berüchtigten Foltergefängnisses Tuol Sleng, Kaing Guek Eav (»Duch«), zu einer Gefängnisstrafe von 35 Jahren.	**26. 7. 2010**
Bei einer Massenpanik während des Wasserfests Bon Oumtouk Phnom Penh kommen über 450 Menschen ums Leben.	**22. 11. 2010**

Gesellschaft und Alltagskultur

Über 90 % der Einwohner von Kambodscha sind direkte Nachfahren der Khmer, jenes Volkes, das einst über das mächtigste Reich in Hinterindien herrschte. Damit ist Kambodscha einer der ethnisch homogensten Staaten in Südostasien. Staatsreligion, zu der sich fast alle Kambodschaner bekennen, ist der Buddhismus in seiner Theravada-Variante.

Bevölkerung

Khmer

Als einzige der vor Jahrhunderten in weiten Teilen der Indochinesischen Halbinsel lebenden **Mon-Khmer-Gruppen** konnten die Kambodschaner ihre politische Selbständigkeit bewahren. Kulturell haben sie viele Gemeinsamkeiten mit den Tieflandbewohnern der Nachbarstaaten. Von Vietnamesen, Thailändern und Laoten unterscheiden sich die Kambodschaner jedoch im Aussehen durch eine dunklere Hautfarbe, oft kantigere Gesichtszüge, lockigere Haare und rundere Augen.

Khmer leben auch im südvietnamesischen Mekong-Delta, das bis Mitte des 18. Jh. als Kampuchea Krom (Nieder-Kambodscha) zum Khmer-Reich gehörte, bevor es von den vietnamesischen Nguyen-Fürsten erobert und kolonialisiert wurde. Obwohl die 1–2 Mio. sogenannten Khmer Krom die vietnamesische Staatsbürgerschaft besitzen, sind sie in kultureller und religiöser Hinsicht Khmer geblieben. So bekennen sie sich zum Theravada-Buddhismus, während die Vietnamesen Anhänger des Mahayana-Buddhismus sind. Versuchen der vietnamesischen Regierung, sie kulturell zu assimilieren, treten sie energisch entgegen. Nur vereinzelt kam es zu Verschmelzungen der beiden Völker durch Mischehen.

Vietnamesen

Während der französischen Kolonialzeit kamen erstmals Vietnamesen in größerer Zahl nach Kambodscha. Sie arbeiteten auf den von den Franzosen angelegten Baumwoll- und Kautschukplantagen oder wurden von den Kolonialherren mit Verwaltungsaufgaben betraut. Die unkontrollierte Zuwanderung von Vietnamesen nach Kambodscha begann während der **vietnamesischen Besetzung** Kambodschas von 1979 bis 1989. Nach offiziellen Angaben leben etwa 500 000 Vietnamesen in Kambodscha, was einem Bevölkerungsanteil von knapp 4 % entspricht, inoffizielle Quellen schätzen deren Zahl jedoch auf bis zu über 1 Mio. Viele von ihnen verdienen ihren Lebensunterhalt als Fischer auf dem Mekong oder Tonle Sap sowie als Geschäftsleute und Handwerker in den Städten.

Das **Verhältnis** zwischen Kambodschanern und Vietnamesen ist seit vielen Generationen von Misstrauen bis hin zu tiefer Abneigung geprägt. Während die Vietnamesen die Khmer für träge, unwillig, unfähig und undiszipliniert halten, bezeichnen die Kambodschaner ihre Nachbarn mit sehr abwertendem Unterton als *yuon,* was nichts anderes als Barbaren bedeutet. Wer in Kambodscha Unbehagen und Missfallen zum Ausdruck bringen will, beendet eine negative Aussage häufig mit der Bemerkung »... wie ein Vietnamese«. Ein Licht auf das nicht vorurteilsfreie Verhältnis zwischen den beiden Völkern wirft auch ein in Kambodscha geläufiges Sprichwort, nach dem man »ebenso gut einem Krokodil vertrauen kann wie einem Vietnamesen«.

Verstärkt wird die **Erbfeindschaft** zwischen Kambodschanern und Vietnamesen durch die Tatsache, dass ein Großteil des Geschäftswesens und Kapitalmarkts von reichen Vietnamesen kontrolliert wird. Ablehnung und Misstrauen der Kambodschaner gegenüber den Vietnamesen gehen auf die Annexion und Kolonialisierung des als Kampuchea Krom (Nieder-Kambodscha) bezeichneten Mekong-Deltas durch Herrscher der vietnamesischen Nguyen-Dynastie Mitte des 18. Jh. zurück. Da der Grenzverlauf zwischen den beiden Nachbarstaaten immer wieder Anlass zu Streitigkeiten gibt, wird sich das Verhältnis zwischen Kambodschanern und Vietnamesen in naher Zukunft vermutlich nicht entspannen.

Chinesen

Eine wirtschaftlich enorm einflussreiche, vorwiegend in den Städten lebende Minderheit sind die nach offiziellen Angaben rund 250 000 Chinesen im Lande, deren Vorfahren schon vor Jahrhunderten aus der **südchinesischen Provinz Guangdong** zuwanderten. Mit sicherem Instinkt fürs Profitable gepaart mit weit reichenden Familienbanden, erlangten die Chinesen eine dominierende Stellung im **Wirtschaftsleben**. Erfolgreich sind sie im Klein- und Zwischenhandel, vor allem aber im Geld-, Kredit- und Transportwesen. Viele operieren heute in internationalem Stil und sind nicht nur an Unternehmen in Phnom Penh, sondern auch in Singapur und Hongkong beteiligt. Sie genießen ihren Wohlstand diskret, stecken einen Großteil davon wieder in den Betrieb und investieren viel Geld in die Ausbildung ihrer Kinder.

Die Kambodschaner bewundern die Chinesen wegen ihres Fleißes und ihres wirtschaftlichen Erfolgs, beneiden sie deshalb aber auch. Da die Chinesen jedoch mehr Integrationsbereitschaft zeigen als die Vietnamesen, vielfach auch Ehen mit Khmer-Frauen geschlossen und die kambodschanische Staatsbürgerschaft angenommen haben, werden sie in ihrer Wahlheimat eher toleriert als die *yuon*.

Nicht immer einträchtig: Kambodschaner unterschiedlicher Herkunft

Cham

Als weitere ethnische Minderheit leben heute noch etwa 250 000 Cham in Kambodscha. Ihre Vorfahren beherrschten zwischen dem 5. und 15. Jh. ein mächtiges hinduisiertes Fürstentum, das sich von der zentralvietnamesischen Küste bis nach Südlaos erstreckte, bevor es im vietnamesischen Königreich Dai Viet und im Khmer-Imperium der Angkor-Dynastie aufging. Das Champa-Reich und seine Kultur sind fast vollständig verschwunden. Die Nachkommen des stolzen Volkes leben heute in Enklaven in Vietnam und Kambodscha. In Kambodscha werden sie auch **Khmer Islam** genannt, da die einst hinduistischen Cham im 17. und 18. Jh. unter dem Einfluss muslimischer Seekaufleute aus Java und Sumatra zum Islam konvertierten.

Die **Siedlungsgebiete** der Cham erstrecken sich am Mekong und Tonle Sap in den Provinzen Kompong Cham und Kompong Chhnang. Während der Herrschaft der Roten Khmer wurden die Cham verfolgt, ihre Moscheen zerstört und die meisten ihrer religiösen Führer umgebracht. Mit Unterstützung muslimischer Länder wurden inzwischen die Andachtsstätten wieder aufgebaut, und die gemäßigte Variante des Islam sunnitischer Richtung, den die Cham praktizieren, erlebt eine Renaissance. Da sie Wert auf kulturelle Eigenständigkeit legen, sind Mischehen zwischen Cham und Khmer eher selten. Das Zusammenleben der beiden Volksgruppen ist jedoch im Allgemeinen von Harmonie geprägt.

Bergvölker

In den noch überwiegend bewaldeten Hügelländern und Gebirgen östlich des Mekong, vor allem in den **Provinzen Rattanakiri** und **Mondulkiri** sowie im westlichen Waldgebirgsrahmen leben etwa 70 000–80 000 Angehörige verschiedener Bergvölker, die den Sammelnamen **Khmer Loeu** (Hochland-Khmer) tragen. Sie entstammen verschiedenen Völkern der austronesischen und austroasiatischen Sprachfamilien. Wegen ihrer ethnischen Zugehörigkeit sowie aufgrund ihrer Lebensweise und Religion bezeichnen die dominierenden Tieflandbewohner die Khmer Loeu mit geringschätzigem Unterton auch als *pnong* oder *chunchiet* – Wilde. Aus der französischen Kolonialzeit stammen die Begriffe *Montagnards* oder *Proto-Indochinois*.

Die verschiedenen Hochlandvölker weisen zwar Ähnlichkeiten und gewisse Gemeinsamkeiten in ihren Lebens- und Wirtschaftsformen auf, besitzen aber, obwohl sie oft in unmittelbarer Nachbarschaft zueinander leben, eine jeweils **stammeseigene Kultur und Sprache**. Gemeinsam ist allen Khmer-Loeu-Völkern eine halbnomadische Lebensweise mit einfachen Formen der Landwirtschaft. Sie bauen vorwiegend Bergreis, Mais, Hirse, Tapioka, Yamswurzeln, Gemüse und Gewürzpflanzen im Brandrodungsfeldbau an und betreiben Jagd sowie Fischfang. Die Khmer-Loeu-Völker sind Anhänger animistischer Religionen, in deren Mittelpunkt die Verehrung von Naturgeistern sowie ein ausgeprägter Ahnenkult stehen. Geflügel, Ziegen und Schweine werden vorrangig als Opfertiere aufgezogen. Als besonders kostbare Opfertiere gelten Büffel.

Bevölkerungsstatistik

Die Bevölkerung von Kambodscha wurde nach der Vertreibung der Roten Khmer durch die vietnamesische Invasionsarmee im Jahre 1979 auf 5,2 Mio. geschätzt. Inzwischen ist sie wieder auf rund 14,8 Mio. gestiegen – die jährliche Zuwachsrate ist mit gut 2,5 % eine der weltweit höchsten. Die hohe Geburtenrate hat die Altersstruktur der kambodschanischen Gesellschaft verändert: 40 % der Bevölkerung sind jünger als 15 Jahre, rund die Hälfte hat das 20. Lebensjahr noch nicht erreicht, und nur 3 % sind älter als 65 Jahre.

Allerdings ist in Kambodscha aufgrund von Armut, Krankheit und sehr schlechten hygienischen Bedingungen die Säuglingssterblichkeit die höchste in Südostasien – 90 von 1000 Babys sterben im ersten Lebensjahr. Beinahe jedes sechste Kind stirbt vor seinem fünften Lebensjahr. Da über drei Viertel der ländlichen Bevölkerung unter oder an der Schwelle der Armutsgrenze leben, leidet die Hälfte der Kinder unter fünf Jahren an Unterernährung.

Mönchsversammlung in Angkor Thom

Auch besteht hinsichtlich der **medizinischen Versorgung** eine große Diskrepanz zwischen Stadt und Land: Krankenhäuser, Ärzte und Pflegepersonal konzentrieren sich in Phnom Penh und den größeren Provinzhauptstädten, auf dem Lande dagegen ist die Betreuung unzureichend. Die geringe Lebenserwartung von 56 Jahren bei Männern und 61 Jahren bei Frauen ist im asiatischen Raum nur noch in Afghanistan und Bhutan niedriger.

Sozialordnung

Obwohl sich **ländlicher und städtischer Lebensstil** zunehmend überlappen und beeinflussen, bildet neben der Groß- und Kernfamilie der Dorfverband noch immer die wichtigste soziale Einheit der kambodschanischen Gesellschaft. Über drei Viertel aller Kambodschaner wachsen im Dorf auf. Hier leben die Menschen wie eh und je im Rhythmus der Jahreszeiten, im Wechsel von Saat und Ernte. Ungeachtet der großen mittelalterlichen Stadtkultur wohnen nur knapp 20 % der Kambodschaner in Städten, die meisten in Phnom Penh.

Das **gesellschaftliche Leben** ist heute wie in der Vergangenheit durch eine ausgeprägte Zweiteilung charakterisiert: Auf der einen Seite die Oberen Zehntausend, eine weltoffene, westlich orientierte Minderheit, die alle wichtigen Positionen in Politik, Verwaltung, Wirtschaft und Militär für sich beansprucht. Dieser wohlhabenden Elite, die oligarchisch die Geschicke der Nation lenkt, steht die besitzlose oder einkommensschwache Masse der Bevölkerung gegenüber. Der vorwiegend städtische Mittelstand, der sich, ähnlich der Oberschicht, leistungs- und konsumorientiert, immer mehr der eigenen Kultur und Tradition entfremdet, ist zahlenmäßig relativ unbedeutend, wächst aber infolge des gegenwärtigen Wirtschaftsbooms.

Der Buddhismus in Kambodscha

Seit der Zeit des großen Khmer-Herrschers Jayavarman VII. (1181 bis um 1220), als der Buddhismus den jahrhundertelang vorherrschenden Hinduismus verdrängte, bis zu Beginn des Terrorregimes der Roten Khmer im Jahre 1975 bestimmte der Buddhismus das Leben im Lande. Während unter dem letzten großen Angkor-König die Mahayana-Schule des Buddhismus zeitweilig zur Hauptreligion wurde, verbreitete sich nach dem Niedergang des Khmer-Imperiums rasch die Theravada-Variante, im einfachen Volk ebenso wie am Königshof.

Über 90 % der Kambodschaner waren **Buddhisten**. Die Frömmigkeit durchdrang alle Aspekte des Alltags. Dabei handelte es sich nicht um eine puristische Form des Theravada-Buddhismus, sondern eine lebensfrohe Symbiose aus Hochreligion, Animismus, Aberglauben und Folklore.

Unterdrückung des Buddhismus durch die Roten Khmer

Nachhaltig geschädigt wurde das buddhistische Fundament, auf dem die Khmer-Kultur basiert, während der Herrschaft der Roten Khmer. Sie wollten durch die Zerstörung aller sozialer Strukturen und die Vernichtung aller kulturellen Normen einen archaischen Agrarkommunismus schaffen.

Hatten die Roten Khmer bei ihrem Kampf gegen das Lon-Nol-Regime den buddhistischen Glauben noch als Werkzeug benutzt, um in den befreiten Gebieten die fromme Landbevölkerung in ihrem Sinne zu beeinflussen, so änderte sich diese Einstellung nach dem Fall von Phnom Penh.

Die schätzungsweise 60 000–80 000 buddhistischen Mönche des Landes, die zu einem großen Teil den **Untergrundkampf** der Roten Khmer unterstützt hatten, wurden zu Parasiten der Gesellschaft erklärt, die man vernichten müsse. Alle Mönche wurden gezwungen, ihre Roben anzulegen, ihrem Gelübde zu entsagen, die Klöster zu verlassen und sich an der Fronarbeit auf den Feldern zu beteiligen. Die meisten Mönche starben, nicht wenige wurden ermordet. Wer betete oder religiöse Rituale ausübte, wurde unverzüglich hingerichtet. Am Ende des Regimes der Roten Khmer gab es keinen buddhistischen Klerus in Kambodscha mehr.

Fast alle Tempel, vor Beginn der Schreckensherrschaft die religiösen und sozialen Zentren der Khmer, wurden Opfer eines ideologisch begründeten **Vandalismus**. Soldaten der Roten Khmer legten Pagoden und Stupas in Schutt und Asche, verwandelten sie in Lagerhallen, Munitionsdepots oder Schweineställe. Bibliotheken mit wertvollen Palm-

Die königliche Zeremonie des Pflügens findet einmal im Jahr in Phnom Penh statt

blatt-Manuskripten gingen in Flammen auf. Millionen von Buddha-Statuen wurden in Flüsse und Seen geworfen oder zu Straßenschotter zertrümmert. Verschont blieben nur einige Pagoden in der Nähe des Königspalastes von Phnom Penh.

Nach der Vertreibung der Roten Khmer durch die Vietnamesen im Jahre 1979 versuchten die Überlebenden, die Reste der buddhistischen Tradition wieder zusammenzufügen. Dabei entstand ein erschreckendes Bild. Dreieinhalb Jahre Khmer-Rouges-Herrschaft hatten genügt, um das gesamte religiöse Gebäude, das in vielen Jahrhunderten aufgebaut worden war, zum Einsturz zu bringen. Nur einige hundert Mönche, die vor den Roten Khmer nach Thailand oder Vietnam hatten fliehen können, kehrten in den Orden zurück. In den meisten Städten und Dörfern gab es keine Tempel mehr.

Der Buddhismus im heutigen Kambodscha

Heute garantiert die Verfassung von 1993 **Glaubensfreiheit**. Der Theravada-Buddhismus hat in den letzten Jahren eine Renaissance erlebt und ist in der kambodschanischen Gesellschaft wieder so fest verwurzelt wie in der Zeit vor den Roten Khmer.

Die meisten einfachen Leute wissen zwar wenig über die buddhistische Lehre, aber sie kennen die Grundideen: die Sehnsucht, sich aus dem Kreislauf von Geburt, Tod und Wiedergeburt zu befreien und in das Nirvana einzugehen. Der kambodschanische Volksbuddhismus stellt sich nicht großen theologischen Fragen, sondern erteilt altbewährte Antworten auf die kleinen Sorgen des täglichen Lebens. In diesem Volksbuddhismus liegen die Wurzeln für den Fatalismus und die außerordentliche Duldsamkeit der Kambodschaner.

An die 3600 **buddhistische Klöster** wurden restauriert und wieder eröffnet, vorwiegend mit Hilfe von Spenden oder der unentgeltlichen Arbeit der Gläubigen. Heute sind rund 90 % der vor 1975 existierenden Tempel wieder in Betrieb, einigen sind buddhistische Schulen für Novizen angeschlossen.

Seit 1991 gibt es wieder zwei **buddhistische Orden**: den volksnahen Mohanikay-Orden, dem über 95 % der Gläubigen zugewandt sind, und den kleinen höfischen Thammayuth-Orden. Traditionell leitet der König, der auch die höchsten religiösen Würdenträger ernennt, den obersten nationalen Mönchsrat der buddhistischen Gemeinschaft (Sangha).

Bei Geburten, Hochzeiten und Kremationen sowie religiösen Festen sprechen buddhistische Mönche Segen und Gebete. Ihre Zahl ist wieder auf etwa 40 000 angestiegen. Traditionell sind sie sehr einflussreich in der kambodschanischen Gesellschaft. Viele Mönche beschränken sich nicht darauf, in der Abgeschiedenheit ihrer Klöster zu meditieren. Sie gehen in die Dörfer, um die Gläubigen zu motivieren und sich für eine Verbesserung der Lebensbedingungen zu engagieren. So unterstützen sie Projekte der ländlichen Entwicklung, arbeiten in den Bereichen Bildung und Gesundheitsvorsorge oder kämpfen gegen die Zerstörung der Umwelt. Ihr Motto lautet: »Wir müssen die Menschen anleiten, das Leiden zu erkennen und bereits hier auf Erden zu überwinden.«

Einen wichtigen Beitrag zur nationalen Versöhnung und zum Frieden im Lande leistete im Mai 1993 der **Friedensmarsch** buddhistischer Mönche, Nonnen und Laien von Angkor Wat nach Phnom Penh. Organisiert wurde die wochenlange Demonstration gegen Hass und Misstrauen von dem charismatischen Obermönch Maha Ghosananda, der 1994 für den Friedensnobelpreis vorgeschlagen wurde.

Kambodschanische Feste und Zeremonien

Höhepunkte im städtischen und dörflichen Leben sind **religiöse Feste**, an denen sich die gesamte Bevölkerung beteiligt. Die meisten buddhistischen Feiertage finden während des Vollmonds statt und sind variabel, da sie sich nach dem Mondkalender richten.

Wie im benachbarten Laos werden in Kambodscha mit oft großem Aufwand die buddhistischen Feste **Makha Busa** (kambodschanisch: Meak Bochea; nach Gregorianischem Kalender Ende Februar oder Anfang März), **Wisakha Busa** (kambodschanisch: Visakha Bochea; in einer Vollmondnacht im Mai) sowie **Bun Khao Phansaa** und **Bun Ok Phansaa** (nach Gregorianischem Kalender im Juli bzw. im Oktober) begangen (s. S. 123). Wie die Laoten feiern auch die Kambodschaner ihr traditionelles buddhistisches Neujahrsfest (Bon Choul Chhnam) mit großer Ausgelassenheit. Es findet meist zwischen dem 13. 4. und 15. 4. statt und ist besonders spektakulär in Phnom Penh und Siem Reap.

Die königliche Zeremonie des Pflügens

Einmal im Jahr wird in **Phnom Penh** die königliche Zeremonie des Pflügens (Bon Chrat Preah Angal) abgehalten. Als göttlicher Schutzherr über die Reisfelder eröffnet der König an einem astrologisch günstigen Tag im Mai mit einer Pflugzeremonie, die auf hinduistische Ursprünge zurückgeht, die Aussaat. Nachdem man den Boden gewässert hat, tritt ein von zwei geweihten Ochsen gezogener und vom Landwirtschaftsminister, dem Herrn des Festes geführter Pflug in Aktion. In jede Himmelsrichtung werden drei Furchen gezogen, in die Brahmanen-Priester Reiskörner aus goldenen Schalen säen. Danach wählen die Zugtiere aus sieben Gefäßen ihr Lieblingsfutter aus. Aufgrund der Reihenfolge, in der sie sich bedienen, kann ein Brahmane die Ernteaussichten voraussagen.

Nachdem König und Priester den Platz verlassen haben, lesen die zahlreich anwesenden Bauern die ausgesäten Körner auf, um sie später unter das Saatgut zu mischen – dies gewährleistet eine ertragreiche Ernte.

Bon Pchum Ben

Ende September oder Anfang Oktober erweisen die Kambodschaner ihren Ahnen beim **Fest der Verstorbenen**, der Khmer-Version von Allerheiligen, ihre Referenz. Gläubige im ganzen Land pilgern zu Tempeln und Klöstern, um den Mönchen Speisen und Gegenstände des täglichen Gebrauchs zu schenken. Wenn während der Zeremonie die Seele eines Toten die Opfergaben der Familie nicht in einer Pagode findet, wird sie ein Jahr lang als böser Geist umherirren und die Nachkommenschaft mit Krankheit, Missernten oder anderen Schicksalsschlägen bestrafen.

Bon Oumtouk

Abhängig vom Vollmond feiern die Kambodschaner alljährlich Ende Oktober/Anfang November in Phnom Penh und Siem Reap das Fest der wechselnden Strömungen (s. S. 363).

Das Tet-Neujahrsfest

Das von Chinesen und Vietnamesen an einem Neumondtag zwischen 21. Januar und 19. Februar begangene Tet-Neujahrsfest markiert den Beginn eines neuen, nach dem chinesischen Mondkalender berechneten Jahres. Das Fest hat für Mahayana-Buddhisten eine Bedeutung, als fielen Weihnachten, Neujahr und Ostern auf einen Tag. Es ist der **Höhepunkt des Jahres**, eine Mischung aus Karneval und Familienfest, das wenigstens drei Tage lang gefeiert wird. Tausende kehren aus diesem Anlass zu ihren Verwandten zurück. Nicht in der Familie sein zu können, gilt als Unglück. Am letzten Abend des alten Jahres hallt der Lärm von Krachern und Böllern durch die von Chinesen und Vietnamesen bewohnten Viertel. Sie werden gezündet, um böse Geister in die Flucht zu schlagen.

Staatliche Feiertage

1. Januar – Neujahrsfest
7. Januar – Nationaler Gedenktag an die Befreiung Kambodschas von der Terrorherrschaft der Roten Khmer durch die Vietnamesen
17. April – Tag des Sieges über den US-Imperialismus
1. Mai – Tag der Arbeit
9. Mai – Nationaler Gedenktag des Völkermordes
24. September – Verfassungstag
1. November – Geburtstag von König Sihanouk
9. November – Unabhängigkeitstag

Architektur und Kunst

Seit der Funan-Zeit zwischen dem 2. und 6. Jh. n. Chr. wurden durch Kaufleute aus Indien Hinduismus und Buddhismus im alten Kambodscha verbreitet. Indische Glaubensvorstellungen und die indische Kultur fanden ihren Niederschlag sowohl in der Organisation der damaligen Reiche – hier war die Übernahme des Gottkönigtums von besonderer Bedeutung – als auch in der Architektur und in der Bildenden Kunst.

Architektur und Baudekor

Epochen der Architektur

Mehr als in allen anderen Bereichen der Kunst und Kultur zeigt sich in der Sakralarchitektur der Khmer der **indische Einfluss**. Französische Wissenschaftler beschreiben über ein Dutzend verschiedene Stile. Allerdings bezieht sich diese Untergliederung häufig nur auf kurze Zeiträume. Für Laien verständlicher ist eine vereinfachte Einteilung in zwei große Epochen der Architektur – in die Vor-Angkor-Zeit (7. Jh.–877/78) und in die Angkor-Zeit (877/78 bis Mitte des 13. Jh.). Die Angkor-Epoche lässt sich noch einmal untergliedern in die sogenannte Vorklassische Periode (877/78–965), die Klassische Periode (965–1177) und in die späte Blüte (1181 bis Mitte des 13. Jh.). In dieser Unterteilung spiegeln sich die Entwicklungsschritte der Khmer-Architektur wider.

Die Vor-Angkor-Zeit

Archäologen legten in Oc Eo, der ehemaligen Hauptstadt des Funan-Reiches, das vom 2. bis zum 6. Jh. n. Chr. im Mekong-Delta bestand, Grundmauern frei. Doch wurden die nach indischem Vorbild aus Holz und Bambus errichteten Bauten längst Opfer des Klimas. Die ersten Bauwerke, die überdauerten, wurden zu Beginn der Khmer-Zeit im 7. Jh. errichtet. Sie stammen aus der Tempelanlage **Sambor Prei Kuk**, die König Ishanavarman I. (616–637) als religiösen Mittelpunkt seiner Hauptstadt Ishanapura etwa 140 km südöstlich von Angkor errichten ließ.

Im 6. und 7. Jh. entwickelte sich allmählich die auf indischen Vorbildern basierende sakrale Baukunst des alten Kambodscha. So nehmen die Heiligtümer von Sambor Prei Kuk Prinzipien und Gesetze vorweg, die auf der **hinduistischen Kosmologie** beruhen. Sie wurden später für die sakrale Architektur von Angkor über Jahrhunderte hinweg bestimmend. Wie fast alle Sakralbauten der frühen Epoche waren sie aus Ziegelstein errichtet. Die Friese und Türstürze aus Sandstein trugen bereits reiches Dekor.

Die Vorklassische Epoche der Angkor-Zeit

Die **Blütezeit der Khmer-Architektur** kündigte sich mit Beginn der Angkor-Periode an. Unter Jayavarman II. (vor 770 bis nach 800) wurde die **Gottgleichheit** des Herrschers zum Leitgedanken des Reiches. Dieser Kult stellte Baumeister, Architekten und Handwerker vor neue Herausforderungen, die zu einem deutlichen Wandel der Baukunst führten. Zwar blieben aus der Zeit des Gründers der Angkor-Dynastie, dessen Hauptstadt Mahendrapura auf dem Phnom-Kulen-Plateau 40 km nordöstlich von Angkor lag, keine bedeutenden Bauwerke erhalten, doch wurden die Fundamente jener Kunst gelegt, die unter Indravarman I. (877/78–889/90) in der neuen

Überbordendes Dekor am Tempel von Banteay Srei

Hauptstadt Hariharalaya zu Beginn der sogenannten Vorklassischen Periode (877/78–965) erblühte.

In der Vorklassischen Epoche bildete sich eine Form des Tempelbaus heraus, welche die sakrale Baukunst der Khmer charakterisiert – der **Prasat**, ein Turmheiligtum aus Ziegelstein, aus dem sich mit zunehmenden bautechnischen Fortschritten der Tempelberg entwickelte. Bei diesen Stufenpyramiden, die aus mehreren sich nach oben verjüngenden Plattformen aus Laterit und Sandstein bestehen, erhebt sich der Prasat auf der obersten Terrasse. An den Fassaden der Turmheiligtümer kann man bisweilen noch Reste von Stuckschichten erkennen, in die man früher als Dekor Blumen- und Laubornamente schnitt. Auf Sandsteinplatten im Bereich der Tür- und Fensterstürze werden nicht nur Figuren nebeneinander stehend gezeigt; es erscheinen erstmals Flachreliefs mit fortlaufenden Szenen.

Architektur und Anlage der Heiligtümer folgen streng **symbolischen Aspekten**. Die Tempel der Khmer sind Stein gewordene Weltbilder, deren Konzeption von der hinduistischen Kosmologie bestimmt wurde. So stellen Prasat und Tempelberg den mythischen Götterberg Meru dar, den Mittelpunkt des Universums. Eingeschlossen werden die Heiligtümer von Umfassungsmauern. Sie symbolisieren Gebirge, welche die bewohnte Erde säumen. Konzentrisch angeordnete Wassergräben stehen für das mythische Urmeer, den Quell allen Lebens.

Die Aufgabe der Baumeister bestand zum einen in der Darstellung einer symbolischen Welt und zum anderen darin, eine Kultstätte für die Statue eines Hindu-Gottes oder einen Linga, das Phallussymbol der Schöpfungskraft des Gottes Shiva, zu schaffen. Die Heiligtümer waren nicht als Andachtsstätten für die Gläubigen geplant, denn dem einfachen Volk war der Zutritt zum inneren Tempelbereich verwehrt. Die Cella, das kleine, dunkle Allerheiligste, war allein den Herrschern und Hohepriestern vorbehalten. Dort nahmen sie rituelle Opferhandlungen vor, durch die sie ins Zwiegespräch mit der Gottheit traten.

Die Klassische Periode der Angkor-Zeit

Den Beginn der Klassischen Periode (965–1177) markiert der von einem einflussreichen Brahmanen-Priester erbaute **Tempel Banteay Srei**. Als schönstes Beispiel eines Tempelbergs gilt **Angkor Wat**, der während der Regierungszeit von König Suryavarman II. (1112/13 bis vor 1155) errichtet wurde. Der heilige Bezirk umfasste nun nicht mehr allein die Tempelberg-Pyramide, sondern neben dem eigentlichen Heiligtum weitere Gebäude, die von umlaufenden Galerien eingefasst waren.

Eine Blütezeit erlebten in dieser Zeit auch Baudekor und Relief. Die Innenwände der unteren Galerie des Angkor Wat sind fast lückenlos mit äußerst kunstvoll in den feinkörnigen Sandstein gemeißelten Flachreliefs geschmückt. Die Paneele erzählen in ausdrucksvoller Bildsprache Episoden aus hinduistischen Mythen sowie Szenen aus den indischen Heldenepen »Ramayana« und »Mahabharata«. Manche Bildtafeln glorifizieren die Kämpfe und Siege des Königs Suryavarman II.

Im Angkor Wat und anderen während der Klassischen Periode errichteten Heiligtümern wird das Auge der Betrachter immer wieder durch die Darstellung von Apsaras gebannt, der himmlischen Tänzerinnen mit filigran gemeißelten, hoch aufgetürmten Haartrachten sowie reichem Schmuck aus Ketten, Ringen und Armbändern. Mehr als 1700 dieser graziösen, nach damaliger Sitte barbusig dargestellten Wesen schmücken allein die Wände und Mauern des Angkor Wat (s. S. 407).

Die späte Blüte der Angkor-Zeit

Eine neue Entwicklung kündigte sich im ausgehenden 12. Jh. an, als Jayavarman VII. (1181 bis um 1220) sich vom Hinduismus, der Religion seiner Vorgänger, abwandte und den Mahayana-Buddhismus zur Staatsreligion erhob. Der Tempel war nun keine reine Kultstätte mehr, zu der mit Ausnahme des Königs nur die Priesterschaft und die Tempeldiener Zugang hatten, sondern eine **Bet- und Versammlungsstätte** für Mönche, Nonnen, Novizen und das gläubige Volk. So entstanden während der späten Blüte (1181 bis Mitte des 13. Jh.) vor allem unter Jayavarman VII., der als größter Baumeister aller Khmer-Könige gilt, vorwiegend weitläufige Klosteranlagen mit einem Flachtempel im Zentrum. Die streng symmetrischen Proportionen und geometrisch klaren Linien, Kennzeichen der Tempelbauten der angkorianischen Klassik, wichen nun einer neuen Raumordnung und Konzeption, die zu komplizierten Bauschöpfungen führten. Zusehends verwischte sich der Unterschied zwischen Bauwerk und Skulptur, was besonders beim **Bayon-Tempel**, dem Höhepunkt der späten Blüte, mit vielen Dutzend Gesichtertürmen deutlich wird.

Eine Wandlung erfuhren auch die Basreliefs. Während die Motive der streng komponierten Bildtafeln der angkorianischen Klassik vorwiegend aus dem höfischen Leben, religiösen Überlieferungen und den indischen Volksepen »Ramayana« und »Mahabharata« stammen, dokumentieren die lebendigen und detailreichen Reliefs des Bayon und anderer unter Jayavarman VII. errichteten Tempel wie eine steinerne Wandzeitung das Alltagsleben des Volkes. Ebenso realistisch und ohne jegliche Glorifizierung sind die Kampfszenen ausgearbeitet, die an die Kriege zwischen den Khmer und den Cham erinnern.

Zweifellos zählt der Bayon-Tempel zu den architektonischen Glanzlichtern der Angkor-Zeit, jedoch zeigen andere unter Jayavarman VII. errichtete Sakralbauten, dass die fieberhafte Bautätigkeit oft zu Lasten einer sorgfältigen Ausführung ging.

Figürliche Kunst

Vandalismus und Kunstraub haben eine lange Tradition in Angkor und anderen bedeutenden historischen Stätten Kambodschas (s. S. 419). Die meisten Tempel sind heute ohne Inventar. Bronze- und Steinstatuen sind, abgesehen von den Exponaten im Nationalmuseum von Phnom Penh sowie in verschiedenen anderen Museen, zum großen Teil verschwunden.

Die Funan- und Zhenla-Perioden

Einige der eindrucksvollsten Beispiele kambodschanischer **Bildhauerkunst**, die im Nationalmuseum in Phnom Penh zu sehen sind, stammen aus den präangkorianischen Funan- und Zhenla-Perioden. Die Kultur des vom 2. bis 6. Jh. im Mekong-Delta wurzelnden hinduistisch geprägten Königreichs von Funan wird nach der damaligen Hauptstadt, einem bedeutenden archäologischen Grabungsort, Oc-Eo-Kultur genannt. Wie später im Zhenla- und Khmer-Reich war in Funan die Kunst in den Dienst des Götterkults gestellt. Die überlebensgroßen Sandsteinstatuen, überwiegend Hindu-Gottheiten, waren noch fest mit einer massiven Rückwand verbunden, da die Steinmetze noch keine frei stehende Rundplastiken schaffen konnten.

Auch die **Steinstatuen** aus der Zhenla-Epoche des 7. und 8. Jh., die meist Vishnu oder andere Hindu-Gottheiten mit vier oder acht Armen darstellen, sind deutlich indisch beeinflusst. Allerdings entfernten sich die damaligen Steinmetze immer mehr von den indischen Vorbildern und wandelten diese so stark ab, dass eigenständige Stilrichtungen entstanden. Merkmale der meist anatomisch genauen Statuen sind ein schlanker Körper und lockige Haare.

Trotz des hohen Niveaus der Bildhauerei mussten die Statuen noch gestützt werden, anfangs meist von Bogen oder Pfeilern. Später übernahmen Donnerkeil, Diskus, Lotosblüten und andere symbolhafte Gegenstände, welche die Götter in Händen hielten, diese Funktion. Bisweilen dienten auch bis auf den Boden herabreichende Kleidungsstücke als stützender Halt. Einen Höhepunkt erreichte die Skulptur der präangkorianischen Kunst mit den eleganten naturalistischen Statuen des Harihara, in dem sich Vishnu und Shiva zu einer Gottheit vereinen.

In der Vor-Angkor-Periode standen nicht allein hinduistische Motive im Mittelpunkt der figürlichen Kunst. Aus jener Epoche stammen auch buddhistisch beeinflusste Statuen von hoher Qualität, vornehmlich Darstellungen von Bodhisattvas, die im Mahayana-Buddhismus eine wichtige Rolle spielen. Sie sind fast erleuchtete Heilige, die ihren Eingang ins Nirvana herauszögern, um allen Lebewesen zu helfen, dem Kreislauf der Existenzen zu entrinnen.

Die frühe Angkor-Periode

In der frühen Angkor-Periode seit dem späten 9. Jh. sind die Plastiken fast ausschließlich **hinduistisch** inspiriert. Statuen von Shiva, dem Todbringer und Zerstörer, der durch die Vernichtung jedoch erst die Voraussetzung für Neuentstehung schafft, werden zunehmend durch den Linga ersetzt. Dieser in einen Sockel eingelassene Phallus symbolisiert die Schöpferkraft der Gottheit. Vishnu, der gütige Bewahrer des Universums, erscheint ebenfalls immer wieder in Stein. Zu erkennen ist er an einer hohen, zylindrischen Kopfbedeckung. Seine Attribute sind die Keule, der Diskus, die Muschelschale und die Lotosblüte. Charakteristisch für die frühe Angkor-Periode sind frei stehende Statuen ohne Stützen, bei denen durch einen Schwung in der Hüftpartie erstmals eine Körperbewegung angedeutet wird.

Die Blütezeit von Angkor

Die Entwicklung der figürlichen Kunst Angkors erreichte im sogenannten **Banteay-Srei-Stil** des späten 10. Jh. ihren Höhepunkt. Insbesondere an Kopf und Gewändern werden die Statuen nun detailreicher dargestellt. Während die Bildnisse der frühen Angkor-Periode bisweilen wenig lebendig und steif wirken, entstanden während der Blütezeit von Angkor zunehmend dynamischere Statuen.

Eine weitere Verfeinerung erfuhr die figürliche Kunst während des 11. Jh., als sich der von Banteay Srei inspirierte **Baphuon-Stil** entwickelte. Einige der eindrucksvollsten Beispiele sind heute im Nationalmuseum von Phnom Penh zu sehen. Ab dem frühen 12. Jh.

trat dann die Plastik hinter das von den Bildhauern bevorzugte Relief zurück.

Während Buddha-Darstellungen in den ersten beiden Jahrhunderten der Angkor-Zeit selten waren, gewann die **buddhistische Kunst** der Khmer im Laufe des 11. Jh. an Bedeutung. Seine Körperhaltungen, die Position der Arme sowie die Gesten der Hände symbolisieren bestimmte Zustände oder Handlungen, etwa Gelassenheit, Frieden, Schutz, Lehre oder Meditation (s. S. 130). Sehr beliebt ist in der Khmer-Kunst die Darstellung des Buddha auf der zusammengerollten Schlange Naga-Muchalinda, deren aufgerichtete sieben oder neun Köpfe ihn beschützen.

Die sieben- oder neunköpfige Naga-Schlange, deren Verehrung noch aus Zeiten vor der Indisierung stammt, spielt in der religiösen Vorstellungswelt der Khmer eine bedeutende Rolle. So erscheinen Nagas in Form von Balustraden als Torwächter an vielen Tempeln und Heiligtümern. Eine kambodschanische Volkssage bringt die Naga mit der Entstehung von Angkor in Verbindung. Der Legende zufolge war der indische Brahmane Kaundinya, der das Funan-Imperium, eines der beiden Vorgängerreiche von Angkor, gründete, mit der Naga-Prinzessin Soma verheiratet.

Die Khmer-Kunst der **Angkor-Wat-Periode** in der ersten Hälfte des 12. Jh. gipfelte in der Tempelarchitektur. Die Kunstfertigkeit der Steinmetze spiegelt sich vornehmlich in dem reichen Baudekor, vor allem in den fein herausgearbeiteten Basreliefs von Angkor Wat wider, während den Plastiken die Anmut früherer Werke fehlt.

Die Kunst der **Bayon-Periode** vom ausgehenden 12. Jh. bis Mitte des 13. Jh., der letzten kulturellen Blütezeit des Angkor-Reiches, war durch eine Verschmelzung von Architektur und Skulptur gekennzeichnet, wie man an den Kolossalstatuen, etwa an den Gesichtertürmen im Bayon und an den Stadttoren von Angkor Thom erkennen kann.

Der Hang zur Monumentalität kommt auch in den Götter- und Dämonenstatuen der Straßen der Riesen, die auf die Tore der alten Königsstadt zuführen, zum Ausdruck. Zwar wurden nach dem Triumph des Mahayana-Buddhismus unter Jayavarman VII. vermehrt Bodhisattva-Darstellungen geschaffen, jedoch behielt man hinduistische Motive weiterhin bei. Typisch für die Buddha-Statuen des ausgehenden 12. Jh. sind flache, rechteckige Gesichter, gerade Augenbrauen und eine Krone auf dem Kopf. Letztere erinnert daran, dass die Khmer ihre Könige als Götter verehrten.

Im Rahmen der fieberhaften Bautätigkeit unter Jayavarman VII. entwickelte sich eine Bauplastik von geradezu überbordender Fülle. Allerdings arbeiteten die Bildhauer unter dem großen Zeitdruck weniger sorgfältig und detailreich. Bei der Gestaltung von Vollplastiken konzentrierten sie sich auf Köpfe und Gesichter, schenkten dabei jedoch dem Körperbau, der zuvor anatomische Genauigkeit aufwies, kaum mehr Beachtung.

Nach dem Tod des letzten großen Angkor-Herrschers befand sich das zerfallende Khmer-Reich beinahe permanent im Kriegszustand. Viele Steinmetze wurden nun zum Waffendienst herangezogen. Zum Ende der Khmer-Bildhauerkunst trug auch bei, dass der hochwertige Sandstein, aus dem die Statuen und Basreliefs gemeißelt worden waren, allmählich zur Neige ging. Mit der Eroberung von Angkor im Jahre 1431 durch die Siamesen verfiel auch die Khmer-Bildhauerkunst. Die Truppen plünderten die Khmer-Kapitale und verschleppten Tausende Menschen.

Tanz, Theater und Musik

Tanz und Drama sind in Kambodscha seit Menschengedenken miteinander verbunden. Jahrhundertelang wurden traditionelle **Tanzdramen** als magische und kultische Handlung nur in Tempeln dargeboten. So standen einer in Stein gemeißelten Inschrift zufolge im Ta-Prohm-Tempel aus dem späten 12. Jh. ständig mehr als 600 Tänzerinnen bereit. Als aber die Gottkönige an Macht und Ruhm verloren, verfiel auch die Tanzkunst. Die alten heiligen Tanzrituale wurden mit der Zeit verweltlicht, bis schließlich Götterverehrung und Tempelkult völlig in den Hintergund traten.

Zu einer Renaissance der klassischen Tanzdramen kam es Anfang des 20. Jh. mit der Gründung des **Königlichen Balletts** am Hofe von Phnom Penh, das bis heute besteht. Die höfischen Tänze Kambodschas wurzeln wie diejenigen von Thailand und Laos in der Kultur der ›Großen Mutter Indien‹.

Das klassische Tanztheater

Traditionsgemäß werden beim klassischen kambodschanischen Tanztheater alle Rollen von Frauen gespielt, die ein hartes Training absolvieren müssen. Die differenzierten Posen des formalisierten Tanzspiels folgen einer strengen Choreographie. Jede noch so kleine Augenbewegung und vor allem jede Handhaltung – Mudra genannt – hat ihre Bedeutung, ist Teil der Geschichte, welche die Tänzerinnen ohne Worte erzählen.

Es gibt **Mudras**, die von beiden Händen ausgeführt werden müssen, und solche, die im Spiel jeder einzelnen Hand ihren Ausdruck finden. Eine ausgebildete Tänzerin beherrscht etwa 400–500 solcher Gesten, mit denen sie das ganze Vokabular verdeutlicht. Nur ab und zu entschlüsseln sich die Sinnbilder westlichen Besuchern. So symbolisieren die elegant vor der Brust aneinander gelegten Fingerspitzen die Knospe einer Lotosblüte. Eine Hand, die sich öffnet und über die Glieder hinaus spreizt, zeigt die erblühende Blume.

In den zeremoniellen Aufführungen des Königlichen Balletts, die mit ihrer verzögernden Gebärdensprache beinahe wie Meditati-

Hartes Training: 500 Gesten wollen beherrscht werden

onsübungen wirken, zeigt sich eine fast übermenschliche Körperbeherrschung der Tänzerinnen. Hier erlebt die klassische Bewegungskunst ihre höchste Perfektion. Dargestellt werden meist Episoden aus dem »Reamker«, der kambodschanischen Version des indischen Götterepos »Ramayana«. Im Zentrum der Handlung steht die Entführung von Sita, der Gattin des mythischen Helden Rama, durch den Dämonenkönig Ravana und ihre spätere Befreiung.

Einer der beliebtesten klassischen Tänze ist der **Apsara-Tanz**, der die kambodschanische Schöpfungsmythologie zum Inhalt hat. Gezeigt wird, wie die Nymphe Mera um den heiligen Eremiten Kampu wirbt. Aus ihrer Vereinigung geht das Land Kampuchea hervor.

Volkstänze

Neben den Kunst- und Ausdruckstänzen entwickelten sich auch Bewegungsspiele mit eher volkstümlichem Charakter, die im Leben der bäuerlichen Bevölkerung wurzeln. Oft sind es rituelle Tänze im Rahmen religiöser Zeremonien zur Beschwörung von Regen oder guter Ernten. Während bei den gemessenen und beschaulichen klassischen Tänzen, wie sie noch heute am königlichen Hof in Phnom Penh gepflegt werden, langsame, kontrollierte, fließende Bewegungen vorherrschen, sind die folkloristischen Tänze dynamisch und leidenschaftlich.

Beim *lkhaon khaol,* dem **kambodschanischen Maskentheater**, treten ausschließlich männliche Akteure auf. Einst zogen die Künstler mit Wanderbühnen durchs Land und über die Dörfer. Sie gastierten meist am Hof oder im Tempel, wo sie vor großem Publikum oft mehrere Abende lang das »Reamker« aufführten. Heute werden meist stark gekürzte Fassungen im Rahmen von Folklore-Shows für Touristen dargeboten.

Musikalische Begleitung

Begleitet werden die klassischen Khmer-Tänze von einem erzählenden Chor und einem **Musikensemble** *(phleng pinpeat),* welches vorwiegend aus Rhythmusinstrumenten besteht, zu denen Trommeln *(skor areak),* Becken *(ka areak)* oder Xylophonen *(roneat)* zählen. Weitere wichtige traditionelle Khmer-Instrumente sind die *takeh,* eine dreisaitige Gitarre, die Bambusorgel *ken* und die *drow,* ein Streichinstrument, das wie eine Violine gespielt wird.

Zeitgenössische Musik

Nicht nur die lange in Vergessenheit geratene klassische Khmer-Musik erfreut sich wieder großer Popularität, einen Boom erlebt auch die einheimische Schlagerindustrie. Kambodschanische Musiker, die während der Pol-Pot-Ära ins Ausland geflüchtet waren, schufen, beeinflusst von westlicher Musik, einen facettenreichen authentischen Musikstil, der heute in Kambodscha als Khmer-Pop ungemein beliebt ist.

Essen und Trinken

Kennzeichnend für die kambodschanische Küche ist ihr milder Charakter. Viele Gerichte sind Variationen von Speisen aus anderen Ländern, unter deren Einfluss Kambodscha einst stand. Während in Phnom Penh, Siem Reap und anderen viel besuchten Orten Restaurants gehobene kulinarische Genüsse bieten, beschränkt sich das Angebot abseits der Hauptreiserouten meist auf Nudelsuppen und einfache Reisgerichte.

Kambodscha kulinarisch

Multikulturelle Versuchungen

Die kambodschanische Küche spiegelt die **Einflüsse** wider, denen das Land in seiner bewegten Geschichte ausgesetzt war. Alle asiatischen und europäischen Kulturen, die hier Fuß fassten, haben der Landesküche eine Vielfalt von Gerichten und Zubereitungsarten beschert. Indische Kaufleute brachten ebenso wie Chinesen und Araber neben ihren Essgewohnheiten neue Gewürze mit. Vietnamesen führten die flachen Woks ein. Auch die Franzosen haben ihre Visitenkarte in der kambodschanischen Küche abgegeben. Davon zeugt vor allem das knusprige Baguette *(num pang)*, das – mit Fleischpaste, Wurst, Eiern und Salat gefüllt – an Straßenständen verkauft wird *(num pang patey)*.

Typisch kambodschanisch

Kambodschanische Speisen sind eher mild. Im Gegensatz zum Nachbarland Thailand kennt man keine scharfen Currys und nur wenige extrem stark gewürzte Speisen. Fast überall in Kambodscha ist **Reis** *(bay)* das Grundnahrungsmittel und die Basis der meisten Mahlzeiten. Reis wird sogar mit Essen schlechthin gleichgesetzt. So heißt essen auf kambodschanisch Reis essen – *njam bay*. Oft isst man bereits zum Frühstück den Reis vom Vortag – leicht angebraten und mit viel Knoblauch gewürzt. Eine andere beliebte Frühstücksvariante sind kräftige Nudelsuppen. Beilagen zum Reis sind vor allem **Gemüse** sowie **Fisch** *(trey)* und Meeresfrüchte in jeglicher Form, seltener dagegen Huhn *(muan)* und nur bei besonderen Gelegenheiten Schweine- oder Rindfleisch *(sach chrouk* oder *sach ko)*. Für den richtigen Geschmack sorgen Gewürze und Kräuter wie Chilischoten und Ingwer, Muskat und Gewürznelken, Kardamom und Gelbwurz, Minze und Tamarinde, Koriander und Zitronengras.

Aber längst nicht alle Kambodschaner können sich die Köstlichkeiten der Landesküche leisten. Die typische Mahlzeit einer Bauernfamilie besteht aus mit den Fingern zum Munde geführten Reisbällchen, ein paar Happen Trockenfisch, etwas Gemüse, grünen Papayas oder Mangos sowie Prahok. Diese in Kambodscha hergestellte, streng riechende Paste aus gesalzenem, fermentierten Trockenfisch ist der wichtigste Proteinversorger und Geschmacksträger für die Mahlzeiten der einfachen Leute. Beim Fermentationsprozess fällt eine Fischsauce *(teuk trey)* an, die vielen Speisen eine Geschmacksrichtung gibt, mit der sich manche Abendländer nicht ohne weiteres anfreunden können.

Getränke

Kambodschaner trinken zum Essen meist nur **Mineralwasser** oder **grünen Tee**. Trinkwasser in Plastikflaschen ist ebenso wie importierte Softdrinks in Dosen praktisch überall erhältlich. Preiswert und herrlich erfrischend ist frisch gepresster Zuckerrohrsaft *(toek ampöö)*. Ein Durstlöscher ist auch die helltrübe Milch der jungen Kokosnuss *(toek doong)*. Überall werden Fruchtsäfte *(toek kralok)* in fantasievollen Variationen angeboten.

Bier *(bia)* erfreut sich großer Beliebtheit, vor allem das einheimische Angkor Beer, das es frisch gezapft, in Dosen und Flaschen gibt. In der Regel wird selbst kaltes Bier zusätzlich mit Eiswürfeln serviert. Ausländische Weine und Spirituosen sind nur in internationalen Restaurants und Bars zu relativ hohen Preisen erhältlich. Billig, aber nicht jedermanns Geschmack ist der **Zuckerpalmwein** *(toek thnaut djuu)*.

Wo essen?

In Phnom Penh, Siem Reap und Sihanoukville bieten immer mehr namhafte **Restaurants** unverfälschte Speisen der Khmer-Küche an, etwa die leckeren Amok-Gerichte – Fisch oder Huhn in Curry-Kokosnuss-Milch gekocht. Wer mit seinem Gaumen auf Entdeckungstour gehen will, kann es aber auch den Einheimischen nachmachen und an einem **Essensstand** oder in einem kleinen Lokal typische Gerichte der Landesküche probieren. Hygienische Bedenken sind in der Regel nicht nötig, denn auch Kambodschaner würden kein Essen anrühren, von dem sie annehmen müssten, es sei nicht sauber zubereitet. Zudem machen die hohen Temperaturen im Wok oder auf dem Grill allen potenziellen Krankheitserregern den Garaus. Vor allem bei Straßenständen, die von Einheimischen frequentiert werden, hat man die Gewähr, frisch zubereitete Speisen zu bekommen.

Eine bessere Ausstattung, etwa Klimaanlage und Speisekarten in englischer Sprache, aber auch ein höheres Preisniveau haben die Restaurants, die sich auf den Geschmack westlicher Besucher eingestellt haben, sowie die internationalen Restaurants in den Touristenzentren. Die besseren Restaurants halten sich nach französischem Vorbild an festgelegte Öffnungszeiten für Lunch und Dinner. In Restaurants der gehobenen Kategorie – vor allem in solchen, die ein Kulturprogramm bieten – empfiehlt sich am Wochenende und an Feiertagen eine frühzeitige Reservierung.

Gegessen wird meist mit Löffel und Gabel. Messer sind nicht nötig, da alles klein geschnitten serviert wird.

Französisches Erbe: Baguettes in allen Varianten

Die berühmte Silberpagode im Tempelkloster Wat Phreah Keo Morokat

Kapitel 4

Zentral-kambodscha

Zu Unrecht wird Phnom Penh von vielen Reisenden links liegengelassen. Viele zögern, weil es über die Hauptstadt von Kambodscha, vor allem über die dortige Sicherheitssituation, widersprüchliche Informationen gibt. Vor Ort ist dann aber alles ganz anders. Die vor Aufbruchstimmung und Lebenslust vibrierende Metropole besticht durch asiatischen Charme und französisches Flair. Mit dem thailändischen Vorbildern nachempfundenen Königspalast und dem Wat Preah Keo Morokat, der prachtvollsten buddhistischen Tempelanlage Kambodschas, sowie dem Nationalmuseum besitzt die wiedergeborene Hauptstadt drei Sehenswürdigkeiten, die sich kein Besucher entgehen lassen sollte.

War es einst beschwerlich, von Phnom Penh nach Siem Reap, dem Ausgangsort für einen Besuch der Angkor-Tempel, zu reisen, so hat sich die Situation heute geändert. Wer einen Eindruck vom Tonle Sap, dem größten Binnensee Südostasiens, gewinnen möchte, nimmt das täglich verkehrende komfortable Expressboot. Die Alternative – eine Fahrt im klimatisierten Bus über die mittlerweile sehr gut ausgebaute Nationalstraße 6 – erlaubt einen Abstecher zur Tempelanlage Sambor Prei Kuk, im 7. Jh. der religiöse Mittelpunkt von Ishanapura, der Hauptstadt des präangkorianischen Zhenla-Reichs. Den Khmer-Tempel Prasat Preah Vihear im Dangrek-Gebirges erreicht man bequemer von thailändischer Seite aus.

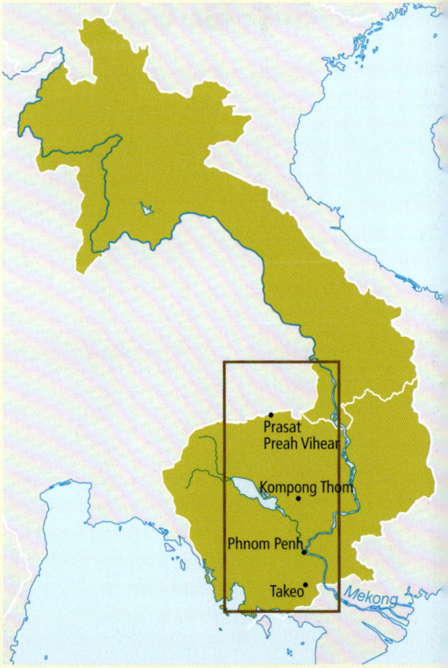

Auf einen Blick

Zentralkambodscha

Sehenswert

11 **Phnom Penh:** Die vor Lebenslust vibrierende Hauptstadt mit dem märchenhaften Königspalast und der berühmten Silberpagode im Tempelkloster Wat Phreah Keo Morokat sowie dem Nationalmuseum mit der bedeutendsten Sammlung präangkorianischer und angkorianischer Kunst des Landes (s. S. 344).

12 **Sambor Prei Kuk:** Von Dschungel überwuchert und von Minenfeldern umgeben, war die bedeutendste Gruppe von Sakralbauwerken aus der Vor-Angkor-Zeit lange Zeit unerreichbar. Heute ist ein Besuch problem- und gefahrlos möglich (s. S. 370).

Schöne Routen

Rundfahrt in der ländlichen Idylle um Phnom Penh: Bei dem Tagesausflug in die Provinzen Kandal und Takeo im Süden der Hauptstadt zu den archaischen Tempeln Ta Prohm am Tonle-Bati-Fluss, Suryagiri auf dem Hügel Phnom Chiso und Ashram Maha Russei auf dem Berg Phnom Da sowie nach Angkor Borei, einer der bedeutendsten Ausgrabungsstätten der Funan-Epoche, gewinnt man einen guten Eindruck vom Leben im ländlichen Kambodscha. Ein erschütterndes Mahnmal an den Völkermord der Roten Khmer ist das Killing Field von Choeung Ek wenige Kilometer südlich von Phnom Penh (s. S. 364).

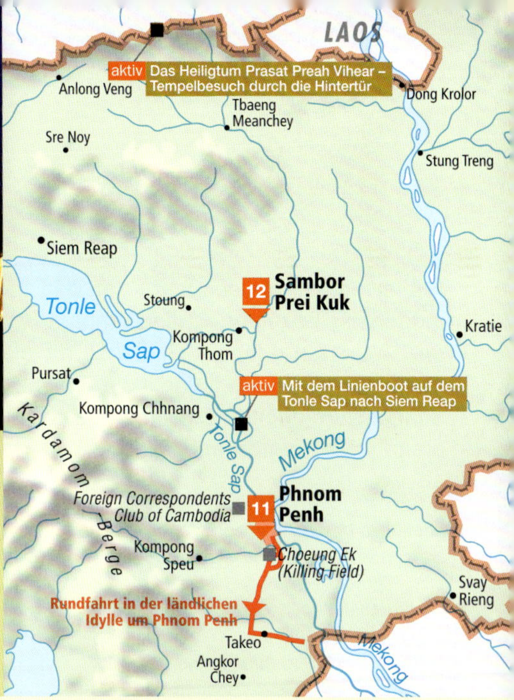

Meine Tipps

Der Foreign Correspondents Club of Cambodia: Am besten kann man die Abendstimmung am Ufer des Tonle Sap bei einem Drink auf dem Balkon des einstigen Treffpunkts der Kriegsberichterstatter genießen (s. S. 359).

Tag- und Nachtmärkte: Am Monivong Boulevard lässt es sich tagsüber und in den Abendstunden einkaufen udn schlemmen. Hier laden mehrere Markthallen des Psah Thmay und der Nachtmarkt zum Flanieren und Staunen ein. S. 353

aktiv unterwegs

Mit dem Linienboot auf dem Tonle Sap nach Siem Reap: Während die Einheimischen den schnelleren und billigeren Bussen den Vorzug geben, reisen viele Touristen von Phnom Penh in einem der auf dem Tonle Sap pendelnden Kabinenboote nach Siem Reap. Sie erleben dabei eine amphibische Welt und sehen Menschen, die in schwimmenden Dörfern auf dem Wasser leben (s. S. 369).

Das Heiligtum Prasat Preah Vihear – Tempelbesuch durch die Hintertür: Nur hartgesottene Traveller nehmen die beschwerliche Anreise von Kompong Thom zum Bergtempel Prasat Preah Vihear auf sich. Das in den Dangrek-Bergen zwischen Kambodscha und Thailand thronende Khmer-Heiligtum kann man auch vom thailändischen Ubon Ratchathani oder Si Saket besuchen – vorausgesetzt, die Sicherheitssituation erlaubt es (s. S. 372).

11 Phnom Penh und Umgebung ► 3, N 26/27

Früher einmal als schönste der von den Franzosen erbauten Städte Indochinas bezeichnet, dient Phnom Penh heute für Reiseveranstalter und Touristen eher als Schleuse für die Tempelanlagen von Angkor. Dabei haben die Stadt und ihre nähere Umgebung so viele interessante Sehenswürdigkeiten zu bieten, dass sich damit mühelos ein zwei- bis dreitägiges Programm füllen lässt.

Am frühen Morgen in Phnom Penh. Am Monivong Boulevard herrscht bereits reger Betrieb. Ratternd werden die rostigen Gittertore der Geschäfte hochgezogen. Schon stauen sich auf der Verkehrsader, die Phnom Penh von Nord nach Süd durchschneidet, Autos, Lastwagen und Busse. Hunderte von Mopeds knattern wie ein Wespenschwarm durch die wenigen Lücken im Verkehr. Geländewagen hupen sich den Weg frei.

Das Verkehrsgewühl ist ein Indiz für den **Wirtschaftsboom**, der die kambodschanische Hauptstadt erfasst hat. Energisch versuchen die Menschen, denen der Bürgerkrieg 20 Jahre ihres Lebens raubte, zu ihren thailändischen und vietnamesischen Nachbarn aufzuschließen.

Entlang der mehrspurigen Hauptverkehrsadern sieht man Firmensymbole multinationaler Konzerne, internationaler Hotelketten sowie amerikanischer und asiatischer Banken.

Doch bieten immer noch manche Teile der 1,8 Mio. Einwohner zählenden Metropole nach Jahrzehnten des Kriegs und Terrors ein Bild des Elends. Viele Stadtviertel sind von verfallenen Gebäuden und Geisterhäusern geprägt, die je nach Jahreszeit schlammige oder staubige Straßen säumen. Hinter Mauern und Drahtzäunen dehnen sich provisorische, aus allen Nähten platzende *shantytowns* aus. Viele Gestrandete im Überlebenskampf der Großstadt hausen auf Gehwegen, unter Brücken und entlang der Bahngleise. Auch mit diesen Facetten der jüngeren Geschichte der Stadt werden die Besucher konfrontiert.

Stadtgeschichte

Einst lebte am Unterlauf des Mekong eine reiche Dame namens Penh. Eines Tages sah sie auf dem mächtigen Strom einen Baum treiben. Nachdem ihre Diener ihn ans Ufer gezogen hatten, entdeckte sie im Innern des Stammes fünf Buddha-Statuen. Unverzüglich ließ sie einen Hügel *(phnom)* aufschütten und darauf für die heiligen Reliquien eine Pagode errichten. Rings um den Hügel entwickelte sich alsbald eine florierende Siedlung. Die Stadt Phnom Penh war gegründet ...

Die Dame Penh aus einem beliebten kambodschanischen Volksmärchen hätte kaum einen besseren Ort für ihre Stadtgründung wählen können. Mitten im Schwemmland seines Unterlaufs, dort, wo heute Phnom Penh liegt, trifft der Mekong auf den Tonle Sap. Südlich der Stadt zweigt vom Mekong der Tonle Bassac ab. So hat man den Eindruck, als läge die Hauptstadt an vier Flüssen. Die Einheimischen nennen die große Vierung *chatamuk* – vier Gesichter.

Aufgrund der strategisch günstigen Lage erkor man Phnom Penh 1866 zur Hauptstadt von Kambodscha. Die historisch gesicherten Ursprünge der Stadt reichen jedoch in das

Jahr 1434 zurück, als der Vasallenkönig Ponheo Yat, den die siegreichen Siamesen nach dem Fall von Angkor eingesetzt hatten, an dieser Stelle eine befestigte Siedlung anlegen ließ. Allerdings zog er es vor, etwa 50 km nördlich in Lovek am Tonle-Sap-Fluss zu residieren. Rund 200 Jahre lang wurden die Geschicke Kambodschas von der Königsstadt Lovek und später von der Hauptstadt Udong 40 km weiter nördlich vom heutigen Phnom Penh gesteuert. Erst auf Drängen von Frankreich, unter dessen Schutz König Norodom I. sein Land 1863 gestellt hatte, wurde der Hofstaat nach Phnom Penh verlegt.

Die Franzosen legten Phnom Penh nach europäischem Vorbild an. In repräsentativen Boulevards, weitläufigen Parks und eleganten Jugendstil-Villen sowie in dem für König Norodom I. erbauten Palast spiegelten sich Macht und Ruhm der Grande Nation wider. Noch in den 1960er-Jahren bot Phnom Penh, das von Besuchern als **blühende Märchenstadt** beschrieben wurde, ein idyllisches Bild. Dies änderte sich nach dem Sturz von Prinz Sihanouk durch den General Lon Nol am 18. März 1970. Als die Truppen der Nationalen Einheitsfront Kampucheas, die Sihanouk mit Führern der Roten Khmer im Pekinger Exil gegründet hatte, in Kampf gegen Lon Nol immer größere Landesteile unter ihre Kontrolle brachten, schwoll Phnom Penh zu einem Flüchtlingslager mit rund 3 Mio. Bewohnern an.

Von den Menschen begeistert als Befreier von der **Lon-Nol-Diktatur** begrüßt, marschierten am 17. April 1975 die Roten Khmer in Phnom Penh ein. Doch sie befahlen den Einwohnern, innerhalb von 48 Stunden die Hauptstadt zu verlassen. Ausnahmen gab es nicht, selbst die Krankenhäuser wurden evakuiert. Wer sich weigerte, wurde hingerichtet.

Tipp: Touristenguides

Vor dem Königspalast und manchen Tempeln warten selbst ernannte *guides* auf Touristen. Um unliebsamen Überraschungen vorzubeugen, sollte man einen Preis aushandeln, bevor man ihre Dienste in Anspruch nimmt.

Der lange Leidensweg des kambodschanischen Volkes, auf dem 1,5–2 Mio. Menschen ihr Leben ließen, begann. Phnom Penh wurde zur menschenleeren Geisterstadt.

Als die Vietnamesen im Januar 1979 die Roten Khmer aus Phnom Penh vertrieben hatten, war die einst schönste Metropole Südostasiens eine **Stadt am Abgrund**. Straßen und Alleen waren mit Schutt übersät, in den Hinterhöfen klafften Bombenkrater, die Jugendstil-Fassaden waren von Kugeleinschlägen durchsiebt. Wasserhähne, Steckdosen, Telefone – nichts funktionierte mehr.

Es dauerte viele Jahre, die stinkende, verseuchte Stadt zu säubern und wieder bewohnbar zu machen. Wichtige Impulse für die Wiedergeburt von Phnom Penh gingen von der Friedensmission der Vereinten Nationen aus. Mehr als 20 000 Blauhelm-Soldaten, deren Aufgabe darin bestand, die ersten Wahlen nach dem Bürgerkrieg zu organisieren und zu überwachen, machten die Stadt zu einer Boomtown, über der ein Füllhorn voller Dollar ausgeschüttet wurde. Fast wöchentlich öffneten neue Hotels, Restaurants, Bars und Kneipen. Doch der Boom in den Rotlichtvierteln brachte auch eine verheerende Aids-Epidemie mit sich. Nach Schätzungen der WHO sind heute mindestens 200 000 Kambodschaner mit dem HIV-Virus infiziert.

Obwohl sich heute im Großraum Phnom Penh beinahe alles konzentriert, was Kambodscha an Industrie und Infrastruktur besitzt, steht die Stadtverwaltung weiterhin vor großen Aufgaben. Probleme bereiten vor allem die Strom- und Wasserversorgung sowie die Müllbeseitigung und das öffentliche Verkehrsnetz.

Streifzug durch die Innenstadt

Cityplan: S. 348/349

Als die Franzosen Mitte des 19. Jh. Phnom Penh auf dem Reißbrett planten, gaben sie der Stadt einen geometrisch klaren Grundriss mit vielen parallel verlaufenden Straßen. Das erleichtert Besuchern die Orientierung. Für

Verwirrung sorgt jedoch zuweilen die Benennung der Straßen. Infolge der zahlreichen Regierungswechsel während der letzten 100 Jahre wurden die wichtigsten Straßen je nach politischem Standort der jeweiligen Machthaber immer wieder umbenannt.

Die kleineren Straßen wurden während der vietnamesischen Besetzung durchnummeriert, wobei die parallel zum Tonle-Sap-Fluss verlaufenden ungerade und die sie im rechten Winkel schneidenden Querstraßen gerade Nummern erhielten. Vor allem in der Innenstadt ging man in den letzten Jahren dazu über, den Straßen zusätzlich zu ihren Nummern Namen zu geben.

Ein günstiger Ausgangspunkt für einen Stadtrundgang, für den man – will man zumindest einen flüchtigen Blick in das Nationalmuseum werfen – mindestens einen Tag planen sollte, ist der Königspalast in der Nähe der Mündung des Tonle-Sap-Flusses in den Mekong. Das Zentrum von Phnom Penh ist so übersichtlich, dass man es recht gut zu Fuß erkunden kann. Zu Sehenswürdigkeiten abseits des Zentrums, etwa zum Wat Phnom oder zur Gedenkstätte Tuol Sleng, gelangt man stilvoll mit einem Verkehrsmittel, das aus dem Bild anderer asiatischer Städte längst verschwunden ist – einer Fahrrad-Rikscha, in Phnom Penh auch *cyclo* genannt.

Königspalast und Wat Preah Keo Morokat

Betritt man das etwa 1,5 km² große, von einer zinnenbewehrten gelben Mauer umgebene Palastgelände, fühlt man sich in die Zeiten des alten Kambodscha zurückversetzt. Weit entfernt sind Straßenlärm und Verkehrschaos, Armut und Elend, Staub und Schmutz. Hier ist Kambodscha noch ganz Königreich und Märchenland.

Die meisten der prachtvollen Bauten wurden von den Franzosen während der Regentschaft von König Norodom I. (1860–1904) errichtet. Manche der ursprünglichen Holzgebäude hat man im Laufe des 20.Jh. durch Stein- und Betonkonstruktionen ersetzt. Eine hohe Mauer teilt das Palastgelände in zwei Bereiche. Im nördlich gelegenen **Königspalast** 1, welcher der Öffentlichkeit nur teilweise zugänglich ist, befinden sich die Residenz von König Sihamoni sowie die Thronhalle und andere repräsentative Gebäude. Südlich schließt sich mit dem **Wat Preah Keo Morokat** 2, auf dessen Gelände sich die berühmte Silberpagode erhebt, die prachtvollste buddhistische Tempelanlage Kambodschas an.

Durch verwinkelte Gänge und Vorhöfe gelangt man in den nördlichen Palastbereich, in dessen Zentrum die **Thronhalle** (Preah Tineang Tevea Vinicchay) aufragt. Mit Staffeldächern, zweifarbig gedecktem Ziegeldach und Flammengiebeln verweist die 1917 erbaute und 1919 von König Sisowath eingeweihte Thronhalle auf thailändische Vorbilder. Heute wie in der Vergangenheit wird die Thronhalle für Krönungsfeierlichkeiten und andere königliche Zeremonien sowie für Staatsempfänge und ähnliche offizielle Anlässe genutzt.

Ein von Wächterlöwen flankierter Treppenaufgang mit Naga-Balustraden führt zu einer rund um das Gebäude verlaufenden Galerie. Das Dach wird von Rundsäulen gestützt, deren Kapitelle Kinaris – mythologische Mischwesen, halb Mensch, halb Vogel – schmücken. Blickfang im Innern ist der von einem neunstufigen Baldachin beschirmte, vergoldete Thron, auf dem letztmals am 29. Oktober 2004 Norodom Sihamoni, der Sohn und Nachfolger von Norodom Sihanouk, bei seiner Krönung zum König von Kambodscha Platz nahm. Die Deckengemälde zeigen Szenen aus dem »Reamker«, der kambodschanischen Version des indischen Götterepos »Ramayana«. Das Dach der Thronhalle krönt eine mehrstufige Pagode, an deren Spitze – in Anlehnung an die Gesichtertürme des Bayon-Tempels in Angkor Thom – vier Monumentalantlitze in alle Himmelsrichtungen blicken.

Preah Tineang Chanchhaya, der große, nach allen Seiten offene Pavillon in der Nordostecke des Palastgeländes am Samdach Sothearos Boulevard, diente einst dem Königlichen Ballett als Bühne für die Aufführung klassischer Tanzdramen. Am Nationalfeiertag wendet sich hier heute der König mit einer

Märchenhaft und wahrhaft majestätisch: der Königspalast

Ansprache an sein Volk. Bisweilen wird der Pavillon für Staatsbankette und andere offizielle Anlässe genutzt. Die zwischen 1927 und 1959 in einem kambodschanisch-thailändischen Mischstil errichteten Gebäude nördlich der Thronhalle sind als Residenz der königlichen Familie Besuchern nicht zugänglich.

Ho Preah Khan, ein kleines Gebäude links der Haupttreppe der Thronhalle, wurde von 1915 bis 1917 errichtet, um die königlichen Insignien wie Zeremonialschwerter und mit Edelsteinen besetzte Kronen angemessen unterzubringen. Aufmerksamkeit erregt ein Bauwerk mit viktorianisch inspirierter Fassade und umlaufenden Galerien mit schmiedeeisernen Brüstungen. Das Gebäude wurde 1869 im ägyptischen Ismailia anlässlich der Einweihungsfeierlichkeiten des Suez-Kanals als vorübergehende Residenz für die damalige französische Kaiserin Eugénie errichtet. Sieben Jahre später verschiffte man es in Einzelteilen nach Kambodscha, wo es Kaiser Napoleon III. König Norodom I. zum Geschenk machte. Heute beherbergt der Pavillon Napoleon III. ein kleines historisches Museum und eine Galerie mit Porträts von Mitgliedern der Königsfamilie.

Wie es schon im Namen anklingt, wurde das von 1892 bis 1902 errichtete königliche Tempelkloster Wat Preah Keo Morokat dem Wat Phra Kaeo in Bangkok nachempfunden. Ursprünglich war der Wat Preah Keo Morokat von König Norodom I. als monumentales Mausoleum für die Königsfamilie geplant. Der Tempel diente aber auch kambodschanischen Königen und männlichen Mitgliedern des Hofstaats als Meditationsort. So verlangte es die Tradition, dass sich ein König vor den Krönungszeremonien eine Zeit lang hierher zurückzog. Eine besondere Aura verleiht dem Königstempel in den Augen vieler Kambodschaner die Tatsache, dass der junge Prinz Norodom Sihanouk vor seiner Inthronisation dort ein Jahr als Mönch gelebt hat.

Battambang, Udong
Chruoy Changvar Bridge
Kompong Cham, Kompong Thom, Angkor (Siem Reap)
Phnom Penh Department of Tourism
CHRUOY CHANGVAR
Calmette Hospital
Tonle-Sap-Fluss
Boeng-Kak-See
Monivong Blvd.
Bootshafen
92 Rukhak Vithei Daun Penh
96 Christopher Howes
Pochentong Internationaler Flughafen, Kampot, Takeo
Bahnhof
Dental Clinic
Anlegestellen
Tropical & Travellers Medical Clinic
Sisowath Quay
Pochentong Blvd.
Kampuchea Krom Blvd.
R.S. Tchecoslovaquie Blvd
Phnom Penh Sorya Bus Terminal & GST Bus Terminal
Norodom Blvd.
Preah Trasak Paem St.
Nehru Blvd. 215
Charles de Gaulle Blvd.
Pasteur St.
Psah Depot
Samdech Sothearos Blvd.
Deutsche Botschaft
Botschaft der USA
R.S.F. Yougoslavie
Olympic Stadium
Schweizer Botschaft
Dang Kor, Bus Station
Monireth Blvd.
Suramarit
Buddh. Institut
Samdech Preah Sihanouk Blvd.
Ausstellungs-halle
Bassac-Theater
Mao Tse Toung Blvd.
Laotische Botschaft
Vietnamesische Botschaft
Thailändische Botschaft
Bassac-Fluss
Takmau, Takeo, Ta Prohm
0
500
1000 m

Phnom Penh

Sehenswert

1 Königspalast
2 Wat Preah Keo Morokat
3 Nationalmuseum
4 Wat Sarawan
5 Vetika Oumtouk
6 Wat Ounalom
7 Psah Kandal
8 Psah Chah
9 Wat Phnom
10 Dubai-Moschee
11 Schule der Schönen Künste
12 Nachtmarkt
13 Stupa
14 Psah Thmay
15 Wat Koh
16 Psah Orussey
17 Olympic Stadium
18 Wat Maha Montrei
19 Tuol-Sleng-Museum
20 Wat Than
21 Wat Prayuwong
22 Wat Lanka
23 Denkmal der Unabhängigkeit
24 Kambodscha-Vietnam-Monument
25 Wat Bodum

Übernachten

1 Raffles Hotel Le Royal
2 Amanjaya Pancam Hotel
3 The Quay
4 Sunway Hotel
5 Juliana Hotel
6 Lebiz Hotel
7 Boddhi Tree Aram
8 The Pavilion
9 The Kabiki
10 Renaksé Hotel
11 Star Royal Hotel
12 Anise Hotel
13 Mittapheab Hotel
14 The Billabong Hotel
15 Asia Hotel
16 Sunshine Hotel
17 Riverview Guest House
18 The Last Home Guest House
19 Capitol Guest House
20 Am Ufer des Boeng-Kak-Sees

Essen & Trinken

1 Mali's
2 Pacharan Tapas & Bodega
3 Restaurantboote
4 Foreign Correspondents Club of Cambodia
5 Le Deauville
6 Edelweiß
7 Pop Café da Giorgio
8 Riverhouse
9 Talkin' to a Stranger
10 Bopha Phnom Penh Restaurant
11 Khmer Surin
12 Khmer Kitchen
13 Ponlok
14 Frizz Restaurant
15 The Garden Center Café
16 Chiang Mai Riverside
17 Mount Everest
18 My Lien
19 Friends
20 Street 136

Einkaufen

1 Cambodian Craft
2 Colours of Cambodia
3 Tabitha
4 CYK Handicrafts
5 Kambuja
6 Lotus Pond
7 Monument Bookstore
8 Psah Tuol Tom Pong
9 Sorya Mall
10 In der Street 178

Abends & Nachts

1 Cantina
2 Shanghai Bar
3 Howie's Bar
4 Ginger Monkey
5 Green Vespa
6 Heart of Darkness
7 Martini Pub
8 Pink Elephant Pub
9 Pontoon
10 Rory's Pub
11 Sharky's
12 Walkabout Hotel
13 Zeppelin Café
14 Casa Nightclub
15 Sil Verado Club
16 Chaktomouk Theatre
17 Apsara Arts Association
18 Cambodiana Hotel
19 Sovanna Phum Theatre

Aktiv

1 Local Adventures Cambodia
2 Mekong Queen
3 Seeing Hands

Die Silberpagode

Das zentrale Heiligtum, die berühmte **Silberpagode**, verdankt ihren heutigen Glanz einer aufwendigen Restaurierung im Jahre 1962. Im Allerheiligsten, zu dem Treppen aus Carrara-Marmor führen, steht auf einem goldenen Altar eine aus massivem Gold gefertigte, fast lebensgroße, 90 kg schwere Buddha-Statue. Das 1906/07 gefertigte, hoch verehrte Bildnis ist mit insgesamt 2086 Diamanten geschmückt, von denen die beiden wertvollsten – einer in der Krone, der andere an der Brust – 25 und 20 Karat wiegen. In der Abhaya-Mudra-Pose des Gold-Buddha, dessen offene Handflächen in Schulterhöhe vom Körper wegzeigen, werden Segen und Schutz ausgedrückt. Dahinter thront hoch über den Gläubigen, die ihm Opfergaben darbringen, der **Smaragd-Buddha Preah Keo**, die heiligste Buddha-Statue des Landes. Da die Thailänder einem legendären Smaragd-Buddha (auf Thailändisch Phra Kaeo) nach einigen wundersamen Geschehnissen göttliche Macht zusprachen, ließ König Norodom I. eine Kopie des heiligen Buddha-Bildnisses anfertigen.

Vitrinen schützen 1650 weitere wertvolle **Artefakte**, darunter Buddha-Bildnisse aus Gold, Silber, Bronze, Jade, Marmor und Kristall sowie Geschenke ausländischer Staatsgäste und Goldmasken. Im rückwärtigen Teil sind Krönungsutensilien und eine vergoldete Sänfte ausgestellt. Ihren Namen verdankt die Silberpagode der Tatsache, dass ihr Boden mit 5329 Silberfliesen belegt ist, von denen jede 1,125 kg wiegt.

Vor der Silberpagode sieht man im Schutze eines Pavillons mit mehrfach gestaffeltem Dach ein Reiterstandbild von König Norodom I. Flankiert wird das Bauwerk von zwei Stupas, welche die sterblichen Überreste der beiden Herrscher Norodom I. und Ang Duong, des Großvaters und des Urgroßvaters des ehemaligen Königs Sihanouk bergen.

Ein Ziel zahlreicher Gläubiger ist ein Pavillon an der Südostecke des Tempelareals, der um einen Fußabdruck des Buddha errichtet wurde. Der Überlieferung zufolge bereiste Siddharta Gautama Kambodscha, um seine Lehre zu verbreiten. Dabei hinterließ er als Zeichen der Wertschätzung von Land und Leuten an manchen Stellen seine Fußstapfen. Auf seinen historisch nachweisbaren Wanderungen ist der Erleuchtete allerdings nie so weit nach Osten vorgedrungen.

In der **Mondap** genannten Bibliothek an der Nordseite der Silberpagode, einem quadratischen Bau mit gestuftem Dach, werden heilige Tripitaka-Schriften verwahrt. Neben den Buddha-Bildnissen steht in dem Gebäude eine Statue des Bullen Nandi, des mythischen Reittiers von Shiva. In der von Weihrauchschwaden eingehüllten Kapelle auf dem Phnom Mondap, einem kleinen künstlichen Hügel südlich der Silberpagode, finden sich Gläubige zur stillen Andacht vor einem hoch verehrten Jade-Buddha ein.

In Form einer stilisierten Lotosblüte ragt dahinter das Grabmal einer Tochter von König Sihanouk auf, die im Alter von fünf Jahren an Leukämie starb. Der Stupa daneben enthält eine Urne mit den sterblichen Überresten von Sihanouks Vater, König Suramarith. Der Pavillon zwischen den beiden Stupas dient königlichen Zeremonien. An der Rückseite der Silberpagode befindet sich ein steinernes Modell der Tempelanlage von Angkor Wat. Die Wände des Wandelgangs, der die Tempelanlage umgibt, wurden 1903 und 1904 von 40 Khmer-Künstlern mit Fresken bemalt. Die Wandmalereien, die Episoden aus dem »Reamker«, der kambodschanischen Version des aus Indien stammenden »Ramayana«-Epos zeigen, nehmen eine Fläche von 2190 m² ein (Samdach Sothearos Blvd., tgl. 7.30–11, 14–17 Uhr, letzter Einlass 16 Uhr, angemessene Kleidung, 6 US-$, Fotoapparat 2 US-$, Videokamera 5 US-$).

Das Nationalmuseum 3

Das rote Gebäude in thailändisch inspirierter traditioneller Khmer-Architektur mit vielfach gestaffeltem Dach und Flammengiebeln, das an der Nordseite des Königspalastes aufragt, beherbergt das **Nationalmuseum**. Obwohl nicht immer ausreichend beschriftet, vermittelt die Sammlung einen ausgezeichneten Überblick über die (Kunst-)Geschichte des Landes, von prähistorischen Zeiten bis zum frühen 20. Jh. Die Kollektion umfasst jahrtausendealte archäologische Grabungsstücke ebenso wie Regalien kambodschanischer Könige, liturgisches Gerät und alltägliche Gebrauchsgegenstände aus früheren Jahrhunderten sowie alte Stich- und Schusswaffen.

Vor allem aber befindet sich hier ein Großteil der Plastiken – Bronze- und Steinstatuen von Göttern aus dem hinduistischen Pantheon sowie Buddha-Bildnisse in Bronze, Stein und Terrakotta – aus den Angkor-Tempeln, die nicht Opfer von Vandalismus und Kunstraub wurden. Einen weiteren Schwerpunkt bildet die Bildhauerkunst der präangkorianischen Funan- und Zhenla-Perioden. Zu den Prunkstücken der Exponate aus der Funan-Epoche gehört die 3 m große Monumentalstatue eines achtarmigen Vishnu aus dem 6. Jh., die französische Archäologen in der Nähe von Angkor Borei, etwa 85 km südlich von Phnom Penh, entdeckten. In der gleichen Galerie steht auch eine Statue des Harihara, einer Gottheit, die Züge von Vishnu und Shiva in sich vereint. An einen Stützbogen gelehnt, besticht diese Plastik durch eine anatomisch genau modellierte Körpermuskulatur und ebenmäßige Gesichtszüge.

Das Nationalmuseum besitzt zudem einzigartige Werke im sogenannten **Banteay-Srei-Stil** des späten 10. Jh., in dem die figürliche Kunst der Angkor-Zeit ihren Höhepunkt fand. Ein hervorragendes Beispiel aus dieser Periode ist eine Sandsteinstatue von Shiva, der seine Gattin Uma auf den Knien trägt. Exemplarisch für den darauffolgenden Baphuon-Stil, der sich in einer weiteren Verfeinerung der Plastiken manifestiert, sind Kopf und Oberkörper des ruhenden Vishnu in der Bronzehalle.

Zu den Highlights des Nationalmuseums gehört eine Statue des meditierenden **Jayavarman VII.** (1181 bis um 1220), dem größten Baumeister der Angkor-Zeit, der sich als eine Inkarnation des Bodhisattva Avalokiteshvara (in der Khmer-Sprache Lokeshvara) sah und den Mahayana-Buddhismus zur Staatsreligion erhob. Steinerne Löwen und mythologische Wächterfiguren beherrschen den begrünten **Innenhof**. Der Pavillon im Zentrum birgt die Statue einer männlichen Gestalt im Lotossitz, die man an der Terrasse des Lepra-Königs in Angkor Thom entdeckte. Die Experten streiten, ob das vermutlich aus dem späten 12. Jh. datierende Bildnis König Yashovarman I. (889/90 bis etwa 910) darstellt, der als erster Khmer-Herrscher Tempelbauten im zentralen Bereich von Angkor errichten ließ, oder Yama, in der hinduistischen Mythologie der König der Toten und Richter der Hölle (Preah Ank Eng St., tgl. 8–17 Uhr, 3 US-$, Fotoapparat 1 US-$, Fotografieren ist nur im Innenhof gestattet).

Wat Sarawan 4

Der in der Symbolfarbe des Buddhismus gelb gestrichene Tempel **Wat Sarawan** nordöstlich des Nationalmuseums ist eine der wenigen buddhistischen Stätten von Phnom Penh, die das Wüten der Roten Khmer fast unbeschadet überstanden. Rund um die kleine Pagode verläuft eine Veranda. Das mehrfach gestaffelte Dach ruht auf Rundsäulen, deren Kapitelle Kinari-Vogelmenschen schmücken. Die verwitterten, aber dennoch ausdrucksstarken Wandgemälde im Innern des Heiligtums illustrieren »Jataka«-Legenden, die sich um die früheren Leben des Buddha ranken.

Vetika Oumtouk 5

Gegenüber von Nationalmuseum und Königspalast erhebt sich am Ufer des Tonle-Sap-Flusses der **Vetika Oumtouk**. Der Pavillon im traditionellen Khmer-Stil ist ein bedeutendes Pilgerziel vieler Gläubiger aus nah und fern, die hier vor Buddha-Figuren und einer mit heiligen Stoffen umhüllten Steinsäule, dem Wohnsitz für den Schutzgeist von Phnom Penh, mit Lotosgestecken, Jasmingirlanden, Räucherstäbchen, Kerzen und anderen Opfergaben die Erfüllung eines Wunsches erbitten.

Im Schatten des Pavillons beobachten während des großen Wasserfestes der wechselnden Strömungen (Bon Oumtouk), das alljährlich zur Zeit des Vollmonds Ende Oktober oder Anfang November stattfindet, König Sihamoni und seine geladenen Staatsgäste regelmäßig die Bootsrennen auf dem Tonle Sap (s. S. 308).

Wat Ounalom 6

Der **Wat Ounalom** am Samdach Sothearos Boulevard ist als Residenz des Patriarchen des kambodschanischen Mönchsordens der volksnahen Mohanikay-Schule einer der bedeutendsten Tempel des Landes. Zudem befindet sich hier ein hoch angesehenes Zentrum für buddhistische Studien. Die Ursprünge des Wat Ounalom reichen in das Jahr 1434 zurück. Nachdem er Angkor aufgegeben hatte, ließ König Ponheo Yat an der Stelle, an der sich die heutige Tempelanlage ausbreitet, eine mittlerweile verfallene Pagode errichten.

Im Obergeschoss der 1952 erbauten Pagode knien die Besucher vor einer Statue des verehrten Samdach Huot Tat nieder, dem von den Roten Khmer umgebrachten vierten Patriarchen der kambodschanischen Buddhisten. Die Mörder hatten das Bildnis nach der Bluttat in den Tonle-Sap-Fluss geworfen. Es wurde 1979 wieder entdeckt und an seinen angestammten Platz zurückgebracht.

Neben der betongrauen Pagode steht ein architektonisch ansprechenderes Verwaltungsgebäude, in dem auch das heutige religiöse Oberhaupt des Landes residiert. Die von dichtem Dekor überzogenen Stupas, die daneben aufragen, enthalten die sterblichen Überreste von früheren Patriarchen des kambodschanischen Sangha.

Vor einem alten, reich verzierten Stupa hinter der Pagode, in dem neben einer Bronzestatue des meditierenden Buddha als hoch verehrte Reliquie ein Haar aus einer Augenbraue des Erleuchteten aufbewahrt wird, finden sich häufig Gläubige zu stiller Andacht ein. In einem kleinen Brunnen neben dem Stupa sitzt eine Buddha-Figur auf dem dreiköpfigen Airavata-Elefanten des Götterkönigs Indra. Besprengt man sich und die Skulptur jeweils dreimal mit dem heiligen Brunnenwasser, darf man auf Glück und ein langes Leben hoffen.

Wat Phnom

Vorbei am **Psah Kandal** 7, einem bunten Markt für Textilien, Schuhe und Haushaltswaren, und dem von Menschen und Waren überquellenden alten Markt **Psah Chah** 8, erreicht man den **Wat Phnom** 9, der sich weithin sichtbar auf einem Hügel über der Stadt ausbreitet. Hier ließ, wie die Legende besagt, einst die adelige Dame Penh auf dem von ihren Dienern aufgeschütteten Hügel eine Pagode errichten, um die fünf auf dem Mekong angeschwemmten Buddha-Statuen angemessen beherbergen zu können – die Keimzelle der Stadt Phnom Penh war auf diese Weise entstanden.

Zu der ursprünglich aus Holz erbauten Pagode, die im frühen 19. Jh. erstmals in Stein neu errichtet und später wiederholt restauriert wurde, führt der von zwei siebenköpfigen Naga-Schlangen, mythologischen Wächterfiguren und Steinlöwen flankierte östliche Treppenaufgang. Die Kapitelle der Säulen, die das mehrfach gestaffelte Ziegeldach stützen, werden von Kinaris, mythologischen Vogelmenschen, geschmückt. Hinter der Pagode ragt betongrau ein großer Stupa auf, der eine Urne mit den sterblichen Überresten des Stadtgründers König Ponheo Yat enthält. In einem bunt geschmückten Schrein an der Südwestecke der Pagode sitzt weise lächelnd die legendäre Dame Penh. Die vergoldete Statue bei der großen Blumenuhr an der Südseite des Hügels erinnert an König Sisowath (1904–27) (tgl. 8–17 Uhr, 1 US-$).

In dem kleinen **Park** rings um den Tempelberg haben Astrologen, Geomanten und Handleser ihre Stände aufgebaut. Sie leben gut davon, den richtigen Tag für eine Hochzeit, einen wichtigen Geschäftsabschluss oder den Antritt einer Reise zu bestimmen. Manche kaufen von Jungen, die große Vogelkäfige herumtragen, ein paar Singvögel und lassen sie frei. Haben die Tiere ihre Freiheit zurück erhalten, erfüllen sich die Wünsche der Gläubigen. Als Glück bringend gilt es auch, die in den Wipfeln der hohen Bäume tobenden Makaken mit Erdnüssen zu füttern oder einen Ausritt auf einem der Elefanten zu unternehmen, welche am Fuß des Hügels warten.

Boeng-Kak-See

Am Ufer des seichten, mit Seerosen bewachsenen Boeng-Kak-Sees westlich des Wat Phnom glitzert golden die Kuppel der 1901 errichteten **Dubai-Moschee** 10. Das religiöse Zentrum der in Phnom Penh ansässigen muslimischen Cham, die während der Terrorherrschaft der Roten Khmer grausamen Verfolgungen ausgesetzt waren, wurde von der Regierung Saudi-Arabiens finanziert. Unweit der Moschee hat sich in beinahe dörflichem Ambiente ein Traveller-Treff entwickelt, der einem vorwiegend jugendlichen Publikum auf engem Raum spartanische Pensionen, preiswerte Lokale, Internet-Cafés und Büros von Tourveranstaltern bietet.

Das Nationalmuseum im traditionellen Khmer-Stil

Schule der Schönen Künste 11

In der choreografischen Fakultät der 1965 gegründeten **Schule der Schönen Künste** nördlich des Boeng-Kak-Sees absolvieren mehrere hundert Studenten eine vier bis fünf Jahre dauernde Ausbildung. Gelehrt wird neben dem höfischen Tanzdrama auch der klassische Apsara-Tanz. Zudem erhalten die Eleven Unterricht in traditionellen Khmer-Musikinstrumenten.

Besucher, die sich rücksichtsvoll verhalten, können wochentags am Vormittag den Studenten bei den Proben zuschauen und sich ein Bild davon machen, wie anstrengend das Training ist (4 Oknha Khlaeng Moeung St. 70, gegenüber vom Hintereingang der französischen Botschaft, Tel. 023 72 46 69 u. 012 87 24 13, Mo–Fr 8–10.30 Uhr, freier Eintritt, Spende erbeten).

Entlang des Monivong Boulevard

Am Monivong Boulevard erstreckt sich der **Nachtmarkt** 12, auf dem nach Sonnenuntergang quirliges Treiben herrscht. Der türkisgrüne, reich ornamentierte **Stupa** 13 vor dem Hauptbahnhof birgt einen Knochen des Buddha. Die Reliquie war ein Geschenk der Regierung von Sri Lanka an den damaligen kambodschanischen König Suramarith anlässlich des 2500. Geburtstags des Erleuchteten im Jahre 1957.

Das Herz von Phnom Penh schlägt am **Psah Thmay** 14 (Neuer oder Zentralmarkt), der in den 1930er-Jahren von den Franzosen im Art-déco-Stil errichtet wurde. Von dem kuppelgekrönten Zentralbau erstrecken sich vier Markthallen in alle Himmelsrichtungen. An zahllosen Ständen bieten Händler handwerkliche und kunstgewerbliche Produkte sowie Gold- und Silberschmuck an.

Der **Wat Koh** 15 am Monivong Boulevard ist eng mit dem Königshaus verbunden. In dem am prachtvollsten ornamentierten Stupa nahe der Pagode bewahrt man die sterblichen Überreste eines Onkels von König Sihanouk auf. Der Name Koh (Insel) weist darauf hin, dass der Tempel, dessen Ursprünge in die Gründungszeit von Phnom Penh in der ersten Hälfte des 15. Jh. zurückreichen, einst in der Mitte eines künstlichen Sees lag.

Westlich vom Monivong Boulevard

Westlich vom Monivong Boulevard erstreckt sich der **Psah Orussey** 16. In dem riesigen überdachten Markt reiht sich ein Stand an den anderen. Im Parterre gibt es Lebensmittel und Haushaltswaren, im Obergeschoss vor allem Textilien.

Die Sportanlagen im Schnittwinkel von Charles de Gaulle Boulevard und Samdach Preah Sihanouk Boulevard tragen, obwohl Phnom Penh nie Austragungsort von Olympischen Spielen war, den Namen **Olympic Stadium** 17. Die heute verwahrloste Anlage wurde zwischen 1962 und 1964 für die Wettbewerbe der von China initiierten und 1966 in der kambodschanischen Hauptstadt ausgetragenen GANEFO (Games of the New Emerging Forces) gebaut.

Mit einem eleganten, mehrfach gestaffelten, von einem hohen Aufbau gekrönten Ziegeldach und üppig dekorierten, auf Rundsäulen ruhenden Portalvorbau gehört der **Wat Maha Montrei** 18 zu den eindrucksvolleren Tempeln von Phnom Penh. Die von den Roten Khmer geplünderte Pagode wurde Ende der 1990er-Jahre aufwendig restauriert. Sie unterscheidet sich in der strengen Linienführung und der Bescheidung auf dunkle, würdevolle Farben von der bunten Vielfalt anderer buddhistischer Stätten in der Hauptstadt. Die Virtuosität der Künstler spiegelt sich vor allem in den kunstvollen vergoldeten Holzschnitzereien der Fenster- und Türflügel sowie bei den Stuckornamenten an den Außenwänden wider. Auf dem Gelände des Wat Maha Montrei, in dem heute über 300 Mönche und Novizen leben, befindet sich eine höhere Mönchsschule.

Tuol-Sleng-Museum 19

Auf dem Pflichtprogramm ausländischer Besucher steht das **Tuol-Sleng-Museum**, das ehemalige Foltergefängnis der Roten Khmer, das heute ein Inbegriff für den Völkermord ist. Zwischen 1976 und 1979 wurden in dem ehemaligen Gymnasium, das den Codenamen S-21 erhielt, Tausende bei Verhören gequält: Männer und Frauen aller Altersgruppen und aus allen Bevölkerungsschichten, vor allem aber Beamte und Offiziere des Lon-Nol-Regimes sowie Intellektuelle und als Abtrünnige verdächtigte Offiziere der Roten Khmer mitsamt ihren Familien. Kaum jemand, der die Schwelle zu S-21 überschritt, kehrte wieder zurück. Die Gefangenen wurden in den Klassenzimmern am Kachelboden, an den Wänden oder an eisernen Pritschen angekettet und so lange gefoltert, bis sie alles gestanden, was ihre Peiniger von ihnen hören wollten. Später wurden sie auf Lastwagen zu dem Killing Field von Choeung Ek außerhalb der Stadt gekarrt und hingerichtet. »Behalten wir sie, schaden sie uns. Töten wir sie, werden wir sie nicht vermissen«, sagte Pol Pot, Führer und Bruder Nummer eins der Roten Khmer.

Das dreistöckige **Gebäude A** des aus vier Trakten bestehenden Gefängnisses war in 20 große Zellen eingeteilt. Fotografien, die vietnamesische Soldaten machten, zeigen Gefangene mit durchgeschnittenen Kehlen. Der Kommandant hatte sie kurz vor Ankunft der Vietnamesen liquidieren lassen. Ihre sterblichen Überreste ruhen in den weißen Gräbern im Schulhof. An den Wänden der Räume im **Gebäude B** hängen Porträts der Terroropfer, aufgenommen nach ihrer Internierung in Tuol Sleng. Die Gesichter, die apathisch, entsetzt, mit vor Angst weit aufgerissenen Augen in die Kamera blicken, wird man nicht vergessen.

Die Fassade des **Gebäudes C**, das in winzige Einzelzellen unterteilt ist, ist vollständig mit Stacheldraht verkleidet. Diese Maßnahme hatte der Gefängnisdirektor angeordnet, um den Selbstmord verzweifelter Gefangener zu verhindern. In Schaukästen im **Gebäude D** sind Folter- und Mordwerkzeuge ausgestellt: Spaten, Hacken, Äxte, Sensen, Mistforken, Zangen, Gartenscheren, Stachelketten. Besonders erschütternd sind die Bilder des Malers Vann Nath, einer der wenigen Überlebenden von Tuol Sleng. Seine Gemälde zeigen in düsteren Farben die Grauen des Foltergefängnisses.

Die Roten Khmer hatten, nicht anders als die Nazis in ihren Vernichtungslagern, über alle Stationen der Quälerei bis hin zur Exekution akribisch Buch geführt. Vor seiner Flucht vor den anrückenden Vietnamesen gelang es dem Kommandanten nicht mehr, das Archiv des Gefängnisses zu vernichten. Vor allem aus dieser Quelle konnten Menschenrechtsorganisationen Tausende Dokumente über den Völkermord zusammentragen. Laut den Gefängnisakten mussten insgesamt 14 499 Menschen das Martyrium mit ihrem Leben bezahlen (St. 113, Tel. 023 30 06 98, www.tnolsleng.com, tgl. 7.30–17.30, 14–17.30 Uhr, 2 US-$).

Entlang des Norodom Boulevard

Junge körperbehinderte Kambodschaner erhalten im **Wat Than** 20 eine Zukunftsperspektive. Dem kleinen Tempelkloster am Norodom Boulevard ist das Ausbildungszentrum einer privaten Hilfsorganisation angeschlossen, in dem sie sich kunsthandwerkliche Fertigkeiten aneignen können. Von den Schülern hergestellte Souvenirs sind in einem kleinen Laden erhältlich. Der Erlös kommt der sozialen Einrichtung zugute (tgl. 8–17 Uhr).

In mehreren kleinen Werkstätten um den **Wat Prayuwong** 21 herum stellt man im kostengünstigen Betongussverfahren Buddha-Statuen sowie Wächterlöwen, Naga-Schlangen und allerlei Tempelzierrat her.

Der **Wat Lanka** 22 im Schnittwinkel von Norodom Boulevard und Samdach Preah Sihanouk Boulevard ist als einer der fünf von König Ponheo Yat bei der Gründung von Phnom Penh im Jahre 1434 errichteten Tempel eine der bedeutendsten buddhistischen Pilgerstätten des Landes. Der Name stammt von Missionaren aus Sri Lanka, die hier einst weilten, um den Buddhismus zu verbreiten. Das Parterre der großen, schmucklosen Pagode, die ihr heutiges Aussehen bei einer nicht ganz geglückten Restaurierung zu Beginn der 1980er-Jahre erhielt, dient als öffentliche, allen Gläubigen zugängliche Gebetshalle. Im ersten Stock mit dem wichtigsten Buddha-Bildnis des ganzen Tempels finden die Weihe und andere Zeremonien des Mönchslebens statt. Themen der farbenfrohen Wandgemälde in beiden Räumen sind die »Jatakas«, die Erzählungen aus den früheren Leben Buddhas. Den Kreisverkehr neben dem Wat Lanka dominiert ein imposanter, roter Turm, der dem Bakong-Tempel der Roluos-Gruppe, dem ersten Staatstempel Angkors, nachempfunden ist. Ursprünglich symbolisierte das Bauwerk die Befreiung des kambodschanischen Volkes von knapp 100 Jahren französischer Bevormundung. Nach der Vertreibung der Roten Khmer durch die Vietnamesen 1979 benannte die von der Besatzungsmacht installierte neue Regierung das Monument in Siegesdenkmal um. Heute trägt er wieder seine alte Bezeichnung – **Denkmal der Unabhängigkeit** 23.

Im und um den Friedenspark

Im Friedenspark ragt das **Kambodscha-Vietnam-Monument** 24 auf – das größte von mehreren überall im Lande zur Erinnerung an die Waffenbrüderschaft und Freundschaft zwischen Kambodschanern und Vietnamesen errichteten Denkmälern. Schützend stehen zwei vietnamesische Soldaten hinter einer kambodschanischen Frau, die ein Kind im Arm trägt, und gedenken der Befreiung Phnom Penhs vom Pol-Pot-Regime im Januar 1979. Angesichts der nach wie vor bestehenden Spannungen zwischen den beiden Völkern empfinden viele kambodschanische Männer dieses Denkmal als eine Provokation.

Westlich des Friedensparks erstrahlt der während des Terrorregimes der Roten Khmer verwüstete **Wat Bodum** 25 nach einer aufwendigen Restaurierung in neuem Glanz. Eingebettet in einen Garten mit Teichen, in denen Schildkröten leben, bietet der Tempel der erblühenden Lotosblume ein Bild vollkommener Harmonie. Hier verschmolz die traditionelle Baukunst Kambodschas mit siamesischen Vorbildern der Ayutthaya-Epoche. Im Heiligtum beten Gläubige vor einer großen Statue des Buddha-Somanakodom, einer der schönsten und berühmtesten Buddha-Figuren des Landes. Kleinere Bildnisse des Erleuchteten, die den Altar säumen, repräsentieren verschiedene Stilrichtungen buddhistischer Sakralkunst in Kambodscha. Die Wandgemälde an den Innenmauern der Pagode illustrieren legendäre und historisch nachweisbare Episoden aus dem Leben des Buddha.

Tipp: Der Foreign Correspondents Club of Cambodia

Am **Sisowath Quay** zeigt sich Phnom Penh von seiner einladendsten Seite. Zahlreiche Restaurants und Kneipen, Bars und Bistros haben die Uferpromenade in eine Schlemmermeile verwandelt. Das bekannteste Etablissement ist der legendäre Foreign Correspondents Club of Cambodia (FCCC), während des Vietnamkriegs Treffpunkt der ausländischen Korrespondenten. Hier verkehrten der amerikanische Kriegsberichterstatter Sidney Schanberg und sein kambodschanischer Assistent Dith Pran. Die Verfilmung ihres Schicksals in »The Killing Fields – Schreiendes Land« geriet zu einer leidenschaftlichen Anklage gegen die Roten Khmer.

In dem heute auch Touristen zugänglichen **kolonialen Clubhaus** serviert man ausgezeichnete Speisen und Getränke aus der ganzen Welt (Gerichte 5–17,50 US-$). Der Balkon im zweiten Stock und die Dachterrasse mit einem herrlichen Blick über den Tonle Sap sind ideal für den Sundowner. Während der Happy Hour von 17–19 Uhr heißt das Motto: Pay one, get two! Für das Dinner den Tisch mit Flussblick unbedingt rechtzeitig reservieren! Übernachtungsgästen stehen im hinteren Trakt sieben stilvoll ausgestattete Zimmer von 70–85 US-$ zur Verfügung (weitere Informationen s. Adressen S. 359).

Zahlreiche weiße Stupas umgeben die Pagode. In dem größten, an dessen Spitze – in Anlehnung an die Gesichtertürme des Bayon-Tempels in Angkor Thom – vier Monumentalantlitze in alle Himmelsrichtungen blicken, befindet sich eine Urne mit der Asche eines Bruders von König Norodom I. Ein Holzverschlag hinter der Pagode schützt eine Piroge, ein 25 m langes Boot mit Platz für 40 Ruderer, das während des Bon-Oumtouk-Festes bei den Wettbewerben auf dem Tonle-Sap-Fluss eingesetzt wird. Zum Wat Bodum gehört ein Institut, in dem Mönche aus Kambodscha die buddhistische Lehre studieren.

Infos

Phnom Penh Department of Tourism: No. 6 St. 75, Tel. u. Fax 023 43 07 78, pp.tourism@online.com.kh, Mo–Fr 8–12, 13–16 Uhr. Hilfsbereite Mitarbeiter, aber begrenztes Informationsmaterial und ungünstige Lage etwas abseits des Zentrums. Eine gute Informationsquelle ist The Phnom Penh Visitors Guide, eine Broschüre, die kostenlos in Hotels, Gästehäusern und Restaurants sowie am Schalter der Touristeninformation in der Ankunftshalle des Pochentong International Airport ausliegt.

Phnom Penh im Internet:
www.phnompenh.gov.kh

Internetcafés:
Zahlreiche Internetcafés findet am Sisowath Quay und Monivong Blvd.

Café Asia: im Foreign Correspondents Club of Cambodia, 363 Sisowath Quay, Tel. 023 21 01 42, fcc@cafeasia.net, tgl. 8–22 Uhr.

Übernachten

Nostalgisches Flair ▶ **Raffles Hotel Le Royal 1:** 92 Rukhak Vithei Daun Penh, Tel. 023 98 18 88, www.raffles.com. Legendäres, geschmackvoll modernisiertes Grandhotel mit kolonialer Atmosphäre, edel in Service und Ausstattung, mehrere Restaurants, Spa und Pool. Während des Vietnamkriegs residierte hier die Crème der internationalen Kriegsberichterstatter. DZ 265–335 US-$, Suite 575–1950 US-$ (inkl. Frühstück).

Apartes Designhotel ▶ **Amanjaya Pancham Hotel 2:** 154 Sisowath Quay, Tel. 023 21 95 79, www.amanjaya.com. Extravagantes Hideaway in bester Lage, das sich in einer Mischung aus Elementen traditioneller kambodschanischer Architektur und 1990er-Jahre-Minimalismus präsentiert. Jede der 21 komfortablen Suiten besitzt eine kleine Terrasse, mit Bar und beliebtem K-West Steakhouse. Suite 120–250 US-$ (inkl. Frühstück).

Zu schön zum Schlafen ▶ **The Quay 3:** 227 Sisowath Quay, Tel. 023 22 48 94, www.thequayhotel.com. Das kleine Boutiquehotel an der Uferpromenade präsentiert sich in einer Mischung aus modernem Design und traditioneller Eleganz. Sechs der insgesamt 16 Zimmer haben einen Balkon zum Wasser. Bar-Restaurants im Erdgeschoss und auf der Dachterrasse, kostenloses WLAN. DZ 115–235 US-$.

Behaglich-modern ▶ Sunway Hotel 4: No. 1 St. 92, Tel. 023 43 03 33, www.phnom penh.sunwayhotels.com. Modernes Haus mit 138 komfortablen, klimatisierten Zimmern. Zentrale Lage nahe dem Wat Phnom, mit internationalem Restaurant, Bar und Fitness-Center. DZ 105–225 US-$.

Zum Wohlfühlen ▶ Juliana Hotel 5: No. 16 St. 152, Tel./Fax 023 88 05 30, www.julia nacambodia.com. Ruhige Oase in der quirligen Stadt mit 82 komfortablen Zimmern, die kaum einen Wunsch offen lassen. Mit internationalem Restaurant, großem Pool und einemJacuzzi-Whirlpool. DZ 80–120 US-$, Suite 220 US-$.

Businesshotel ▶ Lebiz Hotel 6: No. 75F St. 128, Tel. 023 99 86 08/10, www.lebizho tel.com. Japanisch inspiriertes Designhotel für Geschäftsreisende, 27 gestylte Zimmer mit individueller Note, kostenloses WLAN, nahe Zentralmarkt und Bus- und Taxibahnhof. DZ 75–105 US-$.

Gepflegter Charme ▶ Boddhi Tree Aram 7: No. 70 St. 244, Tel. 023 21 13 76 u. 011 85 44 30, www.boddhitree.com. Charmantes Boutiquehotel in einem stilvoll renovierten Haus aus den 1950er-Jahren, acht elegant ausgestattete Zimmer mit Klimaanlage, gemütliches Veranda-Café und Dachterrasse, freundliches Personal, unbedingt reservieren. DZ 68–82 US-$.

Tempel der Ruhe ▶ The Pavilion 8: No. 227 St. 19, Tel. 023 22 22 80, www.thepavi lion.asia. Das bezaubernde Gästehaus in zwei Kolonialhäusern liegt nur wenige Schritte vom Wat Bodum entfernt und bietet 20 schlicht-elegante Zimmer mit dunklem Holz und kühlen Fliesen, Tropengarten mit 14-Meter-Pool, Restaurant und Bar, WLAN, Reservierung per E-Mail erforderlich. DZ 55–90 US-$ (inkl. Frühstück).

Grüne Oase ▶ The Kabiki 9: No. 22 St. 264, Tel. 023 22 22 90, www.thekabiki.com. Französisch geführtes Gartenresort mit elf komfortablen Zimmern (alle mit AC, Bad, Minibar, Safe, TV und WLAN, acht haben eine eigene Terrasse), Pool mit Liegen, Gartenbar und Restaurant. DZ 52–76 US-$ (inkl. Frühstück).

Bezaubernd kolonial ▶ Renaksé Hotel 10: 40 Samdach Sothearos Blvd., Tel. 023 21 57 01, Fax 023 72 24 57, renakse-htl@camnet. com.kh. Kolonialvilla mit dem Charme alter Zeiten in bester Lage gegenüber dem Königspalast. Etwas kleine und dunkle, aber gemütlich eingerichtete Zimmer mit Klimaanlage und Bad/WC. DZ 40 US-$, Suite 50–65 US-$ (inkl. Frühstück).

Schöne Flusslage ▶ Star Royal Hotel 11: 383 Sisowath Quay, Tel. 023 21 94 36, www. starroyalhotel.com. 60 komfortable Zimmer mit Klimaanlage, Dusche/WC, TV und Minibar. Restaurant mit schönem Blick auf Tonle Sap, Mekong und Tonle Bassac. DZ 45–60 US-$.

Freundlich ▶ Anise Hotel 12: No. 2 St. 278 (Ecke St. 57/St. 278), Tel. 023 22 25 22, www.anisehotel.com.kh. Neues Drei-Sterne-Hotel mit 20 gut ausgestatteten Zimmern (AC, Dusche/WC, Minibar, TV, Safe), die teureren haben Balkone, nettes Bistro-Restaurant, kostenloses WLAN, Touren und Tickets. DZ 42–72 US-$.

Gemütlich ▶ Mittapheab Hotel 13: 262 Monivong Blvd., Tel. 023 21 39 99, www.mit tapheabhotel.com. Sympathisches Mittelklassehotel in einer ruhigen Seitenstraße etwas abseits des lauten Monivong Blvd. mit 78 geräumigen und behaglich ausgestatteten Zimmern (AC, Bad/WC, TV, Minibar, Safe Deposit Box, Internetzugang), Restaurant und Reiseagentur. DZ 40–60 US-$ (inkl. Frühstück).

Gutes Preis-Leistungs-Verhältnis ▶ The Billabong Hotel 14: No. 5 St. 158, Tel. 023 22 37 03, www.thebillabonghotel.com. In warmen Farben gehaltene, bestens ausgestattete, klimatisierte Zimmer; sichtgeschützter Palmengarten mit Sonnenterrasse und Salzwasserpool, Thai-Restaurant, australisches Management, fünf Fußminuten vom Zentralmarkt. DZ 36–70 US-$ (inkl. Frühstück).

Für jeden Geldbeutel ▶ Asia Hotel 15: 182 Monivong Blvd., Tel. 023 42 78 25, www.cambodia-phnompenh-asiahotel.com. 135 Zimmer, alle mit AC, Dusche/WC, die teureren zusätzlich mit TV und Minibar, die preiswerten nur mit Innenfenster, gut besuchtes kambodschanisch-chinesisches Restaurant. DZ 18–60 US-$ (inkl. Frühstück).

Am Tonle Sap ▶ Sunshine Hotel 16: 253 Sisowath Quay, Tel. 023 72 56 84 u. 012 41 42 24, Fax 023 21 82 56. Zimmer unterschiedlicher Qualität, die preiswerten mit Ventilator und Dusche/WC, aber ohne Fenster. Zu empfehlen sind die etwas teureren Zimmer 401, 402, 501 und 502 mit AC, Dusche/WC, TV und Kühlschrank sowie Flussblick. DZ 5–25 US-$.

Gute Budget-Option ▶ Riverview Guest House 17: 87 Sisowath Quay, Tel. 012 55 57 88, riverview-guesthouse@yahoo.com. Toplage, Zimmer unterschiedlicher Qualität; teils klein und ohne Fenster, mit Ventilator und Dusche/WC; teils gut ausgestattet, mit AC und Dusche/WC. Am schönsten sind die Zimmer im obersten Stock. DZ 5–20 US-$.

Umsorgt wie daheim ▶ The Last Home Guest House 18: No. 21 St. 172, Tel. 012 83 17 02 u. 016 30 71 34, www.lasthomecambodia.com. Familiäre, gut geführte Pension in einem dreistöckigen Haus, einfache Zimmer mit Ventilator und Gemeinschaftsbad oder AC und Dusche/WC. Manche Zimmer haben keine Fenster. Kleines Restaurant mit kambodschanischen und westlichen Gerichten, Travellerservice. DZ 5–15 US-$.

Beliebte Backpacker-Herberge ▶ Capitol Guest House 19: No. 14 St. 182, Tel. 023 72 41 04, www.capitolkh.com. Eine Institution unter den Gästehäusern der Stadt, echte Traveller-Atmosphäre und gute Info-Börse. Einfache Zimmer mit Ventilator und Gemeinschaftsbad und etwas komfortablere mit Ventilator und Dusche/WC, hilfsbereiter Service, mit Reisebüro (u. a. Bus- und Visumservice für Vietnam), Restaurant mit west-östlichem Speisemix, Geldautomat. DZ 5–12 US-$.

Traveller's Choice ▶ Am Ufer des Boeng-Kak-Sees 20: hat sich in der Nähe der Dubai-Moschee ein Traveller-Viertel mit preiswerten Unterkünften (DZ 3–8 US-$) entwickelt. Die Gästehäuser bieten durchweg einen vergleichbaren Standard: einfach ausgestattete Zimmer mit Ventilator oder AC und Dusche/WC oder Gemeinschaftsbäder. Unbedingt nach einem Moskitonetz fragen! In den Restaurants, bisweilen Terrassenlokale auf Stelzen im See, werden westliche und kambodschanische Gerichte serviert. Einen guten Ruf haben Grandview Guest House (Tel. 023 43 07 66, www.grandview.netfirms.com), New Lodge (Tel. 012 91 64 41, newlodge@ hotmail.com), Simon's II Guest House (Tel. 012 60 88 92) und Number 9 Sister Guest House (Tel. 012 42 42 40, number9-guest house@hotmail.com).

Essen & Trinken

Vor allem an der Uferpromenade **Sisowath Quay**, der berühmten Schlemmermeile von Phnom Penh, ist die kulinarische Vielfalt beeindruckend. In Dutzenden von Restaurants kann man hier beinahe jede Küche der Welt genießen.

Für Feinschmecker ▶ Mali's 1: 136 Norodom Blvd., Tel. 023 22 10 22, tgl. 9–23 Uhr. Traditionelle und kreative zeitgenössische Khmer-Küche in einem stimmungsvollen Gartenrestaurant. Gerichte 8–10 US-$.

Kulinarischer Kunstgenuss ▶ Pacharan Tapas & Bodega 2: 389 Sisowath Quay, Tel. 023 22 43 94, tgl. 11–23 Uhr. Authentische spanische Küche, stimmungsvolles Ambiente in einer schönen Kolonialvilla, Blick auf den Tonle Sap und den Königspalast, wechselnde Ausstellungen kambodschanischer Maler, ab und an Livemusik. Gerichte 8–10 US-$.

Auf dem Fluss ▶ Restaurantboote 3: Ab dem späten Nachmittag legen etwa dort, wo die Street 130 auf den Sisowath Quay trifft, zu schwimmenden Restaurants umgebaute Boote zu Kreuzfahrten auf Tonle Sap, Tonle Bassac und Mekong ab. Zu kambodschanischer Musik werden meist landestypische Gerichte serviert. Einen guten Ruf haben beispielsweise die Bootsrestaurants Chenla (Tel.

012 84 88 02), Le Deauville II (Tel. 012 83 42 60) und Sereyrath (Tel. 012 55 66 87). Menü ab 8–10 US-$.

Lokal mit Historie ▶ Foreign Correspondents Club of Cambodia (FCCC) 4: 363 Sisowath Quay, Tel. 023 21 01 42, www.fcccambodia.com, tgl. 7–24 Uhr. Club, in dem jeder willkommen ist; man bekommt ausgezeichnete Speisen und Getränke aus aller Welt vor dem Panorama des Tonle Sap. Gerichte 5–17,50 US-$ (s. Tipp S. 356).

Vive la France ▶ Le Deauville 5: 94 Rue Wat Phnom, an der Nordseite des Kreisverkehrs um den Wat Phnom, Tel. 012 84 32 04, tgl. 11–15, 17–23 Uhr. Französische Küche in gemütlichem Ambiente, mit Billard-Bar. Gerichte 5–9,50 US-$, Mittagsmenü 8–10 US-$.

Deutsche Küche ▶ Edelweiß 6: 375 Sisowath Quay, Tel. 092 34 13 29, www.phnompenh-edelweiss.de, tgl. 8–23 Uhr. Deutsche Gastlichkeit in Kambodscha, außer herzhaftem deutschen Frühstück sowie Schnitzel und Eisbein gibt es gute kambodschanische Speisen. Gerichte 5–8 US-$.

Pizza und Pasta ▶ Pop Café da Giorgio 7: 371 Sisowath Quay, Tel. 012 56 28 92, tgl. 11–14.30, 18–23 Uhr. Einer der besten Italiener der Stadt. Gerichte 5–8 US-$

Schöner Flussblick ▶ Riverhouse 8: Sisowath Quay/St. 110, Tel. 023 21 23 02, tgl. 10.30–23 Uhr: Französische und auch kambodschanische Speisen vor dem Panorama des Tonle Sap. Gerichte 5–8 US-$.

Steaks ▶ Talkin' to a Stranger 9: No. 21B St. 294, Tel. 012 79 85 30, tgl. außer Mo 17–1 Uhr. Steak-Restaurant mit gemütlichem Biergarten, regelmäßig Livemusik. Gerichte 5–8 US-$.

Dinner with a show ▶ Bopha Phnom Penh Restaurant 10: 76 Sisowath Quay, Tel. 023 21 77 69, www.bopha-phnompenh.com, tgl. 11–15, 17–23 Uhr. Das luftige Terrassenrestaurant am Tonle Sap serviert westliche und kambodschanische Gerichte, tgl. 19–21 Uhr klassischer Apsara-Tanz. Gerichte 4–8 US-$.

Leckere Landeskost ▶ Khmer Surin 11 und Khmer Kitchen 12: No. 9 St. 57, Tel. 023 36 30 50 u. 012 88 73 20 und No. 41 St. 310 (Ecke St. 57/St. 310), Tel. 012 71 25 41, tgl. 11–22 Uhr. In den beiden Schwester-Restaurants werden in landestypischen Holzhäusern mit schönen Gärten authentische, wenn gleich etwas dem westlichen Gaumen angepasste Khmer-Gerichte serviert. Zum Dinner unbedingt reservieren, da immer gut besucht. Gerichte 4–8 US-$.

Unverfälschte Khmer-Küche ▶ Ponlok 13: 319 Sisowath Quay, Tel. 023 21 20 25, tgl. 10–15, 17–22 Uhr. Bei Einheimischen wie Besuchern gleichermaßen beliebtes Khmer-Restaurant mit köstlichen Amok-Gerichten: in Curry-Kokosnussmilch gekochter Fisch oder Huhn, kostenlos ist der tolle Verandablick auf den Tonle Sap, hilfreich ist die bebilderte Speisekarte. Gerichte 4–8 US-$.

Kambodschanisch ▶ Frizz Restaurant 14: No. 67 St. 240, Tel. 023 22 09 53, www.frizz-restaurant.com, tgl. 9–23 Uhr. Kambodschanische Klassiker wie Fisch-Amok und Eigenkreationen, Tipp: Lok Lak – gebratene Rindfleischstreifen auf Blattsalat, garniert mit einem Spiegelei; mit Kochschule Cambodia Cooking Class (s. S. 362). Gerichte 4–6 US-$.

Kreativ ▶ The Garden Center Café 15: No. 4 St. 57, Tel. 023 36 30 02, www.gardencentercafe.com, tgl. 7–22 Uhr. Kambodschanische Spezialitäten und kreative pan-asiatische Gerichte inmitten üppigen Tropengrüns, auf Anfrage Kochkurse. Gerichte 2–5 US-$.

Beste Thai-Küche ▶ Chiang Mai Riverside 16: 227 Sisowath Quay, Tel. 012 82 23 69, tgl. 10–15, 17–23 Uhr. Ausgezeichnete thailändische Gerichte, reichhaltige Menüs. Gerichte 2–4 US-$, Set-Menü 5 US-$.

Hochgenuss ▶ Mount Everest 17: 98 Samdach Preah Sihanouk Blvd., Tel. 023 21 38 21, tgl. 10–23 Uhr. Hier gibt es hervorragende indische und nepalesische Speisen und auch sehr gutes vegetarisches Essen. Gerichte 2–4 US-$.

Vielfältig und gut ▶ My Lien 18: No. 148 St. 278, Tel. 012 84 01 90, tgl. 10.30–24 Uhr. Ausgezeichnete Speisen aus Kambodscha, Thailand und Vietnam sowie der westlichen Hemisphäre. Gerichte 2–4 US-$.

Für einen guten Zweck ▶ Friends 19: No. 215 St. 13, Tel. 023 42 67 48, www.streetfriends.org, tgl. 11–23 Uhr. Das von der ge-

meinnützigen Organisation zur Unterstützung von Straßenkindern Mith Samlanh betriebene Tapas-Restaurant serviert westliche und kambodschanische Gerichte (1,5–3 US-$).
Aus dem Reich der Mitte ▶ **Street 136 20:** In einer Seitenstraße zwischen der Surya Bus Station und dem Monivong Blvd. bieten mehrere kleine China-Restaurants ausgezeichnete Speisen der Küche Kantons, Hunans und Szechuans, z. B. Peking Canteen (Tel. 011 90 95 48) und Xiang Cai Restaurant (Tel. 011 85 61 83). Gerichte ab 1,5 US-$.

Einkaufen

Einkaufen für einen guten Zweck ▶ **Cambodian Craft 1:** Norodom Blvd., beim Wat Phnom, Tel. 023 46 98 21, Mo–Fr 8–12, 14–17 Uhr. Ausstellungs- und Verkaufszentrum einer Selbsthilfeorganisation, die Dorfbewohnern durch kunsthandwerkliche Produkte eine Einnahmequelle verschafft; feinstes Khmer-Kunsthandwerk, vor allem handgewebte Baumwoll- und Seidenstoffe sowie Silberarbeiten, Körbe und Keramiken. Das Projekt wird von der Handwerkskammer aus dem deutschen Koblenz unterstützt. **Colours of Cambodia 2:** 373 Sisowath Quay, Tel. 023 35 61 69. Hochwertige kunsthandwerkliche Souvenirs, zu einem großen Teil hergestellt von ReHab, einer Behindertenkooperative. **Tabitha 3:** Ecke St. 51/St. 360, Tel. 023 27 09 69. Seidenstoffe, Kleidung und Accessoires aus Seide sowie kunstgewerbliche Souvenirs, hergestellt von Frauen in armen ländlichen Regionen. **Wat Than Artisans Cambodia 20:** Norodom Blvd., Tel. 023 21 63 21, www.wac.khmerproducts.com, tgl 8–17 Uhr. Kunstgewerbliche Souvenirs von körperbehinderten jungen Kambodschanern.
Sanft wie Seide ▶ **CYK Handicrafts 4:** 67 Samdach Sothearos Blvd., Tel. 023 21 08 49. Hochwertige Seidenstoffe im Ikat-Verfahren, einer komplizierten Web- und Färbetechnik.
Textilkunst ▶ **Kambuja 5:** No. 165 St. 110, Tel. 012 61 35 86. Kleidung aus Seide und Baumwolle im Ethno-Look sowie Seidenstoffe und Accessoires.
Spektrum des Kunsthandwerks ▶ **Lotus Pond 6:** No. 57 St. 178, Tel. 023 42 67 82. Bunter Querschnitt durch das kambodschanische Kunsthandwerk.
Für Bibliophile ▶ **Monument Bookstore 7:** 111 Norodom Blvd., Tel. 023 21 76 17. Gut sortierter Buchladen, große Auswahl an Literatur über Kambodscha und Indochina.
Marktbummel ▶ **Psah Chah 8:** Alter Markt, St. 13/St. 110. Goldschmuck und Textilien. **Psah Kandal 7:** St. 13/St. 140. Textilien, Schuhe und Haushaltswaren. **Psah Orussey 16:** St. 182. Textilien, Imitate von Markenwaren. **Psah Thmay 14:** Neuer oder Zentralmarkt, etwas östlich der Kampuchea Krom/Monivong Blvds. Handwerkliche und kunstgewerbliche Produkte, Gold- und Silberschmuck, Baumwoll- und Seidentextilien. **Psah Tuol Tom Pong 8:** Russenmarkt, St. 155/St. 428. Dorado für Souvenirjäger, Imitate von Markenwaren, Raubkopien von CDs und DVDs, echte oder angebliche Antiquitäten, Silberschmuck, Edelsteine etc.
Eleganter Konsumtempel ▶ **Sorya Mall 9:** Angesagter Shopping-Palast nach thailändischem Vorbild mit riesigem Angebot, toller Blick von der obersten Etage.
Erschwingliche Kunst ▶ **In der Street 178 10:** nahe dem Eingang zum Nationalmuseum gibt es mehrere kleine Galerien für Gemälde, Holzskulpturen und Steinmetzarbeiten, u. a. den Laden der Kooperative der Schule der Schönen Künste.

Abends & Nachts

Die Aufhebung der nächtlichen Ausgangssperre wirkte wie ein Katalysator auf das Nachtleben der Hauptstadt. Zwar ist Phnom Penh noch weit entfernt von einem Nightlife à la Bangkok, doch eröffnen ständig neue Bars und Clubs. Informationen zum Nachtleben und zu kulturellen Veranstaltungen findet man in der Rubrik »What's on« in der Freitagsausgabe der Cambodia Daily sowie in der kostenlos in Hotels und Restaurants ausliegenden Monatszeitschrift Bayon Pearnik.
Bar ▶ **Cantina 1:** 357 Sisowath Quay, Tel. 012 47 13 69, tgl. 18–1 Uhr. Nette Bar an der Uferpromenade zum Drinnen- und Draußensitzen, kambodschanische und westliche Snacks.

Live-Jazz in Hotelbar ▶ Elephant Bar 1: im Raffles Hotel Le Royal, 92 Rukhak Vithei Daun Penh, Tel. 023 98 18 88, tgl. 12–24 Uhr. Gemütliche Hotelbar mit kolonialem Flair, Live-Jazz, während der Happy Hour von 17–19 Uhr alle Getränke zum halben Preis.

Zum Hängenbleiben ▶ Shanghai Bar 2: Ecke St. 51/St. 172, Tel. 023 21 33 69, tgl. 11–2 Uhr. Chill-Out-Location mit Pool.

Großer Andrang ▶ Howie's Bar 3: No. 32 St. 51, Tel. 023 21 13 69, tgl. 11–2 Uhr. Der Dauerbrenner an The Strip, Phnom Penhs Barmeile, zum Drinnen- und Draußensitzen.

Kneipe ▶ Ginger Monkey 4: No. 29 St. 178, Tel. 012 41 34 92, tgl. 14–1 Uhr. Kontrastreiche Musik von Afro Beat und Cha Cha Cha über Latin Jazz und Reggae bis Samba und Salsa, kambodschanische und westliche Gerichte bis 22 Uhr, Happy Hour 17–21 Uhr.

Expat-Treff ▶ Green Vespa 5: 95 Sisowath Quay, Tel. 012 88 72 28, tgl. 18–1 Uhr. Beliebter Szenetreff für Expats und Touristen, gute Info-Quelle, kambodschanische und internationale Gerichte, umfangreiche Getränkekarte.

Rockkneipe ▶ Heart of Darkness 6: No. 26 St. 51, Tel. 018 81 00 16, tgl. 19–2 Uhr. Älteste und bekannteste Rockkneipe der Stadt, bunt gemischtes Publikum vom Traveller bis zum Diplomaten, nach 21 Uhr meist proppenvoll.

Food und Cocktails ▶ Martini Pub 7: No. 45 St. 95, Tel. 023 21 43 69, www.martini-cambodia.com, tgl. 19–3 Uhr. »Bored, lonely, hungry? We have everything you need« – die Werbung besagt alles.

Beliebte Musik ▶ Pink Elephant Pub 8: 343 Sisowath Quay, Tel. 012 78 74 75, tgl. 11–24 Uhr. Angkor Beer vom Fass, asiatische und westliche Snacks, gute Musik.

Cooler Szenetreff ▶ Pontoon 9: Ecke Sisowath Quay/St. 110, Tel. 023 21 86 69, tgl. 19–2 Uhr. Gestylter Treff der *beautiful people,* coole Atmosphäre, House Music.

Irisch ▶ Rory's Pub 10: No. 33 St. 178, Tel. 012 42 57 02, tgl. 17–24 Uhr. Das inoffizielle irische Kulturzentrum von Phnom Penh verkauft Guinness vom Fass und immer mal wieder ist hier authentischer irischer Folkrock zu hören.

An der beliebten Uferpromenade Sisowath Quay ist Entspannung angesagt

Manchmal Livemusik ▶ Sharky's 11: No. 126 St. 130, Tel. 023 21 18 25, www.sharkyofcambodia.com, tgl. 16–2 Uhr. Hier gibt es Angkor Beer vom Fass sowie kleine kambodschanische und westliche Gerichte, gelegentlich Livemusik, Dart und Billard, Happy Hour 17–20 Uhr.

Australisch ▶ Walkabout Hotel 12: No. 109 St. 51 (Ecke St. 51/St. 174), Tel. 012 78 75 91, www.walkabouthotel.com, tgl. 17–1 Uhr. Urige Aussie-Bar mit ordentlichen Pub-Gerichten (Burger u. a.) und Fassbier.

Rockbar ▶ Zeppelin Café 13: No. 128 St. 136, Tel. 012 88 11 81, tgl. 14–2 Uhr. Rock-Klassiker der 1960er- bis 1980er-Jahre (gelegentlich live), kambodschanische und internationale Gerichte.

Abtanzen zu Livemusik ▶ Casa Nightclub 14: im Casa Hotel, No. 23 St. 200, Tel. 023 21 43 75, Mo-Fr 19–24, Sa/So 19–1 Uhr. Einer der beliebtesten Tanzschuppen der Stadt mit Livemusik.

Disco ▶ Sil Verado Club 15: No. 56 St. 360, Tel. 023 26 77 77, Mo–Fr 19–24, Sa/So 19–1 Uhr. High-Tech-Diskothek mit ausgeklügelten Musik-, Video- und Laseranlagen, sehr beliebt bei Phnom Penhs *jeunesse dorée.*

Kulturprogramm ▶ Chaktomouk Theatre 16: Sisowath Quay, Tel. 011 91 81 45. Kulturelle Veranstaltungen von klassischem Apsara-Tanz bis Livejazz, Informationen und Tickets auch im Foreign Correspondents Club of Cambodia.

Klassischer Tanz ▶ Apsara Arts Association 17: No. 71 St. 598, Tel. 023 99 06 21 u. 012 38 27 85, www.apsara-art.org, Mo–Fr 7.30–10.30, 14–17, Sa 19.30–22 Uhr. Am Vor- und Nachmittag können Besucher die Studenten bei ihren Übungsstunden in klassischem Tanz und Tanzdrama beobachten, am Samstagabend Aufführungen. Für Übungsstunden freier Eintritt, Spende erbeten; Aufführung 10 US-$. **Schule der Schönen Künste 11:** 4 Oknha Khlaeng Moeung St. 70, Tel. 023 72 46 69 u. 012 87 24 13 (gegenüber vom Hintereingang der französischen Botschaft), Mo–Fr 8–10.30 Uhr. Übungsstunden in klassischem Tanz und Tanzdrama. Der Besuch kann auch von vielen Hotels und Gästehäusern aus arrangiert werden. Der Eintritt kostet nichts, aber es wird auf eine Spende gehofft. **Cambodiana Hotel 18:** Sisowath Quay, Tel. 023 42 62 88, Fr 19.30–22 Uhr. Klassisches Tanzdrama und Apsara-Tanz bei einem Buffet-Dinner, während der Trockenzeit im Freien

Tanz und Theater ▶ Sovanna Phum Theatre 19: St. 360 (Ecke St. 360/St. 103), Tel. 023 98 75 64, www.sovannaphum.org, Fr/Sa 19.30–22 Uhr. Klassisches Tanzdrama, Volkstheater, Puppentheater. 12 US-$.

Aktiv

Kochkurs mit Marktbesuch ▶ Cambodia Cooking Class 14: No. 67 St. 240, Tel. 012 57 48 01, www.cambodia-cooking-class.com, Infos und Buchung auch bei Frizz Restaurant (s. S. 359). Bei halbtägigen (9–13 Uhr, 12,50 US-$) oder ganztägigen (9–16 Uhr, 20 US-$) Kochkursen auf Englisch lernen die Teilnehmer viel über exotische Kräuter und Gewürze und den Stellenwert des Essens in der kambodschanischen Gesellschaft. Vor dem Kurs gehen die Teilnehmer zusammen auf den Markt, um alle Zutaten frisch einzukaufen. 20 US-$.

Rikscha-Fahrten ▶ Khmer Architecture Tours: www.ka-tours.org, am zweiten Sonntag im Monat 8.30 Uhr, Rechtzeitige Buchung im Internet erforderlich. Kenntnisreich kommentierte zwei- bis dreistündige Rundfahrten in Fahrrad-Rikschas zu architektonisch bedeutsamen Bauwerken aus der Zeit nach der Unabhängigkeit Kambodschas im Jahr 1954, 12 US-$.

Abenteuer ▶ Local Adventures Cambodia 1: No. 146 St. 376, Tel. 023 99 04 60, www.local-adventures.com. Spezialisiert auf Abenteuertouren in abgelegenen Grenzregionen und rund um den Tonle Sap, holländisch-schweizerisches Management.

Kreuzfahrten ▶ Mekong Queen 2: Tel. 012 84 68 18. Kreuzfahrten auf dem Mekong und Tonle Sap. Abfahrtsstelle und Ticketbox an den Anlegenstellen am Sisowath Quay, zwischen St. 110 und St. 130.

Massage ▶ Seeing Hands 3: No. 6 St. 178, Tel. 012 23 45 19 und No. 12 St. 13, Tel.

012 68 09 34, tgl. 8–22 Uhr. Traditionelle kambodschanische Massage, ausgeführt von blinden Masseuren.

Meditation ▶ Wat Lanka 22: Samdech Preah Sihanouk Blvd., Mo/Do 18 Uhr. Buddhistische Rezitation und Vipassana-Meditation, geleitet von Englisch sprechenden Mönchen.

Termine

Bon Choul Chhna: Kambodschanisches Neujahrsfest im April. Mehrtägiges bedeutendes religiöses Fest.

Bon Oumtouk: Fest der wechselnden Strömungen im Okt/Nov. Das dreitägige Wasser- und Mondfest lockt jedes Jahr Hunderttausende von Menschen in die Hauptstadt. Anlass ist die Umkehr der Fließrichtung des Tonle-Sap-Flusses. Höhepunkte sind Bootsrennen und ein nächtlicher Lichterkorso auf dem Tonle Sap.

Verkehr

Flugzeug: Der Pochentong International Airport liegt 7 km südwestlich des Zentrums. Zwischen der Innenstadt und dem Flughafen verkehren Taxis (7–8 US-$) sowie *tuk tuks* (4–5 US-$) und *moto dups* (2–3 US-$). **Fluglinien und Buchungsbüros:** Cambodia Angkor Air: 206A Norodom Blvd., Tel. 023 21 25 64, www.cambodiaangkorair.com; PMT Air: Inter-Continental Hotel, 294 Mao Tse Toung Blvd., Tel. 023 22 47 14, www.pmtair. com; Royal Khmer Airlines: 36B, 245 Mao Tse Toung Blvd., Tel. 023 99 45 02, www.royal khmerairlines.com; Siem Reap Airways und Bangkok Airways: No. 65 St. 214, Tel. 023 72 25 45, www.siemreapairways.com u. www. bangkokair.com; Lao Airlines: 58C Sihanouk Blvd., Tel. 023 22 29 56, www.laoairlines. com; Silk Air: Himawari Hotel, 219B Monivong Blvd., Tel. 023 42 68 08, www.silkair.net; Thai Airways: Inter-Continental Hotel, 294 Mao Tse Toung Blvd., Tel. 023 21 43 59, www. thaiair.com; Vietnam Airlines: No. 41 St. 214, Tel. 023 36 33 96, www.vietnamair.com. **Inlandsflüge** von/nach Siem Reap von/nach Siem Reap 10–12 x tgl. **Internationale Flüge** von/nach Bangkok 5 x tgl., Vientiane 3 x wöchentl., Ho Chi Minh City 2–3 x tgl., Hanoi 1 x tgl., Kuala Lumpur 1–2 x tgl., Singapur 1 x tgl., Beijing 1 x tgl., Hongkong 4 x wöchentl., Guangzhou 1 x tgl., Shanghai 2 x wöchentl., Taipei 1 x tgl.

Bahn: Railway Station, Monivong/Pochentong Blvds. Züge nach Battambang (300 km/12 Std., Abfahrt jeden zweiten Tag 6 Uhr).

Bus: In Phnom Penh gibt es mehrere Bus- und Taxibahnhöfe: **Phnom Penh Sorya Bus Terminal** beim Psah Thmay (Zentralmarkt), Tel. 023 21 03 59, www.ppsoryatransport. com: Klimatisierte Busse nach Sihanoukville (230 km/3,5–4 Std., Abfahrt mehrmals tgl. 7–13.45 Uhr, an Wochenenden und Feiertagen die Tickets unbedingt bereits am Vortag besorgen), Kampot (150 km/3 Std., Abfahrt tgl. 7.30, 9.30, 13.45 Uhr), Kompong Thom (170 km/3 Std., Abfahrt mehrmals tgl. 6.30–17 Uhr), Siem Reap (315 km/6–7 Std., Abfahrt mehrmals tgl. 6–12 Uhr), Kompong Cham (130 km km/2,5 Std., Abfahrt mehrmals tgl. 6.30–17 Uhr), Kratie (340 km/6–7 Std., Abfahrt tgl. 7, 7.30 Uhr), Stung Treng (480 km/9–10 Std., Abfahrt tgl. 7 Uhr), Battambang (295 km/5–6 Std., Abfahrt tgl. 7.30, 8.30 Uhr) und Poipet (420 km/8–9 Std., Abfahrt tgl. 8.30 Uhr). **GST Bus Terminal** beim Psah Thmay (Zentralmarkt), Tel. 023 21 03 59: Klimatisierte Busse nach Sihanoukville 230 km/3,5–4 Std., Abfahrt mehrmals tgl. 6.55–13.30 Uhr, an Wochenenden und Feiertagen die Tickets unbedingt bereits am Vortag besorgen), Udong (40 Km/1 Std., Abfahrt mehrmals tgl. 6.15–17.30 Uhr), Kompong Chhnang (95 km/2,5 Std., Abfahrt mehrmals tgl. 6.15–16 Uhr), Kompong Cham (130 km/2,5 Std., Abfahrt mehrmals tgl. 6.45–15.30 Uhr) und Takeo (85 km km/1,5 Std., Abfahrt mehrmals tgl. 7–15 Uhr). **Busse nach Siem Reap,** auch ab den Buchungsbüros der jeweiligen Gesellschaft, z. B. Mekong Express Bus, 87 Sisowath Quay, Tel. 023 42 75 18. Nach **Koh Kong City** an der Grenze zu Thailand tgl. gegen 8 Uhr ein klimatisierter Bus der Virak-Buntham Bus Company vom Psah Thmay (300 km/5–6 Std.). **Dang Kor Bus Station,** Monireth Blvd.: Minibusse, Pickups und Sammeltaxis nach Kampot (150 km/3–4

Tipp: Weiterreise in die Nachbarländer

Laos
Bus: Busse nach Pakxe in Südlaos von Phnom Penh Sorya Bus Terminal beim Psah Thmay (Zentralmarkt), Abfahrt tgl. 7, 8 Uhr (12–13 Std.).

Thailand
Bus: Busse nach Bangkok von Phnom Penh Sorya Bus Terminal beim Psah Thmay (Zentralmarkt), Abfahrt tgl. 6.45, 7.30 Uhr (10–12 Std.).

Vietnam
Bei der Einreise nach Vietnam ist ein Visum erforderlich.
Bus: Busse nach Ho Chi Minh City von Phnom Penh Sorya Bus Terminal beim Psah Thmay (Zentralmarkt), Abfahrt tgl. 8, 9, 11 Uhr (6–7 Std.).
Boot: Speedboats über Kham Samnor/Chau Doc (Grenze zu Vietnam, 4 Std.) nach Ho Chi Minh City (8 Std.) vom Bootshafen am Tonle Sap etwa in Höhe der Hauptpost, Abfahrt tgl. 8 Uhr. Auskunft und Buchung: Angkor Express, Tel. 012 84 68 18 u. Capitol Tour, No. 14 St. 182, Tel. 023 72 41 04, www.capitolkh.com.

Std., Abfahrt mehrmals tgl. 5–13 Uhr). **Minibusse für Touristen** nach Siem Reap (über Kompong Thom 315 km/5–6 Std.), Battambang (295 km/5 Std.) und Poipet (420 km/ 8 Std.). Auskunft und Buchung: Capitol Tour, No. 14 St. 182, Tel. 023 72 41 04, www.capitolkh.com, sowie in vielen Hotels und Gästehäusern.

Mietwagen: The Car Rental Co.: No. 49 St. 592, Tel. 023 88 00 01 (Mietwagen mit und ohne Fahrer); Mietwagen mit Fahrer auch über Hotelvermittlung, in der Stadt um die 40 US-$/Tag, Umgebung ca. 60 US-$/Tag.

Mietmotorräder:Adventure Moto: No. 16 St. 136, Tel. 023 22 35 64, www.adventure-moto.com. Gepflegte Mietmotorräder von Stadtmopeds (ab 8 US-$/Tag) bis Geländemaschinen (ab 50 US-$/Tag), Organisation von Biketouren abseits der üblichen Wege.

Boot: Der Bootshafen befindet sich am Tonle Sap etwa auf Höhe des Hauptpostamts. Tgl. *speedboats* nach Siem Reap (4–6 Std., Abfahrt 6.30–7 Uhr) und Kham Samnor/Chau Doc (Grenze zu Vietnam, 4 Std., Abfahrt 8 Uhr). Auskunft und Buchung: Angkor Express, Tel. 012 84 68 18.

Fortbewegung in der Stadt: Es gibt keine Stadtbusse in der Hauptstadt von Kambodscha. Motorrad-Rikschas *(tuk tuks)*, Moped-Taxis *(moto dups)* und Fahrrad-Rikschas *(cyclos)* halten hier den Nahverkehr aufrecht. Um unliebsamen Überraschungen vorzubeugen, sollte man sich jedoch vor Fahrtantritt auf einen sinnvollen Preis verständigen.

Ausflüge in die Umgebung von Phnom Penh

Karte: S. 366

Das Killing Field von Choeung Ek 1

Ein Tagesausflug, für den man am besten ein Taxi mietet, führt in die Provinz Kandal. An der südlichen Peripherie von Phnom Penh fransen die Boulevards der Hauptstadt in enge, schlaglochübersäte Straßen aus, über die Ochsenkarren rumpeln. Reisfelder erstrecken sich wie ein grüner Teppich bis zum Horizont.

In dieser ländlichen Idylle, 12 km südlich von Phnom Penh, befand sich einer der zahlreichen Schauplätze des Völkermords von Kambodscha – das **Killing Field von Choeung Ek**. Hier fand das Martyrium der im Gefängnis Tuol Sleng gefolterter Menschen ein grausames Ende.

Zwischen 1975 und 1979 ermordeten die Roten Khmer in Choeung Ek, das nur eines von mehr als 400 über ganz Kambodscha verstreuten *killing fields* war, rund 15 000 Menschen. In einer 1988 errichteten Pagode sind allein knapp 9000 Schädel zu einem makabren Mahnmal aufgeschichtet, nach Alter und Geschlecht geordnet, von Säuglingen bis zu Greisen. Die meisten Schädel zeigen Spuren von Gewalt, weisen darauf hin, wie die Roten Khmer ihre Opfer exekutierten. Die Inschriften auf den Gedenksteinen bei den ausgehobenen Massengräbern, in denen immer noch Stofffetzen, Knochen und Zähne liegen, sprechen für sich: »Massengrab mit 450 Leichen», »Grube mit 100 Frauen- und Babyschädeln«, »Grube mit 166 Skeletten ohne Kopf« (tgl. 8–17 Uhr, 3 US-$).

Ta Prohm und Tonle Bati

Rund 30 km südlich von Phnom Penh steht etwas abseits der National Route 2 der während der Regentschaft von Jayavarman VII. (1181 bis um 1220) errichtete Tempel **Ta Prohm** 2. Wie die großen Sakralbauten von Angkor spiegelt auch dieses kleine Heiligtum die hinduistische Kosmologie wider. Die zum Teil in Trümmern liegende Umfassungsmauer aus Laterit, Symbol der die bewohnte Erde umgebenden Gebirgsketten, wird von vier Toren durchbrochen.

Im östlichen Portal, dem Haupteingang, steht die Statue eines von den Roten Khmer geköpften Buddha. Als Sinnbild des heiligen Götterbergs Meru erhebt sich im Zentrum das aus Sandsteinquadern aufgeschichtete Hauptheiligtum mit einem großen Buddha-Bildnis. Vier Seitenkapellen enthalten weitere Altäre mit Buddha-Figuren und einem Linga, dem Symbol der Schöpfungskraft des Hindu-Gottes Shiva. Schöne Reliefs an den Außenwänden des Allerheiligsten zeigen Wächterfiguren und himmlische Apsara-Nymphen (7–18 Uhr, 3 US-$).

In der Nähe erstreckt sich das weitläufige Tempelareal des **Wat Tonle Bati**. Vor der renovierten Pagode steht ein verwitterter Sandsteinturm, der zum Gedenken an Yeay Peau errichtet wurde, die Mutter des Ta-Prohm-Erbauers. Heute noch bitten Gläubige mit Lotosgestecken, Jasmingirlanden, Räucherstäbchen und anderen Opfergaben vor einer vergoldeten Buddha-Statue mit weiblichen Gesichtszügen, welche die Königsmutter darstellt, um Glück und Gesundheit.

Der Tonle Bati, ein Seitenarm des Tonle Bassac von der Größe eines Sees, ist an Wochenenden ein beliebtes Ausflugsziel vieler Städter aus Phnom Penh. Vielköpfige Familien verwandeln den Sandstrand in einen riesigen Picknickplatz. Wer es sich leisten kann, mietet sich eine der zahlreichen im seichten Wasser stehenden Stelzenhütten.

Phnom Tamao Zoological Garden and Wildlife Rescue Centre 3

Einige Kilometer südlich der Abzweigung nach Tonle Bati und zum Ta-Prohm-Tempel führt von der National Road 2 eine 5 km lange Schotterstraße zum **Phnom Tamao Zoological Garden and Wildlife Rescue Centre**. Hinter dem klangvollen Namen verbirgt sich ein weitläufiger, um Felsmassive herum angelegter Tierpark, der mit Tigern und anderen Raubkatzen, Krokodilen, Bären, Schlangen und Affen einen bunten Querschnitt der kambodschanischen Fauna präsentiert. In einem Feuchtbiotop können Besucher Pelikane, Kormorane, Kraniche, Reiher und andere Wasservögel beobachten. Viele Tiere wurden aus den Händen von Händlern gerettet, die sie zur Weiterverarbeitung in exotische Speisen oder Medizin nach China, Vietnam oder Thailand verkaufen wollten (tgl. 8.30–16.30 Uhr, 5 US-$).

Phnom Chiso 4

Rund 20 km weiter südlich ragt östlich der National Route 2 aus der Ebene der **Phnom Chiso** auf. Hügel *(phnom)* sind im Kambodschanischen Becken eine Seltenheit und werden deshalb seit frühesten Zeiten als Sitz der Götter verehrt. Fast immer ist ein Hügel mit einem Tempel gekrönt. So auch der Phnom Chiso, auf dessen Gipfel in einem lichten Wald mehrere Pagoden sowie Unterkünfte für Mönche und Nonnen verstreut sind. Von der Schule im Dorf Trabeang Srong führt ein Treppenpfad mit 412 Stufen auf das Plateau.

Unterhalb der Hauptpagode liegen die Ruinen des Suryagiri-Tempels. In dem unter Suryavarman I. (1001/02–1049) erbauten Heiligtum mischen sich buddhistische und hinduistische Elemente. So sind an den verwit-

Phnom Penh: Umgebung

terten Sandsteinumrahmungen von Türen und Fenstern des aus Laterit und Ziegelstein errichteten Heiligtums Vishnu und andere Hindu-Götter sowie mythologische Naga-Schlangen zu erkennen.

Die Buddha-Statuen im zentralen Heiligtum stammen aus den 1980er-Jahren. Auch hier vermischen sich die beiden großen Religionen, denn vor dem buddhistischen Altar hat ein Linga, das Phallussymbol des Shiva, Platz gefunden. Eine Yoni-Darstellung, das weibliche Gegenstück zum Linga, in einem der vier Türme, die das Hauptheiligtum umgeben, deutet darauf hin, dass hier vielleicht ein Zentrum tantrischer Kulte war.

Der Blick vom Ostportal, dem früheren Haupteingang der Anlage, fällt auf eine Tempelruine am Fuß des Phnom Chiso. Am Horizont erkennt man ein weiteres grau-schwarzes Gebäude, hinter dem eine Wasserfläche schimmert. Der von Menschenhand angelegte rechteckige See und die beiden kleinen Heiligtümer waren einst durch eine Zeremonienstraße und einen Treppenpfad mit dem Suryagiri-Tempel verbunden (tägl. 7–18 Uhr, 2 US-$).

Angkor Borei und Phnom Da

Nur wenige Besucher mit einem ausgesprochenen Interesse an der Frühgeschichte Kambodschas nutzen das gut 25 km südlich von Phnom Chiso gelegene Städtchen Takeo zu einem Abstecher zu den archäologischen Grabungsstätten von **Angkor Borei** (Alte Stadt) 5, die man am besten per Boot auf einem weit verzweigten Netz aus Flüssen und Kanälen erreichen kann (ca. 45 Min., 20–25 US-$). In Angkor Borei befand sich das nach dem 90 km südlich im Mekong-Delta in Vietnam gelegenen Oc Eo bedeutendste politische, wirtschaftliche und religiöse Zentrum des hinduisierten Funan-Reiches. Mit dem Handelshafen Oc Eo, in dem arabische und chinesische Seekaufleute den Wechsel der Monsunwinde abwarteten, war Angkor Borei durch einen Kanal verbunden.

Die Ausgrabungen in Oc Eo und Angkor Borei förderten überraschende Beweise für die enorme Ausbreitung der Handelsbeziehungen Funans zu Tage. Abgesehen von Waren indischer und chinesischer Herkunft, fand man dort auch römische Münzen aus der Zeit Marc Aurels (161–180), aus Persien stammende Edelsteine sowie goldene Schmuckstücke mit hellenistischen und sassanidischen Motiven. Nach dem Untergang des Funan-Reiches diente Angkor Borei im 6. und 7. Jh. unter den in Sambor Prei Kuk residierenden Zhenla-Herrschern als Handelszentrum. Als im späten 7. Jh. Zhenla in die beiden Teilreiche Zhenla des Landes und Zhenla des Wassers zerfiel, stieg Angkor Borei zur Hauptstadt von Wasser-Zhenla auf. Heute erinnert wenig an die glorreiche Vergangenheit von Angkor Borei. Allein ein ausgezeichnetes **Museum** trägt der historischen Bedeutung der Region Rechnung. Es präsentiert Steinstatuen, Relieffragmente, Keramiken und andere Artefakte, die man in der Umgebung fand (tgl. 8–11, 14–16.30 Uhr, 10 000 Riel).

Über einen Kanal gelangt man per Boot zu dem einige Kilometer südlich von Angkor Borei aufragenden Berg **Phnom Da** 6, auf dem ein aus Laterit gebautes Turmheiligtum aus dem 6. oder 7. Jh. aufragt. Etwas unterhalb liegen die Ruinen des Tempelklosters Ashram Maha Russei, das Mitte des 7. Jh. während der Regentschaft des Zhenla-Königs Bhavavarman I. errichtet wurde. Hier gefundene Statuen mit typischen Merkmalen wie gedrehten Haaren und einer zylindrischen Kopfbedeckung prägten den Begriff Phnom-Da-Stil.

Udong 7

Ein halbtägiger Ausflug führt von Phom Penh 40 km nach Norden in die alte Hauptstadt **Udong**. Aus den Moscheen der Dörfer, die sich am Tonle-Sap-Fluss aneinander reihen, ertönt fünfmal am Tag der Ruf des Muezzin – hier leben muslimische Cham Tür an Tür mit buddhistischen Khmer.

Nichts deutet in dem Dorf Udong etwas abseits der National Route 5 darauf hin, dass sich hier vom frühen 17. Jh. bis Mitte des 19. Jh. das letzte Machtzentrum der Angkor-Dynastie befand, bevor die Hauptstadt im Jahre 1866 nach Phnom Penh verlegt wurde. Aus der großen Vergangenheit blieben allein die Ruinen erhalten, die auf dem weithin sichtbaren **Phnom Udong** aufragen. Viele historische Gebäude wurden Mitte der 1970er-Jahre bei den Kämpfen zwischen Lon-Nol-Truppen und den auf die Hauptstadt vorrückenden Roten Khmer zerstört.

Am Fuß des Hügels, um den sich einst die alte Khmer-Kapitale ausbreitete, steht heute das große Tempelkloster **Wat Udong.** In der Nähe erinnert ein Mahnmal mit Totenköpfen und Knochen an die Opfer der Roten Khmer. Nach deren Vertreibung hatten die neuen Machthaber aus Hanoi überall im Lande derartige Gedenkstätten errichtet, um an die Greueltaten der Roten Khmer zu erinnern.

An einem großen Parkplatz mit Souvenirbuden und Imbissständen beginnt ein Stufenpfad, der in etwa zehn Minuten vorbei an kleinen Fischteichen zu einer **Aussichtsterrasse** führt. Von dort bietet sich ein schöner Blick auf den Wat Udong und die weiten Ebenen des Kambodschanischen Beckens. Über der Plattform erhebt sich ein moderner Stupa. Dreiköpfige Elefanten, Naga-Schlangen, löwenartige Wesen, grimmige Wächterfiguren – die ganze Palette der buddhistisch-hinduistischen Mythologie ist hier dargestellt.

Linker Hand stehen zwei alte, nicht restaurierte Stupas, die als Mausoleen für ehemalige Udong-Herrscher dienen. Der **Stupa Tray Troeng**, dessen Wände mit blauen Kacheln geschmückt sind, enthält eine Urne mit der Asche des Königs Chey Chetar II. (1619–25). In dem mit Elefantenköpfen geschmückten **Damrei Sam Poan** werden die sterblichen Überreste seines Vorgängers König Soryopor (1603–19) verwahrt, der nach der Zerstörung der Khmer-Hauptstadt Lovek durch die Siamesen im Jahre 1594 Udong gründete.

Einige ausgetretene Lateritstufen führen hinab zum **Stupa Chet Dey Mak Proum,** dem Grabmal von König Monivong (1927–41), der bereits in Phnom Penh residierte. An der Spitze des gelb gestrichenen Stupa blicken wie bei den Bayon-Türmen von Angkor vier riesige Gesichter in alle Himmelsrichtungen. Vorbei an einem Steingebäude mit einem sitzenden Buddha führt ein Pfad Richtung Süden zu drei Ziegelstein-Bauwerken, von denen zwei Buddha-Bildnisse, das dritte eine Statue des Nandi-Bullen, des mythologischen Reittiers von Shiva, bergen. Das buddhistische Heiligtum **Vihear Preah Ath Roes,** das einst am südlichen Rand des Plateaus thronte, wurde von den Roten Khmer zerstört. Übrig blieben von der Anlage die Grundmauern und zehn mächtige Säulen, die in den Himmel ragen.

Von Phnom Penh nach Siem Reap

Für diese gut 400 km lange Route durch das fruchtbare Tonle-Sap-Becken, die große Reiskammer des Landes, entscheiden sich in erster Linie Reisende mit kunsthistorischem Interesse. Ihr Ziel ist Sambor Prei Kuk, die bedeutendste, erst seit wenigen Jahren für Besucher wieder zugängliche Khmer-Metropole der Vor-Angkor-Zeit.

Auf der Nationalstraße 6 nach Kompong Thom

► 3, L 26–L 23/24

Gut ausgebaut windet sich die Nationalstraße 6 nördlich von Phnom Penh am Mekong entlang zum Marktflecken und Verkehrsknotenpunkt **Skone**. Von dort führt die National Road 6 in nordwestliche Richtung nach Kompong Thom, während die National Road 7 nach Nordosten abzweigt. Bekannt ist Skone für eine lokale Delikatesse, die nicht jedermanns Geschmack ist – bis zu handtellergroße, knusprig frittierte Spinnen, die wie Krebse schmecken sollen und von Kennern auch wie diese Krustentiere gegessen werden: Die Beine zunächst vom Körper trennen und das Fleisch genussvoll heraussaugen.

Nördlich von Skone sieht man am Straßenrand immer wieder Bambusgestelle mit Plastikplanen und Neonleuchten, darunter ein Wasserbecken. Nachts prallen vom Licht angelockte Käfer, die eine Ähnlichkeit mit Kakerlaken haben, gegen die Kunststofffolie und stürzen ins Wasser. Geröstet schätzt man sie als proteinreichen Snack.

Buddha-Statuen aller erdenklichen Größen stehen in der langgestreckten Ortschaft **Santuk** Spalier. Die Kunstfertigkeit der lokalen Steinschnitzer kommt auch in der Vielzahl der bauplastischen Verzierungen an den Pagoden, Schreinen und Stupas zum Ausdruck, die sich 2 km nördlich auf dem Phnom Santuk erheben. 809 Stufen sind zu erklimmen, um auf den 207 m hohen Berg zu kommen, von dem sich eine schöne Aussicht bietet. Archaisch wirken die Buddhabildnisse, die vermutlich schon vor Jahrhunderten in Sandsteinfelsen unterhalb des Gipfels gemeißelt wurden. An Feiertagen strömen zahlreiche Einheimische zu dem bedeutenden buddhistischen Wallfahrtsort.

Kompong Thom ► 3, N 24

Mit zwei, drei Hauptstraßen, von denen staubige Nebenstraßen abzweigen, besitzt **Kompong Thom** den Charme eines Transitorts. Ein Bummel über den exotisch wirkenden Markt ist die einzige Unternehmung in der nicht eben mit Highlights gesegneten Handelsstadt am Stung-Sen-Fluss. Reisende nutzen Kompong Thom gern als Ausgangspunkt für einen Besuch der Tempelanlage Sambor Prei Kuk.

Übernachten

Best of ► **Sambor Village Hotel:** National Road 6, Tel. 062 96 13 91 u. 017 92 46 12, www.samborvillage.com. Boutiquehotel, das kambodschanische und westliche Stilelemente verbindet; 19 komfortable, klimatisierte Zimmer, Terrassenrestaurant mit Blick auf den Stung-Sen-Fluss, Pool, kostenloses WLAN, ruhig am Ortsrand gelegen. DZ 50 US-$, Suite 85 US-$.

aktiv unterwegs

Mit dem Linienboot auf dem Tonle Sap nach Siem Reap

Tour-Infos

Start: in Phnom Penh (Bootshafen am Tonle Sap)
Länge: ca. 250 km
Dauer: 4–6 Std.
Schwierigkeitsgrad: einfach
Transport: Abfahrt der Schnellboote tgl. 6.30–7 Uhr, 25 US-$. Große *speedboats* nach Siem Reap fahren nur bei ausreichend hohem Wasserstand. Während der Trockenzeit kleinere Passagierboote, die als unsicher gelten.

Jeden Morgen zwischen 6.30 und 7 Uhr legen im Bootshafen von Phnom Penh am Tonle-Sap-Fluss etwa in Höhe der Hauptpost Linienboote nach Siem Reap ab, dem Ausgangspunkt für einen Besuch der Tempel von Angkor. Die komfortablen Kabinenboote sind eine attraktive Alternative zum Flugzeug. Besonders interessant ist die Bootsfahrt am Ende der Regenzeit, wenn auf dem Tonle-Sap-See der große Fischzug einsetzt (s. S. 390). Während sich die einheimischen Passagiere in der klimatisierten Kabine bei Videofilmen die Zeit vertreiben, genießen viele Ausländer die Fahrt auf dem Schiffsdach. Rund fünf Stunden geht es vorbei an schwimmenden Dörfern, in denen die meist aus Vietnam zugewanderten Bewohner in Hausbooten oder in Hütten auf Flößen leben.

Ein kambodschanisches Sprichwort sagt: »Wo Wasser ist, da lebt der Fisch.« So folgen die Menschen in ihren mobilen Behausungen den enormen Wasserstandsschwankungen des Tonle Sap, dessen Spiegel bei Hochwasser 10–12 m über dem Normalstand von 2 m während der Trockenzeit liegt. Andere Seebewohner leben in Häusern auf hohen Stelzen, die sich auf eine einfache, aber geniale Weise dem Seepegel anpassen lassen: Der Fußboden aus gespleißtem Bambus wird, wenn das Wasser steigt, mit Seilen eine Etage höher verankert.

Das moderne Stahl-Kunststoff-Boot passiert eine archaische, aus Flechtwerk und Pfählen errichtete Welt, in der die Menschen nicht viel anders leben als ihre Vorfahren vor Jahrhunderten. Es schippert über planktonreiche Flutwälder, in denen die Fische um Baumwipfel schwimmen. Fließen die Wassermassen am Ende des Monsuns ab, können die Seebewohner die Fische mit bloßen Händen von den Ästen pflücken, in denen sie sich verfangen haben.

Später gleitet das Passagierschiff vorbei an Reisfeldern, die im See zu schwimmen scheinen. Die Halme dieser auch Tiefwasserreis genannten erstaunlichen Getreidesorte wachsen täglich um 10–12 cm und können 5–6 m erreichen. So kann die Pflanze die Rispen stets über der Wasseroberfläche halten. Am frühen Nachmittag erreicht das Passagierboot Siem Reap. Bei hohem Wasserstand legt es am Ufer des Tonle Sap an. In den Trockenmonaten steigt man im schwimmenden Dorf Chong Kneas aus und wird von kleinen Booten an Land gebracht.

Schöne Flusslage ▶ **Stung Sen Royal Garden Hotel:** National Road 6, Tel. 062 96 12 28. Das Haus am Fluss bietet geräumige, gut ausgestattete, klimatisierte Zimmer mit Bad/WC, TV und Kühlschrank; im Restaurant stehen gute kambodschanische Gerichte auf der Speisekarte. DZ 20–30 US-$.

Verkehr

Bus: Tagsüber mehrmals nach Phnom Penh (170 km/3 Std.) und Siem Reap (145 km/ 3 Std.); Reisende nach Kompong Cham und Kratie müssen in Skone umsteigen. (Motorrad-)Taxis für den Ausflug nach Sambor Prei Kuk erhält man durch die Hotelvermittlung.

Die Tempelanlage Sambor Prei Kuk kann heute gefahrlos besichtigt werden

12 Sambor Prei Kuk

► 3, M 23

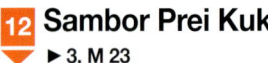

Grundriss: rechts

3 km nördlich von Kompong Thom zweigt von der National Road 6 eine Naturpiste zu der 30 km nordöstlichen Tempelgruppe Sambor Prei Kuk ab (tgl. 8–18 Uhr, 5 US-$).

Blick in die Geschichte

Obwohl die Ursprünge des hinduistischen Reiches Zhenla im Dunkeln liegen, gilt es als sehr wahrscheinlich, dass König Ishanavarman I. (616–637) Anfang des 7. Jh. nahe des heutigen Kompong Thom die nach ihm benannte Hauptstadt Ishanapura gründete. Religiöser Mittelpunkt der bedeutendsten Khmer-Metropole der präangkorianischen Epoche war der **Tempelkomplex Sambor Prei Kuk**. Ishanapura fungierte bis Mitte des 7. Jh. als Hauptstadt, bis sie unter Jayavarman I. (657–nach 681) in die Nähe des heutigen Kompong Cham verlegt wurde. Jahrhundertelang fraß sich der Dschungel in die verfallenen Tempel von Sambor Prei Kuk. Erst von 1994–2000 wurden die Minen geräumt und die Sakralbauten von Vegetation befreit.

Anlage und Bautechnik

Sambor Prei Kuk setzt sich aus drei größeren und mehreren kleineren Tempelgruppen zusammen. Insgesamt liegen mehr als 100 kleinere Bauwerke verstreut in einem von lichtem Wald bestandenen Gelände. In der Anlage der Tempel von Sambor Prei Kuk kommen Prinzipien und Gesetze zum Ausdruck, die später in den Sakralbauten von Angkor zur Perfektion reiften. Es ging den frühen Khmer-Baumeistern darum, ein **Abbild** ihrer Vorstellung **vom Universum** zu schaffen, welche auf der hinduistischen Kosmologie beruhte (s. S. 398). In Sambor Prei Kuk hat man erstmals von Mauern umschlossene Tempelanlagen errichtet, in denen sich um ein zentrales Turmheiligtum weitere kleinere Sanktuarien gruppieren.

Fast alle **Sakralbauten** wurden wie in der präangkorianischen Epoche üblich aus Backsteinen errichtet, die man ohne Zement oder Mörtel nahezu fugenlos aufeinander setzte. Jeder Tempelturm besitzt einen von einem Sandsteinrahmen eingefassten und von runden oder achteckigen Säulen flankierten Haupteingang, der in der Regel nach Osten ausgerichtet ist. Verwitterte Reste ornamentaler Verzierungen geben eine Vorstellung vom einst reichen Dekor, mit dem die Sakralbauten geschmückt waren. So weisen die Sandsteinsäulen filigrane florale Muster wie Blumengirlanden und Blätter auf. Über die Türstürze aus Sandstein ziehen sich Verzierungen in Form mehrerer verbundener Bögen oder medaillonartiger Reliefs. Über den Eingängen fallen *makara* auf – krokodilartige Seeungeheuer, welche die Lebenskraft des Wassers symbolisieren. An manchen Fassaden kann man noch Schichten des originalen Stuckverputzes sehen, mit dem ursprünglich alle Tempel überzogen waren. Zahlreiche Linga, die steinernen Phallussymbole des Shiva, legen den Schluss nahe, dass in den Tempeln von Sambor Prei Kuk diese Hindu-Gottheit verehrt wurde.

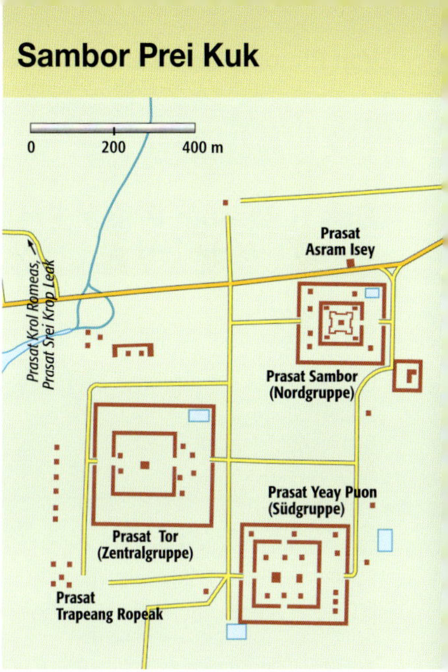

Prasat Sambor (Nordgruppe)

Das von zwei Mauern eingefasste Ensemble unmittelbar an der Zufahrtsstraße zum Tempelgebiet besteht aus acht Sakralbauten mit oktogonalem Grundriss. Innerhalb der inneren Umfassungsmauer aus Laterit erhebt sich die Ruine des durch US-Bomben im Vietnamkrieg zerstörten Hauptsanktuariums. In die Ziegelfassaden des Prasat in der Nordwestecke hat man Reliefs mit göttlichen Wesen gemeißelt. Diese an mehreren Tempeln von Sambor Prei Kuk anzutreffenden Darstellungen werden **schwebende Paläste** genannt. Ein kleinerer Prasat enthält die Kopie einer antiken Statue des Harihara, einer Gottheit, die Züge von Shiva und Vishnu in sich vereint. In einem anderen Heiligtum steht die nach altem Vorbild gefertigte Statue von Durga, der Gefährtin Shivas.

Etwas nördlich der Prasat-Sambor-Gruppe ragt der kleine, einzeln stehende Prasat Asram Isey auf, der einzige nicht aus Ziegelstein erbaute Tempel von Sambor Prei Kuk. Seine Sandsteinmauern zieren florale Muster.

Prasat Tor (Zentralgruppe)

Wegen der Steinlöwen, welche einst die vier Portale des Hauptsanktuariums flankierten, erhielt diese Tempelgruppe den volkstümlichen Beinamen **Löwentempel**. Heute wachen nur noch zwei Löwen am östlichen Treppenaufgang. Während der vermutlich unter Jayavarman I. in der zweiten Hälfte des 7. Jh. erbaute Zentraltempel, mit einer Höhe von 35 m das höchste Bauwerk von Sambor Prei Kuk, noch gut erhalten ist, liegen alle Nebengebäude in Trümmern. Neben dem Löwentempel liegt ein ausgetrockneter Baray, der einst als Wasserreservoir diente.

Der Südwestecke des Prasat Tor ist der kleine, ursprünglich aus fünf Tempeln bestehende Komplex des Prasat Trapeang Ropeak vorgelagert. Lediglich das Hauptsanktuarium mit Resten von Stuckverzierungen sowie die Basis des nordwestlichen Tempelturms haben die Zeitläufte überdauert.

Prasat Yeay Puon (Südgruppe)

Als Reichstempel von Ishanavarman I. hebt sich der Prasat Yeay Puon in Größe und Dekor von den anderen Tempelgruppen ab. Eingefasst wird das Ensemble aus sieben Tempeltürmen von einer Ziegelsteinmauer mit unvollendeten Reliefs – Szenen aus dem »Ramayana«. An den Torbögen sieht man verwitterte Sanskritinschriften. Um die fast

aktiv unterwegs

Das Heiligtum Prasat Preah Vihear – Tempelbesuch durch die Hintertür

Tour-Infos

Start: Bangkok (Northern Bus Terminal oder Hauptbahnhof)
Länge: hin und zurück 1220 bzw. 1340 km
Dauer: 3 Tage
Schwierigkeitsgrad: einfach
Anreise: s. S. 373

Das Bergheiligtum Prasat Preah Vihear, das erhaben auf einem schroffen Kamm in den 600–800 m hohen **Dangrek-Bergen** thront, liegt zwar nach einem Urteil des Internationalen Gerichtshofs in Den Haag von 1962 in Kambodscha, ist aber von Kompong Thom in Zentralkambodscha nur auf einer beschwerlichen, mit öffentlichen Verkehrsmitteln und Motorradtaxi mindestens zwei Tage dauernden Reise über ruppige Dschungelpisten zu erreichen. Zudem muss man bei diesem nur in der Trockenzeit möglichen Abenteuer einen schweißtreibenden zwei- bis dreistündigen Aufstieg über Treppenpfad (mit 800 Stufen) auf das zur kambodschanischen Seite 600 m steil abfallende Felsplateau bewältigen. Übernachtet wird in einfachen Gästehäusern im Provinznest Tbeng Meanchey.

Wesentlich bequemer – seit kurzem auch ohne aufwendige Grenzformalitäten – ist es, das von den Thailändern Khao Phra Viharn genannte Khmer-Heiligtum von den thailändischen Städten Si Saket oder Ubon Ratchathani zu besuchen (s. u.). Allerdings sollte man sich vor einem Besuch auf der Website des Auswärtigen Amts (www.auswaertiges-amt.de) über die Sicherheitslage informieren.

Mit einer Länge von gut 1000 m ist der auf vier Ebenen ansteigende Prasat Preah Vihear eine der größten Tempelanlagen der Khmer. Begonnen wurde mit dem Bau der göttlichen Heimstatt bereits im 9. Jh., doch entstand der Großteil des Komplexes in der ersten Hälfte des 11. Jh. während der Regentschaft von Suryavarman I. (1001/02–1049). Später erweiterten seine Nachfolger, insbesondere Suryavarman II. (1112/13 bis vor 1155) und Jayavarman VII. (1181 bis um 1220) die dem Hindu-Gott Shiva geweihte, vollkommen aus Sandstein errichtete Tempelanlage. Eine nur noch teilweise erhaltene Treppe mit schönen

quadratische innere Mauer (260 x 236 m) legt sich ein rechteckiger Wall aus Laterit, der z. T. in sich zusammengefallen ist. Auf dem **Yoni-Altar** des zentralen Heiligtums thronte einst ein goldener Linga. Die Außenmauern zieren schwebende Paläste. Dem Hauptsanktuarium ist ein quadratischer Mandapa vorgebaut. Darin befand sich einst eine Statue des mythischen Stiers Nandi, dem Reittier des Shiva. Beachtenswert sind die Ornamentverzierungen an beiden Bauten. So sieht man neben Naga-Schlangen und bizarr wirkenden Zwitterwesen aus Elefant und Löwe *(gajasimha)* anmutige Apsara-Tänzerinnen (s. S. 407). Der Nord- und Südseite des Zentraltempels sind drei kleinere achteckige Tempeltürme vorgelagert.

Etwa 3 km nordwestlich der Zufahrtsstraße zum Ruinenfeld verstecken sich inmitten dichten Urwalds die verfallenen, von Touristen kaum besuchten Tempelgruppen Prasat Krol Romeas und Prasat Srei Krop Leak.

Von Kompong Thom nach Siem Reap ▶ 3, N 24–J 22

Auf der Weiterfahrt nach Siem Reap lohnt sich ein kurzer Stopp im Städtchen **Kompong Kdei**. In Sichtweite der neuen Brücke über den Stung Kdei spannt sich die archaisch wirkende Lateritbrücke Spean Praptos mit gut erhaltenen Naga-Balustraden über

Naga-Balustraden führt zur ersten der vier jeweils von einer Mauer umgebenen und durch Prozessionswege miteinander verbundenen Ebenen. Man betritt sie, wie auch die nachfolgenden Ebenen, durch einen Gopuram genannten Torturm mit kreuzförmigem Grundriss und kunstvoll gemeißelten Ziergiebeln. Längst ausgetrocknet sind die mit Sandsteinblöcken eingefassten Becken vor dem zweiten Gopuram, in denen Könige und Hohepriester vor Tempelzeremonien rituelle Waschungen vollzogen. Am Südportal des zweiten Torturms verdienen zwei Reliefs Beachtung: Am Türsturz sieht man eine Darstellung des liegenden Vishnu. Der Ziergiebel zeigt eine Episode des indischen Heldenepos »Ramayana« – »Das Quirlen des Milchmeers«, das Symbol für die Erschaffung der Welt.

Auf der Ebene hinter dem dritten Gopuram stehen die Überreste der königlichen Gemächer, in die sich einst die Herrscher bei Tempelfesten zurückzogen. Zwei weitere Pavillons dienten Pilgern, meist hohen Würdenträgern, als Raststätte. Das Nordportal des Torturms besitzt als Zeugnis hoher Steinmetzkunst ein gut erhaltenes Relief, das eine Szene aus dem »Mahabharata«, dem zweiten großen Heldenepos der Inder, illustriert – den Kampf zwischen Arjuna, der das Gute verkörpert, gegen Duryodhana, den Inbegriff des Bösen.

Dem zu einem Großteil in Trümmer liegenden **Hauptheiligtum** auf der obersten Terrasse ist ein gut erhaltener Mandapa vorgelagert, wie die meisten Bauten der Sakralanlage geprägt vom frühen Baphuon-Stil. Verwitterte Reste ornamentaler Verzierungen geben eine Vorstellung vom einst reichen Dekor der Türstürze und Pilaster des Sakralbaus. Den heiligsten Tempelbezirk umschließt eine Galerie. Anstelle von Innenwänden stützen Balusterfenster die gewölbten Halbdächer der Süd-, Ost- und Westseite. Nur die Nordgalerie ist innen von einer fensterlosen Mauer abgeschlossen. Einen schönen Blick auf den oft in Nebel gehüllten geheimnisvollen Bergtempel hat man von der 584 m hohen Klippe Pha Mor Daeng, die wenige Fußminuten südlich des Parkplatzes steil abfällt.

den Fluss. Das etwa 600–700 Jahre alte Bauwerk aus der späten Angkor-Periode wird heute von Fußgängern und Radfahrern genutzt.

Anreise zum Prasat Preah Vihear

Von Bangkoks Northern Bus Terminal fahren klimatisierte Busse nach **Si Saket** und **Ubon Ratchathani,** den Ausgangsorten für einen Besuch des Prasat Preah Vihear bzw. auf Thailändisch Khao Phra Viharn (510 km bzw. 570 km). Sehr angenehm ist die Anreise im Nachtzug von Bangkoks Hauptbahnhof Hua Lamphong. Für die jeweils gut 100 km lange Fahrt von Si Saket (Highway 221) oder Ubon Ratchathani (Highway 2178 u. Highway 221) über Kantharalak zum Khao Phra Viharn mietet man vor Ort am besten einen Wagen mit Fahrer (ca. 2000 Baht bzw. 45 Euro), da die Anreise mit öffentlichen Verkehrsmitteln sehr umständlich und zeitaufwendig ist. Vom Parkplatz, an dem der Highway 221 endet, geht es – nachdem man auf thailändischer Seite Eintrittsgebühren entrichtet hat (200 Baht, Kinder 100 Baht) zu Fuß ca. 1,5 km über das Felsplateau zu dem in Kambodscha gelegenen Bergtempel. Dort wird eine erneute Eintrittsgebühr erhoben (200 Baht, Kinder 80 Baht). Die Grenze ist von Sonnenaufgang bis 16 Uhr geöffnet. Für die Besichtigung sollte man 2–3 Std. einplanen. Achtung: Außerhalb der Anlage besteht Minengefahr.

Angkor Wat, obligatorischer Bestandteil einer Kambodscha-Reise, gilt als Höhepunkt der Khmer-Architektur

Kapitel 5

Der Nordwesten Kambodschas

Die Tempelanlagen von Angkor, als UNESCO-Welterbe die touristische Attraktion Kambodschas, sind Zeugnisse einer Zeit, in der das Khmer-Reich eines der mächtigsten Imperien Asiens war. Seit es möglich ist, von Thailand und anderen Nachbarländern direkt nach Siem Reap zu fliegen, drängen sich täglich Tausende von Touristen im Angkor Wat, dem größten Sakralbauwerk der Welt. Angkor Wat ist nur ein Bruchteil eines 200 km² großen Areals mit rund 1000 Heilgtümern, das selbst nach Tagen noch Entdeckungen birgt. Etwa den Bayon-Tempel mit seinen Gesichtertürmen oder den Ta Prohm, wo gewaltige Urwaldriesen die alten Gemäuer überwuchern.

Während die architektonische Ordnung, die auf genauesten geometrischen Berechnungen beruht und zu einer klaren Aufteilung von Flächen und Räumen führt, europäischem Stilempfinden noch nahe- kommt, erscheinen das Dekor und die vielfältige Ikonografie ebenso rätselhaft wie die bedeutsame Symbolik der Tempelarchitektur. Mit ihren Städten und Tempeln schufen die Khmer ein Abbild ihrer Vorstellung vom Universum, die der hinduistischen Kosmologie folgt.

Die nordwestliche Region des Königreichs hat einiges zu bieten: An dem 30 Minuten südlich von Angkor gelegenen Tonle Sap, dem größten Binnensee Südostasiens, warten schwimmende Dörfer, versunkene Wälder und eine unschätzbare Artenvielfalt darauf, entdeckt zu werden.

Auf einen Blick

Der Nordwesten Kambodschas

Sehenswert

13 **Tonle-Sap-See:** Der fischreichste Binnensee der Welt wurde 1997 von der UNESCO zum Biosphärenreservat erklärt. Besucher erleben eine amphibische Welt mit schwimmenden Dörfern, in denen die Menschen kaum anders leben als ihre Vorfahren vor Jahrhunderten (s. S. 390).

14 **Angkor:** Ein Besuch der erst in der zweiten Hälfte des 19. Jh. dem Dschungel entrissenen Hauptstadt des versunkenen Khmer-Imperiums gehört zu den Once-in-a-Lifetime-Erfahrungen. Am faszinierendsten sind der Angkor Wat, der Bayon mit seinen berühmten Gesichtertürmen, der Ta Prohm und der Banteay Srei mit wundervollen Steinmetzarbeiten (s. S. 392).

Battambang: Die im Kolonialstil erbauten Gebäude im Zentrum westlich des Sangker-Flusses verleihen der Stadt ein charmantes Bild (s. S. 431).

Schöne Routen

Von Phnom Penh über Battambang nach Poipet: Wer auf dieser Route reist, begibt sich in touristisches Neuland und erhält einen guten Eindruck vom ländlichen Kambodscha, wo die Wurzeln der Nation liegen. Eisenbahnfans mit genügend Zeit, die keine Berührungsängste kennen und gutes Sitzfleisch besitzen, sollten den Bummelzug nach Battambang nehmen. Jede Menge Kontakte mit freundlichen Einheimischen und viel Lokalkolorit sind der Lohn dieser strapaziösen Reise (s. S. 430).

Mit dem Boot von Battambang nach Siem Reap: Mag die Fahrt im Sammeltaxi von Battambang nach Siem Reap auch billiger sein, so bietet die Bootsfahrt auf dem Sangker-Fluss doch die schöneren Eindrücke. Vom Bootsdach aus lässt sich das Leben am Wasser am besten beobachten (s. S. 434).

Meine Tipps

Das Grand Hotel d'Angkor – Luxushotel in Siem Reap: Somerset Maugham und Graham Greene schmücken die beeindruckende Gästeliste des 75-jährigen, restaurierten Luxushotels (s. S. 379, 382).

Steinernes Bilderlexikon im Angkor Wat: Die Innenwände der Reliefgalerien sind mit kunstvoll in den feinkörnigen Sandstein gemeißelten Flachreliefs geschmückt. Die Gesamtlänge der Bildtafeln aus dem 12. Jh. beträgt mehr als 800 m. Am besten kann man sie in der Mittagspause betrachten (s. S. 408).

Labyrinthischer Ta Prohm: Im von wild wuchernder Vegetation umschlungenen, labyrinthischen Ta Prohm kann man leicht die Orientierung verlieren. Auf Englisch radebrechende Kinder, die sich ein Trinkgeld erhoffen, bringen Besucher zu den fotogensten Stellen der Tempelanlage (s. S. 420).

aktiv unterwegs

Angkor mit dem Fahrrad erkunden: Angkor, die einst mächtige Hauptstadt des Khmer-Reichs, ist heute ein ausgedehnter Park mit den zum großen Teil restaurierten Ruinen der historischen Tempelanlagen. Das Gelände der alten Königsstadt lässt sich bei nicht allzu hohen Temperaturen entlang dem Kleinen Rundweg angenehm mit einem Fahrrad erkunden, das man in Siem Reap mieten kann (s. S. 393).

Siem Reap und Umgebung

Nach den Richtlinien der Weltkulturorganisation dürfen im Bereich der Angkor-Tempel keine Hotels und Gästehäuser errichtet werden. Eine breit gefächerte touristische Infrastruktur mit Unterkünften aller Kategorien, hervorragenden Restaurants, Souvenirläden, Reiseagenturen und kulturellen Veranstaltungen konzentriert sich in dem beschaulichen Städtchen Siem Reap 7 km südlich des Angkor Wat.

Siem Reap ►3, J 22

Cityplan: S. 390

Stadtgeschichte

Die beschauliche 90 000 Einwohner zählende Stadt, die sich beiderseits des träge fließenden Stung Siem Reap erstreckt, ist der Ausgangsort für einen Besuch der Tempel von Angkor. Die **bewegte Vergangenheit** der Stadt klingt in ihrem Namen an – *siem reap* bedeutet soviel wie Ort, an dem die Siamesen besiegt wurden. Seit 1793, als das siamesische Königreich die Schwäche der Khmer nutzte, um sich neben der fruchtbaren Westprovinz Battambang auch Siem Reap mit den Angkor-Tempeln einzuverleiben, war die Region häufig ein Streitobjekt zwischen den Nachbarstaaten. Nachdem Frankreich sein Protektorat über Kambodscha errichtet hatte, mussten sich die Siamesen 1907 aus den besetzten Khmer-Gebieten zurückziehen.

Während des kambodschanischen Bürgerkriegs (1970–1975) verlief die Front zwischen den Streitkräften von General Lon Nol und den Roten Khmer, die sich in den Angkor-Tempeln verschanzt hatten, kurz vor der Stadtgrenze. 1979 wurden die Roten Khmer von den Vietnamesen vertrieben, jedoch versetzten sie die Bewohner der Stadt weiterhin durch Überfälle in Angst und Schrecken.

Heute ist Siem Reap (gesprochen: Sim Rehap), das sich trotz touristischer Hochkonjunktur einen gemächlichen Pulsschlag bewahrt hat, eine friedliche und freundliche Stadt. Das weiß auch König Sihamoni zu schätzen, der hier eine Residenz besitzt. Der gut auf den Gästeansturm vorbereitete Ort, dessen kleiner Flughafen vor einigen Jahren zu einem International Airport erklärt wurde, bietet mit einer breit gefächerten touristischen Infrastruktur Unterkunftsmöglichkeiten für jeden Geldbeutel und Restaurants für jeden Geschmack sowie zahlreiche Andenkenläden und Büros von Tourveranstaltern.

Sehenswertes

Gegenüber dem Grand Hotel d'Angkor kann man in den gepflegten Königlichen Gärten im Schatten hoher Bäume wunderbar spazieren gehen. An der Südostecke der Parkanlage steht der Schrein von **Preah Ang Chek und Preah Ang Chorm** 1. Der große und der kleine Mönch, vor deren Messing- und Bronzestatuen Räucherstäbchen entzündet und Opfergaben niederlegt werden, sollen einst Angkor Thom, die Königsstadt von Jayavarman VII., vor einem Angriff der Siamesen bewahrt haben.

Hauptanziehungspunkt für Besucher ist der **Psah Chah** 2, der alte Markt im Zentrum der Stadt, mit kunstgewerblichen Produkten aller Art. Der **Psah Loe** 3, ein Markt für landwirtschaftliche Erzeugnisse und handwerkliche Produkte des Hinterlands, erstreckt sich

1,5 km außerhalb der Stadt an der Straße Richtung Roluos. Man sollte früh aufstehen, wenn man das pulsierende Treiben dieses Marktes erleben will, der ein buntes und stellenweise geruchsintensives Fest für die Sinne bietet. Im nassen Bereich, wo Obst, Gemüse und Fleisch angeboten werden, erhält man auch einen Überblick über die vielen Speisefischsorten aus dem Tonle Sap, dem größten und fischreichsten See in Südostasien.

Im **Angkor National Museum** 4, nordwestlich des Grand Hotel d'Angkor, wird die Geschichte und Kultur des Khmer-Reichs von Angkor mittels modernster Museumspädagogik auf unterhaltsam präsentiert: interaktiv, per Video- und Computeranimation, zweisprachig Kambodschanisch-Englisch – Langeweile kommt in diesem Museum nicht auf. Eine gute Einstimmung auf den etwa zweistündigen Rundgang bietet die zehnminütige Filmvorführung.

Die didaktisch exzellent aufgebauten Ausstellungen beschäftigen sich mit unterschiedlichen Themen. So präsentiert die »Halle der 1000 Buddhas« eine Vielzahl von Statuen des Erleuchteten aus unterschiedlichen Epochen. Ein anderer Raum ist der Khmer-Kultur der präangkorianischen Zeit gewidmet, während ein dritter zu einer Zeitreise durch die Kunstgeschichte der Angkor-Epoche einlädt. Im Mittelpunkt anderer Ausstellungen stehen die Angkor-Könige und ihre Bauwerke sowie die figürliche Kunst (Tel. 063 96 17 69, www.angkornationalmuseum.com, tgl. 9–20 Uhr, 12 US-$).

Am nördlichen Ortsrand an der Straße, die zum 6 km entfernten Angkor Wat führt, gibt die sehenswerte **Tonle Sap Exhibition** 5 anhand von Schautafeln, Karten, Fotos sowie Boots- und Hausmodellen Einblick in das Leben am und auf dem größten See Südostasiens (Angkor Wat Rd., Tel. 063 96 46 94, tgl. 8–12, 14–18 Uhr, freier Eintritt, Spende erbeten). Auf dem Weg dorthin passiert man das Jayavarman VII. Hospital, in dem Kinder und Frauen kostenlos behandelt werden (s. Tipp Beatocello plays Bach S. 387). Im privaten **Minen-Museum** 6, nahe dem Banteay-Srei-Tempel,15 km nordöstlich der Stadt am Rand eines ehemaligen Minenfelds, erhält man anschauliche, bisweilen auch recht drastische Informationen über die heimtückischen Waffen, die heute noch in Kambodscha Menschen verstümmeln und töten. Mit dem Erlös wird ein Minenräumprogramm finanziert (www,cambodialandminemuseum. org, tgl. 8–17 Uhr, 1 US-$).

Infos

Tourist Office: Angkor Wat Rd., gegenüber vom Grand Hotel d'Angkor, Tel. 063 96 43 47, Mo–Fr 8–12, 14–17 Uhr. Bemühte Mitarbeiter, aber unergiebige Informationen. Im selben Gebäude befindet sich die **Khmer Angkor Tour Guide Association** (Tel./Fax 063 96 43 47, khmerang@camintel.com), welche lizenzierte, erfahrene und Englisch oder Französisch sprechende Führer für die Tempelanlagen vermittelt, 20–25 US-$/Tag.

Eine gute Informationsquelle ist The Siem Reap-Angkor Visitors Guide, eine Broschüre, die kostenlos in Hotels, Gästehäusern und Restaurants (auch in Phnom Penh) ausliegt.

Siem Reap im Internet: Es gibt keine offizelle Website von Siem Reap, informativ ist www.canbypublications.com.

Internetcafés: im ganzen Stadtgebiet, vor allem am Sivatha Blvd. und um den Psah Chah.

Übernachten

Für alle Unterkünfte ist während der Hauptsaison von November bis März sowie während des kambodschanischen Neujahrsfests im April eine rechtzeitige Buchung dringend empfohlen. In der Nebensaison gewähren vor allem die Hotels der oberen Kategorien deutliche Preisnachlässe. Hilfreich ist www.angkorhotels.org.

Einmal im Leben ► **Grand Hotel d'Angkor** 1: Angkor Wat Rd., Tel. 063 96 38 88, www.siemreap.raffles.com. Das legendäre Kolonialhotel aus den 1930er-Jahren hat luxuriöse Zimmer und Suiten sowie ein erstklassiges Restaurant, eine Bar, ein Fitness- und Wellness-Center, Tennisplätze, einen großen Pool und einen weitläufigen Park. DZ 355–465 US-$, Suite 475–1900 US-$ (inkl. Frühstück, s. Tipp S. 382).

Siem Reap

Sehenswert

1 Preah Ang Chek und Preah Ang Chorm
2 Psah Chah
3 Psah Loe
4 Angkor National Museum
5 Tonle Sap Exhibition
6 Minen-Museum

Übernachten

1 Grand Hotel d'Angkor
2 La Résidence d'Angkor
3 Victoria Angkor Resort & Spa
4 Shinta Mani
5 Angkor Village
6 Allson Angkor Hotel
7 Angkoriana Hotel
8 City River Hotel
9 Bopha Angkor Hotel
10 Golden Banana Boutique Hotel
11 Hotel Mystères d'Angkor
12 Borann l'Auberge des Temples
13 Auberge Mont Royal d'Angkor
14 La Noria
15 Secrets of Elephants
16 Bakong Lodge
17 Earthwalkers
18 Green Garden Home
19 Miss Outdom Guest House
20 Popular Guest House

Essen & Trinken

1 Madame Butterfly
2 Bayon II
3 Chao Praya
4 Café Indochine
5 The Warehouse
6 Soup Dragon
7 Kampuccino Pizza
8 Sawasdee Food Garden
9 Chivit Thai
10 Little India
11 Butterflies of Angkor
12 Schlemmergasse

Einkaufen

1 Chantiers Écoles
2 Colours of Cambodia
3 Made in Cambodia
4 Asia Craft Centre
5 House of Peace
6 Kokoon
7 Senteurs d'Angkor
8 Institute for Khmer Traditional Textiles
9 Les Artisans d'Angkor
10 Angkor Night Market

Abends & Nachts

1 Foreign Correspondents Club Angkor
2 Ivy Bar
3 Khmer Family Bar
4 Linga Bar
5 Only One Bar
6 Funky Munky
7 Molly Malones
8 The Angkor What?
9 The Dead Fish Tower
10 The Red Piano
11 Zanzybar
12 Zone One
13 Alliance Café
14 Apsara Theatre
15 Sofitel Royal Angkor

Aktiv

1 Bayon Blind Massage
2 Islands Traditional Khmer Massage
3 Helicopters Cambodia
4 Angkor Ballooning

Luxuriös und individuell ▶ La Résidence d'Angkor 2: Achasvar St. (Riverside Rd.), Tel. 063 96 33 90, www.pansea.com. Das luxuriöse Haus verwöhnt seine Gäste mit 55 gediegen in Teak und Bambus ausgestatteten Zimmern und Suiten, einem kambodschanisch-französischen Gourmet-Restaurant, einem schönen Pool, bestem Service und vor allem mit viel Ruhe. EZ/DZ 185–345 US-$ (inkl. Frühstück).

Nostalgie, Nostalgie ▶ Victoria Angkor Resort & Spa 3: Central Park, Tel. 063 76 04 28, www.victoriahotels-asia.com. Luxus in einem gelungenen Nachbau eines Kolonialpalasts mit französisch-kambodschanischem Flair; 130 komfortable Zimmer und zehn Suiten, erstklassiges kambodschanisch-internationales Restaurant, Wellness-Center, Salzwasser-Pool und Tourservice. DZ ab 135 US-$, Suite ab 335 US-$

Sozial engagiert ▶ Shinta Mani 4: Ecke Oum Khum St./14th St., Tel. 063 76 19 98, www.shintamani.com. 18 zenartig schlicht und erlesen ausgestattete Zimmer in einer französischen Kolonialvilla, erstklassiges Restaurant mit zeitgenössischer Khmer-Küche, Bar, Swimmingpool und Spa. Die Betreiber bieten unterprivilegierten Jugendlichen eine unentgeltliche Ausbildung im Hotelfach. DZ ab 125 US-$.

Angkor
Wat Kesararam
National Silk Center, Bangkok
Angkor Wat Rd.
Achasvar St.
Stung Siem Reap
Sivatha Blvd.
Residenz von König Sihamoni
Pokambor Avenue
Oum Chhay St.
Oum Khum St.
Roluos-Gruppe, Phnom Penh, Busterminal
Wat Bo St.
Achamean St.
Center Market (Psah Kandal)
Achamean St.
Wat Bo
Wat Preah Prohm Reat
Sivatha Blvd.
Achasvar St.
Wat Bo St.
Neak-Mah-Moschee
Stung Siem Reap
Wat Dam Nak
7th January St.
Tonle-Sap-See, Boote nach Phnom Penh, Battambang
0
150
300 m

Tipp: Das Grand Hotel d'Angkor – Luxushotel in Siem Reap

Während der Wirren des kambodschanischen Bürgerkriegs stark in Mitleidenschaft gezogen, galt das altehrwürdige Grand Hotel d'Angkor als Kandidat für die Abrissbirne. Nachdem das legendäre 1937 gegründete **Kolonialhotel** lange Zeit in einem bedauernswerten Zustand gewesen war, renovierte die Hotelkette Raffles das Haus. Heute erstrahlt der Hotelpalast an der Straße zu den Angkor-Tempeln wieder in altem Glanz.

Das Grand Hotel d'Angkor wird oft mit anderen Grand Old Hotels verglichen, etwa dem Oriental in Bangkok, dem Raffles in Singapur oder dem Strand in Rangoon. Nun dämpfen wieder dicke Teppiche die Schritte im viktorianisch geprägten Foyer und ein bis ins Detail durchdachtes Ambiente im Kolonialstil zeigt, was man im Kambodscha des vergangenen Jahrhunderts unter gediegener Gastlichkeit verstand.

Beliebt bei Nostalgikern sind die geschmackvoll eingerichteten Suiten. Sie sind zu Ehren früherer bekannter Angkor-Besucher benannt, die im Grand Hotel logierten. Gourmetgenüsse verspricht ein erstklassiges Restaurant mit kambodschanischen und internationalen Spezialitäten. Sportiven stehen ein Fitness-Center und Tennisplätze zur Verfügung. Herrlich entspannen kann man sich nach dem Tempel-Sightseeing in Angkor bei einer Massage im Wellness-Center oder am Pool im Park.

Falls eine Übernachtung im Grand Hotel d'Angkor das Budget überfordert, sollte man zumindest die **Elephant Bar** besuchen, um koloniales Flair zu schnuppern. Dies ist der perfekte Ort, um für einige Momente aus der Realität und Hitze Kambodschas zu fliehen und für ein oder zwei Drinks in die exquisite Atmosphäre des berühmten Traditionshotels einzutauchen. Wer zwischen 16 und 19 Uhr kommt, kann die ausgedehnte Happy Hour genießen, in der das Motto lautet: Pay one, get two (praktische Infos s. S. 379, 387)!

Bungalowhotel ▶ Angkor Village 5: Wat Bo St., Tel. 063 96 35 61, www.angkorvillage.com. Das ruhige und freundliche Bungalowhotel in landestypischer Holzarchitektur bietet individuell eingerichtete Zimmer mit Klimaanlage oder Ventilator und Bad/WC sowie hervorragendem Khmer-Restaurant, Tropengarten und Pool. Es gilt als eine der schönsten Hotelanlagen des Landes. DZ 79–189 US-$.

Plüschig-asiatisch ▶ Allson Angkor Hotel 6: National Road 6 (Airport Rd.), Tel. 063 96 43 01, www.angkor-hotel-cambodia.com. Wer Kambodscha pauschal in Deutschland bucht, landet oft im Angkor Hotel – keine schlechte Wahl. Knapp 200 etwas plüschig ausgestattete Zimmer mit allen Annehmlichkeiten verteilen sich auf vier Etagen; mit zwei Restaurants und Bars, Dachterrasse, Garten, Pool und Fitness-Center. DZ 65–85 US-$, Suite 130–160 US-$.

Anspruchsvolle drei Sterne ▶ Angkoriana Hotel 7: Angkor Wat Rd., Tel. 063 76 02 74, www.angkorianahotel.com. Charmantes Hotel in ruhiger Lage, gemütliche Zimmer und Suiten mit Klimaanlage und Bad/WC, Restaurant und Pool, hilfsbereites Personal. DZ 60–80 US-$, Suite 90–190 US-$.

Erschwinglicher Komfort ▶ City River Hotel 8: Achasvar St. (Riverside Rd.), Tel. 063 76 30 00, www.cityriverhotel.com. Angenehmes Stadthotel am Stung Siem Reap mit komfortablen Zimmern (AC, Dusche/WC, TV, Minibar), Restaurant und Roof Top Pool. DZ 55–120 US-$, Suite 150 US-$.

Wohlfühl-Oase ▶ Bopha Angkor Hotel 9: Achasvar St. (Riverside Rd.), Tel. 063 96 49 28, www.bopha-angkor.com. Kleines, feines Haus im traditionellen Khmer-Baustil, komfortable Zimmer mit Klimaanlage, Bad/WC und kleiner Terrasse, Palmengarten, Pool mit hölzerner Sonnenterrasse, ausgezeichnetes kambodschanisches Restaurant. DZ 55–91 US-$, Bungalow Suite 120 US-$ (inkl. üppiges Continental oder Asian Breakfast).

Stylisch und bezahlbar ▶ **Golden Banana Boutique Hotel** 10: Phum Wat Dam Nak, Tel. 012 65 46 38, www.goldenbanana.info. Sympathisches Haus in ruhiger Lage; gemütliche klimatisierte Zimmer, die sich z. T. über zwei Etagen erstrecken (unten Wohn-, oben Schlafbereich); kleines Restaurant und schöner Pool. DZ 54–66 US-$, Suite 70–87 US-$, Villa 85–98 US-$.

Wohnlich fern der Heimat ▶ **Hotel Mystères d'Angkor** 11: Tel./Fax 063 96 36 39, www.mysteres-angkor.com. Pavillons mit 32 luftigen Zimmern mit AC oder Ventilator, Bad/WC und traditionellem Khmer-Dekor inmitten eines herrlichen Tropengartens, individueller und sehr freundlicher Service, schöner Pool, Restaurant in einer alten Khmer-Villa, zu Köchen ausgebildete Straßenkinder bereiten authentische Gerichte der Landesküche zu, sehr ruhig am nördlichen Ortsrand nahe Wat Polanka gelegen. DZ 45–65 US-$, Suite 70–85 US-$.

Ruhig und landestypisch ▶ **Borann l'Auberge des Temples** 12: Tel. 063 96 47 40, www.borann.com. Kleines Bungalowhotel im traditionellen Khmer-Stil, behaglich eingerichtete Zimmer mit Ventilator oder Klimaanlage, Bad/WC und Terrasse, Garten und Pool. DZ 44 US-$.

Familiär und gemütlich ▶ **Auberge Mont Royal d'Angkor** 13: 497 Taphul, Tel. 063 96 40 44, www.auberge-mont-royal.com. Ruhiges, kleines Hotel mit individuellem Service etwas abseits vom Zentrum, 28 gemütliche Zimmer in doppelstöckigen Bungalows (alle mit Klimaanlage und Bad/WC), Restaurant, Pool, Wellness-Center und schöne Dachterrasse, kostenloses WLAN. DZ 37–57 US-$, Pool Villa 66 US-$.

Seit Jahren beliebt ▶ **La Noria** 14: Achasvar St. (Riverside Rd.), Tel. 063 96 42 42, www.lanoriaangkor.com. Gemütliche Zimmer mit AC oder Ventilator und Bad/WC in landestypischen doppelstöckigen Bungalows, eigene Terrasse oder Balkon mit Blick auf den Garten, hilfsbereites Personal, sehr gutes Gartenrestaurant und Pool, häufig ausgebucht. DZ 33–39 US-$.

Mit Charakter ▶ **Secrets of Elephants** 15: National Road 6 (Airport Rd.), Tel. 063 96 43 28, www.angkor-travel.com. Freundliche Pension in einem landestypischen Holzhaus, behaglich eingerichtete Zimmer mit Dusche/WC und AC oder Ventilator, Restaurant und Bar, schöner Garten zum Entspannen. DZ 25–30 US-$ (inkl. Frühstück).

Zentral, ruhig und preiswert ▶ **Bakong Lodge** 16: 1 Sivatha Blvd., Tel. 017 62 07 62, www.bakongguesthouse.com. Freundliche Pension, 25 geräumige Zimmer mit AC und Bad/WC, kostenloses WLAN, Gratis-Transfer vom Busterminal und vom Airport, gutes Khmer-Restaurant. DZ 18–25 US-$, im Schlafsaal 2–3 US-$ p. P.

Modernes Gästehaus mit Pool ▶ **Earthwalkers** 17: in einer Seitenstraße südlich der National Road 6 (Airport Rd.), Saka Kansong Village, Tel. 012 96 79 01, www.earthwalkers.no. Ruhiges Gästehaus für gehobene Ansprüche unter skandinavischer Leitung, gemütliche Zimmer mit Bad und Ventilator oder AC, Restaurant und schöner Pool. DZ 15–25 US-$ (inkl. Frühstück).

Tipp: In die Luft gehen

Wer wird denn vor dem Frühstück schon in die Luft gehen? Die Leute von Angkor Ballooning mit ihren Kunden. Am frühen Morgen startet der riesige gelbe Ball mit bis zu 30 Passagieren 1 km westlich vom Haupteingang zum Angkor Wat.

Von der Gondel des langsam in 200 m Höhe schwebenden Heißluftballons lassen sich die spektakulären Tempel von Angkor, insbesondere der Angkor Wat und der Bayon-Tempel, noch intensiver genießen als etwa aus der Kanzel eines Hubschraubers. Am beeindruckendsten ist die 10- bis 15-minütige Ballonfahrt am frühen Morgen und am späten Nachmittag, bei Sonnenauf- bzw. Untergang.

Angkor Ballooning: Tel. 012 52 08 10, Erw. 17,50 US-$, Kinder 10 US-$.

Siem Reap wartet mit Unterkünften und Restaurants auf

Gut und günstig ▶ Green Garden Home 18: 51 Sivatha Blvd., Tel. 063 96 33 42, www.greengardenhome.com. Gut geführte Familienpension in einer ruhigen Seitengasse; einfache, aber geräumige und saubere Zimmer mit AC oder Ventilator und Dusche/WC; der hilfsbereite Besitzer spricht Englisch und Französisch. DZ 10–35 US-$.

Einfach gut ▶ Miss Outdom Guest House 19: 17 Sivatha Blvd., Tel. 012 70 06 60. Freundliche Familienpension mit einfachen, aber sauberen Zimmern (Ventilator oder AC, Dusche/WC, Kühlschrank). Das gute und preiswerte Restaurant serviert Khmer-Gerichte und ein westliches Frühstück. DZ kosten 10–20 US-$.

Beliebt bei Backpackern ▶ Popular Guest House 20: Tel. 015 91 73 77, www.popularguesthouse.com. Klassiker unter den einfachen Unterkünften, schlicht ausgestattete Zimmer mit Ventilator oder AC sowie Dusche/WC oder Gemeinschaftsbad, preiswertes Restaurant auf der Dachterrasse, Touren und Transport, Visumservice für Laos und Vietnam. DZ 4–14 US-$.

Essen & Trinken

Zeitreise ins alte Indochina ▶ Madame Butterfly 1: National Road 6 (Airport Rd.), Tel. 016 90 96 07, www.madamebutterflyrestaurant.com, tgl. 11–14.30, 17–22.30 Uhr. Das mit erlesenen Antiquitäten, altem Mobi-

liar und traditionellem Khmer-Dekor ausgestaltete Restaurant wirkt wie eine Kulisse für einen Indochina-Film der 1950er-Jahre. Die gebotene Khmer-Haute-Cuisine steht im Einklang mit dem stilvollen Interieur. Sehr schön sitzt man auch auf der Holzveranda mit Blick in einen üppigen Tropengarten. Gerichte 6–10 US-$, Menü 15–25 US-$.

Beste Landesküche ▶ **Bopha Angkor Restaurant** 9: Achasvar St. (Riverside Rd.), Tel. 063 96 49 28, tgl. 6–22 Uhr. In dem stimmungsvollen Terrassenrestaurant wird dezente Livemusik gespielt. Während der Trockenzeit sitzt man hier sehr angenehm auf der gegenüberliegenden Straßenseite am Ufer des Flusses Stung Siem Reap. Gerichte kosten 5–8 US-$, das Degustationsmenü ist für 12–16 US-$ zu haben.

Khmer-Klassiker ▶ **Bayon II** 2: Wat Bo St., Tel. 012 61 40 40, tgl. 17–22 Uhr. Dem europäischen Geschmack angepasste Khmer-Gerichte und *western food*, tgl. 19.30–21 Uhr Buffet-Dinner mit Folklore-Show, abends Reservierung ratsam. Gerichte 5–7 US-$, Menüs 10–15 US-$.

Dinner with a show ▶ **Chao Praya** 3: Angkor Wat Rd., Tel. 063 96 50 52, tgl. 18–23 Uhr. Chinesische, japanische, kambodschanische, thailändische, vietnamesische und europäische Gerichte sowie Seafood, tgl. 19.30–21 Uhr Apsara-Tanz, abends reservieren. Buffet-Dinner 10–15 US-$.

Traditionell ▶ **Angkor Village Restaurant** 5: Tel. 063 96 35 61, tgl. 6–22 Uhr. Authentische Landesspezialitäten in stimmungsvollem Ambiente. Gerichte 4–6 US-$, Menüs 10–12 US-$.

Stylisch und hipp ▶ **Café Indochine** 4: 19 Sivatha Blvd., Tel. 012 80 49 52, tgl. 10.30–15, 17–23 Uhr. Angesagtes Lokal in einem schönen alten Holzhaus, kambodschanische Spezialitäten, Pasta und Steaks, sehr angenehm sitzt man auf der Veranda im ersten Stock. Gerichte 5–8 US-$, Indochine Discoverer Menu 10 US-$.

Fantasievolle Fusionküche ▶ **The Warehouse** 5: Tel. 063 96 52 04, www.thewarehousesiemreap.com, tgl. 8–23 Uhr. Asiatisch-europäische Crossover-Gerichte, in denen sich die Aromen der Khmer-Küche mit französischen und italienischen Einflüssen vermengen, sowie gute Steaks; beliebter Szenetreff. Gerichte 5–8 US-$.

Suppen und mehr ▶ **Soup Dragon** 6: Tel. 063 96 49 33, tgl. 6.30–22 Uhr. Vietnamesische, chinesische und verschiedene europäische Speisen, große Auswahl an Suppen, Probiertipp: *pho* – Nudelsuppe mit Fleisch und Leber von Rind oder Huhn sowie Gemüse und Gewürzen. Sehr angenehm sitzt man auch auf der Veranda im ersten Stock. Suppen ab 2 US-$, Hauptgerichte 5–7 US-$.

Angesagter Italiener ▶ **Kampuccino Pizza** 7: Pokambor Ave., Tel. 012 97 08 96, tgl. 7–24 Uhr. Fantasievolle Frühstücks- und

Brunchvarianten im westlichen Stil sowie beste Pizzas und Pasta, schöne Lage am Flussufer. Gerichte 4–7 US-$.

Orient trifft Okzident ▶ La Noria 14: Achasvar St. (Riverside Rd.), Tel. 063 96 42 42, tgl. 6–23 Uhr. Beliebtes Gartenrestaurant, ausgezeichnete einheimische und westliche Speisen, gute Weinkarte. Gerichte 4–6 US-$.

Thailändisch pikant ▶ Sawasdee Food Garden 8: Wat Bo St., Tel. 063 96 44 56, tgl. 6.30–22 Uhr. Hervorragende Thai-Speisen; eine gute Adresse für Leute, die ihrem Gaumen eine kräftige Dosis Gewürze gönnen wollen; Probiertipp: *tom yum gung* – eine sauer-scharfe Garnelensuppe, die selbst die müdesten Geister wieder munter macht. Gerichte ab 2,5 US-$, Menüs 5–7 US-$.

Rustikales Ambiente ▶ Chivit Thai 9: 131 Wat Bo St., Tel. 011 75 08 01, tgl. 7–22 Uhr. Gemütliches Thai-Restaurant in einem traditionellen Khmer-Holzhaus; man speist auf thailändische Art – auf Kissen sitzend an niedrigen Tischchen. Gerichte ab 2 US-$, Menüs 5–6 US-$.

Ältestes indisches Lokal der Stadt ▶ Little India 10: Tel. 012 65 23 98, tgl. 7–23 Uhr. Hervorragende südindische Gerichte, nordindische Tandoori-Spezialitäten sowie pakistanische Speisen, Happy Hour 10–19 Uhr. Gerichte (vegetarisch) 2–4 US-$, Gerichte (mit Fleisch) 3–6 US-$.

Asien-Potpourri ▶ Butterflies of Angkor 11: 535 Wat Bo St., Tel. 063 76 12 11, www.butterfliesofangkor.com, tgl. 9–22 Uhr. Nettes Gartenlokal mit panasiatischer Speisekarte an einem Koi-Teich in einer kleinen Schmetterlingsfarm, große Auswahl an vegetarischen Speisen. Gerichte 2–6 US-$.

Kulinarisch in der Welt unterwegs ▶ Schlemmergasse 12: In einer schmalen Gasse etwas nördlich vom Psah Chah (bisweilen Pub Street Alley genannt) bieten einige kleine, nette Restaurants meist tgl. 9–23 Uhr sehr gute kambodschanische, thailändische, chinesische und indische sowie europäische, amerikanische und australische Gerichte (2–6 US-$), z. B. Amok Restaurant (Tel. 063 96 54 07, Spezialität sind leckere Amok-Gerichte – Fisch oder Huhn in Curry-Kokosnussmilch gekocht), Cambodian BBQ (Tel. 012 80 03 09, Grillgerichte von Emu, Känguru und Krokodil), Kamasutra (Tel. 063 96 51 69, ultrascharfe indische Currys), Khmer Kitchen Restaurant (Tel. 063 96 41 54, schön zum Draußensitzen), Le Tigre de Papier (Tel. 012 26 58 11, gutes *western food*), Traditional Khmer Food Restaurant (Tel. 015 99 99 09), Phuket (Tel. 063 96 30 60, gute Thai-Gerichte).

Einkaufen

Einkaufen und Gutes tun ▶ Chantiers Écoles 1: Stung Thmey St., Tel. 063 96 17 69, Mo–Sa 8–12, 14–16 Uhr. Hier werden Jugendliche aus armen Bauernfamilien zu Kunsthandwerkern ausgebildet, im angeschlossenen Laden sind Holzschnitzereien, Steinmetzarbeiten und Lackwaren erhältlich. **Colours of Cambodia 2:** Tel. 012 92 76 86. Galerie beim Psah Chah mit farbenfrohen Gemälden kambodschanischer Kinder, der Erlös fließt der Amelio-Schule zu. **Made in Cambodia 3:** Tel. 063 38 03 35. Seidenstoffe, Kleidungsstücke, Handtaschen und Accessoires aus Seide sowie andere kunstgewerbliche Souvenirs, hergestellt von Behinderten, in der Nähe des Psah Chah.

Kunstgewerbliche Souvenirs ▶ Asia Craft Centre 4: Angkor Wat Rd., Tel. 063 76 03 21, tgl. 9–20 Uhr. Weites Spektrum kunsthandwerklicher Produkte aus Kambodscha und den Nachbarländern. **House of Peace 5:** National Route 6 (Airport Rd., 3 km nordwestl.). Schattenspielfiguren aus gegerbtem Büffelleder; man kann den Kunsthandwerkern bei der Arbeit zusehen. **Kokoon 6:** Tel. 063 96 38 30, tgl. 7.30–21 Uhr. Gut sortierter Souvenirladen beim Psah Chah, spezialisiert auf Seidenstoffe. **Senteurs d'Angkor 7:** Tel. 012 95 48 15. Seidenstoffe und kunstgewerbliche Souvenirs, nahe des Psah Chah.

Textilkunst ▶ Institute for Khmer Traditional Textiles 8: Tel. 063 96 44 37, www.esprit-libre.org/iktt, tgl. 8–20 Uhr. Hochwertige Handwebstoffe im komplizierten Ikat-Verfahren hergestellt, nahe dem Psah Chah, hohes Preisniveau.

Buy a copy, save a culture ▶ Les Artisans d'Angkor 9: Stung Thmey St., Tel. 063 96

Tipp: Beatocello plays Bach

Insbesondere unter Touristen und Ausländern, die in Siem Reap arbeiten, sind die regelmäßigen, kostenlosen Events Beatocello in Concert ein heißer Tipp. Jeden Samstag um 19.15 Uhr spielt der Schweizer Kinderarzt **Dr. Beat (Beatocello) Richner** im Kantha Bopha Center des von ihm gegründeten Jayavarman VII. Hospital auf seinem Cello klassische Musik von Johann Sebastian Bach und singt selbst komponierte Lieder. Dazwischen berichtet er Interessantes über seine Arbeit, informiert über die politische Situation in Kambodscha und erläutert Zusammenhänge.

Beat Richner hatte bereits 1974/75 im Kantha-Bopha-Kinderkrankenhaus in Phnom Penh gearbeitet, musste aber nach der Machtübernahme der Roten Khmer das Land verlassen. 1992 gab der Kinderarzt seine Praxis in Zürich auf, um auf Wunsch der kambodschanischen Regierung das im Bürgerkrieg zerstörte Kantha-Bopha-Kinderkrankenhaus wiederaufzubauen. Der Eröffnung des Kantha Bopha Children's Hospital in Phnom Penh im November 1992, folgte 1996 ebenfalls in der kambodschanischen Hauptstadt das Kantha Bopha II und schließlich 1998 das Jayavarman VII. Hospital in Siem Reap. Alle Kinder und Frauen werden kostenlos ambulant oder stationär behandelt, einschließlich der Vor- und Nachsorge.

Die Konzerte nutzt Beatocello, um seine Arbeit und sein Anliegen nach außen zu tragen und um Spenden zu sammeln, denn 90 % der Gelder, mit denen seine Einrichtungen finanziert werden, stammen von Privatleuten. Wer möchte, kann auch während der Woche in das Krankenhaus an der Straße nach Angkor kommen, um Blut zu spenden, denn Blutkonserven werden ständig benötigt. Im Besucherzentrum kann man sich ausführlich über die Projekte von Dr. Richner informieren.

Beatocello in Concert: Kantha Bopha Center, Hospital Jayavarman VII., Angkor Wat Rd., Tel. 063 96 33 69, www.beatocello.com o. www.beat-richner.ch, Sa 19.15 Uhr. Eintritt frei, (großzügige) Spende erbeten.

33 30 und gegenüber dem Angkor Wat, Tel. 063 38 03 00, www.artisansdangkor.com. Nach Originalvorlagen hergestellte Kopien von Götterstatuen aus Angkor-Tempeln in allen Größen aus Stein, Marmor, Messing, Bronze und Holz. Man kann die Kunsthandwerker bei der Arbeit beobachten.

Marktbummel ▶ **Angkor Night Market** 10: Sivatha Blvd., Tel. 092 65 43 15, www.angkornightmarket.com. Bunter Querschnitt des kambodschanischen Kunsthandwerks und Markt mit sehr gutem kambodschanischen Fast Food. **Psah Chah** 2: (alter Markt) Pokambor Ave. Kunstgewerbliche Produkte aller Art sowie Textilien aus Baumwolle und Seide.

Abends & Nachts

Jeden Abend bieten Restaurants und Hotels Buffet-Dinner mit Kulturprogramm von hohem Niveau, das klassisches Tanzdrama und traditionellen Apsara-Tanz umfasst. In der Hochsaison ist eine Reservierung zu empfehlen. Termine für kulturelle Veranstaltungen findet man in der Broschüre »The Siem Reap-Angkor Visitors Guide«. Das Nightlife konzentriert sich vor allem in der sogenannten Pub Street einer Parallelstraße der Schlemmergasse etwas nördlich vom Psah Chah. Alle Lokale sind eine Mischung aus Restaurant mit kambodschanischen, thailändischen und westlichen Gerichten, Cocktail Lounge und Bar bzw. Pub.

Hotelbar ▶ **Elephant Bar im Grand Hotel d'Angkor** 1: Angkor Wat Rd., Tel. 063 96 38 88, tgl. 15–23 Uhr. Plüschige Hotelbar mit kolonialem Flair (s. Tipp S. 382).

Bar und Restaurant ▶ **Foreign Correspondents Club Angkor** 1: Pokambor Ave., Tel. 063 76 02 83, www.fcccambodia.com, tgl. 8–24 Uhr. Crossover aus Bar und Restaurant in schöner Lage am Stung Siem Reap. Hier kommen vorwiegend westlichen

Speisen auf den Tisch. Während der Happy Hour von 17–19 Uhr heißt es: Pay one, get two!

Bistro und Billard ▶ Ivy Bar 2: Tel. 012 80 08 60, tgl. 8–24 Uhr. Pub-Bistro an der Südecke des Psah Chah, reichhaltiges Frühstück, europäisch-amerikanische Gerichte, preiswerte Getränke, gute Musik und man kann gratis Billard spielen.

Mit DJs ▶ Khmer Family Bar 3: Tel. 063 96 55 69, tgl. 18–2 Uhr. Beliebte Bar mit jungem Publikum und guten DJs, vorwiegend Soul, Funk und grooviger Underground House, nordwestlich des Psah Chah.

Für Homosexuelle ▶ Linga Bar 4: Tel. 012 82 97 69, tgl. 18–1 Uhr. Lesben- und Schwulen-Hotspot, nördlich vom Psah Chah.

Europäisch ▶ Only One Bar 5: Tel. 012 82 63 21, tgl. 17–1 Uhr. Originelles Inventar – der Tresen besteht aus einem alten Holzboot, kleine europäische Gerichte und französische Weine, in der Nähe des Psah Chah.

Musikbar ▶ Funky Munky 6: Pokambor Ave., Tel. 092 27 67 34, tgl. 16–24 Uhr. Angesagte Musikbar mit einem Soundmix von House über HipHop bis hin zu Pop und Jazz, in der Nähe des Psah Chah.

Livemusik ▶ Molly Malones 7: Pub St., Tel. 063 96 35 33, tgl. 17–24 Uhr. Guinness, Kilkenny und europäische (Grill-)Gerichte sowie gelegentlich Livemusik, beliebt bei Expats und Touristen. **The Angkor What? 8:** Pub Street, Tel. 012 49 07 55, tgl. 18–1 Uhr. Hipper Tanzschuppen mit Sound von Punk bis Pop. **The Dead Fish Tower 9:** Sivatha Blvd., Tel. 063 96 30 60, www.dead fishtower.com, tgl. 8–24 Uhr. Uriger Mix aus Bar, Bistro und Restaurant; Angkor-Bier vom Fass. Tagsüber Live-Pianomusik, abends spielt eine Filipino-Band auf. Die Speisekarte vermerkt ausdrücklich, dass weder Hunde, Katzen, Ratten noch Würmer in die Kochtöpfe wandern. Berühmte Hollywood-Filmstars erhalten 10 % Rabatt.

Kneipe ▶ Red Piano 10: Pub Street , Tel. 012 85 41 50, www.redpianocambodia.com, tgl. 7–24 Uhr. Bar-Restaurant mit internationalen und asiatischen Gerichten. An einem Ehrenplatz hinter dem Tresen hängt ein Autogramm von Angelina Jolie, Star des Kinohits »Tomb Raider« – einige Szenen wurden im Tempel Ta Prohm gedreht. Beliebtester Drink ist der leckere Tomb Raider Cocktail.

Expattreff ▶ Zanzybar 11: Tel. 012 77 63 12, tgl. 17.30–1 Uhr. Seit Jahren beliebter Treffpunkt für Expats und Touristen, oft proppenvoll, in der Nähe des Psah Chah.

Disco ▶ Zone One 12: Sivatha Blvd., Tel. 012 80 07 69, tgl. 20–2 Uhr. Vor allem bei kambodschanischen Jugendlichen beliebte Diskothek mit raffinierten Musik-, Video- und Laseranlagen, abtanzen zu HipHop, Khmer- und Thai-Pop.

Kultur und Folklore ▶ Alliance Café 13: Phum Wat Dam Nak, Tel. 063 96 49 40, Di, Do, Sa 20–21 Uhr. Schattentheater und klassisches Khmer-Tanzdrama, präsentiert von Waisenkindern der Hilfsorganisation Krousar Thmey (Neue Familie). 7,50 US-$. **Apsara Theatre 14:** Angkor Village, Wat Bo St., Tel. 063 96 35 61, www.angkorvillage.com, in der Hochsaison tgl. 20–21.30, in der Nebensaison 3 x wöchentl. 19–21 Uhr. Anspruchsvolle Folklore-Show mit Musik und klassischem Tanz im Rahmen eines stilvollen Khmer-Dinners. 28 US-$. **Earthwalkers 17:** in einer Seitenstraße südlich der National Road 6 (Airport Rd.), Saka Kansong Village, Tel. 012 96 79 01, www.earthwalkers.no, So 19 Uhr. Klassisches Tanzdrama und Apsara-Tanz, aufgeführt von Kindern aus dem Waisenhaus Sankheum. Erw. 8 US-$, Kinder 5 US-$. **Grand Hotel d'Angkor 1:** Angkor Wat Rd., Tel. 063 96 38 88, www.siemreap.raffles.com, Mo, Mi, Fr 19.45–20.45 Uhr. Klassisches Tanzdrama und Apsara-Tanz bei einem Buffett-Dinner, in der Trockenzeit (Okt.–März) im Garten des Traditionshotels. 33,50 US-$. **La Noria 14:** Achasvar St. (Riverside Rd.), Tel. 063 96 42 42, www.lanoriaangkor.com, Mi/So 19.30–20.30 Uhr. Khmer-Schattenspiel, aufgeführt von Waisenkindern, der Erlös fließt der Kinderhilfsorganisation Krousar Thmey (Neue Familie) zu. 7,50 US-$ bzw. 15 US-$ mit Buffet-Dinner. **La Résidence d'Angkor 2:** Achasvar St. (Riverside Rd.), Tel. 063 96 33 90, www.residencedangkor.com, Di, Do, Sa 20–20.45 Uhr. Apsara-Tanz und Buffett-Dinner. 29,50 US-$. **Sofitel Royal Angkor** 15: Angkor Wat Rd., Tel. 063 96 46 00, www.sofitel.com, tgl. 19.30–20.30 Uhr. Traditioneller Khmer-Tanz bei einem internationalen Buffett-Dinner. 29,50 US-$.

Aktiv

Massage ▸ **Bayon Blind Massage** 1: Angkor Wat Rd., Tel. 012 93 68 76, tgl. 8–22 Uhr. Traditionelle kambodschanische Massage von blinden Masseuren. **Islands Traditional Khmer Massage** 2: Tel. 063 69 44 02, tgl. 9–22 Uhr. Traditionelle kambodschanische Massage, in der Nähe des Psah Chah.

Rundflüge ▸ **Helicopters Cambodia** 3: Street 9 (nahe Psah Chah), Tel. 063 96 33 16 u. 012 81 45 00, www.helicopterscambodia.com, tgl. 9–11, 14–16.30 Uhr. 8- bis 30-minütige Rundflüge über der Tempelstadt und dem Tonle Sap (90–300 US-$ p. P., Min. drei Passagiere).

Ballonflug über den Tempeln ▸ **Angkor Ballooning** 4: Tel. 012 52 08 10, Erw. 19,50 US-$, Kinder 12,50 US-$ für 10–15 Min. Mit ca. 30 Passagieren steigt der gelbe Ball 1 km westlich vom Haupteingang zum Angkor Wat in den Himmel. Von der Gondel des 200 m hoch schwebenden, angebundenen Heißluftballons blickt man auf die Tempel.

Termine

Bon Choul Chhnam (kambodschanisches Neujahrsfest): April. Mehrtägiges bedeutendes religiöses Fest, Höhepunkte sind Aufführungen von klassischen Tänzen sowie eine Lightshow im Angkor Wat.

Bon Oumtouk (Fest der wechselnden Strömungen): Okt./Nov. Dreitägiges Wasser- und Mondfest, das Zehntausende von Einheimischen anlockt. Anlass ist die Umkehr der Fließrichtung des Tonle-Sap-Flusses, die den Beginn der Fischsaison markiert. Höhepunkte sind Drachenbootrennen auf dem Stung Siem Reap und Kanurennen im Wassergraben des Angkor Wat. Zum Abschluss großes Feuerwerk über dem Angkor Wat.

Reamker-Fest: Dez. Klassische Tänze und Tanzdramen vor der grandiosen Kulisse des Angkor Wat.

Verkehr

Flugzeug: Der Siem Reap International Airport liegt 6 km nordwestlich des Zentrums, erreichbar mit Taxis (5–6 US-$) und *moto dups* (2–3 US-$). **Fluglinien und Buchungsbüros:** Cambodia Angkor Air, Bo-Boo, Sivatha Blvd., Tel. 06 96 92 68; Siem Reap Airways und Bangkok Airways: 571 National Road 6 (Airport Rd.), Tel. 063 96 54 27/28; Lao Airlines, 114 National Road 6 (Airport Rd.), Tel. 063 96 32 83; Vietnam Airlines, 342 National Road 6 (Airport Rd.), Tel. 063 96 44 88. **Inlandsflüge** von/nach Phnom Penh 10–12 x tgl. **Internationale Flüge** u. a. von/nach Bangkok 4–5 x tgl., Phuket (Thailand) 3–4 x wöchentl., Sukhothai (Thailand) 3–4 x wöchentl., Vientiane 1–2 x tgl., Pakxe (Laos) 1–2 x tgl., Luang Prabang (Laos) 1–2 x tgl., Hanoi 1 x tgl., Ho Chi Minh City 1 x tgl., Kuala Lumpur 3 x wöchentl., Singapur 3 x wöchentl., Hongkong 3 x wöchentl., Kunming (China) 2 x wöchentl. und Yangon (Myanmar) 2 x wöchentl.

Bus: Der Busterminal liegt 3 km östl. des Zentrums an der National Road 6. Klimatisierte Busse nach Phnom Penh (über Kompong Thom, 315 km/6–7 Std., Abfahrt mehrmals tgl. 6–12 Uhr, 6–9 US-$), zu empfehlen ist die Gesellschaft Mekong Express Bus (Tel. 063 96 36 62). Nach Battambang (185 km/4 Std.) und Poipet (150 km/3 Std.) verkehren neben regulären Bussen private Minibusse; Auskunft und Buchung in fast allen Hotels und Gästehäusern.

Mietwagen: Mietwagen mit Fahrer über die Hotelvermittlung im Stadtgebiet und in Angkor 25–30 US-$/Tag, in der Umgebung 40–50 US-$/Tag. Es gibt keine Miet-Motorräder.

Boot: Anlegestelle der *speedboats* von und nach Phnom Penh in der Nähe des Phnom Krom 12 km südl. von Siem Reap. Die Passagierboote können nur bei entsprechend hohem Wasserstand beim Phnom Krom anlegen. Während der Trockenzeit müssen die Passagiere im schwimmenden Dorf Chong Kneas in kleinere Boote umsteigen. Zwischen der Innenstadt und dem Hafen verkehren Taxis und *moto dups.* Tgl. Speedboats nach Phnom Penh (4–6 Std., Abfahrt 7 Uhr, 25 US-

$) und Battambang (6–8 Std., Abfahrt 7 Uhr, 20–25 US-$). **Achtung:** Die großen, als sicher geltenden *speedboats* nach Phnom Penh fahren nur bei entsprechend hohem Wasserstand. Die bei niedrigem Pegel verkehrenden kleineren Passagierboote gelten hingegen als unsicher.

Fortbewegung in der Stadt: Es gibt keine Stadtbusse. Taxis, Motorrad-Rikschas *(tuk tuks)*, Moped-Taxis *(moto dups)* und Fahrrad-Rikschas *(cyclos)* halten den Nahverkehr aufrecht. Vor Fahrtantritt Preis aushandeln!

Ausflug in die Umgebung von Siem Reap ► 3, J 22/23

Das National Silk Center (Angkor Silk Farm)

Zu einem neben dem Tourismus weiteren ökonomischen Standbein der Region hat sich die **Seidenproduktion** entwickelt. Wie alle anderen Sparten des Kunsthandwerks war auch die Seidenweberei mit der Stunde null unter den Roten Khmer zum Erliegen gekommen. Nur wenige Seidenweberinnen haben die Schreckensherrschaft überlebt. Heute verhelfen Herstellung und Verkauf hochwertiger Seidenstoffe wieder vielen Frauen zu einem regelmäßigen Einkommen. Im **National Silk Center** im Dorf Puok bei km 16 der National Road 6 Richtung Sisophon werden jedes Jahr 125 Mädchen zu Weberinnen ausgebildet. Auf 5 ha wachsen dort neben einheimischen Maulbeerbäumen auch solche aus Indien, Japan und Thailand, deren Blätter als Futter für die gefräßigen Seidenraupen dienen. Nach dem Schlüpfen vergrößern sich die Raupen um ein Vielfaches und spinnen sich in Kokons ein. Diese werden nach etwa sechs Wochen in einem Wasserkessel gekocht, bis sich der Faden löst und auf Spulen gedreht werden kann. Die proteinreichen gebratenen Raupen werden als Leckerbissen verspeist. Man kann sich bei einem Rundgang die Phasen der Seidenproduktion zeigen lassen (Tel. 063 38 03 75, tgl. 7–11.30, 14–17.30 Uhr, freier Eintritt; im Laden kann man Produkte der Seidenweberei kaufen).

13 Tonle-Sap-See

Ausflüge auf dem **Tonle Sap,** der aufgrund seiner reichen Flora und Fauna 1997 von der UNESCO zum Biosphärenreservat erklärt wurde, kann man bei Veranstaltern in Siem Reap buchen. In Chong Kneas, dem ›Hafen‹ von Siem Reap etwa 12 km südlich des Zentrums, bieten Fischer ihre Pirogen für Rundfahrten an.

Zu den interessantesten Zielen auf dem Tonle-Sap-See gehören die schwimmenden Dörfer Kompong Khleang und Kompong Phluk. Ihre Bewohner haben sich dem im Monsunrhythmus schwankenden Wasserstand des Großen Sees angepasst, indem sie entweder in Hausbooten oder in Hütten auf hohen Stelzen leben.

Ornithologen zieht es zum **Vogelschutzgebiet** nahe dem Dorf Prek Toal, welches vor allem von Oktober bis Mai, wenn in anderen Regionen das Wasser knapp wird, ein Refugium für Tausende teils seltener (Wasser-)Vögel bildet. Am besten lassen sich Pelikane, Kormorane, Kraniche, Ibisse, Reiher und Störche in den Morgenstunden beobachten (Eintritt ins Vogelreservat 25 US-$).

In der Nähe des Anlegers für Boote von und nach Phnom Penh ragt am Ufer des Tonle Sap der Hügel Phnom Krom 137 m empor, von dem sich vor allem bei Sonnenuntergang ein herrliches Panorama des Großen Sees bietet. Die drei verfallenen, Turmheiligtümer auf dem Hügel wurden unter König Yashovarman I. (889/90 bis etwa 910) erbaut. Sie sind der hinduistischen Dreieinigkeit Brahma-Vishnu-Shiva geweiht.

Aktiv

Mit dem Boot ins Vogelreservat ▶ Osmose Nature Tours: Tel. 012-83 28 12, www.osmosetonlesap.net. Bootsausflüge zum Vogelreservat bei Prek Toal. Die Zwei-Tages-Touren mit Übernachtung in einem schwimmenden Haus geben einen guten Eindruck vom amphibischen Leben der Einheimischen.

Ausflüge ▶ Terre Cambodge: c/o Tooi-Tooi Bar, Tel. 012 84 34 01, www.terrecambodge.com. Bootsausflüge auf dem Tonle-Sap-See zu den schwimmenden Dörfern Prek Toal und Kompong Phluk sowie Exkursionen zum Phnom-Kulen-Plateau.

Der Tonle-Sap-See unterliegt wegen des Monsuns schwankenden Wasserständen

14 Angkor ► 3, J/K 21/22

Die Besichtigung der großen Khmer-Tempel ist ein unvergessliches Erlebnis. Die strenge Raumgliederung der Bauwerke kontrastiert mit dem wild wuchernden Chaos des sie umzingelnden Dschungels. Faszinierend ist die Begegnung mit einer Kunst, die Abendländern vertraut scheint und sie doch verwirrt. Die Tempel der Angkor-Könige sind zugleich Wohnstätten der Götter und Abbilder des heiligen Weltenbergs Meru.

Als bereits seit Ende des 16. Jh., etwa 150 Jahre nachdem Angkor aufgegeben und die Hauptstadt der Khmer in die Nähe des heutigen Phnom Penh verlegt worden war, portugiesische, spanische und französische Reisende von einer vergessenen Stadt und versunkenen Zivilisation mit geheimnisvollen Tempeln im Dschungel von Kambodscha berichteten, wollte ihnen in Europa kaum jemand Glauben schenken. Aus dem Dornröschenschlaf gerissen wurde Angkor erst von dem französischen Forschungsreisenden **Henri Mouhot**, der als Entdecker der verlorenen Stadt gilt. 1860/61 kam der Naturwissenschaftler, der die Tier- und Pflanzenwelt Indochinas studieren wollte, auf dem Weg nach Laos durch Angkor. Mit Ausnahme von Angkor Wat, der in ein buddhistisches Kloster umgewandelt worden war, waren alle Tempel von dichtem Dschungel umschlossen.

Henri Mouhot, der am 10. November 1861 in der Nähe der alten laotischen Königsstadt Luang Prabang an Malaria verstarb, gab mit begeisterten Schilderungen, die er an Zeitungen in aller Welt sandte, den Anstoß für die Erforschung der Khmer-Kultur und ihrer Kunst. Die Mekong-Expedition von Ernest Douart de Lagrée und Francis Garnier 1866/67 sowie die Forschungsreise von Louis Delaporte im Jahre 1873 führten zu ersten systematischen Untersuchungen der Kunst des alten Kambodscha. 1908 begannen unter der Ägide des Kulturinstituts der ehemaligen französischen Kolonialmacht die Restaurierungs- und Forschungsarbeiten an mehreren der etwa sechs Dutzend größeren Tempelanlagen. Über ein mehr als 200 km² großes Areal sind die steinernen Zeugnisse verstreut, die daran erinnern, dass die Khmer einst über nahezu ganz Indochina und das heutige Thailand herrschten.

Als der Bürgerkrieg Anfang der 1970er-Jahre auch die alte Khmer-Hauptstadt erreichte, mussten die französischen und kambodschanischen Restauratoren Angkor verlassen. Mehr als zwanzig Jahre fraß sich der Dschungel wieder in die verfallenen Tempelanlagen, drohte über sechs Jahrzehnte mühevoller Archäologenarbeit zunichte zu machen.

Nennenswerte **Restaurierungsarbeiten** wurden in den 1970er-Jahren allein von einem Team des indischen Archaeological Survey am Angkor Wat ausgeführt. Die indischen Restauratoren waren die einzigen, die sich, einem Appell der kambodschanischen Regierung folgend, in den Wirren des Bürgerkriegs nach Angkor wagten.

Das hat sich geändert. Nach der Stabilisierung der innenpolitischen Lage strömten zahlreiche ausländische Archäologen und Kunsthistoriker ins Land. Die École Française d'Extrême Orient, die über ein halbes Jahrhundert lang so etwas wie ein Monopol bei der Restaurierung von Angkor besaß, hat Konkurrenz bekommen. Derzeit arbeiten Kulturinstitute mehrerer Länder sowie interna-

aktiv unterwegs

Angkor mit dem Fahrrad erkunden

Tour-Infos

Start: Siem Reap
Länge: ca. 30 km
Dauer: mit Tempelbesichtigung 12–13 Std.
Karte: S. 404/405
Wichtige Hinweise: Da die meisten Mietfahrräder kein Licht haben, sollte man für die Hinfahrt in der Morgendämmerung und vor allem für die Rückfahrt nach dem Sonnenuntergang auf dem Phnom Bakheng eine Taschenlampe mitnehmen. Unbedingt auch eine Wasserflasche dabei haben.

Für eine nicht allzu anstrengende Radtour bietet sich der Kleine Rundweg an. Einige Shops am Psah Chah sowie die meisten Gästehäuser und Hotels verleihen Fahrräder für 3–5 US-$/Tag. Die Räder sind zwar nicht komfortabel, aber ausreichend. Man sollte nach einem möglichst neuen Vehikel Ausschau halten und es auf einer Probefahrt testen. Für 6–8 US-$/Tag gibt es bequeme Elektroräder, deren Batterie für eine Stunde oder rund 30 km reicht. Ladestationen sind über das gesamte Tempelareal verteilt. Da es immer wieder zu Diebstählen kommt, sollte man die Räder auf den Parkplätzen vor den Tempeln immer absperren, besser anketten. Sehr nützlich ist ein von zuhause mitgebrachtes Kettenschloss.

Zunächst radeln Sie auf der Ausfallstraße, die von Siem Reap zum 6 km nördlich gelegenen Angkor Wat führt. Etwa auf halbem Weg passieren Sie den Haupteingang mit Ticketschalter. Wenig später taucht die Silhouette der Tempeltürme von Angkor Wat im Morgendunst auf. Am Wassergraben links haltend, gelangen Sie zum Haupteingang von **Angkor Wat** 1. Widerstehen Sie der Verlockung, ihn sofort zu besichtigen und fahren Sie 2 km weiter nach **Angkor Thom** 2. Sind Sie rechtzeitig in Siem Reap gestartet, erleben Sie am Bayon-Tempel ein beeindruckendes Schauspiel, wenn die ersten Sonnenstrahlen auf die monumentalen Porträts von König Jayavarman VII. treffen und die Riesenantlitze rötlich schimmern lassen. Der frühe Morgen ist auch die beste Zeit, um die alte Königsstadt, in der es relativ wenig Schatten gibt, zu besichtigen.

An Verkaufsständen nahe dem Bayon-Tempel können Sie sich mit Kaffee und einem frischen Baguette stärken, bevor Sie Angkor Thom auf der Siegesstraße in östlicher Richtung verlassen. Östlich des Siegestors erheben sich am Ufer des Siem-Reap-Flusses die Tempel **Thommanon** 5 und **Chaosay Thevoda** 6. Wenig später rückt die mächtige Tempelpyramide des **Ta Keo** 7 ins Blickfeld. Der größten Mittagshitze entgehen Sie in der Tempelanlage **Ta Prohm** 8, denn die einzelnen Bauwerke des Heiligtums liegen im Schatten von mächtigen Kapok-Bäumen und Würgefeigen. Auch beim Ta-Prohm-Tempel bieten Verkaufsstände Erfrischungen an.

Gut 1 km östlich des Ta Prohm zweigt der Kleine Rundweg hinter dem Tempel **Banteay Kdei** 9, dem gegenüber sich der künstliche See **Srah Srang** 10 erstreckt, nach Süden ab. Auf der ebenen Teerstraße kann man entspannt die Räder rollen lassen und gelangt, vorbei an den Backsteintürmen des hinduistischen Heiligtums **Prasat Kravan** 11, zurück zum **Angkor Wat** 1. Aufgrund seiner Ausrichtung nach Westen, ist der spätere Nachmittag die beste Besuchszeit für die Tempelanlage, wenn die tief stehende Sonne das Bauwerk mit einem orangeroten Lichtschein überzieht. Sollten Sie noch über Energiereserven verfügen, könnten Sie die wenigen hundert Meter zum **Phnom Pakheng** 3 weiterradeln, um den erlebnisreichen Tag beim Sonnenuntergang auf dem Gipfel des 67 m hohen Hügels ausklingen zu lassen.

Tipp: Planung des Besuchs der Angkor-Tempel

Besucher, die ihr Tempel-Sightseeing selbst organisieren, haben die Wahl zwischen einem Tagespass (20 US-$), einem Drei-Tages-Pass (40 US-$) und einem Wochenpass (60 US-$). Damit hat man Zutritt zu allen Tempelanlagen von Angkor mit Ausnahme der Heiligtümer am Kbal Spean (zzgl. 3 US-$), derjenigen auf dem Phnom-Kulen-Plateau (zuzüglich 20 US-$) und der Tempelstätte Beng Mealea (zuzüglich 5 US-$). Da bereits wiederholt gefälschte Tickets in Umlauf gebracht wurden, sollte man die Eintrittspässe nur am offiziellen Schalter an der Straße von Siem Reap zum Angkor Wat kaufen. Für die Eintrittspässe ist ein Passbild erforderlich, wobei mitgebrachte Bilder nicht akzeptiert werden. Am Ticketschalter gibt es dafür moderne Digitalkameras, wo diese zügig und routiniert angefertigt werden. Wer die Tempel ohne gültiges Ticket betritt, muss mit einer Geldstrafe rechnen. Die Besichtigung der Monumente von Angkor ist von 5 Uhr bis zur Dämmerung möglich. Ausgenommen sind die Tempel Banteay Srei (schließt um 17 Uhr) und Kbal Spean (schließt um 15 Uhr). Wer bereits am späten Nachmittag die ab dem darauffolgenden Tag gültige Eintrittskarte erwirbt, erhält damit schon am Kauftag Zutritt zu den Tempeln, kann also den Sonnenuntergang am Angkor Wat oder auf dem Phnom Bakheng erleben.

Tourveranstalter bringen ihre Kunden mit Kleinbussen zu den Sehenswürdigkeiten. Auch wer die Tempelanlagen auf eigene Faust erkunden will, hat keine Probleme, in Siem Reap mit Hilfe der Hotelrezeption oder der Mitarbeiter im Guest House ein geeignetes **Transportmittel** zu finden. Am bequemsten, aber auch sterilsten sind klimatisierte Taxis (25–30 US-$ pro Tag), am abenteuerlichsten ist die Tempeltour als Sozius auf einem *moto dup* (Moped-Taxi, 8–10 US-$ pro Tag). Ein guter Kompromiss sind *tuk tuks* (Motorrad-Rikschas – meist überdachte Anhänger mit Platz für zwei Personen, die von einem Moped gezogen werden) für 15 US-$ pro Tag. Für Sportive gibt es Mietfahrräder (siehe S. 393) Für den Transport zu Tempeln abseits des zentralen Bereichs um Angkor Wat und Angkor Thom werden Zuschläge erhoben: Banteay Srei 5–10 US-$, Kbal Spean 10–15 US-$, Phnom Kulen 30 US-$ (nur mit Taxi, nicht mit Motorrad-Rikschas möglich).

Hotels und Gästehäuser vermitteln englisch- und französischsprachige sowie bisweilen sogar Deutsch sprechende ***guides*** (ca. 25–50 US-$ pro Tag). Man kann sich aber auch an die Khmer Angkor Tour Guide Association (Tel. 063-96 43 47) wenden. Das Büro befindet sich in der Nähe des Grand Hotel d'Angkor in Siem Reap.

Die wichtigsten Tempelanlagen im zentralen Bereich von Angkor liegen am **Kleinen** und am **Großen Rundweg** (Petit Circuit und Grand Circuit). Die Fahrwege wurden einst von französischen Wissenschaftlern bei der Freilegung und Restaurierung der Sakralbauten angelegt. Der 17 km lange Kleine Rundweg führt, am Angkor Wat beginnend, nach Angkor Thom, verlässt die alte Königsstadt durch das Siegestor und kehrt Richtung Südosten zurück nach Angkor Wat. Der klassische Ausgangspunkt des 26 km langen Grand Circuit, der, seltener besuchte Tempelanlagen berührend, in einem weiten Halbkreis um Angkor Thom herumführt, ist das Nordtor der alten Königsstadt. Fährt man die Route jedoch in entgegengesetzter Richtung, kann man die der Sonne am stärksten ausgesetzten Tempel in den kühleren Morgenstunden besichtigen und sich den Besuch der schattigeren Heiligtümer für die heißere Tageszeit aufheben. In der Hauptsaison weicht man den Besuchermassen am besten dadurch aus, indem man gegen den Strom schwimmt. So gehören einem in der Mittagszeit, wenn die Tourgruppen beim Lunch sind, manche Tempel fast allein. Viele Tempelbesuche sind mit etwas Kletterei verbunden. Solide Schuhe mit rutschfester Sohle sind deswegen unverzichtbar! Wegen der Minen stets auf vorgegebenen Wegen bleiben.

setzen. Dazu musste jedoch während der Regenzeit Wasser gespeichert werden, um es dann in der Trockenperiode gleichmäßig auf die Reisfelder zu verteilen.

Das komplizierte Bewässerungssystem der Khmer bestand aus riesigen Wasserreservoirs oder künstlichen Seen (Baray), die wie die zu den Feldern führenden Kanäle mit Hilfe von Dämmen erhöht über dem umliegenden Land angelegt waren. Auf diese Weise machte das natürliche Gefälle Schöpf- oder Pumpmechanismen überflüssig, für die viel menschliche oder tierische Kraft hätte aufgewandt werden müssen. Gefüllt wurden die Reservoirs in erster Linie durch die reichlichen Niederschläge der Monsunzeit. Zudem leitete man über Kanäle Wasser aus den Flüssen in die Baray.

Dank des gespeicherten Regen- und Flusswassers mussten die Khmer während der acht Monate dauernden Trockenperiode keinen Wassermangel leiden. Während zuvor die natürliche Bewässerung durch Regen und das Wasser der in der Monsunzeit regelmäßig über ihre Ufer tretenden Flüsse nur eine Reisernte im Jahr erlaubt hatten, konnte nun dreimal im Jahr Reis gepflanzt und geerntet werden. Verwaltet wurden Boden und Wasser, beides ausnahmslos Besitz des Königs, von einer zentral organisierten Bürokratie.

So entwickelte sich Angkor in der Zeit vom 9. bis zum 14. Jh. zu einer wahren **Reisfabrik**, die nicht nur ein Riesenheer von Bauarbeitern ernährte, sondern auch half, eine schlagkräftige Armee zu unterhalten. Ohne den hoch entwickelten Reisanbau wäre es nie zum Aufstieg der Khmer-Könige und zur einzigartigen Machtentfaltung ihres Imperiums gekommen.

Yashovarman I. (889/90 bis ca. 910) führte das Werk seines Vaters fort und baute in der Region von Angkor mit dem Östlichen Baray einen zweiten riesigen Wasserspeicher, der mit einer Breite von 1,8 km und einer Länge von 7 km den Baray von Lolei deutlich übertraf. Um den natürlichen Hügel Phnom Bakheng, auf dem er einen großen Tempelberg erbauen ließ, errichtete er die nach ihm benannte Stadt Yashodharapura.

Udayadityavarman II. (1049–1067) ließ einen weiteren künstlichen See anlegen, der alle bis dahin errichteten Wasserspeicher an Größe übertraf. Bei einer Länge von 8 km wies der **Westliche Baray** eine Breite von 2,2 km auf. Unter Ausnutzung des natürlichen Gefälles konnte die gesamte Region bis zum Großen See bewässert und die landwirtschaftliche Nutzfläche erneut verdoppelt werden. Der Westliche Baray, der 40 Mio. m^3 Wasser fasst, wird als letzter der drei großen künstlichen Seen des alten Khmer-Imperiums heute noch genutzt.

So war in Angkor in einem Zeitraum von weniger als 200 Jahren ein gewaltiges System von Wasserspeichern und Kanälen errichtet worden. Dank der drei großen Stauseen, die zusammen mehr als 75 Mio. m^3 Wasser fassten, konnten die Khmer den sehr ertragreichen Reisanbau betreiben.

Vom Reisanbau zum Städtebau der Khmer

Die Reiskultur ermöglichte im Kambodscha der Angkor-Zeit eine hohe **Bevölkerungsdichte**. Man nimmt an, dass in den Khmer-Kapitalen in der Ebene von Angkor jeweils 700 000–1 Mio. Menschen lebten, weitaus mehr als zu jener Zeit in irgendeiner europäischen Metropole. Die breite Basis der sozialen Pyramide bildeten die Reisbauern. Die Arbeiter und Handwerker hielten die Bewässerungsanlagen instand und errichteten die Tempel. Hinzu kamen Fischer und Schiffer, Beamte und Soldaten. Priester und Höflinge sowie der Herrscher und seine Familie standen über der Bevölkerung, die ihnen zu höchstem Respekt verpflichtet war.

Als die Khmer dank ihres Bewässerungssystems mehr als eine Reisernte im Jahr einbringen konnten, konzentrierten sie ihre Anstrengungen auf die Anlage von Städten und Tempeln, die weltweit zu den schönsten Meisterwerken **monumentaler Sakralarchitektur** zählen. Jeder Gottkönig war der Tradition entsprechend verpflichtet, einen Tempel zu bauen, in welchem er nach seinem Tod als göttliche Inkarnation verehrt werden konnte. Da jedoch der Platz dafür in der

tionale Organisationen an Restaurierungsprojekten in Angkor, das 1992 von der UNESCO zum Welterbe erklärt wurde.

Geschichte

Wie im Abendland entfaltete sich zwischen dem 9. und 13. Jh. im Königreich Kambodscha eine machtvolle Kultur. Zwei Dutzend gottgleiche Khmer-Könige ließen in der Ebene zwischen den Phnom-Kulen-Bergen und dem Tonle-Sap-See unzählige religiöse Bauwerke errichten. Nur Tempel haben die Jahrhunderte überdauert, da es allein den Göttern vorbehalten war, in Steinbauten zu thronen. Längst verfallen sind die aus Holz und Bambus errichteten Paläste und Wohngebäude.

Jayavarman II., Gründer der Angkor-Dynastie

Die Keimzelle des Khmer-Imperiums der Angkor-Dynastie schuf im ausgehenden 8. oder frühen 9. Jh. **Jayavarman II.** (vor 770 bis nach 800). Der aus der Kambuja-Dynastie des Zhenla-Reiches stammende Adlige hatte lange am Hofe der Shailendra-Fürsten auf Java gelebt, deren Machtbereich sich bis zur Indochinesischen Halbinsel erstreckte. Von den javanischen Herrschern übernahm er nicht nur die politisch-religiöse Synthese des Gottkönigtums, nach welcher der König schon zu Lebzeiten für sich religiöse Verehrung beanspruchte, sondern auch wichtige Stilelemente der Architektur.

Wie eine Inschrift berichtet, gelang es Jayavarman II., die javanische Herrschaft abzuschütteln. Er ließ auf dem Phnom-Kulen-Plateau, 60 km nördlich des Tonle-Sap-Sees, seine Hauptstadt Mahendrapura errichten.

Basis der Khmer-Kultur

Eine rege Bautätigkeit setzte in der Ebene von Angkor erst unter Indravarman I. (877/78–889/90) ein. Der zweite Nachfolger von Jayavarman II. gründete am Nordufer des großen Sees in der Nähe des heutigen Städtchens Roluos eine neue Hauptstadt namens Hariharalaya. Indravarman I. schien klar gewesen zu sein, dass er zur Verwirklichung seiner Bauvorhaben ein Heer von Arbeitern benötigte, die er mit Nahrung versorgen musste. Die Ebene von Angkor bot dafür ideale Voraussetzungen. Drei Flüsse, ganzjährig Wasser führend, durchziehen die mit fruchtbaren Böden bedeckte Schwemmlandebene. Indravarman I. konnte davon ausgehen, dass ein

Angkor Wat – eine der imposantesten Tempelanlagen der Welt

ausgeklügeltes **Bewässerungssystem** in dieser Region reiche Ernteerträge bringen würde.

Das Fundament für den Wohlstand und die Macht von Angkor legte Indravarman I., indem er unter Ausnutzung einer natürlichen Senke **Indratataka**, den See des Indra, auch Baray von Lolei genannt, anlegen ließ. Der 800 m breite und 3,8 km lange künstliche See diente der Bewässerung der Reisfelder und der Versorgung der königlichen Hauptstadt Hariharalaya.

Während die Landwirtschaft in der präangkorianischen Khmer-Kultur allein vom Monsun abhing, gelang es Indravarman I. und den ihm folgenden Herrschern von Angkor, diesen naturgegebenen Zyklus außer Kraft zu

Hauptstadt des Vorgängers oft fehlte, musste die Kapitale häufig verlegt werden. Als die Städte der Khmer-Könige bald die gesamte Region von Angkor einnahmen, mussten ältere Stadtviertel niedergerissen oder überbaut werden. So war Angkor keine Stadt mit klar definierten Grenzen, sondern das Resultat aufeinander folgender Gründungen verschiedener Herrscher.

Der Gottkönigkult und das damit verbundene Bestreben der Herrscher, ihr Andenken über den Tod hinaus zu bewahren, wurden zu Triebfedern einer fieberhaften **Bautätigkeit**. Herausragendstes Beispiel ist der Tempelbezirk des Angkor Wat, der während der Regentschaft von Suryavarman II. (1112/13 bis vor 1155) errichtet wurde. In einer letzten künstlerisch-kulturellen Blütezeit unter Jayavarman VII. (1181 bis um 1220), als der Mahayana-Buddhismus zusehends den Hinduismus verdrängte, wurde die Stadt Angkor Thom mit dem monumentalen Bayon-Tempel errichtet.

Nach dem Tod von Jayavarman VII. kam der Tempelbau zum Stillstand. Offenbar hatten die riesigen Bauvorhaben die königlichen Schatztruhen geleert und die Kräfte der einfachen Leute verzehrt, die diese Projekte in Fronarbeit errichteten. Zudem erschöpfte sich durch die vielen Bauten von Jayavarman VII. der Vorrat an Sandstein. Als die Siamesen im Jahr 1431 Angkor eroberten, führten sie die Khmer-Elite, einschließlich der meisten Architekten, Künstler, Handwerker und Bewässerungsexperten, als Gefangene in ihr Königreich. So hatte das Khmer-Erbe einen nachhaltigen Einfluss auf Architektur und Kunst des siamesischen Nachbarlands.

Städtebau und Tempelarchitektur der Khmer

Städtische Wasserbautechnik

Wasser bildete die Basis der Khmer-Hochkultur. Das Bewässerungssystem diente jedoch nicht nur landwirtschaftlichen Zwecken, sondern Wasser war auch ein wichtiges gestalterisches Element des Städtebaus und der Architektur der Khmer. Wenn sich die Göttertempel in den Wassergräben und künstlichen Seen spiegeln, so glaubten die Bauherren, vereine sich das starre männliche Prinzip des steinernen Mauerwerks mit der Dynamik des weiblichen Prinzips des Wassers. Auf diese Weise ginge die ordnende Struktur der Architektur auf die formlose Urmaterie über.

Durch das Netz der Kanäle, das die Hauptstädte der Khmer-Könige durchzog, wurde teils frisches Wasser herbeigeführt, teils Abwasser abgeleitet. Wasser aus den Baray füllte zudem die Gräben, welche die Tempelberge und Königspaläste umgaben. Diese Wassermassen bildeten ein Gegengewicht zu den Steinmassen der Monumente, waren also für die Statik der Bauwerke wichtig. Ohne den hydraulischen Gegendruck wären ganze Tempelanlagen in Bewegung geraten, Mauern und Terrassen in sich zusammengestürzt.

Städte und Tempel als Abbild des Universums

Die Städte und Bauwerke des alten Kambodscha beruhen auf Prinzipien und Gesetzen, die Ausdruck eines auf komplexen kosmologischen Anschauungen basierenden Symbolismus sind. Für die Khmer wie für ihre Lehrmeister, die Inder, ist die Erde ein riesiges Viereck, das Gebirgsketten säumen. Dargestellt werden die Randgebirge durch **Umfassungsmauern**, die um jede Stadt und jeden Tempel verlaufen. Jenseits der bewohnten Erde und der Gebirge erstreckt sich das mythische Urmeer, aus dem alles Leben entsteht. Dies erklärt die **Wassergräben**, die mit dem reinigenden Wasser jede Stadt und jeden Tempel einfassen. Im Zentrum einer Anlage erhebt sich als Sitz der Götter und Kraftquelle des Universums der heilige Berg Meru, symbolisiert durch den Tempelberg.

Die für den Städtebau der Khmer charakteristische Raumordnung ergab sich durch zwei sich senkrecht schneidende Straßen oder Kanäle, wodurch die Grundfläche in vier Quadrate gegliedert wurde. Wie das Quadrat gilt die Zahl vier in der Hindu-Kosmologie als

Die Angkor-Könige und ihre Bauwerke

Thema

Macht und Ruhm der verschiedenen vergöttlichten Khmer-Herrscher spiegeln sich am eindrucksvollsten in ihren prächtigen und mitunter sehr zahlreichen Tempeln wider, in denen sie nach ihrem Tod als göttliche Inkarnationen verehrt wurden.

König	Regierungszeit	Bauwerke
Jayavarman II.	vor 770 bis nach 800	Tempel auf dem Phnom Kulen-Plateau
Jayavarman III.	9. Jh.	keine nennenswerten Bauwerke
Indravarman I.	877/78–889/90	Preah Ko, Bakong, Baray von Lolei
Yasovarman I.	889/90 bis etwa 910	Lolei, Phnom Bakheng, Phnom Krom, Prasat Kravan, Östlicher Baray
Harshavarman I.	etwa 910 bis um 922	Baksei Chamkrong
Jayavarman IV.	921–941/42	Der Usurpator gründete in Koh Ker eine vorläufige neue Hauptstadt.
Rajendravarman II.	944/45–968	Pre Rup, Östlicher Mebon, Banteay Srei (erbaut vom Brahmanen Yajnavaraha)
Jayavarman V.	968–1001	Ta Keo, Phimeanakas
Suryavarman I.	1001/2–1049	Preah Vihear
Udayadityavarman II.	1049–1067	Baphuon, Westlicher Mebon, Westlicher Baray
Harshavarman III.	1067–1080/81	keine nennenswerten Bauwerke
Jayavarman VI.	1080/81–1107	Wat Phou (Laos)
Dharanindravarman I.	1107–1112/13	keine nennenswerten Bauwerke
Suryavarman II.	1112/13 bis vor 1155	Angkor Wat, Banteay Samre, Thommanon, Chaosay Tevoda, Beng Mealea
Dharanindravarman II.	vor 1155 bis etwa 1160	keine nennenswerten Bauwerke
Yasovarman II.	etwa 1160 bis um 1165	keine nennenswerten Bauwerke
Tribhuvanadityavarman	um 1165–1177	keine nennenswerten Bauwerke
Jayavarman VII.	1181 bis um 1220	Angkor Thom (Stadtmauer und -tore, Bayon, Elefantenterrasse, Terrasse des Lepra-Königs, Prasat Suor Prat), Ta Prohm, Banteay Kdei, Srah Srang, Preah Khan, Ta Som, Preah Neak Pean

Tipp: Vorschläge für Besichtigungstouren der Tempel in Angkor

Eintägige Tour
Morgens und am Vormittag: Straße der Riesen und Südtor von Angkor Thom, Angkor Thom (Bayon, Baphuon, Terrasse der Elefanten, Terrasse des Lepra-Königs, Phimeanakas)
Mittags: Ta Prohm
Nachmittags: Angkor Wat
Zum Sonnenuntergang: Phnom Bakheng

Zweitägige Tour
1. Tag: morgens und am Vormittag: Straße der Riesen und Südtor von Angkor Thom, Angkor Thom (Bayon, Baphuon, Terrasse der Elefanten, Terrasse des Lepra-Königs, Phimeanakas)
Mittags: Psah Chah und Souvenirläden in Siem Reap
Nachmittags: Angkor Wat
Zum Sonnenuntergang: Phnom Bakheng
2. Tag: tagsüber: Kleiner Rundweg
Abends: klassisches Tanzdrama und Apsara-Tanz bei einem Büffet-Dinner in Siem Reap

Dreitägige Tour
1. und 2. Tag: wie zweitägige Tour
3. Tag: morgens und vormittags: Sonnenaufgang beim Angkor Wat, Banteay Srei und Banteay Samre
Nachmittags: Besichtigungen auf dem Großen Rundweg (d. h. mit kurzem Besuch der Tempel) oder Roluos-Gruppe

Symbol der Vollkommenheit. Zudem markiert die Schnittstelle zweier Hauptstraßen die Weltenachse.

An dieser kosmologisch bedeutsamen Stelle erhob sich der Zentraltempel als Symbol des heiligen Berges Meru, der Wohnstätte der Götter. Wie in Indien verlief auch bei den Khmer die Hauptachse einer Stadt stets von Ost nach West, was der Ausrichtung des Tempels entsprach, dessen Hauptportal oft zur aufgehenden Sonne wies.

Das strenge Schema der **rechtwinkligen Achsensymmetrie** fand auch bei Tempeln Anwendung, wodurch sich beiderseits der Hauptachsen Bauelemente und -strukturen wiederholen. Der Grundriss eines Tempels wird durch zwei sich im rechten Winkel schneidende Achsen bestimmt, die vier Quadrate bilden. In Form von Prozessionsstraßen, Wegen oder Treppenaufgängen kreuzen sich die Hauptachsen exakt im zentralen Heiligtum.

Dieses Schema wurde vor allem beim Angkor Wat zu einer bis ins kleinste Detail gestalteten Regelmäßigkeit perfektioniert. Erst in der Endphase des Angkor-Reiches, als unter Jayavarman VII. (1181 bis um 1220) mit dem Übergang vom Hinduismus zum Mahayana-Buddhismus neue Baukonzepte entwickelt wurden, rückte man von der strengen Raumordnung ab.

Bauelemente und Technik

Die Khmer übernahmen von den Indern nicht nur symbolische, sondern auch bautechnische Prinzipien. Im Laufe der Zeit entfernten sie sich jedoch von ihren Vorbildern, um schließlich eigenständige Formen zu entwickeln. Die Grundform ihrer Sakralbauten – ein Turmheiligtum mit meist quadratischem Grundriss, das von einer sich in Stufen verjüngenden Spitze gekrönt wird – bezeichneten sie mit dem Sanskrit-Wort ***Prasat***. Bei diesem Heiligtum, dessen vier Fassaden im Aufriss identisch sind, befindet sich der Eingang meist an der Ostseite, damit die ersten Sonnenstrahlen das Kultbild im Innern beleuchten konnten. Die drei übrigen Fassaden besitzen Scheintüren, die der tatsächlichen Tür nachgebildet sind. Jede Dachstufe eines Prasat ist eine nach oben kleiner werdende Kopie des Heiligtums und repräsentiert jeweils eine der verschiedenen hierarchischen Ebenen des Götterberges Meru.

Mit zunehmenden **bautechnischen Fortschritten** wurde die Anlage von Prasat-Heiligtümern komplizierter. Die Dächer erhielten nun meist mehr als vier Geschosse, von denen jedes eine verkleinerte Nachbildung des darunterliegenden war. Zusätzlich versah man die einzelnen Stufen mit Pancharam genannten kleinen Türmchen, jedes von ihnen als eine Art Miniatur-Prasat eine Kopie des gesamten Sakralbaus. Am überzeugendsten gelang die Umsetzung bei den eleganten Türmen von Angkor Wat.

In ihrem Ehrgeiz, noch größere und prächtigere Tempel zu schaffen, stellten die Khmer-Baumeister den Prasat auf eine Abfolge von sich nach oben verjüngenden Plattformen. Es entstanden **Stufenpyramiden**, die sogenannten **Tempelberge**, die nun in ihrer kosmischen Symbolik nicht nur durch die Bedachung und deren Dekor, sondern durch das gesamte Heiligtum den Götterberg Meru darstellten. Eine breite Treppe führte hinauf zum Allerheiligsten auf der obersten Stufe, in dem sich als Kultbild die Statue der Gottheit befand.

Später schmückte man die Plattformen des Fundaments mit kleinen Tempeln, Ecktürmen, Toren und anderen Aufbauten. Ein zunehmend aufwendiges Ritual machte es erforderlich, die Heiligtümer durch Anbauten zu erweitern, etwa durch lang gestreckte Säle, die an die Plattformen der Stufenpyramide angrenzten. Aus den Langsälen entwickelten sich schließlich Galerien, die rings um alle Geschosse verliefen.

In der nächsten Entwicklungsstufe der Khmer-Architektur fassten die umlaufenden Galerien nicht mehr die Plattformen der Tempelberg-Pyramide ein, sondern umschlossen neben dem eigentlichen Heiligtum zahlreiche Nebengebäude – Bibliotheken, Speicher für Opfergaben, Schlafstätten für Pilger, Wohnräume für Tempeltänzerinnen und Wasserbecken für rituelle Waschungen. So entstand eine neue Tempelform, bei der alle Bauten auf dem gleichen Niveau errichtet wurden: der sogenannte **Flachtempel**. Ein weiterer Unterschied zwischen Tempelberg und Flachtempel besteht darin, dass Letzterem eine Mandapa genannte Vorhalle vorgelagert ist. Charakteristisch für die Sakralarchitektur der Khmer sind konzentrische Einfassungen. Anfangs hatten die Erddeiche der Wassergräben diese Funktion. An ihre Stelle traten später Steinmauern und überdachte Galerien.

Baumaterial

Da die Khmer-Herrscher und ihre Baumeister, die zugleich auch Priester waren, für die Götter dauerhafte Wohnstätten errichten wollten, wählten sie schon früh als Baumaterial für die Tempel **Backstein** oder **Naturstein**. Die Wohnbauten und die Königspaläste errichtete man aus Bambus und Holz. Daher blieben von den Khmer-Städten allein die Sakralbauten erhalten, während die Bambushütten und Holzhäuser längst verfallen sind. Die Behausungen der Menschen, deren Größe vom Rang der Bewohner abhing, standen auf Pfählen. Die Dächer waren mit Reisstroh oder Palmwedeln eingedeckt. **Ziegeldächer** waren Tempeln und dem Königspalast vorbehalten.

Während man in der präangkorianischen Epoche Sakralbauten fast ausschließlich aus Backsteinen errichtete, die ohne Zement oder Mörtel aufeinander gesetzt wurden, verlor dieses Baumaterial in der Angkor-Zeit zunehmend an Bedeutung und verschwand schließlich völlig. Den Khmer-Baumeistern standen zwei Gesteinsarten zur Verfügung: Für den Unterbau verwendeten sie vorwiegend **Laterit**, einen porösen, eisenoxydhaltigen Stein, der jedoch wegen seiner Härte nicht für feine Verzierungen an Türmen, Mauern und Portalen geeignet war.

Daher errichteten sie die eigentlichen Tempelbauten aus dem edleren grauen oder rosafarbenen **Sandstein**, den man etwa 40 km nordöstlich von Angkor am Phnom Kulen gewann. Von dort transportierte man die Steinblöcke auf Flößen über den Siem-Reap-Fluss zu den Baustellen in der Ebene von Angkor. Vom Ufer erfolgte der Weitertransport mit Hilfe von Walzen und Winden. In die Löcher, die man an vielen Steinen sieht, steckte man Holzpflöcke, um die Zugseile geschlungen wurden.

Wohnstätten der Götter

Auch das aus den Gesteinsblöcken gefertigte Mauerwerk wurde ohne Bindemittel allein durch die Schwerkraft zusammengehalten. Da es den Khmer nie gelang, diese technische Beschränkung zu überwinden, besitzt keiner der Sakralbauten von Angkor größere Innenräume. Diese zu schaffen, lag auch gar nicht in der Absicht der Baumeister. Ihre Aufgabe bestand nicht darin, **Kultstätten** zu errichten, in denen sich Gläubige versammeln konnten, denn das einfache Volk hatte ohne-

Angkor Wat beeindruckt durch seine Gesamtarchitektur

hin keinen Zutritt zu den Tempeln. Gemäß der religiösen und kosmologischen Vorgaben mussten sie Heiligtümer bauen, die eine Götterstatue oder einen Linga, das Phallussymbol der Schöpfungskraft des Hindu-Gottes Shiva, beherbergen konnten, und die den Götterberg Meru symbolisierten. Zutritt zur Cella hatte in der Regel nur der König. Für die rituellen Handlungen im Allerheiligsten benötigte der Herrscher nicht viel Platz, sodass die Cella der Khmer-Tempel nur wenige Quadratmeter misst.

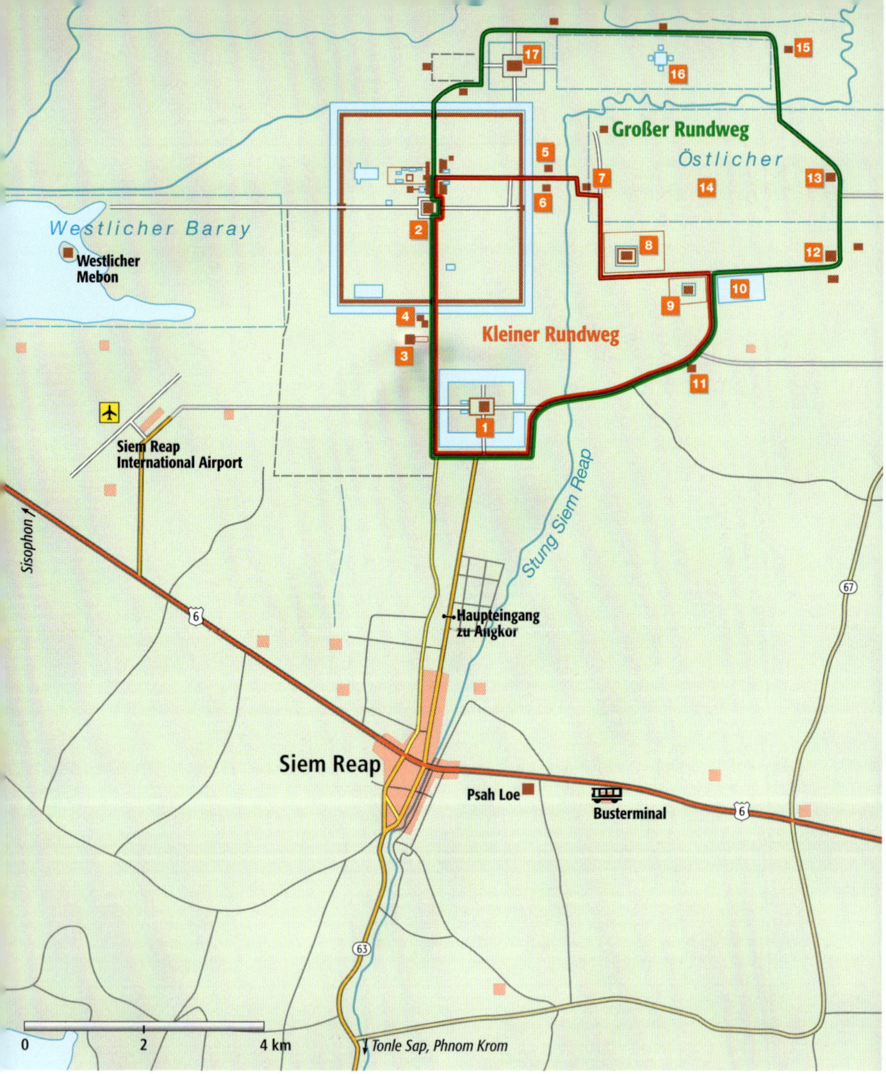

Im alten Kambodscha war der König nicht nur Träger der höchsten geistlichen Autorität, er sah sich auch als Inkarnation von Shiva oder Vishnu, der für die Khmer bedeutendsten hinduistischen Götter. Als **Verkörperung einer Gottheit** beanspruchte er für sich nicht nur das Anrecht auf religiöse Verehrung bereits zu Lebzeiten, er war auch nicht dem ewigen Zyklus der Wiedergeburten unterworfen, sondern wurde nach seinem Tod eins mit dem jeweiligen Gott. Somit waren Khmer-Tempel nicht nur Wohnstätte einer Gottheit, die in Gestalt einer Statue oder eines Kultobjekts im Allerheiligsten anwesend war, sie wurden nach dem Tod des Herrschers zu dessen Mausoleum. Im Grabmal seines Vorgängers durfte der neue König keine rituellen Handlungen ausführen, sodass er einen neuen Tempel für sich bauen lassen musste. Da die Khmer-Herrscher nach ihrem Tod in den Tempeln als göttliche Inkarnation verehrt wurden, war für ihren Ruhm in der Nachwelt

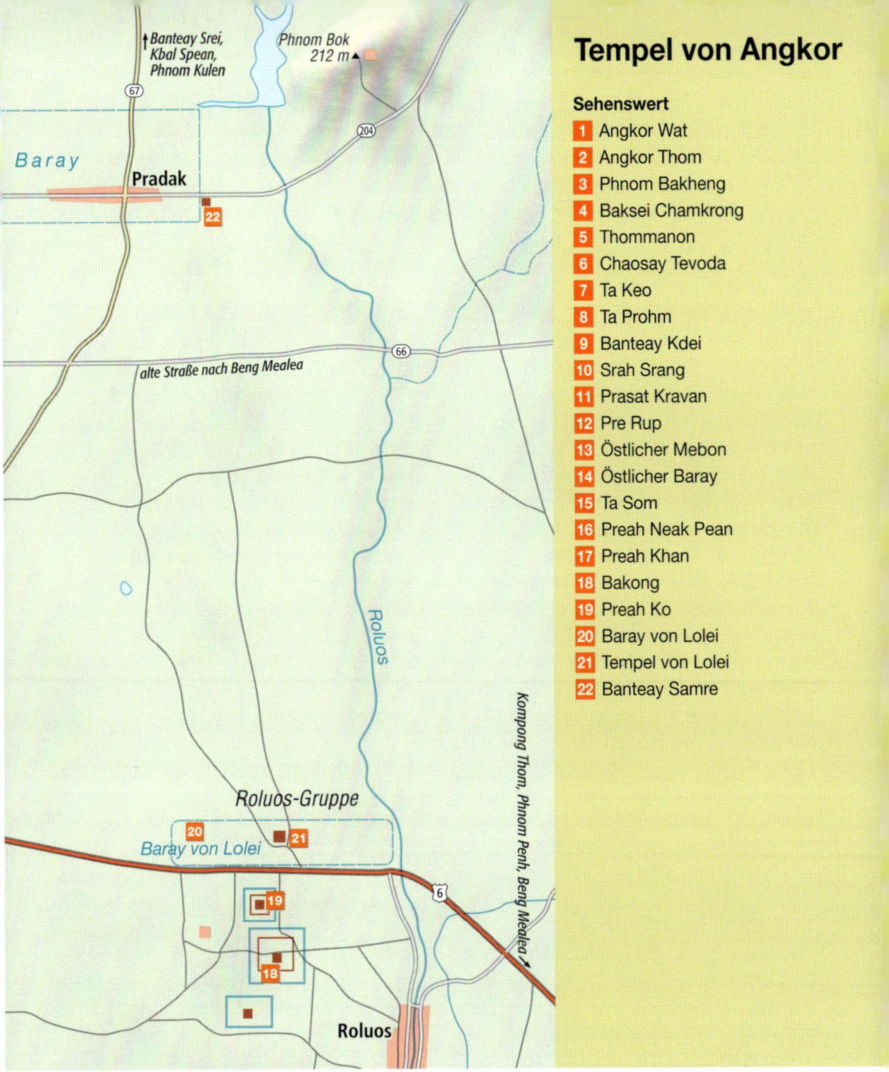

gesorgt. Vermutlich erklärt dies die Vielzahl der Sakralbauten in der Ebene von Angkor.

Angkor Wat 1

Karte: oben; S. 409
Unter Suryavarman II. (1112/13 bis vor 1155), während dessen Regentschaft sich der Übergang vom Shiva- zum Vishnu-Kult vollzog, erlangte die Khmer-Architektur mit **Angkor Wat** ihren Höhepunkt. Das größte Sakralbauwerk der Welt gilt als unvergleichliches Meisterwerk. das zu den großartigsten Kulturgütern der Menschheit gehört und oft als Weltwunder bezeichnet wird. Die Besucher nähern sich einem Kulturdenkmal, das sich auf keinen Nenner bringen lässt, außer man schwelgt in vagen Superlativen. Einzigartig sind die perfekte, auf exakter geometrischer Berechnung beruhende Raumgliederung und die sorgfältige bautechnische Ausführung, unübertroffen ist

das kunstvolle Dekor. Fast alle Bauwerke sind mit feinem Reliefschmuck überzogen. Die Länge der Bildtafeln beträgt insgesamt mehr als 800 m – ein faszinierender Bilderbogen aus dem 12. Jh. Die beste Zeit, die Kunstwerke in Ruhe zu betrachten, ist die Mittagspause.

Die zum Tempel gewordene Stadt

Angkor Wat war ursprünglich nicht ausschließlich als riesiges **Heiligtum** geplant. Die Gründung von Suryavarman II. sollte auch als **Verwaltungszentrum** seines Reiches dienen. Die von einem Wassergraben umgebene Anlage erstreckt sich als eine Art Stadt in der Stadt im Südostteil der alten Khmer-Kapitale Yashodharapura, die Yashovarman I. im ausgehenden 9. Jh. gegründet hatte.

Der etwa 200 m breite Wassergraben, der ein Rechteck mit 1500 x 1300 m Seitenlänge bildet, begrenzt ein knapp 2 km2 großes Areal. Von der Gesamtfläche nehmen das Heiligtum, das sich im Mittelpunkt der Anlage erhebt, sowie Wasserbecken, Nebengebäude und Prozessionsstraßen nur rund ein Drittel ein.

Die **Flächenverhältnisse** lassen darauf schließen, dass das Heiligtum im Zentrum einer Stadt lag, von der heute nur noch die aus Sandstein und Laterit errichteten Bauwerke erhalten sind. Anfang des 12. Jh. war das Areal innerhalb der Stadtmauer, die den Wassergraben säumt, von Holzhäusern bedeckt. Dort lebten hohe Würdenträger, Hofbeamte, Priester, Tempeldiener und Tempeltänzerinnen – insgesamt wohl etwa 20 000 Menschen.

Von dieser Tatsache rührt auch der Name her. Angkor Wat ist aus dem Sanskrit-Wort *nokor* (königliche Stadt) und dem Pali-Wort *wat* (buddhistisches Kloster) zusammengesetzt. Der Name bedeutet soviel wie die zum Tempel gewordene Stadt. Ursprünglich war Angkor Wat Vishnu, dem Gott der Bewahrung, geweiht, aber nach der Thronbesteigung von Jayavarman VII. (1181 bis um 1220), der den Mahayana-Buddhismus zur Staatsreligion erklärte, wurde das hinduistische Heiligtum in einen buddhistischen Tempel umgewandelt. Deshalb ist der Bau nicht, wie die meisten anderen Heiligtümer von Angkor, vom Urwald überwuchert und zerstört, denn er wurde auch nach der Verlegung der Khmer-Kapitale in die Nähe des heutigen Phnom Penh im Jahr 1431 jahrhundertelang von buddhistischen Mönchen bewohnt und unterhalten.

Ausrichtung

Angkor Wat weist nicht, wie die meisten Khmer-Tempel in der Ebene von Angkor, eine Ost-West-Ausrichtung auf, sondern hat den Eingang im Westen. Manche Wissenschaftler sehen darin ein Indiz, dass das Heiligtum als Mausoleum seines Erbauers Suryavarman II. konzipiert war, denn die Totentempel waren der untergehenden Sonne zugewandt. Diese These wird durch auch die Tatsache gestützt, dass Pilger, wenn sie die Bildtafeln der ersten Galerie in logischer Abfolge betrachten wollten, die Umwandlung des Tempels nicht mit, sondern gegen den Uhrzeigersinn absolvieren mussten, was dem brahmanischen Totenritual entspricht.

Der Zugang zum Tempel

Den **Haupteingang** im Westen markiert unmittelbar am Wassergraben eine kreuzförmige erhöhte Plattform, über die man zu einem 12 m breiten, mit Sandsteinplatten belegten Damm gelangt. 220 m lang und gesäumt von prächtigen Balustraden mit sich aufbäumenden Nagas, führt der Damm über den mit Lotosblüten bedeckten Wassergraben zum 235 m breiten Hauptportal in der Mauer, welche die Tempelstadt umfasst. In der Mitte dieses mächtigen Portikus, der eine verkleinerte Kopie der Tempelfassade darstellt, ragt ein kreuzförmiger Torturm (Gopuram) mit drei Eingängen auf. Während der zentrale Torbau deutlich überhöht ist, sind die kleineren Tempeltore fast ebenerdig angelegt. Durch sie gelangten einst Elefanten in den Tempelbezirk. Im rechten Elefantentor steht eine Statue des achtarmigen Vishnu, deren Originalkopf durch eine Kopie aus Zement ersetzt wurde.

Der dreifach gegliederte zentrale **Gopuram** ist mit den Eck-Gopuram der aus Laterit-

Apsaras – himmlische Nymphen

Thema

Ein besonderer Zauber geht von den knapp 1900 himmlischen Tänzerinnen (Apsaras) aus, welche die Wände der Galerien und die Mauern der Einfriedungen schmücken. Mit raffiniert gemeißelten Kronen und filigranen Haartrachten, reichem Zierrat aus Ringen, Armbändern und Halsketten sowie graziösen Posen gleicht keines dieser nach damaligem Brauch barbusig dargestellten göttlichen Wesen dem anderen.

Geboren wurden die Himmelsnymphen, so erzählt ein hinduistischer Schöpfungsmythos, aus dem kosmischen Milchmeer, als Götter und Dämonen es zu Butter schlugen, um Amrita, das Elixier des Lebens, zu gewinnen. Zur Freude der Götter und auch zum späteren Ergötzen der irdischen Könige erschienen zuerst die wundersamen Nymphen. Ihr verhaltenes Lächeln, mit dem sie noch heute die Besucher faszinieren, wurde als *Sourire d'Angkor* berühmt – das Lächeln von Angkor.

Rund 1300 der aus Sandstein gemeißelten Apsaras drohen zu zerbröseln. Schuld am Zerfall sind vor allem die tropisch heiß-feuchte Witterung und Fledermauskot. Der Sandstein enthält ein tonartiges Bindemittel, das den Stein in sich zusammenhält. Bei Feuchtigkeit quillt es auf, bei Trockenheit zieht es sich zusammen. Aggressive Säuren im Kot der abertausend Fledermäuse greifen die Statuen zusätzlich an. Der Zerfall beginnt von innen – hinter der kunstvollen Fassade entstehen von außen nicht sichtbare Hohlräume.

Dagegen kämpft das German Apsara Conservation Project der Fachhochschule Köln an. Mit einem eigens entwickelten Spezialmörtel, den man in die Hohlräume injiziert, werden die Figuren stabilisiert. Feine Haarrisse an den Wandreliefs glättet man ebenfalls mit Spezialmörtel. Doch zeitigt die Restaurierungsarbeit nur bedingten Erfolg, denn der Verwitterungsprozess geht weiter. So muss alle zwei bis vier Jahre nachgebessert werden, um den Verfall zu verlangsamen.

Das Lächeln der himmlischen Apsaras ist als *Sourire d'Angkor* bekannt

steinen errichteten Umfassungsmauer durch eine zweischiffige Galerie verbunden. Diese ist zum Tempel hin durch eine Mauer abgeschlossen, sodass man das Heiligtum von außen nicht sehen kann. Dem imposanten, symmetrisch angeordneten Eingang entsprechen auf den drei anderen Seiten der Tempelstadt Gopurams, die jedoch weniger aufwendig konstruiert sind.

Tritt man aus dem Halbdunkel des Hauptportals auf den von grellem Tropenlicht gefluteten **ersten Hof**, öffnet sich ein atemberaubender Blick auf den Tempelberg mit majestätischen Türmen. Zum Fuß des Heiligtums, das sich nicht exakt im Zentrum der Anlage befindet, sondern aus optischen Gründen leicht nach Osten versetzt ist, führt eine 350 m lange, erhöhte und von prächtigen Naga-Balustraden gesäumte Straße. Über sechs Freitreppen, die beiderseits der 9,4 m breiten, mit Sandsteinplatten belegten Prozessionsstraße angelegt sind, stiegen die Menschen einst hinab zur Königsstadt mit den Palästen und Häusern aus Holz und Bambus.

Auf halbem Weg zwischen dem Hauptportal und dem Heiligtum erheben sich beiderseits der Straße Bibliotheken. Den rund 40 m langen Gebäuden mit kreuzförmigem Grundriss sind auf allen Seiten pfeilergestützte Vorhallen vorgelagert, zu denen Treppen hinaufführen. An die Bibliotheken, in denen außer heiligen Schriften auch Ritualobjekte und Opfergaben aufbewahrt wurden, schließen sich beiderseits der Prozessionsstraße zwei rechteckige 65 x 50 m messende Wasserbassins an. Östlich davon erstreckt sich eine rechteckige Terrasse, die den sakralen Bezirk bildet. In deren Mitte erhebt sich auf zwei weiteren Stufen das Hauptheiligtum.

Dem **Sanktuarium** ist in der Achse der Prozessionsstraße eine kreuzförmige zweistufige Plattform, die sogenannte Ehrenterrasse, vorgelagert. Von dort führen über einen reich gegliederten Sockel Treppen zu ei15nem Haupt- und zwei Nebeneingängen, durch die man zu der 215 x 187 m messenden, nach außen offenen, den ganzen Tempelbezirk umschließenden Galerie gelangt. Anstelle von Außenwänden stützen Balusterfenster aus sieben gedrehten Säulen oder quadratische Sandsteinpfeiler die gewölbten Halbdächer. Die innen von einer fensterlosen Mauer abgeschlossene Galerie endet an den Ecken in kreuzförmigen Pavillons.

Die Reliefgalerie

Die **Innenwände** der Galerie, wie die der Ecktürme, sind über und über mit kunstvoll in den feinkörnigen Sandstein gemeißelten Flachreliefs geschmückt, die sich in mehr als 800 m Länge um das Heiligtum ziehen. Sie dokumentieren die zahlreichen Schlachten von Suryavarman II. Dargestellt sind zudem Szenen aus den indischen Heldenepen »Ramayana« und »Mahabharata«. Diese Meisterwerke der Steinmetzkunst dienten nicht nur als Dekor, sondern auch der religiös-ethischen Unterweisung des Volkes, denn nach dem Willen des Herrschers hatten die einfachen Leute bis zu diesem steinernen Bilderbuch Zutritt.

Um den Ablauf der auf den Bildtafeln dargestellten Handlung zu verstehen, schreitet man sie am Portal bei der Ehrenterrasse beginnend entgegen dem Uhrzeigersinn ab. Im **südlichen Flügel der Westgalerie** ist die im »Mahabharata« beschriebene Schlacht von Kurukshetra dargestellt. Der entscheidende Kampf zwischen zwei Zweigen der Bharata-Dynastie, den Pandava und Kaurava, die das Gute und das Böse versinnbildlichen, endete mit dem Sieg der edlen Pandava. Die wichtigsten Figuren dieses Heldenepos sind als Verkörperung des Guten Arjuna, der Anführer der Pandava, und Krishna, eine Inkarnation des Hindu-Gottes Vishnu, sowie als Symbol des Bösen Duryodhana, der Führer der Kaurava. Die Kämpfer lassen sich an äußeren Merkmalen unterscheiden. Bei Arjuna und den anderen edlen Helden bilden Nase und Stirn eine gerade Linie; die Nase ist fein gezeichnet, die Augen sind mandelförmig. Duryodhana hingegen, der in einer Szene, von Pfeilen durchbohrt, sterbend am Boden liegt, hat runde Augen und eine Knollennase.

Die **Reliefs im Westflügel der südlichen Galerie** stellen als eine Art Reichschronik bedeutende Schlachten des Khmer-Herrschers

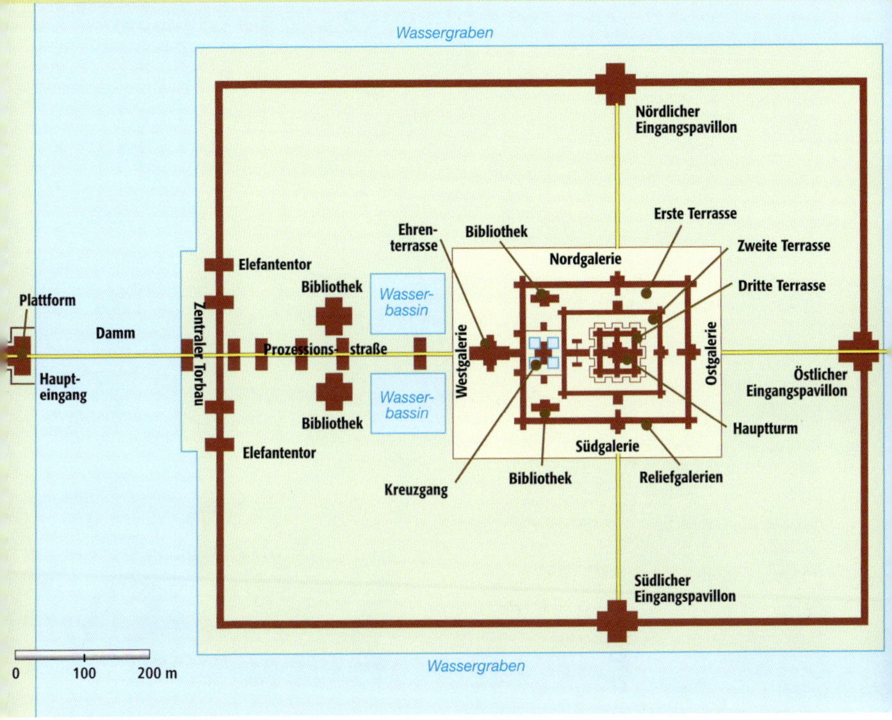

Suryavarman II. dar. Im Mittelpunkt steht die triumphale Rückkehr des Königs nach einem Sieg über kriegerische Nachbarn. Zu erkennen ist der größer als alle anderen dargestellte Feldherr an der konischen Kopfbedeckung mit Diadem und an 15 Ehrenschirmen, die seine Diener über ihn halten. Ganz rechts sieht man siamesische Fußsoldaten, die als Gefangene dem Triumphzug des Khmer-Königs folgen. **Im östlichen Flügel der Südgalerie** folgt das Flachrelief Himmel und Hölle, welches das Jüngste Gericht des Totengottes Yama darstellt. Die Bildreihen der drei Reliefbänder schildern alle Folterqualen der 32 Höllen und alle Wonnen der 37 Himmel sehr plastisch.

Die **Bildtafeln im südlichen Flügel der Ostgalerie** greifen eine Episode aus dem »Ramayana« auf: »Das Quirlen des Milchmeers« (Samudra Manthan) als Symbol für die Erschaffung der Welt. 88 mandeläugige Götter (Devas) mit konischer Kopfbedeckung, unterstützt vom Affengott Hanuman, und 92 Dämonen (Asuras) mit Glotzaugen und kammartigen Kriegshelmen ziehen je an einem Ende der mythischen Schlange Vasuki und wühlen durch das rhythmische Hin und Her das Milchmeer auf. Aus dem gequirlten Meer entsteht schließlich Amrita, das Elixier der Unsterblichkeit. Die dramatische Bilderfolge der nördlichen Hälfte zeigt Vishnus Sieg über das Heer der Asura-Dämonen.

Auf den **Reliefs im Ostflügel der nördlichen Galerie** kämpft Krishna, eine Verkörperung des Hindu-Gottes Vishnu, gegen den Dämonenherrscher Asura Bana, den er nach einer wilden Schlacht besiegt. In der westlichen Hälfte ist der ewig währende Kampf zwischen Göttern und Dämonen dargestellt. Die Götter erkennt man an konischen Kronen sowie prächtigen Halsketten und Ohrringen.

Angkor Wat: Snacks und Erfrischungen bekommt man vor Ort von Verkäufern

Die Dämonen haben fächerartig hoch gesteckte Haare sowie Halsketten mit drei spitzen Zähnen. Den Höhepunkt der Schlacht, den Zweikampf zwischen Vishnu und dem hundertköpfigen und hundertarmigen Dämonenfürst Kalanemi, zeigt ein Paneel in der Mitte des Frieses.

Die **Flachreliefs im nördlichen Flügel der Westgalerie** schildern eine entscheidende Episode aus dem »Ramayana« – die Schlacht von Langka, in welcher der edle, halb göttliche Rama von Ayodhya, einer Inkarnation des Gottes Vishnu, mit Hilfe eines von Hanuman geführten Affenheers seine Frau Sita aus

dem Palast des zehnköpfigen und zwanzigarmigen Dämonenkönigs Ravana befreit. Auch die Wände der beiden Eckpavillons, welche die westliche mit der südlichen und der nördlichen Galerie verbinden, sind mit kunstvollen Reliefs geschmückt. Die dargestellten Szenen stammen hauptsächlich aus den indischen Epen »Ramayana« und »Mahabharata« sowie aus den Vishnu-Krishna-Legenden.

Der Kreuzgang

Die Galerie der ersten Plattform des dreistufigen Heiligtums ist an der Westseite des sakralen Bezirks durch einen kreuzförmigen Gang mit der Galerie der zweiten Stufe verbunden. Vom Haupteingang und den beiden Nebeneingängen dieses Ganges führen Pfeilergalerien zu drei Gopuram auf der zweiten Stufe. Die mittlere Galerie ist als offene dreischiffige Pfeilergalerie angelegt, die beiden Seitengalerien werden nach außen durch Mauern ohne Fenster begrenzt. Verbunden sind sie untereinander durch eine weitere dreischiffige Pfeilergalerie. Auf diese Weise entstand ein Kreuzgang mit vier offenen Innenhöfen, zu denen Treppen hinabführen. Möglicherweise befanden sich hier früher Wasserbecken, die nach hinduistischer Sitte für rituelle Waschungen genutzt wurden.

Die Südgalerie des Kreuzgangs, in der sich um eine 3 m hohe Buddha-Statue mehrere Dutzend kleinere Bildnisse des Erleuchteten gruppieren, wird auch als **Halle der 1000 Buddhas** (Preah Pean) bezeichnet. Wegen ihrer außergewöhnlichen Akustik erhielt die Galerie der Nordseite den Namen **Halle der Echos**. Südlich und nördlich des Kreuzgangs erstreckt sich zwischen der ersten und der zweiten Terrasse ein breiter Hof, auf dem jeweils eine Bibliothek steht. Eingefasst ist der Hof auf der einen Seite von der mit Blendfenstern dekorierten Rückwand der Reliefgalerie, auf der anderen vom mächtigen Fundament, auf dem die Galerie der zweiten Stufe verläuft. Die drei parallelen Pfeilergalerien des Kreuzgangs münden in Treppen, die hinaufführen zu der 6 m erhöhten zweiten Terrasse.

Die zweite und dritte Terrasse

Auf der zweiten Stufe des Haupttheiligtums, die 115 x 100 m misst, erfolgt die Loslösung von der irdischen und materialistischen Welt. Aus diesem Grund hat man die umlaufende, nur noch 2,5 m breite, einschiffige Galerie nach außen durch eine fensterlose Mauer ab-

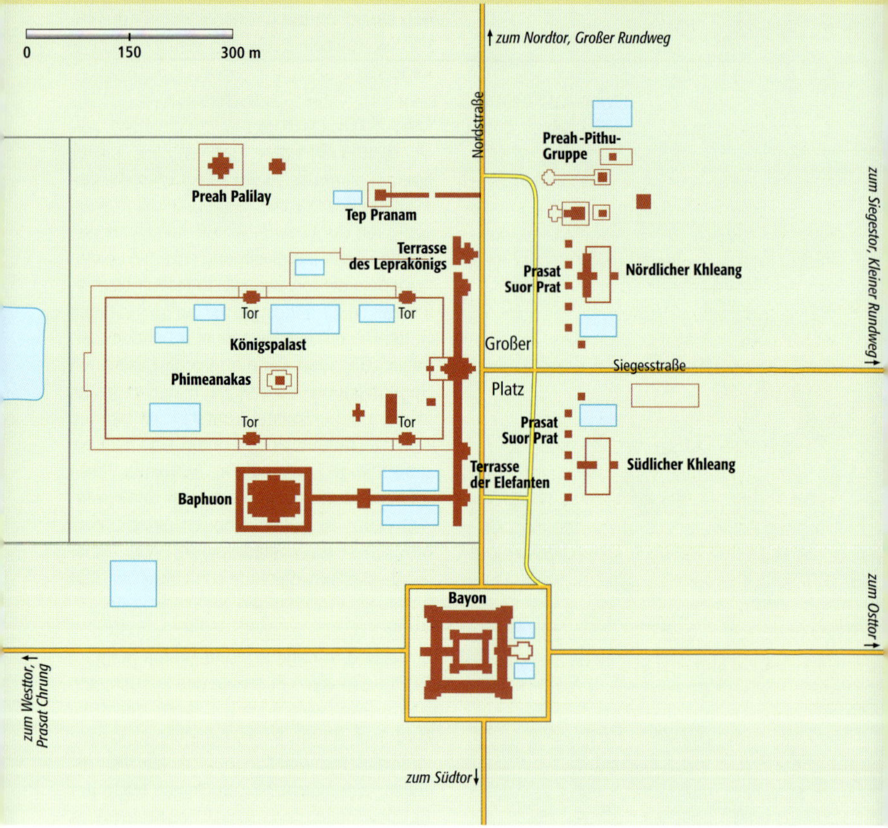

geschlossen. In dieser schlichten **Einfriedung** widmeten sich Priester, die sich aus der profanen Welt zurückgezogen hatten, der Meditation und dem Studium heiliger Schriften. Auf dem Hof der zweiten Terrasse stehen zwei kleine Bibliotheken, die durch eine Pfeilergalerie miteinander verbunden sind. Von allen vier Seiten führen steile Treppen hinauf zur mächtigen, 13 m hohen und 60 m langen dritten Plattform. Dort erheben sich in der Stellung der Fünf eines Würfels die fünf Tempeltürme. Am sichersten sind Auf- und Abstieg am mittleren Treppenaufgang an der Südseite. Hier sind auch die Stufen breiter und nicht ganz so steil. Einst war die oberste Terrasse mit den Tempeltürmen dem König und dem Hohepriester vorbehalten, denn hier wurden die Rituale vollzogen, durch die der Herrscher eins mit der Gottheit wurde. Von der Mitte der vier Galerieseiten führt jeweils eine pfeilergetragene Vorhalle zum zentralen Tempelturm, dem Grabmal von Suryavarman II., dessen in einer Lotosknospe endende Spitze die Ebene von Angkor 65 m überragt. Kleinere tiaraförmige Türme erheben sich an den vier Ecken der dritten Stufe, die viele für die zauberhafteste Schöpfung der angkorianischen Architektur halten. Gemeinsam mit dem zentralen Turmheiligtum symbolisieren sie die fünf Gipfel des Bergmassivs Meru, auf dem die Götter thronen. Nicht von ungefähr zeigt die kambodschanische Nationalflagge als Symbol für die einstige Größe des Khmer-Reiches die Türme von Angkor Wat.

Angkor Thom 2

Karte: links; S. 404/405

Unter Jayavarman VII. (1181 bis um 1220) erlebte Angkor sowohl in politischer als auch kultureller Hinsicht eine letzte ruhmreiche Epoche. In den knapp vier Jahrzehnten, die seine Herrschaft dauerte, erreichte das Khmer-Imperium seine weiteste Ausdehnung. Noch bedeutender als die territorialen Zugewinne waren die unzähligen Bauwerke, die während seiner Regierungszeit errichtet wurden. Auf ihn gehen fast ebenso viele Sakralbauten zurück wie auf alle seine Vorgänger zusammen.

Eine neue Raumordnung

Obwohl Jayavarman VII. sich nicht mehr wie seine Vorgänger zum Hinduismus bekannte, sondern Anhänger des Mahayana-Buddhismus war, schwor er dem Gottkönigtum nicht ab. So stellten auch die unter seiner Regentschaft errichteten Bauten eine symbolische Welt und kosmologische Anschauungen dar. Allerdings änderte sich die bautechnische und gestalterische Umsetzung. Die klassische Architektur von Angkor Wat, die auf einer strengen Symmetrie und einer Unterordnung des Tempeldekors unter die Architektur beruhte, wich einer neuen Raumordnung, die den Unterschied zwischen Bauwerk und Skulptur verwischte.

Die meisten großen Tempel, die auf Geheiß von Jayavarman VII. errichtet wurden, sind **Flachtempel** mit konzentrischen Einfassungen. Eine Ausnahme bildet der Bayon-Tempel von Angkor Thom, der nach Abänderung des ursprünglichen Planes zu einem Tempelberg wurde.

Die Krönung angkorianischer Stadtarchitektur

Das um 1200 erbaute **Angkor Thom** ist die letzte große Hauptstadt des Khmer-Reiches. Mit Sakralbauten, fünf Toren, Prozessionsstraßen, Wassergräben und Kanälen, dem unter Ausnutzung des natürlichen Gefälles angelegten, ausgeklügelten Wasserversorgungssystem sowie dem nicht weniger wohldurchdachten Abwassernetz gilt die 3 x 3 km messende große Hauptstadt als das vollkommenste und besterhaltene Beispiel angkorianischer Stadtarchitektur.

Aus Platzmangel ließ Jayavarman VII. seine Hauptstadt unter Einbeziehung älterer Bauwerke auf der seines Vorgängers Udayadityavarman II. (1049–1067) errichten. Überlagert wurde beim Bau von Angkor Thom auch der nördliche Teil von Yasodharapura, das König Yashovarman I. (889/90– etwa 910) einst als Hauptstadt gedient hatte.

Allerdings ließ Jayavarman VII. die Anlagen seiner Vorgänger nach seinen Vorstellungen umgestalten und auf diese Weise entstand neues, harmonisches Stadtgebilde. Die Anlage von Angkor Thom symbolisiert die **hinduistisch-buddhistische Kosmologie**. Umgeben vom Urmeer, dargestellt durch den 100 m breiten, mit Laterit eingefassten Wassergraben um die Stadt ragt im Zentrum der heilige Weltenberg Meru auf, der durch den Bayon-Tempel dargestellte symbolische Sitz der Götter.

Ein weiterer Aspekt der Stadtplanung ist einer Episode des indischen Heldenepos »Ramayana« entnommen – »Das Quirlen des Milchmeers«, das Symbol für die Erschaffung der Welt. Auf den Balustraden der Dammstraßen, die den großen die Stadt umfassenden Wassergraben queren, sitzen mit dem Rücken zu den Stadttoren zur Rechten je 54 Dämonen, zur Linken je 54 Götter, die jeweils eine riesenhafte Naga in den Händen halten. Der von den Himmelsgöttern des Südtors getragene Körper der mythischen Schlange, der sich im Zentrum der Stadt symbolisch um den Bayon-Tempel windet, wird am anderen Ende von den Höllengeistern des Nordtors gezogen. Diese Darstellung wiederholt sich zwischen dem östlichen und westlichen Tor. Da Götter und Dämonen zugleich am Schlangenkörper ziehen, gerät das Milchmeer, dargestellt durch die Wassergräben, in Bewegung und die Welt entsteht. An dieser Entstehung, so die Aussage der Darstellung, haben die Kräfte beider Welten Anteil.

Über der mythologischen Szenerie wachen 20 m hohe, viergesichtige Gopurams mit dem

Antlitz von König Jayavarman VII., der sich als Inkarnation des Bodhisattva Avalokiteshvara (in der Sprache der Khmer Lokeshvara) sah. Links und rechts der Toröffnungen stehen die dreiköpfigen Airavata-Elefanten des hinduistischen Götterkönigs Indra, die mit ihren Rüsseln Lotosblüten pflücken. Die mit Ornamenten überladenen Stadttore von Angkor Thom haben mit den Gopuram der klassischen Khmer-Architektur nichts mehr gemein. Sie wirken nicht mehr wie Gebäude, sondern wie monumentale Skulpturen. Als Merkmal der Bauwerke von Jayavarman VII. wiederholen sich die Gesichtertürme vielfach am Bayon-Tempel und anderen Heiligtümern. In dem abschnittweise bis zu 8 m hohen Lateritwall der Stadtmauer, auf dessen Krone ein Weg verläuft, sind fünf Tore eingelassen, je eins in der Mitte jeder Seite sowie ein fünftes, das Siegestor, im nördlichen Teil der Ostmauer. Die

Die rätselhaften Gesichtertürme des Bayon von Angkor Thom

Straße der Riesen, die auf das südliche Stadttor zuführt, ist am besten erhalten.

Der Bayon-Tempel

Im Zentrum von Angkor Thom, dort, wo sich die Nord-Süd- und die Ost-West-Traversen kreuzen, welche die Stadtfläche in vier gleich große Quadrate teilen, erhebt sich der **Bayon-Tempel**. Im Verlauf der Bauarbeiten wurden die Pläne mehrmals geändert, was zu einer komplizierten Bauschöpfung führte. Mit verwinkelten Galerien, verschachtelten Räumen und verwirrendem Anlageschema steht das unter Jayavarman VII. errichtete Meisterwerk in deutlichem Kontrast zum Angkor Wat und anderen Tempeln der klassischen Periode mit streng symmetrischen Proportionen und geometrisch klaren Linien.

Der östlichen Umfassungsmauer des Bayon, an der sich der Haupteingang befindet, ist eine 60 m lange zweistufige Terrasse vorgebaut, die von zwei quadratischen Wasserbecken mit einer Seitenlänge von 25 m flankiert wird. Gebildet wird die äußere, 130 x 140 m messende Einfassung von einer Galerie mit zwei Pfeilerreihen, die zum Tempel hin durch eine Mauer abgeschlossen, nach außen hingegen offen ist.

Basreliefs schmücken die Außenmauer der umlaufenden Galerie. Mit lebendigen, volksnahen Darstellungen heben sie sich von den streng komponierten Bildtafeln des Angkor Wat deutlich ab, deren Motive religiösen Legenden und höfischem Leben entstammen. In ausdrucksvoller steinerner Bildsprache dokumentieren die Reliefs des Bayon den Verlauf des Kriegs gegen die Cham, zeigen vor allem die Entscheidungsschlachten, in denen die Invasoren vertrieben wurden. Dargestellt sind insbesondere auch Szenen aus dem alltäglichen Leben, die von einer guten Beobachtungsgabe der Künstler zeugen. Die Bildtafeln zeigen Szenen, in denen gefischt, gekocht und gegessen wird. Kinder werden geboren und Verstorbene zu Grabe getragen. Man sieht Marktfrauen und Reisbauern oder Männer beim Hahnenkampf. Gemäß der buddhistischen Tradition schreitet man die Bildtafeln im Uhrzeigersinn ab.

Unterbrochen wird die Galerie der ersten Einfassung in der Mitte jeder Seite von Gopuram sowie Ecktürmen. Beide Baukörper besitzen einen kreuzförmigen Grundriss. Nach Überschreiten eines 15–20 m breiten Hofes gelangt man zu einer zweiten, nach außen offenen Galerie, die 70 x 80 m misst. Auch deren Außenmauer ist über und über von fein herausgearbeiteten Reliefs geschmückt, die Themen der hinduistisch-buddhistischen Mythologie aufgreifen und vermutlich bereits unter Yashovarman I. Ende des 9. Jh. geschaffen wurden.

Über der zweiten Einfassung erheben sich imposante Ecktürme sowie dreifache Gopuram, insgesamt 16 mit den Antlitzen des Tempelgründers geschmückte Türme. In dem von der zweiten Galerie umschlossenen Raum stehen auf einer kreuzförmigen Plattform 54 weitere Gesichtertürme mit insgesamt 216 steinernen Antlitzen, die in die vier Himmelsrichtungen schauen. Überragt wird die schier unübersichtliche Fülle von Bauwerken von dem mächtigen, 23 m hohen, runden Zentralheiligtum. Rund ist auch der Mittelbau des Hauptheiligtums, von dem strahlenförmig acht zweigeteilte Nebenräume ausgehen. Vor einer neuzeitlichen Statue des sitzenden Buddha im Mittelbau bringen Gläubige Opfergaben dar.

Die riesigen Antlitze, deren Augen in meditativer Versenkung auf geheimnisvolle Art nach innen gerichtet zu sein scheinen, besitzen heitere Gesichtszüge und einen weise lächelnden Mund. Wie die mächtigen Reliefgesichter der Stadttore stellen sie König Jayavarman VII. dar. Nachdem das vom Hinduismus postulierte Gottkönigtum vom Volk zusehends in Frage gestellt worden war, versuchte Jayavarman VII. die bedrohte Macht des Herrschers mit Hilfe des volksnaheren Mahayana-Buddhismus neu zu festigen, indem er sich zu einem Bodhisattva erklärte. Bodhisattvas sind fast Erleuchtete, die an der Schwelle zum Nirvana stehen, aber auf die höchste Form der Glückseligkeit verzichten, um anderen Menschen zu helfen, dem Daseinskreislauf zu entrinnen und sich vom Leid zu befreien. So symbolisieren die Gesichter Güte und Barmherzigkeit sowie den allumfassenden Schutz des Gottkönigs, aber auch dessen Macht und Allgegenwart.

Der Baphuon-Tempel

Der **Baphuon-Tempel**, dessen Ruine 200 m nordwestlich des Bayon aufragt, sollte als Shiva-Heiligtum einst den religiösen Mittelpunkt der Hauptstadt von König Udayadityavarman II. (1049–1067) bilden. Doch die oberste Terrasse des kühn als fünfstufige Pyramide konzipierten Tempelbergs fiel schon bald nach der Fertigstellung zusammen und riss große Bauteile der darunter gelegenen Stufen mit sich. Wasser, das durch Risse in den unteren Terrassen des Sandsteinbaus eindrang, vollendete das Vernichtungswerk. Wenn die noch andauernden Restaurierungsarbeiten unter der Ägide der École Française d'Extrême Orient abgeschlossen sind, wird der Tempelberg wieder in altem Glanz erstrahlen.

Vom Großen Platz vor dem Königspalast führt ein mit Sandsteinplatten belegter und von Steinsäulen getragener Steg zwischen zwei rechteckigen Wasserbecken zum Hauptportal der 24 m hohen Tempelberg-Ruine, die einst mehr als 50 m hoch in den Himmel geragt haben muss. Die erste Stufe der an der Basis 120 x 100 m messenden Pyramide wurde ursprünglich von einer umlaufenden Galerie eingefasst, von der heute lediglich die Eingangspavillons erhalten sind.

Der Königspalast und die königlichen Terrassen

Nördlich an das Areal des Baphuon grenzt der von einem doppelten Lateritwall umgebene **königliche Palast**, zu dem je zwei Tore in der nördlichen und südlichen Umfassungsmauer führen. Zwischen dem äußeren, stark beschädigten Wall und der inneren, gut erhaltenen Umfassungsmauer verläuft ein Wassergraben. An der Ostseite der äußeren Einfassung erstreckt sich die unter Jayavarman VII. erbaute 350 m lange und 14 m breite **Terrasse der Elefanten**.

Den Schilderungen des chinesischen Reisenden Zhou Daguan zufolge, der im ausgehenden 13. Jh. Angkor besuchte, standen in der Mitte der Steinterrasse einst hölzerne Pavillons. In ihrem Schatten beobachteten der König und sein Gefolge Prozessionen und Paraden, aber auch Spektakel wie Büffelkämpfe und Pferderennen, die zur Volksbelustigung auf dem Großen Platz abgehalten wurden. Die Untertanen durften diesen Ereignissen auf seitlichen Anbauten beiwohnen.

Der Name der Terrasse rührt von dem sehr plastisch herausgearbeiteten Relieffries her, das sich über die gesamte Länge zieht und eine Parade fast lebensgroßer Elefanten zeigt. Geschmückt wird das Fundament der Terrasse zudem von steinernen Löwen und Darstellungen mythischer Garuda-Vögel, der Reittiere des Hindu-Gottes Vishnu.

Nördlich der Terrasse der Elefanten erstreckt sich die unter Jayavarman VII. errichtete **Terrasse des Lepra-Königs**, die historischen Berichten zufolge früher ebenfalls einen Holzpavillon trug. Der Name des Bauwerks geht auf die Statue einer männlichen Gestalt im Lotossitz zurück. Obwohl bislang nicht zweifelsfrei erwiesen ist, wen das Bildnis darstellt, dessen Original sich heute im Nationalmuseum in Phnom Penh befindet, sind viele Einheimische sicher, dass es König Yashovarman I. sein muss.

Der Herrscher, der während seiner Regentschaft von 889/90 bis etwa 910 die ersten bedeutenden Bauwerke in Angkor errichten ließ, wurde im Volksmund Lepra-König genannt, da er vermutlich an der Krankheit starb. Andere sind der Meinung, dass die Statue Yama, den Herrscher der Unterwelt, darstellt. Der Reliefschmuck der Terrasse zeigt einen mit einem doppelseitigen Schwert bewaffneten König in Begleitung seines Gefolges sowie Prinzessinnen und himmlische Nymphen.

Weitere Bauwerke am Großen Platz

Gegenüber von den königlichen Terrassen stehen in zwei Sechsergruppen die **Prasat Suor Prat,** zwölf kleine Laterittürme aus dem späten 12. Jh., über deren Bestimmung Uneinigkeit herrscht. Manche Experten vertreten die Auffassung, dass einst Seiltänzer, die mit ihren Darbietungen den König und seinen Hofstaat erfreuten, zwischen den auf einer Nord-Süd-Achse stehenden Türmen ihre Seile spannten. Andere gehen davon aus, dass in den Türmen Gericht gehalten wurde. Dem widersprechen jedoch Altäre und religiöses Dekor, welche auf eine rituelle Bestimmung deuten.

An der Ostseite der Prasat Suor Prat sieht man links und rechts der Siegesstraße den **Nördlichen** und den **Südlichen Khleang**. Auch deren Bestimmung ist nicht zweifelsfrei geklärt. Obwohl *khleang* Lagerhalle bedeutet, scheint es sich bei den beiden unter König Jayavarman V. (968–1001) errichteten Gebäuden um Sakralbauten zu handeln. Vom Nördlichen Khleang gelangt man auf einem Pfad zur **Preah-Pithu-Gruppe**, die aus fünf kleinen, zum größten Teil verfallenen Heiligtümern besteht.

Phimeanakas

Von der Terrasse des Lepra-Königs führt ein Fußweg zum östlichen der beiden Tore an der Nordseite des Palastgeländes. Da die Aufbauten aller Gebäude, die nicht religiösen Zwecken dienten, nicht aus dauerhaftem Material errichtet waren, blieben in den fünf Höfen des Palastgeländes ausschließlich Fundamente und Grundmauern erhalten. In der Mitte des Areals ragt der Phimeanakas auf. Mit dem unter Jayavarman V. (968–1001) begonnenen und unter Udayadityavarman II. (1049–1067) vollendeten Tempel entwickelte sich das Pyramidenschema der angkorianischen Sakralarchitektur. In den Aufzeichnungen des chinesischen Reisenden Zhou Daguan wird der Phimeanakas – vermutlich wegen seiner einstigen Bedachung aus vergoldetem Kupferblech – als **goldener Turm** beschrieben.

Die dreistufige **Lateritpyramide** besitzt einen rechteckigen Grundriss mit Seitenlängen von 35 x 28 m an der Basis. Steinerne Elefanten, die heute teils verschwunden, teils geköpft sind, schmückten einst die Ecken der Terrassen. Über vier steile, von Löwenstatuen flankierte Mitteltreppen gelangt man auf die oberste Plattform. 12 m über dem Erdboden erhob sich dort einst ein Tempelturm mit kreuzförmigem Grundriss, von dem heute nichts mehr erhalten ist. Einer kambodschanischen Überlieferung zufolge trafen die Angkor-Herrscher sich in diesem himmlischen Palast mit der Schlangenkönigin in Gestalt einer betörend schönen Frau zum zärtlichen ›Tête-à-Tête‹.

Das große Wasserbecken nördlich des Phimeanakas diente einst den im Palast lebenden Männern als Bad, das kleinere Bassin daneben war den Konkubinen des Königs vorbehalten.

Tep Pranam und Preah Palilay

Rund 150 m nördlich der Terrasse des Lepra-Königs führt von der Nord-Süd-Straße ein Fußpfad zur Kultstätte **Tep Pranam**, deren Ursprünge vermutlich in das ausgehende 9.Jh. zurückreichen und die später von Jayavarman VII. in ein buddhistisches Heiligtum umgewandelt wurde. Auf einer kreuzförmigen Terrasse, früher das Fundament für eine Pagode, sitzt heute unter dem Dach eines Holzpavillons ein 4 m hoher Buddha. In der Nähe lebende Mönche und Novizen unterhalten die heilige Stätte. Westlich von Tep Pranam versteckt sich im dichten Urwald der Mitte des 12. Jh. erbaute und später von Jayavarman VII. erneuerte Tempel **Preah Palilay**.

Kleiner Rundweg

Karte: S. 404/405

Phnom Bakheng 3

Von Siem Reap kommend, führt der Kleine Rundweg (Petit Circuit) am Haupteingang von Angkor Wat vorbei Richtung Angkor Thom. Knapp 1 km nördlich ragt der 67 m hohe Hügel **Phnom Bakheng** aus der Ebene auf. König Yashovarman I. (889/90 bis etwa 910) bestimmte den Hügel zum Mittelpunkt von Yashodharapura, nachdem er seine Hauptstadt von Roluos in das Gebiet von Angkor verlegt hatte. Auf dem natürlichen Fundament ließ der Herrscher als ersten Sakralbau im Zentrum von Angkor den Haupttempel seines Reiches errichten. Steinerne Wächterlöwen markieren den Beginn des Pfads, der steil zum Gipfel des Hügels führt. Besucher, denen der Aufstieg zu mühsam ist, können sich dem Heiligtum, wie einst die Khmer-Könige, auf dem Rücken eines Elefanten nähern (15 US-$).

Auf dem Gipfel erhebt sich inmitten eines Areals, das von einer 180 x 120 m messenden Umfassungsmauer umfriedet ist, die fünfstufige Pyramide des Tempelbergs. Einst war sie von 44 kleinen Backsteintempeln umgeben. Die unterste der sich nach oben verjüngenden Terrassen besitzt eine Seitenlänge von 76 m. Jede der fünf Plattformen ist mit zwölf Miniaturtempeln aus Sandstein geschmückt. Auf der obersten Terrasse des 13 m hohen Heiligtums stehen schachbrettartig angeordnet fünf größtenteils zerstörte Prasat aus Sandstein, welche die fünf Gipfel des heiligen Götterbergs Meru symbolisieren. Einst befand sich in den fünf Tempeltürmen je ein Linga, das Phallussymbol des Shiva, dem das Heiligtum geweiht war.

Baksei Chamkrong 4

Unmittelbar südlich der Stadtmauer von Angkor Thom steht linker Hand der Zufahrtsstraße die Tempelpyramide **Baksei Chamkrong**, das einzige, recht unspektakuläre Bauwerk, das aus der Regierungszeit von König Harshavarman I. (910 bis um 922) erhalten blieb. Anders als die Vorgängerbauten wurde der vierstufige Tempelberg nicht aus Sandstein, sondern aus Laterit errichtet. Zum Gipfel der 13 m hohen Pyramide führen vier sehr steile Treppen. Auf der obersten Terrasse erhebt sich – anders als beim Phnom-Bakheng-Tempel, der noch fünf Turmheiligtümer besaß – nun mehr ein einziges Heiligtum aus Backstein, dessen Scheintüren aus Sandstein schönen Skulpturenschmuck aufweisen.

Thommanon und Chaosay Tevoda

Der Kleine Rundweg führt nun durch das südliche Stadttor nach Angkor Thom (s. S. 412). Der Pfad, der den Bayon-Tempel passiert, biegt in Höhe der Elefantenterrasse ostwärts in die Siegesstraße ein. Rund 200 m östlich des Siegestors stehen am Ufer des Siem-Reap-Flusses zwei Tempel, die sich hinsichtlich Architektur und Bestimmung sehr ähnlich sind. Die Ursprünge des linker Hand aufragenden, dem Hindu-Gott Vishnu geweihten **Thommanon** 5 reichen in das frühe 12. Jh. zurück. Von dem Heiligtum, das aus Laterit und Sandstein errichtet wurde, blieb außer den beiden Eingangspavillons nur der zentrale Tempelturm erhalten. Seine Fassade

Kunstraub in Angkor

Thema

Anders als in den Wirren des kambodschanischen Bürgerkriegs ist ein Kunstraub größeren Stils im zentralen Bereich von Angkor heute so gut wie unmöglich. Entlegene Tempelruinen sind organisierten Banden jedoch nach wie vor schutzlos ausgeliefert.

Die Szene hätte aus einem Thriller stammen können: Ein halbes Dutzend maskierter Männer, schwer bewaffnet mit Schnellfeuergewehren, stürmen die Lagerhalle der Conservation d'Angkor in Siem Reap, nachdem sie mit Handgranaten das Tor aufgesprengt haben. Sie fesseln und knebeln die Wachleute des Instituts, in dessen Lagerhallen Tausende von Skulpturen, Reliefs und anderen Kunstwerken aus den Angkor-Tempeln aufbewahrt werden. Seelenruhig beladen sie einen Lastwagen mit unersetzlichen Schätzen und machen sich ungehindert aus dem Staub.

Der bewaffnete Überfall fand 1993 statt. Offiziellen Angaben zufolge ging er auf das Konto der Roten Khmer, die mit dem Kunstraub ihre Kriegskasse aufstocken wollten. Höchstwahrscheinlich brachten sie ihre Beute über die Grenze nach Thailand, um sie dort gegen Devisen an Hehler zu verkaufen. Heute hat die kambodschanische Regierung einige Hundertschaften Polizisten und Soldaten bereit gestellt, welche die Tempel bewachen und spektakuläre Raubzüge verhindern. Mittlerweile ist der Kunstraub im zentralen Bereich von Angkor auch aufgrund der ständigen Präsenz von internationalen Organisationen, welche an Restaurierungsprojekten beteiligt sind und genaue Aufzeichnungen führen, unter Kontrolle. Unmöglich ist es jedoch, in der weitläufigen Ebene von Angkor auch entlegene Tempelbezirke rund um die Uhr zu überwachen.

Zwar sind die Zeiten vorbei, da von korrupten Beamten und Militärs gedeckte Banditen mit Tiefladern tonnenschwere Stücke wie Ziergiebel von Tempeleingängen abtransportierten, doch ist der illegale Kunstschmuggel noch lange nicht gestoppt.

Heute droht die größte Gefahr von organisierten Banden, die im Auftrag einer internationalen Antiquitätenmafia arbeiten. So können Interessenten bei Händlern in Phnom Penh, Ho Chi Minh City oder Bangkok anhand von Dias oder Videoaufnahmen die Objekte ihrer Begierde auswählen. Sobald der Käufer eine Kaution in Höhe der Hälfte des vereinbarten Preises hinterlegt hat, schlagen die Kunsträuber gezielt zu und plündern im Schutze der Dunkelheit unbewachte Tempel. So beschlagnahmten 1999 thailändische Polizisten mehr als 100 Kunstwerke, welche zuvor mit Hilfe von Brecheisen und Presslufthämmern aus der schwer zugänglichen Tempelruine Banteay Chhmar geraubt worden waren.

Auch noch heute erzielen Köpfe von Buddha-Statuen, himmlische Apsara-Nymphen, Relieffragmente und Stücke von gemeißelten Inschriften aus den Tempeln von Angkor auf dem internationalen Kunstmarkt astronomische Preise. »Ein Pfund Stein aus Angkor ist wie ein Pfund Gold«, bemerkte einmal ein Mitarbeiter der Conservation d'Angkor resigniert. Für die Sammler von Khmer-Kunst sind die Sandstein- und Bronzeskulpturen oder anderen Artefakte nicht nur eine Dekoration für Heim und Büro, sondern auch sichere Aktien, die wegen des sinkenden Angebots im Wert ständig steigen.

wird von fein gearbeiteten Blumenmotiven und Rankenwerk geschmückt. Ebenfalls im frühen 12. Jh. wurde die shivaistische Kultstätte **Chaosay Tevoda** 6 auf der gegenüberliegenden Straßenseite errichtet. Auch von diesem Bauwerk, das kürzlich von chinesischen Spezialisten mit Hilfe moderner Computertechnik restauriert wurde, hat lediglich das Zentralheiligtum die Zeiten überdauert.

Ta Keo 7

Östlich der beiden Sakralbauten überquert der Kleine Rundweg den Siem-Reap-Fluss auf einer Holzbrücke. Die Steinbrücke Spean Thma, die man von hier sieht, wurde im ausgehenden 12. Jh. gebaut. Wie vor Jahrhunderten dreht sich etwas nördlich der Brücke ein großes Wasserrad. Schon bald dominiert der **Ta Keo** das Bild.

Mit diesem Bauwerk, das als klassisches Beispiel eines Tempelbergs der angkorianischen Periode gilt, erlebte die Khmer-Architektur nach einer Zeit politischer Wirren eine Renaissance. Infolge einer Palastrevolution war nach der Regentschaft des glücklosen Königs Harshavarman I. (910 bis um 922) die Bautätigkeit in der Ebene von Angkor eingestellt worden. Da er in Angkor keinen Rückhalt hatte, gründete der Usurpator Jayavarman IV. (921–941/42) etwa 70 km nordöstlich im Gebiet von Koh Ker eine neue Hauptstadt. Erst mit der Rückkehr von Rajendravarman II. (944/45–968) lebte die Khmer-Architektur in Angkor wieder auf.

Der Bau des Ta Keo wurde unter Jayavarman V. (968–1001) begonnen und unter Suryavarman I. (1001/02–1049) vollendet. Nachdem zuvor hauptsächlich Laterit verwendet worden war, benutzten die Baumeister nun wieder Sandstein, das traditionelle Baumaterial. Die ohne Aufbauten 22 m hohe **Pyramide** des Ta Keo besteht aus fünf rechteckigen, sich regelmäßig verkleinernden Terrassen, deren unterste 120 x 100 m misst. Die zweite, 80 x 75 m große Plattform besitzt als Einfassung eine umlaufende Galerie, die an den Achsen von Pavillons unterbrochen wird. An den Ecken der obersten 40 x 40 m messenden Terrasse erheben sich nach allen Seiten offene Tempeltürme. Der quadratische Mittelturm mit vier Vorhallen überragt die Umgebung um 45 m. Linga, die sich in den Prasat befinden, weisen auf eine shivaitische Bestimmung des Heiligtums hin. Im Gegensatz zu den meisten anderen Sakralbauten in der Ebene von Angkor besitzen die fünf Prasat des Ta Keo weder Reliefs noch sonstiges Dekor, was darauf hindeutet, dass die Fassaden früher möglicherweise mit Metallplatten verkleidet waren.

Ta Prohm 8

Gut 500 m südöstlich des Ta Keo erstreckt sich inmitten üppigen Dschungels die Tempelanlage **Ta Prohm**. Während andere bedeutende Heiligtümer entweder restauriert wurden oder noch werden, beschloss man, das erste große sakrale Bauwerk von König Jayavarman VII. so zu belassen, wie es sein Entdecker, der französische Naturwissenschaftler Henri Mouhot, im Jahr 1860 vorfand – als ein melancholisches Monument des Verfalls. Ta Prohm, dessen Mauern vom mächtigen Wurzelwerk der Kapok-Bäume und Würgefeigen umschlungen sind, legt Zeugnis ab von der Macht der Natur und der Vergänglichkeit der Bauwerke des Menschen. Doch der Dschungel zerstörte nicht nur. Die Bäume dienten als natürliches Korsett und hielten mit ihren Wurzeln das von Monsunregen und sengender Hitze beschädigte Mauerwerk jahrhundertelang zusammen. Heute könnte man die wild wuchernde Vegetation nur entfernen, wenn man erhebliche Beschädigungen des Bauwerks in Kauf nimmt.

Im Jahr 1186 begann Jayavarman VII. an der Südwestecke des Östlichen Baray auf einer Fläche von 1000 x 600 m eine Tempelstadt zu errichten. Einer Inschrift zufolge lebten innerhalb der Stadtmauern 12 640 Menschen, darunter 18 Hohepriester, 2740 Beamte, 2212 Künstler und 615 Tänzerinnen, die von 79 356 Bauern aus mehr als 3000 umliegenden Dörfern versorgt wurden. Sie alle sollten den Verehrungskult des Gottkönigs aufrechterhalten. So kann man die Ruinen des

Ta Prohm auch als **Symbol für den Untergang eines Reiches** sehen, dessen Kulte nicht mehr vom Volk getragen wurden.

Die Anlage des Flachtempels Ta Prohm beruht auf drei konzentrischen, von umlaufenden Galerien eingefassten Rechtecken. Durch das von einer riesigen Würgefeige umschlungene **Eingangsportal** an der Westseite, wie die Stadttore von Angkor Thom ein Gopuram mit vier riesigen Reliefgesichtern, gelangt man in den inneren Tempelbereich. Dort ragt als zentrales Heiligtum ein Prasat mit einem großen vorgelagerten Mandapa auf, der von einer Galerie eingefasst ist.

Jeder Quadratmeter des Tempelgeländes scheint bebaut zu sein. Die Vielzahl der Gebäude lässt sich mit dem Wechsel vom Hinduismus zum Buddhismus erklären. Das hinduistische Ritual, von dem das Volk ausgeschlossen war, beschränkte sich auf Opferhandlungen, die vom König oder Hohepriester ausgeführt wurden. Die buddhistische Lehre hingegen forderte die Bildung eines Mönchsordens. Der Tempel war keine reine Kultstätte mehr, sondern ein Kloster, in dem Mönche, Nonnen und Novizen lebten.

Wie der Bayon lässt auch sein Vorgänger erkennen, dass der Bauplan im Verlauf der Arbeiten mehrmals geändert wurde, was zu einer unübersichtlichen Raumordnung mit ineinander verschachtelten Galerien, kreuz und quer verlaufenden Korridoren und einem Gewirr von Sälen und Höfen führte. Der **labyrinthische Charakter** der Anlage wird heute durch wild wuchernde Dschungelpflanzen verstärkt.

Durch eine Mauer ist die Anlage, auf dem das Hauptheiligtum steht, vom östlichen Tempelbezirk mit dem ehemaligen Haupteingang abgegrenzt. Hier erhebt sich eine Säulenhalle mit Regenbecken und verschachtelten Höfen, die dem Kreuzgang von Angkor Wat sehr ähnlich ist.

Banteay Kdei 9

Ein Gopuram mit vier großen, in alle Himmelsrichtungen blickenden Reliefgesichtern markiert den Eingang des buddhistischen Flachtempels **Banteay Kdei**, dessen Umfassungsmauer fast mit der äußeren Einfassung des Ta Prohm zusammenstößt. Dieses charakteristische Portal, das den Stadttoren von Angkor Thom und den Bayon-Türmen ähnelt, weist auch das von Tropengrün umwucherte, bislang noch nicht restaurierte Heiligtum als eines der zahlreichen Bauwerke aus, die unter Jayavarman VII. errrichtet wurden. Die unübersichtliche Anlage lässt den Banteay Kdei wie eine Miniaturausgabe des ebenfalls im ausgehenden 12. Jh. erbauten Ta Prohm erscheinen.

Beide Tempel besitzen als identisches Merkmal eine Säulenhalle, die außerhalb der beiden Einfassungen des zentralen Heiligtums steht. Den Roten Khmer, die sich während des kambodschanischen Bürgerkriegs von 1970 bis 1975 in den Angkor-Bauten verschanzt hatten, diente Banteay Kdei als Feldlazarett.

Srah Srang 10

Gegenüber vom Tempel erstreckt sich östlich der Straße ein 400 x 750 m messender, mit Lateritblöcken eingefasster künstlicher See, der **Srah Srang**. Zu dem königlichen Schwimmbad, in dem Jayavarman VII. einst vor seinen Meditationsübungen rituelle Waschungen vollzog, führt eine aus Laterit und Sandstein erbaute Treppe mit schönen Naga-Balustraden. Die noch aus Zeiten vor der Indisierung stammende Verehrung der Fruchtbarkeit spendenden Naga-Wasserschlangen, die in Flüssen und Seen leben, war eng mit dem buddhistischen Ritual der Khmer-Könige verwoben. Den Beginn der Treppe bewachen zwei steinerne Löwen. Die Terrasse davor diente wahrscheinlich als Unterbau eines Holzpavillons.

Prasat Kravan 11

Etwa 1 km südwestlich des Srah Srang zeichnet sich am Horizont die Silhouette der fünf fensterlosen Backsteintürme des **Prasat Kravan** ab. Vermutlich wurde mit der Errichtung des hinduistischen Heiligtums begonnen, nachdem König Yashovarman I. (889/90 bis etwa 910) seine Hauptstadt von Roluos in das Gebiet von Angkor verlegt hatte. Jedoch erst gegen Ende der Regentschaft von König Harshavarman I. (etwa 910 bis um 922) wurde der Sakralbau fertig gestellt.

Im Zentralturm findet sich ein Linga, das Symbol der Schöpfungs- und Zeugungskraft des Gottes Shiva. Ein Halbrelief an der linken Wand zeigt den vierarmigen Vishnu, der seine Attribute – eine Lotosblume, eine Keule, eine Muschelschale und einen Diskus – in den Händen hält. Rechter Hand sieht man ihn auf seinem mythischen Reittier, dem Sonnenvogel Garuda. An der rückwärtigen Mauer ist Vishnu mit acht Armen dargestellt. Die Sandsteinumrahmungen der Türen zeigen ein Dekor aus Ranken- und Laubornamenten mit kleinen Reiterfiguren. Ein Relief im nördlichen Turm verkörpert Lakshmi, die Gattin des Vishnu.

Der Kleine Rundweg endet an der Ostseite des 3 km südwestlich des Prasat Kravan gelegenen Angkor Wat.

Großer Rundweg

Karte: S. 404/405
Einen weiten Halbkreis um die Tempelstadt Angkor Thom beschreibend, führt der Große Rundweg (Grand Circuit) zu kleineren, seltener besuchten Sakralbauten. Ausgangspunkt ist das nördliche Stadttor von Angkor Thom. Praktischer ist es allerdings, die Besichtigungstour beim Tempel Pre Rup im Süden des Östlichen Baray (s. r.) zu beginnen.

Pre Rup 12

Kommt man vom Angkor Wat, so zweigt der Große Rundweg an der Weggabelung nördlich des Srah Srang Richtung Osten ab. Nach rund 2 km taucht in einer scharfen Linkskurve das aus rotem Laterit erbaute Shiva-Heiligtum **Pre Rup** auf. Rajendravarman II. (944/45–968) ließ den majestätisch wirkenden Tempelberg, der beim Bau von Ta Keo und Angkor Wat als Vorbild diente, nach seiner Rückkehr aus der zeitweiligen Hauptstadt Koh Ker als sein Mausoleum errichten. Die unterste Plattform der dreistufigen Pyramide bildet ein Quadrat mit einer Seitenlänge von 50 m. Auf der obersten Terrasse ragen 12 m über dem Boden fünf Prasat aus Ziegelstein auf, deren Türstürze und Reliefs aus Sandstein bestehen. Zwischen den beiden Umfassungsmauern des Tempels erheben sich links und rechts des Zugangswegs fünf weitere mächtige Backsteintürme, für deren einstigen Verwendungszweck noch keine schlüssige Erklärung gefunden wurde. Möglicherweise dienten sie der königlichen Familie als Verbrennungstürme. Auf die Bestimmung des Pre Rup als Krematorium deutet der Name des Tempels, der so viel wie den Leichnam wenden bedeutet, was sich auf ein Verbrennungsritual für königliche Herrscher bezieht.

Östlicher Mebon 13

Knapp 2 km nördlich des Pre Rup erhebt sich im Zentrum des heute ausgetrockneten Östlichen Baray auf einer quadratischen Insel mit einer Seitenlänge von 120 m ein weiterer Tempel, der auf König Rajendravarman II. (944/45–968) zurückgeht – der **Östliche Mebon**. Das archaisch wirkende, ebenfalls dem Hindu-Gott Shiva geweihte Heiligtum ist eine dreistufige Pyramide. Von Steinlöwen bewachte Treppenaufgänge führen zu den ersten beiden aus Lateritblöcken errichteten Terrassen, an deren Ecken große Elefantenfiguren aus Sandstein stehen. Vor dem östlichen Hauptaufgang zum Sanktuarium erstrecken sich vier symmetrisch angeordnete Gebäude, deren einstige Funktion ungeklärt ist. Die Ziegelstein-Prasat an den anderen Seiten bargen ursprünglich je einen Linga. Auf der obersten Terrasse aus Sandstein ragen in der Stellung der Fünf eines Würfels fünf Backsteintürme auf. Die Löcher, mit denen die Fassaden der Turmheiligtümer übersät sind, gaben einst den Stuckverzierungen besseren Halt. An jeder Seite der künstlichen Insel erkennt man die Stege, an denen früher die Boote der Tempelbesucher anlegten.

Östlicher Baray 14

Den 1,8 km breiten und 7 km langen **Östlichen Baray** ließ Yashovarman I. (889/90 bis etwa 910) als riesigen Wasserspeicher für seine Hauptstadt Yashodharapura anlegen. Experten schätzen, dass rund 2000 Arbeiter vier bis fünf Jahre damit beschäftigt waren, die Dämme für das gigantische, nach seinem Erbauer Yashodharatataka genannte Reservoir mit einem Fassungsvermögen von 30 Mio. m^3 aufzuschütten. Dabei mussten sie mehr als 12 Mio. m^3 Erde umschichten. Welche Arbeitsleistung dafür erforderlich war, mag die Tatsache verdeutlichen, dass heute für einen Autobahnkilometer moderne Maschinen etwa 150 000 m^3 Erdreich bewegen.

Ta Som 15

Nordwestlich des Östlichen Mebon überquert der Grand Circuit den Siem-Reap-Fluss. Gut 1 km weiter steht rechter Hand der Straße der Tempel **Ta Som**. An den vier Gesichtern des Bodhisattva Lokeshvara, die am Gopuram barmherzig lächelnd die Besucher begrüßen, erkennt man, dass der rastlose Jayavarman VII. auch dieses Heiligtum errichten ließ. So ähneln der Stil und das Dekor des Ta Som denen der Tempel Ta Prohm und Banteay Kdei. Die bisher nicht restaurierte buddhistische Kultstätte aus Laterit und Sandstein umgibt eine pittoresk-morbide Atmosphäre.

Preah Neak Pean 16

Etwa 3 km westlich des Ta Som zweigt Richtung Süden ein schmaler Weg von der Hauptstraße ab. Er endet an einem Parkplatz, von dem man nach einigen Fußminuten den Tempel **Preah Neak Pean** erreicht. Die Anlage wurde ebenfalls von Jayavarman VII. (1181 bis um 1220) errichtet. Analog zur hinduistisch-buddhistischen Kosmologie erhebt sich in der Mitte eines 60 x 60 m großen Wasserbeckens, dem Symbol des Urmeers, auf einer runden, fünfstufigen Plattform ein Heiligtum, das den Göttersitz Meru darstellt. Die vier kleineren Bassins, die den Flanken des Wasserbeckens vorgelagert sind, symbolisieren die aus dem Weltenmeer entspringenden vier größten Flüsse der Erde. Die steinernen Wasserspeier, durch die einst das Wasser für rituelle Waschungen aus dem Hauptbecken in die vier Nebenbassins sprudelte, sind in Form eines Elefanten-, eines Pferde-, eines Löwen- und eines Menschenkopfes gestaltet. Ursprünglich stand der Wassertempel auf einer Insel, die inmitten eines heute ausgetrockneten und von dichter Vegetation überwucherten Sees lag. Der Name des Tempels geht auf die ineinander verschlungenen Nagas (in der Sprache der Khmer *neak)* zurück, die sich um den Sockel des Heiligtums winden – Preah Neak Pean bedeutet **Tempel der sich windenden Schlangen**.

Preah Khan 17

Rund 4 km weiter westlich versteckt sich im dichten Urwald der wenig besuchte **Preah Khan**, die letzte Station auf dem Großen Rundweg. Auch dieses sakrale Bauwerk, das wie ein Ebenbild des Ta-Prohm-Tempels erscheint, geht auf die unermüdliche Bautätigkeit unter König Jayavarman VII. Ende des 12. Jh. zurück. Ein 40 m breiter Wassergraben, der ein Rechteck mit 1000 x 750 m Seitenlänge bildet, umschließt das Tempelareal. Im rechteckigen, 220 x 170 m messenden inneren Tempelbezirk, den eine Galerie umgibt, drängt sich um das Hauptheiligtum in Form eines kleinen Stupa eine unübersichtliche Fülle von Türmen, Sälen, Bibliotheken, Pavillons, Höfen und Mönchszellen. Praktisch jeder Winkel ist bebaut. Das zentrale Heiligtum bestand ursprünglich aus einem Gesichterturm, der das Antlitz des Vaters von Jayavarman VII. darstellte. Der heutige Stupa stammt vermutlich aus dem 16. Jh.

Auch der Bereich zwischen erster und zweiter Einfassung ist durch ein Gewirr steinerner Bauelemente gekennzeichnet. Wie beim Ta Prohm war dem zentralen Heiligtum des Preah Khan östlich eine heute verfallene **Säulenhalle** vorgebaut, die als Saal der Tänzerinnen bezeichnet wird. Nördlich der ersten Umfassungsmauer steht ein kleiner, Shiva geweihter Tempel. Das Heiligtum an der Westseite ist Vishnu zugeordnet. Zu der Hinduisierung des buddhistischen Tempelklosters kam es nach dem Tod von Jayavarman VII. um das Jahr 1220, als in Angkor vorübergehend der Hinduismus wieder die Oberhand gewann. Dies spiegelt sich auch in der Ikonografie der Tempelanlage wider. So wurden in Halbrelief ausgeführte Bildnisse des Buddha in Hindu-Heilige umgewandelt. Der

Große Rundweg endet etwa 1,5 km südwestlich des Preah Khan am nördlichen Stadttor von Angkor Thom.

Die Roluos-Gruppe

Karte: S. 404/405
Aus der Zeit von Jayavarman II. (vor 770 bis nach 800), dem Gründer der Angkor-Dynastie, haben keine bedeutenden Bauwerke die Zeitläufte überdauert. Das Fundament der Khmer-Architektur legte Indravarman I. (877/78–889/90), der südöstlich von Angkor in der Nähe des Großen Sees seine Hauptstadt **Hariharalaya** erbauen ließ. Der Name der Stadt leitet sich von Harihara her, einer Gottheit, die in sich die beiden Hindu-Götter Shiva und Vishnu vereint. Mit einem großen Wasserreservoir, dem Baray von Lolei, sowie einem verästelten Netz von Wassergräben und Kanälen wurde Hariharalaya zum Prototyp der kambodschanischen Stadtarchitektur. Heute fasst man die erhaltenen Sakralbauten, nach dem Roluos-Fluss, unter dem Begriff **Roluos-Gruppe** (gesprochen: Roluoh) zusammen.

Die Stadt, die Raum für etwa 15 000 Menschen bot, ist in drei Bezirke gegliedert. Im Zentrum der einzelnen Viertel standen drei bedeutende Tempelanlagen – Bakong und Preah Ko sowie der heute verfallene Prasat Prei Monti. Jeder Tempel war von einem äußeren und einem inneren Wassergraben umschlossen. Dazwischen standen die aus nicht dauerhaftem Material errichteten Wohngebäude des einfachen Volkes. Auch die Struktur der drei Stadtbezirke von Hariharalaya basierte auf der hinduistischen Kosmologie. So symbolisierte der innere Wassergraben um den Tempel und den Wohnbezirk der Priester das die Erde umgebende Urmeer, während das im Mittelpunkt jeder Siedlung aufragende Sanktuarium den Götterberg Meru darstellte.

Bakong 18

Haupttheiligtum von Hariharalaya war der von Indravarman I. im Jahr 881 eingeweihte **Bakong**, der erste bedeutende Tempelberg in der Ebene von Angkor. Während in der präangkorianischen Epoche für Sakralbauten fast ausschließlich Backstein Verwendung fand, wurden die fünf fast quadratischen Terrassen des Bakong aus Sandsteinquadern aufgeschichtet. Die unterste Plattform der Stufenpyramide misst 67 x 65 m. Nach oben hin verjüngen sich die einzelnen Stufen.

Von steinernen Löwen flankierte Treppen, die man durch einen Gopuram betritt, führen zur obersten Terrasse, auf der sich einst 15 m über dem Boden ein Shiva geweihtes Heiligtum erhob. An der Stelle des ursprünglichen, nicht mehr erhaltenen Haupttempels steht heute ein Heiligtum aus dem 12. Jh. An der Mauer der fünften Stufe haben verwitterte Reliefs mit Szenen aus der Hindu-Mythologie die Zeiten überdauert. Zwölf kleine Prasat säumen die vorletzte Terrasse – wahrscheinlich Miniaturkopien des ursprünglichen Hauptheiligtums. An den Ecken der drei untersten Terrassen standen einst als Symbol für die ewig währende Kontinuität des Universums steinerne Elefanten, von denen jedoch nur noch einige wenige unbeschädigt erhalten blieben. Als **Nebenheiligtümer** verteilen sich rings um die Stufenpyramide acht Backsteintürme, von denen drei verfallen sind. Die parallel oder senkrecht zur Hauptachse angelegten Gebäude im östlichen Tempelbezirk, in dem sich auch der Haupteingang befindet, dienten als Bibliotheken oder Unterkünfte für die Tempelpriester. Kleine Türme aus Ziegelstein stehen an den Ecken der Umfassungsmauer aus Laterit, deren vier Seiten jeweils in der Mitte von einem kreuzförmigen Portal durchbrochen werden. Der innere Tempelbezirk des einst Shiva geweihten Heiligtums beherbergt heute eine kleine Pagode sowie die Unterkünfte buddhistischer Mönche.

Preah Ko 19

Im Jahr 879, zwei Jahre vor dem Bakong, wurde die ebenfalls Shiva geweihte Tempelanlage von **Preah Ko** fertig gestellt. Das von

Der Tempel Ta Som – ein vom Dschungel umwuchertes Heiligtum

einer doppelten Einfassung umschlossene Heiligtum, das als Mausoleum für Jayavarman II. und die Vorfahren von Indravarman I. diente, setzt sich aus sechs auf einer Sandsteinterrasse stehenden, in zwei Reihen angeordneten Backsteintürmen von 15 m Höhe zusammen. An den Fassaden sind noch Schichten des originalen Stuckverputzes zu sehen. An den drei Treppen zu den Tempeltürmen wachen je zwei steinerne Löwen. Vor jedem Aufgang steht eine Statue des Nandi-Bullen, des mythischen Reittiers von Shiva. Die Plastiken erklären den Namen, den der Volksmund dem Heiligtum gab – Preah Ko bedeutet heiliger Ochse. In den langen Gebäuden zwischen den beiden Umfassungsmauern befanden sich einst Bibliotheken oder Priesterunterkünfte. Mit 500 x 400 m wirkt die äußere Mauer recht überdimensioniert; dies lässt vermuten, dass auf dem Areal einst auch der Palast des Königs stand.

Baray von Lolei und Tempel von Lolei

Karte: S. 404/405

Nördlich der Nationalstraße 6 erstreckt sich der von Indravarman I. angelegte 800 m breite und 3800 m lange **Baray von Lolei** 20, der einst die königliche Hauptstadt und die umliegenden Reisfelder mit Wasser versorgte. Auf dem Boden des riesigen, ausgetrockneten Wasserreservoirs, das 6 Mio. m^3 fasste, befinden sich heute Reisfelder. Auf einer Insel in der Mitte des künstlichen Sees ragt der unter Yashovarman I. (889/90 bis etwa 910) errichtete, aus vier baufälligen Backsteintürmen mit sich verjüngenden Dachaufbauten bestehende **Tempel von Lolei** 21 auf. In den Türsturz über dem nach Osten gerichteten Eingang des Nordostturms ist ein Relief eingearbeitet, das den hinduistischen Götterkönig Indra auf dem dreiköpfigen Airavata-Elefanten zeigt, flankiert von Naga-Schlangen und krokodilartigen Makara-Seeungeheuern. Heute gruppiert sich um die ehemalige hinduistische Kultstätte als religiöses Zentrum der Einheimischen ein buddhistisches Kloster.

Beng Mealea

Karte: S. 404/405

Kunsthistorisch besonders Interessierte können den Besuch der Roluos-Gruppe mit einem Ausflug nach Beng Mealea verbinden. Von den Roluos-Tempeln geht es auf der Nationalstraße 6 etwa 15 km in Richtung Kompong Thom. Im Dorf Dom Dek biegt man nach Norden ab und gelangt auf einer guten, mautpflichtigen Privatstraße nach etwa 40 km zu der erst teilweise vom Dschungel befreiten **Ruinenstätte Beng Mealea**. die einen guten Eindruck davon vermittelt, wie der französische Entdecker Henri Mouhot die Tempel von Angkor Mitte des 19. Jh. vorfand. Da die gesamte Region lange Zeit unter der Kontrolle der Roten Khmer stand, konnte das Areal von Beng Mealea erst 1999 von Minen und Blindgängern geräumt werden.

Das heute in Trümmer liegende Beng Mealea zählte einst zu den großen Städten des Khmer-Imperiums. Die Ursprünge des zu Beginn des 12. Jh. erbauten Beng Mealea liegen im Dunkeln, ebenso ist wenig bekannt über die Bedeutung der Stadt, die eine Straße mit Angkor verband. Doch allein die Größe von mehr als 1 km^2 legt die Vermutung nahe, dass es sich um keinen unbedeutenden Ort handelte. Umgeben war Beng Mealea von einem gut 4 km langen und 45 m breiten Wassergraben ohne Einfassungsmauer.

Gepflasterte Wege, die von Naga-Balustraden gesäumt waren, führten aus allen Himmelsrichtungen zum Heiligtum im Zentrum der Stadt. Reste der Naga-Schlangen sind heute nur noch an dem zum Südtor führenden Pfad erhalten.

Die Anlage lässt den auf einer Ebene errichteten Tempel wie eine **Miniaturausgabe** des ebenfalls im 12. Jh. erbauten **Angkor Wat** erscheinen. Beide Tempel besitzen als identisches Merkmal konzentrische, durch Kreuzgänge miteinander verbundene Galerien. Die innen von einer fensterlosen Mauer abgeschlossenen Galerien waren erstmals in der Baugeschichte von Angkor mit einem vollständig aus Sandstein errichteten Gewölbe versehen. Anstelle von Außenmauern stützten ein oder zwei Pfeilerreihen die gewölbten Dächer. Im Gegensatz zum Angkor Wat weisen die Innenwände der Galerien allerdings kein Dekor auf. Nur vereinzelt finden sich Darstellungen von Apsaras und Devatas, himmlischen Tänzerinnen und Göttinen, an den Tortürmen. Bisweilen entdeckt man inmitten der verschachtelten Sandsteinquader Türstürze mit fein gearbeiteten Reliefs, die Szenen aus den indischen Heldenepen »Ramayana« und »Mahabharata« darstellen.

Der Zugang zum Heiligtum erfolgt über eine Holzrampe rechter Hand des südlichen Gopuram, der wie die anderen drei Tortürme in Trümmer liegt. Durch die Ruinenstätte führt ein Holzbohlenweg. Umklammert vom Wurzelwerk mächtiger Kapok-Bäume und Würgefeigen haben nur die beiden Bibliotheken und Teile der Galerien die Zeiten überdauert. Das teilweise eingestürzte Sanktuarium hat man vermutlich aus optischen Gründen etwas nach Westen versetzt. Da man keine Inschriften fand, ist unbekannt, welcher hinduistischen Gottheit es geweiht war. Am Südtor warten *Guides,* die Besuchern gegen ein kleines Trinkgeld den Tempel auch etwas abseits des ausgewiesenen Pfads zeigen.

Ausflug zum Phnom Kulen

Karte: S. 404/405

Einen Tagesausflug zum heiligen Berg Phnom Kulen, kann man gut mit Abstechern zu den Tempeln **Banteay Samre** und **Banteay Srei** sowie zum **Kbal Spean**, dem Fluss der tausend Lingas, verbinden. Zum Banteay Samre, Banteay Srei und Kbal Spean fahren Motorrad-Rikschas. Zum Plateau des Phnom Kulen kommt man nur mit einem Auto oder starkem Motorrad. Die 12 km lange, steile Bergstraße ist eine Einbahnstraße: Vormittags bis 12 Uhr geht es hinauf, nachmittags hinunter.

Banteay Samre 22

Auf dem Weg zum Banteay Srei lohnt ein Stopp bei dem hinduistischen Tempel **Banteay Samre**, der während der Regierungszeit Suryavarmans II. in der ersten Hälfte des 12. Jh. errichtet wurde und als einer der schönsten Flachtempel aus der Angkor-Wat-Periode gilt. Das Vishnu geweihte Heiligtum, einst vermutlich im Herzen einer Siedlung, besteht aus einem hohen Tempelturm, der den Turmheiligtümern des Angkor Wat ähnelt. Zwei steingewölbte, konzentrische Galerien, die nach innen arkadenartig geöffnet und an der Außenseite mit einer fensterlosen Mauer versehen sind, umfassen den Tempel. Die dem Eingang vorgelagerte kreuzförmige Terrasse flankieren sehr schöne Wächterlöwen. Außer dem Sanktuarium mit einer *mandapa* genannten Vorhalle befinden sich im inneren Tempelbereich zwei längliche Bibliotheken.

Banteay Srei

Als einziges bedeutendes Sakralbauwerk von Angkor wurde der Tempel, der den Beginn der angkorianischen Klassik markiert, nicht von einem König errichtet. Das kleine Shiva-Heiligtum, das wegen seines kunstvollen Dekors als einzigartiges Kleinod gilt, wurde in der zweiten Hälfte des 10. Jh. von dem Brahmanen Yajnavaraha erbaut, einem Enkel des Herrschers Harshavarman I. (etwa 910 bis um 922) und späterem Lehrer der Könige Rajendravarman II. (944/45–968) und Jayavarman V. (968–1001). So erklärt sich auch die kleine, fast zierliche Form des **Banteay Srei**, die ihn fast wie einen Miniaturtempel erscheinen lässt, denn ›echte‹ Tempelbauten waren den Herrschern vorbehalten. Besonders deutlich kommen die Proportionen an den niedrigen Tempeldächern zum Ausdruck, die man mit ausgestreckten Armen berühren könnte.

Aus Richtung Osten führt ein 67 m langer, von einer Doppelgalerie gesäumter Damm zum Tempel. Die Anlage wird von einem 94 x 108 m großen Wassergraben umgeben, der jedoch an der Ostseite breiter ist als im Westen, wodurch die Tempelanlage von Ost nach West versetzt wirkt. Es folgt eine doppelte Umfassungsmauer, innerhalb der rings um das zentrale Heiligtum sechs lang gestreckte Gebäude stehen. Das Allerheiligste besteht aus drei Sandsteintürmen mit vierstufigem Dach, die sich in Nord-Süd-Ausrichtung auf

einer Terrasse erheben. Dem mittleren Prasat ist ein Mandapa vorgelagert. Südlich und nördlich der Vorhalle steht je eine Bibliothek.

Nicht die relativ schlichte Architektur macht den Banteay Srei so einzigartig, sondern das virtuos gestaltete **Dekor**, das wie ein Ornamentdschungel nahezu lückenlos alle Bauwerke umfasst: Ein wahres Ballett von Apsaras und Devatas, himmlischen Tänzerinnen und Göttinnen, gekleidet in lange Brokatröcke, versehen mit prächtigem Haarschmuck und dargestellt mit nach damaligem Brauch nackter Brust, schmückt in kräftig herausgearbeitetem Relief die Wände. Den Nymphen entsprechen Jünglinge, die Wächter oder Dvarapalas. An den Tempelfassaden sieht man Blumen- und Laubornamente. Kunstvoll geschmückt sind auch die Kapitelle der Säulen sowie die Fenster- und Türstürze. An manchen Stellen verschmelzen die Reliefs mit einer dreidimensionalen Bauplastik, mit Garuda-Sonnenvögeln oder mythischen Wächterfiguren, halb Mensch, halb Affe.

Besonders schön ausgeführt sind die **Basreliefs** über den Fenstern und Türen sowie auf den Giebelfeldern der Tempeltürme, Gopuram und Bibliotheken. Kunstvoll in den rosafarbenen Sandstein gemeißelt, geben sie in ausdrucksstarker Bildsprache Szenen aus der hinduistischen Mythologie wider. Einheimische nannten das Miniaturheiligtum Banteay Srei – Zitadelle der Frauen. Da der Tempel nach Osten ausgerichtet ist, herrscht am frühen Vormittag bestes Fotolicht.

Kbal Spean

Im Norden und Osten des Banteay Srei erstreckt sich das Bergland von Kulen. Noch heute ist das Massiv als Berg Shivas ein Pilgerziel frommer Shivaiten. Knapp 15 km nördlich des Shiva-Heiligtums Banteay Srei sprudelt die Quelle eines der Nebenflüsse des Siem-Reap-Flusses. Für die Khmer war das Quellwasser, dem sie magische Kräfte zuschreiben, ein Geschenk des Gottes Shiva.

Das bedeutende Shiva-Heiligtum Banteay Srei wurde im 10. Jh. errichtet

Ihm zu Ehren stellten sie über Jahrhunderte hinweg zahlreiche Linga, die Symbole der Schöpfungs- und Zeugungskraft Shivas, in das Flussbett, dem der Volksmund den Namen **Kbal Spean** gab – Fluss der tausend Lingas. Auch heute noch sind die meisten Pilger überzeugt, dass es Glück bringt, im Fluss zu waten und die Lingas mit bloßen Füßen zu berühren. Am Fluss, den man nach einer halbstündigen Wanderung über bisweilen rutschige Pfade erreicht, stehen im Schatten hoher Bäume Steinbildnisse von Hindu-Göttern und Gestalten aus der hinduistischen Mythologie.

Phnom Kulen

Rund 30 km östlich des Banteay-Srei-Tempels ragt der 487 m hohe **Phnom Kulen** auf, für die Kambodschaner der heiligste Berg ihres Landes. Auf dem Gipfel, den man heute bequem mit Auto oder Motorrad erreichen kann, ließ sich Jayavarman II. um die Wende vom 8. zum 9. Jh., in einem Ritual, das der Brahmane Hiranyadama ausführte, als eine Verkörperung von Shiva zum Gott der Welt ernennen. Mit dieser ›Unabhängigkeitserklärung‹ befreite sich der Gründer der Angkor-Monarchie, der lange Zeit am Hofe der javanischen Shailendra-Fürsten gelebt hatte, von der Vorherrschaft Javas. Wenig später gründete er auf dem Phnom Kulen seine Hauptstadt Mahendrapura.

Auf dem Phnom-Kulen-Plateau, auf welchem die Khmer einst den Sandstein für ihre Tempel abbauten, gibt es zwar heute keine großen Sakralbauten mehr, aber zahlreiche kleinere, aus Backstein errichtete **Shiva-Heiligtümer** vom Ende des 9. Jh., die in ihrem Dekor javanischen Einfluss aufweisen. Aus späteren Epochen stammen die buddhistischen Kultstätten der Region, wie z. B. der Wat Preah Ang Thom mit der Gipfelpagode, in der eine große, in einen massiven Sandsteinblock gemeißelte Statue des liegenden Buddha ruht. Eine weitere Attraktion ist ein 30 m hoher, in mehreren Kaskaden abstürzender Wasserfall, der einen natürlichen Swimmingpool speist. Wie am Kbal Spean stehen auch hier entlang eines Flusses zahlreiche Lingas.

Von Phnom Penh nach Poipet

Die 430 km lange Fahrt auf der Nationalstraße 5 von Phnom Penh nach Poipet an der Grenze zu Thailand setzt etwas Abenteuerlust und Improvisationstalent voraus – insbesondere wenn man mit Sammeltaxis, Pickups oder anderen öffentlichen Verkehrsmitteln unterwegs ist. Doch die meisten Reisenden auf dieser Route sind sich einig: Hier erlebt man abseits der *beaten tracks* das wahre Kambodscha.

Auf der National Road 5 nach Kompong Chhnang

► 3, L 26–L 25

In vielen Dörfern am Tonle-Sap-Fluss ist das Leben vom Islam bestimmt. Hier siedeln muslimische Cham, die viele ihrer Traditionen bewahrt haben. Als ihre religiösen Zentren erheben sich weithin sichtbar Moscheen. Im Dorf Udong einige Kilometer westlich der National Road 5 befand sich vom frühen 17. Jh. bis Mitte des 19. Jh. die letzte Hauptstadt der Angkor-Dynastie (s. S. 367). Gut ausgebaut windet sich die Nationalstraße 5 nördlich von Udong durch das fruchtbare Schwemmland des Tonle-Sap-Beckens. So weit das Auge reicht, breiten sich in der Ebene grüne Reisfelder aus, in denen sich kleine Dörfer unter den für Kambodscha typischen Zuckerpalmen verlieren. Dazwischen erstreckt sich ein verzweigtes Netz aus Flussläufen und Kanälen, kleinen Seen und Teichen.

Kompong Chhnang

► 3, N 25

Das 95 km nördlich von Phnom Penh gelegene **Kompong Chhnang** ist der bedeutendste Fischereihafen am Tonle-Sap-See. Hauptattraktion der ansonsten an Sehenswürdigkeiten armen Stadt ist der pittoreske **Flusshafen**. Die Fischerfamilien, deren Vorfahren meist aus Vietnam stammen, führen ein amphibisches Dasein auf dem Fluss. Sie leben in schwimmenden Häusern, die auf floßartigen Plattformen errichtet und am Ufer des Tonle Sap verankert sind. Wie eh und je ist der Fluss für sie Transportweg, Einkaufsstraße, Marktplatz, Waschhaus, Badezimmer und Toilette in einem. Wie man sagt, lernen Kinder dort mit zwei Jahren schwimmen und mit drei Jahren rudern. Unter vielen Hausbooten hängen Netze oder Drahtkörbe metertief in den Fluss, in denen Fische und Süßwassergarnelen gezüchtet werden. Einen Großteil der Shrimps exportiert man in das benachbarte Thailand. Den besten Eindruck von der schwimmenden Siedlung vermittelt eine Bootsfahrt. In der Nähe des Docks bieten Bootsleute ihre Pirogen für Rundfahrten an.

Verkehr

Bus: Tagsüber mehrere Busse von/nach Phnom Penh (95 km/2,5 Std.) und Battambang (200 km/4 Std.).

Von Kompong Chhnang nach Battambang

► 3, L 25–G 23

Als eine der wichtigsten Verkehrsadern des Landes, auf der schwer beladene Lastwagen Konsumgüter aus Thailand und Reis aus den fruchtbaren Anbaugebieten um Battambang in die dicht besiedelte Region um die Hauptstadt transportieren, ist die Nationalstraße 5 mittlerweile gut ausgebaut. Mussten sich noch vor wenigen Jahren die Fahrzeuge durch tiefe Schlaglöcher kämpfen, so rollt der Verkehr heute durchgehend auf Asphalt.

Zwischen Kompong Chhnang und Pursat verläuft die Fahrt weitgehend ereignislos. Man passiert ärmliche Dörfer und Marktflecken, in denen unerwartet prachtvolle Pagoden aufragen, ein Indiz für das Wiedererstarken des Buddhismus auch in ländlichen Regionen. Wegen mehrerer einfacher, aber guter Restaurants, die ausgezeichnete kambodschanische Gerichte servieren, ist **Krakor** ein beliebter Zwischenstopp der Busse zwischen Phnom Penh und Battambang. Ein Bummel über den malerischen Markt bietet Gelegenheit, sich die Füße zu vertreten.

Die verschlafene Provinzstadt **Pursat** zeichnet sich durch fast nichts aus. Selbst der Markt bietet nichts Aufregendes. Abgesehen von den schwimmenden Dörfern Kompong Luong und Kompong Reang Til am Ufer des 35 km nördlich gelegenen Tonle-Sap-Sees gibt es auch keine Ausflugsmöglichkeiten. So dient Pursat meist nur als Durchgangsstation nach Battambang.

Übernachten

... in Pursat:

Westlicher Standard ▶ **Phnom Pich Hotel:** Tel. 052 95 15 15. Bei Mitarbeitern ausländischer Hilfsorganisationen beliebt. Geräumige, gut ausgestattete Zimmer mit Ventilator oder Klimaanlage, Dusche/WC und TV; im Restaurant gute kambodschanische Gerichte, schöne Lage am Fluss. DZ 10–15 US-$.

Essen & Trinken

... in Pursat:

International und kambodschanisch ▶ **Community Villa Restaurant:** Tel. 052 95 29 69, tgl. 7–22 Uhr. An der dritten Straße westlich der Brücke. Khmer-Küche und westliche Speisen, der Erlös fliest an das Hilfsprojekt Children of Hope (www.knkscam.org). Gerichte 1,5–3 US-$.

Verkehr

... von Pursat:

Bus: Tagsüber mehrere Busse von/nach Phnom Penh (185 km/4 Std.), Kompong Chhnang (90 km/2 Std.) und Battambang (110 km/2 Std.).

Battambang ▶ 3, G 23

Geschichte

Um **Battambang** (gesprochen: Badtambong), mit gut 300 000 Einwohnern Kambodschas zweitgrößte Stadt und Verwaltungssitz der gleichnamigen Provinz, wird die Nähe zu Thailand vor allem im Stil der Häuser klar. Battambang stand Mitte des 15. Jh. nach der Eroberung Angkors durch die Siamesen unter Kontrolle des Nachbarstaates. Nach einer Phase der Unabhängigkeit nutzte das Königreich Siam 1793 die Schwäche der Khmer, um sich die fruchtbare Westprovinz erneut vorübergehend einzuverleiben. Erst nach dem Zweiten Weltkrieg wurde Battambang an Kambodscha zurückgegeben.

Obwohl es während des kambodschanischen Bürgerkriegs in der Umgebung von Battambang wiederholt zu Gefechten zwischen den Roten Khmer und Regierungstruppen kam, blieb die Stadt von größeren Zerstörungen verschont. So wird das westlich des Stung Sangker gelegene Zentrum von Battambang heute noch von zweistöckigen Gebäuden aus der Kolonialzeit geprägt, die der Stadt ein charmantes Bild verleihen.

Sehenswertes

Battambang ist nicht mit großartigen Sehenswürdigkeiten gesegnet. Der Grund, weshalb dort immer mehr Reisende zumindest einen Übernachtungsstopp einlegen ist die friedvolle Atmosphäre der Stadt und das gemächliche Dahinschreiten des Lebens.

Das Herz von Battambang schlägt am **Psah Nath**, dem Zentralmarkt, der in den 1930er-Jahren von den Franzosen im Art-déco-Stil errichtet wurde. Einige Schritte nördlich der von einer Kuppel gekrönten

Markthalle markiert ein großes gedecktes Tor, das von einem viergesichtigen Haupt geschmückt wird, den Zugang zum **Wat Piphit**. Das Südportal des 1888 gegründeten und 1993 aufwendig restaurierten Tempels wird von zwei Wächterriesen flankiert. Vier weitere knapp 3 m hohe Statuen, einer Legende zufolge die Kinder der Giganten am Südtor, bewachen das Nordportal. An den beiden Toren im Osten und Westen stehen Steinlöwen Wache. Vorbei an Versammlungspavillons und Mönchsunterkünften gelangt man zur überschwänglich dekorierten Pagode mit mehrfach gestaffeltem Dach. Die fein gearbeiteten Reliefs über den Fenstern stellen Ereignisse aus dem Leben des Buddha dar.

In dem kleinen taoistischen Tempel am Ufer des Stung Sangker, errichtet im 16. oder 17. Jh., verehren die vietnamesisch stämmigen Einheimischen den recht grimmig dreinschauenden Quan Cong, eine der höchsten Gottheiten des Taoismus.

Das kleine **Provincial Museum** an der Street 1 präsentiert eine zwar wenig umfangreiche, aber interessante Sammlung von Götterstatuen und Relieffragmenten aus Tempeln der näheren Umgebung (Mo–Fr 8–11, 14–17 Uhr, 1 US-$). Die Außenwände der Vihara des Wat Domrei Sor hinter dem Museum werden von bunten Gemälden geschmückt, die Szenen aus dem »Reamker« illustrieren, der kambodschanischen Version des indischen Heldenepos »Ramayana«.

Ausflüge in die Umgebung von Battambang

Seit frühen Zeiten werden im weitgehend flachen Kambodscha Hügel als Sitz der Götter verehrt. So auch der 154 m hohe **Phnom Sampeou**, der 20 km südwestlich von Battambang nahe der Nationalstraße 10 in Richtung Pailin aufragt. Sein aus zwei Gipfeln bestehendes Plateau wird von einem verzweigten Höhlensystem mit eingebauten Tempeln durchzogen. Vermutlich gab es schon während der Angkor-Periode in den Grotten Heiligtümer. Die ursprünglich hinduistischen Kultstätten hat man nach dem Untergang des Angkor-Imperiums in buddhistische Pagoden umgewandelt, die heute ein beliebtes Wallfahrtsziel für Gläubige von nah und fern sind.

Ein steiler Stufenpfad, den man wegen der nach wie vor bestehenden Minengefahr nicht verlassen sollte, führt auf den größeren der beiden Hügel. Auf dem Weg zur Gipfelpagode passieren Besucher und Pilger die

Gerade mal 154 m ragt der als Sitz der Götter verehrte Phnom Sampeou hervor

Windhöhle (Laan Gah Slah), in der die Gläubigen mehreren Buddha-Statuen mit Opfergaben ihre Referenz erweisen. In der sogenannten **Theaterhöhle** (Laan Kijol) hinter der Gipfelpagode erzeugen durch Felsspalten einfallende Lichtstrahlen und die aufsteigenden Schwaden glimmender Räucherstäbchen vor einem liegenden Buddha eine weltentrückte Stimmung. Wie andere Grotten des Bergmassivs diente auch die Theaterhöhle während des kambodschanischen Bürgerkriegs den Roten Khmer als Unterschlupf.

Rund 25 km südlich von Battambang ragt ein knapp 100 m hoher Hügel auf. Gekrönt ist dieser mit den gut erhaltenen Tempeltürmen des **Wat Banan**, die eine gewisse Ähnlichkeit mit den Türmen von Angkor Wat besitzen. Über Ursprung und Bestimmung des Heiligtums herrscht Unklarheit. Kunsthistoriker datieren die Anlage vage auf das 10.–13. Jh. Ein Großteil des Dekors wurde Opfer von Kunstraub und Vandalismus. Einschusslöcher erinnern daran, dass auch dieses Gebiet bis in die 1990er-Jahre eine Basis der Roten Khmer bildete. Vom Gipfel bietet sich ein schöner Blick über die Reisfeldlandschaft in der Umgebung von Battambang.

Übernachten

Nostalgisch im Kolonialstil ▶ **La Villa:** 185 Pom Romchek, Tel. 012 99 18 01, www.lavilla-battambang.net. Sieben stilvoll mit Art-déco-Möbeln und Antiquitäten eingerichtete Zimmer mit Ventilator und Klimaanlage sowie Bad/WC in einer restaurierten Kolonialvilla am östlichen Ufer des Stung Sangker, hervorragendes Restaurant mit französischer und Khmer-Küche, schöner Pool, hilfsbereiter schweizerischer Inhaber, rechtzeitig reservieren. DZ 60–85 US-$.

Vier-Sterne-Komfort ▶ **Stung Sangke Hotel:** Tel. 053 95 34 95, www.stungsangkehotel.com. 130 bestens ausgestattete, klimatisierte Zimmer und Suiten, Restaurant, Pool. DZ 55 US-$ (inkl. Frühstück), Suite 145 US-$ (inkl. Frühstück).

Oase der Ruhe ▶ **Au Caberet Vert:** Tel. 053 65 62 00, www.aucaberetvert.com. Angenehmes Bungalowresort mit französischem Restaurant und hübschem Pool, mit dem Vorteil der zentralen Lage im Herzen der Stadt. Bungalow 50 US-$.

Renommiert ▶ **TE.O Hotel:** Street 3, Tel. 053 95 22 88 u. 012 85 70 48. Makellose Zimmer mit Klimaanlage, Dusche/WC, TV und Kühlschrank. Gute kambodschanische und westliche Gerichte. DZ 15–35 US-$.

Allroundservice ▶ **Bus Stop Guest House:** No. 149 St. 2, Tel. 053 3 05 44, www.busstopcambodia.com. Saubere Zimmer mit Dusche/WC und Ventilator oder AC, internationales Restaurant, WiFi-Internetzugang, Travellerservice und Tourorganisation, Motorradvermietung, gute Infos vom australischen Inhaber. DZ 10–30 US-$.

Dachterrasse ▶ **Royal Hotel:** Tel. 053 95 25 22 u. 016 94 49 55, royalasiahotelbb@yahoo.com. In der Nähe des Zentralmarkts, 42 passable Zimmer (mit Ventilator oder AC, Dusche/WC, TV und Kühlschrank ausgestattet), hilfsbereites Personal, Tour- und Ticketservice. Auf der Dachterrasse ausgezeichnete kambodschanische Speisen, sehr lecker sind die Amok-Gerichte. DZ 5–20 US-$.

Backpacker's Choice ▶ **Seng Hout Hotel:** No. 1008B St. 2, Tel. 053 95 29 00, www.senghouthotel.com. Beliebte Travellerherberge 500 m nördl. des Psah Nath mit z. T. klimatisierten Zimmern, Dachterrasse, Internetzugang. DZ 5–15 US-$.

Essen & Trinken

Stimmungsvoll ▶ **Phkay Preuk:** Street 3, Tel. 053 95 26 56, tgl. 7–22 Uhr. In der Nähe des TE.O Hotels; Hier gibt es eine große Auswahl an kambodschanischen, thailändischen und westlichen Gerichten, Speisekarte auf Englisch. Gerichte 2–6 US-$.

Schöne Flusslage ▶ **Riverside Balcony:** Tel. 053 73 03 13, tgl. 11–23 Uhr. Terrassenrestaurant und Bar in einem alten Holzhaus am Sangker-Fluss mit internationaler Küche. Gerichte 2–5 US-$.

Gute vegetarische Küche ▶ **Heng Lim:** Street 3, Tel. 053 95 28 59, tgl. 7–22 Uhr. Große Auswahl an kambodschanischen und chinesischen Speisen. Vegetarische Gerichte 1–2 US-$, Fleischgerichte 2–4 US-$.

Eigenkreationen ▶ Khmer Delight: Tel. 012 65 87 69, tgl. 8–22 Uhr. Ost-westliche Gerichte mit Pfiff, großzügige Portionen, Tipp: Battamburger. Gerichte 1,5–3,5 US-$.
Energie für den Tag ▶ Sunrise Coffee House: Tel. 012 65 81 93, tgl. 6.30–17 Uhr. Fantasievolles Frühstück, Pizzas und Pasta, nahe dem Royal Hotel. Gerichte 1,5–3 US-$.
Rustikale Regionalküche ▶ The Bamboo Train Café & Bar: Tel. 012 51 71 25, tgl. 7–21.30 Uhr. Bodenständige regionale Gerichte (Tipp: Green Mango Salad) und einige westliche Speisen. Gerichte 1,5–3 US-$.
Beliebtes Traveller-Lokal ▶ White Rose: Street 2, Tel. 053 95 87 69, tgl. 6.30–22 Uhr. Khmer-,Thai und westliche Küche, tolle Fruit-Shakes. Gerichte 1,5–3 US-$.

Einkaufen
Einige Läden um den Zentralmarkt, z. B. Ylhwa & Sreng, bieten Edelsteine an, vor allem Rubine aus Pailin.

Verkehr
Bus: Tgl. Busse, Sammeltaxis und Pickups, u. a. von/nach Phnom Penh (295 km/5–6 Std.), Poipet (135 km/3 Std.), Pailin (85 km/2–3 Std.) und Siem Reap (185 km/4 Std.). (Motorrad-)Taxis für Ausflüge in die Umgebung werden in Hotels vermittelt.
Bahn: Railway Station, in der Nähe vom Zentralmarkt. Züge von/nach Phnom Penh (300 km/12 Std., Abfahrt jeden 2. Tag 6 Uhr).
Boot: Tgl. Speedboats von/nach Siem Reap über den Sangker-Fluss (6–8 Std., Abfahrt 7 Uhr, 20–25 US-$), Abfahrt bei der Spean-Thmei-Brücke 1 km nördlich des Zentrums.

Pailin ▶ 3, F 23

In den nördlichen Ausläufern der Kardamom-Berge liegt **Pailin**, das einst den Ruf der wildesten Stadt in Kambodschas wildem Westen hatte. Während des kambodschanischen Bürgerkriegs befand sich dort eine der Hochburgen der Roten Khmer, die sich nach ihrer Vertreibung aus Phnom Penh in der gebirgigen Grenzregion zu Thailand verschanzten und von dort aus bis Mitte der 1990er-Jahre einen zermürbenden Guerillakrieg führten. Ihren Kampf finanzierten sie mit den reichen Bodenschätzen der Region: Edelsteine und tropische Hölzer, die sie mit Hilfe thailändischer Militärs ins Nachbarland verkauften. 1996 geriet Pailin unter die Kontrolle der regulären Armee, als nach Machtkämpfen in der Führungsriege der Roten Khmer Ieng Sary, Bruder Nummer drei in der Hierarchie, mit rund 10 000 seiner Gefolgsleute auf die Regierungsseite überlief. Heute ist Pailin eine weitläufige Grenzstadt mit ausgesprochenem Pioniercharakter, die Touristen keine nennenswerten Sehenswürdigkeiten zu bieten hat. Mehrere Spielkasinos an der Hauptstraße ziehen hauptsächlich Besucher aus dem Nachbarland an, da in Thailand das Glücksspiel verboten ist.

Ein Ausflug führt zu den **Edelsteinminen** um Pailin, in denen jahrzehntelang Granate, Rubine, Topase und Saphire gefördert wurden. Nachdem sich der industrielle Abbau meist nicht mehr lohnt, beuten Einheimische die Minen mit einfachsten technischen Mitteln aus, doch sind die Ressourcen weitgehend erschöpft. Etwas abseits der Straße in Richtung Grenze stürzen die Bor-Hoi-Wasserfälle tosend in eine Schlucht, wo sie einen Felsenpool bilden.

Übernachten
Bestes Haus im Ort ▶ Victoria Hotel: Tel. 011 55 00 01, victoriahotel@ymail.com. Nahe der Spielkasinos in Richtung Grenze, komfortable Zimmer mit AC und Bad, im Restaurant gute kambodschanische, thailändische und westliche Gerichte. DZ 50–120 US-$.
Beliebt bei Ausländern ▶ Bamboo Guest House: Tel. 012 40 58 18. Gemütliche Bungalowzimmer mit AC und Dusche/WC in einer motelartigen Anlage, beliebte Khmer- und Thai-Gerichte. DZ 12–25 US-$.

Verkehr
Bus: Tgl. Sammeltaxis und Pickups von/nach Battambang (85 km/2–3 Std.). (Motorrad-)Taxis für Ausflüge in die Umgebung erhält man durch die Hotelvermittlung.

Sisophon ▶ 3, G 21

In dem hektischen und staubigen Verkehrsknotenpunkt **Sisophon** treffen die Nationalstraßen 5 und 6 zusammen. Den wenigen Besuchern dient die Stadt als Ausgangspunkt für einen Abstecher zu den Tempelruinen von Banteay Chhmar.

Übernachten

Bestes Haus ▶ **Phnom Svay Hotel:** am Kreisverkehr an der Ausfallstraße nach Poipet, Tel. 012 95 21 65. Zimmer mit AC, Dusche/WC und TV, gutes Restaurant, hilfsbereites Personal, Organisation von Ausflügen nach Banteay Chhmar. DZ 14–20 US-$.

Essen & Trinken

International ▶ **Pkay Preuk Restaurant:** Tel. 012 95 17 69, tgl. 7–21 Uhr. In der Nähe des Phnom Svay Hotel, kambodschanische, thailändische und westliche Küche, Speisekarte auf Englisch. Gerichte 1,5–4 US-$.

Verkehr

Bus: Tgl. Busse sowie Sammeltaxis und Pickups von/nach Battambang (80 km/2 Std.), Poipet (49 km/1–1,5 Std.) und Siem Reap (105 km/2 Std.). (Motorrad-)Taxis für Ausflüge in die Umgebung durch Hotelvermittlung.

Banteay Chhmar ▶ 3, G 20

Rund 70 km nördlich von Sisophon verteilen sich auf einem etwa 3 km² großen Areal die Ruinen von **Banteay Chhmar,** das einst zu den großen Metropolen des Angkor-Reiches zählte. In Fachkreisen herrscht Uneinigkeit über Geschichte und Bedeutung der Stadt. Als sicher gilt jedoch, dass sie unter Jayavarman VII. (1181 bis um 1220) etwa zeitgleich mit der Königsstadt Angkor Thom angelegt wurde. Möglicherweise diente der Zentraltempel dem Gedenken der Soldaten, die in den Schlachten gegen die Cham fielen.

Das am Südrand der Dangrek-Berge gelegene, wenig besuchte Heiligtum war viele Jahre lang Kunstraub und Vandalismus ausgesetzt. Dass überhaupt noch einige fein gearbeitete Steinschnitzereien, wie am Gopuram des Osteingangs und an der westlichen Außenseite der Umfassungsmauer, erhalten blieben, grenzt fast an ein Wunder.

Das Anlageschema des Tempels lässt sich wegen seines ruinenhaften Zustands nur schwer nachvollziehen. Von den fünf zentralen Türmen, die in einem von einer Galerie umschlossenen Innenhof aufragen, blicken die Gesichter des Bodhisattva Avalokiteshvara in die vier Himmelsrichtungen. Diese Gesichtertürme weisen das Heiligtum eindeutig als eines der zahlreichen Bauwerke Jayavarmans VII. aus (tgl. 8–17 Uhr, 5 US-$).

Poipet ▶ 3, F 21

Poipet an der Grenze zu Thailand – das sind provisorische Behausungen neben stattlichen Bauten. In der schmuddeligen Grenzstadt werden Waren und Menschen gehandelt. Bordelle und Kasinos machen sie zu einem Ausflugsziel für Thailänder. Traurige Berühmtheit erlangte Poipet als ein Zentrum des internationalen Kinderhandels. Gründe sich hier länger aufzuhalten, gibt es nicht. Es sei denn, man erreicht den Grenzübergang außerhalb der Öffnungszeiten (7–20 Uhr).

Übernachten

Komfortabel ▶ **Orkiday Angkor Hotel:** Tel. 054 96 75 02. Vierstöckiges Hotel abseits der Spielkasions, Zimmer mit AC und Dusche/WC, mit Restaurant. DZ 15–25 US-$.

Verkehr

Bus: Tgl. Busse, Sammeltaxis und Pickups von/nach Siem Reap (150 km/3 Std.), Battambang (135 km/3 Std.) und Phnom Penh (420 km/8–9 Std.).

Weiterreise von Aranyaprathet (Thailand): Von dem 5 km entfernten thailändischen Grenzort mehrmals tgl. klimatisierte Busse nach Bangkok (300 km/5 Std.), 2 x tgl. Züge nach Bangkok (300 km/6–7 Std., Abfahrt 6.30 u. 13.30 Uhr).

Die urtümliche Bergprovinz Rattanakiri wartet mit einer natürlichen Dschungellandschaft auf

Kapitel 6

Der Nordosten Kambodschas

Tor zum Nordosten ist Kompong Cham am Westufer des mächtigen Mekong. Kratie weiter nördlich wirkt fast wie ein Ort aus einer anderen Epoche. Bei einem Spaziergang durch die Altstadt fühlt man sich in das Asien der Kolonialzeit zurückversetzt. Doch die verträumte Stadt am Mekong ist ebenso wie Stung Treng an der Grenze zu Laos aus ihrem Dornröschenschlaf erwacht, seitdem man die Verkehrswege ausgebaut hat und die Grenze zwischen Kambodscha und Laos auch für Reisende aus Drittländern durchlässiger wurde. Ein Höhepunkt der Reise entlang des Mekong ist die Bootsfahrt zu den Stromschnellen von Kampie nördlich von Kratie, wo man die vom Aussterben bedrohten Irrawaddy-Delfine beobachten kann.

Mit dem Ausbau der Nationalstraße 7 zwischen Phnom Penh, Kompong Cham, Kratie und Stung Treng verkehren auf dem Mekong so gut wie keine regulären Linienboote mehr, da die Einheimischen lieber die schnelleren, komfortableren und billigeren Busse benutzen. Da in der Provinz Rattanakiri nie Landminen verlegt wurden, ist die entlegene, urtümliche Bergprovinz ein sicheres Terrain. Rattanakiri lockt mit wilder Dschungellandschaft, nebelverhangenen Bergen und einsamen Dörfern verschiedener Bergvölker. Banlung ist Ausgangspunkt für Ausflüge in den Virachey National Park, das größte Naturschutzgebiet Kambodschas. Die Hochlandprovinz Mondulkiri ist etwas für Abenteurer.

Auf einen Blick

Der Nordosten Kambodschas

Sehenswert

Kompong Cham und Kratie: Einen Streifzug durch die koloniale Vergangenheit von Kambodscha kann man in den Altstädten von Kompong Cham und Kratie unternehmen (s. S. 440 u. S. 445).

Virachey National Park: Mit Glück und Geduld kann man in diesem Naturschutzgebiet wilde Elefanten und andere Tiere beobachten (s. S. 450).

Schöne Route

Von Stung Treng nach Banlung: Mittlerweile ist die National Road 78 planiert und abschnittsweise auch geschottert, sodass sie zumindest in der Trockenzeit trotz stellenweise tiefer Schlaglöcher, Auswaschungen und Wellblech auch von Pkws befahren werden kann. Wenn in der Regionperiode der Himmel seine Schleusen öffnet, versinkt der Highway jedoch rasch in schlammiger Wegelosigkeit (s. S. 448).

Meine Tipps

Laos und Kambodscha per Mietwagen: Eine der schönsten, wenn auch teuersten Möglichkeiten, Laos und Kambodscha auf eigene Faust zu entdecken, ist die Reise im Mietwagen (s. S. 441).

Reise- und Zeitplanung: Zwar hat der Ausbau der Nationalstraße 7 das Reisen im Nordosten deutlich einfacher gemacht, doch wollen Abstecher in die entlegenen Bergprovinzen Mondulkiri (s. S. 444) und Rattanakiri (s. S. 448) gut geplant sein. Für die Reise in den Nordosten sollte man sich mit ausreichend Bargeld (US-$ und Riel) versorgen, denn dort sind Wechselmöglichkeiten rar.

Verstecktes Juwel – Le Relais de Chhlong: In dem Mekong-Städtchen Chhlong findet man die stilvollste Herberge im Nordosten Kambodschas (s. S. 445).

aktiv unterwegs

Trekking zu einem Bergdorf: Höhepunkte einer Reise nach Rattanakiri sind Begegnungen mit Bergstämmen, geprägt von gegenseitigem respektvollem Bestaunen (s. S. 449).

Von Kompong Cham nach Stung Treng

Von Kompong Cham geht es auf der mittlerweile durchgehend gut ausgebauten National Road 7 nach Kratie, ein verträumtes Städtchen am Mekong mit stolzer Kolonialarchitektur und ruhigem Pulsschlag, und weiter nach Stung Treng, dem Sprungbrett nach Laos. Höhepunkt der Reise ist eine Bootsfahrt zu den Stromschnellen von Kampie, wo sich Irrawaddy-Delfine in den braunen Fluten des Mekong tummeln.

Kompong Cham ▸ 3, N 25

Die Zeiten, da **Kompong Cham** am Westufer des Mekong vor sich hin träumte, sind vorbei. Seit eine Brücke über den großen Strom Phnom Penh mit dem Nordosten verbindet und den Warenaustausch mit Vietnam fördert, herrscht Aufbruchstimmung in der lebhaften Handelsstadt. Trotz Betonbauten, ist im Stadtbild der ehemalige französische Einfluss auf Kambodscha immer noch sichtbar. Vor allem um den geschäftigen Zentralmarkt erinnern stattliche alte Geschäftshäuser an den Wohlstand der einstigen Kolonialherren.

Tipp: Reiseplanung

Für die knapp 500 km lange Route von Phnom Penh nach Stung Treng auf der aspaltierten Nationalstraße 7 braucht man etwa 4–5 Tage, für den Abstecher in die Hochlandprovinz Rattanakiri mindestens drei Tage. Sehr zeitaufwendig sind Abstecher mit öffentlichen Verkehrsmitteln in die entlegene Bergprovinz Mondulkiri. Insbesondere während der Regenzeit ist das Reisen auf Dschungelpisten unkomfortabel. Wegen der schlechten Straßen und der mangelhaften touristischen Infrastruktur beschränken sich die wenigen Touristen, die es nach Mondulkiri verschlägt, auf Tagesausflüge um die Provinzhauptstadt Sen Monorom.

Der Name der mit rund 150 000 Einwohnern drittgrößten Stadt Kambodschas deutet auf die hier lebende völkische Minderheit hin. Kompong Cham und die gleichnamige Provinz sind eines der Hauptsiedlungsgebiete der etwa 250 000 heute noch in Kambodscha lebenden Cham, deren Vorfahren zwischen dem 5. und 15. Jh. ein mächtiges hinduisiertes Fürstentum beherrschten (s. S. 326). Einige **Cham-Dörfer**, deren Bewohner vor allem vom Fischfang leben, gibt es auf der langgestreckten Mekong-Insel Koh Pbain südöstlich von Kompong Cham. Fast ausschließlich von Cham bewohnt ist auch das Dorf Phum Roka 2 km südlich der Stadt am Tonle Knong, einem Seitenarm des Mekong.

Wat Nokor

Die bedeutendste Sehenswürdigkeit der Stadt ist der 2 km westlich an der National Road 7 gelegene **Wat Nokor**. Der im Volksmund auch Angkor Wat Kompong Cham genannte Tempel präsentiert sich als eine Mischung aus archaischem Heiligtum und neuzeitlichem buddhistischen Kloster, hier begegnen sich 11. und 20. Jh. Einem verwinkelten, in angkorianischen Zeiten errichteten Tempel mit vier Vorkammern aus altersgrauem Sandstein hat man im Jahr 1927 eine buddhistische Pagode angebaut.

Reliefs weltentrückter Apsaras schmücken die Sandsteintore in der äußeren Umfassungsmauer aus Laterit. Nach dem Überque-

Tipp: Laos und Kambodscha selbst erfahren

Eine der schönsten, aber auch teuersten Möglichkeiten, Laos und Kambodscha zu entdecken, ist die **Reise im Mietwagen**, denn viele (Natur-)Attraktionen abseits der Hauptrouten sind mit Bus und Boot nicht erreichbar. Allerdings kann man die Wagen von thailändischen Autovermietern nicht über die Grenze nach Laos und Kambodscha mitnehmen. In der laotischen Hauptstadt Vientiane aber gibt es Europcar. Die Mitarbeiter erledigen zuverlässig alle notwendigen Formalitäten, nur Visas sollte man sich rechtzeitig selbst besorgen. Die Fahrzeugflotte besteht aus durchschnittlich 2–3 Jahre alten sehr gut gewarteten Geländewagen (Station Wagons und Pickups).

Mietet man ein Fahrzeug für eine Laos-Kambodscha-Reise in Vientiane, kann man auch ein Problem umgehen: In Kambodscha (wie auch in Vietnam) dürfen sich Touristen normalerweise nicht selbst ans Steuer setzen. Dort kann man nur Fahrzeuge mit Fahrer mieten. Es ist aber in beiden Ländern Besuchern erlaubt selbst zu fahren, wenn sie mit einem eigenen Fahrzeug einreisen. So kann man über die laotisch-vietnamesischen Grenzübergänge Nam Phao/Cau Treo, Na Phao/Cha Lo oder Daen Savan/Lao Bao nach Zentralvietnam fahren. Über den vietnamesisch-kambodschanischen Grenzübergang Moc Bai/Bavet westlich von Ho Chi Minh City könnte man dann nach Kambodscha einreisen. Eine Alternative ist der laotisch-kambodschanische Grenzübergang Dong Krolor für die Einreise von Südlaos nach Nordostkambodscha. Von dort gelangt man nach Phnom Penh oder Siem Reap, den Ausgangspunkt für die Tempel von Angkor. Da Einwegmieten möglich sind, kann man das Fahrzeug auch in Siem Reap zurückgeben. Oder aber man fährt zur kambodschanisch-thailändischen Grenze Poipet-Aranyaprathet und reist durch Nordostthailand zurück nach Vientiane. Allerdings herrscht in Thailand Linksverkehr – nicht ganz unproblematisch mit einem linksgesteuerten laotischen Mietwagen.

Wegen der abseits der Hauptreiserouten immer noch recht schlechten Straßen sollte man unbedingt einen Geländewagen mit guter Bodenfreiheit und Allradantrieb mieten. Da der Verkehr in Laos und Kambodscha relativ gemächlich rollt und die Regeln bei Rechtsverkehr im Wesentlichen den mitteleuropäischen entsprechen, haben Besucher meist keine Schwierigkeiten im Straßenverkehr. Allerdings bereitet die mangelhafte Ausschilderung abseits der Nationalstraßen bisweilen Probleme. Man sollte die Reiseroute unbedingt rechtzeitig mit Europcar absprechen, da sich die Situation an den Grenzübergängen immer wieder ändert. Wer unsicher ist, kann gegen einen geringen Aufpreis einen Fahrer engagieren.

Selbstfahrer benötigen einen **internationalen Führerschein**. Auf Nachtfahrten sollte man prinzipiell verzichten. Die Tagesmiete für einen Geländewagen liegt inklusive Freikilometer bei etwa 70–80 US-$, die Monatsmiete bei etwa 1600–1800 US-$. Im Preis inbegriffen ist auch eine Vollkaskoversicherung mit einem Selbstbehalt von 500 US-$ bei Reisen in Laos und 1000 US-$ bei Reisen außerhalb von Laos. Die Mindestmietdauer beträgt drei Tage (weitere Infos s. S. 167).

ren des Tempelvorhofs gelangt man zur inneren aus Laterit erbauten Einfassung, deren Portale ebenfalls reiche ornamentale Verzierungen aufweisen.

Im Zentrum steht das ebenerdige Heiligtum, das ursprünglich hinduistisch war. Darauf weisen die fein gearbeiteten Reliefs mit Szenen aus den indischen Heldenepen »Ramayana« und »Mahabharata« ebenso hin wie Bildnisse des vierarmigen und achtarmigen Vishnu am Haupteingang. Das ausladende Dach der neuen Pagode ruht auf schlanken, knallbunten Säulen. Farbenfroh sind auch die Deckengemälde mit legendären und historisch nachweisbaren Episoden aus dem Leben des Buddha (tgl. 8–17 Uhr, 8000 Riel).

Weitere Sehenswürdigkeiten

Knapp 10 km westlich des Zentrums ragen aus der grünbraunen Schwemmlandebene des Mekong zwei Kalksteinhügel auf: **Phnom Bpros** und **Phnom Serei**, der Männer- und der Frauenhügel. Eine breite Straße führt zu der im Jahr 2001 errichteten, betondominierten Pagode, die als Zentrum eines buddhistischen Klosters auf dem Gipfel des Phnom Bpros thront. Das ursprünglich hier aufragende, teils aus Holz errichtete Heiligtum wurde 1977 von den Roten Khmer in Schutt und Asche gelegt. Die Stupas unterhalb der Pagode dienen dem Andenken an zahlreiche Opfer des Pol-Pot-Regimes. Auf dem Tempelgelände toben freche Makaken, vor denen Besucher sich in Acht nehmen sollten. Von einer Aussichtsterrasse sieht man den gegenüber liegenden Hügel Phnom Serei, auf dessen von einer Pagode bekrönten Gipfel ein Stufenpfad führt. An Feiertagen sind die beiden bedeutenden buddhistischen Wallfahrtsorte Ziel zahlreicher Einheimischer.

Übernachten

Beste Adresse im Ort ▶ Mekong Hotel: Preah Bat Sihanouk St., Tel. 042 94 15 36, Fax 042 94 14 65. Das am schönsten gelegene Hotel der Stadt mit einfach ausgestatteten, aber ordentlichen Zimmern (Ventilator oder AC, Dusche/WC; die teureren mit Warmwasser und Kühlschrank), Tipp: Eines der besseren Zimmer mit Flussblick verlangen. DZ 7–14 US-$.

Zweiter Platz ▶ Phnom Bpros Hotel: Preah Kosamak Nearyroth St., Tel. 042 94 14 44 u. 012 75 70 60. Großes Hotel mit imposanter Fassade, aber relativ schlichten Zimmern, die wahlweise über Ventilator oder AC sowie Dusche/WC verfügen; die teureren mit Warmwasser und Kühlschrank, die ganz billigen nur mit Innenfenstern; im Restaurant gute kambodschanische und einige westliche Gerichte. DZ 6–12 US-$.

Persönlich ▶ Kim Srun Guest House: Preah Bat Sihanouk St., Tel. 042 94 15 07. Beliebte Backpacker-Bleibe mit einfachen Zimmern (Ventilator, Dusche/WC) und kleinem Restaurant, die freundlichen Besitzer sprechen etwas Englisch, an der Uferstraße zwischen Mekong-Brücke und Mekong Hotel gelegen. DZ 4–6 US-$.

Essen & Trinken

Essen und Gutes tun ▶ Smile Restaurant: Preah Bat Sihanouk St., Tel. 042 94 17 69, tgl. 7–21.30 Uhr. Gute kambodschanische und europäische Gerichte, luftige Terrasse mit

Im Wat Nokor treffen archaisches und neuzeitliches Heiligtum aufeinander

Mekong-Blick, WLAN, Ausbildungsstätte für Waisenkinder, unter Leitung der Buddhism and Society Development Association. Gerichte 2,5–5 US-$.

Beliebt bei Touristen ▶ **Mekong Crossing Restaurant & Bar:** Preah Bat Sihanouk St., Tel. 042 94 17 73, tgl. 11–22 Uhr. Nahe der Mekong-Brücke werden kambodschanische und westliche Gerichte serviert und es gibt auch kühles Angkor-Bier vom Fass. Gerichte 2–4 US-$

Bebilderte Karte ▶ **Hao An Restaurant:** Preah Bat Monivong St., Tel. 012 94 12 34, tgl. 7–21 Uhr. Alteingesessenes Lokal in der Nähe des Zentralmarkts, gute kambodschanische und chinesische Küche, hilfreich ist die bebilderte Speisekarte. Gerichte 1,5–3 US-$.

Rustikal-regionale Küche ▶ **Terrassenrestaurants am Tonle Bet:** Tgl. 10–22 Uhr. Jenseits der Mekong-Brücke reihen sich an der National Road 7 mehrere nette Terrassenrestaurants mit Blick auf den Tonle-Bet-See aneinander, darunter das Koh Troel Tmey und das Boeung Tonle Emas. Das Personal spricht kein Englisch, die Speisekarten sind nur auf Kambodschanisch, aber die Atmosphäre ist angenehm und die kambodschanischen Gerichte schmecken vorzüglich, kleines Manko: Man ist in den Abendstunden auf ein eigenes Transportmittel angewiesen. Gerichte 1,5–3 US-$.

Verkehr

Bus: Tgl. mehrere Busse von/nach Phnom Penh (130 km/2,5 Std.), Kratie (210 km/3,5–4,5 Std.), Stung Treng (350 km/6,5–7,5 Std.), Kompong Thom (140 km/3 Std.) und Siem Reap (285 km/6 Std.). Reisende nach Kompong Thom und Siem Reap müssen in Skone umsteigen.

Von Kompong Cham nach Kratie ▶ 3, N 25–O 24

Einen weiten Bogen entlang der Grenze zu Vietnam beschreibend, führt die National Road 7 von Kompong Cham nach Kratie, das in der Luftlinie keine 100 km weiter nördlich liegt. Die kleinen Städte und Dörfer an der gut ausgebauten Nationalstraße sind geprägt von der muslimischen Kultur der Cham. Nicht mehr buddhistische Pagoden prägen das Bild, sondern Moscheen. Die gut 200 km lange Fahrt ist unspektakulär.

Die National Road 7 durchschneidet ausgedehnte Gummibaumplantagen sowie weite Felder, auf denen Cashewnüsse, Mais, Sojabohnen und Tapioka angebaut werden. Die oft ärmlich wirkenden Straßendörfer werden von Pfefferpflanzungen umgeben. Historisch Interessierte legen in Memot einen Stopp ein, um einen Blick in das Memot Archaeological Museum mit einer kleinen Sammlung von Fundstücken aus prä-angkorianischer Zeit zu werfen (tgl. 9–16.30 Uhr, 5000 Riel).

Abstecher nach Mondulkiri ▶ 3, Q/R 23/24

Nördlich von **Snuol,** einem Provinznest mit Pioniercharakter, zweigt die Nationalstraße 76 nach Osten in die Bergprovinz Mondulkiri ab, eine je nach Jahreszeit staubige oder schlammige Piste, die bald ausgebaut werden soll. Die entlegenste Provinz Kambodschas ist auch am dünnsten besiedelt und wird wegen der schlechten Verkehrswege sehr selten von ausländischen Touristen besucht. Noch ist Mondulkiri weitflächig mit undurchdringlichem Urwald bedeckt, in dem vom Aussterben bedrohte Tierarten wie Indochinesische Tiger und Asiatische Elefanten Rückzugsgebiete gefunden haben. Abholzungsaktionen verändern das Landschaftsbild bereits unwiederbringlich.

Die auf einem 900 m hohen Plateau gelegene, von grasbewachsenen Hügeln umgebene Provinzhauptstadt **Sen Monorom** besitzt ein angenehmes Klima und eine entspannte Atmosphäre. Zudem ist sie ein idealer Ausgangspunkt für mehr oder weniger abenteuerliche Tagesausflüge. Lohnende Ziele in der Umgebung von Sen Monorom sind die Dörfer des Khmer-Loeu-Bergvolks der Phnong (Bunong). Außerdem locken mehrere tosende Wasserfälle. Am imposantesten sind die Bou-Sraa-Fälle, 35 km östlich, nahe der Grenze zu Vietnam, die über zwei jeweils etwa 30 m hohe Felsstufen in eine Dschungelschlucht stürzen. Bleibende Eindrücke hinterlassen ein- und mehrtägige Trekkingtouren im Bergwald sowie vor allem Dschungelexpeditionen auf dem Rücken von Elefanten.

Übernachten

... in Sen Monorom:

Komfortabel ▶ **Mondulkiri Hotel:** Tel. 073 39 01 39 u. 012 77 70 57, www.mondulkiri-hotel.com. Komfortable Zimmer mit Warmwasser-Dusche/WC und Klimaanlage, gutes Restaurant. DZ 20–30 US-$.

Naturnah ▶ **Nature Lodge:** Tel. 012 23 02 72,www.naturelodgecambodia.com/view/view.htm. Individuelle, einfache Zimmer in Holz-

bungalows und Baumhütten, schöner Garten, Restaurant, Organisation von Trekking-Touren, 2 km außerhalb, nur in der Trockenzeit Nov.–April geöffnet. DZ 5–25 US-$.
Mit schönem Blick ▶ **Sum Dy Guest House:** Tel. 012 82 35 33. Bungalowresort in herrlicher Hanglage, Restaurant, am Ortsrand. DZ 5–12 US-$.

Essen & Trinken

... in Sen Monorom:
Für hungrige Trekker ▶ **The Green House:** Tel. 012 23 55 69, www.thegreen-house.blogspot.com, tgl. 8–22 Uhr. Kambodschanische und westliche Speisen, Bier und Cocktails, Organisation von Trekkingtouren und Elefantenritten, gute Informationen, nahe dem Markt. Gerichte 1,50–3 US-$.

Aktiv

Abenteuer ▶ **Local Adventures Cambodia:** No. 146 St. 376, Phnom Penh, Tel. 023 99 04 60, www.local-adventures.com. Spezialisiert auf Touren nach Mondulkiri, holländisch-schweizerisches Management.
Elefantenritte ▶ **Elephants Livelihood Initiative Environment (ELIE):** Tel. 012 161 38 33, www.elie-cambodia.org. Halb- oder ganztägige Elefantenritte von den Phnong-Dörfern Phulung (8 km nördl.) oder Potang (8 km südl.). 15 bzw. 30 US-$.

Verkehr

Bus: In der Trockenzeit tgl. Busse von Sen Monrom nach Phnom Penh (380 km/10–12 Std.) via Snuol und Kompong Cham. In der Regenzeit verkehren abhängig vom Straßenzustand Pickups zwischen Snuol und Sen Monorom (120 km/4–6 Std.).

Kratie ▶ 3, O 24

Bei **Kratie** (gesprochen: Kratschä) trifft die National Road 7 wieder auf den Mekong. Die noch schlummernde, 60 000 Einwohner zählende Stadt ist ein koloniales Schmuckstück mit gut erhaltenen Villen und alten Geschäftshäusern, einem beschaulichen Alltag am Flussufer und erst in den Kinderschuhen steckendem Tourismus. Der Pulsschlag von Kratie erhöht sich allenfalls dann ein wenig, wenn ein Bus aus Kompong Cham oder Phnom Penh eine Handvoll Touristen bringt, die meist wegen der Hauptattraktion der Region kommen – den **Irrawaddy-Delfinen** *(psout)*, die zwischen den Stromschnellen und Felsriegeln bei Kampie, 15 km nördlich von Kratie, ihre Tummelplätze haben.

Die besten Chancen, die seltenen Tiere, deren Bestand durch Umweltgifte im Mekong stark gefährdet ist, auch tatsächlich zu Gesicht zu bekommen, bestehen in den frühen Morgen- und späten Nachmittagsstunden während der Trockenperiode, wenn der Wasserpegel am niedrigsten ist. Ausflüge kann man in allen Gästehäusern und Hotels arrangieren (ca. 10–12 US-$).

Ein Streifzug durch das verträumte Kolonialviertel, ein Marktbummel oder ein Ausflug zur Mekong-Insel Koh Trang, wo sich unver-

Tipp: Verstecktes Juwel – Le Relais de Chhlong

Über gut 3 km zieht sich Chhlong, ca. 30 km von Kratie, am linken Mekong-Ufer entlang, kaum mehr als eine einsame Teerstraße gesäumt von hölzernen Wohnhäusern und einigen hübschen Kolonialbauten. Eine mit viel Liebe zum Detail restaurierte Villa nahe der Pagode beherbergt ein stilvolles Boutiquehotel, das man in dieser weltabgeschiedenen Ecke nicht erwartet. Im Le Relais de Chhlong fühlen sich die Gäste in die 1930er-Jahre zurückversetzt. Dafür sorgen in den sechs großen Zimmern mit hohen Decken dunkles Holz und kühlende Fliesen, viel Teak und Terrakotta. Zum Entspannen lädt ein großer Pool im üppigen Tropengarten. Den Sundowner genießt man auf der Veranda mit Blick auf den Mekong. Im Restaurant trifft französische Haute Cuisine auf feine kambodschanische Regionalküche.
Le Relais de Chhlong: Tel. 012 61 75 86 u. 016 50 17 42, DZ 75–95 US-$.

fälschtes kambodschanisches Landleben beobachten lässt – das weitere Besuchsprogramm in Kratie ist schnell abgehakt.

Übernachten

Funktional und gut ▶ Santepheap Hotel: Riverside Blvd., Tel. 072 97 15 37, Fax 072 99 18 66. Schöne Lage am Mekong, aber etwas unpersönliche Atmosphäre; einfache, zweckmäßig ausgestattete Zimmer, die preiswerten mit Ventilator und Dusche/WC, die teureren mit Klimaanlage, Warmwasser-Dusche/WC, TV und Kühlschrank. DZ 8–22 US-$.

Behaglich-modern ▶ Oudom Sambath Hotel: Riverside Blvd., Tel. 072 97 15 02 u. 012 96 59 44. Neues Hotel am Mekong mit nicht übermäßig komfortablen, aber geräumigen und gut ausgestatteten Zimmern; die preiswerten mit Ventilator und Dusche/WC, die teureren mit Klimaanlage, Warmwasser-Dusche/WC, TV und Kühlschrank; Tipp: Zimmer mit Flussblick verlangen. DZ 7–17 US-$.

Zum Wohlfühlen ▶ Heng Heng II Hotel: Riverside Blvd., Tel. 072 97 14 05 u. 012 92 99 43, hengheng2hotel@yahoo.com. Das am Fluss gelegene sympathische Haus bietet 27 einfach, aber behaglich ausgestattete Zimmer, die preiswerten mit Ventilator und Dusche/WC, die teureren mit Klimaanlage, Warmwasser-Dusche/WC, TV und Kühlschrank; der freundliche Besitzer spricht gut Englisch und ist bei der Organisation von Ausflügen behilflich. DZ 6–12 US-$.

Bester Service ▶ Star Guest House: Tel. 012 75 34 01, kratiestar@hotmail.com. Am Markt, etwas abseits vom Mekong gelegen; einfache, aber saubere Zimmer mit Ventilator und Dusche/WC, z. T. jedoch ohne Fenster; die freundlichen Besitzer sprechen sehr gut Englisch und sind bei der Tourorganisation behilflich (Delfinbeobachtung, Boot nach Stung Treng, Weiterreise u. a. nach Rattanakiri), Fahrrad- und Motorradverleih, hervorragendes Restaurant (s. r.). DZ 4–6 US-$.

Beliebte Traveller-Bleibe ▶ You Hong Guest House: Tel. 012 95 70 03, youhong_Kratie@yahoo.com. Am Markt, Zimmer mit Ventilator und Dusche/WC, Tourbuchung und Internet, Fahrrad- und Motorradverleih, im kleinen Restaurant preiswerte kambodschanische und westliche Gerichte. DZ kosten 3–5 US-$.

Tipp: Weiterreise nach Laos

Vor dem Ausbau der Nationalstraße 7 und der Fertigstellung einer Brücke über den Mekong-Nebenfluss Sekong bei Stung Treng war die Bootsfahrt die einzige Möglichkeit, nach Laos weiterzureisen. Heute kann man bequem mit AC-Bussen der Gesellschaft Phnom Penh Sorya (www.ppsoryatransport.com) von Phnom Penh und Siem Reap über Kompong Cham, Kratie, Stung Treng und den Grenzübergang Dong Krolor, wo ein *Visa on Arrival* für Laos ausgestellt wird, direkt nach Pakxe in Südlaos fahren. Zudem gibt es tgl. Minibusse von Stung Treng zur Grenze, wo die Passagiere in Fahrzeuge laotischer Partnergesellschaften umsteigen.

Essen & Trinken

Sterneküche ▶ Star Restaurant: Tel. 012 75 34 01, tgl. 6.30–22 Uhr. Gemütliches Lokal am Markt mit bodenständiger einheimischer Küche und dem vermutlich bestem *western food* im Nordosten Kambodschas, angenehm zum Draußensitzen. Gerichte 2–4 US-$.

Khmer-Küche ▶ Heng Heng Restaurant: Riverside Blvd., Tel. 072 97 14 05, tgl. 7–22 Uhr. Das beste kambodschanische Restaurant der Stadt bietet hervorragende regionale Spezialitäten (vor allem fangfrischen Mekong-Fisch) zu günstigen Preisen, zweisprachige Speisekarte. Gerichte 5000–7000 Riel.

Szenetreff ▶ Red Sun Falling: Riverside Blvd., Tel. 012 76 88 69, tgl. 7–23 Uhr. Bei Westlern beliebtes Lokal mit internationalen Gerichten, mehreren Biersorten und Cocktails. Gerichte 4000–6000 Riel.

Mit Flussblick ▶ Silver Dolphin: Riverside Blvd., Tel. 012 76 25 99. Crossover aus Restaurant und Pub, kambodschanisch-europäische Speisekarte. Gerichte 4000–6000 Riel.

Verkehr

Bus: Tgl. mehrere Busse von/nach Phnom Penh (340 km/6–7 Std.), Kompong Cham (210 km/3,5–4,5 Std.) und nach Stung Treng (140 km/3–3,5 Std.). Wer direkt nach Banlung in der Provinz Rattanakiri möchte, nimmt am besten ein Sammeltaxi (280 km/5–6 Std.).

Stung Treng ► 3, O 22

Einst tropisches Zerfallsprodukt mit schwarzschimmeligen Fassaden und Schlaglöchern groß wie Badewannen in den Hauptstraßen, präsentiert sich die Stadt **Stung Treng** seit der Öffnung der Grenze zum Nachbarland Laos als Boomtown. Allerdings hat man beim Aufbau des einstigen Schmuddelkindes nahe der Mündung des Sekong in den Mekong offensichtlich mehr Wert auf betondominierte Funktionalität als auf Ästhetik gelegt. Touristen tauchten bis vor kurzem selten in dem 35 000 Einwohner zählendem Ort auf, das hat sich aber geändert, seitdem auch Reisende aus Drittländern die Grenze zwischen Kambodscha und Laos passieren dürfen.

Stung Treng hat seinen westlichen Besuchern indes nicht viel zu bieten. Ein Bummel über den **Markt**, auf dem neben laotischen Waren auch kunsthandwerkliche Souvenirs von Bergvölkern erhältlich sind, oder ein Spaziergang entlang der Uferpromenade am Sekong-Fluss, das sind die Unternehmungen in der nicht eben mit Highlights gesegneten Stadt. Eine schöne Bootstour, die von Hotels, Gästehäusern und Restaurants, angeboten wird, führt den Mekong aufwärts zu den Khong-Phapheng-Fällen an der Grenze nach Laos (s. S. 297). Vielen Touristen dient Stung Treng als Sprungbrett zur Hochlandprovinz Rattanakiri.

Übernachten

Solides Haus am Markt ► **Sok Sombath Hotel:** Street 3, Tel. 074 97 37 90 u. 016 74 66 66. Einfache, aber ordentliche Zimmer; die preiswerten mit Ventilator und Dusche/WC (teilweise ohne Fenster), die teureren mit Klimaanlage, Warmwasser-Dusche/WC, TV und Kühlschrank; am schönsten sind die Zimmer im 1. Stock mit Blick auf das Markttreiben. DZ 8–18 US-$.

Für gehobene Ansprüche ► **Kong Ratana Sambath:** Street 3, Tel. 012 964483. Gut geführtes Gästehaus mit geschmackvoll in Holz und Bambus möblierten, klimatisierten Zimmern. DZ 8–15 US-$.

Funktional ► **Chamreun Leap Guest House:** Street 3, Tel. 074 97 36 16 u. 011 66 77 74. Modernes dreistöckiges Gebäude am Markt mit zweckmäßig ausgestatteten, sauberen Zimmern; die preiswerten mit Ventilator und Dusche/WC, die teureren mit Klimaanlage, Warmwasser-Dusche/WC, TV und Kühlschrank. DZ 6–15 US-$.

Für Backpacker ► **Dara Guest House:** Tel. 011 69 84 29. Schlichte Bleibe am Ufer des Sekong, Zimmer mit Ventilator und Dusche/WC, nicht immer sauber. DZ 4–6 US-$.

Essen & Trinken

Schöne Flusslage ► **Riverside Top Restaurant:** Tel. 012 43 94 54, tgl. 6.30–22 Uhr. Beliebter Traveller-Treff und gute Info-Börse am Sekong, gute kambodschanische und einige westliche Gerichte, am angenehmsten sitzt man auf der Dachterrasse mit Blick auf den Sekong, die Betreiber vermieten auch einige preiswerte Zimmer. Gerichte 4000–8000 Riel.

Beliebt ► **Richies Restaurant:** Tel. 011 72 57 69, tgl. 6.30–21 Uhr. Dem Geschmack der westlichen Gäste angepasste kambodschanische Speisen und internationales Traveller-Food. Gerichte 4000–7000 Riel.

Gute Landesküche ► **Sorya Restaurant:** Street 3, Tel. 012 45 93 69, tgl. 7–21.30 Uhr. Authentische Khmer-Küche, beliebt bei Einheimischen. Gerichte 4000–7000 Riel.

Verkehr

Bus: Tgl. mehrere Busse von/nach Phnom Penh (480 km/9–10 Std.), Kompong Cham (350 km/6,5–7,5 Std.) und Kratie (140 km/3–3,5 Std.). Nach Banlung in der Provinz Rattanakiri fahren tagsüber je nach Passagieraufkommen Minibusse und Sammeltaxis (155 km/4–5 Std.).

Die Provinz Rattanakiri

Dicht bewaldetes Hochland mit frischer Luft, tosende Wasserfälle in tropischer Vegetation, eine vielfältige Tierwelt mit Elefanten, Tigern, Affen und exotischen Vögeln – auch das ist Kambodscha. Während die Ebenen den Khmer gehören, siedeln in den bis zu 1500 m hoch gelegenen Regionen des Nordostens Angehörige verschiedener Bergvölker.

Von Stung Treng nach Banlung ▶ 3, Q 21/22

Knapp 20 km südöstlich von Stung Treng zweigt von der National Road 7 die Nationalstraße 78, eine planierte und abschnittsweise geschotterte Allwetterpiste, in die Provinz Rattanakiri ab. Die Reisfelder der fruchtbaren Mekong-Ebene gehen über in bewaldetes Hochland. Während im Tiefland nach vielen Jahrhunderten zivilisatorischer Entwicklung kaum mehr etwas so ist, wie es die Natur einst geschaffen hat, sind im spärlich bevölkerten Hochland von Rattanakiri immer noch ausgedehnte **ursprüngliche Regenwälder** erhalten geblieben. Dort dominiert eine wilde, ungezähmte Landschaft mit üppigem tropischem Bewuchs.

Trotz des leider immer massiver betriebenen Holzeinschlags, haben im Hochland seltene, teilweise akut vom Aussterben bedrohte Tiere ein Rückzugsgebiet gefunden. So durchstreifen Tiger und Leoparden die dichten, auch für Wilderer kaum zugänglichen Bergregenwälder in der Grenzregion zwischen Kambodscha, Laos und Vietnam. Gesichtet wurden dort auch wild lebende Elefanten. Eine große Vielfalt zeigt die regionale Vogelwelt.

Eine Reise nach Rattanakiri ist zugleich auch ein Zeitsprung in eine andere Welt. Dort im Bergland ist eine Vielzahl von Volksgruppen zu Hause, welche den Sammelnamen **Khmer Loeu** (Hochland-Khmer) tragen. Mit geringschätzigem Unterton werden sie von den Tieflandbewohnern auch als *chunchiet* oder *pnong* bezeichnet: Wilde.

In ihrer Heimat tief in den Bergen blieb oftmals eine bisweilen archaisch anmutende Welt mit einer eigenständigen Kultur erhalten. Die drei großen S der Moderne – Straßen, Strom und Satellitenschüsseln – haben hier noch längst nicht alle Bergdörfer in die neue Zeit katapultiert. Obwohl die Menschen ein entbehrungsreiches und einfaches Leben führen, strahlen sie eine zurückhaltende Freundlichkeit und Zufriedenheit aus. Der Tourismus ist eine noch recht neue Erscheinung in ihrer Heimat, und es bleibt zu hoffen, dass sie mehr von ihm profitieren als Schaden erleiden.

Banlung ▶ 3, Q 21

Umgeben von Ananas-, Bananen- und Cashewnusspflanzungen, breitet sich Banlung auf einem fruchtbaren Hochplateau aus. Obwohl wirtschaftliches und administratives Zentrum der Provinz Rattanakiri, wirkt **Banlung** auf Besucher wie eine Wildwestsiedlung. Ein Kreisverkehr mit Unabhängigkeitsdenkmal, an dem sich die beiden Hauptstraßen treffen – mehr Stadt gibt es bislang nicht. Dafür jede Menge Staub und bei Regen Schlamm. Den Pioniercharakter von Banlung unterstreichen häufige Stromausfälle.

aktiv unterwegs

Trekking zu einem Bergdorf

Tour-Infos

Start: Banlung
Dauer: 1–7 Tage
Schwierigkeitsgrad: einfach bis anspruchsvoll
Kosten: Je nach Tour 30–50 US-$ p. P./Tag

Neben der ursprünglichen Natur der Provinz Rattanakiri reizt Trekking-Touristen die Begegnung mit Stammesvölkern, die in der geografischen Isolation ihrer abgelegenen Dörfer ihre Traditionen pflegen. Zu den ethnisch stark gegliederten Hochland-Khmer (Khmer Loeu) gehören die Jarai, Kachok, Kavert, Krueng, Lun, Prao und Tampuen. Den von den Tiefland-Khmer geprägten Sammelbegriff *chunchiet* schätzen die Minderheiten nicht.

Mit ihrer halbnomadischen Lebensform blieben auch die alten Stammesreligionen erhalten, in denen Geisterverehrung und ein ausgeprägter Ahnenkult zentrale Rollen spielen. Die Geschicke der Dorfgemeinschaften werden von Schamanen-Priestern gelenkt. In ihren Siedlungen fallen die sogenannten Jungfrauenhütten und Junggesellenbuden auf. In diesen auf Holzstelzen rund 5 m über dem Erdboden in luftiger Höhe schwebenden Bambushütten treffen sich heiratswillige Jugendliche, um sich kennenzulernen.

Viele Khmer-Loeu-Dörfer liegen im Virachey National Park (s. S. 450). Da die Orientierung im dicht bewaldeten und zerklüfteten Bergland nicht einfach ist und vor allem auch wegen der Verständigungsprobleme, wird von Treks auf eigene Faust abgeraten. Bei der Organisation von Wanderungen in Kleingruppen mit einheimischen *guides* ist das Virachey National Park Headquarter in Banlung behilflich (Tel. 075 97 40 13, virachey@camintel.com, www.virachеyecotourism.blogspot.com, Mo-Fr 8–12, 14–17.30 Uhr). Hier kann man auch von Englisch sprechenden *Guides* begleitete ein- und mehrtägigen Trekking-Touren im Virachey National Park buchen, darunter auch eine Zwei-Tages-Tour zum Kalang Chhouy Sacred Mountain, eine abschnittsweise auf dem Ho-Chi-Minh-Pfad verlaufende Vier-Tages-Tour in das O'Lapeung River Valley, eine anstrengende Sieben-Tages-Tour auf den von dichtem Bergregenwald bewachsenen Phnom Veal Thom oder eine anspruchsvolle Sieben-Tages-Tour in den Taveng District, wo sich die besten Möglichkeiten für Tierbeobachtungen bieten. Übernachtet wird in Dörfern in einfachen Pfahlbau-Langhäusern.

Das vermeintliche Dorf am Ende der Welt erwacht jeden Morgen zu pulsierendem Leben, wenn Angehörige von Bergvölkern zu dem überquellenden **Markt** strömen, um ihre Waren zu verkaufen und in den Geschäften Wolle, Werkzeuge und andere notwendige Dinge zu erwerben. Touristen zieht es in kleine Läden, in denen Amethyste, Obsidiane, Peridote, Zirkone und andere Schmuck- bzw. Halbedelsteine aus Minen bei Banlung angeboten werden. Neben Pailin ist Rattanakiri ein weiteres **Zentrum des Edelsteinabbaus** – frei übersetzt bedeutet der Name der Provinz soviel wie Edelsteingebirge. Zahlreiche Edelsteinminen befinden sich bei Bokeo etwa 30 km östlich von Banlung an der Straße Richtung Vietnam.

Ausflüge in die Umgebung von Banlung ►3, Q 20–22

Wasserfälle

Beliebte Ausflugsziele für Einheimische und Touristen sind die pittoresken Wasserfälle in der Umgebung. Etwa 6 km nordwestlich tost der **Chaong Waterfall** in mehreren Kaskaden rund 30 m über eine Felswand zu Tal. In der

In ursprünglicher Natur leben Stammesvölker in kleinen Bergdörfern

Schlucht bildet er einen Felsenpool, der zu einem erfrischenden Bad einlädt. Ebenfalls leicht zu erreichen ist der **Kalieng Waterfall** 6 km südlich von Banlung. Etwas aufwendiger gestaltet sich der Ausflug zu dem 27 km südlich nahe der Straße Richtung Sen Monorom gelegene **Ou Sien Lair Waterfall**.

Yeak-Laom-See

Badespaß im Regenwald verspricht wenige Kilometer östlich der Stadtgrenze der kreisrunde, bis zu knapp 50 m tiefe Yeak-Laom-See. Der mitten im Dschungel gelegene See mit kristallklarem Wasser, dessen Alter auf rund 700 000 Jahre geschätzt wird, hat sich im Krater eines erloschenen Vulkans gebildet. Durch das Naturreservat mit seiner ursprünglichen Pflanzenwelt, das sich an seinem Ufer erstreckt, führt ein 2,5 km langer Wanderpfad. Am Weg liegt das **Cultural and Environmental Centre**. Die Exponate in dem kleinen ethnografischen Museum – Haushalts- und Gebrauchsgegenstände, Kleidung, Schmuck und Waffen – geben in Verbindung mit historischen Fotografien Einblicke in Geschichte und Kultur der Bergvölker (tgl. 8–17.30 Uhr, freier Eintritt, Spende erbeten). Spezialität der kleinen Lokale am See ist Reiswein, der mit Bambusröhrchen aus Tongefäßen getrunken wird.

Virachey National Park

Nordöstlich von Banlung erstreckt sich auf einem Hochplateau, das jenseits der kambodschanisch-vietnamesischen Grenze zu den Annamitischen Kordilleren ansteigt, der Virachey National Park, mit einer Ausdehnung von 3325 km² der größte Nationalpark des Landes. Dort gibt es noch Tierarten, die in anderen Teilen Asiens längst ausgerottet sind, wie Indochinesische Tiger, einhornige Javanische Panzernashörner, Asiatische Schwarzbären, Krokodile und Asiatische Elefanten. In den halbtrockenen Monsunwäldern lebt auch das Kouprey, eine im Jahr 1963 von Norodom Sihanouk zum Nationaltier Kambodschas erklärte Wildrindart, die zu den am stärksten vom Aussterben bedrohten Tierarten der Erde zählt. Ausflüge in das nur schwer zugängliche Naturschutzgebiet bedürfen einer sorgfältigen Vorbereitung. Die Mitarbeiter der Nationalparkverwaltung in Banlung sind bei der Organisation von ein- und mehrtägigen Wanderungen behilflich (s. S. 449).

Unterwegs in der Region

Am bequemsten und unabhängigsten reist man im **Mietwagen** mit Fahrer (ca. 60 US-$/Tag). Eine Alternative sind die Sammeltaxis, zwischen Kratie und Banlung (280 km/5–6 Std.), Stung Treng und Banlung (155 km/4–5 Std.). Allerdings quetschen sich in die oft betagten japanischen Limousinen häufig bis zu acht Passagiere. Noch überfüllter sind die zwischen Stung Treng und Banlung verkehrenden **Minibusse**. Das Sammeltaxi- und Minibusterminal befindet sich beim Markt. Geländewagen mit Fahrer vermieten das Tribal Hotel und die Tree Top Eco Lodge in Banlung.

Auf der nach Regenfällen bestenfalls mit Geländewagen passierbaren Piste zwischen Banlung und Sen Monorom in der Provinz Mondulkiri verkehren kaum öffentliche Verkehrsmittel.

Übernachten

Wohlfühloase am See ▶ **Terres Rouges Lodge:** Tel. 075 97 40 51 u. 023 21 56 51, www.ratanakiri-lodge.com. Rustikales Hotel in einem schönen Garten oberhalb des Boeung-Kansaign-Sees; stilvolle Zimmer mit traditionellen Khmer-Accessoires; Suiten im Hauptgebäude oder in Bungalows. mit Ventilator, Warmwasser-Dusche/WC; im Restaurant mit Seeblick gehobene kambodschanische und französische Küche unter französischer Leitung, Reservierung empfohlen. DZ 35–45 US-$, Suite 85 US-$ (inkl. Frühstück).

Lokales Flair ▶ **Tribal Hotel:** Tel. 075 97 40 74 u. 011 91 23 22, tribal_hotel@yahoo.com u. tribalhotel@camintel.com. Ca. 400 m östl. des Busterminals, hinter dem Postamt; behagliche Zimmer in einem Steingebäude und einem traditionellen Holzhaus (alle mit AC, Warmwasser-Dusche/WC, TV und Kühlschrank); die teureren Zimmer mit Holzfußboden, kleinem Balkon und Dekoration aus kunsthandwerklichen Produkten der Bergvölker; gute kambodschanische Gerichte und regionale Spezialitäten, Organisation von Touren und Transport. DZ 15–30 US-$.

Am See ▶ **Lakeside Chheng Lok Hotel:** Tel. 075 39 00 63 u. 012 95 74 22, lakeside chhenglokhotel@yahoo.com. Khmer-Hotel am Boeung Kansaign; saubere Zimmer mit Ventilator oder AC und Dusche/WC, die besseren mit Warmwasser und Seeblick sowie hübsche Bungalows in einem schönen Garten, mit Restaurant. DZ 5–15 US-$, Bungalow 20–30 US-$.

Guter Standard ▶ **Sovannkiri Hotel:** Tel. 075 97 40 01 u. 012 65 43 73, Fax 075 97 40 02. Am westlichen Ortsrand; im Hauptgebäude gut ausgestattete Zimmer mit AC, Warmwasser-Dusche/WC, TV und Kühlschrank; einfache Zimmer mit Ventilator und Dusche/WC in zwei Nebengebäuden, hilfsbereites Personal. DZ 5–20 US-$

Budget-Option ▶ **Kim Morakat Hotel:** Tel. 075 97 41 21 u. 012 32 22 92. Neues Haus nahe Unabhängigkeitsdenkmal, einfache Zimmer mit Ventilator oder Klimaanlage und Warmwasser-Dusche/WC, z. T. ohne Fenster. DZ 5–10 US-$.

Naturnah ▶ **Tree Top Eco Lodge:** Tel. 012 49 03 33, www.treetop-ecolodge.com. Ruhige Anlage 2 km östl. der Stadt an einem Hang, Holzbungalows auf Pfählen mit Dusche/WC und Veranda sowie Zimmer mit Dusche/WC oder Gemeinschaftsbad in einem Hauptgebäude, im Restaurant gute kambodschanische und westliche Gerichte, die Betreiber sprechen gut Englisch und helfen bei der Organisation von Ausflügen, Fahrrad-, Motorrad- und Autovermietung. Bungalow 10 US-$, DZ 5–6 US-$.

Traditionelles Khmer-Haus ▶ **Mountain Guest House:** Tel. 075 97 40 47 u. 011 71 33 91, moni_saddy@yahoo.com. 500 m westlich des Unabhängigkeitsdenkmals. Zehn einfache Zimmer mit Gemeinschaftsbad oder Dusche/WC in einem alten Holzhaus, schöne Terrasse. DZ 4–6 US-$.

Essen & Trinken

Seepanorama ▶ **Lakeside Chheng Lok Restaurant:** Tel. 075 39 00 63 u. 012 95 74 22, tgl. 6.30–21.30 Uhr. Hervorragende kambodschanische und chinesische Speisen. Gerichte 5000–10 000 Riel.

Bodenständige Khmer-Küche ▶ **Labanseah II Restaurant:** Tel. 075 97 41 65. Am östlichen Ortsrand. Gerichte 4000–6000 Riel.

Stimmungsvoller Sonnenuntergang in der Nähe von Kampot

Kapitel 7

Der Süden Kambodschas

In Sihanoukville, am Golf von Thailand gut 200 km südwestlich von Phnom Penh, lassen goldgelbe Strände mit puderzuckerfeinem Sand, kristallklares Wasser sowie vor allem ausgezeichnete Restaurants und preisgünstige Unterkünfte fast jeden Urlaubstraum wahr werden. Und am Abend laden Bambuslokale am Strand mit fangfrischem Seafood zu einem romantischen Dinner bei Kerzenlicht ein.

Doch die gut 400 km lange, dünn besiedelte, von Lagunen, Mangrovenwäldern und Pfahlbausiedlungen geprägte Küste hat noch mehr zu bieten. Die geradezu märchenhafte submarine Welt der Küstengewässer hat sich zu einem beliebten Unterwasserziel entwickelt. Nicht nur erfahrene Taucher, sondern auch Anfänger kommen dort auf ihre Kosten. Und wer der Zivilisation für einige Zeit den Rücken kehren möchte, findet auf einigen der dicht vorgelagerten Inseln perfekte Szenarien für Robinsonaden.

In den Damrei-Bergen wartet der einst von den Franzosen angelegte Kurort Kirirom darauf, wieder entdeckt zu werden. Und in den bis zu über 1000 m ansteigenden, von dichtem Dschungel bedeckten südlichen Ausläufern der Elefantenberge verbirgt sich mit Bokor eine bizarre, lang umkämpfte Ruinenstadt. Bester Ausgangspunkt für einen Ausflug nach Bokor ist das verträumte Städtchen Kampot. In der Nähe liegt das in der Kolonialzeit berühmte Seebad Kep.

Auf einen Blick

Der Süden Kambodschas

Sehenswert

15 **Sihanoukville:** Nach einer anstrengenden (Kul-)Tour in Phnom Penh und den Tempelstätten von Angkor kann man an den schönen Sandstränden von Sihanoukville ganz einfach einmal die Seele baumeln lassen (s. S. 456).

Kampot: Das Städtchen am Fuß der Elefantenberge bietet mit chinesischen Geschäftshäusern und französischen Kolonialbauten aus den 1920er- und 1930er-Jahren ein Bild des alten Indochina (s. S. 470).

Schöne Route

Von Sihanoukville über Kampot nach Phnom Penh: Für die Rückfahrt von Sihanoukville nach Phnom Penh empfiehlt sich statt der Nationalstraße 4 die weiter östlich verlaufende Nationalstraße 3 über Kampot. Da auf dieser Route kaum öffentliche Busse verkehren, mietet man sich am besten in Sihanoukville für ein paar Dollar ein Taxi (s. S. 470).

Meine Tipps

Am Wochenende in Sihanoukville: Vielköpfige Familienklans aus Phnom Penh verwandeln am Wochenende die Strände von Sihanoukville in riesige Picknickplätze. Eine gute Gelegenheit, einheimisches Strandleben live zu beobachten (s. S. 458).

The Snakehouse – Dinner mit Kobras: Sie suchen fürs Dinner ein besonderes Ambiente? Dann sind Sie in diesem Restaurant in Sihanoukville an der richtigen Adresse (s. S. 464).

Tauchen und Schnorcheln: Wer die Inseln in den Küstengewässern vor Sihanoukville besucht und seinen Kopf nicht unter Wasser hält, verpasst ein großes Naturwunder – also ab zum Tauchen und Schnorcheln (s. S. 466).

Schöne neue Hotels in Kep: Das wieder erwachende Seebad Kep hat u. a. folgende Sensationen zu bieten: Vollkommene Unaufgeregtheit, selbstgewisse Schlichtheit, altmodische Eventlosigkeit und einige neu eröffnete schöne Ferienhotels (s. S. 472).

Einstige Sommerfrische von Königen und Kolonialherren in Bokor: Mit etwas Fantasie kann man sich in dem von den Franzosen angelegten Kurort Bokor in die Vergangenheit versetzen. Man sieht die alten Citroens und Peugeots die Bergstraße hochschnaufen und am Spielkasino Bokor Palace vorfahren. Livrierte Portiers öffnen die Türen. Innen hört man das hölzerne Klicken der Roulettekugeln. Aus dem Salon dringen Pianoklänge ... (s. S. 473).

Von Phnom Penh nach Sihanoukville

Entspannung von der hektischen Großstadt Phnom Penh und vom Tempel-Sightseeing in Angkor verspricht ein Ausflug nach Sihanoukville mit schönen Stränden. Seitdem die Grenzen zum Nachbarland Thailand durchlässiger geworden sind, hat sich Sihanoukville zum südlichen Ein- und Ausfallstor von Kambodscha entwickelt.

Kandal und Kompong Speu ► 3, K 26/27

Südwestlich von Phnom Penh führt die Route durch Kandal und Kompong Speu, die am höchsten entwickelten Provinzen Kambodschas. Entlang der Straße haben in- und ausländische Investoren vor allem Textil- und Schuhfabriken angesiedelt. Um Kompong Speu, dem administrativen Zentrum der gleichnamigen Provinz, sieht die Landschaft – weit abseits des Mekong und anderer großer Flüsse – sogar während der Regenzeit dürr und durstig aus, zu schnell versickert das Wasser in den karstigen Böden.

Kirirom ► 3, J 27

Karte: rechts

Etwa auf halber Strecke steigt die Straße zu den Damrei-Bergen (alias Elefantenberge) an, die das Kambodschanische Becken vom Meer abschließen. Eine selten befahrene und von tiefen Schlaglöchern übersäte Nebenstraße windet sich hinauf zum Bergort **Kirirom** 1 25 km weiter westlich, den einst die Franzosen wegen des angenehmen Klimas in dem bis zu über 1000 m hohen Gebirgszug gründeten. Außer einigen Ruinen blieb von der kolonialen Pracht nichts mehr erhalten. Jenseits des Pich-Nil-Passes an der National Road 4 mäandert der Highway durch weitläufige Ölpalmen- und Tapioka-Plantagen zur Küste hinab. In Veal Renh, knapp 50 km östlich von Sihanoukville, treffen die Nationalstraßen 3 und 4 und die von Phnom Penh in den Süden führende Bahnlinie zusammen.

15 Sihanoukville ► 3, H 28

Karte: rechts

Geschichte

Die knapp 150 000 Einwohner zählende Stadt **Sihanoukville** wurde am Reißbrett geplant. Als 1954 mit dem Ende der französischen Kolonialzeit in Indochina das Mekong-Delta unter vietnamesische Kontrolle geriet, verlor Kambodscha seinen Zugang zu internationalen Meeresstraßen. Da sich die Regierung Kambodschas von der Durchfahrt durch Südvietnam unabhängig machen wollte, beschloss sie den Bau eines Tiefseehafens.

Wegen der ausreichenden Wassertiefe der Küstengewässer fiel die Wahl auf eine mit dichtem Urwald bedeckte Halbinsel am Golf von Thailand namens Kompong Som. Mitte der 1950er-Jahre wurden mit französischer Hilfe der Hafen, eine Zufahrtsstraße und eine Eisenbahnstrecke von Phnom Penh errichtet. 1964 konnte König Sihanouk den neuen, ihm zu Ehren benannten Hafen einweihen. Sihanoukville erhielt eine Erdölraffinerie, Montagefabriken für Lastwagen und Traktoren, ein Zementwerk und eine Brauerei.

Von Phnom Penh nach Sihanoukville

Während des Vietnamkriegs spielte Sihanoukville bis zum Sturz von König Sihanouk durch den pro-westlichen General Lon Nol 1970 eine wichtige **Rolle als Umschlagplatz** für den Nachschub der Vietcong. Der König hatte den Chinesen gestattet, Kriegsmaterial für die südvietnamesische Befreiungsfront in Sihanoukville zu löschen. Von dort transportierte man die Güter über die zuvor mit amerikanischer Hilfe gebaute Straße der Freundschaft, die heutige National Road 4, in die Nachschublager der Vietcong im kambodschanisch-vietnamesischen Grenzgebiet.

Erst Anfang der 1990er-Jahre, als ausländische Touristen die Sandstrände und einsamen Inseln in der Umgebung von Sihanoukville entdeckten, entwickelte sich langsam eine **touristische Infrastruktur**. Diese beschränkt sich vorwiegend auf kleinere Hotels und Gästehäuser. Die Regierung plant jedoch mit Hilfe ausländischer Investoren den Bau eines internationalen Flughafens, großer Luxushotels, Spielkasinos und die Anlage eines 18-Loch-Golfplatzes. Alles deutet darauf hin, dass sich Sihanoukville mit Phnom Penh und Siem Reap zum touristischen Dreieck von Kambodscha zusammenschließen will.

Die Strände von Sihanoukville

Das große Plus von Sihanoukville sind die (noch) vom Massentourismus unberührten Strände, die sich, unterbrochen von Landzungen, vom Süden der Halbinsel bis zu den Hafenanlagen im Norden erstrecken. Da die

Der Independence Beach bei Sihanoukville verspricht Strandleben pur

Stadt nirgends direkt an die Küste grenzt, sind alle Strände relativ einsam gelegen. An fast allen Stränden stehen Unterkünfte verschiedener Kategorien zur Verfügung. Die meisten Hotels, Gästehäuser und Restaurants konzentrieren sich aber in der Stadtmitte und am sogenannten Weather Station Hill südlich des Hafens. Vom Zentrum zu den Stränden sind es 1–3 km, die man am bequemsten mit einem *moto dup* (Moped-Taxi) zurücklegt. Der beliebteste Strand ist der kilometerlange **Ochheuteal Beach** (gesprochen: Otschetiel) etwa 1,5 km südlich der Ortsmitte. Während der Woche wirkt der Strand wie ausgestorben. An Wochenenden jedoch verwandeln Familien den Ochheuteal Beach in einen riesigen Picknickplatz. Bambuslokale bieten köstliches fangfrisches Seafood an. Etwas abseits vom Strand haben reiche Kambodschaner ihre Villen hinter hohen

Mauern und dichtem Tropengrün versteckt.

Der einsame **Otres Beach**, der südlich an den Ochheuteal Beach anschließt, gilt vielen als der schönste – feinsandig der Strand, türkisblau das Meer. Zu einem Treffpunkt der Traveller-Szene hat sich der schöne, halbmondförmige **Serendipity Beach** im Norden des Ochheuteal Beach entwickelt. Mit einfachen Holzbungalows und Strandbars weckt der Serendipity Beach Erinnerungen an das thailändische Koh Samui vor 20 Jahren. Man muss sich aber beeilen, um das Backpacker-Idyll noch zu erleben, denn die Zahl der Gäste steigt ebenso rapide wie die Preise. Besonders stimmungsvoll ist es am Serendipity Beach ab dem späten Nachmittag, wenn in den Open-Air-Restaurants die Köche ihre Kokosnussschalengrills entfachen. An einfachen Holztischen am Strand genießt man frischen Fisch und Meeresfrüchte, während ein tropi-

scher Sonnenuntergang den Himmel verzaubert. Eine felsige Landzunge, die man in einem weiten Bogen umfahren muss, trennt den Serendipity Beach vom **Sokha Beach**, einem von Felsen durchsetzten Privatstrand eines Luxushotels mit feinem weißen Sand. Tagesgäste dürfen den Strand und den Hotelpool gegen eine Gebühr nutzen (Mo–Fr 4 US-$, Sa/So und an Feiertagen 6 US-$). Jenseits der nächsten Landzunge erstreckt sich mit dem **Independence Beach** ein weiterer Strand der Sternekategorie, dessen nördlicher eingezäunter Abschnitt aber den Gästen des Independence Hotel vorbehalten ist.

Landeinwärts thront auf einem Hügel zwischen Felsen der **Wat Utynieng** 1, auch **Wat Krom** genannt. Ein Gebäude der Tempelanlage ist der einheimischen Gottheit Ya-Mao

Sihanoukville

Sehenswert
1 Wat Utynieng (Wat Krom)
2 Wat Chotynieng (Wat Leu)

Übernachten
1 Don Bosco Hotel
2 Princess Hotel
3 The Small Hotel
4 The Oasis Hotel
5 Angkor Inn Guest House
6 Golden Sand Hotel
7 Seaside Hotel
8 Beach Club Resort
9 Orchidée Guest House
10 Holiday Hotel
11 Romny Family Bungalows
12 Cinderella's Beach Bungalows
13 Queen Hill Resort
14 Coaster's
15 Cloud 9
16 Diamond Guest House
17 Sokha Beach Resort
18 Malibu Bungalows
19 Independence Hotel
20 Chez Claude
21 Sea Breeze Hotel
22 Chez Mari-yan
23 Mealy Chenda Guest House

Essen & Trinken
1 Apsara
2 Luna d'autunno
3 Holy Cow
4 The Bavarian
5 Starfish Bakery Café
6 Sea Dragon
7 Les Feuilles
8 Pim's Restaurant
9 Tranquility at Serendipity
10 Mick & Craig's
11 Sasha Restaurant
12 Treasure Island Seafood
13 Chhner Molop Chrey
14 The Snakehouse

Abends & Nachts
1 Chiva's Shack
2 Fisherman's Den Bar
3 The Corner Bar
4 Utopia
5 Angkor Arms
6 Rainy Season
7 Amazone Super Club
8 Blue Storm

Aktiv
1 EcoSea Dive
2 Scuba Nation Padi Dive Centre
3 Eco-Trek Tours Cambodia
4 Seeing Hands
5 Sun Tours

geweiht – Beweis dafür, dass unter dem Mantel des Buddhismus magisches Brauchtum noch höchst lebendig ist.

Victory Beaches werden mehrere langgestreckte Sandstrände südlich des Hafens genannt, wo Kasuarinen Schatten spenden. Zu den schönsten gehören Lamherkay, Channel, King's und Hawaii Beach. an dem zur Zeit russische Investoren ein riesiges Resorthotel der Fünf-Sterne-Kategorie errichten. Vom New Beach mit einem kleinen Park bietet sich ein schönes Panorama des Tiefseehafens.

Weather Station Hill

Um und auf dem **Weather Station Hill**, der hinter den Victory Beaches aufragt, hat sich ein Zentrum der Backpacker entwickelt – Gästehäuser und günstige Restaurants mit Western Food sowie Bars, Internet-Cafés und Tourveranstalter erwarten hier Besucher.

Fischereihäfen

Chaotisch sowie ungemein farb- und geruchsintensiv ist **Kompong Pier Nup Lok**, der Fischereihafen, 2 km nördlich des Tiefseehafens gelegen. Hier werden etwa die Hälfte des in Kambodscha konsumierten Meeresfisches sowie große Mengen an Krusten- und Schalentieren angelandet. Ein weiterer bedeutender Fischereihafen ist **Stung Hau** 23 km weiter nordöstlich. Der sehr intensive Geruch weist darauf hin, dass hier Fischsauce produziert wird, welche in keiner kambodschanischen Küche fehlen darf. Die Fahrt nach Stung Hau mit einem Taxi führt an weißen, unerschlossenen Stränden entlang.

Wat Chotynieng 2

Die auch **Wat Leu** genannte zweite bedeutende Tempelanlage der Stadt breitet sich auf dem 132 m hohen Sihanoukville Mountain aus, der hinter der Ortsmitte aufragt. Treppenaufgänge mit Naga-Balustraden führen zur Pagode, von der sich vor allem bei Sonnenuntergang ein schönes Panorama bietet.

Infos

Beste Informationsquelle ist »The Sihanoukville Visitors Guide«, eine Broschüre, die kostenlos in Hotels, Gästehäusern und Restaurants (auch in Phnom Penh) ausliegt.

Sihanoukville im Internet: www.sihanoukville.info sowie ebenso www.sihanoukville-cambodia.com (offizelle Websites von Sihanoukville).

Internetcafés:
Zahlreiche Internetcafés im ganzen Stadtgebiet, vor allem an der Ekareach St. in Downtown Sihanoukville und am Weather Station Hill.

Übernachten

Für Wochenenden, Feiertage und Schulferien ist rechtzeitige Buchung zu empfehlen. Während der Hauptsaison von November bis März und an wichtigen Feiertagen, vor allem zum Khmer-Neujahrsfest, sind die Zimmerpreise um etwa 25–30 % höher.

... in Downtown Sihanoukville:

Sozial engagiert ▶ Don Bosco Hotel 1: O-Pram St., Tel. 034 93 44 78, www.donboscohotelschool.com. 3 km östlich gelegenes Hotel mit Hotelfachschule, in der Jugendliche aus unterprivilegierten Familien ausgebildet werden, komfortable AC-Zimmer, Restaurant und Pool. DZ 35–55 US-$.

Etwas nüchtern, aber solide ▶ Princess Hotel 2: Ekareach St., Tel. 034 93 47 89 u. 012 44 24 22, Fax 034 93 41 68. Modernes Stadthotel, makellose Zimmer mit Klimaanlage und Dusche/WC. DZ 15–22 US-$.

Klein und ruhig ▶ The Small Hotel 3: Nebenstraße der Ekareach St., Tel. 034 93 43 30, www.thesmallhotel.info. Geräumige, behaglich möblierte Zimmer mit AC oder Ventilator und Dusche/WC, gutes europäisches Frühstück, hilfsbereites kambodschanisch-schwedisches Besitzerpaar. DZ 13–20 US-$.

Kleine Wohlfühloase ▶ The Oasis Hotel 4: Ekareach St., Tel. 034 93 34 87 u. 012 63 89 47. Kleines, gut geführtes Haus, Zimmer mit Ventilator oder Klimaanlage und Dusche/WC, im Restaurant australische Steaks, Pizzas und andere westliche Gerichte sowie Angkor Beer vom Fass. DZ 8–16 US-$.

Umsorgt wie daheim ▶ Angkor Inn Guest House 5: Sopheak Mongkol West St., Tel. 016 89 62 04. Seit 1996 bestens geführt von der liebenswerten Kambodschanerin Mom; einfache, aber saubere Zimmer mit Ventilator oder AC und Dusche/WC, kostenloser Wäscheservice. DZ 6–15 US-$.

... am Ochheuteal Beach:

Gediegen ▶ Golden Sand Hotel 6: Tola St., Tel. 034 93 36 07, www.hotelgoldensand.com.kh. Elegantes Strandhotel mit 132 Zimmern und Suiten, Restaurant und Pool. DZ 30–60 US-$, Suite 75–90 US-$.

Seit Jahren beliebt ▶ Seaside Hotel 7: Tel. 034 93 36 41, www.seasidehotel.com.kh. Angenehmes Hotel mit palastartiger Fassade, komfortable Zimmer mit Klimaanlage und Bad/WC, mit Restaurant, Organisation von Bootstouren für Taucher und Schnorchler, 100 m zum Strand. DZ 25–60 US-$ (inkl. Frühstück).

Gut geführt und solide ▶ Beach Club Resort 8: Tola St., Tel. 034 93 36 34, www.beachclubcambodia.com. Neues Mittelklassehotel , geräumige AC-Zimmer mit allen Annehmlichkeiten, internationales Restaurant und schöner Pool, etwa fünf Gehminuten zum Strand. DZ 25–50 US-$, Familienzimmer 50–65 US-$.

Gemütlich & günstig ▶ Orchidée Guest House 9: Tola St., Tel. 034 93 36 39 u. 012 38 03 00, www.orchidee-guesthouse.com. Hotelähnliche Pension in Toplage, wenn auch nicht am Strand, sondern in der zweiten Reihe. Behaglich ausgestattete, helle Zimmer mit AC oder Ventilator, Dusche/WC, Kühlschrank und Balkon oder Terrasse; schöner Pool und Restaurant (kambodschanisch, thailändisch und international), Wifi, unbedingt reservieren. DZ 13–50 US-$.

Familiäres Mittelklassehotel ▶ Holiday Hotel 10: Tola St., Tel. 034 93 36 58, www.ochheutealhotel.com. Kleines, gut geführtes Hotel, gemütliche Zimmer mit Ventilator oder Klimaanlage und Dusche/WC, 100 m zum Strand. DZ 8–25 US-$.

Familienfreundlich ▶ Romny Family Bungalows 11: 1 Kanda St., Tel. 012 73 69 83, 016 86 14 59, romnytour@yahoo.com. Sympathisches Gästehaus in ruhiger Lage 400 m vom Strand, geräumige Zimmer mit AC oder Ventilator und Dusche/WC, Restaurant mit asiatischen und europäischen Gerichten, Organisation von Ausflügen zur Insel Koh Russei. DZ 5–20 US-$.

… am Otres Beach:

Direkt am Strand ▶ **Cinderella's Beach Bungalows** 12: Tel. 092 61 20 35, www.cinderella-cambodia.com. Gemütliche Holzbungalows mit Ventilator oder AC, Dusche/WC und kleiner Wohnterrasse am südlichen Ende des Otres Beach, Restaurant, Bar und Tauchbasis, Organisation von Tauch- und Schnorcheltrips zur Insel Koh Rong Samlem. Bungalow 15–45 US-$.

Oase der Ruhe ▶ **Queen Hill Resort** 13: Tel. 012 48 24 18, www.queenhillresortbungalows.com. Landestypische Holzbungalows (Ventilator oder AC, Dusche/WC) auf einer dicht bewachsenen Landzunge zwischen Ochheuteal Beach und Otres Beach, Strandrestaurant mit asiatischen und westlichen Gerichten. Bungalow 10–40 US-$.

… am Serendipity Beach:

Relaxt & strandnah ▶ **Coaster's** 14: Tel. 034 93 37 76 u. 012 75 21 81, www.cambodia-beach.com. Hübsche Holzbungalows mit Meeresblick an einem Hang nah am Strand gelegen, mit Ventilator und Dusche/WC; komfortable Zimmer mit Klimaanlage und Dusche/WC in einem Neubau. Im Restaurant asiatische und westliche Gerichte sowie Seafood. DZ 10–60 US-$.

Zum Wohlfühlen ▶ **Cloud 9** 15: Tel. 012 47 93 65, www.cloud9bungalows.com. Sieben Khmer-Style-Holzbungalows an einem bewaldeten Hang, alle mit Ventilator, Dusche/WC, Balkon und einem tollen Blick aufs Meer, Restaurant und beliebte Strandbar, sehr engagiert geführt von der Deutschen Imke und dem Australier Joe. Bungalow 10–45 US-$.

Allroundservice ▶ **Diamond Guest House** 16: Tel. 016 94 89 29. Ca. 50 m vom Strand gelegene Familienpension, ordentliche Zimmer und Holzbungalows mit Ventilator oder Klimaanlage und Dusche/WC, mit Restaurant und Motorradverleih. DZ 8–15 US-$.

… am Sokha Beach:

Wenn Geld keine Rolle spielt ▶ **Sokha Beach Resort** 17: Tel. 034 93 59 99, www.sokhahotels.com. In landestypischer Bauweise mit Elementen der Khmer-Architektur errichtetes, dreistöckiges Strandhotel mit 180 erlesen möblierten, klimatisierten Zimmern und Suiten, die höchsten Ansprüchen genügen; mit herrlichem Pool, Privatstrand und kambodschanisch-internationalem Gourmet-Restaurant; es gibt von hier aus einen kostenlosen Shuttleservice in die Stadt. DZ 250–300 US-$, Suite 350–900 US-$ (inkl. Frühstück).

Hideaway ▶ **Malibu Bungalows** 18: Tel. 012 73 33 34, www.malibu-bungalows.com. In einer kleinen Bucht und z. T. auf einem Hügel zwischen Sokha Beach und Serendipity Beach liegt dieses Resort mit gemütlichen, landestypischen Holz-Stein-Bungalows (Ventilator oder AC, Dusche/WC, TV) und Restaurant. DZ 40–55 US-$ (inkl. Frühstück), Bungalow 60–90 US-$ (inkl. Frühstück).

… am Independence Beach:

Legende in neuer Pracht ▶ **Independence Hotel** 19: Tel. 034 93 43 00 1, www.independencehotel.net. Lange Zeit thronte das 1963 erbaute und von den Roten Khmer verwüstete Luxushotel als gespenstischer grauer Kasten auf einer Klippe am nördlichen Strandende. Heute erstrahlt die siebenstöckige Nobelherberge, in der bereits Jackie Kennedy und andere Prominente logierten, nach einer Generalsanierung in neuem Glanz. 88 luxuriös ausgestattete Zimmer und Suiten mit spektakulärem Blick auf das von Inseln gesprenkelte Meer. Gourmet-Restaurant, Wellness-Center, großer Pool und Privatstrand. DZ/Suite 120–750 US-$.

Beste Lage ▶ **Chez Claude** 20: Tel. 034 93 41 00 u. 012 83 48 70, claude@claudecambodge.com. Gemütliche Zimmer mit Ventilator und Dusche/WC in architektonisch eigenwilligen Bungalows auf einem Hügel hoch über dem Strand mit unübertroffenem Panoramablick, internationales Restaurant und Bar, Organisation von Ausflügen und von Schnorchelgängen. DZ 15 US-$, Bungalow 25–50 US-$.

Ruhig ▶ **Sea Breeze Hotel** 21: Tel. 034 93 42 05 u. 016 22 05 51, www.seabreezecambodia.com. Gut ausgestattete, geräumige Zimmer mit Klimaanlage und Bad/WC, Restau-

Tipp: The Snakehouse – Dinner mit Kobras

Genussvoll speisen beäugt von Kobras, Vipern und anderen Giftschlangen? Im Snakehouse am Fuß des **Weather Station Hill**, einem Mix aus Event-Restaurant und Zoo, nehmen die Gäste Platz zwischen Terrarien, in denen sich allerlei giftiges Getier räkelt. Serviert werden deftige russische und ost-europäische Gerichte wie *Beef Stroganoff*, *Goulash* und *Shashlyk*.

Die Schlangen werden nicht nur als Showeffekt präsentiert, sie werden ebenso regelmäßig zur Gewinnung von Antiserum gemolken. Wenn der russische Arzt Nikolai und sein Sohn in die Schlangengrube steigen und eine 2 m lange Königskobra einfangen, stockt so manchem der Atem. Einer der beiden Männer schiebt ein Glasplättchen unter die Giftzähne.

Das hellgelbe Gift, das die Schlangen absondern, wird Pferden zur Serumgewinnung eingeimpft. Wenn sich im Blut der Pferde genügend Antikörper gebildet haben, wird das Serum extrahiert und in die ländlichen Provinzen versandt, wo Schlangenbisse in den Reisfeldern häufig sind.

The Snakehouse 14: Soviet St., Victory Monument (unterhalb Weather Station Hill), Tel. 012 67 38 05, tgl. 11–23 Uhr, Gerichte 4,50–6 US-$.

rant mit kambodschanischen und westlichen Gerichten. DZ 30–35 US-$, Familienzimmer 40 US-$.

... am am Weather Station Hill:

Beste Hanglage ▶ **Chez Mari-yan** 22: Tel. 034 93 37 09 u. 012 82 80 03. Gemütliche Holzbungalows im landestypischen Stil mit Ventilator und Bad/WC, die teureren mit Terrasse und unübertroffenem Blick, im Restaurant ausgezeichnete Khmer- und westliche Gerichte, Organisation von Bootsausflügen zur Koh Rong Samlem, unter kambodschanisch-schweizerischem Management. Bungalow 10–30 US-$.

Langjähriger Klassiker ▶ **Mealy Chenda Guest House** 23: Tel. 034 93 34 72 u. 012 41 92 19, ramaaustralia@hotmail.com. Dies ist die größte und bekannteste Traveller-Bleibe im Ort. Sie bietet einfache Zimmer mit Klimaanlage oder Ventilator und Dusche/WC oder Gemeinschaftsbad sowie Schlafsaalbetten, im Restaurant asiatische und westliche Gerichte mit Blick zur Kompong Som Bay, Organisation von Touren und Transport, exzellente Info-Börse. DZ 4–25 US-$.

Essen & Trinken

Sihanoukville ist ein wahres Paradies für Liebhaber von Fisch und Meeresfrüchten. Beides wird in oft eleganten Restaurants serviert oder kommt in luftigen Bambuslokalen am Strand ohne viel Aufhebens fangfrisch direkt aus Neptuns Reich auf den Tisch, sodass man hier nicht selten nach Herzenslust schlemmen kann.

... in Downtown Sihanoukville:

Khmer-Küche mit Pfiff ▶ **Apsara** 1: Ecke Sopheak Mongkol East St./St. 109, Tel. 012 47 88 69, tg. 8–23 Uhr. Die Küchencrew schlägt einen gekonnten Bogen zwischen landestypischen Spezialitäten und westlichen Geschmacksnuancen, große Seafood-Auswahl, englische Speisekarte. Gerichte 4–8 US-$.

Nobler Italiener ▶ **Luna d'autunno** 2: Ekareach St., Tel. 034 93 42 80, tgl. 11–23 Uhr. Klassische italienische Küche und hoch gelobte Weinkarte. Gerichte 4–8 US-$.

Relaxen und genießen ▶ **Holy Cow** 3: Ekareach St., Tel. 012 47 85 10, tgl. 8–22 Uhr. In dem von Tropengrün umgebenen traditionellen Holzhaus genießt man bei entspannter Atmosphäre Khmer- und westliche Speisen vom Feinsten. In der Silver Cloud Lounge im Obergeschoss kann man bis spät in die Nacht Musik hören. Gerichte 3–6 US-$.

Deftige Kost aus Bayern ▶ **The Bavarian** 4: St. 109, Tel. 012 96 45 03, tgl. 7–1 Uhr. Wen es eher nach Schweinebraten mit Klößen als nach frittierten Schweineohren gelüstet, der ist hier richtig. Gerichte 3–6 US-$.

Fürsorglicher Service ▶ **Angkor Inn Restaurant** 5: Sopheak Mongkol West St., Tel. 016 89 62 04, tgl. 6.30–22 Uhr. Hervorragende kambodschanische und westliche Speisen, Angkor Beer vom Fass, gute Info-Börse. Gerichte 2–5 US-$.

Genießen für Gutes ▶ **Starfish Bakery Café** 5: Makara St., Tel. 012 95 20 11, www.starfishcambodia.org, tgl. 7–18 Uhr. Herzhaftes Frühstück, asiatische und westliche Speisen, der Erlös kommt einer gemeinnützigen Organisation zugute. Gerichte ab 1,5 US-$.

... am Ochheuteal Beach:

Meer-Genuss ▶ **Sea Dragon** 6: Tel. 034 93 36 71, tgl. 10–22 Uhr. Alles, was das Meer bietet, kreativ – nach Vorstellungen des Gastes, der seine Wahl nach Augenschein trifft – zubereitet. Auf Wunsch wird das Essen auch am Strand serviert. Als Spezialitäten des Hauses sind Barracuda Steak und Riesengarnelen zu empfehlen. Gerichte 6–10 US-$.

Spitzenküche mit Ausblick ▶ **Les Feuilles** 7: Tola St., Tel. 034 93 39 10, tgl. 11–15, 17–22 Uhr. Luftiges Terrassenrestaurant, gehobene Khmer- und gepflegte französische Küche, gute Weinkarte, opulentes westliches Frühstück. Gérald und seine kambodschanische Frau Wing vermieten auch schöne Zimmer. Gerichte 6–8 $.

Entspannte Atmosphäre ▶ **Pim's Restaurant** 8: Tola St., Tel. 017 96 90 23, tgl. 7–24 Uhr. West-östlicher Küchenmix, Angkor Beer vom Fass, angenehm zum Draußensitzen. Gerichte 3–6 US-$.

... am Serendipity Beach:

Romantisches Ambiente ▶ **Tranquility at Serendipity** 9: Tel. 017 59 51 91, www.tranquility-sihanoukville.com, tgl. 7–1 Uhr. Stimmungsvolles Terrassenrestaurant am Strand mit Khmer- und westlichen Speisen. Gerichte 3–6 US-$.

Institution seit Jahren ▶ **Mick & Craig's** 10: Zwischen Golden-Lions-Kreisverkehr und Serendipity Beach, Tel. 012 72 77 40, www.mickandcraigs.com, tgl. 8–2 Uhr. Steaks und Burger (2–6 US-$), Pizza und Pasta (3–5 US-$), ab und All-you-can-eat-Barbecues (5 US-$), Angkor Beer vom Fass (0,50 US-$), bunter Musikmix.

... am Independence Beach:

Hip ▶ **Sasha Restaurant** 11: Tel. 012 49 00 05, 7–1 Uhr. Kleines, luftiges Lokal am Hang, Khmer-, Thai- und französische Küche, Angkor Beer vom Fass. Gerichte 2–5 US-$.

... nördlich des Independence Beach:

Meeresfrüchte ▶ **Treasure Island Seafood** 12: Koh Pos Beach, Tel. 012 83 83 85, tgl. 10–22 Uhr. Bei Einheimischen wie Touristen gleichermaßen beliebtes Seafood-Restaurant in einer kleinen Bucht, köstliche Krabben und Krebse. Gerichte 4–6 US-$.

... am Victory Beach:

Zum Anbeißen ▶ **Chhner Molop Chrey** 13: Tel. 034 93 37 08, tgl. 10–22 Uhr. Khmer-Küche, spezialisiert auf Seafood, schön für den Sonnenuntergang. Gerichte 5–7 US-$.

... nahe Weather Station Hill:

Dinner mit Kobras ▶ **The Snakehouse** 14: s. Tipp I.

Abends & Nachts

Das Nightlife pulsiert in der Ekareach St. und ihren Nebenstraßen in Downtown Sihanoukville und am Weather Station Hill.

Strandbar ▶ **Chiva's Shack** 1: am südlichen Ende des Ochheuteal Beach, tgl. 19–2 Uhr. Beliebte Strandbar mit gepflegtem Techno-Sound, Di und Fr Partystimmung.

Dachterrasse ▶ **Fisherman's Den Bar** 2: Seitenstraße der Ekareach St., Downtown, Tel. 012 70 24 78, tgl. 17–24 Uhr. Hangout für Expats und Touristen auf der Dachterrasse des Kim Chantha Guest House.

Treffpunkt ▶ **The Corner Bar** 3: Weather Station Hill, Tel. 012 47 93 95, tgl. 17–1 Uhr. Beliebter Traveller-Treff, gute Info-Börse, leckere Pizza und Pasta.

Party ▶ **Utopia** 4: Ochheuteal Beach Rd., Tel. 034 93 43 19, www.utopiacambodia.com, tgl. 9–2 Uhr. Gut besuchtes Bar-Restaurant, ausgedehnte Happy Hour von 12–19 Uhr, ab 22 Uhr Party Time; Gäste, die den Heimweg nicht mehr schaffen, dürfen kostenlos im Schlafsaal übernachten.

Pub ▶ Angkor Arms 5: Ekareach St., Downtown, Tel. 034 93 38 47, tgl. 11–24 Uhr. Britischer Pub, ordentliche westliche Gerichte, Dart und Billard, Happy Hour von 17–19 Uhr.
Szenetreff ▶ Rainy Season 6: Weather Station Hill, Tel. 012 91 47 69, tgl. 9–2 Uhr. Bei Szenegängern beliebter Pub mit Biergarten und Dachterrasse.
Discos und Nachtclubs ▶ Amazone Super Club 7: Ekareach St., Downtown, Tel. 099 60 85 08, tgl. 20–2 Uhr. Bei jungen Kambodschanern und Touristen gleichermaßen beliebte Disco mit einem Soundmix von Techno & Rave über Funk & Soul bis Khmer- und Thai-Pop. **Blue Storm 8:** Ekareach St., Downtown, tgl. 20–1 Uhr. Treffpunkt der einheimischen *jeunesse dorée,* vorwiegend asiatische Popmusik.

Aktiv

Tauchen ▶ EcoSea Dive 1: Ekareach St., Downtown, Tel. 012 65 41 04, www.ecoseadive.com. Padi-Tauchkurse für Anfänger und Exkursionen für Fortgeschrittene, Tauchbasis und Bungalows auf Koh Rong Samlem. **Scuba Nation Padi Dive Centre 2:** im Mohachai Guest House, Serendipity Beach, Tel. 012 60 46 80, www.divecambodia.com. Organisation von Tauch- und Schnorchelgängen, Verleih von Tauchausrüstung, Open-Water-Tauchkurse, unter schwedischer Leitung.
Trekking ▶ Eco-Trek Tours Cambodia 3: neben Mick & Craig's, zwischen Golden-Lions-Kreisverkehr und Serendipity Beach, Tel. 012 98 70 73, ecotrektourscambodia@yahoo.com. Geführte Tages- und Halbtages-Wanderungen in den Bergen um Sihanoukville.
Massage ▶ Seeing Hands 4: Ekareach St., Downtown, Tel. 012 79 90 16, tgl. 8–22 Uhr. Traditionelle kambodschanische Massage, ausgeführt von blinden oder sehbehinderten Masseuren.
Kreuzfahrten ▶ Sun Tours 5: Ekareach St., Downtown, Tel. 016 39 62 01, www.suntours-cambodia.com. Tagestour zu Koh Rong Samlem (25 US-$), zweitägiges Island Hopping in komfortabler Motorjacht mit klimatisierten Kabinen (149 US-$).

Verkehr

Bus: Der Busterminal liegt in Street 109 in Downtown Sihanoukville. Zudem gibt es Terminals der Gesellschaften GST und Phnom Penh Sorya Transport an der Ekareach St. in Downtown Sihanoukville, Tel. 012 82 05 59. Klimatisierte Busse nach Phnom Penh (230 km/3,5–4 Std., Abfahrt mehrmals tgl. 7–14 Uhr, an Sonn- und Feiertagen sollte man die Tickets unbedingt am Vortag besorgen), Kampot (110 km/2 Std., Abfahrt tgl. 7.45 Uhr) und Koh Kong City (200 km/4–5 Std., Abfahrt tgl. 8 Uhr). Dem Hauptbusterminal angeschlossen ist eine Haltestelle für Minibusse und (Sammel-)Taxis nach Phnom Penh (230 km/3,5–4 Std.), Kampot (110 km/2 Std.) und Koh Kong City (200 km/4–5 Std., Abfahrt 7 Uhr). Nach Kampot fährt auch tgl. 8.30 Uhr ein privater Bus von G'Day Mate/Outback Tours, Tel. 012 170 78 57 (einen Tag vorher buchen!).
Boot: Der Bootshafen befindet sich 1 km nördlich des Tiefsee-Hafens. Mit dem Ausbau der National Road 48 wurde die Expressbootverbindung über den Golf von Thailand nach Koh Kong City eingestellt.
Fortbewegung in der Stadt: Es gibt keine Stadtbusse. Taxis und Moped-Taxis *(moto dups)* halten den Nahverkehr aufrecht. **Hinweis:** Um Überraschungen vorzubeugen, sollte man sich vor Fahrtantritt auf einen Preis verständigen.

Die Umgebung von Sihanoukville ▶ 3, H 28–29

Ausflüge zu Inseln

Die von zahlreichen dicht bewaldeten Inseln *(koh)* gesprenkelten Küstengewässer vor Sihanoukville sind ein Dorado für Taucher und Schnorchler. Bunte Korallen und Schwärme farbenprächtiger Rifffische machen die Unterwasserwelt zu einem beliebten **Tauchrevier**. Die Sandstrände mancher Inseln werden von Meeresschildkröten zur Eiablage aufgesucht. Am leichtesten erreichbar ist **Koh Pos** vor dem Victory Beach. Allerdings besitzt diese Insel nur mittelmäßige Strände, zudem ist die Unterwassersicht in Küstennähe durch natürliche Schwebeteilchen stark beeinträchtigt.

Knapp eine Stunde dauert die Bootsfahrt zur **Koh Koang Kang**, auch Koh Tas genannt, mit guten Stränden und bunten Korallengärten. Ebenfalls eine Bootsstunde ist es zur kleinen Insel **Koh Russei** (Bamboo Island) mit herrlichen Sandstränden. Wer etwas länger bleiben möchte, findet auf der Insel zwei einfache Resorts. Als eines der schönsten Unterwasserreviere gilt das Gebiet um **Koh Rong Samlem** und die der Nordspitze dieser Insel vorgelagerte kleine **Koh Kon**. Die Bootsfahrt dorthin dauert zwei bis zweieinhalb Stunden. Schnorchler zieht es auch zur etwa zwei Bootsstunden entfernten **Koh Ta Kiev**, die dem Ream National Park an der Südspitze der Halbinsel vorgelagert ist. Hauptattraktion der Gewässer um die Insel sind bis zu 1 m lange und bis zu über 100 kg schwere Riesenmuscheln – auch Mördermuscheln genannt –, die angewachsen zwischen den Korallenstöcken sitzen. Vier bis acht Bootsstunden entfernt sind die unbewohnten Inseln **Koh Tang**, **Koh Prins** und **Poulo Wai** mit bunten Korallengärten und den Wracks zweier Handelsschiffe. Wegen der weiten Entfernung muss man zumindest eine Übernachtung einplanen.

Übernachten

... auf Koh Russei:

Unter Palmen ▶ **Bimbamboo:** Tel. 016 60 27 16. Heimelige Holz-Bambus-Bungalows mit Dusche/WC und kleiner Wohnterrasse am Strand, Restaurant und Bar. Bungalow 8–15 US-$.

Schlicht und gut ▶ **Koh Ru Resort:** Tel. 012 38 88 60, koh_ru@yahoo.com. Luftige Strandbungalows mit Restaurant und Bar, fantastischer Sonnenuntergang. Bungalow 3–15 US-$.

... auf Koh Rong Samlem:

Architektur und Natur im Einklang ▶ **Lazy Beach Resort:** Tel. 016 21 42 11, www.lazybeachcambodia.com. Geräumige Strandbungalows aus Holz und Bambus mit Dusche/WC und gemütlicher Veranda, Restaurant und Bar, tgl. 12 Uhr Bootstransfer vom Booking Office am Ochheuteal Beach (10 US-$ p. P.). Bungalow 30 US-$.

Rustikal gemütlich ▶ **M'pay Bay Resort:** Tel. 092 74 97 72, www.cambodianislands.com. Holzbungalows mit Dusche/WC und Veranda, Restaurant, Bar und Tauchbasis. Bungalow 15–30 US-$.

Schöne Hanglage ▶ **Paradise Bungalow Resort:** Tel. 034 93 36 64, www.diveshopcambodia.com. Holz-Bambus-Bungalows im landestypischen Stil auf einem kleinen Hügel verteilt, Restaurant, Bar, Tauchbasis. Bungalow 15–25 US-$.

Beliebt bei Tauchern ▶ **Eco Sea Bungalows:** Tel. 012 60 66 42, www.ecoseadive.com. Schlichte, aber gemütliche Bambusbungalows, Restaurant und Bar, Tauchbasis. Bungalow 15 US-$.

Wenige Schritte vom Wasser ▶ **Sok San Beach Bungalows:** Tel. 099 60 52 55, kornsocheata@yahoo.com. Romantische Bambusbungalows im Hippie-Look, Restaurant und Strandbar. Bungalow 10–15 US-$.

... auf Koh Ta Kiev:

Toller Meerblick ▶ **Koh Ta Kiev Island Resort:** Tel. 012 49 54 46. Gemütliche, mit Rattanmöbeln ausgestattete Strandbungalows mit Dusche/WC und Wohnterrasse, Restaurant und Bar, kostenloser Verleih von Schnorchelausrüstung. Bungalow 20–30 US-$.

Verkehr

Boot: Ein- und mehrtägige Bootsausflüge nach Koh Russei, Koh Rong Samlem und Koh Ta Kiev veranstalten u. a. Chez Mari-yan (Weather Station Hill, Tel. 034 93 37 09 u. 012 82 80 03), Cinderella's Beach Bungalows (Otres Beach, Tel. 092 61 20 35, www.cinderella-cambodia.com), Coaster's (Serendipity Beach, Tel. 012 43 92 92, www.cambodiabeach.com) und Romny Family Bungalows (Ochheuteal Beach, Tel. 012 73 69 83, romnytour@yahoo.com).

Ausflug zum Wasserfall Kbal Chhay

Ein schöner Tagesausflug, den man auf eigene Faust mit einem Mopedtaxi machen kann, führt zum Wasserfall **Kbal Chhay**, der umwachsen von Urwaldriesen über mehrere Felsstufen in die Tiefe rauscht. Zunächst fährt man von Sihanoukville auf der National Road 4 in Richtung Phnom Penh. Bei km 217 biegt man an einem grünen Hinweisschild links ab und folgt einer 4 km langen roten Schotterpiste bis zu dem vom Prek-Toeuk-Sap-Fluss gespeisten Wasserfall.

Ream National Park

Knapp 20 km östlich von Sihanoukville zweigt eine Stichstraße zum **Ream National Park** ab. Das 21 000 ha große Naturschutzgebiet umfasst einsame Sandstrände und dichte Mangrovenwälder, in denen über 150 Vogelarten nisten, darunter die seltenen Fischadler. Am besten lässt sich der Nationalpark bei Bootsfahrten auf dem Prek Toeuk Sap erkunden. Mit etwas Geduld und Glück kann man am Ufer des Flusses Malaiische Sonnenbären, Wildkatzen, Zwerghirsche und Schuppentiere beobachten. In den immergrünen Tieflandwäldern des Nationalparks hangeln sich Makaken und Languren durch die Bäume. Auf den Inseln Koh Thmei und Koh Ses mit einsamen Sandstränden kann man der Zivilisation den Rücken kehren.

Übernachten

... auf Koh Thmei:

Idyllisch ▶ **Koh Thmei Resort:** Tel. 097 737 04 00, www.koh-thmei-resort.com. Holz-Bambus-Bungalows an einem urwüchsigen Strand mit Ventilator, Dusche/WC und Terrasse. Es gibt auch ein Restaurant. Bungalow 20 US-$.

Verkehr

Boot: Der Ream National Park lässt sich am besten mit Hilfe einer in Sihanoukville ansässigen Agentur erkunden. Tagestouren mit Flussfahrten im Nationalpark veranstaltet **Sokun Travel & Tour Service** (Tel. 034 93 37 91 u. 012 96 50 79, www.welcometocambodia.com), Bootsausflüge zu Inseln im Ream National Park **Ana Travel Agency** (Ochheuteal Beach, Tel. 012 37 20 18, www.anainternet.com).

Von Sihanoukville nach Thailand ▶ 3, H 28–G 26

Karte: S. 457

Landschaftlich überaus reizvoll ist die zwar kurvenreiche, aber mittlerweile gut ausgebaute Nationalstraße 48, die sich nördlich von Sihanoukville über Sre Ambel durch die Ausläufer der Kardamom-Berge nach **Koh Kong City** 2 (auch bekannt als Dong Tong) an der Grenze zu Thailand windet. Von dort überquert man per (Motor-) Taxi auf einer fast 2 km langen Brücke das von undurchdringlichen Mangrovendickichten gesäumte Mündungsdelta des Tonle Kaspor, an dessen jenseitigem Ufer Cham Yeam, die Grenzstation nach Thailand, liegt.

Den meisten Touristen dient das recht gesichtslos wirkende Koh Kong City als reiner Transitort. Doch ist die Stadt ein idealer Ausgangspunkt für Erkundungen des Hinterlands, das mit einzigartigen Naturattraktionen aufwartet. Bootsausflüge auf Dschungelflüssen oder Trekking-Touren auf verschlungenen Pfaden, die man in Gästehäusern buchen kann, führen in die bis zu über 1700 m aufragenden Kardamom-Berge mit ursprünglichem Regenwald und tosenden Wasserfällen. Die Küstenregion mit ausgedehnten Mangrovenwäldern lässt sich am besten bei Bootsausflügen erkunden, die zu Pfahlbau-Siedlungen, zu nur über den Wasserweg erreichbaren Festlandstränden oder zu den Traumstränden der rund 30 km entfernten Insel Koh Kong führen. Von der thailändischen Grenzstadt Hat Lek fahren Busse nach **Trat** 3 oder direkt nach Bangkok. Ein Ziel wohlhabender Thailänder ist das Koh Kong Resort am Grenzübergang auf kambodschanischer Seite, ein Spielkasino mit Luxushotel. Da in Thailand das Glücksspiel verboten ist, können sie hier bei Roulette, Blackjack und Bakkarat ihr Glück versuchen.

Infos

... in Koh Kong City (Dong Tong):

Koh Kong im Internet: www.kohkong.com (die offizielle Website von Koh Kong).

Übernachten

... in Koh Kong City (Dong Tong):

Luxus und Entspannung ▶ **Koh Kong Resort:** Tel. 0066 39 58 81 73 82, www.kohkong resort.com. Komfortables Resorthotel, großzügig ausgestattete Zimmer, hervorragendes Restaurant mit Thai-Küche, großer Swimmingpool, Privatstrand und Fitness-Center; ca. 200 m von der Grenze gelegen. DZ 60–150 US-$, Suite ab 300 US-$.

Im Einklang mit der Natur ▶ **4-Rivers Floating Lodge:** Tel. 097 643 40 32, www.ecolodges.asia. Zwölf luxuriöse Safarizelte auf Holzplattformen im Tatai River am Fuß der Kardamon-Berge, mit schwimmendem Restaurant und Pool, eine Fahrstunde flussaufwärts. Zelt 118–139 US-$.

Naturnah ▶ **Rainbow Lodge:** Tel. 012 160 25 85, www.rainbowlodgecambodia.com. Sieben individuelle Holzbungalows auf Stelzen mit Flussblick, Restaurant, Organisation von Trekking-Touren in die Kardamom-Berge, 25 km südöstlich am Tatai River gelegen, erreichbar nur per Boot. Bungalow 65 US-$ (inkl. VP und Transfer von Koh Kong City).

Idyllische Lage ▶ **Oasis Resort:** Tel. 016 33 15 56, http://oasisresort.netkhmer.com. Klimatisierte Bungalows, Restaurant und Pool, freundliche Betreiber. Bungalow 25 US-$.

Schöner Pool ▶ **Apex Koh Kong:** St. 8, Tel. 016 30 79 19, www.apexkohkong.com. Gut geführtes Kleinhotel mit z. T. klimatisierten Zimmern auf zwei Etagen um einen Hof mit Pool, internationales Restaurant, 150 m vom Bootshafen. DZ 10–25 US-$.

Klassisches Gästehaus ▶ **Neptune Guest House:** Tel. 011 98 45 12. Einfache Bleibe in einem traditionellen Khmer-Holzhaus, kleines Restaurant, Biergarten, Tourorganisation, Fahrrad- und Motorradverleih. DZ 3–6 US-$.

... in Trat (Thailand):

Solides Stadthotel ▶ **Muang Trat Hotel:** 296 Thanon Sukhumvit, Tel. 039 51 11 41. Gut ausgestattete, geräumige Zimmer mit Dusche/WC und Ventilator oder Klimaanlage, nahe dem Busterminal. EZ/DZ 400–650 Baht.

Traveller-Gästehaus ▶ **Pop Guest House:** Thanon Thana Charoen, Tel. 039 51 23 92, popson1958@hotmail.com. Saubere Zimmer mit Ventilator oder Klimaanlage und Dusche/WC oder Gemeinschaftsbad, im gemütlichen Gartenrestaurant europäisches Frühstück und thailändische Gerichte. DZ 100–400 Baht.

Essen & Trinken

... in Koh Kong City (Dong Tong):

Ideal für den Sundowner ▶ **Aqua Sunset Bar & Café:** Tel. 035 637 86 26, tgl. 11–22 Uhr. Am Fluss gelegen, Thai-, Khmer- und westliche Speisen, besonders stimmungsvoll beim Sonnenuntergang. Gerichte 3–6 US-$.

Nettes Gartenrestaurant ▶ **Baan Peakmai:** Tel. 012 97 29 69, tgl. 8–22 Uhr. Unverfälschtes Khmer- und Thai-Essen, vor allem Fisch und Seafood. Gerichte 3–6 US-$.

Deutsche Gastlichkeit ▶ **Otto's Restaurant:** Tel. 035 93 61 63 u. 012 92 42 49, tgl. 7–22 Uhr. In der Nähe des Bootshafens gelegen, deftige Hausmannskost, Organisation von Bootstouren, gute Info-Börse, der deutsche Besitzer vermietet auch einige sehr einfache und preiswerte Zimmer. Gerichte kosten 3–5 US-$.

Aktiv

... in Koh Kong City (Dong Tong):

Bootsausflüge ▶ **Neptune Guest House:** Tel. 011 98 45 12. Bootsausflüge zu Stromschnellen und Wasserfällen in den Kardamom-Bergen. **Sauna Garden Bar:** Tel. 015 60 16 33, www.junglecross.com. Motorradtouren in den Kardamom-Bergen.

Verkehr

... in Koh Kong City (Dong Tong):

Bus: Tgl. gegen 8 Uhr AC-Busse der Virak-Buntham Bus Company nach Sihanoukville (200 km/4–5 Std.) und Phnom Penh (300 km/5–6 Std.). Mehrmals tgl. auch Minibusse und Sammeltaxis.

Boot: Mit dem Ausbau der Nationalstraße 48 wurde die Expressbootverbindung über den Golf von Thailand nach Sihanoukville eingestellt.

... in Trat (Thailand):

Bus: Mehrmals tgl. klimatisierte (Mini-)Busse nach Bangkok (320 km/ 5–6 Std.).

Von Sihanoukville nach Phnom Penh

Wählt man für die Rückfahrt von Sihanoukville nach Phnom Penh statt der National Road 4 die weiter östlich verlaufende Nationalstraße 3 über Kampot, kann man Abstecher zur geheimnisvollen Ruinenstadt Bokor und zum einst glanzvollen Seebad Kep machen.

Kampot ▸ 3, K 28

Karte: S. 457

Das 35 000 Einwohner zählende Städtchen **Kampot** 4 erstreckt sich am Fuß der Elefantenberge 110 km östlich von Sihanoukville. Auf dem Weg ins Zentrum staut sich der Verkehr an einer alten, einspurigen Stahlbrücke aus der französischen Kolonialzeit. Einst war Kampot eine vorwiegend von Chinesen bewohnte Handelsstadt. Ihr Wohlstand beruhte auf dem Ertrag aus Pfefferplantagen. Noch heute stellen chinesischstämmige Kambodschaner sowie muslimische Cham den größten Bevölkerungsanteil.

Zentrum von Kampot ist ein einst prachtvoller, begrünter Boulevard, an dem sich heute chinesische Geschäftshäuser und französische Kolonialgebäude in allen Phasen des Verfalls reihen. Einen guten Eindruck vom Leben in einer kambodschanischen Provinzstadt vermittelt ein Spaziergang am späten Nachmittag entlang der Uferpromenade des Khao-Sla-Flusses.

Übernachten

Traditionell ▸ **Bokor Mountain Lodge:** Tel. 033 93 23 14, www.bokorlodge.com. Gemütliche klimatisierte Zimmer mit Dusche/WC oder Gemeinschaftsbad in einer restaurierten Kolonialvilla am Fluss, sehr gutes Restaurant mit Khmer- und europäischen Gerichten, Organisation von Ausflügen nach Bokor. DZ 35–50 US-$.

Romantisch ▸ **Rikitikitavi:** Tel. 012 23 51 02, www.rikitikitavi-kampot.com. Sympathisches Gästehaus am Fluss, komfortable AC-Zimmer, kostenloser Wifi-Internetzugang, Restaurant und Bar auf der Dachterrasse, Reservierung ratsam. DZ 30–35 US-$.

Wohlfühl-Pension ▸ **Hang Guest House:** Tel. 016 35 71 78, www.hang.esmartweb.com. Freundliches Gästehaus unter kambodschanisch-französischer Leitung, am Flussufer fünf

Gehminuten von der Ortsmitte, makellose Zimmer mit Ventilator oder AC und Dusche/WC, Terrassenrestaurant, Tourorganisation, kostenlose Fahrräder für die Gäste. DZ 10–25 US-$.
Solides Stadthotel ▶ Borey Bokor Hotel: Tel. 033 93 28 26 u. 012 82 08 26. Modernes, Haus, gut ausgestattete Zimmer mit AC und Dusche/WC. DZ 15 US-$.
Schöne Aussicht ▶ Homestay Café Kampot: Tel. 077 52 64 43, www.homestaycafe.com. Vier behaglich möblierte Zimmer (Ventilator und Dusche/WC) mit Balkon und Flussblick. DZ 5–15 US-$.
Sympathisch ▶ Long Villa Guest House: Tel. 012 73 14 00, longvillaguesthouse@yahoo.com. Einfache Zimmer mit Ventilator oder AC und Dusche/WC, im Restaurant auch einige westliche Gerichte, hilfsbereite Betreiber. DZ 4–10 US-$.
Entspannt ▶ Blissful Guest House: Tel. 092 49 43 31, www.blissfulguesthouse.com. Nettes Gästehaus in einem schönen Khmer-Haus mit einfachen, hübsch eingerichteten Zimmern (Ventilator und Dusche/WC oder Gemeinschaftsbad), Restaurant, Garten, Wifi-Internetzugang, kostenlose Fahrräder für die Gäste. DZ 4–8 US-$.

Essen & Trinken

Drei Sterne ▶ Jasmine: Tel. 012 92 73 13, tgl. 10–22 Uhr. Kambodschanisch-französische Fusions-Küche in stimmungsvoller Atmosphäre am Fluss. Gerichte 4–8 US-$.
Khmer-Klassiker ▶ Rikitikitavi: im gleichnamigen Gästehaus, Tel. 012 23 51 02, www.rikitikitavi-kampot.com, tgl. 7–22 Uhr. Restaurant mit schöner Dachterrasse, feiner Landesküche und freundlichem Service, Tipp: Saraman Curry mit Erdnüssen und frischen Kräutern. Gerichte 3–6 US-$.
Am Khao-Sla-Fluss ▶ Say Sabok: Tel. 011 56 46 15, tgl. 6.30–22 Uhr. Hervorragende

In Kampot leben viele chinesischstämmige Kambodschaner

kambodschanische und französische Speisen, europäisches Frühstück, schön zum Draußensitzen. Gerichte 2–6 US-$.
Beliebter Klassiker ▶ Rusty Keyhole: Tel. 012 67 96 07, tgl. 7.30–21.30 Uhr. Gartenrestaurant mit Blick auf den Fluss, vorwiegend westliche Gerichte, legendär sind die Spareribs vom Grill, Angkor Beer vom Fass, 1 km außerhalb an der Straße nach Kep. Gerichte 3–5 US-$.
Mit schönem Blick ▶ Ta Eou: Tel. 012 82 08 32, tgl. 10–23 Uhr. Terrassenrestaurant am Fluss, kambodschanische und chinesische Gerichte sowie Seafood, Speisekarte auf Englisch. Gerichte 2–4 US-$.
Familiär ▶ Little Garden Bar: Tel. 012 99 41 61, tgl. 11–22 Uhr. In einem ruhigen Garten werden hier asiatische und westliche Speisen serviert. Gerichte 2–3 US-$.
Gutes tun ▶ Epic Arts Café: Tel. 012 99 57 69, tgl. 7–21 Uhr. Kleine kambodschanische und westliche Gerichte, hausgemachte Kuchen und Fruit-Shakes, von Taubstummen und Körperbehinderten geführt. Gerichte 4000–8000 Riel.

Aktiv

Tiger & Co. ▶ Tekcchou Zoo: 8 km nördl., tgl. 9–17 Uhr. Zoo mit Tigern, Elefanten, Krokodilen, Schlangen und anderen einheimischen Tieren. 4 US-$.

Verkehr

Bus: Tgl. klimatisierte Busse von Phnom Penh Sorya Transport nach Phnom Penh (150 km/3 Std., Abfahrt 6.45, 7.30, 12.30 Uhr) sowie gegen 12 Uhr ein AC-Bus der Virak-Buntham Bus Company nach Sihanoukville (110 km/2 Std.). Nach Sihanoukville fährt auch tgl. 11.30 Uhr ein privater Bus von G'Day Mate/Outback Tours, Tel. 012 170 78 57 (einen Tag vorher buchen!). Ein Terminal für Minibusse und (Sammel-)Taxis nach Phnom Penh, Sihanoukville und Kep (25 km/30–45 Min.) befindet sich beim Kreisverkehr in der Stadtmitte.
Mietwagen: Mietwagen mit Fahrer für Ausflüge nach Bokor (41 km/2,5 Std., ca. 50 US-$) sind über Hotelvermittlung erhältlich.

Kep ▶ 3/K 29

Karte: S. 457
Das 1908 gegründete **Kep 5**, 25 km östlich von Kampot, war während der Kolonialzeit das Seebad von Kambodscha, in dem sich an Wochenenden französische Kolonialbeamte und frankophile Städter aus Phnom Penh trafen. Obwohl die maroden Villen, von denen viele der Zerstörungswut der Roten Khmer zum Opfer fielen, an Geisterhäuser erinnern, weht durch Kep immer noch ein Hauch vom versunkenen Indochina. Ausflügler aus Phnom Penh zieht es heute nicht wegen der Strände nach Kep; sie kommen wegen der vielen kleinen Lokale an der **Strandpromenade,** an denen man hervorragende Fischgerichte sowie Krebse, Riesengarnelen und anderes köstliches Seafood probieren kann. Am Pier bieten Fischer ihre Boote für Ausflüge zu vorgelagerten Inseln an. Beliebt sind **Koh Toensay** (Kanincheninsel) und **Ko Poh** (Koralleninsel) mit makellosen Sandstränden und kristallklarem Wasser.

In der Nähe von Kompong Trach, etwa 20 km östlich von Kep, liegt der Felsentempel **Wat Kiriseila Vongsa,** auch kurz Wat Phnom genannt. Kinder führen Besucher mit Taschenlampen durch einen dunklen Felsentunnel. Dieser mündet in einem kreisrunden natürlichen Amphitheater mit einem Durchmesser von ca. 100 m, das von Kalksteinklippen umgeben wird. In kleinen Höhlen und Felsnischen sieht man Buddha-Statuen in meditativen Haltungen. Eine besondere Verehrung der Einheimischen wird einem etwa 5 m langen liegenden Buddha zuteil.

Übernachten

Zu schön zum Schlafen ▶ Knai Bang Chatt: Tel. 012 34 97 42, www.knaibangchatt.com. Sehr schickes Design-Hotel für gehobene Ansprüche, eine der besten Adressen im südlichen Kambodscha. Elf minimalistisch-elegant gestaltete Zimmer in drei Villen, Restaurant mit Meerblick, Infinity-Pool. DZ 150–350 US-$.
Meerblick ▶ The Beach House: Tel. 012 71 27 50, www.thebeachhousekep.com. Stilvol-

les Domizil in schöner Hanglage oberhalb der Strandpromenade, komfortable Zimmer mit Klimaanlage, Dusche/WC, TV und Kühlschrank, mit Restaurant und Pool. DZ 40–60 US-$.

Gediegen und ruhig ▶ Kep Lodge: Tel. 092 43 53 30, www.keplodge.com. Komfortable Bungalows mit Ventilator oder AC und Bad in schöner Hanglage, Restaurant und Salzwasser-Pool, unter kambodschanisch-schweizerischem Management, 3 km vom Zentrum. Bungalow 35–65 US-$.

Wunderbare Aussicht ▶ Veranda Natural Resort: Kep Mountain Hillside Rd., Tel. 012 88 86 19, www.verandah-resort.com. Gemütliche Bungalows im landestypischen Stil mit Ventilator oder AC, Dusche/WC und Veranda, mit Grillrestaurant, Bar und Pool, Top-Lage auf einem Hügel etwas außerhalb. Bungalow 25–80 US-$.

Beliebt bei Expats ▶ Vanna Bungalows: Kep Mountain Hillside Rd., Tel. 012 75 50 38, www.vannabungalows.com. Einfache Bungalows mit Veranda und Meerblick, Preiswertere Zimmer in einem Hauptgebäude, mit Restaurant und Bar. Bungalow 10–15 US-$, DZ 6–8 US-$.

Direkt am Strand ▶ Kep Beach Guest House: Tel. 012 83 77 92. Nahe der Uferpromenade, einfache, aber ordentliche Zimmer mit Dusche/WC und Ventilator oder Klimaanlage, Restaurant, Organisation von Bootstouren. DZ 8–12 US-$.

Elefantenberge ▶ 3, J 28

Hinter dem schmalen Küstenstreifen an der **Kompong Bay** türmen sich die Elefantenberge zu einer bis zu über 1000 m hohen Kulisse. An den Außenflanken wuchert dichter tropischer Regenwald, der landeinwärts in feuchten Monsunwald übergeht. Im Bürgerkrieg war diese unwegsame Bergwelt ein Rückzugsgebiet der Roten Khmer, die ihre Verstecke im Urwald mit Tausenden von Minen gegen Eindringlinge absicherten. Die meisten sind sie eine permanente Gefahr für die Einheimischen, haben jedoch bislang den Kahlschlag im Primärwald verhindert. Ansonsten hätten Wilderer die letzten Tiger, Leoparden, Elefanten aus dem 140 000 ha großen **Bokor National Park** getötet.

Bokor ▶ 3, J 28

Karte: S. 457

Trotz regelmäßiger nachmittäglicher Gewitterregen legten in den frühen 1920er-Jahren die Franzosen auf einem Hochplateau des Gebirgsmassivs **Bokor** 6 an, um sich dort in der kühlen Bergluft von der Hitze des Tieflands zu erholen. Von Kampot windet sich eine gut 40 km lange, von tiefen Schlaglöchern übersäte Straße hinauf nach Bokor. Dort, wo der dichte Bergdschungel den Blick freigibt, bietet sich ein schönes Panorama des Küstentieflands. Am östlichen Rand des Plateaus, das von Felsen durchsetzt und von niedrigem Buschwerk und krüppelwüchsigen Bäumen bewachsen ist, liegen die Ruinen eines von König Sihanouk errichteten Palastes. Der Cinemascope-Blick reicht bis zur vietnamesischen Insel Phu Quoc.

An der Peripherie von Bokor erhebt sich auf einem Hügel die Ruine einer katholischen Kirche, von der man einen schönen Blick über den alten Luftkurort hat. Was einst ein Zeichen kolonialer Größe war, verwandelte sich nach Angriffen und Plünderungen der Roten Khmer in ein Ruinenfeld. An jene Zeit erinnert die auf eine finstere, kafkaeske Art faszinierende, von Einschusslöchern durchsiebte Ruine des einstigen Spielkasinos und Hotels Bokor Palace.

Von Kampot nach Phnom Penh ▶ 3, K 28/29–L 26

Zwischen Kampot und Phnom Penh verkehren auf der gut,en Nationalstraße 3 Minibusse und Sammeltaxis. Wer auf der Rückfahrt in die Hauptstadt einen Abstecher zum Phnom Chiso mit dem Tempel Suryagiri oder nach Tonle Bati mit dem Tempel Ta Prohm (s. S. 365) machen möchte, sollte ein Taxi mieten.

Register

Hinter den Ortsnamen sind in Klammern die jeweiligen Länder genannt

K Kambodscha
LAO Laos
THA Thailand
VN Vietnam
VRC China

Der Haupteintrag ist **fett** hervorgehoben.

Register

Der Haupteintrag ist **fett** hervorgehoben.

Der Haupteintrag ist **fett** hervorgehoben.

Abbildungsnachweis

Roland Dusik, Lauf: S. 2 o., 5 M., 5 u., 29, 46, 102, 109, 149, 170, 172, 214 li., 218, 239, 248, 251, 252/253, 254, 261, 296, 342 li., 370, 438 re., 438 li., 442/443, 450, 454 li., 470/471
Dieter Eichler, Leonberg: S. 3 o., 51
Getty Images, München: S. 8 o., 298/299 (Alexander), 5 o., 90/91 (Benson), 374 (Cavalli); 3 M., 36/37 (Elk III); 402/403 (jo-Son); 7 M., 328 (I'Anson); 6 o., 289, 390/391 (Morandi); 425 (van den Berg)
Günter Heil, Berlin: S. 132, 332, 407
IFA, München: S. 192 (Arnold Images); 256 li., 274 (Kracke)
laif, Köln: S. 8 u., 12/13, 305, 312/313, 454 re., 458/459 (Eisermann); 3 u., 15, 32/33, 129 (Hartz); 1 li., 1 re., 4 u., 7 o., 98, 144/145, 158/159, 186, Umschlagrückseite o. (hemis.fr/BODY); Umschlagklappe vorn, 209, 340, 353 (hemis.fr); 342 re., 361 (Jaenicke); 155, 212 (Lachenmaier); 2 u., 4 o., 20, 26, 198 (Le Figaro Magazine); 10 o., 11, 142 (Malherbe); 9 u., 76, 85, 384/385 (Modrow); 376 re., 410/411 (REA/Perri); 74/75 (Tatlow)
Look-Foto, München: Titelbild, S. 7 u., 66/67, 343 li., 347 (Hoffmann)
picture-alliance, Frankfurt/Main: S. 121, 321, 428 (dpa); 25 (dpa/dpaweb); 144 li., 181 (Photoshot)
Martin Thomas, Aachen: S. 1 M., 6 u., 9 M., 9 o., 10 u., 112, 118, 139, 214, 227, 256 re., 280, 292/293, 316, 325, 327, 336/337, 339, 376 li., 414/415, 432, 436, 452, Umschlagrückseite u.
Mauritius Images, Mittenwald: S. 396/397

Kartografie

DuMont Reisekartografie, Fürstenfeldbruck

Umschlagfotos:

Titelbild: Tham-Thing-Höhle bei Pak Ou
Umschlagklappe vorn: Königspalast Phnom Penh

Über den Autor:

Roland Dusik ist seit 20 Jahren von Beruf Reiseautor und Fotograf, zuallererst aber Globetrotter. Seine Schwerpunkte sind Australien und Südostasien, wo er längere Zeit gelebt hat. Im DuMont Reiseverlag erschienen von ihm die Reise-Handbücher »Australien«, »Australien – Der Osten und Tasmanien«sowie »Indonesien«, dazu das Reise-Taschenbuch »Bali und Lombok« und in der Reihe DuMont Direkt die Bände »Bangkok«, »Bali« und »Sydney«.

Lektorat: Kirsten Erler, Petra Sparrer

Hinweis: Autor und Verlag haben alle Informationen mit größtmöglicher Sorgfalt geprüft. Gleichwohl sind Fehler nicht vollständig auszuschließen. Alle Angaben erfolgen ohne Gewähr. Bitte schreiben Sie uns! Über Ihre Rückmeldung zum Buch und über Verbesserungsvorschläge freuen sich Autor und Verlag:

DuMont Reiseverlag, Postfach 3151, 73751 Ostfildern, E-Mail: info@dumontreise.de

1. Auflage 2011

Grafisches Konzept: Groschwitz, Hamburg
Printed in Germany